A. Wagner, S. Mühlenhoff

Krafttraining im Radsport

Die Sportwissenschaft muss Antworten
geben, darf dabei aber nie aufhören,
weitere Fragen zu stellen.

Andreas Wagner, Sebastian Mühlenhoff

Krafttraining im Radsport

Methoden und Übungen zur Leistungssteigerung und Prävention

2. Auflage

Mit einem Geleitwort von: Marc Schäfer, Bundestrainer MTB U19

ELSEVIER

ELSEVIER
Hackerbrücke 6, 80335 München, Deutschland
Wir freuen uns über Ihr Feedback und Ihre Anregungen an books.cs.muc@elsevier.com

ISBN 978-3-437-48592-3
eISBN 978-3-437-17348-6

2. Auflage 2017

Wichtiger Hinweis für den Benutzer
Die Erkenntnisse in der Sportwissenschaft und -medizin unterliegen laufendem Wandel durch Forschung und klinische Erfahrungen. Herausgeber und Autoren dieses Werkes haben große Sorgfalt darauf verwendet, dass die in diesem Werk gemachten therapeutischen Angaben (insbesondere hinsichtlich Indikation, Dosierung und unerwünschten Wirkungen) dem derzeitigen Wissensstand entsprechen. Das entbindet den Nutzer dieses Werkes aber nicht von der Verpflichtung, anhand weiterer schriftlicher Informationsquellen zu überprüfen, ob die dort gemachten Angaben von denen in diesem Buch abweichen und seine Verordnung in eigener Verantwortung zu treffen.

Wie allgemein üblich wurden Warenzeichen bzw. Namen (z. B. bei Geräteherstellern) nicht besonders gekennzeichnet. Aus dem Fehlen eines solchen Hinweises kann jedoch nicht automatisch geschlossen werden, dass es sich um einen freien Warennamen handelt.

Bibliografische Information der Deutschen Nationalbibliothek
Die Deutsche Nationalbibliothek verzeichnet diese Publikation in der Deutschen Nationalbibliografie; detaillierte bibliografische Daten sind im Internet über http://www.d-nb.de/ abrufbar.

17 18 19 20 21 5 4 3 2 1

Um den Textfluss nicht zu stören, wurde bei Sportlern und Berufsbezeichnungen die grammatikalisch maskuline Form gewählt. Selbstverständlich sind in diesen Fällen immer Frauen und Männer gemeint.

Planung: Dorothee Kammel, Montabaur/Elisa Imbery, München
Projektmanagement: Marion Kraus, München
Redaktion: Antje Kronenberg, Gronau (Westfalen)
Satz: abavo GmbH, Buchloe
Druck und Bindung: Drukarnia Dimograf Sp. z o. o., Bielsko-Biała/Polen
Umschlaggestaltung: Spieszdesign, Neu-Ulm
Titelfotografien: Rainer Kraus/Blende 13 (www.blende13.de), Michael Rauschendorfer (www.tri-photography.com), Daniel Kilb (www.iq-athletik.de), Team TEXPA-SIMPLON (www.mtb-texpa-simplon.de)

Aktuelle Informationen finden Sie im Internet unter **www.elsevier.de**

Geleitwort zur 2. Auflage

Das Buch Krafttraining im Radsport hat mit seinem Erscheinen im Jahr 2010 den Stellenwert des Krafttrainings mit der Langhantel für Radsportler beschrieben und sich als Standardwerk etabliert. Seitdem hat sich im Bereich Krafttraining viel getan. Das Trainieren der Muskeln ist in der breiten Bevölkerung zum Trend geworden. Darüber konnten sich besonders die kommerziellen Fitnessanbieter freuen, die in den letzten Jahren viel Zulauf hatten.

Heute wird vieles als Krafttraining verkauft, was entweder kein Krafttraining ist oder für Radsportler kein sinnvolles Trainingsprogramm darstellt. Fitnessbewegungen wie Crossfit® boomen, zahlreiche Apps und Online-Anbieter versprechen große Erfolge in kurzer Zeit.

Diese Trainingsprogramme zielen häufig nur auf die Figur ab und versprechen einen athletischen Körper. Die Entwicklung des Cross-Country-Sports mit kürzeren Renndauern, vielen Richtungswechseln und häufig kurzen Anstiegen erfordert neben einem hohen Ausdauerniveau auch ein hohes Kraftniveau. Dazu ist ein auf die Hauptdisziplin abgestimmter Krafttrainingsplan notwendig. Ein wahllos zusammengestelltes Übungsprogramm per App hilft nicht weiter und würde Radsportler nur zusätzlich ermüden.

In der Praxis ist zu beobachten, dass Radsportler das Beinkrafttraining sehr diszipliniert absolvieren, das Training der Rumpf- und Oberkörpermuskulatur jedoch vernachlässigt wird. Die Folge sind Rückenbeschwerden in (intensiven) Wettkämpfen, was im schlimmsten Fall zu einem DNF (did not finish) führt. Dabei gelten für das Krafttraining des Oberkörpers und Rumpfes die gleichen Grundsätze wie für das Beinkrafttraining. Auch im Nachwuchsbereich sollte ein altersgerechtes, zielgerichtetes Krafttraining fester Bestandteil des Trainings sein.

Die 2. Auflage dieses Buches gibt die neuesten Erkenntnisse der Wissenschaft wieder und ergänzt diese mit wertvollen Erfahrungen aus der Radsportpraxis. Ebenso werden Fitnesstrends wie Crossfit und Functional Training aufgegriffen und deren Nutzen für Radsportler beleuchtet. Von dem Wissen aus diesem Werk können Trainer und Sportler profitieren – vom Nachwuchs- und Hobbysportler bis hin zum Profi. Mustertrainingspläne und ausführliche Übungsbeschreibungen helfen dabei, die Erkenntnisse dieses Buches in das eigene Training einfließen zu lassen.

Frankfurt/Main, im Herbst 2016
Marc Schäfer
Bundestrainer MTB U19
Bund Deutscher Radfahrer e. V.

Vorwort zur 2. Auflage

„Die Sportwissenschaft muss Antworten geben, darf dabei aber nie aufhören, weitere Fragen zu stellen.“

Diese Philosophie der Autoren macht deutlich, dass in den Wissenschaften nichts in Stein gemeißelt ist. Wissenschaft bedeutet zunächst einmal, Fragen zu stellen und neugierig zu sein. Wer neue und tiefgründige Fragen stellt, bekommt auch neue Antworten. Wissenschaftler und Trainer sollten jederzeit bereit sein, „alte Zöpfe“ abzuschneiden und Dogmen neuen Erkenntnissen zu opfern.

Nach sieben Jahren ist es deshalb an der Zeit, eine überarbeitete und erweiterte Auflage vorzulegen. Besonders umfangreich aktualisiert wurden die empfohlenen Trainingsübungen und Trainingspläne. Eingeflossen sind dabei das Wissen, die Erfahrungen und Erkenntnisse aus der Betreuung von mehreren hundert aktiven Radsportlern und Triathleten in den letzten Jahren. Ausführlichere Beschreibungen und neue Abbildungen machen dabei die Dokumentation der Trainingsübungen und Trainingspläne noch anschaulicher.

Neue Kapitel wie z. B. „Entwicklungen und Trends im Krafttraining“ setzen sich mit dem Zeitgeist in der Trainingspraxis auseinander. Hier werden z. B. Trends wie Crossfit® und Functional Training besprochen und es wird diskutiert, ob Radsportler davon profitieren können.

Im Zuge der Überarbeitung wurden auch die Literaturhinweise erweitert und auf einen aktuellen Stand gebracht. Hierbei sind sehr interessante und neue Erkenntnisse in das Buch eingeflossen. Die Effekte eines Krafttrainings für Radsportler waren in den letzten Jahren mehrfach Gegenstand wissenschaftlicher Untersuchungen.

Über die inhaltlichen Ergänzungen und Aktualisierungen hinaus wurden die Kapitelstruktur und die Kapitelreihenfolge verändert. Diese neue Struktur soll dem Leser die Orientierung erleichtern.

Danken möchten die Autoren den Lesern für ihre Vorschläge zur Optimierung sowie für die zahlreichen positiven Rückmeldungen und Rezensionen.

Die neuen Erkenntnisse aus der 2. Auflage warten nun auf die praktische Umsetzung im Trainingsalltag.

Frankfurt/Main, im Frühjahr 2017
Andreas Wagner
und
Sebastian Mühlenhoff

Autoren

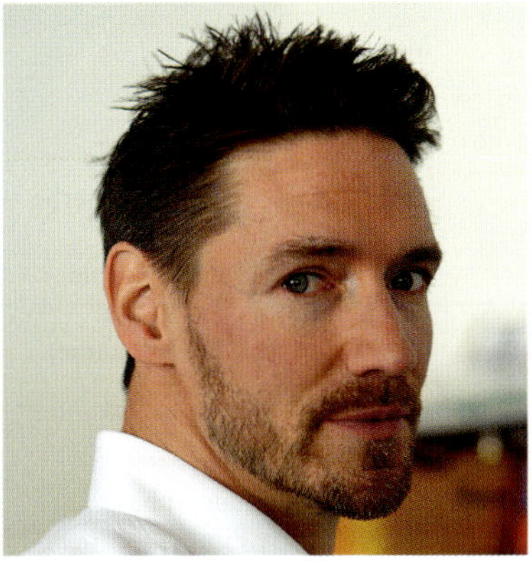

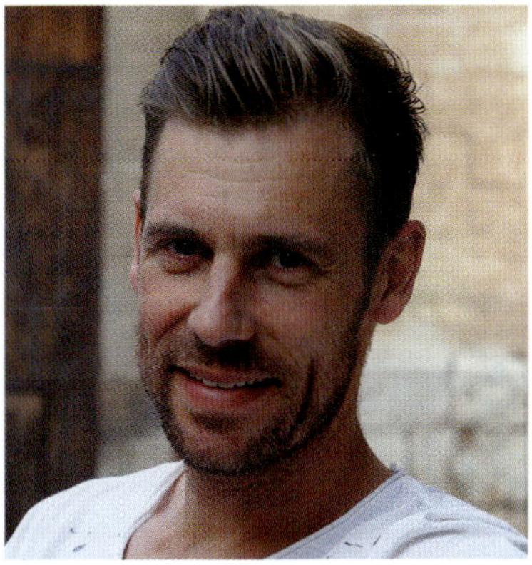

Andreas Wagner
Mitbegründer von iQ athletik – Institut zur Trainingsoptimierung für Sport und Gesundheit, Frankfurt/Main; mehr unter: www.iq-athletik.de

Sportwissenschaftler M. A. (Universität Frankfurt/Main)

Studienschwerpunkte Trainingslehre und Sportmedizin

Ist selbst leidenschaftlicher Cyclocrossfahrer und Südhessenmeister im Gewichtheben AK 2 bis 85 kg (2016 und 2017)

Sebastian Mühlenhoff
Mitbegründer von iQ athletik – Institut zur Trainingsoptimierung für Sport und Gesundheit, Frankfurt/Main; mehr unter: www.iq-athletik.de

Sportwissenschaftler M. A. (Universität Frankfurt/Main)

Langjähriger Radrennfahrer und Sportwissenschaftlicher Koordinator beim Hessischen Radsportverband (HRV)

Spezialist für Leistungsdiagnostik, Trainingssteuerung und Bikefitting

Gefragter Referent bei Traineraus- und -fortbildungen

Abkürzungen

4X	4-Cross (beim Mountainbiking)
BCM	Body Cell Mass
BDR	Bund Deutscher Radfahrer e. V.
BIA	bioelektrische Impendanzanalyse
BKM	Beinkraft-Messgerät
BMX	Bicycle Moto Cross
BWE	Bodyweight Exercise
CX	Cyclocross (Querfeldeinsport)
DH	Downhill (beim Mountainbiking)
DSV	Deutscher Schwimm-Verband e. V.
DVZ	Dehnungs-Verkürzungs-Zyklus
END	Enduro (beim Mountainbiking)
HC	Hillclimb
HIT	High-Intensity-Training
IAS	individuelle anaerobe Schwelle
IK	intramuskuläre Koordination
LT	Lactate Threshold (aerobe Schwelle)
M.	Musculus

MTB	Mountainbike
NP	Normalized Power®
RM	Repetition Maximum
SRM	Schoberer-Rad-Messsystem
TR	Team-Relays, Teamwettbewerbe
ÜP	Übergangsperiode
UCI	Union Cycliste Internationale
U/min	Umdrehungen pro Minute
VO_2max	maximale Sauerstoffaufnahme
VP	Vorbereitungsperiode
WH	Wiederholung
WOD	Workout of the Day
WP	Wettkampfperiode, -phase
XCE	Cross Country Eliminator (beim Mountainbiking)
XCM	Marathon (beim Mountainbiking)
XCO	Cross Country (beim Mountainbiking)
ZNS	Zentralnervensystem

Abbildungsnachweis

1.2, 1.3, 1.4, 1.5, 3.1	Daniel Kilb, Schwalbach am Taunus
1.11	Hennes Roth, Pulheim
1.9, 7.1 – 7.45	iQ athletik GmbH, Frankfurt/Main
3.2, 3.4	Life Fitness Europe GmbH, Unterschleißheim
1.10	Lisa Weidelt/Radsport 360 Racing Teams
1.6	Michael Rauschendorfer, Landshut
6.2 – 6.77	Rainer Kraus/Blende 13, Ingelheim am Rhein
4.1	RBM elektronik-automation GmbH, Leipzig
1.1	René Penno, Warendorf
1.8	TEXPA-Simplon Racing Team

Symbole in den Trainingsplänen:
triathlon, bicycle, barbell-and-plate, medal, sport-trophy: Icons made by Freepik from www.flaticon.com
island-with-palm-trees: Icon made by Gregor Cresnar from www.freepiks.com
medical-history, trophy: Icons made by Zlatko Najdenovski from www.freepiks.com

Vielen Dank an FITSEVENELEVEN für das Bereitstellen der Räumlichkeiten zum Dokumentieren der Trainingsübungen.

Wertvolle Webseiten

www.iq-athletik.de	**iQ athletik – Institut zur Trainingsoptimierung:** kostenloser Wissensspeicher mit trainingswissenschaftlichen Informationen und Praxistipps; Leistungsdiagnostik, Trainingsplanung, Online-Coaching, Bikefitting und Ernährungsberatung
www.atleta.de	**atleta.de – die Trainingsplattform:** eine leicht zu bedienende wie hilfreiche Online-Plattform zum Coaching und zur Trainingsplanung. Ein Tipp für Trainer und Sportler
www.vifasport.de	**ViFa Sport** – Virtuelle Fachbibliothek: Sportwissenschaft; Recherche nach Fachinformationen aus unterschiedlichen sportwissenschaftlichen Datenbanken und anderen Quellen
www.ncbi.nlm.nih.gov/pubmed	**PubMed:** biomedizinische Meta-Datenbank der nationalen medizinischen Bibliothek der Vereinigten Staaten (National Library of Medicine, NLM) (engl.)
http://www.zeitschrift-sportmedizin.de/artikel-online	**Deutsche Zeitschrift für Sportmedizin:** online verfügbare Artikel
http://www.iat.uni-leipzig.de/service/datenbanken	**Sport- und trainingswissenschaftliche Datenbanken des IAT** (Institut für Angewandte Trainingswissenschaft)
https://www.bisp-surf.de/	**Rechercheportal des Bundesinstituts für Sportwissenschaft** (BISp)

Inhaltsverzeichnis

1 Anforderungsprofile der Radsportdisziplinen ... 1
1.1 Anforderungsprofile ... 1
1.1.1 Anforderungsprofile im Leistungssport ... 1
1.1.2 Anforderungen an Radsportler ... 2
1.2 Motorische Fähigkeiten im Radsport ... 3
1.2.1 Ausdauer ... 3
1.2.2 Kraft ... 4
1.3 Kurze Geschichte des Fahrrades ... 5
1.3.1 Entwicklung des Radsports ... 5
1.3.2 Radsportdisziplinen ... 6
1.4 Straßenradsport ... 6
1.4.1 Disziplinen ... 6
1.4.2 Anforderungen ... 8
1.5 Triathlon ... 13
1.5.1 Disziplinen ... 13
1.5.2 Anforderungen ... 13
1.6 Mountainbiking ... 14
1.6.1 Disziplinen ... 14
1.6.2 Anforderungen ... 16
1.7 Querfeldein (Cyclocross) ... 20
1.7.1 Disziplinen ... 20
1.7.2 Anforderungen ... 20
1.8 Bahnradsport ... 21
1.8.1 Disziplinen ... 21
1.8.2 Anforderungen ... 23
1.9 BMX ... 25
1.10 Trial und Hallenradsport ... 26

2 Physiologische Grundlagen ... 27
2.1 Struktur der Kraftfähigkeit ... 27
2.1.1 Maximalkraft ... 28
2.1.2 Schnellkraft ... 29
2.1.3 Kraftausdauer ... 30
2.2 Einflussgrößen der Kraftfähigkeit ... 32
2.2.1 Morphologische Aspekte der Muskelfasern ... 32
2.2.2 Neuronale Faktoren ... 37
2.3 Adaptionen ... 39

3 Krafttraining ... 41
3.1 Was ist Krafttraining? ... 41
3.2 Ziele und Effekte eines Krafttrainings für Radsportler ... 43
3.2.1 Leistungssteigernde Effekte ... 43
3.2.2 Präventive Effekte ... 47
3.2.3 Wirkungen auf die Ausdauer ... 49
3.2.4 Forschungsbedarf ... 52
3.3 Begriffe im Krafttraining ... 52
3.4 Muskuläre Kontraktionsformen ... 55
3.4.1 Dynamische Muskelarbeit ... 55
3.4.2 Statische Muskelarbeit ... 58
3.4.3 Isokinetisches Muskeltraining ... 58
3.5 Übungsklassen ... 59
3.5.1 Eingelenkige und mehrgelenkige Übungen ... 59
3.5.2 Allgemeine Trainingsübungen ... 60
3.5.3 Spezielle Trainingsübungen (spezifisches Krafttraining) ... 60
3.5.4 Trainingsmittel ... 62
3.6 Organisationsformen ... 63
3.6.1 Stationstraining ... 63
3.6.2 Satztraining ... 63
3.6.3 Kreistraining ... 64
3.6.4 Trainieren mit Partner ... 64
3.7 Trainingsprinzipien ... 65
3.7.1 Muskeln ansteigend überlasten ... 66
3.7.2 Belastungen variieren ... 70
3.7.3 Regelmäßig trainieren ... 71
3.7.4 Training individualisieren ... 74
3.7.5 Grundlegende Trainingsprinzipien ... 76
3.8 Krafttrainingsmethoden ... 77
3.8.1 Muskeln aufbauen (Hypertrophietraining) ... 79
3.8.2 Kraftfähigkeiten ausprägen durch neuronale Adaptionen (intramuskuläres Koordinationstraining) ... 80
3.8.3 Mischmethoden ... 83
3.9 Periodisieren des Trainings ... 85
3.9.1 Grundlagen der Periodisierung ... 85
3.9.2 Periodisieren des Krafttrainings ... 86

3.10 **Erfolgsfaktor Trainingsmittel** 90
3.10.1 Was macht stärker: Hanteln oder Maschinen? 90
3.10.2 Freihanteltraining 90
3.10.3 Maschinentraining 93
3.10.4 Hantel- contra Maschinentraining 95
3.10.5 Trainingsausrüstung 97
3.11 **Entwicklungen und Trends im Krafttraining** 100
3.11.1 Körpergewichtsübungen (Trainieren ohne Geräte) 101
3.11.2 Crossfit® 102
3.11.3 Functional Training 104
3.11.4 Athletiktraining 107

4 **Diagnostik der Kraft** 109
4.1 **Grundlagen von Leistungstests** 109
4.1.1 Tests standardisieren 110
4.2 **Messen der Muskelkraft** 112
4.2.1 Sicherheit 112
4.2.2 Maximalkrafttests 112
4.2.3 Aufwärmen 112
4.3 **Bestimmen der Übungslasten** 113
4.4 **Bestimmen des Leistungszustands** 114
4.4.1 Maximalkraft 115
4.4.2 Wechselwirkungen erkennen 118
4.4.3 Isokinetischer Ergometertest 120
4.5 **Dokumentieren der Leistungsentwicklung** 123
4.5.1 Testzeitpunkte 123
4.5.2 Einfluss von Testübungen auf die Ergebnisse 124

5 **Spezielle Aspekte für Radsportler** 127
5.1 **„Krafttraining" mit dem Fahrrad** 127
5.1.1 Spezifisches Krafttraining 127
5.1.2 Trainieren der Maximal- und Schnellkraft in der Radsportpraxis 128
5.1.3 Trainieren der Kraftausdauer in der Radsportpraxis 128
5.1.4 Intervalltraining mit dem Rad 131
5.2 **Muskelmasse** 132
5.2.1 Ausdauerleistungsfähigkeit 133
5.2.2 Muskelwachstum 133
5.2.3 Fazit für Radsportler 133
5.3 **Trainieren der Beweglichkeit** 134
5.3.1 Trainingsmethoden 135
5.3.2 Wirkungen 135
5.3.3 Beweglichkeit 136
5.3.4 Empfehlungen für die Praxis 138
5.4 **Training mit Frauen** 138
5.4.1 Unterschiede zu Männern 139
5.4.2 Empfehlungen für die Trainingspraxis 140
5.5 **Krafttraining im Kindes- und Jugendalter** 140
5.5.1 Pro und Contra 141
5.5.2 Krafttrainingseffekte 142
5.5.3 Anpassungen bei Kindern 142
5.5.4 Trainingsempfehlungen 143
5.6 **Trainieren im Alter** 144
5.6.1 Alter und Höchstleistung 145
5.6.2 Alter und Muskelkraft 145
5.6.3 Krafttraining für ältere und alte Menschen 146
5.7 **Trainingsdokumentation** 148
5.7.1 „Soll"- und „Ist"-Zustand 148
5.7.2 Trainingstagebuch 148
5.7.3 Leistungsdiagnostik 149

6 **Trainingsübungen** 151
6.1 **Beanspruchte Muskelgruppen im Radsport** 151
6.2 **Krafttrainingsübungen** 153
6.2.1 Hinweise zu den Übungen in diesem Buch 153
6.2.2 Regeln zum Ausführen der Übungen 154
6.2.3 Griffvarianten 155
6.2.4 Aufbau einer Trainingseinheit 157
6.3 **Übungen für die Muskeln der unteren Extremitäten** 161
6.3.1 Kniebeuge hinten (Nackenkniebeuge) 161
6.3.2 Kniebeuge vorn (Frontkniebeuge) 169
6.3.3 Reißkniebeuge (Überkopfkniebeuge) 171
6.3.4 Ausfallschritte mit Hantellast nach vorn 174

6.3.5 Umsetzen mit der Scheibenhantel . . 176
6.3.6 Beinpresse 182
6.3.7 Beinbeugen an der Maschine (Beincurl) 184
6.3.8 Beinstrecken an der Maschine (Leg Extension) 186
6.4 Übungen für die Muskulatur der oberen Extremitäten, Brust- und breiten Rückenmuskulatur 187
6.4.1 Beteiligte Muskeln 187
6.4.2 Kreuzheben mit der Langhantel (klassisch) 188
6.4.3 Bankdrücken mit der Langhantel . . . 191
6.4.4 Klimmzug im Obergriff zur Brust . . . 193
6.4.5 Latziehen zur Brust am Zugturm . . . 197
6.4.6 Latziehen in den Nacken 199
6.4.7 Rudern vorgebeugt mit der Langhantel 199
6.4.8 Rudern sitzend am Kabelzug mit engem Griff 201
6.5 Zusätzliche Übungen für den Rumpf 203
6.5.1 Trainieren der Rumpfmuskeln 204
6.5.2 Russische Drehung (Russian Twist) mit angehobenen Beinen 206
6.5.3 Rumpfdrehen liegend 207
6.5.4 Käfer (Criss-Cross) 208
6.5.5 Schräger Crunch auf Gymnastikball mit Zusatzgewicht 210
6.5.6 Vierfüßlerstand mit Arm-Bein-Diagonale auf einem Gymnastikball 211
6.5.7 Rumpfheben auf der Rückenstreckerbank 213

7 Mit Plan zum Ziel: Trainingsplanung 215
7.1 Trainingsplanung im Jahresverlauf 215
7.1.1 Eingipflige Periodisierung 215
7.1.2 Zweigipflige Periodisierung 219
7.2 Probleme bei der Jahresplanung . . 221
7.2.1 Belastungsverträglichkeit 221
7.2.2 Krafttraining vs. Radtraining 221
7.2.3 Planbarkeit 222
7.2.4 Kommerzielle Interessen 223
7.3 Hinweise zu den Mustertrainingsplänen in diesem Buch 223
7.4 Jahrestrainingspläne 224
7.4.1 Eingipflige Jahresperiodisierung 225
7.4.2 Zweigipflige Jahresperiodisierung . . 225
7.4.3 Trainingslager 225
7.4.4 Jahresperiodisierung mit durchgängiger Wettkampfperiode 225
7.5 Planung von Mikrozyklen im Trainingsverlauf: allgemeine Hinweise 225
7.6 Straßenradsport: Planen von Mikrozyklen 230
7.6.1 Besonderheiten der Trainingsplanung im Straßenradsport 230
7.6.2 Straßenradsport: Mustertrainingspläne für Mikrozyklen 231
7.6.3 Kriterium: Mustertrainingspläne für Mikrozyklen 231
7.6.4 Jedermannrennen: Mustertrainingspläne für Mikrozyklen 231
7.6.5 Radmarathon (Gran Fondo): Mustertrainingspläne für Mikrozyklen 231
7.7 Mountainbike: Planen von Mikrozyklen im Trainingsverlauf 247
7.7.1 Mountainbike Cross Country (XCO): Mustertrainingspläne für Mikrozyklen 247
7.7.2 Mountainbike-Marathon (XCM): Mustertrainingspläne für Mikrozyklen 248
7.8 Bahnradsport: Planen von Mikrozyklen im Trainingsverlauf 257
7.8.1 Bahnradsport: Mustertrainingspläne für Mikrozyklen 258
7.9 Querfeldein (Cyclocross) 263

7.9.1 Querfeldein (Cyclocross): Mustertrainingspläne für Mikrozyklen ... 263

7.10 Triathlon ... 268

7.10.1 Triathlon Langdistanz: Mustertrainingspläne für Mikrozyklen ... 269

7.10.2 Triathlon Mitteldistanz: Mustertrainingspläne für Mikrozyklen ... 269

7.10.3 Triathlon Olympische Distanz: Mustertrainingspläne für Mikrozyklen ... 269

7.11 Trainingslager ... 279

7.11.1 Vor dem Trainingslager ... 279

7.11.2 Im Trainingslager ... 279

7.11.3 Nach dem Trainingslager ... 279

Flame Rouge ... 281

Literaturverzeichnis ... 283

Sachregister ... 291

Prolog

Schon in den Sagen der Antike stand die „Kraft" als besondere Fähigkeit im Fokus der Erzähler. Auch im modernen Leistungssport ist die Bedeutung der motorischen Eigenschaft „Kraft" bekannt. Die Muskelkraft spielt dabei nicht mehr allein in kraftorientierten Sportarten eine herausragende Rolle, z. B. beim Gewichtheben. Leistungssteigernde Effekte eines gezielten Krafttrainings sind mittlerweile für viele Sportarten belegt. Wer über gut trainierte Muskeln verfügt, springt u. a. höher, setzt sich im Zweikampf um den Ball besser durch und bringt beim Sprint mehr Kraft auf die Pedale. Eine gut ausgebildete Muskulatur hilft ebenfalls, Verletzungen vorzubeugen.

Warum ein Krafttraining Ausdauersportlern Vorteile verschafft

In der Praxis wird der Wert eines Muskelkrafttrainings für Ausdauersportler sehr kontrovers diskutiert. Während bei einigen Athleten das Krafttraining zum festen Bestandteil des Trainings zählt, machen andere einen großen Bogen um den Kraftraum.

Im Radsport gibt es nicht selten die althergebrachte Vorstellung, dass sich Radfahrer mit einem Krafttraining die Tritttechnik verderben, unnütze Körpermasse zulegen und sich die Ausdauerleistung verschlechtert (vgl. u. a. auch Krüger 2011; Mujika et al. 2016).

Wenn für Ausdauersportler ein Trainieren der Muskelkraft empfohlen wird, dann meist in Form eines sogenannten „spezifischen Krafttrainings". Für die Praxis heißt das: Die Wettkampfbewegungen sollen mit mehr Widerstand ausgeführt werden. Läufer sollen z. B. Berganläufe trainieren und Radsportler Berganfahrten mit hohen Übersetzungen und niedrigen Trittfrequenzen. Solche Trainingsempfehlungen beruhen auf der Annahme, dass ein Krafttraining mit Hanteln und Maschinen keinen positiven Effekt für Ausdauersportler hat. Wissenschaftliche Untersuchungen belegen jedoch zunehmend die positiven Effekte eines intensiven und ergänzenden Krafttrainings für Ausdauersportler:

- Krafttraining kann die Ausdauerleistung unterstützen,
- die Muskeleffizienz und Bewegungsökonomie verbessern,
- die Leistungen bei kurzzeitigen und rennentscheidenden Antritten steigern,
- den Stütz- und Bewegungsapparat stärken, um das Verletzungs- und Verschleißrisiko zu reduzieren, gerade mit Blick auf die einseitigen Belastungen im Radsport.

Als *Beispiel* sei hier eine Studie an hochtrainierten dänischen Jugendradfahrern angeführt. Die Athleten konnten durch ein zusätzlich betriebenes Krafttraining mit höheren Lasten ihre Leistung bei einem Zeitfahren über 45 Minuten um bemerkenswerte 8 % steigern (Aagaard et al. 2011)!

Rønnestad und Mujika (2013) analysierten in einer Übersichtsarbeit zahlreiche Studien, in denen gut trainierte Radsportler und Läufer parallel zum Ausdauertraining ein Muskelkrafttraining betrieben hatten. Die Autoren ziehen ein deutlich positives Fazit und betonen:

Recent research on highly trained athletes indicates that strength training can be successfully prescribed to enhance endurance performance.

Negative Auswirkungen eines Muskelkrafttrainings auf die Ausdauerleistung konnten dagegen nicht festgestellt werden (Rønnestad und Mujika 2013).

Es bleibt also festzuhalten: Neuere Forschungen zeigen zunehmend, dass Ausdauersportler durch ein ergänzendes und intensives Krafttraining ihre Leistungen erfolgreich verbessern können (vgl. auch Vikmoen et al. 2016; Mujika et al. 2016).

Diese Ansicht teilt seit Kurzem auch der Deutsche Schwimm-Verband e. V. (DSV). Im Herbst 2016 stellte der DSV ein neues Kraftkonzept vor, das den Fokus auf ein intensives Trainieren der Muskelkraft richtet. Schwimmer sollen künftig beim Üben im Kraftraum hauptsächlich ein Maximal- und Muskelaufbautraining betreiben. Genutzt werden sollen dabei komplexe Hantelübungen wie Kniebeuge und Bankdrücken. Auf ein bislang betriebenes Trainieren der Kraftausdauer an Land soll künftig verzichtet werden (DSV 2016).

Kraft ohne Muskelaufbau

Krafttraining wird oftmals mit ungünstigem Steigern des Körpergewichts durch eine Zunahme von Muskelmasse assoziiert. Kritiker geben zu bedenken, dass große Muskelberge Radsportler behindern und die Ausdauer verringern. Die Muskeln müssen schließlich ständig mitfahren, während die Räder gewichtsoptimiert sind.

Die Angst vor einer starken Zunahme des Körpergewichts ist aber unangebracht. Zum einen hemmt das viele Ausdauertraining mit dem Rad die Zunahme an Muskelmasse (Vikmoen et al. 2016). Und zum anderen darf Krafttraining nicht allein mit Muskelaufbau gleichgesetzt werden; zumal es Trainingsmethoden gibt, die allein darauf abzielen, das vorhandene Muskelpotenzial maximal auszuschöpfen – ohne dabei den Muskelquerschnitt zu vergrößern. Mit diesen Methoden wird gezielt das Zusammenspiel zwischen Nerven und Muskeln verbessert, wodurch sich deutlich verbesserte Kraftleistungen erzielen lassen.

Je nach Anforderungen der Wettkampfdisziplin kann ein Kraftgewinn mit oder ohne Zunahme von Muskelmasse erreicht werden. Bahnradfahrer profitieren durchaus davon, wenn sie mit der kraftvollen Statur griechischer Götter an den Start gehen. Straßenfahrer können dagegen ihre Kraft ohne den Aufbau von Muskelmasse steigern.

Mit der Kraft kommt Geschwindigkeit

Im Radsport ist ein gut ausgebildetes Kraftniveau die Basis, um z. B. bei Zwischensprints, im Finale oder am Berg höhere Leistungen zu erbringen. Fehlt die Muskelkraft, können auch Herz-Kreislauf-System und Lungen nicht die maximale Leistung erbringen. Die Kraft hat damit einen großen Einfluss auf die Wettkampfleistung.

Im Radsport bilden Kraft und Ausdauer wortwörtlich ein „starkes Team". In der Praxis wird dies bislang nur selten erkannt. Das Potenzial eines gezielten Krafttrainings für Radsportler wird viel zu selten genutzt. Das Trainieren der Muskelkraft stellt eine wichtige Leistungsreserve für Ausdauerathleten dar, besonders wenn ein Steigern der Trainingsumfänge zeitlich und trainingsmethodisch nicht mehr möglich ist.

In der Disziplin Mountainbike Cross Country wird von Forschern explizit angeregt, den bestehenden Trainingsmittelkatalog des Bundes Deutscher Radfahrer (BRD) zu aktualisieren. Ergänzt werden sollte dieser u. a. durch Krafttrainingsübungen. Durch Veränderungen im Regelwerk wurde die Renndauer bei Cross-Country-Wettbewerben drastisch reduziert. Hierdurch ist das Profil der Rundkurse deutlich ungleicher geworden. Folglich ändert sich auch das Anforderungsprofil dieser Disziplin (Theobald 2015).

Oftmals missverstanden: Kraftausdauer

Ausdauersportler sind stets bestrebt, ihre Kraftausdauerleistung zu verbessern. In der Praxis gehen jedoch viele Trainingsmethoden an diesem Ziel vorbei. Es fehlt ein einheitliches Grundverständnis für den Begriff der „Kraftausdauer", der in der Trainingslehre sehr unterschiedlich verstanden und beschrieben wird.

Es ist unklar, ab wann überhaupt von einem „Einsatz der Muskelkraft" gesprochen werden sollte. Sportwissenschaftler setzen meist bei 30 % des individuellen Kraftmaximums eine Grenze. Nur bei Bewegungen mit Krafteinsätzen oberhalb dieses Wertes wird überhaupt von Kraft gesprochen. Neuere Arbeiten aus dem Bereich der Sportwissenschaften sehen die Grenze sogar erst bei 50–60 % des individuellen Kraftmaximums als erreicht an.

Folgendes *Beispiel* soll dies kurz veranschaulichen: Ein Sportler bewältigt bei der Übung Kniebeuge die Maximallast von 150 kg. Diese Last entspricht seiner Maximalkraft (100 %). Will er nun die Übung Kniebeuge im Sinne eines Krafttrainings durchführen, muss er hierbei einen Widerstand wählen, der mindestens 50 % seiner Maximalkraft (150 kg) entspricht. Demnach müsste er mindestens eine Zusatzlast von 75 kg im Training einsetzen. Führt er die Kniebeuge mit einer geringeren Last aus, ist nicht mehr von einem Krafttraining zu sprechen – auch nicht von einem Kraftausdauertraining. Der Widerstand ist zu gering und es wird die Chance vertan, die leistungswirksamen Anpassungen eines Krafttrainings zu erzielen – z. B. ein verbessertes Nerv-

Muskel-Zusammenspiel und die damit einhergehende Kraftsteigerung.

Vor diesem Hintergrund wird auch deutlich, dass bei den bereits erwähnten Berganfahrten mit dem Fahrrad – selbst mit großen Übersetzungen – nicht von Krafttraining gesprochen werden kann. Der Krafteinsatz ist zu gering. Diese Methoden stellen vielmehr ein intensives Ausdauertraining dar.

Krafttraining im Radsport – quo vadis?

Das Buch „Krafttraining im Radsport" möchte trainingswissenschaftliche Erkenntnisse einer breiten Zielgruppe zugänglich machen: Trainern, Sportlehrern, Übungsleitern, Sportwissenschaftlern, Sportmedizinern und Sportstudenten. Und natürlich auch den Radsportlern sämtlicher Disziplinen – vom Straßenradsport über Mountainbiking und Cyclocross bis hin zum Bahnradsport und Triathlon.

Von den Informationen dieses Buches profitieren Trainer und Sportler sämtlicher Ausdauerdisziplinen. Die Erkenntnisse und aufgezeigten Trainingsmethoden lassen sich beispielsweise auf den Rudersport, den Schwimmsport und den Langstreckenlauf übertragen.

Das Buch durchleuchtet die etablierten Trainingsmethoden und zeigt theoretische Hintergründe auf. Die erste Ausgabe dieses Buches konnte bereits am Mythos des Kraftausdauertrainings mit dem Rad rütteln. Es wurde aufgezeigt, dass diese Trainingsform mit dem Fahrrad überhaupt kein Krafttraining im Sinne der Wissenschaft ist. Folglich gehen die Anpassungen am eigentlichen Ziel vorbei. Diese Erkenntnis bekam viel Aufmerksamkeit in Radsportkreisen und wurde auch von den relevanten Medien aufgegriffen und verbreitet. Trotz dieses Wissens versuchen heute immer noch Radsportler, ihre Muskelkraft durch ein Training mit dem Fahrrad zu steigern.

Es ist also an der Zeit, noch einmal den Blick auf die neuesten Untersuchungsergebnisse zu richten. Vor diesem Hintergrund werden die zentralen Ansätze für ein erfolgreiches Krafttraining im Radsport begründet. Im Praxisteil des Buches werden dann wertvolle Tipps sowie konkrete Ratschläge zum Planen und Durchführen eines Krafttrainings gegeben. Ebenfalls werden die wichtigsten Übungen ausführlich in Wort und Bild erläutert.

Kurz gesagt, das Buch zeigt auf, wie das individuelle Leistungspotenzial durch ein gezieltes Trainieren der Muskeln maximal genutzt werden kann. Denn eine außergewöhnliche Muskelkraft hat nicht nur den Helden der Antike zu zahlreichen Siegen verholfen.

Wir wünschen allen Lesern eine erfolgreiche Umsetzung.

Muskeln statt Motoren!

Die Autoren

KAPITEL

1 Anforderungsprofile der Radsportdisziplinen

Das folgende Kapitel zeigt auf, welche Anforderungen die einzelnen Radsportdisziplinen an die konditionellen Fähigkeiten der Athleten stellen. Der Fokus liegt dabei auf dem Stellenwert der Muskelkraft. Die einzelnen Radsportdisziplinen wie Straßenradsport, Mountainbiking, Triathlon etc. werden dabei in Haupt- und Unterdisziplinen gegliedert. Anhand dieser Klassifizierung werden anschließend die Anforderungsprofile der bedeutendsten Disziplinen dargestellt. Die daraus gewonnen Erkenntnisse bilden die Basis, um ein Training erfolgreich zu planen.

1.1 Anforderungsprofile

Ein Anforderungsprofil gibt allgemein die Art und Ausprägung von Merkmalen an, die für bestimmte Handlungen oder zum Lösen bestimmter Aufgaben erforderlich sind. Dabei wird von den Merkmalen ausgegangen, die nach aktuellem Stand der Erkenntnis in aller Regel notwendig sind. Typische Merkmale, um radfahren zu können, sind z. B. Ausdauer, Kraft und Gleichgewicht.

In einer Sportart beschreibt ein Anforderungsprofil die Art und Ausprägung von Fähigkeiten und Fertigkeiten, welche die Gesamtleistung in der Disziplin beeinflussen. Zum besseren Verständnis wird nachfolgend kurz und vereinfacht der Unterschied zwischen Fähigkeiten und Fertigkeiten aufgezeigt.

Fähigkeit Die Fähigkeit ist die allgemeine Grundeigenschaft, welche die Voraussetzung für das Durchführen einer bestimmten Fertigkeit bildet, z. B. Radfahren. Für das Radfahren sind beispielsweise ein gutes Gleichgewichtsgefühl sowie Ausdauer und Kraft wichtige Voraussetzungen. Diese Fähigkeiten sind zum Großteil angeboren. Durch Üben können sie vertieft und verbessert werden. Sie sind jedoch grundsätzlich nicht erlernbar – im Gegensatz zu den Fertigkeiten.

Fertigkeit Die Fertigkeit beschreibt die Fähigkeit, eine komplexe Bewegung wie z. B. das Radfahren durchführen zu können. Die Bewegung ist dabei nicht ererbt, sondern kann nur durch Üben und Erfahrung angeeignet werden. Bestimmt werden kann eine Fertigkeit z. B. daran, wie leicht und ökonomisch sie ausgeführt wird. Zu den Fertigkeiten zählen z. B. eine gute Fahrtechnik, um mit dem Rad hohe Geschwindigkeiten und Kurven ohne Sturz zu meistern. Ebenso zählt das richtige und defektfreie Schalten und Bremsen dazu. Auch das Fahren im Windschatten mit sehr geringem Abstand zum Vordermann ist eine Fertigkeit, die es zu erlernen gilt. Fertigkeiten stehen in unmittelbarem Zusammenhang mit den Fähigkeiten: Diese stellen die Voraussetzung dar, um Fertigkeiten zu erwerben.

1.1.1 Anforderungsprofile im Leistungssport

Im Leistungssport dienen Anforderungsprofile als Orientierungshilfen für Trainingsentscheidungen. Sie zeigen auf, in welchem Umfang disziplinrelevante Fähigkeiten und Fertigkeiten gefordert sind. Anforderungsprofile bestimmen damit die Leistungsstruktur einer Disziplin. Diese Struktur ist als Zielvorgabe zu verstehen, die durch ein entsprechendes Steuern des Trainings erreicht werden soll. Im Spitzensport orientieren sich Anforderungsprofile in der Regel an den Fähigkeiten und Verhaltensweisen der weltbesten Athleten. Ein Anforderungsprofil setzt sich dabei aus den folgenden Merkmalen zusammen:

- Anthropometrische Eigenschaften (Größenmaße und Proportionen des menschlichen Körpers, z. B. Körpergewicht und Beinlänge)
- Technische Fertigkeiten
- Taktische und konditionelle Fähigkeiten

- Psychische Voraussetzungen
- Materielle und soziale Gegebenheiten; z. B. Unterstützung durch Familie, auch finanzieller Art (vgl. Martin et al. 1993; Zintl 1996).

1.1.2 Anforderungen an Radsportler

Im Radsport gibt es eine Vielzahl verschiedener Disziplinen, die z. T. sehr unterschiedliche Anforderungen an die Leistungsfähigkeiten der Sportler stellen: angefangen bei der hochintensiven Kurzzeitbelastung im Sprint auf der Bahn über lange Etappenradrennen bis hin zum Dauerradfahren über mehrere tausend Kilometer im Ultratriathlon. Hierbei erstrecken sich die Leistungsanforderungen über alle Intensitäts- und Zeitbereiche (vgl. Neumann 2000). Entsprechend variieren auch die physiologischen Beanspruchungen. Abhängig von der jeweiligen Disziplin werden die motorischen Fähigkeiten wie Kraft und Ausdauer unterschiedlich stark gefordert. Beim Bahnradsprint ist besonders die Maximalkraft gefordert: Die Sportler bringen bis zu 2.000 Watt auf die Pedale; dies entspricht einer Leistung von 2,7 PS.

Leistung beim Radfahren

Die physikalische Leistung beim Radfahren wird in Watt bestimmt. Sie errechnet sich wie folgt: Leistung = Drehmoment × Winkelgeschwindigkeit
Während des Radfahrens kann der Sportler die Leistung durch zwei Faktoren bestimmen:

1. **Durch die Kraft, die er auf das Pedal bringt** = Beeinflussen des Drehmoments
2. **Durch die Trittfrequenz** = Beeinflussen der Winkelgeschwindigkeit

Bei Langstreckenrennen ist dagegen die Ausdauerleistungsfähigkeit über Stunden oder sogar Tage gefordert. Beim Race Across America sind die Fahrer bis zu 12 Tage hintereinander und ohne größere Ruhe- bzw. Schlafpausen auf der Radstrecke unterwegs. Neben den physiologischen Anforderungen wie Kraft und Ausdauer beeinflussen auch physikalische Größen die Leistungen beim Radfahren. Hierzu zählen u. a.:

- Rollreibung durch Reifen und Straßenbelag
- Luftwiderstand (beeinflusst durch die Aerodynamik und Windschattenfahren)
- Hangabtriebskomponente beim Fahren in den Bergen.

Ebenfalls zu berücksichtigen ist die Psyche des Sportlers. Diese hat entscheidenden Einfluss auf die Ermüdungswiderstandsfähigkeit. Radsportler müssen psychisch in der Lage sein, den z. T. extremen Belastungen in Wettkampf und Training standzuhalten. Profis im Straßenradsport absolvieren im Jahr ungefähr 35.000 km auf dem Fahrrad; eine Distanz, die viele Autofahrer nicht zurücklegen. Die Sportler sind das ganze Jahr über, bei allen Witterungsbedingungen, auf dem Rad unterwegs – angefangen bei Temperaturen unterhalb des Gefrierpunkts auf Kopfsteinpflaster bis hin zu 40 °C auf steilen Anstiegen im Hochgebirge.

Wer heute im Radsport an die nationale oder internationale Spitze gelangen möchte, muss sich in der Regel auf eine Disziplin spezialisieren – z. B. Mountainbike-Marathon oder Bahnradsprint. Diese Disziplinen stellen jeweils sehr unterschiedliche Anforderungen an die Sportler. Die Fähigkeiten und Fertigkeiten müssen daher gezielt ausgebildet werden – besonders mit Blick auf die heutige Leistungsdichte im Spitzensport.

Ausnahmen von der Spezialisierung auf nur eine Disziplin gibt es besonders im Spitzensport der Frauen. So ist z. B. die Französin Pauline Ferrand-Prévot im Straßenradsport, im Cyclocross und auf dem Mountainbike aktiv. In allen drei Disziplinen konnte sie den Titel der Weltmeisterin erringen. Ein anderes *Beispiel* ist die Niederländerin Marianne Vos. Die zweifache Olympiasiegerin und mehrfache Weltmeisterin konnte herausragende Erfolge auf der Straße, beim Cyclocross und auf der Bahn erzielen. Ebenso sei an dieser Stelle noch die Schweizerin Jolanda Neff erwähnt, die bei den Olympischen Spielen 2016 in Rio sowohl beim Mountainbike Cross Country als auch beim Straßenradrennen starke Leistungen zeigte.

Anforderungsprofile und Trainingsplanung

Ein erfolgreiches Trainieren im Radsport berücksichtigt die speziellen Anforderungen der jeweiligen Disziplin. So unterscheiden sich z. B. die physiologischen Beanspruchungen beim Mountainbike Cross Country deutlich von denen beim Radfahren auf der Triathlonlangdistanz. Eine genaue Kenntnis der jeweils abverlangten Fähigkeiten und Fertigkeiten ist daher von zentraler Bedeutung. Erst mit diesem Wissen kann ein Training gezielt geplant und gesteuert werden!

1.2 Motorische Fähigkeiten im Radsport

In den Radsportdisziplinen sind nur wenig wissenschaftlich gesicherte Daten darüber verfügbar, in welchem Umfang die einzelnen motorischen Fähigkeiten Kraft, Ausdauer, Koordination und Beweglichkeit die Wettkampfleistung bestimmen. In Studien wurden Wettkampfbelastungen oftmals über das Aufzeichnen der Herzfrequenz ermittelt (vgl. u. a. Lucía et al. 1999, 2000, 2001; Mujika et al. 2001).

Diese Methodik ist jedoch ungeeignet, um die tatsächlichen Beanspruchungen wiederzugeben. **Die Herzfrequenz ist zu träge, um schnelle Belastungswechsel realistisch darzustellen.** Werden z. B. bei einem plötzlichen Antritt 1.000 Watt auf das Pedal gebracht, kann dies die Herzfrequenz nicht widerspiegeln. Das Herz-Kreislauf-System hat eine „Anlaufschwäche“. Bis sich die physiologischen Vorgänge im Körper auf eine Belastungssituation eingestellt haben, vergeht eine gewisse Zeit. Diese Zeit ist abhängig vom jeweiligen Belastungssprung. Das Anpassen der physiologischen Prozesse kann dabei mehrere Minuten benötigen. Dies betrifft auch die Herzfrequenz. Damit ist sie nicht geeignet, die schnellen Belastungswechsel im Radsport wiederzugeben (vgl. Köhler und Völker 1994).

Hinzu kommt, dass besonders die Ermüdung im Verlauf eines mehrtägigen Rennens starken Einfluss auf die Herzfrequenz nimmt. Diese sinkt i. d. R. deutlich ab gegenüber den im Labor festgelegten Herzfrequenzbereichen bei einer leistungsdiagnostischen Untersuchung. Beim alleinigen Analysieren der Herzfrequenz bleibt daher ein wichtiger Punkt unberücksichtigt:

Rennentscheidende Situationen fordern gut ausgeprägte Kraftfähigkeiten und eine hohe anaerobe Kapazität.

Der Sieg wird oftmals durch ein kräftiges Antreten im richtigen Moment entschieden. Diese Anforderung wird in Studien gar nicht oder nicht ausreichend berücksichtigt.

Forschungsbedarf

Gefragt sind vor allem Studien, die im Radsport nicht nur die Herzfrequenz analysieren. Um Erkenntnisse über die tatsächlichen Anforderungen im Radsport zu gewinnen, sind Messsysteme einzusetzen, welche die physikalische Leistung aufzeichnen (Wattwerte). *Beispiele* dafür sind das Schoberer-Rad-Messsystem (SRM), die InfoCrank Wattmesskurbel von Verve Cycling oder die Vector-Wattmesspedale von Garmin. Mit diesen Messsystemen besteht die Möglichkeit, die erbrachte physikalische Leistung beim Radfahren sowohl im Labor als auch im Feld direkt zu erfassen und in Watt darzustellen (vgl. Stapelfeld 2001; Vogt et. al. 2005; Theobald 2015).

Nur mithilfe solcher Daten können die tatsächlichen Leistungsanforderungen im Radsport analysiert und bewertet werden. Dies ist eine Voraussetzung, um Rückschlüsse für ein erfolgreiches Training zu ziehen.

Obwohl immer mehr Radfahrer mit einem Wattmesssystem – oftmals auch als Powermeter bezeichnet – unterwegs sind, liegt aus wissenschaftlicher Sicht immer noch ein Mangel an abgesicherten Informationen vor (vgl. Theobald 2015). Dieser führt nicht selten dazu, dass der Stellenwert der Muskelkraft im Radsport weiterhin unterschätzt wird.

Die Autoren des vorliegenden Buches haben durch ihre Trainertätigkeiten im Radsport viele Tausende Trainingseinheiten analysiert, bei denen Wattleistungen aufgezeichnet wurden. Quer durch alle Radsportdisziplinen wird dabei ersichtlich, dass den Radsportlern gut ausgebildete Kraftfähigkeiten abverlangt werden.

1.2.1 Ausdauer

Der Radsport zählt zu den klassischen Ausdauersportarten. Von allen motorischen Fähigkeiten ist beim Radfahren zweifelsfrei die Ausdauer am meisten gefordert. Dementsprechend bildet eine gut entwickelte Grundlagenausdauer die Basis, um ein Radrennen überhaupt bewältigen zu können. Gekennzeichnet ist die Grundlagenausdauer durch eine hohe aerobe Leistungsfähigkeit. Über Erfolg oder Misserfolg entscheiden aber meist die kurzen, hochintensiven anaeroben Abschnitte im Rennverlauf, z.B. bei Ziel- und Zwischensprints.

Ebenso wichtig wie ein hohes aerobes Leistungsvermögen ist deshalb die Fähigkeit, die immer wiederkehrenden hochintensiven anaeroben Spitzen tolerieren zu können. Wie hoch die Anforderungen an die Ausdauerleistung sind, zeigt ein kurzer Blick auf die Fähigkeit zur Sauerstoffaufnahme von Radsportlern: Bei Spitzenathleten kann die VO_2max mit 70–80 Milliliter pro kg Körpergewicht pro Minute den doppelten Wert von Untrainierten erreichen, der ca. bei 35–40 Milliliter pro kg Körpergewicht pro Minute liegt (Hollmann und Hettinger 2000).

Aus Sicht der Autoren des vorliegenden Buches soll hier angemerkt sein, dass die VO_2max alleine nicht ausreicht, um die Leistungsfähigkeit eines Radsportlers zu beurteilen. Eigene Erfahrungen aus der Praxis sollen dies kurz unterstreichen. Bei Radsportlern aus den oberen Amateurklassen konnten durchaus die VO_2max-Werte von Spitzenprofis gemessen werden. Treffen diese Fahrer in einem Rennen aufeinander, haben die Amateure meisten klar das Nachsehen. Für die Überlegenheit der Profis muss es also noch andere Faktoren geben – abseits der maximalen Sauerstoffaufnahme (VO_2max).

1.2.2 Kraft

Die Bedeutung der Ausdauer im Radsport erschließt sich selbst dem Laien sofort. Anders sieht es mit dem Stellenwert der Muskelkraft aus. Dabei spielt diese die zweitwichtigste Rolle. Rennentscheidende Situationen wie

- Zwischensprints,
- Zielspurts,
- Angriffe am Berg und in der Ebene sowie
- Antritte aus dem Stand (Bahnradsport)

erfordern gut ausgebildete Kraftfähigkeiten. Das Niveau der Muskelkraft entscheidet damit nicht selten über Sieg oder Niederlage. Besonders gefordert ist eine gut ausgebildete Maximalkraft. Diese beeinflusst zugleich maßgeblich die Schnellkraft – sowie die Kraftausdauerleistung (➤ Kap. 2.1). Ebenso wird die **Muskeleffizienz** verbessert und der Radsportler ist in der Lage, ein höheres Tempo über einen längeren Zeitraum zu fahren (➤ Kap. 3.2.3). Ein gezieltes Krafttraining kann daher die Wettkampfleistung in den Radsportdisziplinen deutlich steigern.

Erfolgsfaktor Kraft

Im Radsport spielt die Muskelkraft die zweitwichtigste Rolle nach der Ausdauer. Je mehr sich die zu erbringenden Leistungen dem individuellen Kraftmaximum nähern, desto größer ist die Bedeutung der Maximalkraft. Eine hohe Kraft der Muskeln ist besonders in rennentscheidenden Situationen gefordert: bei Antritten, Ziel- und Zwischensprints. Über Sieg oder Niederlage entscheidet daher oftmals das individuelle Kraftniveau des Fahrers.

Die Anforderung im Radsport liegt nicht darin, die Muskelkraft maximal zu entwickeln. Es geht darum, die **Muskelkraft optimal zu entwickeln.** Es ist jedoch nicht einfach zu bestimmen, wann ein Optimum erreicht ist.

Im Radsport sind bislang kaum Maximalkraftwerte dokumentiert worden. Es fehlt an Richtwerten, an denen sich Athleten und Trainer orientieren können (➤ Kap. 4). Die einzelnen Disziplinen des Radsports stellen dabei unterschiedliche Anforderungen an das Kraftniveau. So wird z.B. die Leistung beim Bahnradsprint besonders durch das Niveau der Maximalkraft beeinflusst. ➤ Tab. 1.1 gibt einen Überblick darüber, welchen Stellenwert die Maximalkraft in den einzelnen Radsportdisziplinen einnimmt. Die

Tab. 1.1 Stellenwert der Maximalkraft in den Radsportdisziplinen

Radsportdisziplin	Stellenwert der Maximalkraft
Straßenradsport (allgemein)	++
Straßenradsport Sprintspezialisten	+++
Straßenradsport Spezialisten Kriterium/Rundstrecke	+++
Querfeldein (Cyclocross)	+++
Mountainbike Marathon	++
Mountainbike Cross Country	+++
Bahnradsport Ausdauerdisziplinen	+++
Bahnradsport Sprintspezialisten	++++
Triathlon Langstrecke	+
Triathlon olympische Distanz/Kurzstrecke	++

gering = +
sehr hoch = ++++

Angaben basieren auf den in diesem Buch vorgenommen Analysen der Anforderungsprofile verschiedener Radsportdisziplinen (ab ➤ Kap. 1.4).

1.3 Kurze Geschichte des Fahrrades

Im Wesentlichen geht die Entwicklung des Fahrrades auf die Erfindung des Deutschen Karl Friedrich Christian Ludwig Freiherr Drais von Sauerbronn zurück, der 1817 mit einer Laufmaschine an die Öffentlichkeit trat. Diese sogenannte „Draisine" besaß zwei Räder und wurde durch Abstoßen der Füße vom Boden bewegt. Von der Laufmaschine bis zum Fahrrad in seiner heutigen Form war es ein langer Weg.

Seinen Siegeszug rund um die Welt trat das Fahrrad erst durch weitere bedeutende Entwicklungen an. Am wichtigsten waren die Erfindungen der Tretkurbeln durch den Franzosen Michaux (1862), der Kette durch den Engländer Starley (1885) und der Bereifung durch den Schotten Dunlop (1888). Das Fahrrad entwickelte sich von 1900 an zum Massenverkehrsmittel (Erbach et al. 1960).

1.3.1 Entwicklung des Radsports

Mit den ersten Straßenrennen in England und Frankreich begann nach 1870 die Entwicklung des Radsports. Als mutig, geschickt und stark galt, wer mit einem „Veloziped" (lat. velox „schnell", pes „Fuß") umzugehen verstand – was in dieser Entwicklungsperiode des Fahrrades nicht einfach war (Erbach et al. 1960).

Bei den Olympischen Spielen 1896 in Athen gehörte der Radsport mit Straßen- und Bahnrennen bereits zum offiziellen Programm. Die erste Weltmeisterschaft auf der Straße fand erst Jahrzehnte später, 1921, statt. Die Geschichte des Radsports wurde vor allem durch die großen Etappenrennen in fast allen Ländern Europas geprägt. Am berühmtesten ist die seit 1903 jährlich ausgetragene Tour de France. Zunehmender Beliebtheit erfreuen sich heutzutage Jedermannrennen. Bei dieser Wettkampfform können Teilnehmer ohne formale Zulassungsvoraussetzungen wie etwa Lizenzen oder Ranglistenplätze teilnehmen (➤ Abb. 1.1). Zu den größten Jedermannrennen zählen z. B. die EuroEyes Cyclassics (früher Vattenfall Cyclassics) in Hamburg; in den vergangenen Jahren sind bei einzelnen Rennen z. T. über 20.000 Radsportler an den Start gegangen.

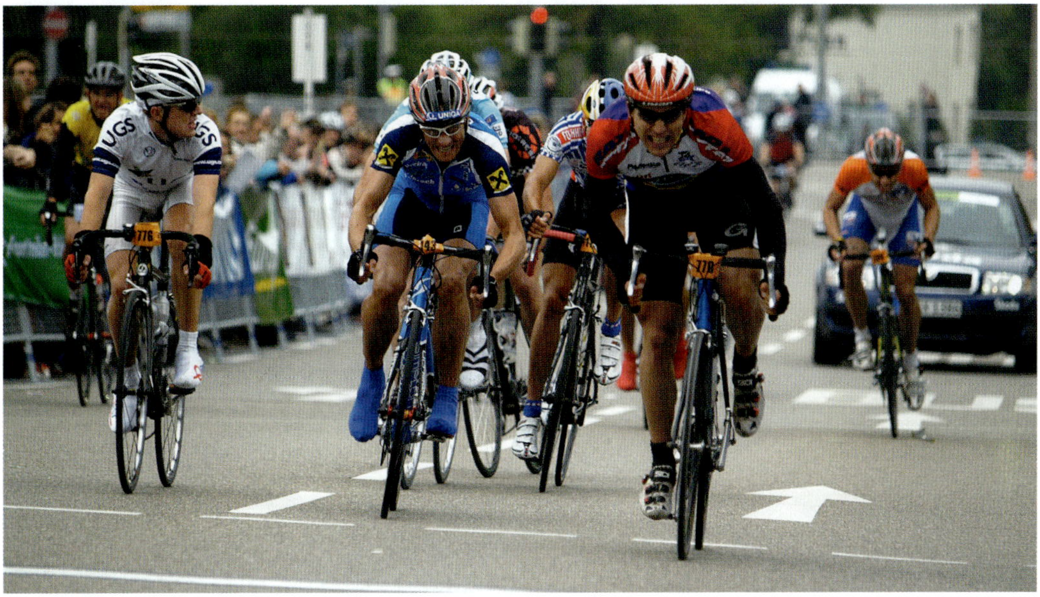

Abb. 1.1 Umkämpfte Zielankunft beim Jedermannrennen (Foto: René Penno)

1.3.2 Radsportdisziplinen

Unter dem Begriff „Radsport“ werden alle Sportarten zusammengefasst, die mit dem Fahrrad ausgeführt werden. Neben den klassischen Straßen- und Bahnradrennen gibt es heute zahlreiche weitere Wettkampfformen. Mountainbike und Querfeldein zählen genauso zu den Radsportdisziplinen wie BMX, Trial, Kunstradfahren, Radball und Radpolo. Die jeweiligen Hauptdisziplinen gliedern sich dabei meist in zahlreiche Unterdisziplinen. Allein im Straßenradsport können sieben Teildisziplinen wie z. B. Etappenrennen, Eintagesrennen oder Einzelzeitfahren unterschieden werden.

Eine vollständige Beschreibung aller Radsportdisziplinen würde den Umfang des Buchs sprengen. Im Folgenden werden kurz die klassischen Radsportdisziplinen dargestellt.

1.4 Straßenradsport

In den folgenden Abschnitten werden die einzelnen Disziplinen des Straßenradsports beschrieben. Danach werden sie mit Blick auf ihre Anforderungen analysiert. Die daraus gewonnenen Erkenntnisse bilden die Basis, um ein Training erfolgreich zu planen.

1.4.1 Disziplinen

Der Straßenradsport gehört zu den Radsportdisziplinen, denen die größte Aufmerksamkeit zukommt. Der internationale Radsportverband, die Union Cycliste Internationale (UCI), unterscheidet in der Disziplin Straßenradsport grundsätzlich zwei Rennformen:

- Eintagesrennen
- Etappenrennen

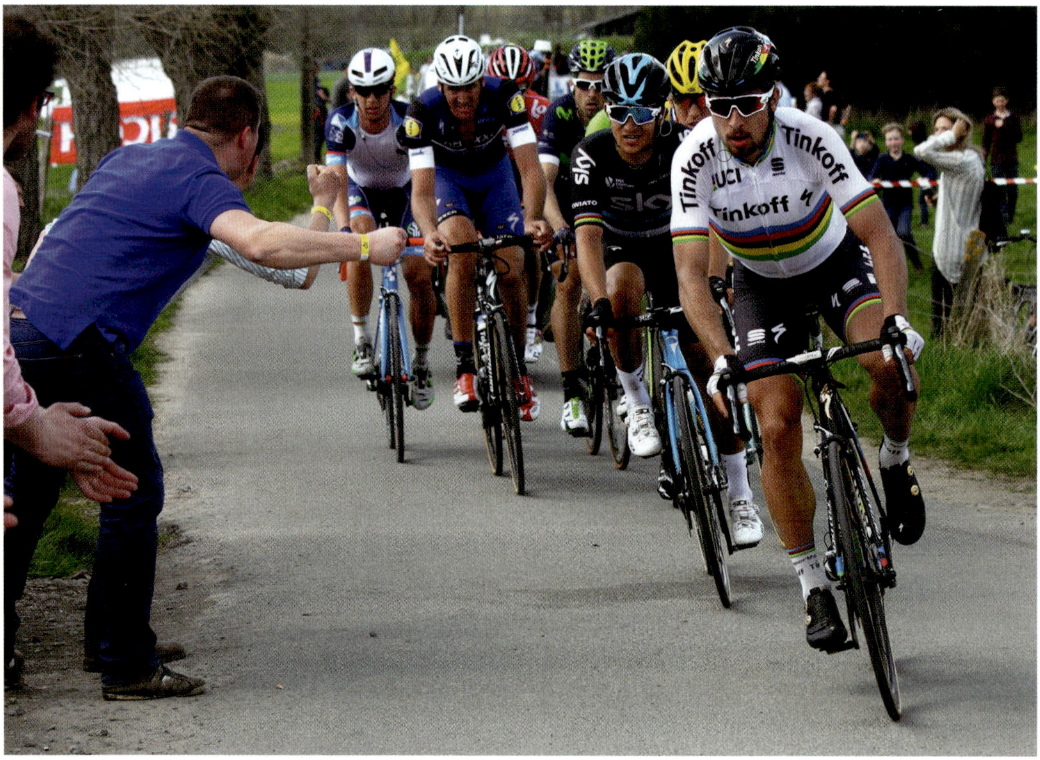

Abb. 1.2 Die Flandernrundfahrt wird zu den Klassikern und den fünf sogenannten Monumenten des Radsports gezählt. (Foto: Daniel Kilb)

Eintagesrennen

Diese Rennen enden mit der Zielankunft der Fahrer am Ende des Wettkampftages. Die Streckenlänge kann dabei stark variieren. Für Profis wird in der Regel eine Streckenlänge von 250 km nicht überschritten. Die ältesten und berühmtesten Eintagesrennen werden als „Klassiker" bezeichnet; hierzu zählen z. B. die Flandernrundfahrt (➤ Abb. 1.2), Paris–Roubaix und Lüttich–Bastogne–Lüttich.

Etappenrennen

Gegenüber Eintagesrennen verlaufen diese Wettkämpfe über mehrere Tage oder sogar Wochen. Die hierbei von den Fahrern zu absolvierenden täglichen Strecken werden als Etappen bezeichnet. Zu den bekanntesten Etappenrennen gehören neben der Tour de France der Giro d'Italia, die Vuelta a España und die Tour de Suisse.

Kriterien/Rundstrecke

Diese Wettkämpfe stellen eine spezielle Form von Eintagesrennen dar. Als Kriterien werden Straßenradrennen auf einem relativ kurzen, mehrmals zu befahrenden und meist innerstädtischen Rundkurs bezeichnet (➤ Abb. 1.3). Die Rundkurse haben eine Länge zwischen 800 und 11.999 m. Im engeren Sinne werden mit Kriterien solche Rennen bezeichnet, bei denen die Platzierungen durch die regelmäßige Vergabe von Punkten bei Wertungssprints ermittelt werden. Sieger des Rennes ist der Fahrer mit den meisten Punkten – auch wenn er am Ende nicht als Erster die Ziellinie überquert. Kriterien werden hauptsächlich im Amateurbereich gefahren.

Bei Rundstreckenrennen hingegen wird der Sieger beim Endspurt am Zielstrich ermittelt, wenn er eine festgelegte Anzahl an Runden absolviert hat.

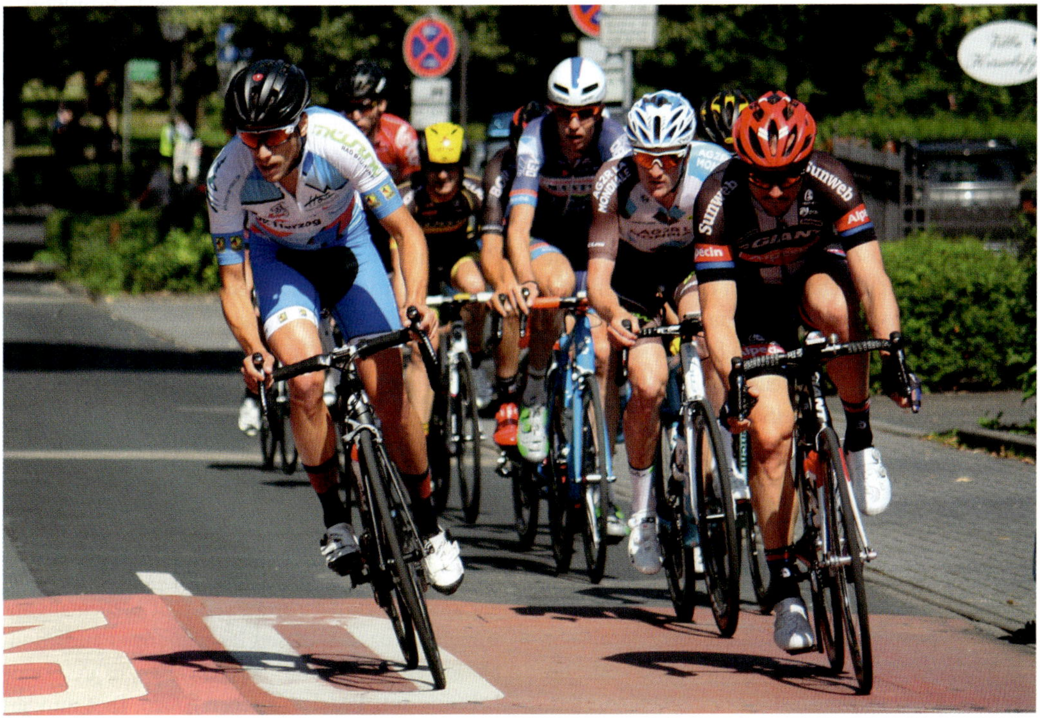

Abb. 1.3 Beim Großen Preis der Stadt Bad Homburg (Kriterium) sind auch Profis wie John Degenkolb (rechts im Bild) auf dem Rundkurs. (Foto: Daniel Kilb)

Zeitfahren

Hierbei müssen die Fahrer einzeln eine bestimmte Strecke zurücklegen, die in der Regel relativ flach ist. Im Gegensatz dazu finden auf sehr bergigen und kürzeren Strecken sogenannte Bergzeitfahren statt. Die Zeit wird für jeden Fahrer einzeln gestoppt. Der Kampf gegen die Konkurrenz findet nur indirekt auf der Uhr statt. Windschattenfahren ist strengstens verboten und wird mit Zeitstrafen und in schweren Fällen mit Ausschluss bestraft. Im Straßenradsport gibt es Einzel-, Paar- und Mannschaftszeitfahren.

1.4.2 Anforderungen

Im Gegensatz zu anderen klassischen Langzeitausdauersportarten, z. B. dem Marathonlauf, stellt der Straßenradsport andere und deutlich vielschichtigere Anforderungen an den Sportler. Durch die Topografie der Strecke, das Windschattenfahren und taktische Elemente liegen meist sehr stark intermittierende Belastungen vor. Es wechseln sich sehr ruhige Phasen – fast ohne Belastungen beim Windschattenfahren im Feld – mit unterschiedlich langen und hochintensiven Abschnitten ab.

Diese variablen Anforderungen beanspruchen alle physiologischen Regelbereiche des menschlichen Organismus (z. B. Stoffwechsel und Herz-Kreislauf-System). Befindet sich ein Fahrer bei flachem Terrain im schützenden Feld, ist die Belastung z. B. häufig über lange Abschnitte sehr gering. Fährt ein anderer Fahrer zur gleichen Zeit in einer kleinen Spitzengruppe, muss er dagegen eine deutlich höhere Leistung aufwenden, oftmals im Bereich seiner individuellen anaeroben Schwelle. Nicht selten erbringen die Fahrer in Ausreißergruppen bei großen Rundfahrten im Schnitt Leistungen um die 300 Watt. Im geschlossenen Fahrerfeld beträgt die gefahrene Leistung im gleichen Streckenabschnitt und bei gleicher Geschwindigkeit dagegen nur rund 200 Watt, ein Drittel weniger als in der Ausreißergruppe (vgl. Schmidt 2008). Diese Angaben sollen hier nur beispielhaft angeführt sein. Die absoluten Wattzahlen sind stark vom Körpergewicht des Fahrers abhängig. Die Leistungen können von Rennen zu Rennen und Etappe zu Etappe stark variieren. Dieses *Beispiel* soll lediglich die unterschiedlichen Anforderungen des Radsports innerhalb einer Disziplin aufzeigen.

Harmoniert eine Ausreißergruppe, liegen zwar hohe, aber relativ konstante Belastungen vor. Die Fahrer wechseln sich beim Fahren im Wind bzw. Windschatten ab; es resultieren gleichmäßige Phasen zwischen einem anstrengenden Fahren im Wind und einem kräfteschonenderen Fahren im Windschatten. Bis sich jedoch eine Ausreißergruppe absetzen kann, sind in der Regel diverse harte Antritte und Attacken nötig. Nur so kann sich die Gruppe vom Feld lösen. Solche Attacken fordern eine Leistung von 600–800 Watt über eine Dauer von ein bis zwei Minuten. Die Sportler müssen folglich innerhalb kürzester Zeit umschalten und aus einer gemäßigten Fahrt heraus die volle Leistung abrufen können. **Bei solchen Antritten sind die Kraftfähigkeiten in hohem Maße gefordert** (➤ Abb. 1.4).

Im Training müssen solche Anforderungen entsprechend berücksichtigt werden. Eine konstante und gleichförmige Belastung wie in anderen Ausdauersportarten, z. B. beim Marathonlauf, kommt im Radsport in der Regel nur beim Einzelzeitfahren sowie im Triathlon vor. **Daher spiegelt die alleinige Angabe von Durchschnittsbelastungen nicht die tatsächlichen Anforderungen im Straßensport wider.** Entscheidend ist, welche Intensitätsbereiche im Rennen gefordert sind und wie sich die Leistungen darauf verteilen.

Folgendes *Beispiel* soll dies verdeutlichen: In einem Rennen über fünf Etappen erbrachten sechs Profifahrer im Mittel eine Leistung von ca. 220 Watt. Dieser Wert verdeutlicht jedoch nicht, dass in 28 % des Rennens deutlich höhere Leistungen abverlangt wurden (➤ Tab. 1.2), bei denen die Fahrer rund 330 Watt und mehr aufs Pedal bringen mussten (Vogt et al. 2005). Dieser Wert stellt ebenfalls nur einen Durchschnitt dar; darin enthalten sind alle Belastungsspitzen bei Sprints und Antritten. Hierbei wird den Fahrern eine Leistung von z. T. weit über 1 000 Watt abverlangt. Diese Antritte stellen damit hohe Anforderungen an die Kraftfähigkeiten. Für die dargestellten Durchschnittswerte gilt es ebenfalls anzumerken, dass in diesen Berechnungen auch Rollphasen enthalten sind, bei denen die Fahrer keine Leistung aufs Pedal abgegeben haben. Dies mindert den Schnitt der durchschnittlich angegebenen Wattwerte erheblich.

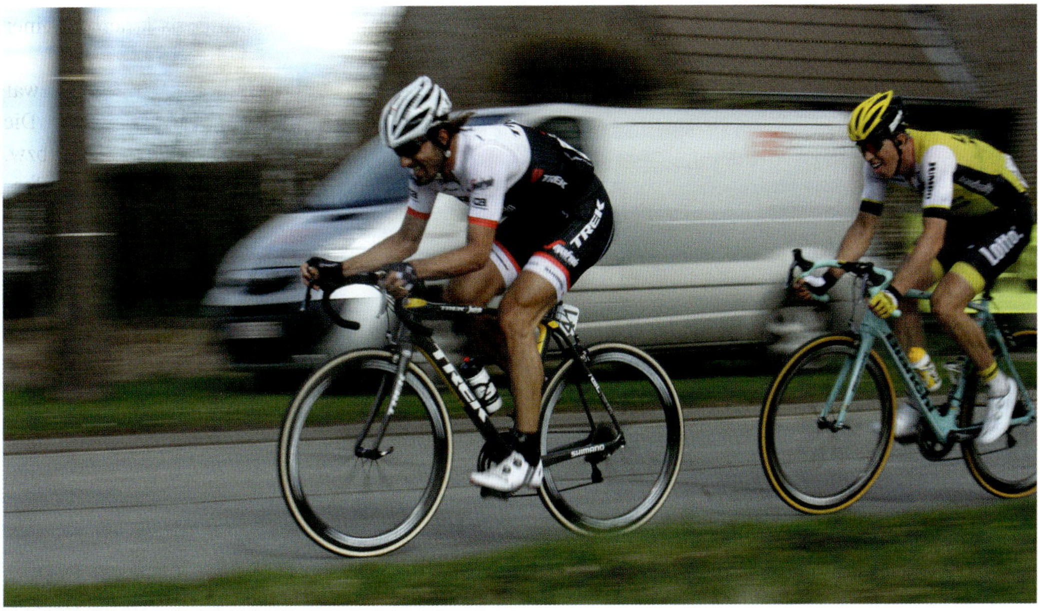

Abb. 1.4 Kraftvolle Attacke gegen den Wind von Fabian Cancellara. Der auf Straßenradsport spezialisierte ehemalige Schweizer Radprofi wurde u. a. viermaliger Weltmeister im Zeitfahren und konnte jeweils dreimal die Flandernrundfahrt und Paris–Roubaix gewinnen. (Foto: Daniel Kilb)

Dass durchschnittlich erbrachte Wattwerte ungeeignet sind, die tatsächlichen Belastungen beim Radfahren wiederzugeben, zeigen auch die Bemühungen der Hersteller von Wattmesssystemen (Powermetern). Diese versuchen mit neuen Werten, wie der **Normalized Power® (NP),** den tatsächlichen Bedingungen beim Radfahren unter freiem Himmel – mit sich ständig ändernden Fahrbedingungen (z. B. Höhe, Gelände, Wind) – gerecht zu werden. Mithilfe eines speziellen mathematischen Algorithmus soll der starken Variabilität der erbrachten Leistung auf die Pedale Rechnung getragen werden. Die Normalized Power® repräsentiert die tatsächlichen Anforderungen deutlich sensitiver, als es ein Durchschnittswert kann – besonders dann, wenn die Belastungen stark intermittierend sind.

Durchschnittsbelastungen

Im Radsport wird die Intensität meistens daran gemessen, welche durchschnittliche Leistung die Sportler während eines Rennes bzw. einer Etappe erbringen müssen, z. B. 200 Watt. Die alleinige Angabe der Durchschnittsbelastung reicht jedoch nicht aus, um die tatsächlichen Anforderungen im Straßenradsport widerzuspiegeln. **Entscheidend ist, welche Intensitätsbereiche im Rennen gefordert sind und wie sich die Leistungen darauf verteilen.** In den entscheidenden Phasen des Rennens und im Sprint müssen die Sportler bis weit über 1 000 Watt auf die Pedale bringen. Diese Anforderungen sind beim Trainieren zu berücksichtigen. Die Kraftfähigkeiten müssen entsprechend ausgebildet werden.

Tab. 1.2 Beispiel für die Leistungsverteilung von sechs Profifahrern innerhalb eines Rennens über fünf Etappen (in Anlehnung an Vogt et al. 2005)

Zone	Intensität	Merkmal	Anteil am Rennen	Einfluss der Kraft
1	niedrig	Belastungen unterhalb der aeroben Schwelle (LT)	58 %	gering
2	moderat	Belastungen zwischen aerober und individueller anaerober Schwelle	14 %	mittel
3	hoch	oberhalb der individuellen anaeroben Schwelle	**28 %**	**hoch, durch Attacken und Antritte**

Tab. 1.3 Spezielle Anforderungen von Flach-, Berg- und Zeitfahretappen während Rundfahrten (in Anlehnung an Lucía et al. 2001)

	Flachetappe	Bergetappe	Zeitfahren
Distanz	ca. 200 km	ca. 200 km	ca. 40–60 km
Wettkampfdauer	4–5 Std.	5–6 Std.	ca. 1 Std.
Intensität	niedrig bis mittel	mittel bis hoch (während Aufstieg)	hoch
Durchschnittsgeschwindigkeit	ca. 45 km/h	ca. 20 km/h (während Aufstieg)	ca. 50 km/h (Zeitfahrspezialisten)
Trittfrequenz (U/min)	ca. 90 U/min	ca. 70 U/min	ca. 90–100 U/min
Radfahrposition	sitzend	variabel sitzend/stehend	aerodynamisch (Triathlonlenker)
Leistung	unter 250 Watt	≥ 6 Watt pro kg Körpergewicht (während Aufstieg)	350 Watt (400+ Watt Spezialisten)
Anforderungen an Kraftfähigkeiten	hoch bei Attacken und Zielsprint	hoch bei Tempowechsel und Attacken am Berg	Die extreme aerodynamische Sitzposition fordert die gesamte Rumpf- und Stützmuskulatur

Etappenrennen

In den folgenden Abschnitten werden die Anforderungen unterschiedlicher Etappen dargestellt, wie sie typischerweise bei einer Rundfahrt im Profiradsport vorkommen (➤ Tab. 1.3).

Flachetappen

Bei Flachetappen werden innerhalb von 4–5 Stunden etwa 200 km zurückgelegt. Diese Etappen werden zu großen Teilen im geschlossenen Fahrerfeld absolviert. Dabei kann durch das Fahren im **Windschatten** der Energieaufwand um bis zu 40 % reduziert werden (vgl. Lucía et al. 2001). Die wenigen verfügbaren Leistungsdaten zeigen Durchschnittsleistungen von 200–250 Watt während Flachetappen (vgl. Mujika et al. 2001; Vogt et al. 2005).

Der Rennverlauf wird meist durch die Teams mit guten Sprintern bestimmt, die kräfteschonend im Windschatten des eigenen Teams bis auf die Zielgerade geführt werden. Die Entscheidung fällt im Zielsprint. Hierbei entscheiden dann besonders die Kraftfähigkeiten der Sprinter über Sieg oder Niederlage.

Zeitfahren

Im Spitzenbereich werden beim Zeitfahren Durchschnittsgeschwindigkeiten von etwa 50 km/h erreicht. Hierzu muss der Sportler in der Lage sein, eine konstant hohe Leistung im Bereich der anaeroben Schwelle zu tolerieren – und zwar über die gesamte Rennzeit von bis zu einer Stunde (Mujika et al. 2001). Die Durchschnittsleistungen variieren dabei je nach Fahrer. Es werden im Mittel Leistungen von 350 bis über 400 Watt erreicht. Zusätzlich wird ca. die Hälfte des Rennens mit einer Intensität von über 90 % der maximalen Sauerstoffaufnahme absolviert (vgl. Lucía et al. 2001).

Bei kürzeren Zeitfahren in den Amateur- und Nachwuchsklassen verschieben sich die Intensitäten noch weiter in den anaeroben Bereich. Die zum Teil extreme aerodynamische Sitzposition auf speziellen Zeitfahrrädern stellt hohe Anforderungen an die gesamte Rumpf- und Stützmuskulatur.

Bergetappen

Bei Bergetappen sind meist 3 bis 5 Pässe zu überqueren. Im Profiradsport müssen dabei mehrere tausend Höhenmeter auf einer Distanz von rund 200 km überwunden werden. Die mittlere Steigung liegt dabei zwischen 5 und 10 %. Die Fahrtzeit beträgt zwischen 5 und 6 Stunden. Die hochintensiven Phasen des Aufstiegs dauern je Berg ca. 30 bis 60 Minuten. Die Intensität liegt während des Aufstiegs im Bereich der anaeroben Schwelle (Lucía et al. 2001).

Ein geringes Körpergewicht und eine hohe relative Leistung pro Kilogramm Körpergewicht sind hier von entscheidender Bedeutung. Die leichtgewichtigen Fahrer sind am Berg klar im Vorteil, da sie ein deutlich besseres Verhältnis von Leistung zu Gesamtgewicht aufweisen. Eine relative Leistung von 6 Watt pro kg Körpergewicht ist eine realistische Anforderung für einen guten Bergfahrer (Lucía et al. 2001).

Als *Beispiele* seien kurz die Leistungen von Spitzenathleten aufgeführt:

- Der mehrfache Tour-de-France-Sieger Chris Froome erreichte bei einem Pyrenäen-Anstieg nach La Pierre-Saint-Martin durchschnittlich 414 Watt über einen Zeitraum von 41:30 Minuten. Diese Leistung entsprach 5,78 Watt pro Kilogramm Körpergewicht. Die Trittfrequenz lag im Mittel bei 97 U/Minute (Team Sky 2015).
- Jens Voigt, der kein Bergspezialist ist, erreichte während der Königsetappe der Tour de France 2004 am Berg eine durchschnittliche Leistung von 5,26 Watt pro Kilogramm Körpergewicht. Die Trittfrequenz lag dabei zwischen 70 und 80 U/Minute (Kühnen 2004).

Besondere Anforderungen an die Kraftfähigkeiten stellt dabei ein ständiger Wechsel zwischen dem Fahren im Wiegetritt und in einer sitzenden Position. Oftmals werden am Berg auch kraftraubende Attacken gefahren. Um diese zu parieren, bedarf es der Fertigkeit, mit kraftvollen Antritten reagieren zu können.

Kriterien/Rundstrecke

Diese Wettkämpfe stellen eine spezielle Form von Eintagesrennen dar. Gefahren wird auf einem relativ kurzen und meist innerstädtischen Rundkurs zwischen 800 und 11 999 m Länge. Das verwinkelte Streckenprofil verlangt von den Fahrern ein ständiges Antreten und Beschleunigen aus der Kurve heraus.

Hinzu kommt, dass bei Kriterien die Rennen nicht am Zielstrich entschieden werden. Die Fahrer müssen bei zahlreichen Wertungssprints Punkte sammeln (➤ Abb. 1.5). Bei Antritten und Sprints werden den Fahrern ständig Belastungsspitzen von weit über 1 000 Watt abverlangt. Das Fahren auf Rundkursen stellt damit besonders hohe Anforderungen an die Kraftfähigkeiten.

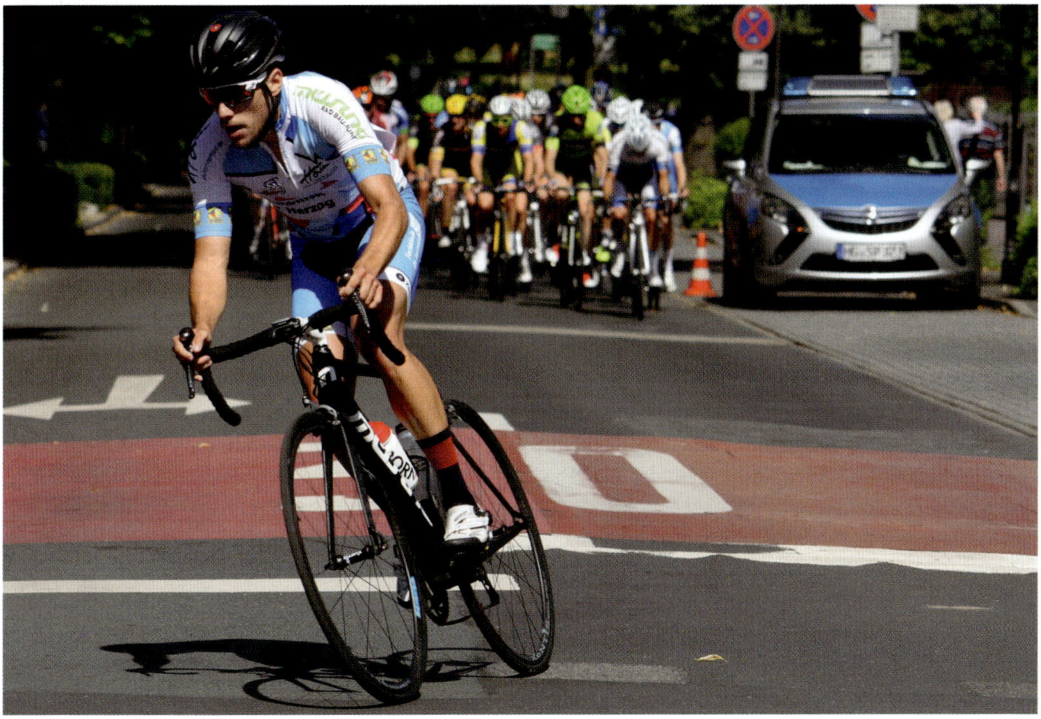

Abb. 1.5 Durch einen Antritt konnte sich ein Fahrer vom Feld absetzen, um bei einem Zwischensprint Wertungspunkte zu sammeln. (Foto: Daniel Kilb)

Leistungsklassen

Die Anforderungen im Radsport werden nicht allein durch die Disziplin bestimmt. Auch **die Leistungsklasse nimmt Einfluss auf die abverlangten Fähigkeiten und Fertigkeiten.** In den unteren Amateur- und Nachwuchsklassen sind deutlich kürzere Wettkampfdistanzen von 40–120 km zu absolvieren. Hieraus resultiert eine andere Fahrweise – sowohl konditionell als auch taktisch.

Wechseln Nachwuchsfahrer in den Profibereich, müssen sie quasi das Rennenfahren neu erlernen. Die bis zu 300 km langen Distanzen im Profiradsport stellen veränderte Anforderungen an die Sportler – sowohl physisch, psychisch als auch taktisch. Gegenüber Amateur- und Nachwuchsrennen werden Profirennen manchmal zu Beginn relativ verhalten gefahren. In Richtung Finale wird das Tempo dann immer schneller.

So leisteten *beispielsweise* die Fahrer bei einer Tour-de-France-Etappe in den ersten drei Rennstunden durchschnittlich rund 200 Watt; in den letzten beiden Stunden stieg die Leistung im Mittel bereits auf 290 Watt an. In der letzten halben Stunde mussten die Fahrer dann fast doppelt so viel Leistung auf die Pedale bringen wie zum Beginn des Rennens: Im Schnitt wurden rund 380 Watt erreicht (vgl. Schmidt 2008).

Diese Fahrweise ist besonders auf die lange Renndistanz im Profiradsport zurückzuführen. Der zurückhaltende Fahrstil zum Rennbeginn soll auf der langen Strecke Energiereserven schonen. Da die Profis während der meisten Rennen per Funk mit ihrem sportlichen Leiter verbunden sind, laufen die Rennen fast wie „ferngesteuert“ ab. Die sportlichen Leiter führen ihre Fahrer wie Schachfiguren. Wird ein Rennen unruhig, mit vielen Attacken gefahren, kehrt die Ruhe meistens wieder ein, sobald sich eine „ungefährliche“ Ausreißergruppe gebildet hat. Das Feld lässt die Ausreißer zunächst fahren.

Ab einem bestimmten Punkt im Rennen rufen die sportlichen Leiter dann per Funk zur Attacke. Ein Teil der Mannschaft bekommt die Instruktion, Nachführarbeit zu leisten. Die Ausreißer sollen gestellt werden. Bei der Nachführarbeit bilden sich Interessengemeinschaften aus verschiedenen Mannschaften. Diese Teams organisieren sich mit dem gemeinsamen Interesse, den Zusammenschluss des Feldes herzustellen. Die sportlichen Leiter wissen sehr genau, wie lange ihre Fahrer benötigen, um den Vorsprung der Ausreißer zu neutralisieren. Der Zusammenschluss zwischen Ausreißer- und Verfolgergruppe soll erst kurz vor dem Ziel erfolgen. Durch dieses punktgenaue Abfangen der Ausreißer sollen weitere gefährliche Attacken in der finalen Phase des Rennens vermieden werden. Das Tempo nimmt kontinuierlich zu und die Verfolgungsarbeit geht nahtlos in das Vorbereiten des Zielsprints über. Hier entscheiden dann besonders die **Kraftfähigkeiten der Sprinter** über Sieg oder Niederlage.

Amateur- und Nachwuchsrennen

Gegenüber Profirennen werden Amateur- und Nachwuchsrennen meist von Beginn an sehr schnell gefahren. Ruhigere Phasen, in denen das Feld nur „rollt“, fehlen in der Regel. Dieses Renngeschehen resultiert aus der deutlich kürzeren Renndistanz. Hinzu kommt, dass in den Amateur- und Nachwuchsklassen keine festen Teamstrukturen wie im Profisport bestehen. Es gibt auch keine Funkverbindungen zu den sportlichen Leitern, was den Austausch von Informationen während des Renngeschehens – z. B. darüber, wo sich gerade eine Ausreißergruppe befindet und wann ein Angriff erfolgen sollte – erschwert.

All dies resultiert in einem nervöseren Rennverlauf mit zum Teil zahlreichen Attacken und Antritten, die jeweils hohe Anforderungen an die Kraftfähigkeiten stellen. Die kürzeren und intensiveren Rennverläufe führen auch zu einer anderen Gewichtung der verschiedenen Stoffwechselwege. Der Kohlenhydratstoffwechsel und die Speicher dieses Energieträgers in der Muskulatur gewinnen gegenüber dem Fettstoffwechsel an Bedeutung. Für ein erfolgreiches Steigern der Leistung müssen sich diese Aspekte im Training widerspiegeln.

Eigene Untersuchungen sollen die speziellen Anforderungen im Nachwuchs- und Amateurbereich veranschaulichen. Als *Beispiel* werden an dieser Stelle Eckdaten eines Juniorenfahrers aufgeführt. Die Daten entstammen aus einem für diese Leistungsklasse typischen Rennens über 83 km. Über den gesamten Rennverlauf von 2 Stunden und 10 Minuten wurden stark intermittierende Belastungen gemessen. Dabei wurden Leistungsspitzen von 1 010 Watt erreicht. Bereits nach nur 10 gefahrenen Minuten wurden dem Fahrer Leistungen in seinem Grenzbereich abverlangt. Die Herzfrequenz stieg bis auf 198 Schläge in der Minute und die Leistung am Pedal erreichte 800 Watt. Die durchschnittlich erreichten Leistungswerte können diese extremen Anforderungen nicht widerspiegeln. Im Mittel leistete der Sportler 263 Watt bei einer Herzfrequenz von 172 Schlägen in der Minute. Wie bereits erwähnt, ist deshalb zum Bestimmen der tatsächlichen Anforderungen eine Analyse der im Rennverlauf erreichten Intensitätsbereiche notwendig.

In der Kürze liegt die Würze

Je kürzer ein Wettkampf ist, desto intensiver ist der Rennverlauf. Diese Anforderung ist beim Gestalten des Trainings unbedingt zu berücksichtigen.

1.5 Triathlon

Die Raddisziplin beim Triathlon stellt eine leicht abgewandelte Form des Einzelzeitfahrens dar.

1.5.1 Disziplinen

Bei der klassischen Ironman- bzw. Langdistanz beträgt die Streckenlänge 180 km. Das Windschattenfahren ist in der Regel nicht erlaubt. Ausnahmen stellen einige Kurz- bzw. olympische Distanzen dar, bei denen das Fahren im Windschatten erlaubt ist. Die Länge der Radstrecke beträgt hierbei in der Regel 40 km. Wettkämpfe werden auch über andere Streckenlängen ausgetragen, die sich zwischen 20 km (Sprintdistanz) und 90 km (Halb-Ironman) bewegen.

1.5.2 Anforderungen

Der Triathlonsport ist aufgrund der verschiedenen Wettkampfformen und Distanzen sehr vielfältig. Vom Jedermann-Triathlon über Ligawettkämpfe bis hin zum Ironman werden Sportler aller Leistungsklassen angesprochen. Durchgeführt werden dabei jeweils die drei Teildisziplinen Schwimmen, Radfahren und Laufen. **Je nach Streckenlänge unterscheiden sich die Anforderungen deutlich.**

Die Belastungen über die Sprintdistanz mit einer Gesamtwettkampfdauer von etwa einer Stunde sind völlig andere als die eines mehrtägigen Ultratriathlons über die bis zu 20-fache Ironman-Distanz. Die unterschiedlichen Disziplinen beim Triathlon erfordern eine gut konditionierte Skelettmuskulatur des gesamten Körpers.

In den folgenden Abschnitten werden die Anforderungen für die Disziplin Radfahren bei den gängigsten Streckenlängen dargestellt. Einfluss auf die Anforderungen nimmt nicht nur die Länge der Strecke. Das Profil sowie das Regelwerk (Stichwort: „Windschattenverbot“) beeinflussen die Anforderungen zusätzlich.

Ironman

Beim Radfahren auf der Ironman-Distanz ist das Windschattenfahren nicht erlaubt. Es gleicht deshalb im Wesentlichen einem überlangen Einzelzeitfahren auf der Straße. Die Intensitäten liegen gleichmäßig im submaximalen Bereich (➤ Abb. 1.6).

Antritte zum Kontern von Attacken, wie sie im Straßenradsport typisch sind, fehlen im Triathlon. Gefordert ist eine hohe aerobe Energiebereitstellung. Durch das möglichst gleichmäßige Fahren auf dem Rad sollen Energiereserven für das anschließende Laufen geschont werden. Die Leistung auf dem Rad hat beim Ironman eine vorentscheidende Rolle für den Ausgang des gesamten Wettkampfs (Neumann et al. 2004). Die Radbestzeit beim Ironman Frankfurt über 180 km liegt derzeit bei 4:08:43 Stunden, aufgestellt von Jan Frodeno im Jahr 2015 bei Außentemperaturen von über 35 °C.

Sprint- und olympischer Triathlon

Die Grundlagenausdauer ist auch für die kurzen Wettkampfformen als Leistungsvoraussetzung zu sehen. Die Bedeutung der anaeroben Leistung und der Kraftfähigkeiten variiert in Abhängigkeit der Wettkampfdistanz und der Windschattenregel.

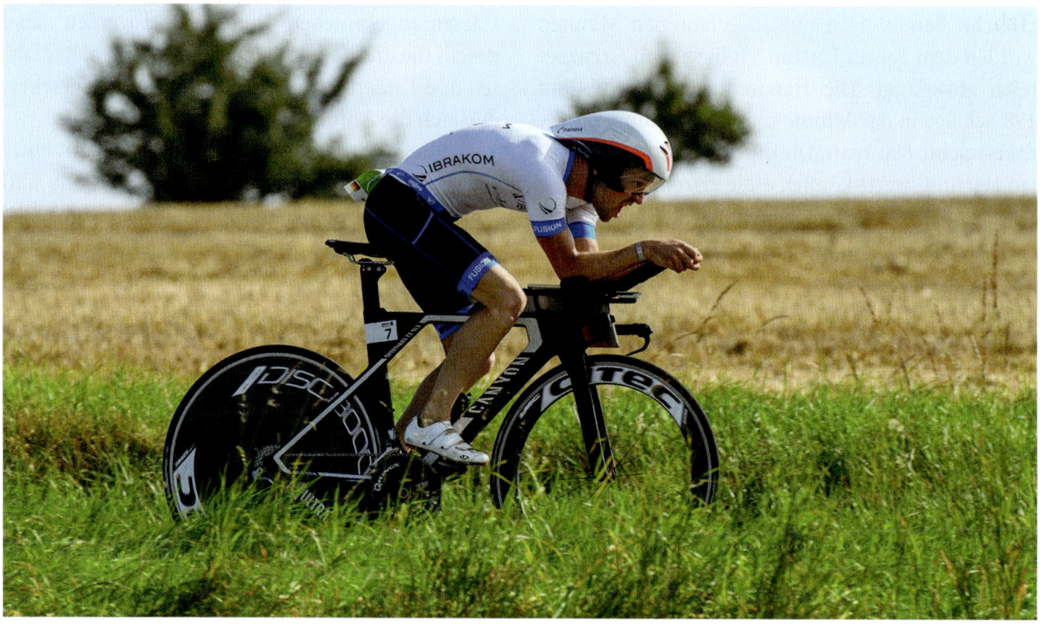

Abb. 1.6 Der Profitriathlet Patrick Lange beim 70.3 Ironman in Wiesbaden auf der Radstrecke (Foto: Michael Rauschendorfer)

Bei kürzeren Wettkämpfen sind Kraft und anaerobe Leistung deutlich mehr gefordert als bei Wettbewerben über die Ironman-Distanz. Ist das sogenannte Drafting (Windschattenfahren) erlaubt, müssen aus taktischen Gründen häufig sehr hohe Leistungsspitzen erbracht werden. Es gilt im richtigen Moment anzutreten, um in die richtige Radgruppe zu gelangen.

Durch den Wegfall des Windschattenverbots haben sich die Anforderungen denen des Straßenradrennens angenähert. Es werden vergleichbare Durchschnittsleistungen von 250–300 Watt erreicht (Neumann et al. 2004). Durch die Windschattenfreigabe werden die Rennen auch taktischer gefahren. Es bilden sich Interessengemeinschaften, wie sie aus Straßenwettbewerben bekannt sind. So kann ein guter Läufer mit Siegchancen nach einer nicht optimalen Schwimmleistung auf der Radstrecke wieder an die Spitze herangefahren werden.

Anders als beim Ironman erfordert die Rundstreckenführung bei den kurzen Triathlonvarianten oftmals ein immer wiederkehrendes Antreten aus Kurven. Dieses ständige Beschleunigen benötigt hohe Kraftspitzen. Hier sind analog zu den klassischen Radsportdisziplinen Belastungsspitzen um die 1 000 Watt erforderlich.

1.6 Mountainbiking

Das Mountainbiking ist eine Radsportdisziplin, bei der in unterschiedlichen Varianten unbefestigte Wege abseits von asphaltierten Straßen befahren werden. Absolviert werden die Strecken auf einem speziellen Geländefahrrad, dem sogenannten Mountainbike (MTB).

1.6.1 Disziplinen

Im Mountainbikesport wird zwischen Einer- und Mannschaftswettbewerben unterschieden, wobei den Einerwettbewerben die größte Beachtung zukommt. ➤ Tab. 1.4 gibt einen Überblick über die angebotenen Wettbewerbe.

Cross Country (XCO)

Seit den Olympischen Spielen von Atlanta 1996 ist diese Disziplin Teil des olympischen Programms. Cross Country ist die klassische Wettkampfdisziplin im Mountainbikesport. Die Rennen werden auf mehrmals zu befahrenden Rundkursen mit einer

Tab. 1.4 Mountainbikedisziplinen

Wettkampfdisziplinen beim Mountainbiking	
Einzelwettbewerbe	Mannschaftswettbewerbe
Cross Country (XCO)	Etappenrennen
Cross Country Eliminator (XCE)	
Downhill (DH)	
Marathon (XCM)	
Enduro (END)	
4-Cross (4X)	
Etappenrennen	

Länge von 4–6 km absolviert. In der Startvorbereitung sind ein oder mehrere Start-Loops erlaubt. Der Start erfolgt i. d. R. als Massenstart. In seltenen Fällen wird im Jagd- oder Le-Mans-Start gestartet.

Die Rundkurse führen über Wald- und Wiesenwege, kleine Pfade (sogenannte Trails), Schotterpisten und Asphaltabschnitte, wobei der Asphaltanteil nicht mehr als 15 % der Strecke betragen darf.

Die Kurse sind stark profiliert und beinhalten steile Anstiege und technisch anspruchsvolle Abfahrten. Die Wettkämpfe finden bei allen Witterungsbedingungen statt. Die Renndauer ist abhängig von der Altersklasse (➤ Tab. 1.5).

Cross Country Eliminator (XCE)

Ein XCE-Rennen ist ein Ausscheidungsrennen über mehrere Läufe. Die Rennstrecke hat eine Länge zwischen 500 Metern und 1 250 Metern. Sie enthält natürliche und künstliche Hindernisse. Die Qualifikation wird als Einzelzeitfahren ausgetragen; in den Finalläufen (ab Achtelfinale) treten vier Sportler gegeneinander an. Die ersten beiden qualifizieren sich für die nächste Runde, die anderen beiden scheiden aus.

Tab. 1.5 Empfohlene Renndauer Cross Country (XCO)

Altersklasse	Internationaler und BDR-Kalender
Männer	90–105 Minuten
Frauen	90–105 Minuten
U23 m	75–90 Minuten
U23 w	75–90 Minuten
Masters	45–60 Minuten
Junioren m/w	60–75 Minuten
m = männlich, w = weiblich	

Downhill (DH)

Downhill ist die Abfahrtsdisziplin im Mountainbikesport. Ein Rennen führt vom Startpunkt bis zum Ziel ausschließlich bergab. Hierbei müssen unterschiedliche Geländeabschnitte mit wechselndem Untergrund bewältigt werden: Passagen mit extrem hohen Geschwindigkeiten, technisch anspruchsvolle Abschnitte und Sprünge über Kanten und Hindernisse. Die technischen Fähigkeiten und die Radbeherrschung stehen dabei im Vordergrund. Gewertet wird die gefahrene Streckenzeit.

Marathon (XCM)

Der Mountainbike-Marathon stellt eine Sonderform der Cross-Country-Disziplin da. Der Hauptunterschied liegt in der deutlich längeren Wettkampfdistanz. Bei einem Kurzstreckenmarathon (XCM-K) darf die Streckenlänge bis zu 30 km, bei einem Mittelstreckenmarathon (XCM-M) 30–60 km und bei einem Langstreckenmarathon 60–120 km betragen. ➤ Tab. 1.6 gibt einen Überblick über die unterschiedlichen Marathon-Wettbewerbe und Streckenlängen.

Die Strecke kann wie beim Cross Country auf einem Rundkurs absolviert werden, der dann allerdings deutlich länger ist. Der Marathon ist die Disziplin mit den größten Starterfeldern. Analog zum Marathonlauf (z. B. Berlin-Marathon) können auch beim Mountainbike-Marathon Profis, Amateure

Tab. 1.6 Wettbewerbe und Streckenlängen beim Mountainbike-Marathon (XCM)

Wettbewerb	Streckenlänge	Altersklasse
MTB-M-Kurzstrecke (XCM-K)	bis 30 km	für Altersklasse U15, U17, Familien und Einsteiger
MTB-M-Mittelstrecke (XCM-M)	30 bis 60 km	für Altersklasse ab U19 aufwärts, nicht erlaubt für Nachwuchssportler U15/U17
MTB-M-Langstrecke (XCM-L)	60 bis 160 km	für Altersklassen ab U23 aufwärts, nicht erlaubt für Nachwuchssportler U15/U17/U19

und Hobbysportler gemeinsam auf die Strecke gehen. Eine Rennlizenz ist nicht erforderlich. Der Start erfolgt als Massenstart, wobei meist eine Unterteilung in Startblöcke vorgenommen wird. Eine offizielle Weltmeisterschaft im Mountainbike-Marathon wird seit dem Jahr 2003 ausgetragen.

4-Cross (4X)

Der 4-Cross ist ein Ausscheidungsrennen, bei dem vier Teilnehmer auf einer kurzen Downhill-Strecke gegeneinander antreten. Die ersten beiden qualifizieren sich direkt für die nächste Runde, die beiden anderen Fahrer scheiden aus. Es wird nur ein Lauf absolviert. Körperkontakt zwischen den Fahrern ist bei dieser Disziplin nicht zu vermeiden und auch vom Reglement erlaubt.

Enduro (END)

Ein MTB-Enduro-Rennen setzt sich aus mehreren Wertungsprüfungen und Verbindungsetappen zusammen. Diese Wertungsprüfungen führen dabei überwiegend bergab. Eine Zeitnahme erfolgt nur in den Wertungsprüfungen. Für die Gesamtwertung werden die einzelnen Wertungsabschnitte zu einer Gesamtzeit addiert. Die Verbindungsetappen können aus eigener Kraft oder durch technische Hilfe, z. B. einen Lift, bewältigt werden. Meistens müssen die Verbindungsetappen jedoch aus eigener Kraft zurückgelegt werden. Die Ausschreibung klärt, was erlaubt ist.

1.6.2 Anforderungen

In den folgenden Abschnitten werden die Anforderungen der unterschiedlichen Teildisziplinen des Mountainbikesports dargestellt.

Cross Country (XCO)

Beim Mountainbike-Cross-Country-Sport handelt es sich um eine vergleichsweise junge Radsportdisziplin. Es sind nur wenige empirisch abgesicherte Daten verfügbar; das Mountainbiken war bislang nur selten Gegenstand wissenschaftlicher Untersuchungen. Die Angaben zu den Wettkampfanforderungen beruhen meist auf den Aussagen, Beobachtungen und Erfahrungen von Spitzenathleten. Die Trainingsempfehlungen basieren dabei hauptsächlich auf den Forschungsergebnissen anderer Disziplinen – kombiniert mit persönlichen Erfahrungswerten (Stapelfeld et al. 2002).

Die wenigen verfügbaren Untersuchungen kommen zu dem Ergebnis, dass der Cross-Country-Sport intensive und sehr komplexe Anforderungen an die physiologischen Leistungsfähigkeiten stellt. Die Intensität bei Cross-Country-Wettkämpfen ist deutlich höher als bei Etappenrennen im Straßenradsport (vgl. Stapelfeld et al. 2002). Und die Intensität ist in den letzten Jahren weiter gestiegen. Um die Disziplin attraktiver für das Fernsehen und Zuschauer zu machen, wurde das Reglement angepasst. Dazu zählt eine **deutliche Reduzierung der Renndauer** und eine Verkürzung der Runden. Hierdurch ist das Profil der Rundkurse deutlich ungleicher geworden. Folglich ändert sich auch das Anforderungsprofil dieser Disziplin. Theobald (2015) führte vor diesem Hintergrund eine Untersuchung mit zehn männlichen U19-Kaderathleten durch. Er konnte in seiner Untersuchung zwei besonders häufig vorkommende Belastungsformen ausfindig machen:

1. Intervalle von ca. 3 Minuten Dauer, die eine Intensität von etwa 120 % der individuellen anaeroben Schwelle (IAS) aufweisen und eher gleichmäßig gefahren werden.
2. Unrhythmische Intervalle von ca. 20 Sekunden in einem Intensitätsbereich von bis zu 240 % der IAS. Diese Abschnitte sind durch ein ständiges Abbremsen und ein erneutes Beschleunigen gekennzeichnet.

Außerdem betont der Autor, dass das Anforderungsprofil bei Cross-Country-Rennen durch wiederholte Belastungsspitzen gekennzeichnet ist, die nahe an der individuellen Leistungsgrenze der Athleten liegen. Der Autor der Studie gibt in seinem Fazit u. a. die Empfehlung, den Trainingsmittelkatalog vom Bund Deutscher Radfahrer (BDR) in der Disziplin Cross Country zu überarbeiten. **Es sollten weitere Inhalte aus dem Bereich der allgemeinen Athletik und des Krafttrainings ergänzt werden** (Theobald 2015).

Als *Beispiel* für die hohen Anforderungen bei Cross Country-Rennen zeigt ➢ Abb. 1.7 die Leistungsverteilung eines U19-Spitzenfahrers beim Bundesligarennen in Heubach. Anzumerken ist, dass der Rundkurs einen sehr langen Anstieg beinhaltet, der sich über die Hälfte der Strecke zieht. Dem Anstieg folgt anschließend die Abfahrt. Die folgenden Metriken verdeutlichen, welche hohen Leistungen der Athlet erbracht hat:

- Fahrzeit: 1:04 h
- Durchschnittsleistung: 316 Watt (4,21Watt/kg)
- Normalized Power: 366 Watt (4,88 Watt/kg)
- Maximale Leistung: 1 451 Watt (19,34 Watt/kg)

Die höchsten Leistungen werden beim Start erbracht (vgl. auch Theobald 2015). Je nach Streckenprofil kann der Start bereits rennentscheidend sein. Auf den z. T. sehr engen Geländekursen ist ein späteres Überholen von anderen Fahrern nur schwer möglich. In der Startphase ist daher ein kraftvoller Tritt auf die Pedale von besonderer Bedeutung.

Vergessen werden sollten beim Cross Country auch nicht die hohen Anforderungen an koordinative Fähig- und Fertigkeiten. Das Radfahren im unwegsamen Gelände erfordert in hohem Maße Gleichgewicht und Balance. Balance ist hierbei als die Fertigkeit zu verstehen, das Gleichgewicht unter Störfaktoren, z. B. Bodenunebenheiten, aufrechtzuerhalten. Das Überfahren von Wurzelpassagen, Schotter- und Schlammwegen sowie das Bezwingen sehr steiler Abfahrten verlangen dabei von den Fahrern hohe technische Fertigkeiten. Ein Mountainbiker muss sein Sportgerät auch unter extremen Bedingungen beherrschen. Das teils akrobatische Agieren auf dem Fahrrad verlangt von den Fahrern eine gut trainierte Muskulatur des gesamten Körpers (➢ Abb. 1.8).

Herzfrequenz

Verglichen werden die Anforderungen beim Cross Country oftmals mit denen beim Einzelzeitfahren (u. a. Impellizzeri et al. 2002). Hintergrund sind ähnlich gemessene Herzfrequenzverläufe. Dieser Vergleich kommt jedoch einem Gegenüberstellen von Äpfeln und Birnen gleich.

Beim Zeitfahren liegen sehr konstante Leistungen vor, die sich in der Herzfrequenz widerspiegeln. Beim Mountainbiken ist die Herzfrequenz jedoch ungeeignet, um die tatsächlichen Beanspruchungen wiederzugeben. Die Herzfrequenz ist zu träge, um schnelle Belastungswechsel beim Fahren über Stock und Stein realistisch darzustellen. Werden z. B. bei einem plötzlichen Antritt 1 000 Watt auf das Pedal gebracht, kann dies die Herzfrequenz nicht widerspiegeln. Das Herz-Kreislauf-System hat – wie bereits erwähnt – eine „Anlaufschwäche“. Bis sich die Herzfrequenz auf die Belastungssituation eingestellt hat, können Minuten vergehen. Damit ist sie nicht

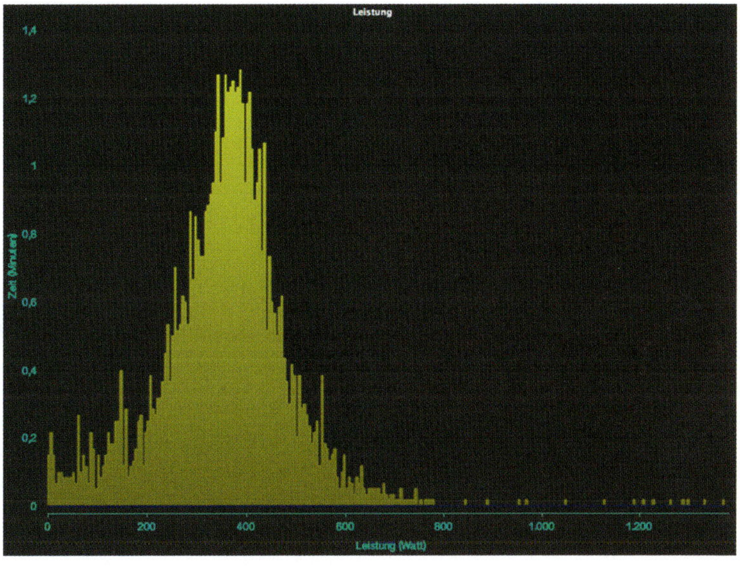

Abb. 1.7 Leistungsverteilung (Wattwerte) eines U19-Mountainbikefahrers bei einem Bundesligarennen in Heubach. Die Grafik wurde mit der Software Golden-Cheetah und der freundlichen Unterstützung von iQ athletik Institut zur Trainingsoptimierung erstellt.

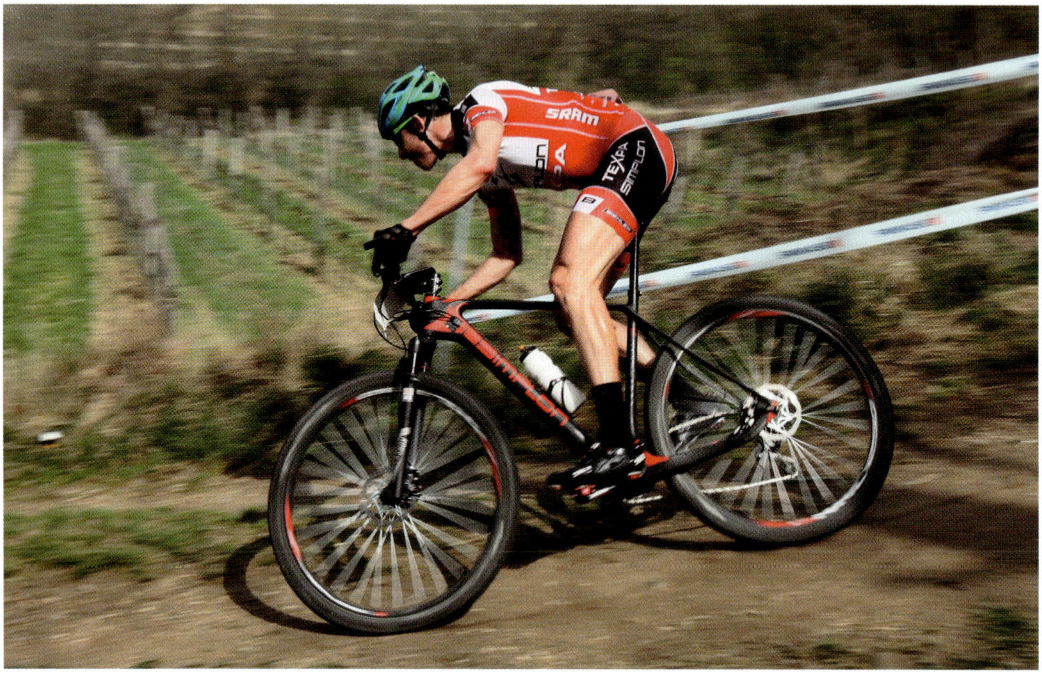

Abb. 1.8 Der Mountainbikesport stellt hohe Anforderungen an Ausdauer, Kraft und Technik. (Mit freundlicher Genehmigung des TEXPA-Simplon Racing Teams)

geeignet, einen schnellen Belastungswechsel abzubilden, wie er für das Radfahren im Gelände typisch ist (vgl. auch Theobald 2015).

Leistung

Um die Belastungen bei Mountainbikerennen bewerten zu können, ist es unumgänglich, die Leistungsdaten zu betrachten. Die erreichten Leistungen innerhalb eines Rennens variieren dabei zwischen 0 Watt bei Abfahrten und weit über 1 000 Watt bei Antritten, beim Start und in einem möglichen Zielsprint. Die höchsten Leistungswerte werden in der Startphase und an Anstiegen realisiert. Für das Endergebnis ist die zu Beginn eines Rennens erkämpfte Position vorentscheidend. Die Rennstrecke verengt sich oft nach nur wenigen hundert Metern zu einem schmalen Pfad; ein Überholen ist dann meist schwierig. Der Kampf um die vorderen Plätze im Feld beginnt daher direkt nach dem Start, was die hohen Belastungsspitzen zu Rennbeginn erklärt.

Die Anstiege in Cross-Country-Wettbewerben sind, anders als bei Straßenrennen, typischerweise kurz und folgen schnell aufeinander. Das Streckenprofil nimmt starken Einfluss auf die Belastungen. Im wahrsten Sinne des Wortes geht es beim Mountainbiken über Stock und Stein; die Belastungswechsel sind unrhythmisch, es muss immer wieder stark abgebremst und erneut voll beschleunigt werden. Hierbei werden dauerhaft Belastungen jenseits der individuellen anaeroben Schwelle erbracht; z. T. liegen die Belastungen sogar weit über der Abbruchleistung im Laktatstufentest. **Dies erfordert ein hohes Niveau der anaeroben Leistungsfähigkeit sowie der Kraftfähigkeiten** (vgl. Stapelfeld et al. 2002).

In kurzen Abfahrten gibt es immer wieder Rollphasen, in denen die Leistung auf Null fällt. ➤ Tab. 1.7 zeigt die Beanspruchungen beim Mountainbike-Cross-Country. Fast die Hälfte des Rennens wird im Bereich hoher Intensitäten gefahren. Typisch dabei ist ein ständiger Wechsel der Belastungen, bei denen Belastungsspitzen bis zum individuellen Maximum erreicht werden. Dies stellt eine hohe Anforderung an das Kraftniveau der Fahrer. Je näher die geforderte Leistung am individuellen Kraftmaximum liegt, desto größer ist der Einfluss der Maximalkraft.

Tab. 1.7 Beispiel für die Leistungsverteilung bei Cross-Country-Rennen (Daten von elf Leistungssportlern über mehrere Rennen gemessen; in Anlehnung an Stapelfeld et al. 2002)

Zone	Intensität	Merkmal	Anteil am Rennen	Einfluss der Kraft
1	niedrig	Belastungen unterhalb der aeroben Schwelle (LT)	39 %	gering
2	moderat	Belastungen zwischen aerober und individueller anaerober Schwelle	19 %	mittel
3	hoch	oberhalb der individuellen anaeroben Schwelle	**42 %**	**hoch, durch ständige Belastungswechsel mit Belastungsspitzen bis zum individuellen Maximum**

Mountainbike-Marathon (XCM)

Das Belastungsprofil entspricht einer Mischung aus einem langen und bergigen Straßenrennen und einem Mountainbike-Cross-Country-Wettbewerb. Die Strecken sind sehr unterschiedlich. Je nach Profil, Witterungs-, Boden- und Streckenverhältnissen variieren die Anforderungen stark.

Mountainbike-Marathons werden als Eintages- oder Etappenrennen ausgetragen. Marathonwettbewerbe, z. B. die Transalp, laufen über mehrere Tage. Hierbei sind von den Fahrern innerhalb von acht Etappen rund 22 000 Höhenmeter auf einer Strecke von ca. 600 km zu überwinden. Tagesrennen wie die Grand-Raid-Cristalp stellen extremste Anforderungen an Mensch und Material. Hierbei sind auf einer Strecke von rund 120 km fast 5 500 Höhenmeter zu bewältigen. Die Strecke führt die Fahrer teilweise auf Fels- und Schneepassagen bis ins hohe Gebirge.

Andere Wettbewerbe führen zu einem großen Teil über Schotterpisten. Die technischen Anforderungen sind hierbei weit geringer, dafür werden sehr hohe Durchschnittsgeschwindigkeiten erreicht. Auf flacheren Kursen gewinnt das Windschattenfahren an Bedeutung. Die taktische Fahrweise ist dabei mit Straßenwettbewerben zu vergleichen. Die Entscheidung fällt oft erst im Finale, am letzten Berg oder sogar im Zielsprint einer Spitzengruppe. Je extremer das Profil des Kurses und die technischen Anforderungen sind, desto größer ist die Wahrscheinlichkeit, dass sich der physisch und fahrtechnisch stärkste Fahrer im Alleingang durchsetzt.

➤ Abb. 1.9 zeigt die typische Leistungsverteilung eines Mountainbike-Amateurfahrers (59 kg Körper-

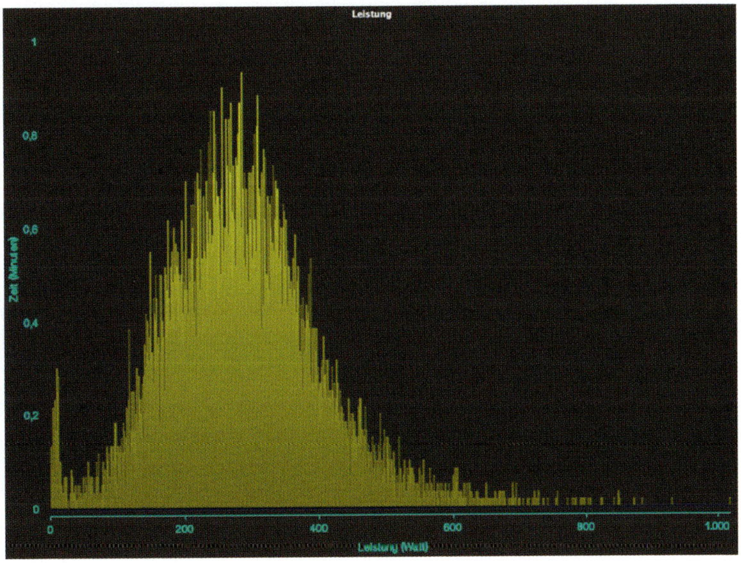

Abb. 1.9 Leistungsverteilung eines Mountainbikers in der Amateurklasse bei einem XCM-Wettbewerb. Dargestellt sind die erbrachten Leistungen in Watt bei einem Körpergewicht von 59 kg des Fahrers. Die Grafik wurde mit der Software GoldenCheetah und der freundlichen Unterstützung von iQ athletik Institut zur Trainingsoptimierung erstellt.

1

gewicht) während eines XCM-Wettbewerbs. Die Grafik verdeutlicht die Bandbreite der Leistungsbereiche, die im Mountainbike-Marathon gefordert sind. Die Abweichungen vom Mittelwert (228 Watt) sind extrem und reichen bis zu 1 019 Watt. Die Normalized Power® liegt in diesem Beispiel bei 275 Watt.

1.7 Querfeldein (Cyclocross)

Der Querfeldeinsport ist die klassische Geländedisziplin des Radsports, die sich in den 1940er-Jahren entwickelt hat. Die ersten Weltmeisterschaften wurden 1950 in Paris ausgetragen. Neben Querfeldein und Cyclocross wird die Disziplin auch als Radquer oder kurz CX bezeichnet.

1.7.1 Disziplinen

Die Wettkampfsaison im Cyclocross dauert von September bis Februar, weshalb Querfeldein auch die klassische Winterdisziplin des Radsports darstellt. Gefahren wird auf Wald-, Wiesen-, Schotter- und Asphaltwegen. Absolviert werden die Wettkämpfe auf kurzen, zuschauerfreundlichen Rundkursen, in die natürliche und eingebaute Hindernisse integriert sind. Fester Bestandteil der Querfeldeinrennen sind Laufpassagen, in denen die Räder geschultert werden müssen, um Hindernisse, kurze steile Anstiege oder Treppen zu überwinden. Die Wettkampfdauer beträgt in der Eliteklasse eine Stunde; in allen anderen Altersklassen sind die Wettkämpfe noch kürzer. Gefahren wird auf geländetauglichen Rennrädern, den sogenannten Cross- bzw. Cyclocrossfahrrädern.

1.7.2 Anforderungen

Es bestehen gewisse Parallelen zwischen dem bereits beschriebenen Mountainbike-Cross-Country-Sport und dem Querfeldeinsport. Beide Sportarten werden im Gelände betrieben und sind durch eine hochintensive Startphase gekennzeichnet. Für den Rennverlauf ist es entscheidend, direkt nach dem Start eine vordere Position einzunehmen.

Durch die zahlreichen Hindernisse auf dem Parcours kann es zu „Stausituationen“ kommen. Eine weitere Gemeinsamkeit liegt in der intermittierenden Belastungscharakteristik. Die Kurse sind meist sehr zuschauerfreundlich auf einem überschaubaren Arial in verwinkelter Form angelegt, was ein ständi-

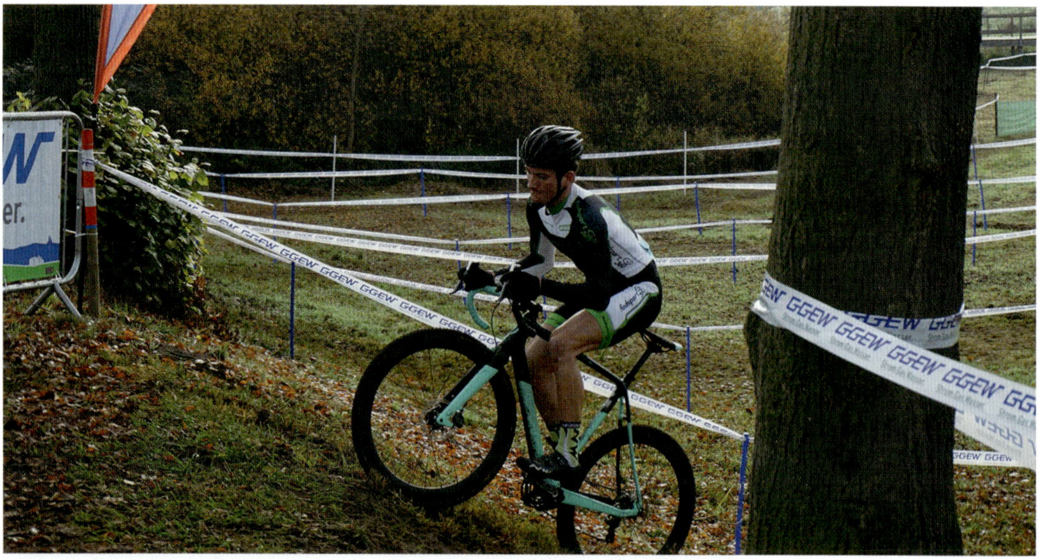

Abb. 1.10 Verlangt Muskelkraft: Kurze, aber sehr steile Anstiege müssen von den Fahrern bei Querfeldeinrennen bewältigt werden. (Foto: Lisa Weidelt und mit freundlicher Genehmigung des Radsport 360 Racing Teams)

ges Abbremsen und Beschleunigen erfordert. Die Auf- und Abfahrten bestehen im Wesentlichen aus kurzen Hügeln und Erdwällen. Es werden deutlich weniger Höhenmeter als beim Mountainbike-Cross-Country zurückgelegt – diese aber immer mit maximalen Intensitäten (➤ Abb. 1.10).

Hinzu kommen zahlreiche Tragepassagen. Die Wettkampfdauer im Querfeldeinsport ist auf eine Stunde bei den Männern limitiert. In allen anderen Klassen beträgt die Fahrtzeit weniger als eine Stunde. Die Intensitäten liegen durch die kürzere Renndauer über denen beim Mountainbike-Cross-Country. Für Querfeldeinfahrer wurden während eines Rennens durchschnittliche Werte von rund 300–400 Watt gemessen. Die Belastungsspitzen zeigten dabei Werte von über 1 100 Watt (Hansen et al. 1998). Auf den Kursen gibt es keine Abfahrten, die eine längere Ruhephase ermöglichen. Die volle Leistung der Fahrer ist über das ganze Rennen gefordert.

Die Grundlagenausdauer bildet auch im Querfeldeinsport die Basis der Leistungserbringung. Das ständige Antreten vor den zahlreichen kurzen Anstiegen sowie nach Hindernissen verlangt zusätzlich ein **hohes Niveau der Kraftfähigkeiten,** die Sieg oder Niederlage entscheidend beeinflussen.

1.8 Bahnradsport

Der Bahnradsport umfasst sämtliche Radsportdisziplinen, die auf einer Radrennbahn ausgetragen werden. Wettkämpfe auf der Bahn haben im Radsport die längste Tradition. Der erste offizielle Bahnwettkampf wurde bereits 1868 in Paris auf einer Erdbahn ausgetragen. In Deutschland wurde der Wettkampfbetrieb 1881 mit dem ersten international besetzten Wettbewerb in München ins Leben gerufen. Die ersten Bahnradweltmeisterschaften wurden 1893 in Chicago ausgetragen.

Radrennbahn

Die in den Anfangszeiten genutzten Erdbahnen wurden schnell durch Beton- und Holzbahnen abgelöst. Zu unterscheiden sind sogenannte Sommer- und Winterbahnen. Sommerbahnen sind Freiluftbahnen, bei denen in der Regel die Strecke gar nicht oder nur zum Teil überdacht ist. Der Streckenbelag besteht meist aus Beton. Bei den überdachten Winterbahnen setzte sich der deutlich schnellere Holzbelag durch.

Eine Radrennbahn ist charakterisiert durch zwei parallele Geraden, die durch zwei stark überhöhte Kurven miteinander verbunden sind. Die Kurven sind je nach Bahn zwischen 30 und 60 Grad geneigt. Die Länge der Bahn richtet sich nach den zu erwartenden Maximalgeschwindigkeiten und den auszutragenden Disziplinen. Bei Sprintwettbewerben können Geschwindigkeiten bis zu 75 km/h und bei Steherrennen von bis zu 95 km/h erreicht werden. Der Mindestdurchmesser der Kurve beträgt 16,50 m. Im Gegensatz zu den Anfangszeiten, in denen Bahnlängen bis 666,6 m genutzt wurden, haben sich heute Längen von 200, 250 oder 333,3 m durchgesetzt. Grundsätzlich sollte die Länge so gewählt sein, dass durch Multiplikation von halben oder ganzen Runden ein Maß von 1 000 m erreicht wird. Bei Weltmeisterschaften ist eine Mindestlänge von 250 m vorgeschrieben.

1.8.1 Disziplinen

Der Bahnradsport lässt sich mit Blick auf die Renndauer (➤ Tab. 1.8) in zwei Bereiche untergliedern:

- Kurzzeitdisziplinen
- Ausdauerdisziplinen

Tab. 1.8 Bahnraddisziplinen bei UCI-Bahnrad-Weltmeisterschaften

Kurzzeitdisziplinen	Ausdauerdisziplinen
Sprint Frauen/Männer	4 000 m Einerverfolgung Männer 3 000 m Einerverfolgung Frauen
1 000 m Zeitfahren Männer 500 m Zeitfahren Frauen	Punktefahren Männer (40 km) Punktefahren Frauen (24 km)
Keirin Männer	Zweier-Mannschaftsfahren Männer (Madison)
Teamsprint Männer (750 m) Teamsprint Frauen (500 ml)	4 000 m Mannschaftsverfolgung Männer/Frauen
	Scratch Männer (15 km) Scratch Frauen (10 km)

Der Vielseitigkeitswettbewerb **Omnium** setzt sich aus verschiedenen Bahnraddisziplinen zusammen und ist dem Ausdauerbereich zuzuordnen. Gefahren werden dabei die Teildisziplinen Scratch (Männer 15 km, Frauen 10 km), Einerverfolgung (Männer 4 km, Frauen 3 km), Ausscheidungsfahren, Zeitfahren (Männer 1 000 m, Frauen 500 m), 250 m fliegender Sprint und Punktefahren (Männer 40 km, Frauen 25 km).

Kurzzeitdisziplinen

Sprint

Der Sprint ist eine klassische Kurzzeitdisziplin für zwei oder mehrere Starter. Das Rennen führt in einem Lauf über eine vorher festgelegte Anzahl von Runden – in der Regel drei. Nur bei langen Bahnen (ab 333,3 m) werden zwei Runden gefahren. Der Sprint ist Endkampf-orientiert. Sieger ist der Fahrer, der als Erster die Ziellinie überquert. Eine Zeitmessung erfolgt in der Regel erst auf den letzten 200 m. Für den Ausgang des Rennens spielt die gefahrene Zeit keine Rolle. Der Sprintwettbewerb ist die älteste heute noch betriebene Meisterschaftsdisziplin. Nach einer Zeitqualifikation wird der Wettkampf in Turnierform ausgetragen.

Zeitfahren

Beim Zeitfahren befindet sich immer nur ein Fahrer auf der Strecke. Gekämpft wird gegen die Uhr. Die Streckenlänge beträgt 1 000 m bei den Herren und 500 m bei den Damen. Diese Disziplin wird bei Olympia derzeit nicht gefahren.

Keirin

Keirin ist eine Variante des Sprints, die ihre Wurzeln in Japan hat. Gefahren wird dieser Wettbewerb von acht Fahrern über eine Distanz von ca. 2 000 m (abhängig von der Bahnlänge). Die ersten Runden werden hinter einem leichten Motorrad, einem sogenannten „Derny“, absolviert, das als Schrittmacher dient. Wenn der Dernyfahrer ca. 600 bis 700 m vor dem Ziel die Bahn verlässt, ist das eigentliche Rennen eröffnet. Berührungen zwischen den Fahrern sind in begrenztem Umfang zulässig, weshalb Keirin auch als „Kampfsprint“ bezeichnet wird.

Teamsprint

Diese Disziplin wird auch als olympischer Sprint bezeichnet und ist eine noch junge Bahndisziplin. Die ersten Welttitelkämpfe wurden 1995 ausgetragen. Es treten jeweils zwei Mannschaften, bestehend aus drei Sportlern, gegeneinander an. Die beiden Teams befinden sich gleichzeitig auf der Bahn und starten von den gegenüberliegenden Geraden. Der Wettbewerb führt über drei Runden. Der Anfahrer muss sein Team so schnell wie möglich auf maximale Geschwindigkeit bringen. Nach einer Runde scheidet er aus. Jetzt muss der zweite Fahrer für die nächste Runde die Führungsposition übernehmen. Der dritte Fahrer kann so seine Kräfte im Windschatten für die finale Runde schonen, die er dann alleine absolvieren muss. Der Mannschaftssprint wird in Turnierform ausgetragen.

Ausdauerdisziplinen

Einerverfolgung

Die Einerverfolgung ist ein Zeitfahrwettbewerb, der bei den Frauen über 3 000 m und bei den Herren über 4 000 m ausgetragen wird. Es starten jeweils zwei Konkurrenten an der Mittellinie der gegenüberliegenden Geraden. Gewonnen hat der schnellere Fahrer.

Mannschaftsverfolgung

Der Modus bei der Mannschaftsverfolgung ist der gleiche wie bei der Einerverfolgung. Der Unterschied liegt darin, dass zwei Mannschaften mit jeweils vier Sportlern gegeneinander antreten. Der Wettbewerb wird als Zeitfahren über 4 000 m ausgetragen. Die Zeitmessung erfolgt, wenn der dritte Fahrer die Ziellinie überquert, d. h., es müssen mindestens drei Fahrer das Ziel erreichen. Das Windschattenfahren im Team erfordert eine ausgezeichnete Radbeherrschung und Harmonie aller Fahrer. Aus diesem Grund wird die Vierer-Mannschaftsverfolgung auch als die Königsdisziplin des Bahnradsports bezeichnet. Seit Kurzem wird die Mannschaftsverfolgung auch für Frauen bei Weltmeisterschaften und im Weltcup ausgetragen; eine Mannschaft besteht aus drei Starterinnen.

Punktefahren

Der Start erfolgt beim Punktefahren als Massenstart. In vorab festgelegten Intervallen werden an der Ziellinie Punkte an die ersten vier Fahrer vergeben (5, 3, 2, 1). Bei der Halbzeit- und bei der Schlusswertung wird die doppelte Punktzahl vergeben. Sind einer oder mehrere Fahrer in der Lage, das Feld zu überrunden, werden für den Rundengewinn 20 Punkte vergeben. Die Frauen fahren über eine Distanz von 24 km, der Männerwettbewerb führt über 40 km.

Zweier-Mannschaftsfahren (Madison)

Das Rennen funktioniert im Prinzip wie ein Staffellauf in der Leichtathletik. Zwei Fahrer lösen sich miteinander ab. Während des Rennens bleiben beide Fahrer auf der Strecke, es ist jedoch immer nur ein Fahrer aktiv im Rennen. Der zweite Fahrer fährt neutralisiert im oberen Bereich der Bahn. Kommen die beiden Fahrer einer Mannschaft aneinander vorbei, können sie sich ablösen. Die gefahrene Streckenlänge spielt dabei keine Rolle.

Um die Geschwindigkeit des aktiv im Rennen befindlichen Fahrers beim Ablösen nicht zu verschenken, wird ein spezieller Schleudergriff angewendet, um den zweiten Fahrer ins Rennen zu schicken. Der erste derartige Wettbewerb fand 1899 im New Yorker Madison Square Garden statt, weshalb das Zweier-Mannschaftsfahren bis heute als Madison bezeichnet wird. Die normale Renndistanz bei Meisterschaften beträgt 50 km. In festgelegten Intervallen erfolgt eine Punktevergabe an der Ziellinie – wie beim Punktefahren.

Scratch

Ist eine Ausdauerdisziplin des Bahnradsports. Die Männer fahren 15 km und die Frauen 10 km. Die Grundregel ist dabei einfach: Der Fahrer, der als Erster im Ziel ist, gewinnt das Rennen.

1.8.2 Anforderungen

Unter dem Begriff Bahnradsport summiert sich eine Vielzahl verschiedener Disziplinen, die alle auf einer offenen oder geschlossenen Radrennbahn durchgeführt werden. Die Belastungszeiten reichen von ca. 10 Sekunden beim 200-Meter-Sprint bis hin zu einer Stunde beim Punktefahren (➤ Kap. 1.8.1). Die Anforderungen der einzelnen Disziplinen unterscheiden sich daher deutlich voneinander. Durch das zeitliche Limitieren der Rennzeiten liegen die Intensitäten weit höher als im Straßenradsport. Wie bereits aufgezeigt, liegt beim Bahnradsport die Würze besonders in der Kürze. **Je kürzer die Strecke bzw. die Fahrtzeit ist, desto intensiver ist der Rennverlauf.**

Durch die sehr konstanten Bedingungen beim Hallenbahnradsport lässt sich besonders für diese Disziplin ein sehr konkretes Anforderungsprofil erstellen. Die Strecke ist frei von äußeren Einflüssen wie Wind und Regen. Die Anforderungen an die aerobe und anaerobe Stoffwechselleistungsfähigkeit sind beim Bahnradsport extrem. Um in der Weltspitze bestehen zu können, muss die aerobe und anaerobe Energiebereitstellung auf einem sehr hohen Niveau ausgebildet sein.

Bahnfahrer erreichen bei der maximalen Sauerstoffaufnahme Werte von über 80 Milliliter pro kg Körpergewicht pro Minute (Craig et al. 2001). Dieser Wert ist mit der Leistung von Straßenradfahrern vergleichbar. Aber nicht nur die absolute Höhe der Sauerstoffaufnahme ist von Bedeutung. Gefordert ist die Fähigkeit, diese innerhalb kürzester Zeit nach Belastungsbeginn zu erreichen und aufrechtzuerhalten. Voraussetzung hierfür ist ein **hohes Kraftniveau.** Nur eine gut ausgebildete Muskulatur ermöglicht es überhaupt, Herz-Kreislauf-System und Lungen bis an die individuelle maximale Grenze auszulasten.

In keiner anderen Radsportdisziplin werden höhere Wattleistungen und Trittfrequenzen erbracht. Beim Beschleunigen aus dem Stand, im Endspurt oder beim Sprint können Spitzenwerte von über 2 000 Watt erbracht werden (vgl. Neumann 2000). Für gute Leistungen ist hierbei ein hohes Niveau der **Maximal- und Explosivkraft** entscheidend (➤ Abb. 1.11). Im Folgenden werden die Leistungsanforderungen einiger Bahnwettbewerbe näher erläutert.

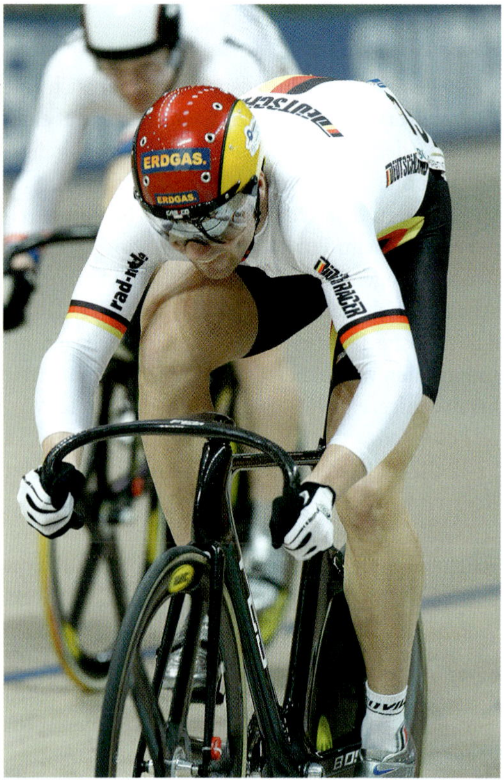

Abb. 1.11 Kraftvoll: Maximilian Levy, Weltmeister im Keirin 2009 und im Teamsprint 2010, 2011, 2013 (Foto: Hennes Roth)

Zeitfahren

Die Zeitfahrdisziplinen sind durch eine maximale Startphase gekennzeichnet. Mit der ersten Kurbelumdrehung muss die maximale Leistung auf die Pedale gebracht werden, was dem Fahrer viel Kraft abverlangt. Die hohe Übersetzung muss so schnell wie möglich aus dem Stand in Bewegung gesetzt werden. Beim Beschleunigen auf die maximale Geschwindigkeit bringen die Sportler 1 800–2 000 Watt auf die Pedale. Für taktische Spielchen bleibt keine Zeit, dafür ist die Strecke mit 1 000 m bei den Männern bzw. 500 m bei den Frauen zu kurz.

Was zählt, ist Geschwindigkeit. Die Wettbewerbe werden von Beginn an maximal gefahren. Dabei wird versucht, den Leistungsverlust bis zum Ende so gering wie möglich zu halten. Nach der Startphase, mit den höchsten Leistungsspitzen, erfolgt bis zum Überfahren der Ziellinie ein kontinuierlicher Leistungsabfall. Der Leistungsverlauf unterscheidet sich damit deutlich von dem beim Zeitfahren auf der Straße, wo die Leistung über die gesamte Strecke sehr konstant im submaximalen Bereich gehalten wird. Die Durchschnittswerte beim 1 000-m-Zeitfahren auf der Bahn liegen bei über 700 Watt. Die Strecke wird dabei im Bereich von einer Minute absolviert (Craig et al. 2001).

Mannschaftsverfolgung

Bei der 4 000-Meter-Mannschaftsverfolgung werden die höchsten Leistungen beim Start erbracht. Die Sportler bringen dabei über 1 000 Watt auf die Pedale. Anschließend bestimmt die Position des Fahrers innerhalb des Viererzuges maßgeblich die Leistung. In der Führungsposition muss die höchste Leistung erbracht werden. Der Fahrer fährt im Wind und hat damit den größten Luftwiderstand. Die Leistung liegt dabei zwischen 600–700 Watt.

Die Fahrer auf den Positionen im Windschatten müssen bei gleichem Tempo nur rund 400 Watt leisten – etwa 40 % weniger als der Fahrer an der Spitze. Der Abstand zum Vordermann darf dabei nur wenige Zentimeter betragen. Je größer der Abstand ist, desto geringer wird der Windschatten. Im Abstand von zwei Metern beträgt die Reduktion des Windwiderstandes nur noch 27 % (vgl. Lucía et al. 2001). Das dichte Fahren im Windschatten bei hohen Geschwindigkeiten verlangt den Fahrern große technische Fertigkeiten ab, zumal sie sich bei der Führungsarbeit regelmäßig abwechseln. Für viele Freizeitradfahrer kaum vorstellbar: Die speziellen Bahnfahrräder verfügen über keine Bremsanlage.

Einerverfolgung

Auch die Wettbewerbe in der Einerverfolgung sind durch eine hochintensive Startphase mit Leistungen von über 1 000 Watt gekennzeichnet. Im Unterschied zur Mannschaftsverfolgung ist der restliche Verlauf des Wettbewerbs jedoch deutlich gleichmäßiger. Die Fahrer sind alleine auf der Bahn, sie fahren nicht im Team wie bei der Mannschaftsverfolgung. Es findet kein ständiger Wechsel bei der Führungsarbeit statt. Fahrer auf Weltspitzenniveau erreichen durchschnittliche Leistungswerte von rund 500 Watt über eine Strecke von 4000 m. Bei den Frauen werden auf einer Distanz von 3000 m rund 380 Watt im Mittel erreicht (Craig et al. 2001).

Zweier-Mannschaftsfahren

Diese Disziplin stellt eine sehr unregelmäßige Belastungsform dar. Die beiden Fahrer wechseln sich in einem regelmäßigen Abstand von etwa 40 Sekunden ab. Beide Fahrer sind über das gesamte Rennen auf der Strecke, jedoch ist nur ein Fahrer aktiv im Rennen. Um den zweiten Fahrer ins Rennen zu schicken, wird ein spezieller Schleudergriff angewendet, damit die Geschwindigkeit des aktiv im Rennen befindlichen Fahrers beim Ablösen nicht verloren geht. Dieser Wechsel stellt hohe Anforderungen an die technischen Fertigkeiten und verlangt viel Training. Obwohl durch diesen „fliegenden" Wechsel kein Beschleunigen aus dem Stand erforderlich ist, erreichen die Fahrer in Zwischensprints Leistungen von über 1000 Watt. Die immer wiederkehrenden Beschleunigungsphasen beim Wiedereintritt in das Rennen sowie bei Attacken erfordern hohe Kraftfähigkeiten (Craig et al. 2001).

Punktefahren

Die permanenten Wertungsrunden verlangen von den Sportlern ein ständiges Antreten. Um dabei im richtigen Moment die notwendige Leistung auf die Pedale zu bringen, ist ein hohes Niveau der Kraftfähigkeiten erforderlich. Die lange Renndistanz erfordert dabei eine gute Ausdauer. Das komplexe Renngeschehen mit vielen Fahrern auf der Bahn stellt ebenfalls hohe Anforderungen an Technik und Taktik.

Scratch

Wie auch beim Punktefahren sind hier neben der Ausdauer besonders taktische und technische Fähigkeiten gefordert, um sich beim Rennen mit vielen Fahrern auf der Bahn durchsetzen zu können.

Körperbaumerkmale

Im Bahnradsport fällt besonders auf, dass neben physiologischen Voraussetzungen auch spezielle Körperbautypen die Leistung beeinflussen. Sprinter sind kleiner, schwerer und deutlich muskulöser als alle anderen Bahnfahrer. Zeitfahrer und Verfolger sind meist deutlich größer und haben im Verhältnis zu ihrer Gesamtgröße sehr lange Beine. Die größeren Hebel begünstigen das Fahren großer Übersetzungen; der im Verhältnis kurze Oberkörper verbessert die Aerodynamik (vgl. Craig et al. 2001).

1.9 BMX

Die Abkürzung BMX steht für Bicycle Moto Cross und lässt schon anhand dieser Bezeichnung die Affinität zum Motocross erkennen. Die Urdisziplin BMX-Race wird auf einem 300–400 m langen Kurs mit Sprüngen und Steilkurven absolviert. Das Profil erinnert stark an Motocross-Strecken aus dem Motorradsport. Der schnellste Fahrer gewinnt. Seit 2008 gehört diese Disziplin zum olympischen Programm. Gefahren wird auf speziellen, sehr kleinen 20-Zoll-BMX-Rädern.

BMX-Race ist eine Sprintsportart und sehr komplex in ihren Anforderungen. Neben Kraft und Ausdauer ist besonders eine gut ausgebildete Fahrtechnik gefordert, um die Sprünge und Steilkurven meistern zu können. Da der Start vorentscheidenden Charakter hat, ist ein hohes Niveau der Explosiv- und Maximalkraft erforderlich. Hier werden Leistungen von über 1000 Watt erreicht. Diese wird auch bei den Antritten nach den Kurven benötigt.

Die Radsportdisziplin BMX soll an dieser Stelle nur der Vollständigkeit halber erwähnt werden. Sie wird nicht weiter behandelt. Im Fokus dieses Buches liegen die „klassischen" Radsportdisziplinen.

1.10 Trial und Hallenradsport

Trial ist eine Geschicklichkeitsdisziplin, bei der es auf die perfekte Radbeherrschung ankommt. Im Wettkampf müssen unterschiedliche Hindernisparcours mit einem speziellen Rad absolviert werden. Sehr hohe technische und koordinative Anforderungen stellen auch die sogenannten Hallen- oder Saalradsportarten. Hierzu zählen Kunstradfahren, Radball und Radpolo. Obwohl auch diese Disziplinen dem Sportler ein besonderes Maß an Kondition und Kraft abverlangen, wird auf sie nicht näher eingegangen, da der Umfang des vorliegenden Buches begrenzt ist.

KAPITEL

2 Physiologische Grundlagen

Die Skelettmuskulatur stellt den größten Anteil der Körpermasse dar. Trotz ihrer Masse ist sie sehr sensibel und reagiert auf Belastungen sehr anpassungsfähig. Durch ein regelmäßig und systematisch betriebenes Krafttraining kann sich ein Muskel auf mehr als das Doppelte vergrößern. Bei Nichtgebrauch hingegen kann ein Muskel unter Umständen in nur zwei Wochen um ein Fünftel schrumpfen – z. B. während eines Aufenthalts im Weltraum unter den Bedingungen der Schwerelosigkeit. Auch dauerhaftes Liegen im Bett führt zu einem deutlichen Schwund an Muskelmasse.

Die beim Auf- und Abbau von Muskelmasse ablaufenden biochemischen und biomechanischen Vorgänge sind äußerst komplex; nach jahrzehntelanger Forschung besteht jedoch zumindest für einen Teil der Abläufe Klarheit (vgl. Anderson et al. 2001).

Hinweis für den Leser

Wer an dieser Stelle vor der komplexen wie faszinierenden Physiologie des menschlichen Körpers etwas zurückschreckt, dem sei Entwarnung gegeben. Die folgenden Kapitel sind auch ohne ein „Durcharbeiten" des Physiologiekapitels zu verstehen.

Das vorliegende Buch hat ohnehin nicht den Anspruch, ein komplettes Physiologiewerk zu sein, in dem alle Fäden aus Biologie, Chemie, Physik und Anatomie zusammenlaufen. Es möchte vielmehr so schnell wie möglich so viel Farbe wie möglich in die graue Theorie bringen. Trainer sowie Sportler sollen vor allem wichtige Hinweise für die Trainingspraxis erhalten. Im gesamten Text sind zahlreiche Quellen angegeben, mit denen der Leser sich bei Interesse intensiver beschäftigen und sein Wissen vertiefen kann.

Kraft

Das Buch setzt sich mit der motorischen Fähigkeit Kraft im Radsport auseinander. Zum besseren Verständnis der empfohlenen Trainingsmethoden werden in den folgenden Abschnitten die wichtigsten theoretischen Hintergründe aufgezeigt. Im Fokus stehen dabei die Struktur und die Einflussgrößen der Kraftfähigkeit.

Ausdauer

Die Ausdauerleistungsfähigkeit spielt beim Radfahren zweifelsfrei die größte Rolle, wenn es um die sportliche Leistung geht. In einzelnen Passagen des Buches werden Aussagen getroffen, die in einem direkten Bezug zur Ausdauerfähigkeit stehen.

Um den Rahmen des vorliegenden Buches nicht zu sprengen, wird jedoch darauf verzichtet, die sprachlichen und inhaltlichen Definitionen der Ausdauer sowie deren physiologische Hintergründe darzustellen. Zu dieser Thematik sind bereits zahlreiche Publikationen erschienen; der interessierte Leser sei an dieser Stelle auf die relevante Literatur verwiesen.

2.1 Struktur der Kraftfähigkeit

Physiologisch lässt sich die Kraft definieren als die Fähigkeit des Muskels, sich zusammenzuziehen (kontrahieren) und dabei Längenveränderungen bzw. Zugspannungen zu entwickeln. Jede Bewegung und sportliche Leistung benötigt ein bestimmtes Maß und eine bestimmte Art von Kraft. In der Trainingspraxis hat sich ein Unterteilen der Kraftfähigkeiten bewährt. Unterschieden werden:

- Maximalkraft
- Schnellkraft
- Kraftausdauer

Diese drei Kraftfähigkeiten sind jedoch nicht gleichrangig einzuordnen. Die **Maximalkraft bildet die Basisfähigkeit** für die Kraftausdauer sowie für die Schnellkraft und ihre speziellen Ausprägungen Explosiv- und Startkraft (➤ Abb. 2.1).

Dies bedeutet, dass das jeweilige Ausprägungsniveau der Kraftausdauer sowie der Schnellkraft – neben anderen Faktoren – auch von der Maximalkraft abhängig ist. Im Umkehrschluss bedeutet dies, dass ein Training zum Steigern der Maximalkraft i. d. R. auch mit einer Verbesserung der Kraftausdauer sowie der Schnellkraftleistungen einhergeht (Güllich und Schmidtbleicher 1999).

Struktur der Kraftfähigkeiten

Die Maximalkraft ist die Basisfähigkeit für die Kraftausdauer und die Schnellkraft. Wird durch Trainieren die Maximalkraft gesteigert, verbessern sich i. d. R. auch die Schnellkraft sowie die Kraftausdauerleistungen.

2.1.1 Maximalkraft

Unter Maximalkraft wird die höchste Kraft verstanden, die bei einer maximalen willkürlichen (willentlichen) Kontraktion entfaltet werden kann. Die Maximalkraft kann zum einen isometrisch bzw. statisch gegen einen unüberwindbaren Widerstand entwickelt werden – z. B. beim Drücken gegen eine Hauswand. Zum anderen kann sie dynamisch konzentrisch bzw. überwindend eingesetzt werden. Dies ist beim Heben einer Hantel der Fall, die so schwer ist, dass sie gerade einmal zur Hochstrecke gebracht werden kann (➤ Kap. 3.4).

Untrainierte Personen bzw. nicht speziell krafttrainierte Personen können nur rund 70 % ihres Kraftpotenzials willentlich entfalten. Die restlichen 30 % bilden eine autonom geschützte Reserve, die nur durch Elektrostimulation aktiviert werden kann. Diese Reserve kann unter Umständen auch in einer lebensbedrohlichen Situation mobilisiert werden, wenn der Körper seine letzten Reserven ausschöpft. Damit steht die autonom geschützte Reserve für eine willkürliche Kraftbeanspruchung im Sport und Alltag nicht zur Verfügung; sie wird daher auch als **Kraftdefizit** bezeichnet und stellt ein nicht genutztes Leistungspotenzial dar.

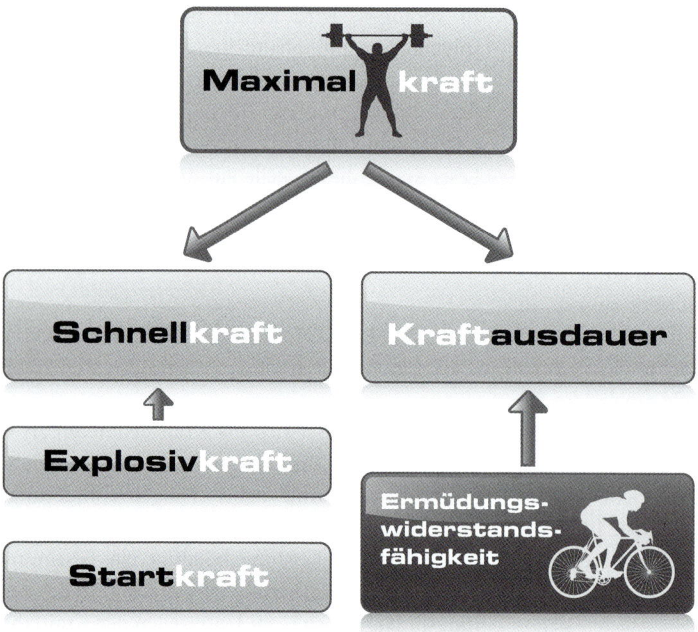

Abb. 2.1 Struktur der Kraftfähigkeiten

An diesem Defizit können Sportler allerdings gezielt arbeiten. Durch ein entsprechendes Training kann das Kraftdefizit von rund 30 % bis auf ca. 5 % reduziert werden. Damit kann ein krafttrainierter Sportler sein Kraftpotenzial zu rund 95 % ausschöpfen (Güllich und Schmidtbleicher 1999). Die restlichen 5 % bilden weiterhin eine autonom geschützte Reserve. Kraftdefizit plus Maximalkraft wird als **Absolutkraft** bezeichnet.

Maximalkraft

Unter Maximalkraft wird die höchste Kraft verstanden, die bei einer maximalen willkürlichen Kontraktion entfaltet werden kann. Untrainierte Personen können nur ca. 70 % ihres Kraftpotenzials willentlich entfalten. Speziell krafttrainierte Sportler können dagegen rund 95 % ihres Kraftpotenzials ausschöpfen. Die restlichen 5 % bilden eine autonom geschützte Reserve.

2.1.2 Schnellkraft

Die Schnellkraft ist dann gefordert,
- wenn Sportgeräte,
- der eigene Körper oder
- einzelne Körperteile mit oder ohne Sportgerät

im hohen Maße beschleunigt werden sollen. Dies kann z. B. ein Speer beim Werfen, der Körper beim Abspringen in die Sandgrube oder das System Fahrer und Fahrrad beim Zielsprint sein. Die Beschleunigung sowie die resultierende Geschwindigkeit sind dabei Ausdruck des zugrunde liegenden Kraftstoßes (Impuls). Demnach beschreibt die Schnellkraft die Fähigkeit, einen möglichst großen Kraftstoß bzw. -impuls innerhalb einer verfügbaren Zeit zu entfalten (Güllich und Schmidtbleicher 1999). Charakterisiert ist der Impuls durch:
- Steilheit des Kraftanstiegs
- Realisiertes Kraftmaximum
- Impulsdauer (Krafteinwirkungsdauer)

Durch ein Verlängern der Krafteinwirkungsdauer kann der Kraftimpuls jedoch nur in Einzelfällen vergrößert werden. Möglich ist dies nur, wenn sich bei einem sportlichen Bewegungsablauf der Beschleunigungsweg verlängern lässt. Dies kann z. B. beim Speerwerfen durch ein Vergrößern der Ausholbewegung erreicht werden.

In den meisten Fällen ist die Krafteinwirkungsdauer aber aufgrund der erzeugten Bewegungsgeschwindigkeiten und des verfügbaren Beschleunigungsweges begrenzt. Das gilt auch beim Radfahren. Der Beschleunigungsweg innerhalb einer einzelnen Kurbelumdrehung ist durch die Kurbellänge vorgegeben; er ist also konstant und kann nicht verlängert werden. Die Bewegungsgeschwindigkeit variiert im Radsport hingegen sehr; sie wird durch die jeweilige Trittfrequenz bestimmt, mit welcher der Fahrer auf dem Rad unterwegs ist. Bei einem Antritt mit großer Übersetzung aus dem Stand ist die Geschwindigkeit, mit der die Kurbel bewegt wird, relativ langsam. Dem Fahrer bleibt dementsprechend viel Zeit, einen Kraftimpuls an das Pedal abzugeben. Da zeitlich längere Kraftstöße zunehmend durch die Maximalkraft beeinflusst werden, nimmt diese hierbei großen Einfluss auf die Leistung.

Explosivkraft

Je schneller die Kurbel gedreht wird, desto weniger Zeit bleibt dem Fahrer, um einen Kraftstoß an das Pedal abzugeben. Die Beschleunigungsphase innerhalb einer Kurbelumdrehung ist zu Ende, bevor der Fahrer sein Kraftmaximum entwickeln kann.

Mit zunehmender Trittfrequenz steigt deshalb die Bedeutung des Kraftanstiegs. Gefordert ist die Fähigkeit, einen möglichst steilen Kraftanstieg in kurzer Zeit zu produzieren. Diese Fähigkeit wird als Explosivkraft bezeichnet. Besonders Schnellkraftleistungen, die innerhalb einer Kontraktionszeit von 200 Millisekunden realisiert werden, sind vorrangig durch die Explosivkraft bestimmt (Güllich und Schmidtbleicher 1999). Längere Kontraktionszeiten werden zunehmend vom Kraftmaximum bestimmt. Für das Kraftniveau der ersten 30 Millisekunden wird auch der Begriff **Startkraft** verwendet (Bührle et al. 1983).

Schnellkraft

Unter Schnellkraft wird die Fähigkeit verstanden, einen möglichst großen Kraftstoß innerhalb einer verfügbaren Zeit zu entfalten. Diese Fähigkeit ist im Radsport besonders mit zunehmender Trittfrequenz gefragt. Je schneller die Kurbel gedreht wird, desto weniger Zeit bleibt dem Fahrer, um einen Kraftstoß an das Pedal abzugeben.

2.1.3 Kraftausdauer

Für den Begriff „Kraftausdauer" findet sich in der trainingsrelevanten Literatur eine Vielzahl von Definitionen. Die Kraftausdauer wurde in den letzten Jahrzehnten sportwissenschaftlicher Forschung meist viel zu pauschal betrachtet.

Der Begriff der Kraftausdauer wurde überwiegend genutzt, um die Ermüdungswiderstandsfähigkeit bei lang andauernden Kraftleistungen zu beschreiben (vgl. Harre 1970). **Diese Definition lässt jedoch viel Interpretationsspielraum.** Da weder die Dauer noch die Höhe der Kraftreize näher bestimmt werden, ist eine einheitliche Betrachtung nicht mehr möglich. Diese schwammige Sichtweise führt bis heute dazu, dass die Kraftausdauer in der Praxis als eine nicht klar definierte „Mischung" aus Kraft und Ausdauer wahrgenommen wird.

Die unmittelbare Konsequenz ist, dass erhöhte Widerstände beim Ausführen einer Bewegung mit Krafteinsätzen gleichgesetzt werden. So wird in vielen Sportarten ein „Kraftausdauertraining" in Form der Wettkampfbewegung mit erhöhten Widerständen durchgeführt. In der Leichtathletik werden z. B. Fallschirme oder Autoreifen während des Laufens mitgezogen, Schwimmer verwenden Pads an den Händen, um den Wasserwiderstand zu erhöhen, und Radsportler fahren mit einem „schweren" Gang bergauf oder im Wind. Die Dauer wird dabei mit bis zu 60 Minuten und länger angegeben, wobei die Intensität an oder unter der anaeroben Schwelle liegen soll. Einige Autoren sind sogar der Meinung, dass dies die einzige Form des Krafttrainings für Ausdauersportler sein sollte (Neumann et al. 2005). Mit dem Sinn und den tatsächlichen Effekten dieser Trainingsmethoden für Radsportler setzt sich ➤ Kap. 5.1 auseinander.

Abgrenzen der Kraft- von der Ausdauerfähigkeit

Um die Kraftausdauer gezielt zu trainieren, ist es notwendig, die Einflussgrößen dieser Fähigkeit zu kennen. Wie der Begriff „Kraftausdauer" schon ausdrückt, setzt sie sich aus den zwei Komponenten Kraft und Ausdauer zusammen. Näher betrachtet heißt das:

1. Aus der Größe der Einzelkraftstöße und
2. Der Fähigkeit, die Reduktion der Kraftstöße möglichst gering zu halten (Ermüdungswiderstandsfähigkeit).

Die erste Komponente wird maßgeblich von der Maximalkraft bzw. der Explosivkraft bestimmt. Der Einfluss der Maximalkraft ist umso höher, je näher die zu bewältigenden Widerstände bzw. die realisierten Kraftmaxima am Maximalkraftniveau liegen (Güllich und Schmidtbleicher 1999).

Im Radsport sind hohe Kraftmaxima besonders bei immer wiederkehrenden kurzen Antritten gefordert – z. B. um einen Hügel im Gelände zu überwinden, beim Beschleunigen aus einer Spitzkehre heraus oder bei Attacken im Renngeschehen. Dies macht deutlich, dass die Bedeutung der Kraftausdauerleistung nicht allein in der Ermüdungswiderstandsfähigkeit zu sehen ist. Mitentscheidend ist die absolut realisierte Summe der Kraftstöße. Dies trifft nicht nur für den Radsport zu, sondern für alle typischen Kraftausdauersportarten, z. B. Rudern, Kanu und Ringen (vgl. Güllich und Schmidtbleicher 1999).

Kraftkomponente

Um die Kraftkomponente besser von der Ausdauerkomponente abzugrenzen, beschreibt die Kraft solche Muskelleistungen, die **mindestens 50 %** der jeweils überwindbaren Last betragen (vgl. Schmidtbleicher 2003; Fröhlich 2003). Erst ab diesem Bereich führen die Belastungsintensitäten zu einem Verbessern der Maximalkraft und Anpassungen in dem für das Krafttraining vorherrschenden Bereich des anaeroben Stoffwechsels (Schmidtbleicher 2013).

Anzumerken ist dabei, dass längerfristige Anpassungen der Maximalkraft bei einer Belastungsintensität von 50 % nicht zu erwarten sind. Auf längere Sicht handelt es sich hierbei viel mehr um ein Trainieren der anaeroben Stoffwechselwege. Es lässt sich festhalten:

Je höher das Kraftniveau eines Sportlers ist, desto höher müssen die gewählten Intensitäten im Training sein, um ein Maximalkraftniveau zu halten, und erst recht, um es zu steigern (Wirth et al. 2012).

Ausdauerkomponente

Durch ein Krafttraining sollen vorwiegend Leistungen verbessert werden, deren zugrunde liegende Prozesse nicht sauerstoffabhängig sind. Ein Kraftausdauertraining zielt daher vor allem auf **anaerob-laktazide Anpassungen** ab. Entsprechend muss die Dauer der Belastungen innerhalb von rund zwei Minuten liegen, damit die Energiebereitstellung auch anaerob erfolgt. Es ist davon auszugehen, dass spätestens ab zwei Minuten die Energiebereitstellung zu annähernd gleichen Teilen über anaerobe und aerobe Stoffwechselwege erfolgt – eine hohe Belastungsintensität vorausgesetzt (Wirth et al. 2012).

Bei einer Dauer von mehr als zwei Minuten kommt es immer mehr zu einem Übergewicht an aeroben Stoffwechselanteilen. Die Leistungen werden dann zunehmend durch die Einflussgrößen der Ausdauerleistungsfähigkeit bestimmt – z. B. durch die maximale Sauerstoffaufnahme und die Kapazitäten der zunehmend aeroben Energiebereitstellung. Von einer Kraftausdauerleistung kann dann nicht mehr gesprochen werden (vgl. Schmidtbleicher 2003).

Wird die Muskelarbeit über zwei Minuten hinaus fortgeführt, sollte von einem Ausdauertraining gesprochen werden (vgl. Wirth et al. 2012).

Anzumerken ist, dass über den Faktor Zeit ein klares Abgrenzen der konditionellen Fähigkeit Ausdauer zur Kraft nicht möglich ist. Je nach Belastungsstruktur kann auch schon noch einer Minute eine Stoffwechselsituation erreicht werden, die dem Ausdauertraining zugerechnet werden sollte (vgl. Wirth et al. 2012). Die Belastungsdauer von zwei Minuten sollte daher als Obergrenze verstanden werden.

Rein physikalisch betrachtet sind Ausdauer- von Kraftleistungen nur dadurch zu unterscheiden, dass bei der konditionellen Fähigkeit Kraft wenige hohe Impulse generiert werden, während es sich bei Ausdauerbelastungen um viele kleine Impulse handelt (vgl. Wirth et al. 2012).

Definition der Kraftausdauer

Um die Kraftausdauerleistung von einer Ausdauerleistung abzugrenzen, sind – wie in den letzten Abschnitten aufgezeigt wurde – zwei Faktoren maßgeblich:

1. Die Muskelleistungen müssen mind. 50 % der Maximalkraft entsprechen.
2. Der Belastungszeitraum darf nicht länger als zwei Minuten sein.

Die Komponente der Ermüdungswiderstandsfähigkeit bezieht sich hierbei darauf, die Reduktion der produzierten Muskelleistungen im Verlauf der Belastung so gering wie möglich zu halten.

Beurteilen einer Kraftausdauerleistung

Beispiel Das dauerhafte Bergauffahren mit dem Fahrrad und einer großen Übersetzung entspricht einer Ausdauerleistung und **keiner** Kraftleistung. Hintergrund ist, dass die Kraftleistung weniger als 50 % der maximal überwindbaren Last beträgt. Verbesserungen der Kraftfähigkeit sind so nicht zu erwarten. Anpassungen erfolgen ausschließlich hinsichtlich der Ausdauerkomponente.

Kommt es beim Fahren am Berg zu einer Attacke, ist die Leistung hierbei wiederum besonders durch die Kraftfähigkeit beeinflusst. Der Fahrer muss beim Antritt kurzfristig Kraftmaxima realisieren, die mehr als 50 % seiner Maximalkraft entsprechen. Dafür muss die Kraftkomponente im Training speziell geschult werden.

Kraftausdauerleistungen sind mitunter aber schwierig zu definieren bzw. zu beurteilen. Dies ergibt sich aus der Vielfalt des Belastungsgefüges, aus denen sich eine Kraftausdauerleistung zusammensetzt (Wirth und Keiner 2013):

- Höhe des Krafteinsatzes pro Kontraktion
- Schnelligkeit des Krafteinsatzes pro Kontraktion
- Dauer der Krafteinsätze pro Kontraktion
- Frequenz der Krafteinsätze
- Anzahl der Kontraktionen bzw. Dauer der Kontraktion bei statischer Arbeitsweise
- Arbeitsweise der Muskulatur
- Belastete Muskelgruppe (Muskelfaserverteilung → Enzymbesatz)
- Menge der involvierten Muskelmasse

Kraftausdauer

Die Kraftausdauer bezeichnet die Fähigkeit des neuromuskulären Systems,

- eine möglichst große Impulssumme in einer gegeben Zeit – längstens zwei Minuten – gegen Widerstände

zu produzieren, die mehr als 50 % der Maximalkraft entsprechen, und
- dabei die Reduktion der produzierten Impulse im Belastungsverlauf möglichst gering zu halten.

2.2 Einflussgrößen der Kraftfähigkeit

Im vorangegangenen Abschnitt wurden die unterschiedlichen Kraftfähigkeiten beschrieben. In den folgenden Abschnitten werden nun die Einflussgrößen der Kraftfähigkeiten in ihren Grundlagen aufgezeigt. Berücksichtigt werden dabei sowohl **physiologische** als auch **morphologische** Aspekte.

2.2.1 Morphologische Aspekte der Muskelfasern

Bevor der Aufbau und die Funktion der Muskelfasern näher beschrieben werden, wird noch einmal die Hauptfunktion der Skelettmuskulatur dargestellt.

Skelettmuskeln

Die willkürlich bzw. willentlich aktivierbaren Skelettmuskeln können durch Kontraktion (Anspannung) und Relaxation (Erschlaffung) Körperteile bewegen. Sie machen alltägliche und sportliche Bewegungsabläufe überhaupt erst möglich. Skelettmuskeln verbinden über ihre Sehnen immer mindestens zwei Knochen.

Hat ein Muskel die Funktion eines „**Beugers**", zieht er beim Verkürzen die beiden zu ihm gehörenden Knochen über ein verbindendes Gelenk aufeinander zu. Ein *Beispiel* ist der Armbeuger (Bizeps), der bei Kontraktion den Unterarm anwinkelt.

Hat ein Muskel dagegen die Funktion eines „**Streckers**", entfernt er zwei Knochen voneinander, wenn er sich zusammenzieht. So führt z. B. das Kontrahieren des Armstreckers (Trizeps) dazu, dass sich Unter- und Oberarm nach dem Anwinkeln wieder auseinanderbewegen.

Manche Muskeln können auch Rotationsbewegungen der Knochen erzeugen, z. B. die Rotatorenmanschette, eine funktionell wichtige Muskelgruppe der Schulter. Diese liegt wie eine Manschette um den Oberarmkopf und ist u. a. für die Drehung des Arms mitverantwortlich.

Aufbau und Funktion der Muskelfasern

Einzelne Skelettmuskeln bestehen aus mehreren Muskelfasern. Der Bizeps am Oberarm z. B. ist ein ganzes Bündel von Muskelfasern. Zusammengehalten werden die Fasern durch kollagenes Bindegewebe. Beim Menschen enthält eine einzelne Muskelfaser tausende von Kernen mit Erbmaterial sowie Mitochondrien. Das sind kleine Kraftwerke, in denen die Energie für Kontraktionen bereitgestellt wird.

Bei einer Stärke von nur rund einem Zehntel Millimeter können einzelne Fasern bis zu 30 cm lang werden. Das Innere der Muskelfaser füllen Tausende parallel gelagerter Proteinschnüre, die von kleinen Wänden, den sogenannten Z-Scheiben, getrennt werden. An ihnen sind fadenförmige Proteine fixiert – das sogenannte Aktin. Zwischen zwei Z-Scheiben und Aktinsträngen liegen weitere Proteine, die sogenannten Myosinketten. Alles zusammen bildet die Untereinheiten der Muskelfaser – die Myofibrillen. Diese liegen in vielen Serien hintereinander und parallel und erstrecken sich von einem Ende der Faser bis zum anderen. Durch Nervenimpulse ziehen sie sich zusammen und verkürzen so den Muskel (vgl. Hollmann und Strüder 2009).

Das Geheimnis der Muskelbewegung steckt vor allem in den tausenden Myofibrillen innerhalb der Muskelfaser. Sie bestehen aus winzigen aneinandergereihten Kammern, den Sarkomeren. Wird ein Muskel kontrahiert bzw. zusammengezogen, agieren in den Sarkomeren vor allem die zwei fadenförmige Proteine – das Myosin und das Aktin. Diese Proteine ziehen sich selbst nicht zusammen; sie stehen wie Stapel nebeneinander. Kommt der Impuls zum Kontrahieren, werden die Proteinstapel quasi ineinander geschoben. Der Mechanismus ist mit dem Prinzip eines altmodischen Teleskops, das eingefahren wird, zu vergleichen. Die Aktinfäden, die von beiden Enden der Kammer wie Borsten zwischen das zentrale Myosinbündel ragen, werden zu dessen Mitte gezogen (vgl. Anderson et al. 2001).

Der Impuls der Bewegung geht von den zuständigen motorischen Nervenzellen aus, die als Motoneuronen bezeichnet werden. Ein Motoneuron versorgt jeweils eine Gruppe von Fasern, im Beinmuskel z. B. einige hundert bis zu über tausend. In fein steuerbaren Muskeln, wie sie etwa zum Bewegen der Finger benötigt werden, steuert ein Motoneuron dagegen nur einige wenige Fasern. Das Motoneuron und alle von ihm innervierten Muskelfasern werden als **motorische Einheit** bezeichnet.

Muskelfasertypen

Die Skelettmuskulatur besteht aus verschieden Typen von Muskelfasern, die sich vor allem hinsichtlich ihrer Kontraktionsgeschwindigkeit unterscheiden. Hierfür ist die chemische Zusammensetzung des Myosinmoleküls entscheidend – speziell seine größte Teilkomponente, die sogenannte „schwere Kette". Diese existiert beim Erwachsen in drei unterschiedlichen Ausprägungen: den Isoformen I, IIa und IIx (früher auch als IIb bezeichnet).

Dieser Unterteilung entstammt die Klassifizierung der Muskelfasern. Enthalten sie die Typ-I-Form, wird von langsamen Fasern gesprochen. Enthalten die Fasern eine der beiden Formen vom Typ II, wird hingegen von schnellen Fasern gesprochen (Anderson et al. 2001).

Das Klassifizieren anhand der Kontraktionsgeschwindigkeit ist durchaus berechtigt. Der schnellste Fasertyp IIx kontrahiert ungefähr zehnmal schneller als die langsamen Typ-I-Fasern. Die Typ-IIa-Fasern sind immer noch drei- bis fünfmal schneller als der träge Fasertyp (Hollmann und Strüder 2009). Neben den drei reinen Fasertypen gibt es auch Mischfasern (Intermediärfaser), die jeweils zwei unterschiedliche Myosin-Isoformen enthalten. Die Eigenschaften richten sich im Allgemeinen nach dem dominanten Myosintyp und gehen damit in ihrer Funktion mehr in Richtung Typ-I- oder Typ-II-Fasern (Anderson et al. 2001).

Muskelfasern

Die Skelettmuskulatur besteht aus unterschiedlichen Fasertypen. Unterschieden werden vor allem zwei Hauptgruppen:

- **Langsame Typ-I-Fasern,** die besonders bei Ausdauerleistungen aktiv sind
- **Schnelle Typ-II-Fasern,** die positiv für Maximal- und Schnellkraftleitungen wirken

Muskelleistung

Die Muskelleistung wird u. a. durch die Muskelfaserart bestimmt. Wie bereits erwähnt, kontrahieren und erschlaffen die langsamen Typ-I-Fasern relativ langsam. Sie weisen eine Kontraktionszeit von ca. 80 ms auf.

Die schnellen Typ-II-Fasern benötigen dagegen nur ca. 30 ms zum Entwickeln ihrer maximalen Spannung (Hollmann und Strüder 2009). Am schnellsten kontrahieren die Typ-IIx-Fasern. Die Kontraktionsgeschwindigkeit der Muskelfasern wird durch die unterschiedliche Geschwindigkeit beeinflusst, mit der an der schweren Myosinkette Adenosintriphosphat (ATP) gespalten und damit verbraucht wird.

ATP ist der universelle Energielieferant aller Zellen. Typ-I-Fasern spalten diese Substanz langsamer und gewinnen neues ATP vorwiegend über einen Sauerstoff verbrauchenden Stoffwechselweg (aerob). Die Muskelfasern ermüden hierdurch langsamer. Ihnen kommt daher besonders bei Ausdauersportarten wie Langstreckenlauf, Triathlon und Radfahren über lange Distanzen eine besondere Funktion zu (vgl. Anderson et al. 2001).

Die schnellen Typ-II-Fasern haben hingegen einen hohen Energieverbrauch und ermüden rascher. Über einen anaeroben (sauerstofflosen) Stoffwechselweg können sie jedoch kurzfristig mehr Reserven mobilisieren. Das Produkt aus Spannung und Zeit (Kraft) ist bei Typ-IIx-Fasern bedeutend größer als bei Typ-IIa-Fasern und noch größer gegenüber den Typ-I-Fasern.

Die Spannung, welche die Typ-IIx-Fasern entwickeln, ist ungefähr 15 % größer als die der Typ-I-Fasern (Hollmann und Strüder 2009). Den schnellkräftigen und weniger ermüdungsresistenten Typ-II-Fasern kommt daher eine zentrale Funktion bei Kurzeitbeanspruchungen wie Gewichtheben, 100-m-Lauf und Bahnradsprint zu.

Tab. 2.1 Vergleich von langsamen und schnellen Muskelfasern

Merkmal	Langsame Muskelfasern	Schnelle Muskelfasern	
auch bezeichnet als	• **Typ-I-Fasern** • **S**low-**T**witch Fibres (langsam zuckend) • rote Fasern (aufgrund ihrer guten Kapillarisierung/ Durchblutung)	• **Typ-IIa-Fasern** • **F**ast-**T**witch Fibres (schnell zuckend) • weiß; teilweise auch als weiß/rot bezeichnet (aufgrund ihrer weniger guten Kapillarisierung/ Durchblutung)	• **Typ-IIx-Fasern** **F**ast-**T**witch Fibres (schnell zuckend) • weiße Fasern (aufgrund ihrer schlechten Durchblutung)
Kontraktionsgeschwindigkeit	+	+++	++++
Kraft	+	+++	++++
Ermüdungsresistenz (Ausdauerleistungsfähigkeit)	++++	++	+
Durchmesser	+	++++	++++
Potenzial zum Dickenwachstum	+	++++	++++
Reizschwelle	+	+++	++++
prädestiniert für	Ausdauerleistungen	• Maximalkraft • Schnellkraft	• Maximalkraft • Schnellkraft

gering = +
sehr hoch = ++++

Einen Vergleich der Typ-I- mit den Typ-II-Muskelfasertypen zeigt ➤ Tab. 2.1.

Faserverteilung

Die Skelettmuskeln des Rumpfes und der Extremitäten besitzen alle Fasertypen. Es existieren jedoch große individuelle Unterschiede. Ein gesunder Erwachsener verfügt i. d. R. über ebenso viel langsame wie schnelle Muskelfasern. Demnach beträgt das Verhältnis von Typ-I- zu Typ-II-Fasern 50:50 (Hollmann und Strüder 2009). Für Frauen wird mitunter ein höherer Anteil an langsamen Typ-I-Fasern beschrieben (Zatsiorsky und Kraemer 2006).

Die Faserverteilung in einzelnen Skelettmuskeln lässt deutlich eine Funktionsbezogenheit erkennen. So ist z. B. der Armbeuger mit einem hohen Anteil an schnellen Typ-II-Fasern ein typischer „Schnelligkeitsmuskel“. Der Zwillingswadenmuskel dagegen ist infolge eines dominanten Anteils an langsamen Typ-I-Fasern prädestiniert für „Halte- und Ausdauerfunktionen“ (Hollmann und Strüder 2009).

Es bestehen allerdings auch große individuelle Unterschiede beim Aufbau typengleicher Muskeln – z. B. im Oberschenkel. So konnte eine Spanne von nur 19 % langsamen Fasern bis bemerkenswerten 95 % festgestellt werden, die optimal für den Marathon, aber schlecht für den Sprint sind (Anderson et al. 2001).

Besonders Spitzenathleten in Ausdauersportarten verfügen über einen hohen Anteil an langsamen Fasern in ihren vortriebsrelevanten Muskelgruppen. Nicht ganz klar ist dabei, ob diesen Sportlern die zahlreichen Typ-I-Fasern in die Wiege gelegt wurden und sie deshalb für den Ausdauersport prädestiniert waren oder ob sie sich den hohen Anteil allmählich erarbeitet haben (Anderson et al. 2001). Die gleiche Frage stellt sich wiederum bei Weltklassesprintern und Schnellkraftsportlern, die z. T. einen dominanten Anteil an schnellen Fasern aufweisen (Hollmann und Strüder 2009).

Wenn sich auch beim Großteil der Bevölkerung eine gleichmäßige Faserverteilung findet, so scheint diese in Einzelfällen dennoch deutlich zu variieren und genetisch festgelegt zu sein. Damit bestimmt die Muskelzusammensetzung von Geburt an die sportliche Leistungsfähigkeit. Beim „geborenen“ Sprintertyp überwiegen die schnellkräftigen Typ-II-Fasern, beim „geborenen“ Ausdauertyp die ausdauernden, langsamen Typ-I-Fasern.

Muskelfasern durch Training wandeln

Aus trainingswissenschaftlicher Sicht ist es von Interesse, ob ein Fasertyp in den anderen umgewandelt werden kann. Im Fokus steht die Frage:

Kann aus einem kräftigen Sprintertyp durch gezieltes Training ein Ausdauertyp gemacht werden – oder umgekehrt?

Mit dem heutigen Wissensstand ist diese Frage nicht eindeutig zu beantworten. Da die Muskelfasern ein hohes adaptives Potenzial besitzen, ist es jedoch durchaus denkbar, dass sich die Verteilung der Muskelfasertypen infolge regelmäßiger Trainingsbelastungen verändert (vgl. Pette 1999; Steinacker et al. 2002).

Durch ein Krafttraining scheinen sich vor allem die schnellsten der schnellen Fasern, die Typ-IIx-Fasern, in den mittelschnellen Fasertyp IIa zu wandeln. Dieser Effekt konnte in mehreren Studien aufgezeigt werden, wie ein Übersichtsartikel belegt: Untersucht wurde jeweils der breite Muskel des Oberschenkels (M. vastus lateralis). Nach einem mehrwöchigen Krafttraining wurde eine Zunahme des Anteils der Typ-IIa-Fasern bei gleichzeitiger Abnahme des Anteils der Typ-IIx-Fasern nachgewiesen. Offenbar kam es hier zu einer Transformation der schnellen in mittelschnelle Fasern (Friedmann 2007).

Das Verschieben von schnellen IIx-Fasern in mittelschnelle IIa-Fasern konnte auch bei Radsportlern nach einem parallel zum Ausdauertraining betrieben Krafttraining festgestellt werden (Aagaard et al. 2011). Vierzehn dänische Nachwuchsfahrer wurden per Zufall in zwei Gruppen aufgeteilt. Eine Gruppe trainierte nur Ausdauer. Die andere Gruppe absolvierte zusätzlich zum Ausdauertraining ein Krafttraining. Über 16 Wochen führte diese Gruppe 40 zusätzliche Einheiten im Kraftraum durch. Trainiert wurden die Beine mit je 4 Übungen mit jeweils nur 5 bis 12 Wiederholungen. Die Trainingsintensität betrug dabei bis zu 85 % der Maximalleistung. Am Ende der Untersuchung wurde mit Biopsien eine veränderte Muskelfaserstruktur festgestellt. Die Anzahl der Kapillargefäße blieb gleich. Veränderungen zeigten dagegen die IIx- und IIa-Muskelfasern. Der Muskelquerschnitt blieb in beiden Gruppen gleich. In der zusätzlich krafttrainierten Gruppe erhöhte sich die Menge an mittelschnellen IIa-Fasern von 26 auf 34 %. Die schnellsten IIx-Fasern reduzierten sich gleichzeitig signifikant von 5 auf 0,6 %. Bei der rein ausdauertrainierten Gruppe gab es keine Veränderung. Die VO_2max zeigte in beiden Gruppen keinen Unterschied. Bei einem Zeitfahren über 5 Minuten verbesserten beide Gruppen ihre Leistung signifikant, ohne Unterschiede zwischen den Gruppen. Bei einem Zeitfahren über 45 Minuten zeigte sich die zusätzlich krafttrainierte Gruppe signifikant verbessert im Vergleich zur rein ausdauertrainierten Gruppe. Die Leistungssteigerung betrug beachtenswerte 8 %. Eine so deutliche Leistungssteigerung war bei den bereits hochtrainierten Athleten nicht zu erwarten. Die Autoren der Studie führen die verbesserte Ausdauerleistung darauf zurück, dass sich die schnellen IIx-Fasern in mittelschnelle und ermüdungsresistentere IIa-Fasern gewandelt hatten.

Ein für Ausdauersportler positives Verschieben von IIx-Fasern zu IIa-Fasern durch ein zusätzlich betriebenes Krafttraining betonen ebenfalls die Autoren einer Übersichtsarbeit (Rønnestad und Mujika 2013). Jüngste Untersuchungen können diese Aussage stützen (Vikmoen et al. 2016; Mujika et al. 2016).

Auch durch Ausdauertraining konnte eine Umwandlung der Typ-IIx- zu Typ-IIa-Fasern erreicht werden (Andersen und Henriksson 1977). Eine Umwandlung der mittelschnellen Typ-IIa-Fasern zu langsamen Typ-I-Fasern erscheint dagegen durch Training weitaus schwerer möglich (Anderson et al. 2001). Ebenfalls schwer zu erreichen ist eine Umwandlung von langsamen Typ-I- in schnelle Typ-II-Muskelfasern. Der zuvor genannte Übersichtsartikel führt lediglich zwei Untersuchungen an, in denen nach einem Oberkörperkrafttraining Hinweise auf eine solche Transformation im Armstreckmuskel (Trizeps) festzustellen waren.

Grundsätzlich erscheint es so, dass jede Belastung, katabole Stoffwechselzustände oder Stress zu einem Ausprägen des langsamen Muskelfasertyps führen (Steinacker et al. 2002). Dies unterstreicht die Ergebnisse von Studien, bei denen durch ein Krafttraining die schnellsten der schnellen Fasern, die Typ-IIx-Fasern, in den mittelschnellen Fasertyp IIa umgewandelt wurden. Jede Entlastung wie Trainingspause, Ruhigstellung oder Schwerelosigkeit begünstigt dagegen das Ausprägen eines schnellen Muskelfasertyps (Steinacker et al. 2002).

Muskelfasern wandeln

Durch ein parallel zum Ausdauertraining betriebenes Krafttraining scheinen sich vor allem die schnellsten der schnellen Fasern, die Typ-IIx-Fasern, in den mittelschnellen Fasertyp IIa zu wandeln. Diese Faserverschiebung ist für Ausdauersportler von Vorteil, da die mittelschnellen Typ-IIa-Fasern ermüdungsresistenter sind als die schnellen IIx-Fasern.

Es gibt Hinweise, dass ein intensives Training mit Gewichten, ergänzt um weitere anaerobe Übungen, wie sie für Leistungssprinter typisch sind, zu einer Transformation von langsamen in mittelschnelle Fasern führen kann (Anderson et al. 2001). Denkbar ist vor allem, dass durch ein spezielles Training Mischfasern (Intermediärfasern) umstrukturiert werden (Hollmann und Strüder 2009). Unterdessen wird angenommen, dass nur ca. 20 % der Muskelfaserzusammensetzung überhaupt durch Training veränderbar sind (Bouchard et al. 1994). Damit würde der genetischen Veranlagung bei der Leistungsentwicklung eine große Rolle zukommen.

Muskelfaserquerschnitt

Wie im letzten Abschnitt gezeigt wurde, ist die Umwandlung verschiedener Fasertypen durch ein spezielles Training vermutlich nur in einem sehr begrenzten Umfang möglich. Deshalb sollte der Fokus auf einer Vergrößerung des Faserquerschnitts und der damit verbundenen Zunahme der Muskelfaseroberfläche und Kraft gerichtet werden. Hierin ist die **zentrale Aufgabe des Krafttrainings** zu sehen (vgl. Hollmann und Strüder 2009).

Muskelhypertrophie

Muskelfasern scheinen nicht in der Lage zu sein, sich durch Zellteilung zu vermehren (Hyperplasie). Ein Muskel kann daher nur an Masse zulegen, wenn sich seine vorhandenen Fasern verdicken. In diesem Fall wird von Muskelhypertrophie bzw. einem **Muskeldickenwachstum** gesprochen. Dieses erfolgt vorwiegend durch Produktion zusätzlicher Myofibrillen. Angeregt wird diese Produktion durch körperliche Anstrengung bzw. durch ein spezielles Training (➤ Kap. 3.8.1).

Hierbei werden Sehnen und andere mit dem Muskel verbundene Strukturen mechanisch belastet. Über eine stufenförmige Reaktion von Signalproteinen werden dadurch letztlich unterschiedliche Gene aktiviert. Diese wiederum veranlassen die vermehrte Bildung von kontraktilen Proteinen, vorwiegend die fadenförmigen Proteine Myosin und Aktin, für den Aufbau neuer Myofibrillen. Eine stark gesteigerte Proteinsynthese verlangt in den Muskelfasern gleichzeitig nach mehr Zellkernen, letztlich auch, um ein bestimmtes Verhältnis zwischen dem stark wachsenden Zellvolumen und der Anzahl der Kerne aufrechtzuerhalten. Da sich jedoch weder diese Kerne noch die Muskelfasern selbst teilen können, greift der Organismus auf teilungsfähige „Satellitenzellen“ zurück. Diese Zellen liegen den Muskelfasern außen an oder wandern eventuell auch in Form anderer Stammzellen zu. Bei Bedarf können sie mit ihren großen Nachbarn verschmelzen und so deren Dickenwachstum durch „Kernspende“ unterstützen (Anderson et al. 2001).

Neue Zellkerne scheinen besonders dann zu entstehen, wenn die Fasern durch intensives Muskelkrafttraining strapaziert werden. Einer bestehenden Theorie zufolge entstehen hierbei winzige Risse, sogenannte Mikroläsionen, die wie ein Magnet auf die spinnenförmigen Satellitenzellen wirken. Angezogen von Mikroläsionen, wandern die Satellitenzellen zu der verletzten Region und beginnen dort, Proteinmaterial zur Reparatur herzustellen, wobei sie sich teilen. Einige von ihnen verschmelzen mit den Fasern, andere wiederum verbleiben als Satelliten außerhalb der Muskelfasern. Die gespendeten Zellkerne schaffen die Basis für die Produktion weiterer Proteine und damit zusätzlicher Myofibrillen in der Faser. Die neuen Zellkerne unterscheiden sich dabei nicht von den bereits in der Faser enthaltenen Kernen. Für die Produktion greift die Muskelzelle, genau wie jede andere Zelle, auf die Bauanweisung der jeweils zuständigen Gene im Zellkern zurück. Von dort geht eine Abschrift an die Proteinfabriken im Zellplasma. Die Schritte vom Gen zum Protein werden als Expression bzw. als Ausprägung bezeichnet (Anderson et al. 2001).

Untersuchungsergebnisse

In Untersuchungen konnte gezeigt werden, das sowohl Typ-I-Fasern als auch Typ-II-Fasern ihren

Querschnitt und damit ihre Kraft vergrößern können. Das größte Potenzial zum Dickenwachstum besitzen die schnellen Typ-II-Fasern (Wirth 2004). Nach sechs bis acht Jahren Training konnte z. B. bei Bodybuildern eine um 58 % dickere Typ-II-Faser und eine um 39 % dickere Typ-I-Faser nachgewiesen werden (Macdougall et al. 1984).

In Querschnittstudien wird generell ein signifikant größeres Dickenwachstum der schnellen Typ-II-Fasern bei Kraft- und Schnellkraftsportlern im Vergleich zu untrainierten Personen oder zu Ausdauersportlern beschrieben (Friedmann 2007). Für die langsamen Typ-I-Fasern sind die Untersuchungsergebnisse hingegen uneinheitlich. Es wird sowohl über größere Querschnitte der Typ-I-Fasern als auch über fehlende Unterschiede berichtet (Friedmann 2007).

Uneinheitlich sind auch die Ergebnisse von Trainingsstudien. Nach einem mehrwöchigen Maximalkrafttraining nahm in mehreren Untersuchungen sowohl der Querschnitt der Typ-II- als auch der Typ-I-Fasern signifikant zu. In anderen Studien zeigte sich eine nur für die Typ-II-Fasern signifikante Querschnittzunahme oder war allenfalls tendenziell zu beobachten (Friedmann 2007).

Um ein Dickenwachstum der Muskelfasern zu erreichen, sind insbesondere die Trainingsbelastungen von Bedeutung. Hierbei spielt es keine Rolle, ob mit langsamen oder schnellen Bewegungsgeschwindigkeiten trainiert wird. Entscheidend sind eine **hohe Intensität** und das Überlasten der kontraktilen Strukturen (Wirth 2004).

Muskelfaserquerschnitt vergrößern

Durch ein Krafttraining mit ausreichend hohen Intensitäten kann eine Hypertrophie (Dickenwachstum) sowohl der langsamen Typ-I- als auch der schnellen Typ-II-Fasern erreicht werden.

2.2.2 Neuronale Faktoren

In den vorangegangenen Abschnitten wurde der Einfluss der Muskelfasern auf das Kraftverhalten dargestellt.

Im Folgenden steht die gesamte **motorische Einheit** im Blickpunkt. Diese besteht aus:

- Motoneuron (motorischer Nervenzelle)
- Axon (Nervenfaser)
- Motorischer Endplatte (Verbindungsstück zwischen Muskel- und Nervenfaser)
- Einer variierenden Anzahl von Muskelfasern, die an die Endplatte angeschlossen sind

Vereinfacht dargestellt, besteht die motorische Einheit aus einem Motoneuron und allen von ihm innervierten Muskelfasern. Die Anzahl der von einem Motoneuron innervierten Muskelfasern liegt zwischen ca. 10 und 2 000.

Muskeln, die sehr feine Bewegungen ausführen müssen, z. B. die Augen- und Fingermuskeln, verfügen i. d. R. über motorische Einheiten von ca. 10 bis 50 Muskelfasern. Muskeln, die relativ grobe Bewegungen ausführen, z. B. der große Rückenmuskel, besitzen dagegen motorische Einheiten mit bis zu 2 000 Fasern (Hartmann und Tünnemann 1990).

Alles oder nichts

Alle Fasern einer motorischen Einheit kontrahieren entweder gleichzeitig oder überhaupt nicht; es wird vom **Alles-oder-Nichts-Gesetz** gesprochen (Gollhofer et al. 2003). Die zu einer motorischen Einheit gehörenden Fasern sind alle vom gleichen Fasertyp. Mit Blick auf die beiden Hauptfasergruppen enthält eine motorische Einheit damit entweder langsame, ermüdungsresistente Typ-I-Fasern oder schnellkräftige Typ-II-Muskelfasern (Zatsiorsky 2000). Die Kraft der motorischen Einheit ist hauptsächlich von der Anzahl und vom Typ ihrer Muskelfasern abhängig. Kleine motorische Einheiten mit geringer Faserzahl entfalten eine Zugkraft von nur wenigen Millinewton – große dagegen von mehreren Newton (Hartmann und Tünnemann 1990).

Rekrutierung

Aufgrund des geringen Kraftpotenzials einzelner motorischer Einheiten müssen zum Ausführen einer Bewegung stets mehrere motorische Einheiten gleichzeitig aktiviert bzw. rekrutiert werden. Je höher der zu überwindende Widerstand ist, desto mehr motorische Einheiten müssen zum Ausführen der Bewegung herangezogen werden.

Das Aktivieren der motorischen Einheiten erfolgt dabei nach dem **Größenordnungsprinzip** (Zatsiorsky 2000). Am Beginn einer Kontraktion werden immer die kleinsten und langsamsten motorischen Einheiten mit der niedrigsten Reizschwelle rekrutiert – die Einheiten mit Typ-I-Muskelfasern –, nachfolgend dann immer größere und schnellere motorische Einheiten mit Typ-IIa- und -IIx-Fasern. Die größten motorischen Einheiten werden je nach Muskel erst nahe der Maximalkraft aktiviert (vgl. Gollhofer et al. 2003).

Ein Kraftanstieg durch das Rekrutieren von motorischen Einheiten erfolgt allerdings nur bis zu einer Kontraktionskraft, die 80–90 % der Maximalkraft entspricht. Ein weiteres Erhöhen der Kraft erfolgt dann über die Mechanismen der „Frequenzierung" oder der „Synchronisierung", die in den folgenden Abschnitten erläutert werden.

Hinweis Untrainierte können in der Regel nur etwa 70 % ihrer Muskelfasern aktivieren. Durch ein gezieltes Krafttraining kann der Aktivierungsgrad bis auf 95 % gesteigert werden (➤ Kap. 3.8.2).

Frequenzierung

Ein zweiter Mechanismus zur Regulierung der Kraftentfaltung besteht in der Aktivierungsfrequenz der motorischen Einheiten. Dabei wird die Frequenz erhöht, mit der Aktionspotenziale vom Motoneuron an den Muskel gelangen und dort Einzelzuckungen auslösen. Es kommt zu einem zunehmenden Überlagern der Einzelzuckungen. Dabei beginnt die mechanische Wirkung eines nachfolgenden Aktionspotenzials jeweils auf einem höheren Kraftniveau; sie schaltet sich auf die vorherige Zuckung auf.

Hierdurch kommt es zu einem höheren Kraftanstieg als bei einer isolierten Einzelzuckung. Dieser Effekt wird auch als Summation oder **Superposition** bezeichnet, da eine neue Erregung auf die noch nicht erschlaffte Muskulatur trifft. Eine weitere Erhöhung der Frequenz führt schließlich zu einem Verschmelzen der Einzelzuckungen – bis hin zu einer vollständigen tetanischen Kontraktion.

Die Entladungsfrequenzen, mit denen motorische Einheiten aktiviert werden, liegen i. d. R. zwischen 10 und 60 Hz. Bei einem explosiven Entfalten der Kraft kann es jedoch zu Entladungsfrequenzen von bis zu 100 Hz kommen. Die Maximalkraft wird schon bei relativ niedrigen Frequenzen von rund 55 Hz erreicht (Sale 1994). Hohe Innervationsfrequenzen führen vor allem zu einem steilen Kraftanstieg im Sinne einer Verbesserung der Explosivkraft (Aagaard et al. 2002).

Mit zunehmender Intensität tritt die Frequenzierung immer mehr in den Vordergrund. Im Kraftbereich von 80–100 % erfolgt die Kraftentwicklung nahezu ausschließlich durch ein Steigern der Entladungsfrequenz (Zatsiorsky 2000).

Synchronisation

Als Möglichkeit für ein weiteres Steigern der Muskelkraft wird das gleichzeitige „synchrone" Aktivieren der Muskelfasern beschrieben (vgl. u. a. Zatsiorsky 2000). Zur Aussage, dass eine verbesserte Synchronisation von motorischen Einheiten zu höheren Kraftwerten führt, liegen jedoch unterschiedliche Erkenntnisse vor.

In Untersuchungen wurden Hinweise gefunden, dass es bei maximalen willkürlichen Kontraktionen keine Rolle spielt, ob ein eher synchrones oder asynchrones Innervationsverhalten vorliegt (Rack und Westbury 1969). Von diesem Standpunkt ausgehend, hätte eine höhere Synchronisation keinen Einfluss auf die Maximalkraft. Das gleichzeitige Ansteuern möglichst vieler motorischer Einheiten kann jedoch positiv auf eine Steigerung der Explosivkraft wirken (Wirth 2004).

Neuronale Faktoren der Muskelkraft

Das Nervensystem nutzt drei Möglichkeiten, um die aufgebrachte Muskelkraft zu steuern:

- **Rekrutierung:** Variieren der Muskelkraft durch ein abgestuftes Aktivieren von motorischen Einheiten
- **Frequenzierung:** Erhöhen der Frequenz, mit der Aktionspotenziale vom Motoneuron an den Muskel gelangen
- **Synchronisation:** gleichzeitiges Ansteuern möglichst vieler motorischer Einheiten

2.3 Adaptionen

Der menschliche Körper besitzt die Fähigkeit, sich an Belastungen bzw. Reize anzupassen, die er aus seiner Umwelt erfährt. Ausgehen können diese Reize z. B. von den Belastungen eines Trainings. Wird dieses systematisch betrieben, rufen die hierbei erfahrenen Reize biologische Anpassungsreaktionen hervor, die als Adaption bezeichnet werden. Sie bewirken eine Steigerung der individuellen Leistungsfähigkeit.

Der Effekt der Trainingsadaption wurde bereits im alten Griechenland genutzt. Die griechische Mythologie berichtet über die Methoden des Milon von Kroton, einen Schüler des Pythagoras. Dieser versuchte, durch das tägliche Tragen eines Kalbs vom schwächlichen Jüngling zum starken Mann zu werden. Im Laufe der Zeit wuchs nicht nur das Kalb, sondern auch die Kraft des Milon. Sein Körper passte sich dem ständig steigenden Gewicht des Kalbs an. Am Ende konnte er ein ausgewachsenes Rind stemmen und wurde zum erfolgreichsten olympischen Ringkämpfer aller Zeiten (vgl. Hartmann und Tünnemann 1990).

Vereinfachtes Prinzip der Adaption

Eine ausreichend hohe Trainingsbelastung stellt für den Organismus einen **Reiz bzw. Stimulus** dar, an den sich der Körper anpasst. Dies führt zu einem Zustand, der auf höherem Niveau liegt als der Ausgangszustand. Der Organismus ist so für Belastungen der gleichen Art besser vorbereitet.

Bei diesem „Aufrüsten" werden im Körper zahlreiche und komplexe Prozesse in Gang gesetzt, die dazu führen, dass der Organismus sich entsprechend anpasst. Das gilt für morphologische Eigenschaften wie z. B. die Muskelfaserstruktur und den Knochenbau, aber auch physiologische und biochemische Prozesse passen sich an und werden so leistungsfähiger. Hierzu zählen z. B. eine effizientere Energiebereitstellung und -ausnutzung sowie die verbesserte Funktion der Nerven (vgl. Hollmann und Strüder 2009). Wird dieses höhere Leistungsniveau jeweils für eine neue Trainingseinheit genutzt, kommt es zu einer weiteren Leistungssteigerung. Dieser Entwicklung sind allerdings genetische Grenzen gesetzt.

Nach einer intensiven Beanspruchung benötigt der Körper Zeit für die notwendigen Aufbauprozesse. Wird ein erneuter Trainingsreiz zu früh gesetzt, ist die Erholungsphase zu kurz und überfordert die Regenerationsfähigkeit des Organismus. Wird der nächste Trainingsreiz zu spät gesetzt, geht die Leistungsfähigkeit wieder auf das ursprüngliche Ausgangsniveau zurück.

Ein optimaler Anpassungsprozess ist somit durch den richtigen Wechsel von Belastung und Erholung zu erreichen.

Bestimmen lassen sich die notwendigen Regenerationszeiten jedoch nur sehr ungenau. Die verschiedenen Funktionssysteme des Körpers benötigen sehr unterschiedliche Zeiträume zur Wiederherstellung und Adaption. So passen sich beispielsweise die Muskeln innerhalb von Wochen und Monaten an. Der Adaptionsprozess für die passiven Strukturen verlangt dagegen ein regelmäßiges Training über Monate und Jahre (vgl. u. a. Woo et al. 1980; Staff 1982; Grimby 1994; Kemmler et al. 2003). Zudem beeinflussen sich die Funktionssysteme wechselseitig und die Anpassungsvorgänge sind im Einzelnen noch nicht vollständig aufgeklärt.

Ein *Beispiel* stellt die Hypertrophie der Muskelfaser infolge eines Krafttrainings dar. Die hierbei ablaufenden Prozesse sind noch nicht vollständig bekannt (vgl. Anderson et al. 2001). Darüber hinaus nehmen zahlreiche Faktoren Einfluss auf die Regenerationszeit, z. B.:

- Belastungsintensität und Trainingsumfang
- Umfang der beteiligten Muskelmasse
- Trainingsstatus
- Geschlecht
- Alter
- Ernährungsverhalten
- Individuelle Belastungsverträglichkeit (Genetik, Talent)

Aus den angeführten Aspekten wird deutlich, dass erfolgreiche Adaptionen durch Training nur dann möglich sind, wenn die Auswirkungen von Belastungen und Entlastungen im Trainingsprozess **individuell** von Trainer und Sportler überwacht werden. Die Erfahrungen aus der Trainingspraxis zeigen, dass es trotz eines bekanntermaßen wirkungsvollen Trainingsaufbaus zu einer zeitweiligen Stagnation der Leistungsentwicklung kommen kann (vgl. u. a. Faude 2007).

Ein Trainingsprogramm ist deshalb immer individuell anzupassen und zu optimieren.

2

Superkompensation

In den Trainingswissenschaften wird das Zusammenspiel von Belastungen und Adaptionen oftmals mit dem „allgemeingültigen" Modell der „Superkompensation" zu erklären versucht. Mit Superkompensation wird hier die Erholung des Organismus über das ursprüngliche Leistungsniveau hinaus bezeichnet (vgl. u. a. Harre 1970).

Das Modell soll Trainern und Sportlern helfen, die optimalen Zeiträume zwischen aufeinander folgenden Belastungen zu bestimmen. Die zuvor dargestellte Komplexität von Erholung und Adaption unterschiedlicher Funktionssysteme macht jedoch deutlich, dass ein solches Modell zu einfach ist, um richtig zu sein. Die Superkompensationstheorie verliert daher zunehmend an Popularität (vgl. Zatsiorsky 2000; Faude 2007).

Prinzip der Trainingsadaption

Ausreichend hohe und regelmäßige Trainingsbelastungen stellen für den Organismus Reize dar, an die er sich anpasst. Der Organismus rüstet sich quasi, um auf Belastungen der gleichen Art besser vorbereitet zu sein. Ein optimaler Anpassungsprozess ist nur durch den richtigen Wechsel von Belastung und Erholung zu erreichen. Bestimmen lassen sich die notwendigen Regenerationszeiten jedoch nur sehr ungenau. Die Anpassungsprozesse sind sehr komplex, von vielen Faktoren abhängig und individuell unterschiedlich. Hinzu kommt, dass die Prozesse noch nicht vollständig geklärt sind und verschiedene Funktionssysteme sich wechselseitig beeinflussen.

Für die Trainingspraxis bedeutet das: Ein Trainingsprogramm ist immer individuell auf einen Sportler anzupassen und zu optimieren. Erfolgreiche Adaptionen durch Training sind nur dann möglich, wenn die Auswirkungen von Belastungen und Entlastungen im Trainingsprozess überwacht und berücksichtigt werden.

KAPITEL

3 Krafttraining

Wer im Leistungssport an der Spitze mithalten will, muss ein zusätzliches Krafttraining betreiben. Deshalb gehört im Fußball, Schwimmen, Tennis, Skispringen oder in der Leichtathletik das Üben im Kraftraum schon lange zum festen Bestandteil des Trainings. Quer durch alle Sportarten wird mit einem gezielten Kräftigen der Muskeln die Wettkampfleistung gesteigert.

Radsportler dagegen fahren oftmals einfach nur Rad, um ihre Leistung zu steigern. Der Wert eines Krafttrainings wird im Radsport bislang unterschätzt. Damit wird die Chance vertan, das individuelle Leistungsmaximum auszuschöpfen.

Für ein erfolgreiches Krafttraining reicht jedoch der bloße Besuch eines Kraftraums nicht aus. Das Erreichen der mit einem Krafttraining verbundenen Ziele ist vor allem von den eingesetzten Trainingsmethoden abhängig. In ➤ Kap. 2.1 wurden die Kraftfähigkeiten bereits in Maximalkraft, Schnellkraft und Kraftausdauer unterteilt. Das folgende Kapitel setzt sich damit auseinander, mit welchen Methoden Radsportler ihre Muskelkraft effektiv trainieren.

Zum Beginn wird der Begriff Krafttraining konkretisiert. Ebenso wird herausgestellt, welche Ziele ein Krafttraining im Radsport verfolgt und von welchen Effekten Radsportler profitieren. Schließlich werden die unterschiedlichen Formen der Muskelkontraktion, Übungsklassen, Organisationsformen sowie die wichtigsten Trainingsprinzipien und Methoden zum Ausbilden der unterschiedlichen Kraftfähigkeiten vorgestellt.

3.1 Was ist Krafttraining?

Wie wird eigentlich Kraft trainiert und was ist ein Krafttraining? Vorweggenommen sei, dass heutzutage vieles mit dem Begriff Krafttraining in Verbindung gebracht wird, was im trainingswissenschaftlichen Sinne überhaupt kein Krafttraining ist.

Eine Frage der Definition

Krafttraining beschreibt ein körperliches Training mit dem Ziel, die motorischen Kraftfähigkeiten zu verbessern. Entscheidend dabei ist der Einsatz von Muskelkraft. Es besteht jedoch keine Einigkeit darüber, ab wann überhaupt von einem „Einsatz der Muskelkraft" gesprochen werden sollte (vgl. ➤ Kap. 2.1.3).

Für mache Sportwissenschaftler beginnt ab einem Einsatz von 30 % des individuellen Kraftmaximums ein Intensitätsbereich, ab dem von Kraftzuwächsen auszugehen ist (Hollmann 1990). Andere Wissenschaftler betonen dagegen mit Blick auf die Praxis, dass Belastungen von über 50 % beim Kraftausdauertraining notwendig sind, um ein Verbessern der Maximalkraft zu erzielen (vgl. Schmidtbleicher 2003). Für Gewichtheber wird mitunter angeführt, dass diese langfristig selbst bei Belastungsintensitäten, die bei 60 bis 85 % der Maximallast liegen, mit einem Stagnieren oder sogar einer Reduktion ihrer Leistungsfähigkeit rechnen müssen (Verchoshansky 1979). In neueren Arbeiten wird für Athleten, bei deren sportlichen Leistung die Maximalkraft eine große Rolle spielt, betont, dass sie ihre Intensität im Krafttraining nicht unter 80 % des individuellen Kraftmaximums sinken lassen sollten, um eine Reduktion der Maximalkraft in der Wettkampfsaison zu verhindern (Gamble 2006).

Daraus lässt sich folgern:
Je höher das Kraftniveau eines Sportlers ist, desto höher müssen die gewählten Intensitäten im Training sein, um ein Maximalkraftniveau zu halten, und erst recht, um es zu steigern. Um weitere Fortschritte zu erzielen, sind längerfristig immer höhere Belastungsintensitäten nötig. Dies gilt für alle Bereiche des Krafttrainings (Wirth et al. 2012).

Zur besseren Abgrenzung des Krafttrainings vom Ausdauertraining sollte erst ab einem Krafteinsatz von mindestens 50 % des individuellen Maximalkraftniveaus von einem Kraft-(ausdauer-)training gesprochen werden (➤ Kap. 2.1.3).

Beispiel für eine Trainingsübung im Sinne eines Krafttrainings: Ein Sportler kann bei der Übung Bankdrücken die maximale Last von 100 kg bewegen. Diese Last kann er genau einmal von der Brust auf die gestreckten Arme drücken. Um diese Übung im Sinne einer Kraftleistung bzw. eines Krafttrainings durchzuführen, muss der Sportler mindestens 50 kg einsetzen.

Auch wenn es für viele überraschend klingt, **sollten Ausdauersportler grundsätzlich mit höheren Intensitäten im Kraftraum trainieren,** um Auswirkungen hinsichtlich Bewegungsökonomie und Ausdauerleistungsfähigkeit zu erzielen. In Studien zeigten sich größere Effekte, wenn mit Lasten trainiert wurde, die über 70 % der individuellen Maximalkraft entsprachen (Bazyler et al. 2015).

Der Begriff Krafttraining in der Praxis

Kurz gesagt: Nicht überall, wo „Krafttraining draufsteht“, ist auch „Krafttraining drin“. Die oberen Ausführungen machen deutlich, dass z. B. das in vielen Fitnessanlagen angebotene Gruppentraining mit Hanteln im Aerobicraum kein Krafttraining ist – insbesondere nicht für leistungsfähigere Sportler. Die eingesetzten Gewichte sind zu gering, der Einsatz der Muskelkraft nicht hoch genug. Gleiches gilt für kraftbetonte Berganfahrten mit dem Fahrrad, die mit großen Übersetzungen und niedrigen Trittfrequenzen praktiziert werden. Das gefühlt schwere Treten ist kein Krafttraining – auch kein Kraftausdauertraining. Vielmehr entsprechen diese Trainingsformen in ihrer Wirkung einem intensiven Ausdauertraining (➤ Kap. 5.1).

Auch die im gesundheitsorientierten Training oftmals empfohlenen funktionsgymnastischen Kräftigungsübungen (vgl. u. a. Knebel et al. 1996) sind kein Krafttraining. Bei dieser anatomisch orientierten Gymnastik werden Gelenke, Sehnen und Bänder nicht übermäßig belastet und gedehnt. Diese Übungsform ist jedoch für ein Krafttraining ungeeignet. Die Zielmuskulatur wird nicht intensiv genug angesprochen und damit kein Trainingsreiz produziert. Folglich bleiben physiologische Anpassungen im Sinne eines Krafttrainings aus (vgl. Konrad et al. 1999; Wirth et al. 2016). Dies gilt auch für viele Übungen, die heute unter dem Begriff „Functional Training“ praktiziert werden, da hierbei oftmals nur geringe oder gar keine Zusatzlasten Verwendung finden (➤ Kap. 3.11.3).

Ein Üben auf Vibrationsplatten ist ebenfalls kein Krafttraining, da der hierbei erzeugte Widerstand zu gering ist. Für trainierte Sportler ist unter Umständen selbst das Klimmziehen kein Krafttraining mehr. Wer deutlich mehr als 10 Klimmzüge mit dem eigenen Körpergewicht schafft, muss langfristig Zusatzlasten einsetzen, um Adaptionen im Sinne eines Maximalkrafttrainings zu erzielen. Aufgeführt wurden an dieser Stelle nur einige Beispiele, die aber eines klar verdeutlichen sollen: **Krafttraining braucht ausreichend hohen Widerstand!**

Was ist Krafttraining?

Krafttraining beschreibt ein körperliches Training mit dem Ziel, die motorischen Kraftfähigkeiten zu verbessern. **Entscheidend dabei ist der Einsatz von Muskelkraft. Je höher das Kraftniveau eines Sportlers ist, desto höher müssen die gewählten Intensitäten im Training sein, um ein Maximalkraftniveau zu halten, und erst recht, um es zu steigern.** Um weitere Fortschritte zu erzielen, sind längerfristig immer höhere Belastungsintensitäten nötig. Dies gilt für alle Bereiche des Krafttrainings (Wirth et al. 2012). Erst ab einem Krafteinsatz von mindestens 50 % des individuellen Maximalkraftniveaus sollte von einem Kraft-(ausdauer-)training gesprochen werden (vgl. Schmidtbleicher 2003).
Krafttraining kann aus zwei Blickwinkeln unterschieden werden:

1. Nach seiner Wirkungsweise: z. B. Muskelaufbautraining
2. Nach seiner Zielstellung: z. B. Maximalkrafttraining

3.2 Ziele und Effekte eines Krafttrainings für Radsportler

Für Radsportler wird zunehmend der Stellenwert der Muskelkraft erkannt (vgl. u. a. Aagaard et al. 2011; Rønnestad und Mujika 2013). Durch ein gezielt betriebenes Krafttraining – zusätzlich zum Ausdauertraining – soll die Wettkampfleistung gesteigert werden. Das Verbessern der radsportspezifischen Leistung ist aber nicht die einzige Rolle, die dem Krafttraining zukommt.

Das Trainieren im Kraftraum soll gezielt den Stütz- und Bewegungsapparat stärken, um das Verletzungs- und Verschleißrisiko zu reduzieren. Hierbei stehen aber nicht nur die Belastungen durch den Radsport im Blickpunkt. Krafttraining soll den Stütz- und Bewegungsapparat auch für die Belastungen im Alltag und bei der Arbeit stärken. Beispielsweise beim Treppenabsteigen oder beim Aussteigen aus Bus und Bahn treten Belastungen auf, die einem Mehrfachen des Körpergewichts entsprechen. Solche und ähnliche Belastungen lassen sich durch ein Kräftigen der betreffenden Muskeln um rund 50 % reduzieren (Güllich und Schmidtbleicher 1999).

In den folgenden Abschnitten werden die Ziele und Effekte eines systematisch betriebenen Krafttrainings für Radsportler dargestellt. Im Fokus stehen leistungssteigernde und präventive Aspekte. Ebenfalls wird der Einfluss eines Krafttrainings auf die Ausdauerleistung beschrieben.

3.2.1 Leistungssteigernde Effekte

Die Muskulatur, die zum Radfahren benötigt wird, kann allein auf dem Sportgerät Rad nicht effektiv genug trainiert werden (➤ Kap. 5.1). Es bedarf eines zusätzlichen und systematisch betriebenen Krafttrainings. Nur so können die Muskeln optimal für die Radsportarten konditioniert werden – besonders für Disziplinen, in denen die Muskelkraft eine größere Rolle spielt, beispielsweise Bahnrad- und Geländeradsport (➤ Kap. 1). Durch ein gezieltes Trainieren der Muskeln können Radsportler vor allem die folgenden positiven Effekte erzielen:

- Krafttraining kann die Ausdauerleistung unterstützen,
- die Muskeleffizienz und Bewegungsökonomie verbessern und
- die Leistungen bei kurzzeitigen und rennentscheidenden Antritten steigern (vgl. u. a. Hickson et al. 1988; Marcinik et al. 1991; Paavolainen et al. 1999; Bastiaans et al. 2001; Chtara et al. 2005; Yamamoto et al. 2008; Aagaard et al. 2011; Rønnestad und Mujika 2013).

Das Krafttraining stellt deshalb eine wichtige **Leistungsreserve** für Radsportler dar, besonders wenn eine Steigerung der Trainingsumfänge zeitlich und trainingsmethodisch nicht mehr möglich ist.

Einen Überblick der in Untersuchungen erzielten **positiven physiologischen Effekte für Ausdauersportler** geben Rønnestad und Mujika (2013) in einem Übersichtsartikel. Die Autoren haben zahlreiche Studien analysiert, in denen trainierte Radsportler und Läufer parallel zum Ausdauertraining ein Krafttraining betrieben haben. Die Ergebnisse zeigt ➤ Tab. 3.1. Jüngste Untersuchungen stützen diese Ergebnisse weiter (Vikmoen et al. 2016; Mujika et al. 2016).

Negative Effekte durch ein ergänzend zum Ausdauertraining praktiziertes Krafttraining konnten die Autoren nicht feststellen (Rønnestad und Mujika 2013). Einen Überblick dazu gibt ➤ Tab. 3.2.

Tab. 3.1 Potenzielle positive physiologische und leistungsbezogene Effekte eines Krafttrainings mit höheren Lasten und explosiven Ausführungen auf die Ausdauerleistung (Rønnestad und Mujika 2013)

Potenzielle positive physiologische und leistungsbezogene Effekte	Evidenz des Nutzens (Benefits)
erhöhte VO_2max	nein
gesteigerte Bewegungsökonomie	ja
erhöhte anaerobe Kapazität	ja
erhöhter Laktat-Schwellenwert	ja
verminderte oder verzögerte Müdigkeit (Fatigue)	ja
erhöhtes Kraftmaximum	ja
verbesserte Kraftentwicklung	ja
gesteigerte Höchstgeschwindigkeit	ja
verbesserte Ausdauerleistung	ja

Tab. 3.2 Potenzielle negative physiologische und leistungsbezogene Effekte eines Krafttrainings mit höheren Lasten und explosiven Ausführungen auf die Ausdauerleistung (Rønnestad und Mujika 2013)

Potenzielle negative physiologische und leistungsbezogene Effekte	Evidenz für ein negatives Outcome (Endergebnis)
erhöhtes Körpergewicht	nein
reduzierte relative VO_2max	nein
verlängerte Diffusionsstrecke	nein
verminderte Kapillarisierung	nein
Verminderte oxidative Enzymaktivität	nein

Wer profitiert besonders von einem Krafttraining?

Der Stellenwert des Krafttrainings ist für den einzelnen Radsportler durchaus unterschiedlich hoch. So können z. B. Mountainbike-Cross-Country- und Querfeldeinfahrer (Cyclocross) mehr von einer gut ausgebildeten Muskelkraft profitieren als Triathleten auf der Langdistanz (Stichwort: unterschiedliche Anforderungsprofile der Radsportdisziplinen; ➤ Kap. 1).

Mit Blick auf verfügbare Studien ist festzuhalten, dass durch ein ergänzend praktiziertes Krafttraining gesteigerte Ausdauerleistungen v. a. bei besser trainierten Radsportlern dokumentiert wurden (vgl. u. a. Rønnestad und Mujika 2013; Bazyler et al. 2015). Die Autoren dieses Buches haben jedoch auch die Erfahrung gemacht, dass besonders ambitionierte Freizeitradsportler und Amateure von einem Krafttraining profitieren. Hintergrund ist, dass bei diesen Sportlern das Kraftniveau oftmals eine große Leitungsreserve darstellt und sich das Krafttraining auch besser planen lässt. Die Trainingsumfänge auf dem Rad sind in diesen Klassen deutlich geringer als bei Profis (Stichwort: Übertraining vermeiden!).

Warum Radsportler ihre Muskeln trainieren sollten:

- Krafttraining kann die Ausdauerleistung unterstützen,
- Die Muskeleffizienz steigern,
- Die Bewegungsökonomie verbessern,
- Die Leistungen bei kurzzeitigen und rennentscheidenden Antritten steigern (z. B. bei Ausreißversuchen, Zielsprints oder dem Schließen von Lücken) und
- Krafttraining kann den Stütz- und Bewegungsapparat stärken, um das Verletzungs- und Verschleißrisiko zu reduzieren, gerade mit Blick auf die einseitigen Belastungen im Radsport.

Steigern des Kraftniveaus

Die Rechnung für Radsportler erscheint einfach: Mehr Kraft auf den Pedalen bei gleich bleibender Kadenz bedeutet mehr Leistung. Und mehr Leistung bedeutet mehr Geschwindigkeit – das große Ziel jedes ambitionierten Radsportlers.

Eine hohe maximale Geschwindigkeit ist besonders in rennentscheidenden Situationen wie dem Zielsprint von Bedeutung (➤ Abb. 3.1). Je schneller und je mehr Kraft hier ein Fahrer auf die Pedale bringt, desto größer sind seine Siegchancen.

Ein hohes Kraftniveau ist ebenfalls von Bedeutung, um am Berg erfolgreiche Attacken zu fahren, Angriffe von Gegnern zu parieren oder Lücken zufahren zu können. Hierbei müssen die Fahrer Leistungen von z. T. über 1 000 Watt erbringen. Je mehr sich die zu erbringende Leistung dem individuellen Kraftmaximum nähert, desto größer ist die Bedeutung der Maximalkraft. Die höchsten Leistungen sind beim Bahnradsport gefordert, wenn es darum geht, aus dem Stand in kürzester Zeit eine maximale Geschwindigkeit zu erreichen. Spitzenfahrer leisten hierbei rund 2 000 Watt (➤ Kap. 1.8). Ein gesteigertes Kraftniveau erhöht die Siegchancen in sämtlichen Radsportdisziplinen.

Verbessern der intramuskulären Koordination

Ein gezieltes Krafttraining verbessert das **Nerv-Muskel-Zusammenspiel** (intramuskuläre Koordination). Je besser das Zusammenspiel ausgebildet ist, desto mehr motorische Einheiten können beim Ausführen der Tretbewegung aktiviert werden (➤ Kap. 3.8.2). Die muskuläre Leistungsfähigkeit steigt – sowohl die Maximalkraft als auch die Schnellkraftleistungen. Der Sportler kann bei einem Antritt einen größeren Kraftimpuls in kürzerer Zeit auf das Pedal bringen.

Untersuchungen an Elite-Radfahrern geben darüber hinaus den Hinweis, dass diese durch ein Krafttraining in der Lage sind, während des Pedalwegs

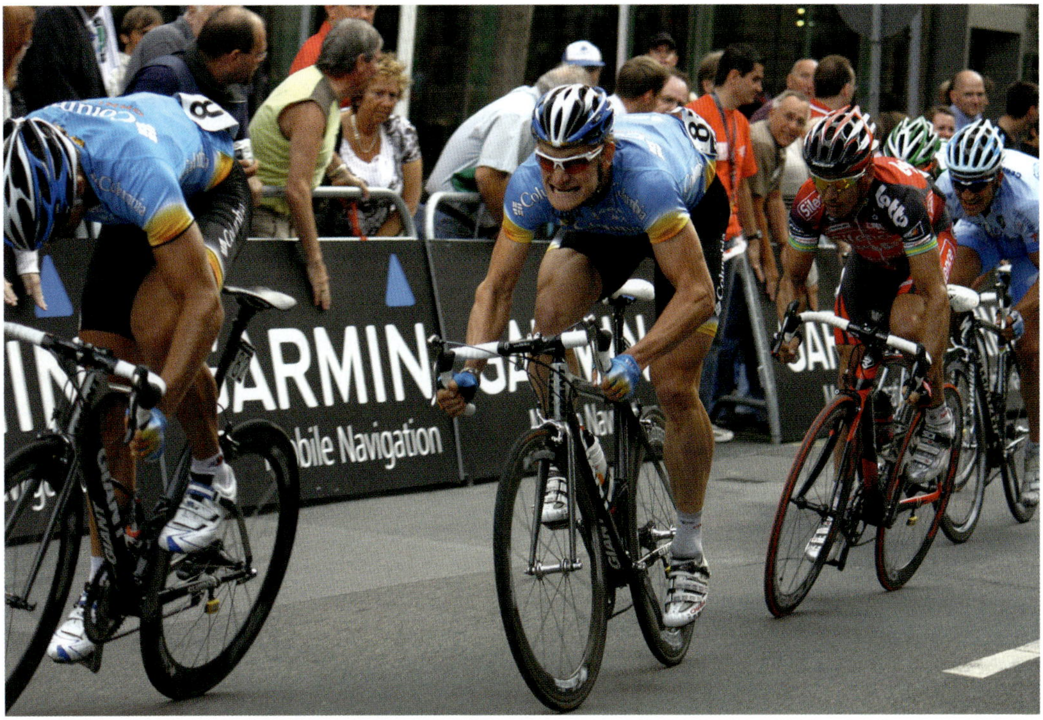

Abb. 3.1 Kraftvoller Zielsprint beim Straßenradrennen (Foto: Daniel Kilb)

früher das maximale Drehmoment zu entwickeln, was positiv auf die Leistung beim Radfahren wirkt (Rønnestad et al. 2015).

Vergrößern des Muskelquerschnitts

Ist das neuronal-koordinative Kraftverbesserungspotenzial ausgeschöpft, kann durch eine **Vergrößerung des Muskelquerschnitts** (Hypertrophie) die Kraft weiter gesteigert werden (➤ Kap. 3.8.1).

Den ganzen Körper trainieren

Das Ziel beim Üben im Kraftraum liegt nicht nur in einem Kräftigen der unteren Extremitäten, die zweifelsfrei beim Radfahren die Hauptarbeit leisten müssen. Die Rumpfmuskeln sowie die Muskeln der oberen Extremitäten sind ebenfalls gezielt zu trainieren. Ein muskulär gut stabilisierter Oberkörper ermöglicht dem Sportler, mehr Kraft auf die Pedale zu übertragen.

Ein regelmäßig betriebenes Krafttraining kann auch die Kraftverluste kompensieren, die durch ein umfangreiches Trainieren der Ausdauer verursacht werden (vgl. Bastiaans et. al. 2001).

Ermüdungswiderstandsfähigkeit

Das Ziel eines Radsportlers liegt natürlich nicht nur darin, möglichst viel Kraft auf die Pedale zu bringen. Die Kraft soll auch über einen langen Zeitraum geleistet werden können. **Das Verbessern der Kraftausdauer ist jedoch nicht die zentrale Aufgabe des Krafttrainings im Radsport.** Die erwarteten Anpassungen hinsichtlich einer verbesserten Ermüdungswiderstandsfähigkeit werden bereits durch die Form des Intervalltrainings auf dem Fahrrad angesprochen**. Von einem Kraftausdauertraining sind keine weiteren Effekte für Radsportler zu erwarten** (➤ Kap. 5.1).

Einfluss der Maximalkraft

Durch ein Trainieren der Muskeln soll gezielt das **Maximalkraftniveau** gesteigert werden. Eine höhere Maximalkraft verbessert gleichzeitig die Kraftausdauerleistungen (➤ Kap. 2). Dem Sportler stehen bei einem gesteigerten Maximalkraftniveau mehr Reserven zur Verfügung. Beim Erbringen einer Leistung von z. B. 300 Watt ist die Beanspruchung für den Fahrer umso geringer, je höher seine Maximalkraft ist. Der bei jeder Kurbelumdrehung aufzubringende relative Krafteinsatz fällt mit steigendem Niveau der Maximalkraft (Hickson et al. 1988, Marcinik et al. 1991). „Relativ" beschreibt hierbei das Verhältnis zwischen geleistetem Krafteinsatz und individuellem Kraftmaximum. Die Höhe des relativen Krafteinsatzes entscheidet maßgeblich darüber, welche Fasertypen an der Arbeit beteiligt sind.

Ein geringerer relativer Krafteinsatz führt zu einer ökonomischeren Arbeitsweise der langsamen Typ-I-Fasern. Die Fasern können mit einer höheren Intensität an der Arbeit beteiligt werden. Dies führt dazu, dass die schnellkräftigen anaerob-laktaziden Muskelfasern des Typs II später aktiviert werden (➤ Kap. 2.2.1). Damit erhöht sich die Belastungsintensität, ab der die Laktatkonzentration im Blut deutlich ansteigt (Marcinik et al. 1991). Der Sportler ist in der Lage, dauerhaft eine höhere Leistung zu erbringen. Folglich kann er ein höheres Tempo über einen längeren Zeitraum fahren. In diesem Zusammenhang wird von einer höheren **Muskeleffizienz** durch ein Verbessern des Maximalkraftniveaus gesprochen. Eigene Untersuchungen bestätigen dies. Ein zum Ausdauertraining ergänzend betriebenes Krafttraining führte zu einer Rechtsverschiebung der Laktatleistungskurve. Dies ermöglicht u. a. bessere Leistungen beim Zeitfahren, in einer Fluchtgruppe oder am Berg.

Einfluss veränderter Muskelfasern

Autoren eines Übersichtsartikels führen eine verbesserte Ausdauerleistung durch ein zusätzlich betriebenes Krafttraining vor allem darauf zurück, dass es zu einer **veränderten Muskelfaserstruktur** kommt. Die schnellen IIx-Fasern wandeln sich in mittelschnelle und ermüdungsresistentere IIa-Fasern (Rønnestad und Mujika 2013). Jüngste Untersuchungen können diese Aussage stützen (Vikmoen et al. 2016; Mujika et al. 2016). Die für Radfahrer positiven Effekte einer veränderten Muskelfaserstruktur zeigen sich an folgendem *Beispiel:* Hochtrainierte dänische Jugendradfahrer konnten durch ein Krafttraining ihre Leistung bei einem Zeitfahren über 45 Minuten um bemerkenswerte 8 % steigern (Aagaard et al. 2011). Mehr zur Untersuchung und zum Thema „Muskelfasern wandeln" ist in ➤ Kap. 2.2.1 zu lesen.

Einfluss der Muskelfaserdicke

Auch ein **größerer Muskelquerschnitt** schafft Leistungsreserven. Bei weitgehender Erschöpfung seiner lokalen Energiespeicher arbeitet ein Muskel für den Körper unökonomisch. Ein Muskel, der die Arbeitsleistung auf einen größeren kontraktilen Querschnitt verteilen kann und dadurch noch nicht an seine momentane Energiegrenze kommt, arbeitet ökonomischer (vgl. Gottlob 2001). Dieser Aspekt ist besonders mit Blick auf Radsportdisziplinen von Bedeutung, bei denen das andauernde Erbringen kraftvoller Antritte gefordert ist, z. B. Querfeldeinfahren und Mountainbike Cross Country (➤ Kap. 1). Bei der Konfrontation mit hohen Belastungsspitzen bei einem kraftvollen Antritt arbeitet ein größerer Muskel **ökonomischer.** Die ständigen Antritte wirken weniger ermüdend für den Sportler. Das Ziel im Krafttraining liegt jedoch nicht in einem maximalen Muskelwachstum wie beim Bodybuilding. Im Radsport wird ein **optimaler Ausprägungsgrad** der Muskeln angestrebt – abgestimmt auf die motorische Fähigkeit Ausdauer.

➤ Tab. 3.3 gibt noch einmal einen zusammenfassenden Überblick über die leistungssteigernden Wirkungen und Anpassungen eines gezielten Krafttrainings für Radsportler. Ebenfalls wird der konkrete Nutzen aufgezeigt.

Maximalkraft und Leistungssteigerung im Radsport

Durch ein gezieltes Trainieren der Maximalkraft wird die Leistungsfähigkeit für rennentscheidende Situationen gesteigert – z. B. für den Zielspurt, Zwischensprints, Angriffe am Berg und in der Ebene. Ebenfalls werden die Muskeleffizienz und Bewegungsökonomie verbessert und die Ausdauerleistungsfähigkeit unterstützt. Der Radsportler ist in der Lage, ein höheres Tempo über einen längeren Zeitraum zu fahren. Ein gezieltes Maximalkrafttraining kann daher die Wettkampfleistung in den Radsportdisziplinen deutlich steigern – besonders für Disziplinen, bei denen der Muskelkraft eine hohe Bedeutung zukommt (z. B. Gelände- und Bahnradradsport).

Tab. 3.3 Wirkungen, Anpassungen und Nutzen eines Krafttrainings für Radsportler

Wirkungen	Anpassungen	Nutzen
• Steigern der Maximalkraft • Steigern der neuronalen Aktivierungsfähigkeit • Steigern des Muskelquerschnitts	• Verbessern der Start- und Explosivkraft • Verbessern der Kraftausdauer • Verbessern des Kraftniveaus der antriebsrelevanten Muskulatur • Verbesserte Muskeleffizienz • Verbessern der Bewegungsökonomie • Optimieren der Muskelstruktur (Faserverschiebung von IIx- zu IIa-Fasern) • Verbesserte Leistungsfähigkeit der Rumpf- und Stützmuskulatur	• Verbesserte Leistung bei – Zwischensprints – Zielspurt – Angriffen am Berg und in der Ebene – Zufahren von Lücken – Ausreißversuchen – Antritten aus dem Stand (Bahnradsport) • Verbesserte Ermüdungswiderstandsfähigkeit • Unterstützen der Ausdauerleistungsfähigkeit • Verbessertes Übertragen der Kraft auf das Pedal • Kompensieren der Kraftverluste, die durch ein umfangreiches Ausdauertraining verursacht werden

3

3.2.2 Präventive Effekte

Im leistungsorientierten Radsport sollte das Trainieren der Muskeln nicht nur zur radsportspezifischen Leistungssteigerung dienen. Das Ziel eines funktionellen Muskelkrafttrainings liegt auch in einer Stärkung der passiven Körper- und Gelenkstrukturen: Knochen, Bänder, Sehnen und Knorpel.

Besonders bei Fahrten im unwegsamen Gelände, z.B. beim Mountainbiken oder Crossradfahren, kann es zu sehr hohen Belastungsspitzen auf den Stütz- und Bewegungsapparat kommen. Eine gut ausgebildete Muskulatur ist der beste Schutz vor solchen Belastungen. Durch ein gezieltes Krafttraining wird ein muskuläres Schutzkorsett aufgebaut und die belasteten Strukturen verstärkt; das Verletzungs- und Verschleißrisiko kann so wirkungsvoll reduziert werden.

Durch ein gezieltes Trainieren von Muskelgruppen sollen auch die einseitigen Belastungen durch das Radfahren ausgeglichen und **muskuläre Dysbalance** verhindert werden (➤ Kap. 5.3.2). Viele Radsportler klagen über Rückenbeschwerden. Eine Ursache könnte eine schlechte Haltung und eine zu schwach ausgebildete Rumpfmuskulatur sein. Mit einem funktionellen Krafttraining kann diesen Beschwerden gezielt entgegengewirkt werden.

Gesundheitswirksame Anpassungen

Gut ausgeprägte Muskeln sind die Voraussetzung für jegliche körperliche Aktivität. Dies gilt auch für das von Medizinern immer wieder geforderte Ausdauertraining zur Herz-Kreislauf-Prophylaxe. Eine funktionstüchtige Muskulatur bildet die Basis, um überhaupt die Ausdauer über einen längeren Zeitraum trainieren zu können (vgl. Zimmermann 2002).

Mit keiner anderen Trainingsform können die körperliche Konstitution, die Belastbarkeit und die Leistungsfähigkeit so effektiv verbessert werden wie durch ein regelmäßiges Krafttraining (vgl. u.a. Gottlob 2001). Mit keiner anderen Trainingsform können vergleichbare und für die Gesundheit so umfangreich wirksame Anpassungen erreicht werden.

➤ Tab. 3.4 gibt einen wissenschaftlich fundierten Überblick über die erreichbaren Effekte durch ein systematisch betriebenes Krafttraining. Das Hauptaugenmerk liegt auf den positiven Auswirkungen für Radsportler auf allen Leistungsniveaus. Dabei ist deutlich darauf hinzuweisen, dass zum Erreichen positiver Effekte der bloße Besuch eines Kraftraums nicht ausreicht. Um gesundheitswirksame Anpassungen zu erzielen, muss der richtige Übungswiderstand eingesetzt werden. **Große Wirkungen sind nur mit großen Widerständen erreichbar.**

Erst mit Lasten, die **mindestens 70% der Maximalkraft** entsprechen, lassen sich umfangreiche physiologische Anpassungen erzielen, z.B. günstige hormonelle Auswirkungen und eine Erhöhung der Knochenmineraldichte (Chilek 1999). Zur Prävention und Rehabilitation der Osteoporose ist daher ein Trainieren mit hohen Widerständen unbedingt notwendig (Kemmler et al. 2003). Mit Trainingsintensitäten im Bereich von 50–70% der Maximalkraft lassen sich vorwiegend versorgungsoptimierte Effekte erzielen, z. B. eine verbesserte Versorgung der Gelenkstrukturen (vgl. Wirth et al. 2012, Gottlob 2001).

Mit Blick auf ein gesundheitsorientiertes Trainieren werden oftmals funktionsgymnastische Kräftigungsübungen empfohlen (vgl. u. a. Knebel et al. 1996). Bei dieser anatomisch orientierten Gymnastik werden Gelenke, Sehnen und Bänder nicht übermäßig belastet und gedehnt. Diese Übungsform ist jedoch ungeeignet, besonders für leistungsfähigere Personen. Die Zielmuskulatur wird nicht intensiv genug angesprochen, um einen Trainingsreiz zu produzieren. Folglich bleiben physiologische Anpassungen aus (vgl. Konrad et al. 1999).

Zur Verbesserung der körperlichen Gesamtfitness und Leistungsfähigkeit ist daher ein **Krafttraining mit ausreichend hohen Intensitäten die effektivste Trainingsform.** Dabei sind verschiedene Widerstandsbereiche zu kombinieren. Die umfangreichsten Auswirkungen sind mit Intensitäten im Bereich von 70–95 % der Maximalkraft zu erreichen (Gottlob 2001). In der Praxis sind daher Trainingssätze mit einem 1er bis 12er Repetition Maximum (RM) in das Übungsprogramm zu integrieren. Der Fokus sollte dabei auf ein Muskelaufbautraining mit 8 bis 12 RM gerichtet sein. Maximale Einerwiederholungen (1 RM) sollten nur von gut trainierten Personen ausgeführt werden.

Tab. 3.4 Gesundheitswirksame Effekte eines Krafttrainings

Wirkungen/Anpassungen	Studie
Erhalt sowie Aufbau der Kraftfähigkeit, stark abhängig vom Trainingsstatus der Probanden und den Testmethoden. Je niedriger das Ausgangsniveau ist, desto höher sind die erzielbaren Trainingsfortschritte: bis zu 112 % Zuwächse bei 66-Jährigen und 257 % bei über 80-Jährigen	Frontera et al. 1988; Fiatarone-Singh et al. 1999
Reduktion des Verletzungs- und Verschleißrisikos im Sport, im Alltag und bei der Arbeit	McRae et al. 1994; Gottlob 2001; Zimmermann 2002
Vorbeugen und Lindern von Beschwerden sowie funktionellen Einbußen am Bewegungsapparat, z. B. Rückenbeschwerden	Rall et al. 1996; Ritter et al. 1999
Erhalt und Aufbau einer höheren regionalen Knochendichte	Maddalozzo und Snow 2000; Kemmler et al. 2003
Verstärken der Gelenkstrukturen (Bänder, Sehnen, Knorpel) und erhöhte Gelenkstabilisierung	Staff 1982; Jerosch et al. 1991; Grimby 1994; Gottlob 2001
Verbessern der Körperhaltung	Zimmermann 2002
günstige hormonelle Auswirkungen, auch bei Älteren	Fiatarone-Singh et al. 1999; Kraemer et al. 1999
beschleunigte Rehabilitation nach Verletzungen am Bewegungsapparat	Mechtersheimer et al. 1991
rascher Wiederaufbau der Leistungsfähigkeit nach beschwerde- und verletzungsbedingten Ruhephasen	Boeck-Behrens und Buskies 1998
leistungsfähiger Beweglichkeitsgewinn für Alltag und Sport	Beedle et al. 1991; Gottlob 2001
Formen des Körpers, Profilieren der Muskulatur und Reduzieren des Körperfettanteils	Nicklas et al. 1995; Toth et al. 1999
Erhöhen des Stoffwechsels, vermehrter Kalorienverbrauch und verbesserte Energiebereitstellung	Nichols et al. 1995; Tesch et al. 1986
verbesserte Versorgung der Gelenkstrukturen und verbesserte Kapillarisierung (die Kapillaren sind Haargefäße, die den Muskel versorgen. Hier findet der Flüssigkeits-, Stoff- und Gasaustausch zwischen Blut und Gewebe statt)	McCall et al. 1996; Zimmermann 2002
Schutzeffekte für das Herz-Kreislauf-System sowie Verbessern einzelner Herz-Kreislauf-Parameter, z. B. Zunahme der Herzwanddicke, Senken des Blutdrucks. Effekte sind stark abhängig vom Trainingsprogramm; größere Wirkungen, je mehr die Komponente Ausdauer beim Üben mit Gewichten betont wird	Fleck 1994; Kelley und Kelley 2000; Zimmermann 2002

Krafttraining und Prävention

Mit einem Krafttraining können die körperliche Konstitution, die Belastbarkeit und die Leistungsfähigkeit effektiv verbessert werden. Mit keiner anderen Trainingsform können vergleichbare und für die Gesundheit so umfangreich wirksame Anpassungen erreicht werden. Für ein erfolgreiches Trainieren ist dabei auf den Einsatz ausreichend hoher Übungslasten zu achten. Die umfangreichsten physiologischen Auswirkungen sind mit Intensitäten im Bereich von 70–95 % der Maximalkraft zu erreichen.

3.2.3 Wirkungen auf die Ausdauer

Die Auswirkungen eines Krafttrainings auf die Ausdauer wurden in zahlreichen Studien untersucht. Die Ergebnisse sind vielfältig und teilweise widersprüchlich: Es wurden positive, neutrale und negative Effekte festgestellt. Ursache sind unterschiedliche Ansätze, die zum Teil methodische Fragen aufwerfen.

Positive Einflüsse von Krafttraining auf die Ausdauer

Um den Einfluss eines Krafttrainings auf die Ausdauerleistungsfähigkeit zu ermitteln, wurden in Studien oftmals Veränderungen der maximalen Sauerstoffaufnahme (VO_2max) überprüft. Es überrascht natürlich nicht, dass durch ein klassisches Maximalkrafttraining die VO_2max nicht verbessert werden konnte (vgl. Hickson 1980; Dudley und Djamil 1985; Hunter et al. 1987; Hennessy und Watts 1994; Aagaard et al. 2011). Es fehlen die notwendigen aeroben Arbeitsintensitäten. Besonders für trainierte Ausdauersportler sind die Trainingsreize hierbei zu niedrig. Anpassungen der maximalen Sauerstoffaufnahme sind deshalb nicht zu erwarten.

Genauso wenig wäre bei einem Ausdauertraining wie dem Radfahren eine Steigerung der Maximalkraft zu erwarten. Betreiben ausdauertrainierte Sportler nur noch ein Krafttraining, können sich die Ausdauerleistungen verschlechtern. Würde ein Gewichtheber nur noch radfahren, würde ebenfalls sein Maximalkraftniveau fallen. Die Zahl der aussagekräftigen Studien reduziert sich vor diesem Hintergrund deutlich.

Einfluss von Krafttraining auf die Ausdauerleistung

Neuere Forschungen an gut trainierten Athleten zeigen, dass durch ein gezieltes und zusätzlich zum Ausdauertraining betriebenes Krafttraining die Ausdauerleistung erfolgreich unterstützt werden kann. Negative Auswirkungen auf die Ausdauerleistungsfähigkeit konnten nicht festgestellt werden.

Bei neueren Studien, welche die Effekte eines **Krafttrainings als Ergänzung zum Ausdauertraining** untersuchen, zeigen sich dagegen zunehmend positive Ergebnisse. Als *Beispiel* seien hier die Ergebnisse einer Untersuchung an norwegischen Kader-Radsportlern angeführt. Diese bereits gut trainierten Radfahrer konnten durch ein zweimal pro Woche betriebenes Krafttraining für die Beine – zusätzlich zum Ausdauertraining – ihre Leistung deutlich steigern. Nach 12 Trainingswochen wurde ihre Leistung mit einer Gruppe verglichen, die nur ein Ausdauertraining betrieben hatte. Bei einem intensiven Fahrradtest über 185 Minuten war die Herzfrequenz der zusätzlich krafttrainierten Fahrergruppe in der letzten Stunde – bei gleicher Leistung – signifikant niedriger gegenüber der Gruppe, die nur die Ausdauer trainiert hatte.

Im direkten Anschluss an den Test mussten die Fahrer ein maximales Zeitfahren über 5 Minuten absolvieren. Hierbei zeigten sich besonders große Leistungsunterschiede in den beiden Gruppen. Die zusätzlich krafttrainierte Gruppe verbesserte ihre ohnehin schon hohe Leistungsfähigkeit im Zeitfahren um 7,2 %. Die rein ausdauertrainierte Gruppe behielt ihr ebenfalls hohes Ausgangsniveau, konnte sich aber nicht steigern. Die Autoren der Studie können sich die genauen Ursachen der deutlichen Leistungssteigerung nicht erklären. Sie empfehlen aber aufgrund der signifikanten Ergebnisse, bei längeren Ausdauersportarten ein zusätzliches Trainieren der Muskelkraft in den Trainingsplan zu integrieren (Rønnestad et al. 2011).

Als weiteres *Beispiel* sei hier die bereits angeführte Studie an hochtrainierten dänischen Jugendradfahrern genannt. Durch ein zusätzlich betriebenes Krafttraining konnte die Athleten ihre Leistung bei einem Zeitfahren über 45 Minuten um bemerkenswerte 8 % steigern (Aagaard et al. 2011; ➤ Kap. 2.2.1).

Rønnestad und Mujika (2013) betonen in ihrer bereits erwähnten Übersichtsarbeit: *„Recent research on highly trained athletes indicates that strength training can be successfully prescribed to enhance endurance performance."* Jüngste Untersuchungen können diese Ergebnisse weiter stützen (Vikmoen et al. 2016; Mujika et al. 2016). Die von Rønnestad und Mujika (2013) beschriebenen positiven Wirkungen auf die Ausdauerleistungsfähigkeit durch ein ergänzendes Krafttraining sind in ➤ Tab. 3.1 aufgeführt.

Auch Bazyler und Kollegen (2015) analysierten in einer Übersichtsarbeit Studien mit Ausdauersportlern, bei denen ein ergänzendes Krafttraining betrieben wurde. Sie untersuchten dabei die Effekte sowohl auf kurze und intensive Ausdauerbelastungen als auch auf längere und weniger intensive Ausdauerbelastungen. **Sie ziehen dabei das Fazit, dass Ausdauersportler durch ein ergänzendes Krafttraining größere Effekte erzielten, wenn die eingesetzten Lasten über 70 % der individuellen Maximalkraft lagen.** Die positiven Wirkungen zeigten sich dabei hinsichtlich Bewegungsökonomie und Ausdauerleistungsfähigkeit. In ➤ Tab. 3.5 wird ein Auszug der von Bazyler und Kollegen (2015) analysierten Studien wiedergegeben. Berücksichtigt wurden dabei alle Untersuchungen, in denen Radsportler oder Triathleten ein ergänzendes Krafttraining mit höheren Lasten durchgeführt hatten.

Tab. 3.5 Übersicht von Studien mit Ausdauersportlern, die ein ergänzendes Krafttraining mit höheren Lasten betrieben haben. Dargestellt werden die Effekte auf die Ausdauerleistung. Die Tabelle ist ein Auszug aus der Übersichtsarbeit von Bazyler und Kollegen (2015, S. 4–5). Aufgeführt sind die Studien, die mit Radsportlern oder Triathleten durchgeführt wurden.

Studie	Sportler	VO_2max (ml × kg⁻ × min⁻¹)	Krafttraining	HIEE* (Ausdauerleistung mit hoher Intensität)	LIEE** (Ausdauerleistung mit niedriger Intensität)
Jackson et al. (2007)	23 M und W Radfahrer mit > 0,5 Jahren Wettkampferfahrung	52	4 × 4 RM, 3 Einheiten/Woche über 10 Wochen	keine signifikante Veränderung der VO_2max	keine signifikante Veränderung für die Leistung bei einem Zeitfahren über 30 km
Levin et al. (2009)	14 M Radfahrer mit > 1 Jahr Wettkampferfahrung	62.8	4 × 5 RM, 3 Einheiten/Woche über 6 Wochen (HFLV)	Kontrollgruppe ohne Krafttraining besser als Trainingsgruppe mit Krafttraining beim letzten km im Sprint	keine signifikante Veränderung für die Leistung bei einem Zeitfahren über 30 km
Rønnestad et al. (2011)	20 M und W guttrainierte Radfahrer	66.4	4–10 RM, 2 Einheiten/Woche über 12 Wochen	4,2 % Anstieg der Peak-Power	7 % Anstieg der Mean-Power während der finalen 5 min bei einem Zeitfahren über 185 min
Rønnestad et al. (2010a)	20 M und W Radfahrer auf nationalem Niveau	66.4	4–10 RM, 2 Einheiten/Woche über 12 Wochen	9,4 % Anstieg der Wingate Peak-Power, 4,3 % Anstieg von Wmax	6 % Anstieg der Mean-Power während eines Zeitfahrens über 40 min
Rønnestad et al. (2010b)	12 M und W Radfahrer auf nationalem Niveau	66.3	4–10 RM, 2 Einheiten/Woche über 25 Wochen	8 % Anstieg von Wmax, Anstieg der Wingate Peak-Power	–
Rønnestad et al. (2015a)	16 M nationale/internationale Radfahrer	66,3	4–10 RM, 2 Einheiten/Woche über 10 Wochen, 1 Einheit/Woche über 15 Wochen	3 % Anstieg der Peak-Power, früheres Erreichen der Drehmomentspitze während der Pedalumdrehung	6,5 % Anstieg der Mean-Power während eines Zeitfahrens über 40 min
Sunde et al. (2010)	13 M und W Radfahrer mit Wettkampferfahrung	75,5	4 × 4 RM, 3 Einheiten/Woche über 8 Wochen	–	17,2 % Anstieg der maximalen aeroben Dauerleistung

Tab. 3.5 Übersicht von Studien mit Ausdauersportlern, die ein ergänzendes Krafttraining mit höheren Lasten betrieben haben. Dargestellt werden die Effekte auf die Ausdauerleistung. Die Tabelle ist ein Auszug aus der Übersichtsarbeit von Bazyler und Kollegen (2015, S. 4–5). Aufgeführt sind die Studien, die mit Radsportlern oder Triathleten durchgeführt wurden. *(Forts.)*

Studie	Sportler	VO_2max (ml × kg⁻ × min^{-1})	Krafttraining	HIEE* (Ausdauerleistung mit hoher Intensität)	LIEE** (Ausdauerleistung mit niedriger Intensität)
Aagaard et al. (2011)	14 M Radfahrer auf internationalem Niveau	61,1	3 × 12, 3 × 10, 3 × 8, 2–3 × 6 RM, 2–3 Einheiten/Woche über 16 Wochen	–	8 % Verbesserung der Leistung bei einem Zeitfahren über 45 min
Millet et al. (2002)	15 Elitetriathleten/ Triathleten auf internationalem Niveau	72,5	3 × 5, 4 × 5, 5 × 5 RM, 2 Einheiten/ Woche über 14 Wochen	2,6 % Anstieg der VO_2max	–
Hausswirth et al. (31)	14 M Triathleten auf regionalem/nationalem Niveau	68,7	3–5 × 3–5 RM, 3 Einheiten/Woche über 5 Wochen	–	Beibehalten der frei gewählten Trittfrequenz während der letzten Stunde eines 2-stündigen Radfahrtests

HFLV = High Force Low Velocity; HIEE = High-Intensity Exercise Endurance; LIEE = Low Intensity Exercise Endurance; M = männlich; W = weiblich

* HIEE beschreiben die Autoren wie folgt: *"HIEE can be defined as the ability to sustain or to repeat high-intensity exercise and has been associated with sustained activities of ≤ 2 minutes."*

** LIEE beschreiben die Autoren wie folgt: *"LIEE can be defined as longduration endurance activities or the ability to sustain or to repeat lowintensity exercise."*

Negative Einflüsse von Krafttraining auf die Ausdauer

Bei einem ergänzenden Krafttraining konnten in Studien bislang keine negativen Auswirkungen auf die maximale Sauerstoffaufnahme festgestellt werden. Weder eine verschlechterte Kapillarisierung noch eine Reduktion der Mitochondrienanzahl konnte in Untersuchungen nachgewiesen werden. Solche negativen Auswirkungen sind nur bei einem intensiv und ausschließlich betriebenen Krafttraining wie im Bodybuilding zu erwarten, nicht jedoch bei einem kombinierten Kraft- und Ausdauertraining wie im Radsport (vgl. Kraemer et al. 1995; Aagaard et al. 2011; Wirth et al. 2012; Vikmoen et al. 2016).

Für ein parallel zum Ausdauertraining betriebenes Krafttraining betonen Rønnestad und Mujika (2013) nach der Analyse zahlreicher relevanter Studien: „*Importantly, no negative effects of adding strength training to an endurance training program have been reported.*" In ➤ Tab. 3.2 werden die Erkenntnisse aus der Übersichtsarbeit von Rønnestad und Mujika (2013) zusammengefasst.

Krafttraining und Ausdauer

Der Wert eines Krafttrainings für Radsportler darf nicht daran gemessen werden, welche positiven Wirkungen auf die maximale Sauerstoffaufnahme zu erzielen sind. Mit dieser Sichtweise wird die Chance vertan, das individuelle Leistungsmaximum auszuschöpfen. Der Nutzen eines Krafttrainings ist an anderer Stelle zu suchen. Der Blickwinkel muss auf die Anforderungen im Wettkampf gerichtet werden. Von Interesse ist der Einfluss eines Krafttrainings auf die hochintensiven anaeroben Abschnitte des Wettkampfs und die Leistungen im Bereich der individuellen anaeroben Schwelle.

3

3.2.4 Forschungsbedarf

Die Fragen,

- ob und inwieweit ein Trainieren der Muskelkraft die Ausdauerleistung positiv beeinflussen kann (vgl. u. a. Rønnestad und Mujika 2013; Mujika et al. 2016) und
- wie ein Krafttraining ergänzend zum Ausdauertraining betrieben und geplant werden sollte (Bazyler et al. 2015),

erhalten in der Praxis und auch in der Wissenschaft zunehmend mehr Aufmerksamkeit.

3

Der Erkenntnisstand zu den Wirkungen eines ergänzenden Krafttrainings auf die Ausdauerleistungsfähigkeit ist trotzdem noch unbefriedigend. Es besteht weiterer Bedarf an qualifizierten Studien. Ebenso sind die Wirkungen und Effekte über einen längeren Zeitraum zu beobachten. Die meisten der verfügbaren Studien haben einen Interventionszeitraum von 8 bis 12 Wochen (➤ Tab. 3.5); die längste Studie wurde über 25 Wochen durchgeführt (Rønnestad et al. 2010b).

Wie bereits im Abschnitt zuvor erwähnt, **ist der Versuchsaufbau auf die tatsächlichen Anforderungen der Radsportdisziplinen auszurichten.** Untersuchungsgegenstand müssen vor allem die intensiven anaeroben Abschnitte des Wettkampfs sowie die Leistung im Bereich der individuellen anaeroben Schwelle sein. Nur so können weitere Erkenntnisse über die Effekte eines parallel zum Ausdauertraining betriebenen Krafttrainings gewonnen werden. Bei verfügbaren Untersuchungen reicht der alleinige Blick auf das Resultat nicht aus. Um zu einer aussagekräftigen Erkenntnis zu gelangen, müssen die Ergebnisse interpretiert werden.

Auf die Resultate der Untersuchungen nehmen viele Faktoren Einfluss. Mit Blick auf die Ergebnisse sind besonders die folgenden Aspekte zu berücksichtigen bzw. zu hinterfragen:

- Wie werden die Wirkungen des Krafttrainings auf die Ausdauer bestimmt (VO_2max, submaximale Schwellen, anaerobe Kurzzeittest, simuliertes Zeitfahren etc.)?
- Mit wem oder was wird das Ergebnis verglichen (Mit dem Ausgangsniveau der Probanden? Mit einer trainierenden bzw. nicht trainierenden Kontrollgruppe?)?
- Wie ist der Leistungszustand der Probanden zum Beginn der Untersuchung (z. B. untrainiert oder hochtrainiert)?
- Welches Geschlecht und Alter haben die Probanden?
- Welche Krafttrainingsmethode wird durchgeführt (z. B. Kraftausdauertraining oder Maximalkrafttraining)?
- Wurde nur Kraft trainiert oder ein Krafttraining mit einem Ausdauertraining kombiniert?
- Wurde bei Studien mit Ausdauersportlern das bislang betriebene Ausdauertraining stark reduziert?
- Welche Trainingsmittel und -übungen kommen zum Einsatz (komplexe Freihantelübungen oder isolierte Übungen an Geräten)?
- Welche Köperbereiche wurden trainiert (z. B. Ober- und Unterkörper)?
- Wie viele Trainingseinheiten wurden pro Woche durchgeführt?
- Wie lang ist der Untersuchungszeitraum?
- In welchem Abschnitt der Trainingsplanung wurde das Krafttraining ergänzend zum Ausdauertraining betrieben (Übergangsperiode, Wettkampfphase etc.)?

3.3 Begriffe im Krafttraining

Zum Beginn des Kapitels wurde bereits der Begriff Krafttraining definiert. Jedes Fachgebiet hat seine Fachsprache. So werden auch beim Krafttraining zur Beschreibung von Trainingsprogrammen und Prinzipien bestimmte Begriffe verwendet. Die wichtigsten werden im Folgenden kurz erläutert. Einen Überblick über die Begriffe und deren Definitionen gibt ➤ Tab. 3.6.

Intensität

In der trainingswissenschaftlichen Literatur auch als **Belastungsintensität** oder **Reizintensität** bezeichnet. Gibt die Höhe des Widerstands bei einer Krafttrainingsübung an; oft in Prozentangaben im Verhältnis zur Maximalkraft (z. B. 80 %). Ein Steuern

Tab. 3.6 Zentrale Begriffe des Krafttrainings

Begriff	Definition
Intensität	Gibt die Höhe des Widerstands bei einer Krafttrainingsübung an; oft in Prozentangaben im Verhältnis zur Maximalkraft (z. B. 80 %). Die Intensität kann auch über die Angabe des Repetition Maximums je Trainingssatz erfolgen (z. B. 10–12 RM)
Reizdauer	Gibt an, wie lange eine einzelne Übung als Bewegungsreiz auf die Muskulatur wirkt
Umfang	Stellt die Gesamtmenge an Wiederholungen dar; z. B. für einen Trainingssatz oder eine Trainingsübung. In Kilogramm (kg) oder Pound (lb) ausgedrückt, kann der Umfang auch das bewältigte Gewicht bei einer Übung angegeben. Berechnet wie folgt: Sätze × Wiederholungen × Intensität (in kg oder lb)
Reizdichte	Beschreibt das zeitliche Verhältnis von Belastungen und Erholung innerhalb einer Trainingseinheit (s. a. Satzpause)
Trainingshäufigkeit	Gibt die Anzahl der Trainingseinheiten in einem Trainingszyklus wieder – meist auf eine Woche bezogen
Wiederholung (WH)	Beschreibt das komplette Ausführen einer Trainingsbewegung
Trainingssatz	Beschreibt das Durchführen von Wiederholungen am Stück – ohne Pause
Satzpause	Beschreibt die Zeitspanne der Pause zwischen einzelnen Trainingssätzen
Maximalkraft (1 RM bzw. 1er RM)	Beschreibt die maximale Größe der Kraft, die ein Muskel oder eine Muskelgruppe bei einer bestimmten Bewegung entwickeln kann. Die Maximalkraft wird in kg oder lb angegeben
Repetition Maximum (RM)	Gibt die maximale Anzahl an Wiederholungen an, die innerhalb eines Trainingssatzes mit einem gegeben Widerstand ausgeführt werden können
Kontraktionsgeschwindigkeit	Gibt die Geschwindigkeit an, mit welcher der Muskel gegen einen Widerstand kontrahieren soll
Trainingseinheit	Umfasst alle Übungen, die bei einem Besuch des Kraftraums an einem bestimmten Tag durchzuführen sind

der Intensität kann auch über die Angabe des Repetition Maximums (RM) je Trainingssatz erfolgen (z. B. 10–12 RM). Diese Belastungsangabe hat in der Trainingspraxis viele Vorteile (➤ Kap. 3.7.1).

Reizdauer

In der trainingswissenschaftlichen Literatur auch als **Belastungsdauer** bezeichnet. Gibt beim Krafttraining an, wie lange eine einzelne Übung als Bewegungsreiz auf die Muskulatur wirkt. Die Länge des Belastungsreizes entspricht der Zeit, die zum Durchführen eines Trainingssatzes benötigt wird. Dauert z. B. ein Satz Kniebeugen mit 10 Wiederholungen 50 Sekunden, entspricht dies der Reizdauer.

Umfang

In der trainingswissenschaftlichen Literatur auch als **Belastungsumfang** oder **Reizumfang** bezeichnet. In der Praxis wird der Begriff Umfang unterschiedlich verwendet bzw. zugeordnet. Der Umfang kann z. B. darstellen:

- Gesamtwiederholungen je Trainingssatz
- Gesamtwiederholungen je Trainingsübung
- Gesamtwiederholungen je Trainingseinheit
- Gesamtwiederholungen im Krafttraining je Woche

In Kilogramm (kg) oder Pound (lb) ausgedrückt, kann der Umfang auch das bewältigte Gewicht bei einer Übung angegeben.

Beispiel Wenn bei der Kniebeuge 3 Sätze mit je 10 Wiederholungen und einem Gewicht von 100 kg durchgeführt werden, ergibt sich ein Belastungsumfang von 3 000 kg für diese Übung. Der Belastungsumfang berechnet sich dabei aus Satzzahl, Wiederholungszahl und Intensität (in kg): 3 (Sätze) × 10 (Wiederholungen) × 100 kg = 3 000 kg.

Wird der Belastungsumfang aller Übungen einer Trainingseinheit addiert, spiegelt dies den **Trainingsumfang** wider. Auf diese Weise kann auch der

Belastungsumfang für einzelne Trainingsabschnitte ausgedrückt werden – z. B. für die Vorbereitungsperiode, einen Makrozyklus oder ein Trainingsjahr.

Bei der Trainingsplanung sollte der Umfang der Belastungen immer mit Blick auf einzelne Muskeln bzw. Muskelgruppen berücksichtigt werden. Nur so kann ein Training zielgerichtet geplant werden.

Reizdichte

In der trainingswissenschaftlichen Literatur auch als **Belastungsdichte** bezeichnet. Die Reizdichte beschreibt das zeitliche Verhältnis von Belastungen und Erholung innerhalb einer Trainingseinheit (s. a. Satzpause).

Trainingshäufigkeit

In der trainingswissenschaftlichen Literatur auch als **Reizhäufigkeit** bezeichnet. Gibt die Anzahl der Trainingseinheiten in einem Trainingszyklus an – in der Regel auf eine Woche bezogen. Die in der Praxis empfohlenen Trainingshäufigkeiten basieren hauptsächlich auf Erfahrungswerten. Je nach Leistungsstand reichen die Empfehlungen pro Trainingswoche von 2 Einheiten für Anfänger bis zu 18 Trainingseinheiten in Form eines Split-Trainings (s. Split-Training) für Spitzenathleten (➤ Kap. 3.7.3).

Wiederholung (WH)

Beschreibt das komplette Ausführen einer Trainingsbewegung; bei der Kniebeuge z. B. einmal in die Hocke gehen und wieder aufstehen. In der Regel besteht diese Bewegung aus zwei Phasen:

- Exzentrische (nachgebende) Muskelarbeit zum Senken des Widerstands
- Konzentrische (überwindende) Muskelarbeit zum Heben des Widerstands (➤ Kap. 3.4)

Trainingssatz

In der trainingswissenschaftlichen Literatur auch als **Serie** bezeichnet. Ein Trainingssatz beschreibt die Durchführung von Wiederholungen am Stück – ohne Pause. Wenn z. B. bei Kniebeugen 8 Wiederholungen hintereinander durchgeführt werden, ist ein Trainingssatz absolviert. Im Krafttraining besteht ein Satz meist aus 1–15 Wiederholungen (Fleck und Kraemer 2004).

In der Praxis kann weiter unterschieden werden in:

- Aufwärmsätze
- Arbeitssätze

Die **Aufwärmsätze** zählen nicht zum eigentlichen Trainingsprogramm. Diese Sätze dienen dazu, die Zielmuskulatur auf ein intensives Belasten vorzubereiten. Ausgeführt werden sie mit einer geringeren Intensität – also weniger Gewicht – als die darauf folgenden Arbeitssätze. Die **Arbeitssätze** entsprechen den eigentlichen Trainingssätzen. Sie sind mit den im Trainingsplan vorgegebenen Intensitäten und Wiederholungszahlen auszuführen (➤ Kap. 6.2.4).

Satzpause

In der trainingswissenschaftlichen Literatur auch als **Serienpause** bezeichnet. Beschreibt die Zeitspanne der Pause zwischen einzelnen Trainingssätzen und -übungen. Die Satzpause ist abhängig vom Leistungszustand, der beanspruchten Muskulatur und der Trainingsmethode. Die Zeitspanne einer Satzpause kann von ca. 30 Sekunden bis zu 6 Minuten reichen. Die Satzpause gibt damit auch die **Reiz- bzw. Belastungsdichte** vor.

Maximalkraft (1 RM bzw. 1er RM)

In der trainingswissenschaftlichen Literatur auch als **1er Wiederholungsmaximum** bezeichnet. Beschreibt die maximale Größe der Kraft, die ein Muskel oder eine Muskelgruppe bei einer bestimmten Bewegung entwickeln kann. Die Maximalkraft bzw. 1 RM entspricht genau dem Widerstand, der unter aller Anstrengung genau einmal bewältigt werden kann – eine saubere Übungstechnik vorausgesetzt.

Beispiel Bei der Übung Bankdrücken entspricht die Maximalkraft (1 RM) dem höchstmöglichen Gewicht, das liegend von der Brust bis zur Streckung der Arme genau einmal gedrückt werden kann. Angegeben wird die Maximalkraft in Kilogramm (kg) oder Pound (lb).

Repetition Maximum (RM)

In der trainingswissenschaftlichen Literatur auch als **Wiederholungsmaximum** bezeichnet. Gibt die maximale Anzahl an Wiederholungen an, die innerhalb eines Trainingssatzes mit einem gegebenen Widerstand ausgeführt werden können.

Beispiel 6 RM entspricht genau dem Widerstand, der unter aller Anstrengung genau 6-mal in einem Trainingssatz bewältigt werden kann, eine saubere Übungstechnik vorausgesetzt.

Kontraktionsgeschwindigkeit

Gibt die Geschwindigkeit an, mit welcher der Muskel gegen einen Widerstand kontrahieren soll. **Eine hohe Kontraktionsgeschwindigkeit darf nicht mit einer hohen Bewegungsgeschwindigkeit verwechselt werden.** Ein explosives Anspannen der Muskeln sieht von außen nicht schnell aus. Explosive Kontraktionen werden i. d. R. gegen sehr hohe Lasten (> 90 % der Maximalkraft) trainiert, die ein schnelles Ausführen der Bewegung überhaupt nicht erlauben (➤ Kap. 3.8.2).

Trainingseinheit

Beschreibt einen Abschnitt des Trainingsprozesses zum Erreichen eines gesetzten Ziels. Dieses Ziel kann z. B. darin liegen, die Maximalkraft zu steigern. Jede einzelne Trainingseinheit hängt mit den vorangegangenen und den folgenden zusammen. Eine Krafttrainingseinheit umfasst z. B. alle Übungen, die bei einem Besuch des Kraftraums an einem bestimmten Tag durchzuführen sind. Die Trainingseinheit besteht dabei meist aus drei Teilen: Aufwärmen, Hauptteil (eigentliches Trainingsprogramm) und Abwärmen. Die Dauer liegt i. d. R. zwischen 1 und 2 Stunden (➤ Kap. 6.2.4).

3.4 Muskuläre Kontraktionsformen

Jede Bewegung des Menschen erfordert Kraft. Ob er sich im Raum bewegt, atmet oder isst – er benötigt immer ein Mindestmaß an Kraft. Im biologischen Sinn wird Kraft wie folgt definiert: Kraft ist die Fähigkeit des Menschen, durch Tätigkeit der Muskeln äußere Widerstände

- zu überwinden (dynamisch-konzentrisch),
- ihnen entgegenzuwirken (dynamisch-exzentrisch) oder
- sie zu halten (statisch bzw. isometrisch).

Aus dieser Definition wird ersichtlich, dass grundlegend zwischen einer **dynamischen** (bewegenden) und einer **statischen** (haltenden) Kontraktionsform der Muskeln unterschieden wird. Beide Kontraktionsformen spielen im Krafttraining eine Rolle.

3.4.1 Dynamische Muskelarbeit

Bei einer dynamischen Muskelkontraktion ändert der Muskel seine Länge und produziert Kraft, die zu Bewegungen um eine Gelenkachse führen. Ein *Beispiel* ist das Beugen und Strecken des Ellenbogengelenks beim Bizepscurl mit der Kurzhantel. Es kann weiter unterschieden werden zwischen einer dynamisch konzentrischen und einer dynamisch exzentrischen Kontraktionsform.

Dynamisch-konzentrische Kontraktion

Diese Kontraktionsform wird auch als positiv oder überwindend bezeichnet. Die aufgebrachte Kraft des Muskels ist dabei größer als der äußere Widerstand. Der Muskel wird zusammengezogen und es entsteht eine Bewegung – z. B. das Anheben der Kurzhantel beim Bizepscurl durch das Beugen des Ellenbogengelenks.

Die maximale Last, die bei dynamisch-konzentrischen Kontraktionen überwunden werden kann, bestimmt im Krafttraining die Maximalkraft.

Dynamisch-exzentrische Kontraktion

Diese Kontraktionsform wird auch als negativ oder nachgebend bezeichnet. Die aufgebrachte Kraft des Muskels ist dabei kleiner als der äußere Widerstand. Der Muskel wird auseinandergezogen und es entsteht eine Bewegung – z. B. das kontrollierte Senken der Kurzhantel beim Bizepscurl durch das Strecken des Ellenbogengelenks.

3

Hinweis Mit Blick auf die Maximalkraft zeigt sich bei exzentrischen Kontraktionen eine Besonderheit: Bei der negativen Muskelarbeit kann eine Kraft entwickelt werden, die über der Maximalkraft positiver Kontraktion liegt. Das bedeutet, dass beim Senken einer Hantel willentlich mehr Kraft entwickelt werden kann als beim Heben: Zum Beispiel kann beim Bankdrücken eine Überlast kontrolliert zur Brust gesenkt werden. Die Last ist hierbei größer als 100 % des 1er Wiederholungsmaximums – also der Last, die willentlich beim Bankdrücken zur Hochstrecke gebracht werden kann. Dass bei exzentrischen Muskelkontraktionen mehr Kraft entwickelt werden kann, liegt unter anderem daran, dass in der exzentrischen Phase **Elastizitätskräfte** der Sehnen und Muskeln wirksam werden.

Muskeln exzentrisch trainieren

Das exzentrische Training, auch als „Negativwiederholungen" bezeichnet, stellt eine besondere Form des Krafttrainings dar. Hierbei nehmen ein oder zwei Trainingspartner die Last während der konzentrischen Phase komplett ab – die Helfer heben die Hantel z. B. beim Bankdrücken in die obere Position. Anschließend wird das Gewicht ohne Hilfe langsam und kontrolliert abgelassen. Diese Übungsform ermöglicht das Einsetzen von **supramaximalen Lasten** – also Lasten, die über dem konzentrischen 1er Wiederholungsmaximum (1 RM) liegen. Abhängig vom Trainingszustand und den angestrebten Wiederholungen werden hierfür Lasten von 120–140 % des 1er RM eingesetzt (Güllich und Schmidtbleicher 1999). Diese Trainingsform ermöglicht ein stärkeres Beanspruchen der Muskeln und damit auch einen höheren Trainingsreiz.

In der trainingswissenschaftlichen Literatur wird dem exzentrischen Training teilweise ein starker Masse- und Kraftzuwachs zugeschrieben. Verfügbare Studien liefern jedoch z. T. widersprüchliche Ergebnisse. Ein rein exzentrisches Training scheint vor allem einem rein konzentrischen Training überlegen zu sein. Gegenüber einem herkömmlichen Krafttraining – also einem Training, das überwindende (konzentrische) und nachgebende (exzentrische) Bewegungsanteile enthält – konnte vielfach keine Überlegenheit festgestellt werden (Wirth 2004).

Unbestritten ist dagegen das mögliche Entstehen eines starken Muskelkaters infolge eines Trainings mit betont exzentrischen Belastungen – besonders in den ersten Trainingseinheiten. Die Muskelfasern werden hierbei besonders hoch belastet. In schweren Fällen kann der Muskelkater bis zu drei Wochen anhalten (Jones et al. 1986). Ebenfalls wird der passive Bewegungsapparat sehr stark beansprucht (Knochen, Knorpel, Gelenke, Bänder und Bandscheiben). Bei eingelenkigen Übungen sind die Belastungen für den passiven Bewegungsapparat höher als bei mehrgelenkigen Übungen. Daher empfiehlt sich der Einsatz dieser Trainingsform eher für komplexere Übungen. Exzentrisches Muskeltraining sollte generell nur vorsichtig und zeitlich begrenzt betrieben werden, da die Gefahr von Überlastungen eher groß ist. Richtig dosiert stellt es jedoch ein gutes Mittel dar, um muskuläre Adaptionen zu provozieren (Wirth 2004).

Exzentrisch-konzentrische Muskelarbeit

Hierbei arbeitet die Muskulatur innerhalb einer Kontraktion zunächst nachgebend (exzentrisch, sich dehnend) und dann überwindend (konzentrisch, sich zusammenziehend). Erfolgen diese beiden Kontraktionsarten schnell und unmittelbar hintereinander, wird von einem **Dehnungs-Verkürzungs-Zyklus (DVZ)** gesprochen. Typische Bewegungen, bei denen die Muskulatur in einem DVZ arbeitet, sind der Sprintschritt und ein Absprung aus dem Laufen heraus. In der Stützphase werden die Gelenke der unteren Extremität erst gebeugt und dann gestreckt. Am Beispiel der Muskeln der Oberschenkelvorderseite bedeutet dies: Beim Bodenkontakt werden die Muskeln zunächst gedehnt (exzentrisch), beim darauf folgenden Strecken des Beines verkürzt (konzentrisch).

Je nachdem, in welchem Zeitraum die Kraftleistungen in einem Dehnungs-Verkürzungs-Zyklus erbracht werden, kann unterschieden werden zwischen:

- Kurzem Dehnungs-Verkürzungs-Zyklus (Zeit > 200 ms)
- Langem Dehnungs-Verkürzungs-Zyklus (Zeit < 200 ms) (Güllich und Schmidtbleicher 1999)

Kurzer DVZ Ein *Beispiel* für den kurzen Dehnungs-Verkürzungs-Zyklus ist das Abspringen beim Weitsprung. Typisch ist dabei ein geringes Verändern des Kniegelenkwinkels bei einer gleichzeitig großen Winkeländerung im Sprunggelenk.

Langer DVZ Für den langen Dehnungs-Verkürzungs-Zyklus stellt das Kniebeugen in Serie ein *Beispiel* dar. Typisch hierbei ist eine große Winkeländerung im Kniegelenk bei einem gleichzeitig geringen Verändern des Sprunggelenkwinkels. Die Arbeitsmuskeln werden beim In-die-Hocke-Gehen gedehnt (exzentrisch) und beim Aufrichten gestreckt (konzentrisch).

Effekte des Dehnungs-Verkürzungs-Zyklus

Mit Blick auf die Kraft zeigt sich im Dehnungs-Verkürzungs-Zyklus ein wortwörtlich **starker Vorteil.** Neben dem willkürlichen (willentlichen) Aktivieren der Muskeln werden weitere Kräfte frei. In der exzentrischen Phase sind **Elastizitätskräfte** der Sehnen und Muskeln wirksam. Hinzu kommt ein reflektorisches Aktivieren zusätzlicher Muskelfasern durch den **Dehnungsreflex.** Diesen Faktoren kommt besonders beim kurzen Dehnungs-Verkürzungs-Zyklus eine große Rolle zu (vgl. u. a. Nicol und Komi 2003).

Bei einem Großteil aller sportlichen Bewegungen spielt der DVZ eine Rolle, besonders in Disziplinen mit Lauf- und Sprunganteilen, z. B. beim Marathonlauf, Tennis, Volley-, Hand- und Basketball. Hier kommt neben dem langen DVZ auch der besonders leistungswirksame kurze Dehnungs-Verkürzungs-Zyklus zum Tragen.

Elastische Kräfte

Zu diesen tragen besonders die Sehnen, die Bindegewebsanteile des Muskels sowie die kontraktilen Teile der Muskelfaser bei. Diese Strukturen werden in der exzentrischen Phase einer Bewegung gedehnt, wodurch sie bestrebt sind, sich wieder auf ihre ursprüngliche Länge zusammenzuziehen. Hierbei wird elastisches Energiepotenzial gespeichert. Dieses wird in der anschließenden konzentrischen Phase freigesetzt, was den Kraftimpuls bei der Bewegung vergrößert.

Dehnungsreflex

Wird ein Muskel gedehnt, veranlasst der Dehnungsreflex automatisch die Kontraktion des Muskels. Ausgelöst wird der Reflex von Sinnesorganen im Muskel und im Bereich der Muskel-Sehnen-Verbindung (den sogenannten Muskelspindeln und Golgi-Sehnenorganen). Diese Sinnesorgane erfassen das Ausmaß und die Geschwindigkeit, mit welcher der Muskel gedehnt wird. Je intensiver und schneller der Muskel gedehnt wird, desto stärker fällt der schützende Reflex aus: Der Muskel kontrahiert stärker.

Das Aktivieren des Dehnungsreflexes in der exzentrischen Bewegungsphase trägt erheblich zur Leistungssteigerung in der konzentrischen Phase bei (Güllich und Schmidtbleicher 1999).

DVZ beim Radfahren

Beim Radfahren wird die Rolle des DVZ sehr unterschiedlich beurteilt. Es ist unklar, inwieweit dieser bei der Tretbewegung überhaupt existiert. Vereinzelt vermuten Autoren für die Wadenmuskulatur einen Dehnungs-Verkürzungs-Zyklus (Gregor et al. 1987). Zur Klärung bedarf es weiterer Untersuchungen; die Methodik ist dabei allerdings problematisch. Es ist nicht einfach, einen DVZ beim Radfahren nachzuweisen.

Beim Laufen oder Springen wird die Kraft zu ähnlichen Anteilen über den Waden- und Schollenmuskel zur Achillessehne übertragen. Hier kann die Kraft der beiden Muskeln durch das invasive Einsetzen eines Messfühlers erfasst werden. Beim Radfahren sind die Bedingungen weit schwieriger, da die Längenveränderungen der beiden Muskeln zeitlich versetzt erfolgen (Komi 1994). Aber selbst wenn die Existenz eines Dehnungs-Verkürzungs-Zyklus für die Wadenmuskulatur als gegeben hingenommen wird, hat diese Erkenntnis wenig Bedeutung für das Radsporttraining. Die Beteiligung eines DVZ an der Gesamtleistung beim Radfahren ist deutlich geringer zu bewerten als bei Lauf- oder Sprungbewegungen (Gregor et al. 1988, 1991; zitiert nach Komi 2003; Rønnestad und Mujika 2013).

3.4.2 Statische Muskelarbeit

Hierbei ändert der Muskel ausschließlich seine Spannung, ohne seine Länge zu verändern. Die äußere Arbeit entspricht Null – es entsteht keine sichtbare Bewegung. Ein *Beispiel* dafür ist das Drücken der Hand gegen einen fixierten Gegenstand. Diese Kontraktionsform wird auch als haltend oder **isometrisch** bezeichnet.

Beim Krafttraining kommt der statischen Muskelarbeit vor allem beim Üben mit Hanteln eine bedeutende Rolle zu. Während ein Teil der Muskeln dynamische Arbeit leistet, müssen zahlreiche andere Muskeln den Körper bei der Übungsausführung stabilisieren. Bei der Kniebeuge mit Hantellast arbeiten z. B. Gesäß-, Ober- und Unterschenkelmuskulatur dynamisch. Diese Muskeln sind aktiv am Beuge- und Streckvorgang beteiligt. Um den Körper dabei im Gleichgewicht zu halten, ist ein überwiegend isometrisches Anspannen der Bauch- und Rückenstreckmuskulatur erforderlich.

Muskeln isometrisch trainieren

Beim isometrischen Training handelt es sich um eine besondere Form des Krafttrainings. Anders als beim dynamischen Training gibt es hierbei keinerlei Gelenkbewegungen. Die Muskeln werden quasi nicht bewegt. Es wird ein Druck oder Zug gegen einen nicht verrückbaren Widerstand aufgebaut – z. B. gegen eine Wand oder einen Türstock. Ein typisches *Beispiel* ist auch das Gegeneinanderdrücken beider Hände vor dem Körper. Diese Muskelkontraktion wird für mehrere Sekunden gehalten. Ein statisches Training kann praktisch überall durchgeführt werden und benötigt keine speziellen Geräte.

In der Praxis zeigt ein isometrisches Krafttraining jedoch entscheidende **Nachteile:** Die Kraft wird nur im beübten Gelenkwinkelbereich trainiert. Aus funktioneller Sicht ist besonders das Fehlen der wichtigen dynamisch-koordinativen Komponente zu betonen. Es fehlt jegliche Bewegung. Koordinative Aspekte, wie beispielsweise das Gleichgewicht, werden nicht geschult.

Ebenso stellt sich die Frage nach einem praktikablen Dosieren der Belastung, soll nicht mit maximalen Kontraktionen gearbeitet werden. In diesem Fall wären Geräte mit einer entsprechenden Messvorrichtung notwendig. Über das subjektive Belastungsempfinden kann die Intensität nur unzureichend gesteuert werden. Positiv zu sehen ist ein isometrisches Krafttraining bei einer Verletzung. Wenn einzelne oder mehrere Gelenke ruhig gestellt werden sollen – z. B. bei einem stationären Krankenhausaufenthalt –, stellt das rein isometrische Krafttraining die einzig mögliche bzw. praktikable Belastungsform dar.

Medizinische Aspekte

Aus medizinischer Sicht werden bei isometrischen Kontraktionen immer wieder Bedenken hinsichtlich eines hohen Anstiegs des Blutdrucks geäußert. Kurzfristige isometrische Maximalbelastungen bis zu 5 Sekunden sind jedoch selbst bei Koronarpatienten vertretbar (Heitkamp et al. 1990).

Aus gesundheitlicher Sicht tritt jedoch ein weiteres **Risiko** in den Vordergrund: Bei isometrischen Kontraktionen können sehr schmerzhafte Belastungen entstehen. Bei der Entwicklung maximaler isometrischer Kraft kann es besonders bei leistungsstärkeren Athleten zu gewaltigen lokalen Belastungsspitzen im Knochen-Knorpel-Gewebe kommen, da diese in der Regel über ein hohes isometrisches Kraftniveau verfügen. Im ungünstigsten Fall führen diese Belastungen zu lokalen Reizerscheinungen (Verdonck 1997).

3.4.3 Isokinetisches Muskeltraining

Isokinetisches Training stellt eine Sonderform des Krafttrainings dar. Diese Bewegungsform ist nur an speziellen und computergesteuerten Maschinen möglich, da bei diesem Krafttraining Widerstand und Bewegungsgeschwindigkeit apparativ reguliert werden. Die wichtigsten Merkmale sind:

- Konstante Geschwindigkeit beim Ausführen der Bewegung
- Verändern des Widerstandes während der Bewegung

Die Kraftmaschine vergrößert den Widerstand automatisch, wenn die Hebelverhältnisse der Gelenke günstiger werden.

Das isokinetische Trainieren der Muskeln kommt vor allem im therapeutischen Bereich zum Einsatz. Diese Bewegungsform soll Gelenkstrukturen vor Überlastung schützen. Das Auslösen von Beschleunigungskräften wird verhindert, da die Maschine die Bewegungsgeschwindigkeit kontrolliert.

Im Leistungssport werden isokinetische Kraftmaschinen teilweise zur Diagnostik der Muskelkraft eingesetzt. Die Aussagekraft dieser Tests beschränkt sich allerdings auf die Leistungen unter isokinetischen Bedingungen. Hier wird der große **Nachteil** dieser Bewegungsform deutlich: Isokinetische Bewegungen sind nicht natürlich. Derartige Muskelkontraktionen sind alltags- und sportfremd – sie gehören nicht zum natürlichen Bewegungsrepertoire des Menschen. Aus diesem Grund ist ein isokinetisches Krafttraining auch nur bedingt geeignet, um Patienten auf die Belastungen des Alltags vorzubereiten. Wichtige Steuerungsmechanismen des Muskels werden durch die apparative Bewegungsführung nicht angesprochen; folglich lassen sich die Trainingseffekte kaum auf die Anforderungen des Alltags übertragen. Im Anschluss an eine isokinetische Kräftigungstherapie kann daher eine leichte Belastung im Alltag oder Sport zu einer erneuten Verletzung führen.

Muskeln dynamisch trainieren

Beim Trainieren der Kraft sind die Muskeln vor allem dynamisch zu belasten: mit einer Kombination aus konzentrischer (überwindender) und exzentrischer (nachgebender) Bewegungsphase. Diese Bewegungsform ist sowohl unter leistungssportlichen als auch unter gesundheitlichen Aspekten von Vorteil.

3.5 Übungsklassen

Die Übungen beim Krafttraining lassen sich in bestimmte Übungsklassen einteilen. Die wichtigsten Unterscheidungsmerkmale sind:

- Anzahl der Gelenke, die beim Ausführen einer Übung beteiligt sind (eingelenkige oder mehrgelenkige Übungen)
- Eingesetzte Trainingsmittel (z. B. Maschinen oder Hanteln)

3.5.1 Eingelenkige und mehrgelenkige Übungen

Bei einer eingelenkigen Übung bewegen die arbeitenden Muskeln im Wesentlichen nur ein Gelenk. Ein *Beispiel* ist der Bizepscurl, bei dem die Bewegung nur im Ellenbogengelenk erfolgt. Alle anderen Übungen fallen unter den Begriff der mehrgelenkigen Übungen, bei denen die arbeitende Muskulatur eine Vielzahl von Gelenken bewegt. Ein *Beispiel* für eine mehrgelenkige Übung ist die Kniebeuge, an der das Hüft-, Knie- und Sprunggelenk beteiligt sind.

Ökonomische Aspekte

Mehrgelenkige Übungen bieten den Vorteil, dass sie gleichzeitig mehrere Muskeln oder Muskelgruppen aufeinander abgestimmt aktivieren. Dadurch wird zum einen die intermuskuläre Koordination mehr gefordert. Zum anderen lässt sich mit wenigen Übungen viel Muskulatur beanspruchen. Gerade mit Blick auf ein Ganzkörpertraining müssen deutlich weniger Übungen in ein Trainingsprogramm integriert werden, wenn vorzugsweise mehrgelenkige statt eingelenkige Übungen ausgeführt werden (vgl. auch Wirt 2012).

Grundübungen

Übungen, bei denen hauptsächlich eine große Muskelgruppe trainiert werden soll, dabei aber mehrere Gelenke und damit auch mehrere Muskelgruppen zum Einsatz kommen, werden als Grundübung bezeichnet. Ein *Beispiel* ist das Bankdrücken. Mit dieser Übung soll hauptsächlich die Brustmuskulatur trainiert werden. Das Bankdrücken fordert aber nicht nur die Muskeln der Brust, sondern beansprucht auch die Schulter- und Armstreckmuskulatur stark. Weitere typische Grundübungen sind z. B. die Hantelkniebeuge, Kreuzheben und Klimmziehen. Grundübungen können mit sehr hohen Gewichten ausgeführt werden; daher eignen sie sich besonders für den **Aufbau von Kraft und Muskelmasse.**

Isolationsübungen

Den Gegensatz zu den Grundübungen bilden die Isolationsübungen. Hierbei wird bewusst eine Muskelgruppe gesondert (isoliert) von anderen Muskelgruppen trainiert. An der Ausführung der Übung ist nur ein Gelenk beteiligt. Ein *Beispiel* ist das Beinstrecken am Gerät. Hierbei erfolgt die Bewegung nur im Kniegelenk. Die Muskeln der Oberschenkelvorderseite werden dabei isoliert aktiviert. Eine Grundübung wie die Kniebeuge beansprucht hingegen die Ober- und Unterschenkelmuskeln sowie die Gesäßmuskulatur. Isolationsübungen entsprechen den typischen Bodybuilding-Methoden, um einzelne Muskelgruppen gezielt auszuformen und zu definieren (vgl. Martin et al. 1993).

Grundsätzlich sollten Isolationsübungen nur ergänzend zu den Grundübungen durchgeführt werden.

Der Wert von Isolationsübungen liegt darin, gezielt Muskeln trainieren zu können, die durch die Grundübung nicht ausreichend aktiviert wurden. Ein *Beispiel* stellt das isolierte Trainieren der Muskeln der Oberschenkelrückseite dar. Diese Muskelgruppe wird bei der Grundübung Kniebeuge weit weniger gefordert als die Muskeln der Oberschenkelvorderseite. Aus diesem Grund ist z. B. das isolierte Beinbeugen an der Maschine eine sinnvolle Ergänzung zur Grundübung Kniebeuge.

3.5.2 Allgemeine Trainingsübungen

Beim allgemeinen Krafttraining spielt es zunächst keine große Rolle, welche Muskulatur für die jeweilige Sportart leistungsbestimmend ist. Die Übungsauswahl erfolgt unter dem Aspekt, dass die Skelettmuskulatur möglichst umfassend entwickelt und zugleich ihre Ansteuerung über das zentrale Nervensystem (ZNS) verbessert wird (vgl. Wirt et al. 2012).

Die Muskeln von Beinen, Rumpf, Brust, Rücken, Schultergürtel und Armen sollen in erster Linie mit den mehrgelenkigen Grundübungen des Krafttrainings trainiert werden: Kniebeuge, Bankdrücken, Kreuzheben, Klimmziehen etc. Dabei ist es unerheblich, ob diese Übungen einen direkten Bezug zu den Bewegungsabläufen einer Wettkampfbewegung haben – z. B. zum Radfahren.

Das Trainieren mit allgemeinen Kraftübungen erfolgt daher besonders im Gesundheits- und Fitnesssport. Aber auch im Leistungssport sind diese Übungen von zentraler Bedeutung:

- Als Aufbauübungen im Grundlagentraining, besonders bei Kindern und Jugendlichen
- Zur Vorbereitung auf ein intensives und spezialisiertes Krafttraining, um Verletzungen entgegenzuwirken
- Zum schnellen Erreichen der alten Leistungsfähigkeit nach Verletzungen, Krankheits- und Urlaubsphasen
- Zum gezielten Entgegenwirken von muskulären Dysbalancen

Allgemeines Krafttraining

Im allgemeinen Krafttraining erfolgt die Übungsauswahl unter dem Aspekt, dass die Skelettmuskulatur möglichst umfassend entwickelt und zugleich ihre Ansteuerung über das zentrale Nervensystem (ZNS) verbessert wird (vgl. Wirt et al. 2012). Zum Einsatz sollten hier primär die mehrgelenkigen Grundübungen des Krafttrainings kommen: Kniebeuge, Bankdrücken, Kreuzheben, Klimmziehen etc.

3.5.3 Spezielle Trainingsübungen (spezifisches Krafttraining)

Mit diesen Übungen soll diejenige Muskelfunktion trainiert werden, die auch beim Ausführen der eigentlichen Wettkampfdisziplin leistungsbestimmend ist. Es wird davon ausgegangen, dass der Trainingseffekt umso größer ist, je näher die Struktur einer Krafttrainingsübung an die Zielbewegung heranreicht (Schmidtbleicher 1991; Zatsiorsky 2000).

Am *Beispiel* des Radsports bedeutet dies: Die am Radfahren beteiligten Muskeln sollen im Training möglichst die gleichen Bewegungsmuster ausführen, die von ihnen auch im Wettkampf gefordert werden. In diesem Zusammenhang wird oft von einem **funktionellen oder spezifischen Krafttraining** gesprochen.

Kriterien für die Auswahl spezieller Krafttrainingsübungen sind:

- Die Muskeln, die am Ausführen der Bewegung beteiligt sind; festzustellen anhand von Bewegungsanalysen.
- Winkelbereich: Die speziellen Kraftübungen sollen in einem ähnlichen Winkelbereich ausgeführt werden, wie er im Wettkampf abverlangt wird.
- Art der abverlangten Kraft: Die Übungen sollen mit einer ähnlichen Dynamik trainiert werden, wie sie im Wettkampf abverlangt wird.

Vor diesem Hintergrund sehen Hildebrand und Kollegen (1989) für Radsportler die Übung Hantelkniebeuge als besonders empfehlenswert, da sie eine Ähnlichkeit zur zyklischen Tretbewegung beim Radfahren hat.

Eine höhere Annäherung der Krafttrainingsübungen an eine Zielbewegung spielt vornehmlich bei einer azyklischen Bewegungsschnelligkeit eine Rolle – z. B. bei Sprüngen oder Würfen, um einen Transferverlust zu minimieren (vgl. Fleck und Kraemer 2004).

Hierbei ist aber deutlich anzumerken, dass es beim Trainieren im Kraftraum nicht darum gehen kann, eine Zielbewegung zu simulieren. **Beim Krafttraining muss ganz klar das Steigern des Maximalkraftniveaus im Vordergrund stehen.** Eine Krafttrainingsübung sollte deshalb nur soweit an eine Zielbewegung angepasst werden, dass sie mit Blick auf das Aufbauen von Muskelkraft nichts von ihrer Effektivität verliert (Wirt et al. 2012; Zawieja und Bukac; 2014; Tran et al. 2015; DSV 2016).

Wirth und Kollegen (2012) betonen grundsätzlich: „*Die Ansicht, dass eine Krafttrainingsübung durch eine kinematische (Weg-Zeit-Verhältnis) und/oder kinetische (Kraft-Zeit-Verhältnis) Annäherung an eine Zielbewegung funktionell, speziell oder spezifisch wird, ist aus neurophysiologischer Sicht nicht haltbar.*" Solange durch ein Krafttraining die Aktivierungsfähigkeit des zentralen Nervensystems (ZNS) noch stark verbessert wird, kann ohnehin von einem hohen Grad an Transfer in andere Bewegungen ausgegangen werden (Wirt et al. 2012). Je komplexer eine Übung ist, desto mehr fordert und schult sie das zentrale Nervensystem (ZNS).

Das zentrale Nervensystem (ZNS) schulen

Die Anforderungen an das zentrale Nervensystem erhöhen sich, je mehr Muskeln, Gelenke und Nerven an einer Bewegung beteiligt sind. Als *Beispiel* sei die Übung Umsetzen und Ausstoßen mit der Scheibenhantel angeführt. Diese komplexe Langhantelübung aktiviert beim Ausführen sehr viele Nerven und Muskeln. Dabei muss das zentrale Nervensystem viele Körperteile koordinieren, die unterschiedliche Dinge tun. Dadurch wird es zugleich gefordert und geschult.

Da die Zielbewegung bei Sportarten immer in ganzen Muskelketten bzw. -schlingen erfolgt – wie auch beim Radfahren –, ist es von Vorteil, sich diesen Bewegungen grundsätzlich dadurch anzunähern, dass im Krafttraining den mehrgelenkigen Übungen gegenüber eingelenkigen Übungen der Vorzug gegeben wird (vgl. Wirth et al. 2012).

Am *Beispiel* Radsport würde das bedeuten: Wenn die Kraft der Beinstreckerkette gesteigert werden soll, besteht die Wahl zwischen Hantelkniebeuge und Beinpresse, jedoch nicht zwischen einbeiniger und beidbeiniger Ausführung. Hintergrund ist, dass die beidbeinige Ausführung für das Aufbauen von Kraft und Muskelmasse effektiver ist. Eine einbeinige Ausführung würde viel mehr auf das Trainieren der knie- und hüftstabilisierenden Muskeln abzielen – was phasenweise durchaus sinnvoll sein kann (vgl. Wirth et al. 2012). Mit Blick auf das Annähern der Krafttrainingsübung auf die Zielbewegung Radfahren ist der Hantelkniebeuge gegenüber der Beinpresse der Vorzug zu geben. Die Bewegungsmuster der Hantelkniebeuge sind der Tretbewegung beim Radfahren ähnlicher (vgl. Hildebrand 1989).

Bei der Tretbewegung werden im Wechsel die Streckschlingen zum Herabdrücken des Pedals und die Beugeschlingen zum Hochziehen des Pedals genutzt. Dies verlangt einen koordinierten Einsatz der Gesäß-, Hüft-, Ober- und Unterschenkelmuskulatur. Werden diese Muskelgruppen isoliert trainiert, besteht keine Garantie dafür, dass die Trainingsergebnisse auf die physiologische Bewegung des Radfahrens übertragen werden können (vgl. Schmidtbleicher 1991). Dass ein isoliertes Krafttraining physiologische Bewegungsabläufe nicht zwangsläufig verbessert, konnte in Studien mehrfach nachgewiesen werden. So zeigte ein isoliertes Beinkrafttraining an Maschinen keine positiven Effekte für alltägliche Bewegungen wie Gehen, Laufen oder Springen (vgl. u. a. Adams et al. 1999; Keogh 2003).

Spezielle Trainingsübungen (spezifisches Krafttraining)

Mit diesen Übungen soll diejenige Muskelfunktion trainiert werden, die auch beim Ausführen der eigentlichen Wettkampfdisziplin leistungsbestimmend ist. Hierbei ist deutlich anzumerken, dass es beim Trainieren im Kraftraum nicht darum gehen kann, eine Zielbewegung zu simulieren. Beim Krafttraining muss ganz klar die Steigerung des Maximalkraftniveaus im Vordergrund stehen. **Eine Krafttrainingsübung sollte deshalb nur soweit an eine Zielbewegung angepasst werden, dass sie nichts von ihrer Effektivität verliert** mit Blick auf das Aufbauen von Muskelkraft (vgl. auch DSV 2016).

Da die Zielbewegung bei Sportarten immer in ganzen Muskelketten bzw. -schlingen erfolgt – wie auch beim Radfahren –, ist es von Vorteil, sich diesen Bewegungen dadurch anzunähern, dass im Krafttraining den mehrgelenkigen Übungen gegenüber eingelenkigen der Vorzug gegeben wird (vgl. Wirth et al. 2012).

Trainingsübungen im Saisonverlauf

Je näher die Wettkampfphase kommt, desto mehr wird der Fokus von allgemeinen auf spezielle Kraftübungen gerichtet. Mit Blick auf den Radsport kann bereits im Grundlagentraining durch den Einsatz der tiefen Kniebeuge ein radsportspezifisches Krafttraining betrieben werden. In ➤ Kap. 6 wird eine umfassende Auswahl an allgemeinen und speziellen Kraftübungen für die Radsportdisziplinen vorgestellt. Die Mustertrainingspläne in ➤ Kap. 7 zeigen dabei den zeitlichen Einsatz der Übungen im langfristigen Trainingsaufbau.

3.5.4 Trainingsmittel

Krafttrainingsübungen lassen sich je nach Einsatz der verwendeten Trainingsmittel grundlegend einteilen in:

- Übungen mit freien Gewichten
- Übungen an Kraftmaschinen

Übungen mit freien Gewichten

Beschreiben Übungen, bei denen der Körper mit dem Gewicht frei bewegt werden kann. Es fehlen jegliche Abstützungen und Führungshilfen. Beim Ausführen der Bewegung muss der ganze Körper muskulär stabilisiert werden. Dies ist typisch für das Trainieren mit Kurz- und Langhanteln. Zum Trainieren mit freien Gewichten zählen auch Übungen mit dem eigenen Körpergewicht und Medizinbällen.

Hantelübungen

Beschreiben Übungen mit Kugel-, Kurz- oder Langhanteln im Stehen, Sitzen oder Liegen (➤ Kap. 3.10.2).

Maschinenübungen

Unter einem Maschinentraining wird ein Muskelkrafttraining an speziellen Kraftgeräten verstanden. Hierbei wird die Kraft gegen eine vom Gerät vorgegebene Widerstandskurve entwickelt. Am Markt werden diverse Maschinenkonzepte mit unterschiedlichen Übungskinematiken angeboten. Weiter Informationen sind ➤ Kap. 3.10.3 zu entnehmen.

Hanteln vs. Maschinen

Eine ausführliche Gegenüberstellung der jeweiligen Vor- und Nachteile beim Üben mit Hanteln bzw. Maschinen findet sich in ➤ Kap. 3.10.4.

Seilzugübungen

Beschreiben Übungen an freien Zugapparaten mit unterschiedlichen Griffen, Rollenverstellungen und Gewichtsuntersetzungen. Der Seilzug entwickelt den Widerstand in Zugrichtung des Seils und nicht gegen die Schwerkraft wie Hanteln. Dadurch können unterschiedliche Widerstandsverläufe simuliert werden. Diese ergeben, bei weitestgehend eingelenkigen Körperbewegungen, deutlich ausgeprägtere Widerstandskurven. Die Zugrichtung des Seils im Verhältnis zur Bewegungsrichtung bestimmt hierbei das wirksame Drehmoment (Gottlob 2001).

Zugapparate stellen grundsätzlich auch eine Kraftmaschine dar. Der Körper ist beim Ausführen von einzelnen Seilzugübungen aber weitestgehend frei und muss zu großen Teilen muskulär stabilisiert werden. Hinzu kommt, dass die Übung nur zum Teil vom Gerät geführt wird. Ein *Beispiel* stellt der beidarmige Bizepscurl im Stehen am Seilzug dar. Aus diesem Blickwinkel betrachtet, können Seilzugübungen als ein Trainieren mit „quasi" freien Gewichten angesehen werden.

3.6 Organisationsformen

Beim Krafttraining lässt sich die Durchführung der Übungen unterschiedlich organisieren. Hauptsächlich kommen die folgenden Organisationsformen zum Einsatz:

- Stationstraining
- Satztraining
- Kreistraining

3.6.1 Stationstraining

Dieser Variante kommt im Krafttraining die größte Bedeutung zu. Übung für Übung wird hintereinander absolviert. Dabei ist an jeder Station die vorgegebene Anzahl an Trainingssätzen durchzuführen. Wenn z. B. für die Station Kniebeuge mit der Langhantel fünf Trainingssätze vorgegeben sind, müssen diese vom Sportler vollständig absolviert sein, bevor er zur nächsten Übung bzw. Station wechselt. Die vorgegebenen Pausenzeiten zwischen den einzelnen Trainingssätzen sind einzuhalten.

Hinsichtlich Kraftzuwachs und Muskelquerschnittzunahme sind mit dieser Organisationsform die größten Effekte zu erzielen. Das Gliedern des Trainings in einzelne Sätze mit entsprechenden Pausen ist effektiver als ein Durchführen der Übungen im Block (vgl. Fleck und Kraemer 2004; Wirt et al. 2012).

Alle in diesem Buch beschriebenen Trainingsprogramme sind hauptsächlich mit der Methode des Stationstrainings durchzuführen.

3.6.2 Satztraining

Bei dieser Organisationsform werden zwei bis vier Übungen zu einer Serie kombiniert und nacheinander absolviert. Die Übungen werden dabei meist so gewählt, dass jeweils unterschiedliche Muskelgruppen angesprochen werden. Dadurch soll die Pausenzeit zwischen den einzelnen Übungen verkürzt werden. Der Sportler geht direkt nach dem Beenden eines Trainingssatzes zur nächsten Übung. Einem Satz Kniebeugen kann z. B. ein Satz Klimmzüge und ein Satz Bankdrücken folgen. Die Pause zwischen den Sätzen liegt dabei unter 30 Sekunden, die Erholungszeit für die jeweilige Muskelgruppe dagegen bei rund 3 Minuten, da jeder Satz eine andere Muskelgruppe aktiviert. Im Anschluss an eine Serie kann eine längere Satzpause von 2–5 Minuten folgen.

Der Vorteil des Satztrainings liegt darin, eine hohe Anzahl an Trainingssätzen in kürzester Zeit absolvieren zu können. Hierzu ist allerdings ein gewisses Maß an Kondition erforderlich. Werden besonders komplexe Übungen zu einer Serie kombiniert, wird das Herz-Kreislauf-System stark beansprucht, was das Einhalten einer korrekten Übungsausführung negativ beeinflussen kann (vgl. Kreistraining, ➤ Kap. 3.6.3).

Supersätze

In der Praxis wird das Satztraining häufig in Form von „Supersätzen" durchgeführt. Hierbei werden zwei Übungen zu einer Serie kombiniert und direkt hintereinander ausgeführt. Die beanspruchten Muskelgruppen können dabei bewusst die gleichen sein, um das Training zu intensivieren. Einem Satz Kniebeugen kann z. B. ein Satz Beinstrecken am Gerät folgen. Dabei sollte darauf geachtet werden, dass die komplexe und damit schwierigere der beiden Übungen zuerst ausgeführt wird. Einer Grundübung kann beispielsweise immer eine Isolationsübung für die gleichen Muskelgruppen folgen. Typische *Beispiele* sind die folgenden Kombinationen:

3

- Kniebeuge und Beinstrecken am Gerät
- Bankdrücken und fliegende Bewegung mit Kurzhanteln
- Klimmziehen und einarmiges Rudern mit der Kurzhantel

Eine weniger intensive Variante des Supersatztrainings besteht darin, gezielt Muskeln zu beanspruchen, die gegensätzlich auf ein Gelenk wirken:

- Beinstrecken und Beinbeugen
- Bankdrücken und Klimmziehen
- Langhantelcurls und Trizepsdrücken am Kabelzug

Das Trainieren mit Supersätzen stellt eine Variante dar, um die Belastungsintensität zu steigern – vor allem wenn innerhalb einer Serie Übungen für die gleichen Muskelgruppen durchgeführt werden.

3.6.3 Kreistraining

Beim Kreistraining, auch **Zirkel-** oder **Circuittraining** genannt, werden verschiedene Übungen (ca. 8 bis 12) so gereiht, dass in der Übungsfolge unterschiedliche Muskelpartien und Gelenke belastet werden. Nachdem der Sportler bei der ersten Übung einen Trainingssatz absolviert hat, wechselt er direkt zur nächsten Übung – z. B. vom Beinstrecken am Gerät, einer Übung für die unteren Extremitäten, zum Brustpressen am Gerät, einer Übung für den Oberkörper.

Beanspruchte Muskeln sollen hierdurch die zwischenzeitliche Möglichkeit zur Regeneration erhalten. Aus diesem Grund werden für ein Kreistraining sehr kurze Pausenzeiten empfohlen. Beim Wechseln der Übungen soll eine Pause von 30–60 Sekunden eingehalten werden (Schnabel et al. 2003). Bei jedem Kreisdurchgang wird bei jeder Übung nur ein Satz absolviert. Nach dem Durchlaufen aller Übungen wird von vorne begonnen. Zwischen den einzelnen Kreisdurchläufen kann eine längere Satzpause von 3–5 Minuten absolviert werden.

Kreistraining wird oftmals als eine sehr zeitsparende Trainingsmethode dargestellt und besonders für ein Trainieren der Kraftausdauer empfohlen. Das angesteuerte Reduzieren der Pausenzeiten zwischen den einzelnen Sätzen führt in der Praxis jedoch zu Problemen, besonders bei der Kombination komplexer und mehrgelenkiger Übungen wie z. B. Kniebeuge, Klimmziehen und Kreuzheben. Diese Übungen beanspruchen das Herz-Kreislauf-System stark, was das Einhalten einer korrekten Übungsausführung negativ beeinflussen kann. Hinzu kommt, dass innerhalb eines Kreisdurchgangs einzelne Muskelgruppen mehrfach direkt oder indirekt beansprucht werden. Dies führt zu einem Vorermüden einzelner Muskeln, was die Bewegungsausführung zusätzlich beeinträchtig. Gleichzeitig können durch das Vorermüden von Muskeln einzelne Übungen nur noch mit geringerer Intensität trainiert werden (Schlumberger und Schmidtbleicher 1999; Wirth 2004).

Für ein Trainieren der Schnell- und Maximalkraft ist das Kreistraining generell ungeeignet. Hierbei sind zwischen einzelnen Sätzen Pausenzeiten einzuhalten, um eine hohe Aktivierungsfähigkeit der Muskeln sicherzustellen (➤ Kap. 3.8).

Ebenfalls erweist sich die Reihenfolge der Übungen beim Kreistraining als ungünstig, wenn das Ziel in einem Muskelaufbau liegt. Um einzelne Muskelgruppen so stark wie möglich im Sinne eines angestrebten Wachstums zu aktivieren und zu ermüden, sollten Übungen für ein und dieselbe Muskelgruppe aufeinanderfolgend durchgeführt werden. Das Kreistraining basiert jedoch auf einem Wechsel der zu beanspruchenden Muskelgruppen.

3.6.4 Trainieren mit Partner

In der Praxis bringt es durchaus Vorteile, das Training so zu organisieren, dass zusammen mit einem Partner trainiert wird. Besonders beim Trainieren mit der Langhantel gibt ein Trainingspartner **Sicherheit.** Er geht im Fall eines vorzeitigen Muskelversagens unterstützend zur Hand und hilft beim Absetzen der Hantel, um Verletzungen zu vermeiden. Vor allem die Übungen Bankdrücken und Kniebeuge mit der Langhantel sollten beim Einsatz schwerer Lasten mit Trainingspartner durchgeführt werden. Geht dem Sportler beim Ausführen dieser Übungen die Kraft aus, besteht ein erhöhtes Verletzungsrisiko.

Das Bankdrücken beinhaltet z. B. die Gefahr, dass die Langhantel auf der Brust liegen bleibt. Um sich aus dieser Situation ohne Partner zu befreien, müsste der Sportler versuchen, die Hantel über den Körper abzurollen. Bei Kniebeugen besteht die Gefahr, dass sich der Sportler nicht mehr aus der Hockposition aufrichten kann. Fehlt eine Sicherheits- bzw. Notablage, müsste er versuchen, die Hantel nach hinten abzuwerfen. Ein kompetenter Trainingspartner bringt hier nicht nur Sicherheit; er kann außerdem das Einhalten der korrekten Übungstechnik überwachen und Korrekturhinweise geben.

Intensivwiederholungen

Durch das Üben mit Partner kann das Training intensiviert werden. Zum einen kann ein Trainingspartner positiv auf die Trainingsmotivation wirken, zum anderen ermöglicht der Partner das Durchführen von „Intensivwiederholungen“. Hierbei wird ein Trainingssatz bis zum Muskelversagen absolviert. Sobald keine eigenständige Wiederholung mehr ausgeführt werden kann, geht der Trainingspartner unterstützend zur Hand. Er hilft dabei aber gerade nur so viel, dass die Bewegung zu Ende gebracht werden kann. Hierbei ist es wichtig, nicht zu viel und nicht zu wenig zu helfen. Bei zu geringer Unterstützung besteht die Gefahr einer Verletzung. Der Sportler versucht in einer solchen Situation oftmals, die Bewegung abzufälschen bzw. durch Ausweichbewegungen die Übung zu erleichtern. Hierbei wird die Belastung vom eigentlichen Zielmuskel genommen und andere Muskeln oder Muskelgruppen werden verstärkt ins Spiel gebracht – z. B. ein verstärktes Heben aus dem Rücken bei der Kniebeuge.

Hilft der Trainingspartner zu viel, wird das angestrebte Steigern der Intensität nicht erreicht. Es bedarf einer gewissen Erfahrung, um dem Übenden genau das richtige Maß an Widerstand abzunehmen. In der Regel werden auf diese Weise am Ende eines Satzes zwei bis drei weitere Wiederholungen erzwungen. Intensivwiederholungen eigenen sich besonders, um im Rahmen eines Muskelaufbautrainings (➤ Kap. 3.8.1) höhere Reize für ein Vergrößern des Muskelquerschnitts zu setzen (Wirth 2004).

3.7 Trainingsprinzipien

Trainingsprinzipien beschreiben grundlegende Bedingungen, die erfüllt werden müssen, um ein Ziel mit hoher Effektivität und Wahrscheinlichkeit zu erreichen. Dieses kann z. B. darin bestehen, das vorhandene Kraftniveau zu halten bzw. zu verbessern. Um dieses Ziel zu erreichen, ist dann u. a. die folgende Bedingung bzw. das folgende Prinzip zu erfüllen: „regelmäßig trainieren“. Trainingsprinzipien stellen eine allgemeine **Orientierungsgrundlage** dar; sie sind kein „Gesetz“, das eine genaue Handlungsrichtlinie vorgibt. Basis für das Aufstellen von Trainingsprinzipien sind neben

- wissenschaftlichen Erkenntnissen immer auch
- trainingspraktische Erfahrungen.

Prinzipien im Krafttraining

Im Krafttraining gibt es bislang noch keine allgemein akzeptierten Trainingsprinzipien. In der entsprechenden Fachliteratur findet sich eine unüberschaubare Anzahl an unterschiedlichen Prinzipien. Diese reichen vom „Höchstkontraktionsprinzip“, den Muskel im Moment seiner größten Verkürzung bewusst maximal anzuspannen, bis hin zum „Instinktprinzip“, bei dem entsprechend dem Körpergefühl trainiert werden soll.

Viele Trainingsprinzipien haben ihren Ursprung im Bodybuilding. Ein typisches *Beispiel* dafür ist das „Prioritätsprinzip“. Hierbei werden schwache bzw. schlecht entwickelte Körperpartien zum Beginn einer Trainingseinheit aktiviert (Weider 1991). Auch **„abgefälschte Wiederholungen“** stellen ein Trainingsprinzip dar. Hierbei werden zunächst so viele Wiederholungen wie möglich mit einer sauberen Technik durchgeführt. Wenn dies nicht mehr möglich ist, wird der Bewegungsverlauf bewusst verändert, um weitere Wiederholungen ausführen zu können. Die Bewegung wird dabei so verändert, dass der eigentliche Zielmuskel durch andere Muskeln Unterstützung bekommt. Beispielsweise werden beim Bizepscurl mit der Hantel die Arme bewusst vor den Körper geführt, um die Last mithilfe der Schulten zu heben. Oftmals wird auch versucht, mit Schwung zu arbeiten, um die Übung zu erleichtern.

Ein *Beispiel* dafür ist das Schwingen mit Hüfte und Beinen beim Klimmziehen. Das Prinzip, Wiederholungen bewusst abzufälschen, ist nur für krafttrainingserfahrene Sportler zu empfehlen! Es eignet sich sehr gut, um Muskeln weiter auszubelasten. Anfänger fälschen dagegen meist ab, um höhere Gewichte bewegen zu können (Wirth 2004).

Die meisten solcher Trainingsprinzipien sollten als **Spezialtechniken** verstanden werden, um ein Training zu intensivieren bzw. zu optimieren. Sie ergänzen grundlegende Trainingsprinzipien und bauen auf diesen auf. In den Trainingswissenschaften besteht allerdings keine Einigkeit darüber, welche die wirklich zentralen bzw. grundlegenden Prinzipien sind.

In den folgenden Abschnitten werden Trainingsprinzipien dargestellt, die nach Meinung der Autoren die wichtigsten Grundlagen für ein effektives Krafttraining bilden. Gleichzeitig werden wertvolle Tipps und Hinweise gegeben, um diese Prinzipen erfolgreich in der Praxis umzusetzen.

3.7.1 Muskeln ansteigend überlasten

Dieses Prinzip bezieht sich darauf, die Trainingsbelastung dem fortschreitenden Zuwachs der Muskelkraft ständig anzupassen. Nur überschwellige bzw. ausreichend hohe Trainingsreize führen zu einer kontinuierlichen Verbesserung der muskulären Leistungsfähigkeit (➤ Kap. 2.3). Wird die Muskulatur nicht ausreichend belastet, erfolgt keine weitere Leistungssteigerung. Unterschwellige bzw. zu geringe Trainingsreize führen sogar zu einem Abtrainieren der muskulären Leistungsfähigkeit. Bleiben ausreichend hohe Trainingsreize aus, entwickeln sich die physiologischen Funktionen wieder auf das ursprüngliche Niveau zurück. Eine Steigerung der Leistungsfähigkeit kann nur dann erzielt werden, wenn die Belastungen größer als üblich sind bzw. das aktuelle Leistungsvermögen überschreiten.

Bei Trainingsanfängern bzw. untrainierten Personen lassen sich auch mit geringen Belastungen erhebliche Leistungssteigerungen erzielen (vgl. u. a. Ikai und Fukunaga 1970). **Je höher das Kraftniveau eines Sportlers ist, desto höher müssen die gewählten Intensitäten im Training sein, um ein Maximalkraftniveau zu halten, und erst recht, um es zu steigern** (Wirth et al. 2012). Um weitere Fortschritte zu erzielen, sind längerfristig immer höhere Belastungsintensitäten nötig. Dies gilt für alle Bereiche des Krafttrainings. Die Leistungen im Trainingsprozess entwickeln sich dabei nicht linear und sind von der individuellen Belastungsverträglichkeit abhängig.

Steuern der Trainingsbelastung

Die Belastung der Muskeln wird gesteuert über die
- Belastungsintensität und den
- Belastungsumfang.

Diese beiden Faktoren bilden im langfristigen Trainingsaufbau die Grundlage für ein progressives Entwickeln der Leistung. Sowohl die Intensität wie auch der Umfang sind stetig dem Trainingsfortschritt anzupassen.

Eine Steigerung der Belastung kann dabei **allmählich** oder **sprunghaft** erfolgen. Das Steigern der Belastung in kleinen Schritten (allmählich) stellt sich grundsätzlich als die sinnvollste Methode dar – zumindest solange, wie mit diesem Vorgehen Leistungsfortschritte zu erzielen sind. Ist diese Methode ausgereizt, kann ein sprunghaftes Steigern der Belastung praktikabel sein, um weitere Anpassungsvorgänge im Körper zu provozieren. Voraussetzung für diese Methode ist aber, dass der Sportler bereits über eine gut entwickelte Leistungsfähigkeit verfügt.

Bei einer abrupten Erhöhung der Belastungsintensität bzw. der Übungslast steigt gleichzeitig das Verletzungsrisiko. Dies gilt besonders für die technisch sehr anspruchsvollen Hebeübungen, z. B. das Reißen, Umsetzen und Stoßen mit der Langhantel. Bei diesen klassischen Hebeübungen ist ein sprunghaftes Steigern der Übungslast nicht nur wenig sinnvoll, sondern meist auch gar nicht anzuwenden. Ein abruptes Steigern der Last um beispielsweise 20 % kann dazu führen, dass der Sportler das Gewicht überhaupt nicht mehr bewältigen kann. Daher ist besonders beim Einsatz von Hebeübungen die Belastung langsam und kontinuierlich zu steigen, bei einem gleichzeitigen Reduzieren des Belastungsumfangs (Wirth und Zawieja 2008b).

Steuern der Belastungsintensität

Wie bereits beschrieben, wird bei einer Krafttrainingsübung die Intensität über die Höhe des Widerstands gesteuert. Die Intensität wird dabei oftmals in Prozent im Verhältnis zur Maximalkraft angegeben. Wird z. B. eine Intensität von 80 % für die Übung Kniebeuge vorgegeben, sind vom Sportler 80 % der maximalen Last einzusetzen, die er bei der Kniebeuge genau einmal bewältigen kann. Liegt die Maximalkraft beispielsweise bei 100 kg, bezeichnet die Intensitätsvorgabe von 80 % eine Übungslast von 80 kg.

In der Praxis stellt sich dies jedoch problematisch dar: Die hierbei erreichbaren Wiederholungszahlen können zwischen einzelnen Sportlern und von Übung zu Übung erheblich schwanken (Fröhlich et al. 2002). **Wird eine fixe prozentuale Intensitätsvorgabe von z. B. 70 % der Maximalkraft gegeben, kann diese sowohl bei verschiedenen Sportlern als auch bei derselben Person zu völlig unterschiedlichen Belastungen führen.**

Studien dokumentieren diesen Effekt sehr deutlich: So erreichte ein Proband bei einer Intensität von 70 % bei der Übung Beinpressen 13, ein anderer 61 Wiederholungen (Boeckh-Behrens und Buskies 1999). Die Trainingswirkungen sind damit völlig unterschiedlich und können an der eigentlichen Zielstellung vorbei gehen. Der erste Fall (13 WH) würde einem Muskelaufbautraining entsprechen, beim zweiten Fall (61 WH) sollte überhaupt nicht mehr von einem Krafttraining gesprochen werden. Die hohe Anzahl an durchgeführten Wiederholungen erzielt vielmehr Wirkungen im Sinne eines Ausdauertrainings (➤ Kap. 2.1.3).

Der gleiche Sachverhalt kann auch bei ein und demselben Sportler bei unterschiedlichen Übungen auftreten. Der Proband mit den 61 Wiederholungen beim Beinpressen schaffte bei gleicher Intensität nur 16 Wiederholungen beim Bankdrücken (Boeckh-Behrens und Buskies 1999). Es wird jedoch nicht zwischen Ober- und Unterkörper differenziert, wenn die Intensität über Prozentangaben im Verhältnis zur Maximalkraft gesteuert wird. **Dieser Aspekt darf aber in der Trainingspraxis nicht außer Acht gelassen werden.** Die Muskeln des Oberkörpers sind weniger leistungsstark als die großen Bewegermuskeln der unteren Extremitäten.

Bei der Vorgabe von fixen Prozentzahlen im Verhältnis zur Maximalkraft ergibt sich beim Steuern des Trainings eine weitere Schwierigkeit: Wenn sowohl die Trainingslast als auch die Wiederholungszahl über mehrere Sätze konstant gehalten werden soll, muss die Satzpause verlängert werden.

Beispiel Der Sportler soll 5 Trainingssätze mit jeweils 12 Wiederholungen bei einer Intensität von 80 % durchführen. Die Muskulatur erfährt dabei nur im ersten Satz bzw. bei den ersten Wiederholungen eine Intensität von 80 % der Maximalkraft. Mit zunehmender Wiederholungs- bzw. Satzzahl steigt die Intensität, da die arbeitenden Muskeln vorermüdet sind. Deshalb müssen im Verlauf einzelner Serien die Satzpausen fortwährend länger gestaltet werden, um wieder einen annähernd ausgeruhten Zustand des Muskels zu erreichen (vgl. Fröhlich et al. 2002). Die Intensitätsvorgaben beziehen sich immer auf die Leistungen für einen Muskel im unermüdeten Zustand.

Ein grundlegendes Problem stellt auch das notwendige Ermitteln der Maximalkraft (100 %) dar. Die Tests sind zeitaufwendig und müssen mit dem Trainingsfortschritt regelmäßig wiederholt werden.

Steuern der Intensität über das Repetition Maximum (RM)

Für die Trainingspraxis empfiehlt sich eine Steuerung der Belastungsintensität über das Wiederholungsmaximum bzw. das Repetition Maximum (RM). Dem Sportler wird eine fixe Wiederholungszahl vorgegeben. Er soll dann das maximale Gewicht einsetzen, mit dem er die vorgegebene Anzahl an Wiederholungen durchführen kann. Eine Angabe von z. B. 10 RM steht für ein Gewicht, mit dem maximal 10 sauber ausgeführte Wiederholungen durchführbar sind.

Soll der Sportler 5 Sätze mit je 10 RM durchführen, kann er dabei das Gewicht von Satz zu reduzieren. Damit wird dem zunehmenden Vorermüden der Muskeln entgegengewirkt, um die vorgegebene Wiederholungszahl über alle 5 Sätze halten zu können. Damit ist sichergestellt, dass die arbeitende Muskulatur auch in dem Bereich belastet wird, der trainiert werden soll – z. B. Muskelaufbau. Das Vorgehen zur Bestimmung des Repetition Maximums ist in ➤ Kap. 4.3 aufgezeigt.

Steuern der Trainingsintensität

Die Trainingsintensität sollte in der Praxis über das Repetition Maximum (RM) gesteuert werden. Dem Sportler wird hierbei eine fixe Wiederholungszahl vorgegeben. Er soll dann das maximale Gewicht einsetzen, mit dem er die vorgegebene Anzahl an Wiederholungen durchführen kann.

Erhöhen der Trainingslasten

Übungslasten können immer dann erhöht werden, sobald die Übung vom Sportler technisch sauber beherrscht wird. In der Praxis zeigt sich jedoch oftmals, dass Sportler ihre Übungswiderstände nicht ausreichend erhöhen – besonders zum Trainingsbeginn.

Beispiel Ein Sportler bewältigt bei der Kniebeuge 50 kg maximal 8-mal. Sein 8er Repetition Maximum (8 RM) entspricht damit 50 kg. Nach mehreren Trainingseinheiten wird er mit 50 kg deutlich mehr als 8 Kniebeugen ausführen können. Der Sportler währe jetzt in der Lage, z. B. 8 Wiederholungen mit 60 kg auszuführen. Erhöht er seinen Widerstand nicht und trainiert weiterhin 8 Wiederholungen mit 50 kg, wird sich seine Leistung nicht wesentlich verbessern. Daher ist es wichtig, den Trainingswiderstand anzupassen. Nur so kann das Prinzip, Muskeln ansteigend zu überlasten, sichergestellt werden. Im aufgezeigten Beispiel wäre vom Sportler das 8er Repetition Maximum (8 RM) mit 60 kg auszuführen, um das Leistungsniveau weiter zu steigern.

Der Impuls zum Erhöhen der Übungslasten geht oftmals vom Trainer aus. Nicht selten muss dieser den Sportler für die richtige Widerstandswahl sensibilisieren und für höhere Lasten motivieren. Das mühevolle Ausführen einer Übung beim Einsatz hoher Trainingslasten wird von Sportlern nicht selten falsch eingeschätzt. Die anstrengende Bewegungsausführung wird mit einer unsauberen Übungstechnik gleichgesetzt. Ein tatsächliches Überfordern des Trainierenden ist dagegen leicht zu erkennen. Es zeigt sich in einer erkennbar unsauberen Übungstechnik – z. B. Ausweichbewegungen und Schwungholen zum Erleichtern der Übung. In diesem Fall kann sofort mit einem Reduzieren der Übungslast reagiert werden.

Übungslasten erhöhen

Übungslasten können immer dann erhöht werden, sobald die Übung vom Sportler technisch sauber beherrscht wird. Es zählt zu den Hauptaufgaben des Trainers, darauf zu achten, dass der Sportler mit dem richtigen und ausreichend hohen Widerstand trainiert.

Steuern des Belastungsumfangs

Trainingsbelastungen mit einer bestimmten Intensität werden erst dann voll wirksam, wenn sie einen optimalen Belastungsumfang erreichen. Gesteuert wird der Umfang der Belastung hauptsächlich über:

- Anzahl der Wiederholungen je Trainingssatz
- Anzahl der Trainingssätze je Übung und Muskelgruppe

Als Orientierung kann gelten: **Je höher die Intensitäten gewählt werden, desto geringer ist der Umfang.**

Die Wahl der Trainingsübungen und Trainingsmittel nimmt ebenfalls Einfluss auf den Belastungsumfang. Die Angabe von Wiederholungen als Steuergröße kann von Übung zu Übung variieren. Bei der koordinativ anspruchsvollen, schnellkräftigen Übung Reißen mit der Langhantel können kaum mehr als fünf Wiederholungen pro Satz ohne Qualitätsverlust durchgeführt werden. Einfache Trainingsübungen, wie z. B. Bankdrücken, lassen dagegen 20 und mehr Wiederholungen zu (vgl. Zawieja 2008; Wirth et al. 2012).

Einen weiteren Aspekt stellt der Energieaufwand dar. Mehrgelenkige Übungen mit freien Gewichten, z. B. die Langhantelkniebeuge, beanspruchen viel Muskelmasse; der Sportler muss viel Energie aufbringen. Eingelenkige Übungen an Maschinen, z. B. Beinstrecken am Gerät, aktivieren deutlich weniger Muskelmasse und erfordern einen geringeren Energieaufwand. Bei gleicher Wiederholungszahl stellen daher komplexe Freihantelübungen für den Trainierenden eine größere Belastung dar als eingelenkige Übungen an Maschinen (➤ Kap. 3.10).

Einsatz- oder Mehrsatztraining?

Anfang der 1970er-Jahre gründete Arthur Jones den Kraftmaschinenhersteller Nautilus und propagierte ein Einsatztraining an seinen Geräten. Seitdem herrscht ein immer wieder aufkommender Streit darüber, welches Belastungsvolumen im Krafttraining notwendig ist, um die Maximalkraft zu steigern. Bei dieser Diskussion sollte zunächst der Begriff Einsatztraining geklärt werden.

Der Terminus „Einsatztraining" (Synonyme: „Low-Volume Training"; „Single-Set Training") wird in der Literatur zweideutig definiert. Der Begriff wird

- zum einen mit einem Trainingssatz pro Übung gleichgesetzt und
- zum anderen mit einem Trainingssatz pro Muskel.

Die zweite Definition ist aus physiologischer Sicht weit sinnvoller, da das Belastungsvolumen immer mit Blick auf einzelne Muskeln zu betrachten ist. Nur so kann ein Training zielgerichtet geplant werden. Problematisch wird es allerdings, wenn im Training mehrgelenkige Übungen eingesetzt und mehrere Muskeln pro Trainingseinheit trainiert werden sollen. So wäre es denkbar, einen Trainingssatz für die Rückenmuskulatur am Latzug zu absolvieren und anschließend einen Satz Bizepscurls für die Armbeuger. Da die Armbeuger jedoch bei der ersten Übung stark mitarbeiten, würden sie streng genommen aufgrund von zwei Reizen nicht mehr in die Definition des Einsatztrainings fallen.

Eine klare Abgrenzung gemäß der Definition „nur ein Trainingssatz pro Muskel" ist nur möglich, wenn

- lediglich eine einzige Übung pro Trainingseinheit durchgeführt wird,
- ausschließlich mit eingelenkigen Übungen gearbeitet wird und/oder
- das Training so konzipiert wird, dass nur Übungen durchgeführt werden, die Muskeln unabhängig voneinander beanspruchen.

Dieser Aspekte werden jedoch bei vielen Studien nicht berücksichtigt, welche die Effektivität eines Einsatztrainings untersuchen. Die Beurteilung eines Einsatztrainings fällt daher schon aufgrund der uneinheitlichen Definition schwer (Banovcic 2007; Wirth und Schmidtbleicher 2007).

Die heute verfügbaren Daten sowie jahrzehntelange Erfahrungen aus der Trainingspraxis belegen jedoch eindeutig, dass im langfristigen Trainingsaufbau ein Mehrsatz- einem Einsatztraining überlegen ist (Wirth 2004; Wirt et al. 2012).

Ein Einsatztraining kann bedingt für die ersten Trainingswochen einer **untrainierten** Person empfohlen werden – im Sinne eines moderaten Einstiegs. Nach einer Trainingszeit von 6 bis 8 Wochen mit ausreichender Intensität ist davon auszugehen, dass durch ein Mehrsatztraining deutlich höhere Kraftanstiege zu erzielen sind. Besonders wenn das Ziel in einem Vergrößern des Muskelquerschnitts liegt (Muskelaufbautraining), ist ein hohes Belastungsvolumen anzustreben.

Genaue Empfehlungen sind schwierig zu geben. Es fehlt an entsprechenden Untersuchungen. Ebenso ist davon auszugehen, dass bestimmte Faktoren Einfluss auf einen notwendigen Belastungsumfang nehmen, z. B. das Leistungsniveau des Sportlers sowie der Umfang der involvierten Muskelmasse (kleine oder große Muskelgruppen). In der trainingswissenschaftlichen Literatur werden durchschnittlich 3 bis 6 Sätze pro Muskelgruppe empfohlen. Im Bodybuilding gehen die Empfehlungen zum Teil über 20 Sätze hinaus (Wirth 2004). Bei einem solch hohen Belastungsumfang drängt sich die Frage auf, ob dieses Volumen überhaupt ohne den Einsatz leistungssteigernder Mittel zu verkraften ist (Wirth 2004).

Genauere Angaben zur Gestaltung des Trainingsumfangs sind den Trainingsmethoden in ➤ Kap. 3.8 und den Mustertrainingsplänen in ➤ Kap. 7 zu entnehmen.

Grundlegendes Trainingsprinzip

Muskeln ansteigend überlasten

Die Trainingsbelastung ist dem fortschreitenden Zuwachs der Muskelkraft ständig anzupassen. Nur überschwellige bzw. ausreichend hohe Trainingsreize führen zu einer kontinuierlichen Verbesserung der muskulären Leistungsfähigkeit. Das Steuern der Belastung erfolgt über die Belastungsintensität (Last in kg) und dem Belastungsumfang (Wiederholungsanzahl, Satzzahl).

3.7.2 Belastungen variieren

Gleichartige Trainingsanforderungen über einen längeren Zeitraum führen zu einer Stagnation des Trainingsfortschritts. Die Reizwirkungen belasten den Organismus immer weniger. Nach einigen Wochen hat sich die Muskulatur angepasst und trotz regelmäßigem Training erfolgt kein bedeutsamer Anstieg der Kraft mehr. Zum Erreichen weiterer Kraftsteigerungen müssen veränderte Belastungsreize gesetzt werden. Ungewohnte Belastungen stimulieren den Organismus neu und provozieren weitere Anpassungen der Muskeln. Die Variation des Trainings kann dabei über das Ändern der Steuergrößen für Intensität und Umfang erfolgen:

- Übungslast in kg
- Wiederholungszahl pro Satz
- Anzahl der Trainingssätze pro Übung
- Anzahl der Trainingsübungen
- Trainingseinheiten pro Tag und Woche

Darüber hinaus bestehen weitere Möglichkeiten, die Anforderungen im Training unterschiedlich zu gestalten. Ein Training lässt sich z. B. wie folgt variieren:

- Verändern der Satzpause (z. B. 3 min statt 1 min)
- Verändern der Übungsauswahl (z. B. Kniebeuge statt Beinpressen)
- Verändern der Übungsausführung (z. B. Klimmzüge zur Brust statt in den Nacken)
- Verändern der Bewegungsgeschwindigkeit (z. B. schnell statt langsam)
- Verändern der Kontraktionsgeschwindigkeit der Muskeln (z. B. explosiv statt langsam)
- Verändern der Kontraktionsart der Muskeln (z. B. exzentrisch statt konzentrisch)
- Anwenden von Spezialtechniken (z. B. Supersätze)

Wechseln von Belastung und Entlastung

Für den Erfolg eines Krafttrainings ist neben dem systematischen Aufbau und der Methodikwahl der richtige Wechsel von Belastung und Entlastung entscheidend. Intensive Trainingsbelastungen führen vereinfacht ausgedrückt zu einem Gewebsverschleiß bzw. einer Gewebsschädigung. Darauf antwortet der Körper mit einer Reaktion, die zu einem Zustand führt, der auf höherem Niveau liegt als der Ausgangszustand. Der Organismus rüstet sich, um auf Belastungen der gleichen Art besser vorbereitet zu sein (➤ Kap. 2.3). Für diesen Reparations- und Aufbauprozess benötigt der Körper Zeit. Wird ein erneuter Trainingsreiz zu früh gesetzt, ist die Erholungsphase zu kurz und überfordert die Regenrationsfähigkeit des Organismus.

Wird der nächste Trainingsreiz zu spät gesetzt, geht die Leistungsfähigkeit wieder auf das ursprüngliche Ausgangsniveau zurück. **Das Beachten von Regenerationszeiten ist daher von großer Bedeutung.** Bestimmen lassen sich diese jedoch nur sehr ungenau, da viele Faktoren Einfluss auf die Regenerationszeit nehmen, z. B.:

- Trainingsstatus
- Umfang der beteiligten Muskelmasse
- Belastungsintensität und der Trainingsumfang
- Andere sportart- oder disziplinspezifische Belastungen
- Alltagsbelastungen, z. B. der tägliche Gebrauch der Beine
- Geschlecht
- Alter
- Individuelle Belastungsverträglichkeit (Genetik, Talent)
- Verfolgte Periodisierungsstrategie
- Ernährungsverhalten

Wissenschaftlich abgesicherte Erkenntnisse sind hierzu kaum verfügbar. Die in der Praxis empfohlenen Trainingshäufigkeiten und Regenerationszeiten basieren auf **Erfahrungswerten,** die vor allem den Sportarten Gewichtheben, Bodybuilding und Kraftdreikampf entstammen. Hieraus wurden in den letzten Jahrzehnten Empfehlungen für das Krafttraining anderer Disziplinen abgeleitet. Eine empirische Überprüfung dieser Methoden steht bis heute weitestgehend aus (vgl. auch Wirth et al. 2007).

So ist es nur wenig verwunderlich, dass die Empfehlungen für die Trainingspraxis zum Teil weit auseinandergehen. Je nach Leistungsstand reichen die Empfehlungen pro Trainingswoche von zwei Einheiten für Anfänger bis hin zu 18 Trainingseinheiten in Form eines Split-Trainings für Spitzenathleten (s. Split-Training). Auch die Angaben für erforderliche Regenrationszeiten variieren zwischen 12 und 96 Stunden (Fröhlich et al. 2008). Dabei ist zu bedenken, dass Trainingshäufigkeiten sowie die individuelle Regenerationszeit von den bereits genannten Einflussgrößen abhängig sind, z. B. Trainingsintensität und -umfang.

Wird das Krafttraining parallel zu einem anderen Sport betrieben, so sind die dort beanspruchten Muskelgruppen bei der Trainingsplanung zu berücksichtigen. Beim Radsport ist besonders das Training für die Beinmuskeln entsprechend zu planen. Daher empfiehlt sich das Führen eines Trainingstagebuchs, um die Regenerationszeiten einzelner Körperbereiche individuell zu ermitteln. Auf diese Weise kann die Trainingsplanung optimiert werden (➤ Kap. 5.7).

Belastung und Entlastung

Für den Erfolg eines Krafttrainings ist neben dem systematischen Aufbau und der Methodikwahl der richtige Wechsel von Belastung und Entlastung entscheidend. Das Beachten von Regenerationszeiten ist daher von großer Bedeutung. Bestimmen lassen sich diese jedoch nur sehr ungenau, da die Regenerationszeit von der individuellen Belastungsverträglichkeit abhängt und von vielen weiteren Faktoren beeinflusst wird (z. B. Trainingsstatus und Alter). Um die Regenerationszeiten einzelner Körperbereiche individuell zu ermitteln, ist daher das Führen eines Trainingstagebuches sehr zu empfehlen.

Belastungswechsel innerhalb einer Trainingseinheit

Auch innerhalb einer Krafttrainingseinheit kommt der optimalen Gestaltung von Belastung und Entlastung eine wichtige Bedeutung zu. Dies betrifft besonders die Reizdichte – also die Länge der Pausen zwischen den einzelnen Trainingssätzen. Die Pausenlängen variieren dabei von Trainingsmethode zu Trainingsmethode. Hierbei gilt grundsätzlich: **Je höher die Trainingsintensität (Übungslast) ist, desto länger muss die Trainingspause sein.** Angaben zu den Satzpausen bei unterschiedlichen Trainingsmethoden sind in ➤ Kap. 3.8.1 und ➤ Kap. 3.8.2 zu entnehmen.

Belastungswechsel im Jahresverlauf

Da ein Sportler nicht das ganze Jahr an der Grenze seiner Belastbarkeit trainieren kann, kommt dem Wechsel von Belastung und Entlastung auch im langfristigen Trainingsaufbau eine wichtige Rolle zu. Im Jahresverlauf sind deshalb belastungssteigernde, belastungserhaltende und belastungsreduzierenden Phasen einzuplanen. Andernfalls besteht die Gefahr eines Übertrainings (➤ Kap. 3.9.1).

3.7.3 Regelmäßig trainieren

Regelmäßig zu trainieren, ist eine Grundlage des Erfolgs. Nur durch ein regelmäßiges Üben im Kraftraum kann die Leistungsfähigkeit gehalten bzw. das Kraftniveau verbessert werden. Unregelmäßiges Trainieren und zu lange Pausen zwischen den Trainingseinheiten, z. B. zwei Wochen, führen zu einem Stagnieren bzw. Verschlechtern der Leistung.

Besonders für die passiven Strukturen des Bewegungsapparates wie Knorpel, Sehnen, Bänder und Knochen ist ein regelmäßiges Krafttraining von Bedeutung. Diese Strukturen reagieren langsamer auf Belastungsreize als die Skelettmuskulatur. Die Muskeln passen sich bereits innerhalb von Wochen und Monaten an. Der Adaptionsprozess für die passiven Strukturen verlangt dagegen ein regelmäßiges Training über Monate und Jahre (vgl. u. a. Woo et al. 1980; Staff 1982; Grimby 1994; Kemmler et al. 2003).

Bereits mit einem kurzen Training von 30 Minuten ist viel zu erreichen, wenn es regelmäßig zwei- bis dreimal in der Woche durchgeführt wird. Bei allem Termindruck im Alltags- und Berufsleben sollte dieser Aspekt dem Sportler immer bewusst sein. Selbst wenn ein Krafttraining nur einmal in der Woche betrieben wird, kann damit das Kraftniveau stabilisiert und Leistungsverlusten entgegengewirkt werden. Besonders mit komplexen Langhantelübungen lässt sich ein zeiteffizientes Krafttraining durchführen (➤ Kap. 3.10.2).

Wöchentlicher Trainingsrhythmus

Bei regelmäßiger Durchführung lassen sich bereits mit einem einmal in der Woche praktizierten Krafttraining gewisse Effekte erzielen. Deutlich größere Erfolge lassen sich natürlich erreichen, wenn öfter in der Woche trainiert wird. In den Trainingswissenschaften wird besonders die Überlegenheit von zwei

3

gegenüber einer und drei gegenüber zwei Trainingseinheiten pro Woche diskutiert. Untersuchungen kommen zu dem Ergebnis, dass unabhängig vom Leistungsniveau eine Trainingshäufigkeit von **zwei bis drei Trainingseinheiten pro Woche für eine bestimmte Muskelgruppe** als effektiv anzusehen ist (Wirth et al. 2007; Fröhlich et al. 2008). Wirth und Kollegen (2012) empfehlen, grundsätzlich jede Muskelgruppe zweimal pro Woche zu trainieren, wenn ein hoher Auslastungsgrad innerhalb der Trainingseinheit angestrebt wird.

In der Praxis gibt es unterschiedliche Möglichkeiten, ein Training entsprechend zu gestalten. Folgend werden einige *Beispiele* aufgezeigt.

Zweimal pro Woche trainieren

Der Sportler absolviert in jeder Trainingseinheit ein Ganzkörpertraining. Zwischen den beiden Trainingseinheiten sind mindestens zwei Erholungstage einzuplanen.

Dreimal pro Woche trainieren

Hier bestehen grundsätzlich drei Möglichkeiten:

- **Variante 1:** Der Sportler praktiziert an allen Trainingstagen ein Ganzkörpertraining. Hierbei können jeweils unterschiedliche Methoden zum Einsatz kommen. Am ersten Trainingstag wird z. B. nach der Muskelaufbaumethode trainiert, am zweiten nach der Maximalkraftmethode und am letzten Trainingstag wird ein Kraftausdauertraining betrieben (➤ Kap. 3.9.2 „Nicht lineare Periodisierung").
- **Variante 2:** An zwei Trainingstagen wird ein Split-Training praktiziert (s. Split-Training) und am dritten Trainingstag ein Ganzkörpertraining mit halbiertem Umfang durchgeführt. Werden z. B. am Split-Trainingstag 8 Sätze für die Beine absolviert, sollten am Ganzkörpertrainingstag nur noch 4 Sätze für die Muskeln der Beine praktiziert werden.
- **Variante 3:** An jedem Trainingstag wird ein Split-Training durchgeführt. Der Sportler trainiert an einem Trainingstag die eine Hälfte aller Muskeln, am anderen Trainingstag die andere Hälfte aller Muskeln. Hierbei wird jeder Muskel 3-mal in 14 Tagen trainiert.

Wird dreimal in der Woche trainiert, sollte zwischen den Trainingstagen mindestens ein Ruhetag liegen; so können z. B. die Trainingseinheiten am Montag, Mittwoch und Freitag eingeplant werden (vgl. Gottlob 2001).

Viermal pro Woche trainieren

Bei vier Trainingstagen in der Woche empfiehlt es sich, das Training in Form des bewährten Split-Trainings zu planen (s. Split-Training). Hierbei wird jeder Muskel zweimal in der Woche trainiert. An zwei Trainingstagen können z. B. die Muskeln des Oberkörpers trainiert werden, an den anderen beiden Tagen die Beinmuskeln. Zu berücksichtigen ist, dass nie mehr als an zwei Trainingstagen hintereinander trainiert wird. Ebenfalls ist auf einen Wechsel beim Beanspruchen der Muskeln zu achten. Wenn z. B. am Montag die Beinmuskeln trainiert werden, können am Dienstag die Muskeln des Oberkörpers trainiert werden. Am Mittwoch ist dann mindestens ein Krafttrainingsruhetag einzuplanen.

Fünf und mehr Trainingseinheiten pro Woche

Das Durchführen von fünf und mehr Trainingseinheiten ist hauptsächlich für Hochleistungssportler aus Disziplinen von Bedeutung, in denen die Kraft einen herausragenden Stellenwert besitzt – z. B. im Gewichtheben und in leichtathletischen Disziplinen mit hohen Kraftanforderungen wie Kugelstoßen und Speerwerfen.

Im Radsport kann es durchaus sinnvoll sein, für Bahnradsprinter – in bestimmten Trainingsphasen – fünf und mehr Trainingseinheiten im Kraftraum einzuplanen. Die Disziplin Bahnsprint stellt hohe Anforderungen an die Muskelkraft der Fahrer. Das Erstellen eines individuellen Trainingsplans ist hierbei absolut notwendig, um das Krafttraining sinnvoll in den Rahmentrainingsplan zu integrieren. Dabei ist es besonders von Vorteil, wenn der Sportler ein Trainingstagebuch führt (➤ Kap. 5.7). Daraus können wichtige Erkenntnisse gewonnen werden, wie der Athlet die Doppelbelastung aus Kraft- und Radtraining verkraftet. Auf Basis dieser Informationen kann das Training weiter optimiert werden.

Trainingshäufigkeit

Untersuchungen kommen zu dem Ergebnis, dass unabhängig vom Leistungsniveau eine Trainingshäufigkeit von zwei bis drei Trainingseinheiten pro Woche für eine bestimmte Muskelgruppe als effektiv anzusehen ist. Wenn ein hoher Auslastungsgrad innerhalb der Trainingseinheit angestrebt wird, kann prinzipiell empfohlen werden, jede Muskelgruppe zweimal pro Woche zu trainieren.

Split-Training

Hierbei wird der Körper in verschiedene Bereiche aufgeteilt. In einzelnen Trainingseinheiten werden dann jeweils unterschiedliche Körperpartien trainiert. In einer Trainingseinheit werden z. B. die Brust- und Schultermuskeln beansprucht und in der darauf folgenden die Rücken- und Bauchmuskeln. Dadurch, dass nur bestimmte Körperteile in einer Trainingseinheit trainiert werden, kann mehr Energie auf die entsprechenden Muskelgruppen konzentriert werden. Die Vorteile eines Split-Trainings liegen folglich darin, dass

- jede Muskelgruppe mit einer höheren Intensität trainiert werden kann und dies
- ein höheres Belastungsvolumen für einen einzelnen Muskel bzw. einzelne Muskelgruppen ermöglicht (Wirth 2004).

Bei dem Ziel, ein maximales Muskelwachstum zu provozieren, wird in der Regel das Trainieren der unterschiedlichen Körperpartien auf drei oder vier Tage verteilt. Danach folgt ein Regenerationstag und das Trainingsprogramm beginnt wieder mit Tag eins. Es sind auch andere Variationen denkbar, z. B. mit zwei Trainingstagen und einem Tag Pause bzw. fünf bis sechs Trainingstagen und erst danach einem trainingsfreien Tag. Innerhalb einer Woche wird auf diese Weise an bis zu sechs Tagen trainiert. Für das Zusammenstellen der Trainingstage gibt es viele Varianten, die oftmals von persönlichen Vorlieben abhängen. Als *Beispiele* werden folgend ein 3- und ein 4-Tage-Split-Programm dargestellt, die sich besonders beim Bodybuilding bewährt haben (Wirth 2004; Weider 1991).

Drei-Tage-Split-Programm

Hierbei wird ein Trainingsblock über vier Tage durchgeführt. Drei Trainingstagen folgt ein Ruhetag. Dabei ist darauf zu achten, dass am zweiten Trainingstag alle drückenden Bewegungen ausgeführt werden, bei denen immer die Armstreckmuskeln beteiligt sind, z. B. Bank- und Schulterdrücken. Damit ist gewährleistet, dass die Armstrecker nicht an mehreren Tagen hintereinander belastet werden. Sie bekommen die gleiche Regenerationszeit wie die anderen Muskelgruppen innerhalb des Trainingsblocks. Am dritten Tag werden dann alle Zug- und Beugeübungen durchgeführt, welche die Muskeln der Armbeuger belasten, z. B. Klimmziehen und Rudern vorgebeugt. Die Armbeuger erfahren dadurch ebenfalls die gleiche Regenerationszeit wie die anderen Muskelgruppen (➤ Tab. 3.7).

Vier-Tage-Split-Programm

Hierbei geht jeder Trainingsblock über fünf Tage. Vier Trainingstagen folgt ein Ruhetag. Bei dieser Methode kann sich jeder Muskel länger erholen als bei der 3-Tage-Split-Variante. Daher ist es besser zu verkraften, wenn einige Muskelgruppen innerhalb der vier Trainingstage zweimal belastet werden. Dies betrifft besonders die Muskeln der Arme. Bei einer Trainingseinheit für die Brustmuskeln werden die

Tab. 3.7 Beispiele für Split-Programme (in Anlehnung an Wirth 2004)

	Beanspruchte Körperbereiche je Trainingseinheit	
	3-Tage-Split-Programm	**4-Tage-Split-Programm**
Tag 1	Beine, Waden	Beine, Waden
Tag 2	Brust, Armstrecker, Schultern	Brust, Armbeuger
Tag 3	Rücken, Armbeuger, Bauch	Rücken, Bauch
Tag 4	Ruhetag	Armstrecker, Schultern
Tag 5	*Trainingsblock beginnt von vorne*	Ruhetag
Tag 6		*Trainingsblock beginnt von vorne*

Armstrecker ebenfalls stark gefordert, z. B. durch die Grundübung Bankdrücken. Eine Rückeneinheit ermüdet dagegen die Muskeln der Armbeuger, z. B. durch die Grundübung Klimmziehen. *Beispiele* für ein 3- bzw. 4-Tage-Split-Programm zeigt ➤ Tab. 3.7.

Doppel-Split-Training

Hierbei erfolgt ein weiteres Aufteilen des Trainings in **zwei Trainingseinheiten pro Tag.** Die erste Einheit findet dabei in der Regel am Vormittag statt und die zweite am Nachmittag bzw. Abend. Hierdurch können Trainingsvolumen und Trainingsintensität weiter gesteigert werden. Die Vorteile liegen hauptsächlich in der Möglichkeit, kleinere Muskelgruppen stärker zu belasten. Üblicherweise werden die kleinen Muskeln nach den großen trainiert. Dies hat ein Vorermüden der kleinen Muskeln zur Folge. Werden diese dann im Anschluss an die großen Muskelgruppen gezielt trainiert, kann dies nur noch mit einer geringeren Intensität erfolgen.

Mit einem Doppel-Split-Training kann das Ermüden der kleinen Muskeln durch das bis dahin erfolgte Training stark reduziert werden. In einer Doppel-Split-Trainingseinheit können z. B. vormittags die Beinstrecker und nachmittags die Muskeln der Beinbeuger und Waden trainiert werden. Ein weiteres *Beispiel* wäre, morgens die Brustmuskeln zu belasten und am Nachmittag die Schultern und Armstrecker zu trainieren (Wirth 2004). Für das Doppel-Split-Programm konnte eine Überlegenheit gegenüber einer Trainingseinheit pro Tag festgestellt werden. Bei weiblichen Athleten führte das Doppel-Split-Training zu einem höheren Zuwachs an Maximalkraft und Muskelmasse (Häkkinen und Kallinen 1994).

Split-Training im Radsport

Für Radsportler ist das Aufteilen des Körpers in einzelne Körperpartien bzw. Trainingsbereiche besonders zu empfehlen. An unterschiedlichen Trainingstagen werden dann jeweils andere Muskelgruppen belastet. **Insbesondere eine Gliederung in die beiden Trainingsbereiche Ober- und Unterkörper ist sinnvoll.** So kann an einem Ruhetag, an dem nicht mit dem Rad trainiert werden soll, ein Krafttraining für die Muskeln des Oberkörpers durchgeführt werden. Hierbei wird die notwendige Regenerationszeit für die Beinmuskeln berücksichtigt (➤ Kap. 7.2.2).

Grundlegendes Trainingsprinzip

Regelmäßig und variabel trainieren

Für ein erfolgreiches Trainieren im Kraftraum sollten sich Sportler stets merken: **Disziplin, aber keine Routine!** Nur durch ein regelmäßiges Training kann die Leistungsfähigkeit gehalten bzw. das Kraftniveau verbessert werden. Dabei müssen mit zunehmender Trainingszeit die Belastungen variabel gestaltet werden, um einem Stagnieren der Leistung entgegenzuwirken. Dies kann z. B. über die Trainingsintensität, den Trainingsumfang und die Übungsauswahl erfolgen. Um ein Übertraining zu vermeiden, ist ebenfalls auf einen Wechsel von Belastung und Entlastung zu achten. Dies gilt sowohl für die kurzfristige Trainingsplanung (z. B. Pausentage innerhalb einer Woche) als auch im langfristigen Trainingsaufbau (z. B. Übergangsperiode zur Regeneration im Anschluss an die Wettkampfphase).

3.7.4 Training individualisieren

Jeder Mensch ist so individuell wie sein Fingerabdruck. Für ein erfolgreiches Steigern der Leistungsfähigkeit ist es daher entscheidend, das Training auf den einzelnen Sportler abzustimmen. Dies betrifft besonders:

- Gesetzte Ziele
- Anlagebedingte körperliche Fähigkeiten
- Belastungsverträglichkeit
- Individuelle Verletzungen und Krankheiten
- Trainingsalter
- Verfügbare Trainingszeit

Individuelle Ziele

Die individuelle Zielsetzung hat oberste Priorität beim Erstellen eines Trainingsplans. Die Ambitionen für ein Krafttraining im Radsport können sehr vielfältig sein. Bei einigen Sportlern steht der Gesundheits- und Präventionsgedanke im Vordergrund, andere möchten gezielt trainieren, um beispielsweise etwas gegen Rückenbeschwerden zu unternehmen. Wieder andere möchten gezielt ihre

Sprintleistung steigern, ihren Hausberg leichter erklimmen, die Alpen mit dem Rad überqueren oder bei Rennen schneller ins Ziel kommen.

Leistungssport

Im Leistungs- und Hochleistungssport steht schließlich der absolute Leistungsgedanke im Vordergrund. Hierbei ist besonders die Hauptwettkampfdisziplin des Fahrers zu beachten. Die einzelnen Disziplinen des Radsports stellen z. T. sehr unterschiedliche Anforderungen an die Kraftfähigkeiten. Für eine erfolgreiche Trainingsplanung sind daher sowohl die individuellen Ziele des Sportlers als auch die spezifischen Anforderungen der Wettkampfdisziplin zu berücksichtigen (➢ Kap. 1).

Wird der Radsport als Wettkampfsport betrieben, ist der Trainingsplan zu periodisieren und systematisch auf die Wettkampfhöhepunkte auszurichten. Bei der Vorbereitung auf die Wettkampfphase sind dabei zunehmend spezielle Kraftübungen einzusetzen. Weitere Informationen und Beispiele für eine gezielte Wettkampfplanung sind ➢ Kap. 7 zu entnehmen.

Körperliche Fähigkeiten

Die individuellen körperlichen Voraussetzungen sind sehr entscheidend für den sportlichen Erfolg und leider stark anlagebedingt. Beispielsweise ist das Verhältnis von langsamen, für die Ausdauer entscheidenden Typ-I-Muskelfasern gegenüber den schnellen, für die Maximalkraft entscheidenden Typ-II-Muskelfasern vermutlich genetisch bedingt.

So beeinflusst die Muskelzusammensetzung von Geburt an die sportlichen Fähigkeiten. Rundfahrtspezialisten profitieren von einer hohen Typ-I-Faserdichte, Bahnradsprinter hingegen von einer hohen Typ-II-Muskelfaserdichte. Durch ein gezieltes Trainieren ist es möglich, die Eigenschaften und Leistungsfähigkeit der Muskelfasern zu beeinflussen (➢ Kap. 2.2.1). So kann z. B. ein Rundfahrtspezialist durch das richtige Krafttraining seine Sprintqualitäten deutlich verbessern.

Die **Trainierbarkeit** ist aber grundsätzlich individuell bestimmt – wie auch die **Belastungsverträglichkeit** (vgl. Anderson et al. 2001; Frederiksen und Christensen 2003). Daher ist das Führen eines Trainingstagebuchs genauso zu empfehlen wie das regelmäßige Durchführen von Leistungsdiagnostiken. Auf gleiche Trainingsreize reagieren Sportler unterschiedlich. Anhand von **Leistungsdiagnostiken** und der Aufzeichnung von Trainingsdaten ist festzustellen, welche Effekte die jeweils praktizierten Trainingsmethoden beim einzelnen Sportler bewirken. Das Training kann so individuell optimiert werden (➢ Kap. 5.7).

Anthropometrische Merkmale

Zu den körperlichen Voraussetzungen zählen auch das Körpergewicht und anthropometrische Merkmale. Ist das Körpergewicht durch Trainieren und ein entsprechendes Essverhalten gut zu beeinflussen, sieht dies bei den Körperbaumerkmalen anders aus. Körperhöhe, Extremitätenlängen und Rumpfbreite sind genetisch festgelegt.

Beste *Beispiele* dafür, wie diese Merkmale die sportliche Leistungsfähigkeit beeinflussen, sind Sportarten wie Volley- und Basketball, bei denen groß gewachsene Spieler Vorteile haben. Beim Turnen und Gewichtheben sind dagegen Athleten mit kürzeren Gliedlängen aufgrund günstiger Hebelverhältnisse bevorteilt.

Im Krafttraining sind die individuellen Körperbaumerkmale mit Blick auf die Übungsauswahl zu berücksichtigen. Kraftmaschinen sind in ihrer Anpassungsfähigkeit begrenzt und erlauben nicht immer ein funktionelles Abstimmen auf die Körpergröße und Gliedmaßen des Trainierenden. Als problematisch erweist sich dies besonders beim Training mit Kindern und bei Frauen mit kleinen Körperproportionen (➢ Kap. 3.10.3). Daher sollte beim Aufstellen des Trainingsplans immer berücksichtigt werden, welche Trainingsausrüstung bzw. -geräte zur Verfügung stehen.

Krankheiten und Verletzungen

Beim Erstellen eines Krafttrainingsplans ist besonders auf Einschränkungen im Stütz- und Bewegungsapparat zu achten. Vorliegende Beschwerden sind bei der Trainingsplanung zu berücksichtigen. In diesen Fällen ist die Rücksprache mit einem qua-

3

lifizierten Trainer und/oder Arzt sowie Physiotherapeuten notwendig. Qualifizierte Trainer führen mit dem Sportler vor Trainingsbeginn ein Anamnesegespräch. Besteht Unsicherheit über den eigenen Leistungszustand, ist eine medizinische Untersuchung ratsam.

Trainingsalter

Beim Planen des Krafttrainings ist auch das individuelle Alter zu berücksichtigen. Aus Gründen einer unterschiedlichen Belastungsverträglichkeit sind einzelne Trainingsmethoden nicht für alle Altersklassen zu empfehlen. Das alleinige Berücksichtigen des kalendarischen Alters geht jedoch nur wenig auf die tatsächliche, individuelle Leistungsfähigkeit ein (➤ Kap. 5.6). Entscheidend für die Trainingsplanung sind:

- Sportliche Vergangenheit („Trainingsalter")
- Sportlicher Leistungszustand
- Gesundheitszustand

Der Gesundheitszustand lässt sich, wie bereist beschrieben, über eine Anamnese bzw. eine medizinische Untersuchung feststellen. Eine Leistungsdiagnostik gibt Aufschluss über den Stand der individuellen Leistungsfähigkeit (➤ Kap. 4). Durch die Analyse der sportlichen Vergangenheit können weitere hilfreiche Erkenntnisse gewonnen werden. Der bisherige Trainingsumfang erlaubt z. B. Rückschlüsse auf die individuelle Belastungsverträglichkeit. Hierbei ist es natürlich hilfreich, wenn der Sportler ein Trainingstagebuch geführt hat.

Eine weitere Hilfe stellen Ergebnisse vergangener Leistungsdiagnostiken dar, sofern verfügbar. Von Bedeutung sind auch die individuellen Krafttrainingserfahrungen, z. B. welche Übungen der Sportler bislang durchgeführt hat. Wurde im Kraftraum bisher nur an Maschinen trainiert, ist zum Trainingsbeginn eine längere Lernphase einzuplanen. Das Erlernen komplexer Freihantelübungen bedarf einer erfahrenen und intensiven Betreuung. Im Trainingsaufbau ist sowohl unter gesundheitlichen als auch unter leistungssportlichen Aspekten auf ein Üben mit freien Gewichten hinzuwirken (➤ Kap. 3.10).

Verfügbare Trainingszeit

Nicht selten steht für die eigenen sportlichen Ambitionen nur ein begrenztes Zeitfenster zur Verfügung. Nur wenige haben das Privileg, als Profi vom Sport leben zu können. Freizeitsportler und Amateure müssen Familie, Beruf und Sport unter einen Hut bringen. Deshalb ist es besonders wichtig, die verfügbare Trainingszeit effektiv zu nutzen. Für das Planen des Trainings ist daher eine realistische Einschätzung des Sportlers nötig, wie viel Zeit er in seinen Sport investieren kann. Der Trainer hat natürlich darauf hinzuweisen, dass als Minimum zwei Trainingseinheiten im Kraftraum anzustreben sind.

Ebenfalls sollte der Trainer darauf aufmerksam machen, wenn gesetzte Ziele und verfügbarer Trainingszeit nicht vereinbar sind. **Falsche Erwartungen können einen Sportler schnell demotivieren.** Auf Basis der verfügbaren Trainingszeit ist dann ein individueller Trainingsplan zu erstellen. Ziel ist dabei das Erreichen eines bestmöglichen Aufwand-Nutzen-Verhältnisses für den Sportler. Wie beispielsweise ein wöchentlicher Plan mit zwei, drei oder vier möglichen Krafttrainingstagen gestaltet werden kann, zeigt Kap. ➤ 3.7.3.

Grundlegendes Trainingsprinzip

Training individualisieren

Jeder Mensch ist so individuell wie sein Fingerabdruck. Für ein erfolgreiches Steigern der Leistungsfähigkeit muss das Krafttraining daher auf den einzelnen Sportler genau abgestimmt sein. Zu berücksichtigen sind besonders die persönlichen gesetzten Ziele, die anlagebedingten körperlichen Fähigkeiten, Verletzungen und Krankheiten, das Trainingsalter sowie die verfügbare Trainingszeit. Regelmäßige Leistungsdiagnostiken sowie das Führen eines Trainingstagebuchs helfen dabei, das Training individuell zu optimieren.

3.7.5 Grundlegende Trainingsprinzipien

In den vorangegangen Abschnitten wurden zentrale Trainingsprinzipien dargestellt, die eine wichtige

Tab. 3.8 Grundlegende Prinzipien im Krafttraining

Prinzip	Hintergrund	Steuergrößen
Muskeln ansteigend überlasten	Nur ausreichend hohe Trainingsreize führen zu einer kontinuierlichen Verbesserung der muskulären Leistungsfähigkeit	• Trainingsintensität (Last in kg) • Trainingsumfang (Wiederholungsanzahl je Übung, Satzzahl je Übung und Muskelgruppe)
regelmäßig trainieren	Nur durch ein regelmäßiges Üben im Kraftraum kann die Leistungsfähigkeit erhalten bzw. das Kraftniveau verbessert werden	• Trainingshäufigkeit (z. B. jede Muskelgruppe zweimal pro Woche trainieren) • Zur Vermeidung eines Übertrainings ist auf einen Wechsel von Belastung und Entlastung zu achten (z. B. ein Tag Pause nach drei Tagen Split-Training)
variabel trainieren	Mit zunehmender Trainingszeit sind die Belastungen variabel zu gestalten, um einem Stagnieren der Leistung entgegenzuwirken	• Verändern von: – Trainingsintensität – Trainingsumfang – Trainingshäufigkeit – Übungsauswahl – Übungsausführung – Bewegungsgeschwindigkeit – Kontraktionsgeschwindigkeit – Satzpausen – Kontraktionsart der Muskeln • Anwenden von Spezialtechniken (z. B. Intensivwiederholungen)
Training individualisieren	Für ein erfolgreiches Steigern der Leistungsfähigkeit ist das Krafttraining auf den einzelnen Sportler abzustimmen	Zu berücksichtigen sind: • Persönliche Ziele • Körperliche Fähigkeiten • Individuelle Belastungsverträglichkeit; besonders dann, wenn das Krafttraining parallel zu einer anderen Disziplin wie dem Radsport betrieben wird • Verletzungen und Krankheiten • Trainingsalter • Verfügbare Trainingszeit

Orientierungsgrundlage geben, um ein Krafttraining erfolgreich durchzuführen. Wie bereits angeführt, existiert neben den beschriebenen eine fast unüberschaubare Anzahl weiterer Trainingsprinzipien. Ein *Beispiel* dafür ist das bewusste Abfälschen der Übungstechnik. Diese Prinzipien sollten als Spezialtechniken verstanden werden, um ein Trainieren der Muskeln weiter zu intensivieren; sie bauen auf den grundlegenden Trainingsprinzipien auf. Zum Einsatz kommen sie besonders im Bodybuilding, um die Muskeln für ein angestrebtes Dickenwachstum maximal auszulasten (Weider 1991).

Radsportler verbringen nur sehr begrenzt Zeit im Kraftraum. Der Fokus ist daher auf die grundlegenden Trainingsprinzipien zu richten. ➤ Tab. 3.8 fasst die wichtigsten Prinzipien noch einmal zusammen.

3.8 Krafttrainingsmethoden

Zu Beginn soll darauf hingewiesen werden, dass Krafttraining nicht nur mit Muskelwachstum und entsprechendem Massezuwachs verbunden ist. Im Folgenden werden Trainingsmethoden aufgezeigt, die ein Steigern der Kraftfähigkeiten auch nahezu ohne ein Verändern der Muskelmasse ermöglichen.

In ➤ Kap. 2.1 wurden bereits die unterschiedlichen Formen der Kraft beschrieben: Maximal-, Schnellkraft und Kraftausdauer. Trainiert werden diese Formen der Kraft durch verschiedene Methoden, die nicht zwangsläufig der äußeren Erscheinungsform der Kraft entsprechen. Ein typisches *Beispiel* ist das Schnellkrafttraining. Eine wirkungsvolle

Methode zum Steigern der Schnellkraft ist das Ausführen von explosiven Muskelkontraktionen gegen sehr hohe Lasten, die mindestens 90 % der Maximalkraft entsprechen (Güllich und Schmidtbleicher 1999). Die eigentliche Bewegungsausführung ist sehr langsam, bedingt durch den hohen Widerstand. Diese Methode spricht dennoch physiologische Faktoren an, welche die Schnellkraft wirkungsvoll beeinflussen – z. B. ein verbessertes Nerv-Muskel-Zusammenspiel. Werden im Krafttraining nur schnelle bzw. explosive Bewegungen mit mittleren Widerständen ausgeführt, wird die Chance vertan, die Schnellkraft maximal zu entwickeln.

Mit verschiedenen Trainingsmethoden kann also das gleiche Ziel verfolgt und optimiert werden. Ein weiteres *Beispiel* soll dies verdeutlichen: Liegt das Ziel in einer Steigerung der Maximalkraft, stehen ebenfalls unterschiedliche Methoden zur Wahl:

- Trainingsmethoden, die ein Vergrößern des Muskelquerschnitts anstreben
- Methoden, die das Nerv-Muskel-Zusammenspiel optimieren (intramuskuläres Koordinationstraining; kurz IK-Training genannt)

Damit sprechen die Methoden jeweils unterschiedliche Einflussgrößen der Maximalkraft an und sind je nach Ziel einzusetzen und zu kombinieren. Mit Trainingsmethoden, die auf ein verbessertes Nerv-Muskel-Zusammenspiel abzielen, lassen sich deutlich verbesserte Kraftleistungen erreichen. Die Muskelmasse bleibt hierbei nahezu unverändert. Dies kann besonders für Disziplinen mit Gewichtsklassen von Vorteil sein, z. B. beim Ringen und Boxen. Auch Sportarten, bei denen ein leichtes Körpergewicht angestrebt wird, z. B. Radsport und Skispringen, können von diesen Trainingsmethoden profitieren. Allerdings ist nach einer gewissen Trainingszeit eine **Plateaubildung** erkennbar und es erfolgt kein weiterer Kraftanstieg. Das Kraftverbesserungspotenzial durch neuronale Adaptionen ist dann ausgeschöpft. Ein weiteres Steigern der Muskelkraft lässt sich nur durch Trainingsmethoden erreichen, die bevorzugt den Muskelquerschnitt vergrößern.

Kraft gezielt trainieren

Wie die Beispiele im vorangegangenen Abschnitt zeigen konnten, ist es für ein erfolgreiches Krafttraining von Bedeutung, die physiologischen Einflussgrößen der Kraft gezielt und aufeinander abgestimmt zu entwickeln. Die Methoden des Krafttrainings sollten daher anhand ihrer **physiologischen Wirkungen** unterschieden werden. Dies ermöglicht eine Kontrolle darüber, wie sich die unterschiedlichen Trainingsmethoden gegenseitig beeinflussen.

In den folgenden Abschnitten werden die Methoden dargestellt, die sich als besonders wirkungsvoll zum Ausbilden der im Radsport relevanten Kraftfähigkeiten erwiesen haben: **Im Fokus stehen dabei Trainingsmethoden zum Entwickeln der Maximalkraft.** Wird durch ein Training die Maximalkraft gesteigert, verbessern sich i. d. R. auch die Schnellkraft sowie die Kraftausdauerleistungen (➤ Kap. 2.1).

Kraftausdauertraining

Auf die Methoden zum Trainieren der Kraftausdauer wird in diesem Buch bewusst nicht eingegangen. Die erwarteten Anpassungen hinsichtlich einer verbesserten Ermüdungswiderstandsfähigkeit werden bereits durch die Form des Intervalltrainings auf dem Fahrrad erreicht. **Von einem Kraftausdauertraining sind daher keine weiteren Effekte für Radsportler zu erwarten** (➤ Kap. 5.1.3).

Mit Blick auf das Krafttraining im Leistungssport geben Wirth und Kollegen (2012) grundsätzlich zu bedenken, dass es äußert fraglich ist, für welches Trainingsziel das Anwenden eines Kraftausdauertrainings überhaupt sinnvoll erscheint. In der Regel stellt das Anwenden dieser Methode eine inadäquate Belastungskonfiguration dar – bezogen auf die Zielsetzung der meisten Trainingsprogramme. So wäre auch im Radsport das Kraftausdauertraining die falsche Methode, wenn die Leistung für rennentscheidende Situationen gesteigert werden soll, z. B. für den Zielspurt, Zwischensprints, Angriffe am Berg und in der Ebene. Hier sind die Methoden des Maximalkrafttrainings einzusetzen.

Unterscheidungsmerkmale

Die einzelnen Trainingsmethoden unterscheiden sich vor allem durch eine unterschiedliche **„Reiz-**

konfiguration“. Bestimmt wird diese durch die folgenden Steuergrößen:

- Höhe der Intensität (Übungslast)
- Anzahl der Wiederholungen pro Satz
- Anzahl der Sätze pro Muskelgruppe
- Dauer der Satzpause
- Kontraktionsgeschwindigkeit der Muskeln

Die jeweiligen Reizkonfigurationen der einzelnen Trainingsmethoden basieren auf Erfahrungswerten und gezielten Trainingsexperimenten. Die Erfahrungen entstammen vor allem der Praxis besonders erfolgreicher Trainingsgruppen – oftmals aus den Sportarten Gewichtheben, Bodybuilding und Kraftdreikampf. Wissenschaftlich gesicherte Daten wurden hauptsächlich durch Untersuchungen für die unteren Extremitäten gewonnen (Güllich und Schmidtbleicher 1999).

Neben den bereits aufgeführten Belastungsnormativen spielt natürlich auch die Trainingshäufigkeit eine Rolle. Hier ist es jedoch weit schwieriger, konkrete Empfehlungen auszusprechen. Die Trainingshäufigkeit wird durch zahlreiche Parameter beeinflusst, z. B. durch das physiologische Ausgangsniveau, die individuelle Belastungsverträglichkeit sowie durch den Umfang der involvierten Muskelmasse. Eine Trainingshäufigkeit von zwei bis drei Trainingseinheiten pro Woche für eine bestimmte Muskelgruppe kann als effektiv angesehen werden. Wenn ein hoher Auslastungsgrad innerhalb der Trainingseinheit angestrebt wird, kann prinzipiell empfohlen werden, jede Muskelgruppe zweimal pro Woche zu trainieren (➤ Kap. 3.7.3).

Krafttrainingsmethoden im Radsport

Die wichtigsten Methoden im radsportspezifischen Krafttraining sind:

- **Methoden zum Vergrößern des Muskelquerschnitts**
- **Methoden zum Optimieren des Nerv-Muskel-Zusammenspiels** (intramuskuläres Koordinationstraining; auch als IK-Training bezeichnet)

Methoden zum speziellen Trainieren der Kraftausdauer spielen keine Rolle. Die erwarteten Anpassungen hinsichtlich einer verbesserten Ermüdungswiderstandsfähigkeit werden bereits durch die Form des Intervalltrainings auf dem Fahrrad erreicht. Von einem Kraftausdauertraining sind daher keine weiteren Effekte für Radsportler zu erwarten.

3.8.1 Muskeln aufbauen (Hypertrophietraining)

Um ein Dickenwachstum der Muskulatur (Hypertrophie) zu erreichen, ist die **„Methode der wiederholt submaximalen Kontraktionen bis zur Erschöpfung“** besonders effektiv (vgl. Güllich und Schmidtbleicher 1999). Submaximal beschreibt dabei die Höhe der Intensität. Der eingesetzte Widerstand liegt dabei unterhalb der Last, die maximal zu bewältigen wäre („sub“= lateinisch: „unter“).

Zur Orientierung kann dabei von 70–80 % der Maximalkraft ausgegangen werden, wobei Anfänger auch weniger (ab 60 %) und Fortgeschrittene mehr Last einsetzen können (bis 90 % der Maximalkraft). Entscheidend für die Wahl des Widerstandes ist jedoch, ob mit der gewählten Übungslast die vorgegebene Anzahl an Wiederholungen erreicht wird. Der mögliche Wiederholungsbereich ist dabei mit einem Repetition Maximum (RM) von 6–20 sehr breit und richtet sich nach dem Trainingslevel des Sportlers (Anfänger, Fortgeschrittener, Kraft- bzw. Leistungssportler) und den trainierten Muskelgruppen. Grundsätzlich empfiehlt sich ein Wiederholungsbereich von 6 bis 15 RM, wobei für Muskelgruppen wie Waden und Bauch 20 Wiederholungen zu empfehlen sind. Genauere Angaben zeigt ➤ Tab. 3.9.

Die Aussage „bis zur Erschöpfung“ beschreibt den anzusteuernden Ermüdungsgrad der Muskulatur. Jeder Satz soll bis zum vollständigen Ermüden der Muskulatur ausgeführt werden. Kann der Sportler mit der eingesetzten Last mehr Wiederholungen ausführen, ist die Übungslast zu erhöhen. Im umgekehrten Fall, wenn die Vorgabe nicht erreicht wird, ist das Gewicht zu reduzieren. Eine Reduzierung des Gewichts kann von Satz zu Satz erfolgen, um dem zunehmenden Vorermüden der Muskeln entgegenzuwirken. Wird z. B. im zweiten Satz bei einem Repetition Maximum von 8–12 die Untergrenze von 8 Wiederholungen erreicht, ist die Last für den folgenden Satz zu reduzieren. Ziel dieses Vorgehens ist es, die vorgegebene Wiederholungszahl über alle Trainingssätze halten zu können (➤ Kap. 3.7.1).

Um einzelne Muskelgruppen so stark wie möglich im Sinne eines angestrebten Wachstums zu aktivieren und zu ermüden, sollten Übungen für ein und dieselbe Muskelgruppe aufeinander folgend durchgeführt werden.

Muskelaufbautraining (Hypertrophietraining)

Die Methode der wiederholt submaximalen Kontraktion bis zur Erschöpfung wird auch als **Hypertrophiemethode** oder **Muskelaufbautraining** bezeichnet, da die Anpassungen vor allem auf ein Muskelwachstum bzw. auf das Vergrößern des Muskelquerschnitts abzielen.

Neuronale Einflussgrößen der Kraft werden nur wenig beeinflusst. Dies gilt allerdings nur für trainierte Sportler. Bei Untrainierten wird innerhalb der ersten Wochen und Monaten überwiegend die Kraft durch koordinative Anpassungen gesteigert. Erst danach wird bei dieser Trainingsmethode das Muskelwachstum zum entscheidenden Faktor der Kraftzunahme. Anzumerken ist hierbei, dass Trainingsreize, die bei Trainingsbeginnern bzw. wenig trainierten Personen zu einem Muskelwachstum führen, mit zunehmendem Leistungsniveau an Wirksamkeit verlieren. Dieser Aspekt betont, dass im Verlauf eines mehrjährigen Trainings sowohl die Belastungsintensität als auch das Belastungsvolumen gesteigert werden müssen.

Das Steigern der Belastungen verfolgt dabei einen **Optimaltrend.** Dies bedeutet, dass schwerer und mehr nicht immer auch besser ist. Wo allerdings für welchen Sportler das Optimum liegt, lässt sich nur schwer beantworten. Wenn Empfehlungen für Athleten aus einer bestimmten Sportart ausgesprochen werden, basieren diese meist auf Empfehlungen (vgl. auch Wirth et al. 2012). Im ersten Kapitel dieses Buches wurde zur Orientierung dargestellt, welche Radsportdisziplinen besonders von einem hohen Kraftniveau profitieren.

Mit Blick auf die nicht selten von Radsportlern gefürchtete Zunahme von Muskelmasse durch ein Krafttraining sei an dieser Stelle Entwarnung gegeben. **Ein massiges Muskelwachstum ist für Radsportler nicht zu erreichen,** selbst dann nicht, wenn die Hypertrophiemethode den Schwerpunkt im Krafttraining bildet. Das hohe Gesamtvolumen des Ausdauertrainings auf dem Rad wirkt im Rahmen eines Krafttrainings kontraproduktiv, um Muskelmasse aufzubauen. Wirth und Kollegen (2012) betonen dazu, dass auch ein fehlender Wille, sich beim Krafttraining auszulasten, jegliches Muskelwachstum verhindern kann. Ebenso können fehlende Regenerationszeiten, ein zu geringes Trainingsvolumen oder eine falsche Ernährung die Zunahme des Muskelquerschnitts unterbinden. Mehr dazu ist in Kapitel ➤ Kap. 5.2 zu lesen.

Im systematischen Trainingsaufbau des Radsports sollte diese Methode besonders in der Übergangs- und Vorbereitungsphase angewendet werden. Im allgemeinen Fitnesstraining kann sie dagegen das ganze Jahr über zum Einsatz kommen. Weitere Angaben zur Methode sind ➤ Tab. 3.9 zu entnehmen.

3.8.2 Kraftfähigkeiten ausprägen durch neuronale Adaptionen (intramuskuläres Koordinationstraining)

Wie bereits beschrieben, lässt sich die Muskelkraft auch durch **neuronale Adaptionen** steigern. In zahlreichen Studien hat sich gezeigt, dass es zu Beginn eines Krafttrainings zu einem schnellen Ansteigen der Maximalkraft kommt – ohne dass nennenswerte Hypertrophieeffekte festzustellen sind. Dieser Effekt ist besonders bei Untrainierten ausgeprägt (u. a. Ikai und Fukunaga 1970; De Carvalho et al. 1985). Der Kraftzuwachs ohne eine Querschnittszunahme der Muskelfaser (Hypertrophie) ist dabei auf neuronale Adaptionsmechanismen zurückzuführen. Begründet sind diese Adaptionen hauptsächlich in:

- Verbesserter *inter*muskulärer Koordination
- Verbesserter *intra*muskulärer Koordination (Häkkinen et al. 1998)

In den ersten zwei bis drei Monaten eines Krafttrainings resultieren die Kraftgewinne zum größten Teil aus neuronalem Anpassungen (Wirth 2004).

Intermuskuläre Koordination

Die intermuskuläre Koordination beschreibt das **Zusammenwirken verschiedener Muskeln** beim Ausführen einer gezielten Bewegung. Am Bewegungsablauf sind dabei immer mehrere Muskeln beteiligt:

- **Agonist:** Muskel, der durch aktives Kontrahieren maßgeblich zu einer bestimmten Bewegung in einem Gelenk beiträgt.

Tab. 3.9 Methode der wiederholt submaximalen Kontraktionen bis zur Erschöpfung zum Entwickeln des Muskelquerschnitts (in Anlehnung an Wirth et al. 2012)

Muskelaufbautraining (Hypertrophietraining)			
Ziele (langfristig)		**Adaptionen (langfristig)**	
• Muskelaufbau durch das Vergrößern des Muskelquerschnitts • Steigern der Maximalkraft		Muskelmasse	+++
		Ausnutzen des Muskelpotenzials	++
		Kraftmaximum	+++
		Kraftanstieg	+
		Voraktivierung	
Belastungskonfiguration			
Intensität	60–70 %	Anfänger	Die Angaben beziehen sich auf die Maximalkraft bzw. das 1er Wiederholungsmaximum (1 RM)
	70–90 %	Kraft-/Leistungssportler	
Wiederholungen pro Trainingssatz als Repetition Maximum (RM)	10	Anfänger	Für Muskelgruppen wie Waden und Bauch empfehlen sich 20 Wiederholungen Komplexe und dynamische Langhantelübungen wie Reißen und Umsetzen erlauben bei höheren Lasten nur das Ausführen sehr weniger technisch korrekter Ausführungen (ca. 1–3). Sollen diese Übungen im Sinne eines Aufbautrainings mit mehr Wiederholungen ausgeführt werden, ist innerhalb einer Serie keine muskuläre Ausbelastung anzustreben!
	8–12	Fortgeschrittene	
	6–15	Kraft-/Leistungssportler	
Trainingssätze je Übung	1–3	Anfänger	Die Angaben beziehen sich auf die reinen Arbeitssätze. Die davor benötigten Aufwärmsätze sind abhängig von den eingesetzten Lasten bzw. vom Leistungsniveau und der Komplexität der Übung
	3–4	Fortgeschrittene	
	3 und mehr Sätze	Kraft-/Leistungssportler	
Übungen je Muskelgruppe	2–3	Anfänger	
	2–3	Fortgeschrittene	
	3 und mehr Übungen	Kraft-/Leistungssportler	
Satzpause in Minuten	2–5	Gilt für alle Leistungsbereiche von Anfänger bis Leistungssportler	abhängig von der involvierten Muskelmasse und Komplexität der Übung
Kontraktionsgeschwindigkeit	langsam bis zügig		
Trainingseinheiten je Woche	2–3	je Muskelgruppe	Drei Trainingseinheiten sind nur über einen Zeitraum von wenigen Wochen zu empfehlen Wenn ein hoher Auslastungsgrad innerhalb der Trainingseinheit angestrebt wird, sind prinzipiell 2 Einheiten zu empfehlen
Trainingsperiode bzw. Dauer im Trainingsprozess	8 bis ∞	Wochen	abhängig vom Einsatzbereich; im Fitness- und Gesundheitstraining kann es ganzjährig betrieben werden
Einsatz im leistungsorientierten Radsporttraining	primär in der Übergangs- und Vorbereitungsphase		
gering = +; sehr hoch = +++			

- **Synergist:** Muskel, der die Funktion des Hauptmuskels (Agonist) beim Ausführen einer bestimmten Bewegung unterstützt.
- **Antagonist:** Muskel, dessen Wirkung dem Hauptmuskel (Agonist) bei einer bestimmten Bewegung entgegengerichtet ist. Die Gegenspielerrolle des Agonisten ist jedoch gleichzeitig auch die eines Mitspielers. Dieses Funktionsprinzip hilft, eine Bewegung zu steuern, zu verlangsamen oder abrupt zu stoppen. Dies wirkt Verletzungen entgegen.

Am *Beispiel* des Anhebens der Kurzhantel beim Bizepscurl stellt sich das Zusammenspiel von Agonist und Antagonist wie folgt dar: Während der Armbeugemuskel (Agonist) kontrahiert, muss der Armstreckmuskel (Antagonist) nachgeben bzw. er wird gedehnt. Je besser das Zusammenspiel dieser Muskeln trainiert ist, desto effektiver und kraftvoller kann die Bewegung ausgeführt werden.

Die intermuskuläre Koordination ist damit direkt an das **Erlernen eines Bewegungsablaufes** geknüpft. Je komplexer die Bewegung ist, desto größer sind die Anforderungen an die intermuskuläre Koordination. Die höchsten Ansprüche im Krafttraining stellen hier die klassischen Übungen des Gewichthebens dar: Reißen und Stoßen mit der Langhantel. Beim Erlernen dieser Übungen sind die Kraftgewinne in den ersten Wochen vor allem auf ein Verbessern der intermuskulären Koordination zurückzuführen.

Wurden durch eine gute Technikschulung die Bewegungsabläufe der Trainingsübungen erlernt, ist ein Verbessern der intermuskulären Koordination nur noch in einem sehr eingeschränkten Rahmen möglich. Eine weitere Verbesserung beim Ansteuern der Skelettmuskulatur kann jetzt durch ein gezieltes Ausbilden der intramuskulären Koordination erreicht werden.

Intramuskuläre Koordination

Vereinfacht ausgedrückt, beschreibt die intramuskuläre Koordination (IK) das **Ausnutzen des vorhandenen Muskelpotenzials.** Bestimmt wird dieses durch das Nerv-Muskel-Zusammenspiel innerhalb eines einzelnen Muskels. Je besser das Zusammenspiel ausgebildet ist, desto mehr motorische Einheiten können beim Ausführen einer Bewegung aktiviert werden. Eine motorische Einheit besteht jeweils aus einem Nerv und den dazugehörigen Muskelfasern (➤ Kap. 2.2.2). Die Anzahl der aktivierten motorischen Einheiten bestimmt damit den Umfang der Muskelfasern, die an einer Bewegung beteiligt sind. Je mehr Muskelfasern rekrutiert werden, desto mehr Kraft kann beim Ausführen der Bewegung aufgebracht werden.

Bei einer maximal willkürlich (willentlich) ausgelösten Muskelkontraktion wird stets nur ein Teil aller Fasern eines Muskels aktiviert. Untrainierte können in der Regel um die 70 % aktivieren. Durch ein gezieltes Trainieren kann der Aktivierungsgrad bis auf 95 % gesteigert werden (Güllich und Schmidtbleicher 1999). Die restlichen 5 % bilden eine autonom geschützte Reserve (➤ Kap. 2.2.2).

Intramuskuläres Koordinationstraining (IK-Training)

Zum Auslösen von vorrangig neuronalen Anpassungen ist die **„Methode maximaler explosiver Kontraktionen“** besonders effektiv (vgl. Güllich und Schmidtbleicher 1999). Diese Methode wird auch als **intramuskuläres Koordinationstraining (IK-Training)** bezeichnet. **Die Ziele liegen in einem Ausprägen von Maximal-, Explosiv- und Schnellkraft;** besonders im Anschluss an ein über mehrere Wochen betriebenes Hypertrophietraining. Einer Phase bzw. einem Block Hypertrophietraining über 10 Wochen zum Muskelaufbau folgt z. B. ein Block IK-Training über 4 Wochen zum Ausprägen der Kraftfähigkeiten. **Die gezielte und zeitlich getrennte Kombination dieser beiden Methoden lässt sich unter dem Begriff Maximalkrafttraining zusammenfassen.**

Durch ein IK-Training wird eine Optimierung der Ansteuerung der Muskulatur vor allem durch die folgenden Effekte erreicht:

- Steigern der Innervationsfrequenz (Frequentierung)
- Eine verbesserte Fähigkeit, möglichst viele motorische Einheiten in den Kontraktionsprozess mit einzubeziehen (Rekrutierung)
- Eine gesteigerte Synchronisation beim Aktivieren der α-Motoneurone zum Kontraktionsbeginn (Synchronisation); dies scheint besonders für ex-

plosive Krafteinsätze von Bedeutung zu sein (Wirth et al. 2012)

In der Praxis geht es beim IK-Training darum, möglichst viele motorische Einheiten gleichzeitig zu aktivieren. Dies erfordert den Einsatz von hohen Lasten. Erst ab einem Widerstand, der mindestens 90 % der Maximalkraft entspricht, kann willentlich die höchste Anzahl an motorischen Einheiten rekrutiert werden (Sale 1994).

Dabei ist so **explosiv** wie möglich gegen den Widerstand zu arbeiten, um möglichst viele motorische Einheiten schnell und gleichzeitig zu rekrutieren. Auf diese Weise wird schon zu Beginn der Belastung ein steiler Kraftanstieg erzeugt. Die **hohe Kontraktionsgeschwindigkeit** darf hierbei nicht mit einer hohen Bewegungsgeschwindigkeit verwechselt werden! Ein explosives Anspannen der Muskeln sieht von außen nicht schnell aus. Die hohe Last lässt überhaupt kein schnelles Ausführen der Bewegung zu. Entscheidend ist die unsichtbare Arbeit des Nerven-Muskel-Systems.

Explosive Muskelkontraktionen können nur in einem **ermüdungsfreien Zustand** effektiv zum Einsatz gebracht werden. Deshalb werden bei dieser Methode nur wenige Wiederholungen ausgeführt, um ein Ermüden der Muskeln möglichst gering zu halten. Ebenfalls ist eine lange Satzpause von mindestens 5 Minuten zu beachten. Dieser Zeitraum ist zur Wiederherstellung des neuronalen Reizübertragungs- und -fortleitungsvermögens notwendig. Bei Anzeichen einer ermüdungsbedingten Leistungsreduktion sollte das Trainieren mit maximalen Kontraktionen beendet werden.

Für die meisten Sportarten kann eine Belastungshäufigkeit von zwei bis drei Trainingseinheiten je Woche gegeben werden. Zu beachten ist dabei aber, welcher Rahmenbelastung der Sportler durch seine jeweilige Sportart ausgesetzt ist. Und diese kann gerade im Radsport sehr hoch sein, weshalb auch das Ausführen von nur einer Trainingseinheit in der Woche sinnvoll sein kann. Ebenso wär eine größere Belastungshäufigkeit möglich, wenn außer dem Krafttraining keine weiteren Trainingsschwerpunkte bestehen, wie dies z. B. bei Gewichthebern der Fall ist (Wirth et al. 2012).

Ein Vergrößern des Muskelquerschnitts wird durch ein intramuskuläres Koordinationstraining quasi nicht angeregt. Wie bereits erwähnt, kann dies besonders dann von Vorteil sein, wenn ein Steigern der Muskelmasse unerwünscht ist. Es darf jedoch nicht vergessen werden, dass das neuronal-koordinative Kraftverbesserungspotenzial nach einer gewissen Trainingszeit ausgeschöpft ist. Ein weiteres Steigern der Kraft lässt sich nur durch Trainingsmethoden erreichen, die bevorzugt den Muskelquerschnitt vergrößern (Hypertrophietraining).

Das intramuskuläre Koordinationstraining erfordert einen ausgeruhten Zustand und eine hohe Bewegungsqualität beim Ausführen der Krafttrainingsübungen. Ebenso sind Motivation und Konzentration wichtige Voraussetzungen für ein erfolgreiches Durchführen dieser Trainingsmethode. Weitere Angaben zum IK-Training sind ➤ Tab. 3.10 zu entnehmen.

Im leistungsorientierten Radsporttraining kommt diese Methode im Anschluss an ein Muskelaufbautraining (Hypertrophietraining) zum Einsatz, ebenso in der unmittelbaren Wettkampfvorbereitung, wenn das Kraftniveaus erhalten werden und es zu keiner trainingsbedingten Ermüdung kommen soll. Eine weitere Einsatzmöglichkeit des IK-Trainings ist während der Wettkampfsaison zum Entgegenwirken eines Kraftverlustes.

3.8.3 Mischmethoden

Wie in den Abschnitten zuvor aufgezeigt, haben einzelne Trainingsmethoden jeweils bestimmte Einflüsse auf die physiologischen Komponenten der Muskelkraft. Im Training wird häufig das Verbessern verschiedener Kraftfähigkeiten angestrebt, weshalb in der Praxis – und teilweise auch in der Lehre – „Mischmethoden" anzutreffen sind. Diese verfolgen das Ziel, mit einer Methode mehrere Effekte zu bewirken. Ein typisches *Beispiel* dafür ist das **„Pyramidensystem"**.

Hierbei wird von Trainingssatz zu Trainingssatz das Gewicht gesteigert, bei gleichzeitiger Reduktion der Wiederholungszahl; z. B. 12 × 70 kg, 10 × 80 kg, 5 × 85 kg, 3 × 90 kg, 1 × 100 kg. Die eingesetzten Lasten entsprechen dabei 70 bis 100 % der individuellen Maximalkraft. Diese Methode beinhaltet Trainingsreize, die vorrangig muskuläre Anpassungen auslösen, und solche, denen vorrangig neuronale Adaptionen zuzuschreiben wären. In verschieden Studien konnte gezeigt werden, dass sich die **Anpassungen**

Tab. 3.10 Methode maximaler, explosiver Kontraktionen zum Entwickeln der intramuskulären Koordination (in Anlehnung an Wirth et al. 2012)

<table>
<tr><th colspan="4">Intramuskuläres Koordinationstraining (IK-Training)</th></tr>
<tr><th colspan="2">Ziele</th><th colspan="2">Adaptionen</th></tr>
<tr><td colspan="2" rowspan="5">• Ausschöpfen des vorhandenen Muskelpotenzials
• Ausprägen der Maximalkraft
• Ausprägen der Explosiv- und Schnellkraft
• Kein oder nur geringes Muskelwachstum
• Entgegenwirken eines Kraftverlustes, wenn eine trainingsbedingte Ermüdung vermieden werden soll</td><td>Muskelmasse</td><td>+ (abhängig vom Trainingszustand)</td></tr>
<tr><td>Ausnutzen des Muskelpotenzials</td><td>+++</td></tr>
<tr><td>Kraftmaximum</td><td>+++ (kurzzeitig)</td></tr>
<tr><td>Kraftanstieg</td><td>+++</td></tr>
<tr><td>Voraktivierung</td><td>++</td></tr>
<tr><th colspan="4">Belastungskonfiguration</th></tr>
<tr><td>Intensität</td><td>90–100 %</td><td colspan="2">Die Angaben beziehen sich auf die Maximalkraft bzw. das 1er Wiederholungsmaximum (1 RM)
Diese hohen Intensitäten sind nicht bei Trainingsanfängern einsetzbar!</td></tr>
<tr><td>Wiederholungen pro Trainingssatz als Repetition Maximum (RM)</td><td>3–5</td><td colspan="2">Verbessern der Maximalkraft</td></tr>
<tr><td></td><td>1–2 (spezieller Bereich)</td><td colspan="2">zu Testzwecken
oder
in der unmittelbaren Wettkampfvorbereitung, wenn das Ziel einer Trainingseinheit das Erhalten des Kraftniveaus ist und es zu keiner trainingsbedingte Ermüdung kommen soll</td></tr>
<tr><td>Trainingssätze je Übung</td><td>3–5</td><td colspan="2">Ausprägen der Maximalkraft</td></tr>
<tr><td>Satzpause in Minuten</td><td>mind. 5 Minuten</td><td colspan="2"></td></tr>
<tr><td>Kontraktionsgeschwindigkeit</td><td>so explosiv wie möglich gegen den Widerstand</td><td colspan="2">Die explosive Kontraktionsgeschwindigkeit steigert nicht nur die Maximalkraft, sie schult auch einen schnellen Kraftanstieg
Die hohe Kontraktionsgeschwindigkeit darf nicht mit einer hohen Bewegungsgeschwindigkeit verwechselt werden! Ein explosives Anspannen der Muskeln sieht von außen nicht schnell aus. Die hohe Last lässt überhaupt kein schnelles Ausführen der Bewegung zu</td></tr>
<tr><td>Trainingseinheiten je Woche</td><td>1–3</td><td colspan="2">Zu beachten ist die Rahmenbelastung, welcher der Sportler durch seine jeweilige Sportart ausgesetzt ist</td></tr>
<tr><td>Trainingsperiode bzw. Dauer im Trainingsprozess</td><td>4–6 Wochen</td><td colspan="2">Nach diesem Zeitraum sind keine weiteren Verbesserungen der Maximalkraft zu erwarten</td></tr>
<tr><td>Einsatz im leistungsorientierten Radsporttraining</td><td colspan="3">• Im Anschluss an ein Muskelaufbautraining (Hypertrophietraining)
• In der unmittelbaren Wettkampfvorbereitung, wenn das Kraftniveau erhalten werden und es zu keiner trainingsbedingten Ermüdung kommen soll
• In der Wettkampfsaison zum Entgegenwirken eines Kraftverlustes</td></tr>
<tr><td colspan="4">gering = +; sehr hoch = +++</td></tr>
</table>

hauptsächlich auf die muskulären Komponenten beschränken, wird das neuromuskuläre System gleichzeitig mit vorrangig neuronal und muskulär ausgerichteten Trainingsreizen konfrontiert (Güllich und Schmidtbleicher 1999).

Von einer Mischmethode wie dem Pyramidensystem sind daher fast ausschließlich Effekte im muskulären Bereich (Hypertrophie) zu erwarten. Die Anpassungen dürften dabei geringer ausfallen, als wenn gezielt Methoden zum Muskelaufbautraining eingesetzt werden. Neuronale Adaptionen erfordern wiederum eigene, spezifische, zeitlich abgetrennte Trainingsreize.

Trainingsreize für neuronale Adaptionen (z. B. Explosivkraft) erfordern eine maximale Reizintensität im vollständig ausgeruhten Zustand. Trainingsmethoden, die muskuläre Anpassungen auslösen, können jedoch die neuromuskuläre Leistungsfähigkeit über Tage und Wochen beeinträchtigen – auch nach Beendigung einer entsprechenden Trainingsphase (Güllich und Schmidtbleicher 1999). Aus diesem Grund **empfiehlt es sich, muskuläre und neuronale Anpassungen in zeitlich getrennten Phasen anzusteuern:** Einer Trainingsphase Hypertrophietraining folgt eine Trainingsphase IK-Training. Weitere Informationen dazu sind den folgenden Abschnitten zu entnehmen.

3.9 Periodisieren des Trainings

Das Erreichen von Spitzenleistungen im Hochleistungssport ist ohne ein entsprechend periodisiertes Training undenkbar geworden. Das Thema der Trainingsperiodisierung ist sehr komplex und könnte ein eigenes Buch füllen. In den folgenden Abschnitten werden die wichtigsten Grundlagen vermittelt. Dieses Wissen hilft dabei, die Systematik der im Praxisteil vorgestellten Trainingspläne besser zu verstehen. Aufgezeigt werden theoretische Hintergründe und praktische Überlegungen.

3.9.1 Grundlagen der Periodisierung

Vereinfacht ausgedrückt, wird mit Periodisierung das systematische Variieren des Trainings bezeichnet. Ziel ist dabei, auf den Punkt topfit zu sein – z. B. zur Tour de France oder den Weltmeisterschaften. Ein Sportler kann sich nicht das ganze Jahr über in Bestform und damit an der Grenze seiner individuellen Belastbarkeit befinden. Es besteht die **Gefahr von Überlastungen** oder sogar eines **Übertrainings.** Auch ist es für einen Sportler in der Regel nicht möglich, die Motivation das ganze Jahr über für Training und Wettkämpfe auf einem notwendigen Niveau zu halten.

Wenn die Trainingsbelastungen die Regenerationsfähigkeit des Organismus in den Erholungsphasen überfordern, fühlt sich ein Sportler ausgebrannt und erschöpft; seine Leistungsfähigkeit verschlechtert sich. Aus biologischen Gründen ist daher ein Wechsel von belastungssteigernden, belastungserhaltenden und belastungsreduzierenden Phasen notwendig. Dies betrifft sowohl das Training auf dem Rad als auch das Üben im Kraftraum.

Es empfiehlt sich, ein Trainingsjahr in verschiedene Abschnitte mit unterschiedlichen Zielen aufzuteilen. Für solch eine Periodisierung gibt es in der trainingswissenschaftlichen Literatur zahlreiche Modelle. Häufig wird ein Trainingsjahr in drei Phasen unterteilt:

- **Vorbereitungsphase:** Schaffen konditioneller Voraussetzungen für hohe sportliche Leistungen und Trainingsbelastungen
- **Wettkampfphase:** optimales Ausprägen und Stabilisieren der Leistungsfähigkeit
- **Übergangsperiode:** aktives Erholen des Sportlers mit einem vorübergehenden, geplanten Rückgang der sportlichen Leistungsfähigkeit

Neben dieser Einfachperiodisierung sind auf das Jahr gesehen auch z. B. Doppel- und Dreifachperiodisierungen möglich, wenn entsprechend viele Saisonhöhepunkte einzuplanen sind. Ein *Beispiel* für eine Doppelperiodisierung mit zwei Leistungsgipfeln zeigt ➤ Tab. 3.11.

Jede Phase im Jahresverlauf kann weiter in Unterphasen aufgegliedert werden. Im Trainingsverlauf wiederholen sich diese Phasen dann zyklisch – mit einer gleichen oder ähnlichen Aufgabenstellung und Grundstruktur.

Der kürzeste wiederkehrende Trainingsabschnitt ist der Mikrozyklus, der aus einzelnen Trainingseinheiten besteht (➤ Tab. 3.12). Das Ziel eines Mikrozyklus leitet sich hauptsächlich vom übergeordneten **Mesozyklus** ab. Dieser Trainingsabschnitt hat im Allgemeinen eine Länge von vier bis sechs Wochen und setzt sich aus mehreren Mikrozyklen zusammen (➤ Tab. 3.13). Den längsten wiederkehrenden Trainingsabschnitt beschreibt der **Makrozyklus** mit einer Dauer von einem Monat bis zu mehreren Jahren. Ein Makrozyklus kann z. B. ein Trainingsprogramm von vier Jahren zur Vorbereitung auf die Olympischen Spiele umfassen (Schmidtbleicher 2008).

3

In der trainingswissenschaftlichen Literatur werden die Längen der einzelnen Zyklen zum Teil sehr unterschiedlich wiedergegeben. Die **Ziele der Periodisierung** sind dabei aber immer gleich:
- Optimieren der Adaptionsprozesse
- Vermeiden von Leistungsplateaus
- Vermeiden von Überlastung und Übertraining
- Erreichen der sportlichen Höchstform zu einem oder mehreren Wettkampfterminen

Tab. 3.11 Beispiel für eine Jahresplanung mit Doppelperiodisierung

Doppelperiodisierung im Jahresverlauf					
VP_1|	WP_1|	ÜP_1 |	VP_2|	WP_2|	ÜP_2|
Januar	Dezember				

VP = Vorbereitungsperiode; WP = Wettkampfperiode; ÜP = Übergangsperiode

Tab. 3.12 Beispiel für einen Mikrozyklus im Radsporttraining

Mikrozyklus für einen einwöchigen Trainingsabschnitt in der Vorbereitungsperiode	
Tag	**Trainingsinhalt**
Montag	Muskelaufbautraining Oberkörper und Rumpf
Dienstag	Grundlagentraining auf dem Rad
Mittwoch	Muskelaufbautraining Beine und Grundlagentraining auf dem Rad
Donnerstag	Muskelaufbautraining Oberkörper und Rumpf
Freitag	Intervalltraining auf dem Rad
Samstag	Grundlagentraining auf dem Rad
Sonntag	Muskelaufbautraining Beine und Grundlagentraining auf dem Rad

3.9.2 Periodisieren des Krafttrainings

Vereinfacht ausgedrückt, kommen bei einem periodisierten Krafttraining verschiedene Trainingsmethoden systematisch zum Einsatz. Unterschieden werden z. B. das Muskelaufbautraining und das intramuskuläre Koordinationstraining (➤ Kap. 3.8).

Aus diesem Einteilen des Krafttrainings in einzelne Methoden ergeben sich unterschiedliche Möglichkeiten, ein Training zu periodisieren. Grundlegend können zwei Periodisierungskonzepte unterschieden werden:
- Lineares Periodisierungsmodell
- Nichtlineares Periodisierungsmodell

Das zentrale Unterscheidungsmerkmal ist dabei die Länge der einzelnen Zyklen, in denen die jeweilige Trainingsmethode eingesetzt wird. Bei einem linearen Periodisieren werden die einzelnen Methoden jeweils über Wochen verfolgt. Bei einer nichtlinearen Periodisierung sind die Zyklen dagegen wesentlich kürzer, bis hin zum täglichen Wechseln der Methode (vgl. Fleck und Kraemer 2004).

Lineare Periodisierung

Bei diesem klassischen Periodisierungsmodell werden die einzelnen Zyklen am längsten verfolgt. Jeder Zyklus widmet sich einem bestimmten Ziel. Dabei bauen alle Zyklen systematisch aufeinander auf. Eine vereinfachte Darstellung für eine lineare Trainingsperiodisierung zum Steigern der Maximalkraft zeigt ➤ Tab. 3.14. Im ersten Mesozyklus wird die Skelettmuskulatur auf ein intensives Krafttraining vorbereitet. Der zweite Zyklus beinhaltet Trainingsmethoden, die das Ziel verfolgen, den Muskelquer-

Tab. 3.13 Beispiel für einen Mesozyklus im Radsporttraining

Mesozyklus für einen vierwöchigen Trainingsabschnitt in der Vorbereitungsperiode			
Mikrozyklus 1: Trainingsinhalte	Mikrozyklus 2: Trainingsinhalte	Mikrozyklus 3: Trainingsinhalte	Mikrozyklus 4: Trainingsinhalte
• Grundlagentraining auf dem Rad • Eingewöhnung im Kraftraum mit einfachen Übungen (z. B. an Maschinen)	• Grundlagentraining auf dem Rad • Techniktraining im Kraftraum mit komplexeren Übungen (Langhantel)	• Grundlagentraining auf dem Rad • Intensivieren der Übungstechnik und Muskelaufbautraining	• Grundlagentraining auf dem Rad • Muskelaufbautraining mit komplexen Übungen
1 Woche	1 Woche	1 Woche	1 Woche

Tab. 3.14 Beispiel für eine lineare Periodisierung im Krafttraining

Makrozyklus für einen 16-wöchigen Trainingsabschnitt zum Steigern der Maximalkraft bei einem Trainingsanfänger		
Mesozyklus 1	Mesozyklus 2	Mesozyklus 3
Techniktraining und Eingewöhnung	Muskelaufbautraining	Intramuskuläres Koordinationstraining
4 Wochen	10 Wochen	3 Wochen

schnitt zu vergrößern. Im letzten Mesozyklus werden schließlich Methoden angewendet, um das Maximalkraftniveau durch neuronale Adaptionen gezielt auszubilden. Die einzelnen Trainingsphasen werden in der trainingswissenschaftlichen Literatur auch als **Block** bezeichnet. Einem Block Muskelaufbautraining folgt in diesem Beispiel ein Block intramuskuläres Koordinationstraining.

Ein linear periodisiertes Training ist einem Krafttraining ohne systematischen Aufbau überlegen. Zahlreiche Studien konnten dies belegen (Reha und Alderman 2004). Vor allem Sportler, die schon seit Längerem ein Krafttraining betreiben, können durch ein linear periodisiertes Training ihre Maximal- und Schnellkraft wirksam steigern.

Nichtlineare Periodisierung

Diese Form der systematischen Trainingsplanung ist relativ jung und wird auch als **„wellenförmige Periodisierung"** bezeichnet. Hierbei wird viel schneller zwischen den einzelnen Trainingsmethoden gewechselt als bei der traditionellen linearen Periodisierung.

Das Ändern der Methode kann nach zwei Wochen oder sogar von Trainingseinheit zu Trainingseinheit erfolgen. Beispielsweise kann am Montag ein intramuskuläres Koordinationstraining durchgeführt werden, gefolgt von einem Muskelaufbautraining am Mittwoch und einem Kraftausdauertraining am Freitag. Auf diese Weise werden innerhalb einer Woche alle Kraftkomponenten trainiert. Die Sportler arbeiten dabei an unterschiedlichen physiologischen Anpassungen gleichzeitig – z. B. an neuronalen und Hypertrophieeffekten sowie an einer besseren Ermüdungswiderstandsfähigkeit der Muskeln.

Nachteilig ist dabei, dass der Organismus ständig einen anderen Trainingsreiz erfährt. Der Körper hat hierbei nicht die Zeit, mit einer optimalen Anpassung reagieren zu können. Partiell konnte bei dieser Trainingsmethode die gleiche Wirksamkeit wie bei einem linear periodisierten Trainingsprogramm festgestellt werden (Hartmann et al. 2008). Dabei wird allerdings deutlich darauf hingewiesen, dass die Ergebnisse nicht direkt auf den Leistungssport zu übertragen sind. Die Studie wurde mit größtenteils krafttrainingserfahrenen Sportstudenten durchgeführt.

Für hochtrainierte Athleten scheint dagegen ein linear periodisiertes Training mit einem Block intramuskulärem Koordinationstraining (IK-Training) effektiver zu sein. Bei hochtrainierten Sportlern ist davon auszugehen, dass sie zum Erreichen ihrer maximalen Leistung mehr als eine IK-Einheit in der Woche benötigen, besonders für die beim Radsport geforderten Muskeln der unteren Extremitäten (vgl. Hartmann et al. 2008). Zur Wirksamkeit der Wellenperiodisierung liegen noch nicht viele wissenschaftlich gesicherte Erkenntnisse vor.

Periodisierung im Gewichtheben

Beim Gewichtheben wird in der Regel keine „klassische" Blockbildung praktiziert. Hier wird ein **rampenförmiges Steigern** der Belastungsintensität mit einer schrittweisen Reduktion des Belastungsvolumens bevorzugt. Dabei folgt meist auf zwei Belastungswochen eine Entlastungswoche, in der vor allem das Belastungsvolumen herabgesetzt ist (Wirth und Zawieja 2008b; Wirth et al. 2012).

Eine Periodisierung, wie sie in anderen Sportarten mit Erfolg praktiziert wird, ist für Gewichtheber überhaupt nicht möglich. Gewichtheber müssen über einen großen Teil des Jahres in der Lage sein, ihre explosiven Wettkampfübungen (Reißen und Stoßen) auf hohem Niveau auszuführen. Hinzu kommt, dass die Verletzungsgefahr stark ansteigt, wenn Ermüdungseffekte die Bewegungstechnik zu sehr beeinflussen.

Deshalb wird der benötigte Hypertrophiereiz bei relativ geringer metabolischer Auslastung über viele hohe Spannungsreize auf die Muskelfaser gesetzt – ein Vorgehen, das in der trainingswissenschaftlichen Literatur durchaus kontrovers diskutiert wird, da der Anteil der erzeugten Ermüdung für das Entwickeln der Muskelmasse infrage gestellt wird (Wirt et al. 2012). Als unbestritten kann dagegen die Tatsache angesehen werden, dass Muskelfasern unter Spannung gesetzt werden müssen, um zu einem Kraft- bzw. Massezuwachs zu gelangen (Just 2012).

Grundsätzlich ist die Trainingsplanung des Gewichthebens für Sportler aus anderen Disziplinen ungeeignet, um ein ergänzendes Krafttraining zu betreiben. Gewichtheber führen bis zu zehn Trainingseinheiten in der Woche durch und heben dabei bis zu 90 Tonnen Gesamtlast. Werden die Wiederholungen aller Übungen zusammengerechnet, ergibt sich hieraus ein Volumen von bis zu 600 Wiederholungen in der Woche (Wirth et al. 2012). Dies verdeutlicht, dass es nicht möglich ist, dem Krafttraining so viel Aufmerksamkeit einzuräumen, wenn noch vielfältige andere Trainingsinhalte zu absolvieren sind. Radsportlern würde hierzu nicht nur die Trainingszeit fehlen. Ein solcher Umfang im Krafttraining würde sie auch so ermüden, dass sie ein qualitativ hochwertiges Ausdauertraining überhaupt nicht mehr absolvieren könnten. Ein Krafttraining, wie es Gewichtheber praktizieren, würde folglich zu einem massiven Leistungseinbruch in der Hauptdisziplin Radfahren führen.

Das im Gewichtheben übliche hohe Krafttrainingsvolumen kann also nicht für andere Sportarten übernommen werden. Wirth und Kollegen (2012) betonen aber, **dass der Ansatz des Gewichthebens, den durch ein Krafttraining erzeugten Ermüdungsgrad auf einem moderaten Niveau zu halten, für eine Vielzahl von Sportarten sehr interessant ist.** Diese Ansicht teilen auch die Autoren des vorliegenden Buches.

Mehr Krafttrainingseinheiten mit einem geringeren Volumen und einer moderaten Auslastung in den einzelnen Trainingssätzen – wie sie im Krafttraining der Gewichtheber angestrebt wird – können dafür sorgen, dass andere Trainingsinhalte weniger beeinflusst werden, z. B. das Ausdauertraining mit dem Fahrrad. Hierbei muss dem Sportler allerdings bewusst sein, dass er bei dieser Vorgehensweise mehr Zeit braucht, bis die beim Krafttraining angestrebten Ziele erreicht werden können (Wirth et al. 2012). Eine Übersicht für eine am Krafttraining der Gewichtheber orientierte Veränderung der Belastungsnormative im Rahmen einer Periodisierung zeigt ➤ Tab. 3.15.

Zeitlich verzögerte Anpassungen

Beim Planen eines systematischen Trainingsaufbaus ist zu berücksichtigen, dass Trainingseffekte mit einer Verzögerung eintreten. Auch nach einer längeren Trainingsperiode über Wochen benötigt der

Tab. 3.15 Veränderung der Belastungsnormativa im Rahmen der Periodisierung des Krafttrainings nach Wirth et al. 2012. Die hohe Streubreite bei den Angaben resultiert aus den unterschiedlichsten Anforderungen der Sportarten.

Trainingszyklus	Allgemeine Vorbereitung	Spezielle Vorbereitung	Vorwettkampfphase	Wettkampfphase
Trainingsziel	Hypertrophie Belastungstoleranz	Maximalkraft Schnellkraft	Maximalkraft Schnellkraft	Maximal Ausprägung bzw. Erhalt der Leistungsfähigkeit
Intensität	niedrig hoch			
Volumen	hoch niedrig			
Wiederholungen	6–20	4–6	2–4	1–3
Serien (Sätze)	3–6	3–6	2–4	2–4
Trainingseinheiten am Tag	1–3	1–3	1–2	1
Trainingstage in der Woche	3–6	3–4	2–4	1–3
Belastungs-Entlastungs-Rhythmus in Wochen	3:1/2:1	3:1/2:1	3:1/2:1	–

Körper im Anschluss noch Zeit, um sich physiologisch an die gesetzten Trainingsreize anzupassen.

Nach einem systematisch betriebenen Maximalkrafttraining ist daher eine **Entwicklungsphase** ohne Krafttraining einzuplanen. In einem Zeitraum von ein bis zwei Wochen steigern sich Maximal- und Schnellkraft noch weiter (vgl. Schlumberger und Schmidtbleicher 1998; Schlumberger et al. 2003). Dieser Aspekt ist besonders beim gezielten Vorbereiten auf einen Wettkampf zu beachten. Auf ein Üben im Kraftraum ist daher rechtzeitig zu verzichten. **Das Krafttraining darf nicht bis zum unmittelbaren Beginn des Wettkampfs durchgeführt werden!**

Probleme der Periodisierung

Das systematische Periodisieren des Trainings, wie es heute im Spitzensport vielfach verfolgt wird, basiert auf Arbeiten von russischen Trainern Anfang der 1950er-Jahre. Schon lange davor, in der Antike, sind erste Systeme für ein gezieltes Vorbereiten auf einen Wettkampf zu finden (Schnabel et al. 2003). Die Ursprünge und Wurzeln für ein Periodisieren des Trainings sind damit schon sehr alt. Der Erkenntnisprozess ist aber noch nicht abgeschlossen.

Die bestehenden Periodisierungsmodelle geraten in den Sportwissenschaften zunehmend in die Kritik, da ihr Ansatz zu theoretisch ist (vgl. u. a Verchoshanskij 1998). Es fehlt an qualitativen Studien mit kraftsporterfahrenen Teilnehmern aus den unterschiedlichsten Sportarten. Besonders nationale Studienergebnisse basieren meist auf Untersuchungen mit Sportstudenten ohne große Erfahrungen im Krafttraining. Aufgrund ihres geringen Ausgangsniveaus können diese Probanden ihre Kraftfähigkeiten meist sehr deutlich steigern. Diese Entwicklung ist jedoch nicht auf Leistungssportler zu übertragen. In der Praxis führt dies häufig zu Problemen bei der Integration von Krafttrainingsmethoden in den Trainingsprozess. Beispielsweise stellt sich die Frage, welchen Grad der Ermüdung die Sportler mit Blick auf die anderen sportart- oder disziplinspezifischen Belastungen tolerieren können (Zawieja 2008; Wirth et al. 2012). **Besonders bei Radsportlern ist zu berücksichtigen, dass diese bereits hohe Trainingsumfänge auf dem Rad absolvieren müssen.**

Die aktuelle Forschungslage lässt mit Blick auf Radsportler keine konkreten Empfehlungen zu. Die Studien, in denen parallel zum Ausdauertraining ein Krafttraining betreiben wurde, unterscheiden sich in vielen Modalitäten, z. B. Leistungsfähigkeit der Probanden, Krafttrainingserfahrung, Trainingsumfänge, Trainingsintensitäten, Dauer, Zeitpunkt der Intervention in der Jahresplanung etc. Hierbei wurden unterschiedliche Dokumentationen und Testprotokolle gewählt, die keinen wirklichen Vergleich ermöglichen. In künftigen Studien sollten die Variablen Ausdauer und Krafttraining sorgfältig und wohlüberlegt geändert und gemessen werden (Bazyler et al. 2015). Es gilt vor allem, neben der Leistungssteigerung auch die weichen Faktoren wie Ermüdungs- und Belastungsempfinden über verschiedene Trainingsperioden zu dokumentieren. Gerade mit Blick auf die **Belastungsverträglichkeit** ist letztlich jeder Sportler so individuell wie sein Fingerabdruck. Dies ist auch der Grund, weshalb Sportler nicht einfach in ein festes Schema gepresst werden können.

Die theoretischen Periodisierungsmodelle der Trainingswissenschaft sollten daher als grobe **Orientierungsgrundlage** verstanden werden. In der Praxis ist ein differenziertes und detailliertes Planen des Krafttrainings erforderlich. Hierbei müssen alle individuellen Besonderheiten des Sportlers und seiner Wettkampfdisziplin (z. B. Straßenradsport) berücksichtigt werden. Umfassende *Beispiele* für ein gezieltes und praxisorientiertes Periodisieren des Krafttrainings im Radsport sind ➤ Kap. 7 zu entnehmen.

Periodisieren des Krafttrainings

Zum Erreichen maximaler Kraftleistungen ist das Krafttraining gezielt zu planen. Hierbei sind verschiedene Trainingsmethoden einzusetzen, die systematisch aufeinander aufbauen. Besonders bewährt hat es sich, das Krafttraining in einzelne Blöcke aufzuteilen. Einem Block Muskelaufbautraining über acht Wochen folgt z. B. ein dreiwöchiger Block intramuskuläres Koordinationstraining zum Ausprägen der Maximalkraft. Zu berücksichtigen ist dabei, wie sich die Belastungen des Krafttrainings mit anderen sportart- oder disziplinspezifischen Belastungen vertragen.

3.10 Erfolgsfaktor Trainingsmittel

In den folgenden Abschnitten werden Pro und Contra eines Trainierens mit Hanteln bzw. an Maschinen aufgezeigt. Im Blickpunkt stehen dabei sowohl leistungssteigernde als auch präventive Aspekte.

3

3.10.1 Was macht stärker: Hanteln oder Maschinen?

Ob durch ein Trainieren an Maschinen oder durch ein Trainieren mit Hanteln ein höheres Kraftniveau erreicht werden kann, lässt sich aus wissenschaftlicher Sicht nicht zufriedenstellend beantworten. Es fehlen Untersuchungen, die einen definitiven Rückschluss zulassen (vgl. Stone et al. 2000), was aus methodischer Sichtweise auch sehr schwierig ist.

Folgendes *Beispiel* soll dies verdeutlichen: In einer Studie soll überprüft werden, ob mit Maschinen oder mit Hanteln die Kraft der unteren Extremitäten effektiver gesteigert werden kann. Eine Probandengruppe führt dazu über mehrere Wochen die Maschinenübung „Beinpresse" durch. Eine zweite Gruppe trainiert dagegen mit der Hantelübung „Kniebeuge". Zur Ermittlung der Kraftgewinne muss vor Trainingsbeginn sowie am Ende der Trainingsphase die Kraft gemessen werden. Hierzu müssen die Probanden einen einheitlichen Test durchführen. In diesem Punkt wird ein **methodisches Problem** deutlich: Der Test zum Bestimmen der dynamischen Muskelkraft muss an Maschinen oder mit Hanteln durchgeführt werden. Dabei ist zu erwarten, dass die Kraftgewinne bedeutend größer sind, wenn die Probanden mit der Übung getestet werden, die sie auch trainiert haben – also wenn die Testübung auch die Trainingsübung ist.

Wird z. B. die Übung Hantelkniebeuge zum Testen der Beinkraft eingesetzt, würde diese Testmethodik das Trainieren mit Hanteln begünstigen. Studien konnten dies belegen (vgl. u. a. Boyer 1990). Auch das Einsetzen einer Testübung, die beide Gruppen nicht trainiert haben – z. B. Beinstrecken am Gerät –, würde eine Versuchsgruppe bevorteilen, in diesem Fall die Maschinengruppe, da die Ähnlichkeit zwischen der Testübung (Beinstrecken am Gerät) und der zuvor durchgeführten Trainingsübung (Beinpressen) größer ist. Beide Übungen werden an Maschinen ausgeführt.

Das Ausmaß der maximal erzielten Kraftgewinne hängt damit im Wesentlichen von der gewählten Methodik zum Bestimmen der Kraft ab. Da ein dynamischer Krafttest entweder an Maschinen oder mit Hantel durchgeführt werden muss, ist es nicht zu verhindern, dass eine Versuchsgruppe bevorteilt wird. Zu lösen ist dieses Problem auch nicht durch einen isometrischen Krafttest. Isometrische Tests können Kraftgewinne, die durch ein dynamisches Widerstandstraining mit Maschinen und Hanteln erreicht wurden, nur unzureichend widerspiegeln (➤ Kap. 4.5.2).

Aus wissenschaftlicher Sicht lässt sich daher nur die Aussage treffen, dass eine Steigerung der Muskelkraft sowohl durch ein Trainieren an Maschinen als auch mit Hanteln zu erreichen ist. Das Steigern der Muskelkraft ist jedoch nicht der einzige Aspekt, den Sportler und Trainer bei der Wahl der Trainingsmittel einbeziehen sollten. Eine wichtige Frage ist z. B., wie die jeweils gewonnen Kraft auf die Leistung beim Radfahren übertragbar ist (➤ Kap. 3.5.3).

Um zu entscheiden, welche Trainingsmittel effektiver sind, müssen diverse Gesichtspunkte beachtet werden. Im Folgenden werden zentrale Parameter beleuchtet und die jeweiligen Vor- und Nachteile beim Trainieren mit Hanteln bzw. Maschinen aufgezeigt.

3.10.2 Freihanteltraining

Unter einem Freihanteltraining werden alle Krafttrainingsübungen verstanden, die mit Kurz-, Kugel- und Langhanteln im Stehen, Sitzen oder Liegen ausgeführt werden. Hierzu zählen auch die klassischen Übungen des Gewichthebens, z. B. das Umsetzen und Stoßen mit der Scheibenhantel. Bei diesen Übungen kann der Körper mit dem Gewicht frei bewegt werden; es fehlen Abstützungen und Führungshilfen. Bedingt durch die koordinativen Anforderungen und eine komplexe Muskelbeanspruchung, stellt das Üben mit Hanteln ein sehr effektives Training dar. Dies gilt unter präventiven, rehabilitativen und leistungsbezogenen Aspekten.

Im leistungsorientierten Krafttraining haben sich besonders Langhantelübungen als besonders effektiv und effizient für das Aufbauen von Muskeln und das Entwickeln von Maximal- und Schnellkraft erwiesen (vgl. auch Wirth et al 2012).

Muskeln aktivieren

Beim Training mit freien Gewichten müssen zahlreiche Muskeln Arbeit leisten, um den Körper unter Last zu stabilisieren. Dies fördert ein umfangreiches Beanspruchen von Muskelgewebe. Besonders die klassischen Grundübungen mit der Langhantel wie z. B. Kniebeuge, Kreuzheben und Bankdrücken aktivieren einen Großteil der Körpermuskulatur (vgl. u. a. Rippetoe 2015). Das Trainieren mit Hanteln bietet umfassende Vorteile:

- Große Bandbreite an Übungen
- Hohe Variation innerhalb bestimmter Bewegungsmuster
- Kombination sämtlicher Bewegungsrichtungen
- Mit relativ wenig Trainingsausrüstung lässt sich der gesamte Körper trainieren
- Zeiteffizientes Training, da mit wenigen Übungen viel Muskelgewebe beansprucht werden kann; besonders beim Einsatz der Langhantel

Der letzte Aspekt gewinnt mit Blick auf die sehr umfangreichen Rahmentrainingspläne im Leistungssport maßgeblich an Bedeutung. Auch für die meisten Freizeitsportler ist ein zeitoptimiertes Hanteltraining von Vorteil. Aufgrund beruflicher und familiärer Verpflichtungen steht oftmals nur ein begrenztes Zeitfenster für die eigenen Ambitionen zur Verfügung. Dem Trainieren mit der Hantel kann dabei ein besonderer Motivationsfaktor zugesprochen werden. Das Mehr an gehobener Masse im Zuge des Trainingsfortschritts ist für jeden Übenden sehr direkt fühl- bzw. erfahrbar und damit besonders motivierend (Gottlob 2001).

Hanteln stellen dann einen Nachteil dar, wenn Muskelgruppen isoliert aktiviert werden sollen, z. B. die Muskeln der Oberschenkelrückseite. Ein isoliertes Beanspruchen einer Muskelgruppe ist mit freien Gewichten technisch sehr anspruchsvoll und nur bedingt möglich. In der Sportpraxis hat ein isoliertes Muskelkrafttraining jedoch nur eine geringe Bedeutung (➤ Kap. 3.5).

Muskelkraft auf sportliche Bewegungsabläufe übertragen

Da die Zielbewegung bei Sportarten immer in ganzen Muskelketten bzw. -schlingen erfolgt – wie auch beim Radfahren –, ist es von Vorteil, sich diesen Bewegungen grundsätzlich dadurch anzunähern, dass im Krafttraining den mehrgelenkigen gegenüber eingelenkigen Übungen der Vorzug gegeben wird (➤ Kap. 3.5.3). Unter diesem Aspekt ist ein Training mit freien Gewichten vorteilhaft. Mit Kurz- und Langhanteln lässt sich ein mehrgelenkiges Training besonders gut praktizieren.

Im Leistungssport kann davon ausgegangen werden, dass die erreichte Leistung aus einem Krafttraining mit freien Gewichten den besten Transfer zu anderen sportlichen Bewegungsabläufen ermöglicht (vgl. Stone et al. 2000). In Untersuchungen konnten z. B. die positiven Effekte eines Beinkrafttrainings auf die Leistung beim vertikalen Sprung vor allem dann festgestellt werden, wenn die Übung Hantelkniebeuge zum Einsatz kam (vgl. Jesse et al. 1988; Baker 1996). Auch die in vielen Sportarten bedeutungsvolle Leistung beim Sprint, lässt sich vor allem durch ein Trainieren der Langhantelkniebeuge verbessern (vgl. Schlumberger 2006).

Mit Blick auf den Radsport steht speziell die Tretbewegung im Fokus. Auch hier hat sich die Hantelkniebeuge als äußerst effektiv und leistungswirksam erwiesen. Dies gilt vor allem für die Tiefkniebeuge (Hildebrand et al. 1989). Hierbei wird so tief in die Hocke gegangen, bis ein Beugewinkel von mindestens 70° im Kniegelenk erreicht ist.

Präventive Aspekte

Auch aus präventiver Sicht sind die Wirkungen eines Freihanteltrainings zu betonen. Ein Üben mit Hanteln kombiniert Bewegung und Stabilität, wodurch ein wirksamer Bezug zu Alltagsbewegungen gegeben ist. Gleichzeitig wird ein für den Alltag wichtiger Umgang mit der freien Masse im Raum erlernt (vgl. Freese 2003; Gottlob 2001).

Überdies stellen bestimmte Hantelübungen wie Kniebeuge, Rudern vorgebeugt und Kreuzheben sehr alltagsnahe Bewegungsmuster dar. Das Erlernen dieser Übungstechniken schult eine rücken-

und gelenkschonende Verhaltensweise und ist damit für alle Trainingsbereiche von Bedeutung.

Gleichgewicht und Balance

Koordinativen Gesichtspunkten kommen beim Radfahren eine herausragende Bedeutung zu (vgl. Schlichting 1984). Besonders die geländeorientierten Disziplinen Cyclocross und Mountainbike verlangen von den Fahrern ein ausgeprägtes Gleichgewichtsgefühl. Dafür eignet sich besonders ein Hanteltraining.

Die **dreidimensionalen Bewegungsmuster** beim Üben mit freien Gewichten fordern koordinative Aspekte in allen anatomischen Ebenen (vgl. Kraemer und Frey 1995). Es werden alle Rezeptoren aktiviert, die eine Bewegung analysieren und koordinieren. Auf diese Weise werden Gleichgewicht und Balance auf hohem Niveau angesprochen. Balance bezeichnet hierbei das Aufrechterhalten des Gleichgewichts unter Störfaktoren (vgl. Freese 2003). Dass beim Hanteltraining der Bewegungsablauf während der gesamten Übungsausführung im dreidimensionalen Raum bewusst kontrolliert werden muss, wirkt zudem positiv auf das Bewegungsgefühl. Gleichzeitig wird eine korrekte Körperhaltung geschult, die der oftmals extremen Rundrückenhaltung auf dem Fahrrad positiv entgegenwirkt. Das Trainieren mit Hanteln fördert ebenfalls eine alltagsnahe Gelenkstabilisation. Dem Übenden wird ein koordinatives Zusammenspiel sowohl der wirbelsäulenstützenden als auch der gelenkstabilisierenden Muskulatur abverlangt.

Diese Aspekte machen deutlich, weshalb Hantelübungen so früh wie möglich in ein rehabilitatives und präventives Trainingsprogramm eingebunden werden sollten. Die Übungen kräftigen nicht nur die Muskeln, sie schulen ebenfalls Koordination und Stabilisation (vgl. Freese 2003; Boyle 2011; Cook 2011).

Trainingssicherheit

Das Trainieren mit freien Gewichten erfordert sehr viel Techniktraining. Verglichen mit den komplexen Bewegungsaufgaben des Alltags, handelt es sich bei diesen Bewegungen jedoch um geübte und kontrollierte Bewegungsabläufe, die verhältnismäßig risikolos sind. Selbst für über 70-Jährige sind komplexe Hantelübungen wie Kniebeugen problemlos erlernbar (vgl. Wagner 2005).

Für die häufig getroffene Aussage, dass ein Training mit Hanteln gefährlicher ist als ein Training an Maschinen, gibt es keinen wissenschaftlichen Beleg. Verletzungen resultieren häufig aus einer schlechten Technik beim Ausführen von Übungen und inadäquaten Trainingsprogrammen – unabhängig vom Einsatz der gewählten Trainingsmittel (Requa et al. 1993).

Um Unfallraten zu reduzieren, sollte deshalb besonders auf eine korrekte Übungstechnik geachtet werden. In diesem Punkt wird die Rolle eines kompetenten Trainers deutlich, der nicht durch Maschinen zu ersetzen ist. Sicherheit bringt auch ein Trainingspartner, der Hilfestellung gibt. Er geht im Falle eines vorzeitigen Muskelversagens unterstützend zur Hand und hilft beim Absetzen der Hantel (➤ Kap. 3.6.4).

Anatomische Voraussetzungen

Hanteln sind kompatibel mit allen Köperproportionen. Die Körpergröße und die Länge der Gliedmaßen spielen beim Hanteltraining keine Rolle. Ein Üben mit freien Gewichten erlaubt es den Gelenken und Gliedern, sich immer auf ihren natürlichen Ebenen zu bewegen. Darüber hinaus lässt ein Hanteltraining in allen Bewegungsrichtungen den vollen Bewegungsumfang zu. Kurz gesagt, passt beim Hanteltraining „eine Größe für alle" Sportler (vgl. Stone et al. 2000).

Übungswiderstand

Beim Hanteltraining lässt sich der Übungswiderstand optimal dosieren. Hanteln erlauben meist eine stufenweise Anpassung des Trainingswiderstandes in 0,5- oder 1-kg-Schritten. Mit Scheibengewichten lassen sich gleichzeitig die höchsten Lasten beim Krafttraining realisieren. Dieser Aspekt gewinnt mit Blick auf Hochleistungssportler maßgeblich an Bedeutung. Besonders beim Beinkrafttraining von Radsprintern kann oftmals nur durch den Einsatz der Scheibenhantel ausreichend Widerstand erzielt werden. Die Belastbarkeit von Langhanteln liegt z. T. bei über 700 kg.

Langhantel

Langhantelübungen haben sich als besonders effektiv und effizient für das Aufbauen von Muskeln und das Entwickeln von Maximal- und Schnellkraft erwiesen. Die Langhantel mit Scheibengewichten ist ein besonders effektives Utensil im Krafttraining. Diese ermöglicht:
- Ein sehr zeiteffizientes Training, da mit wenigen Übungen viel Muskelgewebe beansprucht werden kann
- Das Ausführen einer große Bandbreite an Übungen
- Das Ausführen von mehrgelenkigen Übungen (z. B. Kniebeuge), die besonders alltags- und sportnah sind; Stichwort: „Transfer der Muskelkraft auf alltägliche- und sportliche Bewegungsabläufe"
- Das Ausführen von dynamischen Übungen mit technikorientierten Bewegungsabläufen wie Reißen, Umsetzen und Stoßen
- Realisieren maximaler Widerstände im Hochleistungstraining

3.10.3 Maschinentraining

Werden die Muskeln an speziellen Kraftgeräten trainiert, wird von einem Maschinentraining gesprochen. Die Kraft wird dabei gegen eine von der Maschine vorgegebene **Widerstandskurve** entwickelt. Je nach Hersteller und der zugrunde liegenden Trainingsphilosophie verfügen diese Geräte über unterschiedliche Funktionsweisen und Widerstandskurven. Es gibt z. B. Maschinen mit Steck- und Scheibengewichten sowie elektronisch und pneumatisch gesteuerte Maschinen. Typisch für ein Üben an Maschinen ist, dass der Körper ganz oder teilweise abgestützt wird. Durch die gleichzeitig vom Gerät geführte Bewegungsbahn werden Ausweichbewegungen nahezu unmöglich gemacht.

Muskeln aktivieren

Mit Krafttrainingsmaschinen lassen sich Muskelgruppen **isoliert** ansprechen. Stabilisierende Muskelschlingen werden nur bedingt aktiviert, da die Körperstabilisierung während der Übungsausführung weitgehend vom Gerät übernommen wird. Hierfür stehen unter anderem Polster, Arretierungen und Fixgurte zur Verfügung. Als negativ erweist sich das begrenzte Aktivieren von Muskeln mit Blick auf eine allgemeine Muskelkräftigung und einen allgemeinen Muskelaufbau. Es sind sehr viele Übungen notwendig, um einen Großteil der Körpermuskulatur zu trainieren.

Kraftmaschinen sind darüber hinaus meist nur auf eine Bewegungsrichtung ausgelegt, die von der Maschine vorgegeben wird. Dies schränkt ein variables Gestalten des Trainings stark ein. Um einem Abstumpfen der Trainingsreize entgegenzuwirken, muss daher schon nach kurzer Zeit das Steuern des Trainings über ein Erhöhen der bewegten Lasten, der durchgeführten Satz- und Wiederholungszahl sowie der Pausendauer erfolgen.

Die isolierte Beanspruchung an Maschinen ist sinnvoll, um gezielt Muskelgruppen zu trainieren, ohne dass andere Regionen mitbelastet werden. Diesem Aspekt kommt besonders im **Verletzungsfall** eine Bedeutung zu. Wenn sich z. B. ein Radfahrer durch einen Sturz eine Schulterverletzung zugezogen hat, kann er die Übung Kniebeuge mit Hantellast bis zur Genesung nicht mehr durchführen, da ein Ablegen der Hantel auf dem Schultergürtel nicht möglich ist. Durch den Einsatz von Maschinen, z. B. dem Beinstreckgerät, ist auch während der Verletzungsperiode ein Aktivieren der Beinmuskulatur möglich. Hierbei können die Muskeln der Beine trainiert werden, ohne dass der Schultergürtel belastet wird.

Mit Blick auf das Ausführen schnellkräftiger Bewegungen zeigen sich Maschinen nur bedingt geeignet. Beim Durchführen explosiver Übungen mit hohem Tempo limitiert der Gewichtsblock die Geschwindigkeit der Bewegungsausführung (vgl. Deiß und Pfeiffer 1991).

Muskelkraft auf sportliche Bewegungsabläufe übertragen

Die Bewegungsmuster an Maschinen unterscheiden sich wesentlich von sportlichen Bewegungsabläufen. Sportliche Bewegungsabläufe beanspruchen mehrere Gelenke gleichzeitig. Bei der Tretbewegung auf dem Fahrrad spielen z. B. drei Gelenke eine Rolle:
- Hüfte
- Knie
- Sprunggelenk

Hierbei werden komplexe Muskelgruppen als zweckmäßige Einheit bzw. Muskelschlinge aktiviert. Krafttrainingsgeräte hingegen beanspruchen meist nur ein Gelenk. So fordert Beinstrecken am Gerät z. B. nur das Kniegelenk. Dabei wird die Streckmuskulatur der Oberschenkel isoliert aktiviert.

Hierbei ist es fraglich, inwieweit die daraus gewonnenen Effekte auf die mehrgelenkige Bewegung des Radfahrens übertragen werden können (vgl. u. a. Neumann und Berbalk 1990; Schmidtbleicher 1991; Schnabel et al. 2003). Die Bewegungsmuster sind zu unterschiedlich. Dass ein isoliertes Krafttraining physiologische Bewegungsabläufe nicht zwangsläufig verbessert, konnte in Studien mehrfach nachgewiesen werden. So zeigte ein isoliertes Beinkrafttraining an Maschinen keine positiven Effekte für alltägliche Bewegungen wie Gehen, Laufen oder Springen (vgl. u. a. Adams et al. 1999; Keogh 2003).

Präventive Aspekte

Kraftgeräte eliminieren alle physikalischen Gesetze, die der Mensch in seinem neuromuskulären System verinnerlicht hat bzw. nach denen er funktioniert. Betroffen sind z. B. Schwerkraft, Beschleunigung und Bremskraft. Beim Gerätetraining werden diese physikalischen Gesetze durch etwas Künstliches ersetzt, das die Maschine vorgibt.

Die vom Gerät stabilisierte Körperposition ermöglicht darüber hinaus kaum einen Transfer zu Bewegungsprogrammen aus der Alltags-, Sport und Berufswelt. Die liegende, sitzende oder unterstützte (passive) Körperhaltung verhindert eine aktive Synchronisation von Muskelgruppen, wie sie schon bei einfachsten Alltagsbewegungen gefordert ist. Der Übende lernt nicht, den Kraftfluss muskulär zu stabilisieren. Dies ist jedoch eine Aufgabe, die der Mensch im Schwerkraftfeld der Erde täglich leisten muss (Gottlob 2001).

Gleichgewicht und Balance

Bei einem Krafttraining an Maschinen werden allgemeine koordinative Fähigkeiten kaum gefordert. Bei den Übungsausführungen wird die Bewegung jeweils durch das Gerät vorgegeben und geführt. Der Bewegungsraum ist dabei meist **eindimensional.** Dem Übenden wird folglich das Erhalten des Gleichgewichts fast vollständig durch das Gerät abgenommen, es wird keine funktionelle Rumpf- und Gelenkstabilisation abverlangt.

Hierdurch werden die **Propriorezeptoren,** im Organismus gelegene Sinneszellen, die für die Wahrnehmung und Kontrolle der Gelenkbewegungen verantwortlich sind, nicht ausreichend stimuliert. Damit schult ein Maschinenkrafttraining nur bedingt koordinative Aspekte wie z. B. das Gleichgewicht. Dies konnte in Untersuchungen mehrfach belegt werden (vgl. u. a. Bellow et al. 2003; Lübke 2003).

Ein Vorteil besteht darin, dass sich die Sportler voll und ganz auf das Heben und Senken der Last konzentrieren können. Das Stabilisieren des Körpers sowie das Erhalten des Gleichgewichts werden dem Übenden zu großen Teilen durch das Gerät abgenommen. Dies ermöglicht besonders Anfängern, höhere Widerstände im Training einzusetzen. Bei einem ausschließlich gerätegestützten Training kann jedoch nicht die Muskulatur entwickelt werden, die den Körper mit Last stabilisiert.

Trainingssicherheit

Nach einer kurzen Einweisung können mit Maschinen selbst Trainingsanfänger gefahrlos eine Grundkraft auftrainieren. Der Einsatz von Geräten empfiehlt sich besonders bei

- fehlender Koordinationsfähigkeit und
- schlecht entwickelter Stabilisationsmuskulatur,

um die Trainingssicherheit zu erhöhen. Der Körper ist bei der Übungsausführung durch Polster, Arretierungen und Fixgurte umfangreich abgestützt. Durch die vom Gerät geführte Bewegungsbahn werden Ausweichbewegungen zu großen Teilen verhindert.

Anatomische Voraussetzungen

Die meisten Maschinen sind in ihrer Anpassungsfähigkeit begrenzt; sie erlauben nicht immer ein funktionelles Abstimmen auf die Körpergröße und Gliedmaßen des Übenden. Problematisch zeigt sich dies besonders beim Training mit Kindern und bei Frauen mit kleinen Körperproportionen. Lassen sich die Maschinendrehachsen nicht auf die betroffenen Körpergelenksachsen anpassen, sind die Sportler gezwungen, aus unvorteilhaften Winkelstellungen zu trainieren. Die vorgegebene Kraftkurve der Maschine entspricht dann nicht mehr den biomechanischen Faktoren der Gliedlängen.

Moderne Kraftmaschinen verfügen über eine auf einer mechanischen Welle angebrachte Steuerungsscheibe. Dieser sogenannte „Exzenter" soll den Widerstand optimal auf die aktuellen Kraftverhältnisse des Muskels während der Bewegung einstellen. Auf diese Weise soll der gesamte Muskel in allen Abschnitten optimal gekräftigt werden. Exzentergestaltete Widerstandskurven sind jedoch kein Garant für Funktionalität. Wird eine ungünstige Widerstandskurve simuliert, kann die Exzenterausformung die Gelenkbelastung erheblich vergrößern (Gottlob 2001). Je nach Bauart und anatomischer Kompatibilität des Übenden können Kraftmaschinen auch den individuellen Bewegungsumfang einschränken.

Übungswiderstand

Beim Einstellen der Trainingslasten zeigen Kraftmaschinen ein Manko. Je nach Gerät und Übung ist ein Erhöhen des Widerstandes nur in 5- oder 10-kg-Schritten möglich. Ein adäquates Anpassen der Last ist dann nur unzureichend gewährleistet, vor allem wenn in einem Trainingsprogramm Prozentsätze der Maximalkraft Verwendung finden sollen. Für Hochleistungssportler ist anzumerken, dass der an Maschinen maximal realisierbare Widerstand nicht immer ausreichend ist.

Ein Vorteil besteht dagegen darin, dass das Einstellen der gewünschten Belastungsgröße sehr schnell, meist nur durch Umstecken eines Bolzens im Gewichtsplattenstapel, vorzunehmen ist. Der Vorteil des schnellen Änderns der Last wird besonders im kommerziellen Betrieb deutlich, wenn mehrere Sportler gleichzeitig trainiert werden sollen. Die schnelle Änderung des Übungswiderstandes ist ebenfalls vorteilhaft, wenn innerhalb einer sehr kurzen Satzpause ein Ändern der Last erfolgen soll.

Maschinentraining gestern und heute

Trotz aller technischen Entwicklungen unterscheiden sich viele der heutigen Geräte in ihrer Funktion nicht wesentlich von Apparaten, wie sie bereits zu Beginn des 19. Jahrhunderts gefertigt wurden. Die damals u. a. von der Firma Rossel, Schwarz und Co. in Wiesbaden gebauten Geräte dienten dem orthopädischen Training von Patienten. Entwickelt wurden die Apparate vom schwedischen Arzt und Physiotherapeuten Gustav Zander. Mit seinem medizinisch-mechanischen Training legte er bereits Ende des 18. Jahrhunderts den Grundstein für die moderne apparategestützte Physiotherapie und Sportmedizin (vgl. Berger 1911). Durch die Folgen des Ersten Weltkriegs und der Weltwirtschaftskrise Anfang der 1930er-Jahren gerieten Zander und seine Therapie in Vergessenheit.

Anfang der 1970er-Jahre wurde das Trainieren an Maschinen wiederbelebt. Es war Arthur Jones, der Urvater der Nautilus-Trainingsgeräte, der als Erster die Freihanteln aus den Fitnessanlagen verbannte und ausschließlich auf Trainingsmaschinen umstellte. Jones warb erfolgreich für ein Zirkeltraining an seinen Maschinen. Er stellte dies als besonders effiziente und zugleich zeitsparende Methode dar, um Kraft aufzubauen. Auf diese Weise lieferte er eine für Anlagenbetreiber besonders ökonomische Trainingsmethode – und die passenden Geräte gleich dazu (vgl. Wirth 2004). Die Sportler sollen verschiedene Übungsstationen nacheinander absolvieren. Dies reduziert die Belegzeit der Geräte auf ein Minimum und ermöglicht es, mehr Sportler gleichzeitig zu trainieren. Mit dem Einsatz von Maschinen lassen sich auch Einweisungs- und Betreuungsaufwand reduzieren und damit Personalkosten senken. Vor diesem Hintergrund erscheint es nur wenig verwunderlich, dass heute in den Fitnessanlagen hauptsächlich ein Training an Maschinen propagiert wird. In der Trainingspraxis gerät deshalb ein Üben mit freien Gewichten zunehmend ins Abseits.

3.10.4 Hantel- contra Maschinentraining

Eine Steigerung der Muskelkraft ist mit Hanteln wie auch mit Maschinen möglich. In ➤ Tab. 3.16 werden noch einmal die wichtigsten Vor- und Nachteile des Trainierens mit Hanteln bzw. an Maschinen gegenübergestellt. Im Blickpunkt stehen dabei auch radsportrelevante Parameter.

3

Tab. 3.16 Vor- und Nachteil beim Trainieren mit Hantel bzw. an Maschinen

Parameter	Wirkungen	
	Freihanteltraining	Maschinentraining
Steigern der Muskelkraft	Mit beiden Trainingsmitteln ist ein Steigern der Muskelkraft möglich; aus wissenschaftlicher Sicht lässt sich die Frage nach einer überlegenen Wirkung nicht zufriedenstellend beantworten (Fehlen qualitativer Studien, methodische Probleme)	
Transfer der gewonnen Kraft auf die Tretbewegung beim Radfahren	**günstig,** besonders beim Einsatz der Übung Hantelkniebeuge aufgrund der Ähnlichkeit zur Tretbewegung (Hildebrand et al. 1989)	**fraglich,** aufgrund von Transferverlusten; besonders bei eingelenkigen Übungen wie Beinstrecken am Gerät (vgl. Schmidtbleicher 1991)
Entwickeln von Muskelmasse	**günstig,** aufgrund einer komplexen Muskelbeanspruchung (vgl. Stone et al. 1991)	**weniger günstig,** durch eine meist nur isolierte Muskelaktivierung
Gezielte Muskelisolation	**technisch anspruchsvoll**	**einfach,** da durch Maschine vorgegeben
Gleichgewicht und Balance (Aufrechterhalten des Gleichgewichts unter Störfaktoren)	**hoch,** aufgrund dreidimensionaler Bewegungsmuster	**gering,** da die Bewegungen vom Gerät geführt werden
Körper- und Gelenkstabilisierung	**hoch,** da Bewegung und Stabilität kombiniert angesprochen werden	**gering,** da Rumpf- und Gelenkstabilisation durch das Gerät übernommen werden
Körperhaltung	**günstig,** die Bewegungsmuster schulen eine korrekte Körperhaltung	**weniger günstig,** durch eine beim Üben meist liegende oder sitzende Körperhaltung
Alltagsprävention	**günstig,** da der Umgang mit schweren Lasten erlernt wird (z. B. Anheben einer vollen Getränkekiste)	**weniger günstig,** die Bewegungsmuster an Maschinen schulen kein rückengerechtes Alltagsverhalten (vgl. Höltke et al. 1997)
Sicherheit beim Training	Verletzungen resultieren meist aus einer schlechten Übungstechnik und unsachgemäßen Trainingsprogrammen – unabhängig vom Einsatz der gewählten Trainingsmittel (Requa et al. 1993)	
Technische Variationen	**viele/sehr variabel**	**wenige,** durch Maschine beschränkt; Erzeugen neuer Kinematiken möglich (Gottlob 2001)
Durchführen explosiver Übungen mit hohem Tempo als Teil des Schnellkrafttrainings	**unersetzbar,** besonders ein Üben mit der Scheibenhantel (vgl. Wirth und Zawieja 2008a)	**nur bedingt geeignet,** da der Gewichtsblock die Geschwindigkeit der Bewegungsausführung limitiert (Deiß und Pfeiffer 2000)
Zeitaufwand	**sehr zeiteffizient,** da mit wenigen Übungen ein großer Teil von Muskelgewebe beansprucht werden kann	**zeitintensiv,** da einzelne Muskelgruppen meist nur isoliert aktiviert werden
Trainingswiderstand	**optimal,** da fein dosierbar und ausreichend Widerstand realisierbar ist	**mangelhaft,** da z. T. nur unzureichend dosierbar und nicht immer ausreichend Trainingslast realisierbar ist
Anpassen an Körpertyp	**immer gegeben,** da „eine Größe allen passt"; Bewegungen über die volle Bewegungsamplitude möglich	**nicht immer möglich,** da von den individuellen Körperproportionen abhängig; der mögliche Bewegungsumfang ist durch das Gerät vorgegeben
Übungsschwierigkeit	**mittel bis schwierig,** je nach Komplexität der Übung	**leicht**

3.10.5 Trainingsausrüstung

Um ein erfolgreiches Muskelkrafttraining zu betreiben, bedarf es keines großen Geräteparks. Im Gegenteil: Wie im vorherigen Kapitel aufgezeigt wurde, ist besonders ein Trainieren mit der Langhantel zu empfehlen. Langhantelübungen haben sich als sehr effektiv und effizient für das Aufbauen von Muskeln und das Entwickeln von Maximal- und Schnellkraft erwiesen. Um ein Langhanteltraining durchführen zu können, ist nur eine überschaubare Trainingsausrüstung erforderlich. Die meisten in diesem Buch beschriebenen Übungen sind mit dem folgenden Equipment durchführbar:

- Langhantelstange mit Verschlüssen
- Scheibengewichte in unterschiedlichen Abstufungen
- Klimmzugstange
- Kniebeugenständer
- Flachbank mit Hantelablage
- Belastbarer Bodenbelag (Stemmboden bzw. Elastikplatten aus Hartgummi)

Trainingsausrüstung in Fitnessanlagen

Inzwischen gehört die hier aufgeführte Trainingsausrüstung nicht mehr selbstverständlich zu jeder Grundausstattung von Fitnessstudios. In modernen Fitnessanlagen werden Freihantelbereiche zunehmend von Geräteparks und großzügigen Saunalandschaften verdrängt. Die besten Chancen, das genannte Equipment vorzufinden, stellen Krafträume von Athletikvereinen dar. Auch Fitnessanlagen, die im Zuge der Crossfit®- und Functional Training-Bewegungen (mehr dazu in ➤ Kap. 3.11) ihre Freihantelbereiche wieder ausgebaut haben, bieten eine gute Chance, die Trainingsausrüstung in ihren Räumen vorzufinden.

Für die meisten in diesem Buch beschrieben Übungen lässt sich die Ausrüstung mit einem überschaubaren Kapitaleinsatz auch für den Eigenbedarf anschaffen. Voraussetzung ist natürlich ein entsprechendes Platzangebot. Eine kompakte und sehr gute Lösung stellt ein sogenanntes „Power Rack“ dar.

Power Rack

Ein Power Rack ist eine Art stabiler „Metallkäfig“, der das Ablegen der Langhantel in unterschiedlichen Höhen ermöglicht. In Kombination mit einer Flachbank sowie einer Langhantel mit Gewichten ermöglicht ein Power Rack eine Vielzahl von Bewegungen für eine Reihe von Übungen – z. B. Kniebeugen, Bankdrücken, vorgebeugtes Rudern und Kreuzheben von verschiedenen Hubhöhen. Power Racks mit Klimmzugstange und Parallelholmen erlauben zusätzlich, verschiedene Klimmzugvarianten und Dips (Barrenstütz) auszuführen. Eine weitere Ausbaustufe sind Power Racks mit integriertem Stemmboden. Dieser belastbare Boden ermöglicht das Abwerfen der Hantel, z. B. bei einem missglückten Stemmversuch (➤ Abb. 3.2). Power Racks gibt es in verschiedenen Konstruktionen, die je nach Anforderungen unterschiedlich belastbar sind. Für weniger Platz sind auch kompakte Half Racks erhältlich.

Langhantel

Das wichtigste Trainingsgerät für die in diesem Buch beschriebenen Übungen ist die Lang- bzw. Scheibenhantel, die es in verschiedenen Ausführungen gibt. Hierbei unterscheiden sich Länge, Gewicht, Durchmesser und die Bauart. Besonders für klassische Hebeübungen, z. B. das Umsetzen und Stoßen, sollte eine sogenannte Wettkampf- bzw. **Olympiastange** zum Einsatz kommen (➤ Abb. 3.3). Hochwertige Ausführungen dieser Langhantelstange werden aus Federstahl hergestellt und besitzen im Bereich der Scheibenaufnahme eine Lagerung. Diese Konstruktion fördert eine Handgelenk schonende Übungsausführung, da das Rotationsträgheitsmoment reduziert wird – die Hantelscheiben können sich unabhängig von der Grifffläche drehen. Olympiastangen haben

- eine Länge von max. 220 cm und
- ein Gewicht von 20 kg.

Die Aufnahme für Scheibengewichte besitzt einen Durchmesser von 50 mm und die Belastbarkeit liegt z. T. bei über 500 kg. Eine leichtere Alternative sind kürzere Frauen- oder Jugendstangen. Diese wiegen 15 bzw. 12 kg. Zum Erlernen von Übungstechniken können auch Standardstangen ohne Lagerung ver-

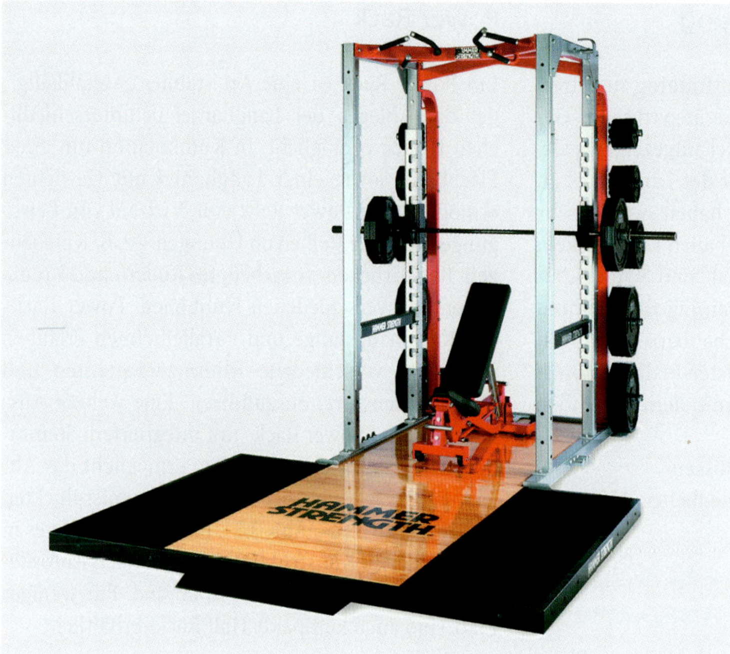

Abb. 3.2 Power Rack mit Klimmzugstange, Stemmboden, Flachbank und Scheibenhantel (Mit freundlicher Genehmigung der Life Fitness Europe GmbH)

3

wendet werden. Diese eignen sich aufgrund ihres geringen Gewichts besonders zur Technikschulung ohne Zusatzlast; sie wiegen in der Regel ab 9 kg aufwärts. Kommen Zusatzlasten zum Einsatz, sollte, wenn möglich, auf eine Langhantel mit gelagerter Scheibenaufnahme zurückgegriffen werden.

Hinweis Zusatzgewichte sind mit entsprechenden Hantelverschlüssen zu sichern. Dies verhindert ein Abrutschen der Gewichtscheiben von der Stange während der Übungsausführung. Hantelverschlüsse wiegen in der Regel je Stück zwischen 1 und 2,5 kg.

Scheibengewichte

Scheibengewichte gibt es in unterschiedlichen Größen, Gewichten und Ausführungen, z. B. als Vollgummischeiben und Gusseisenscheiben. Entscheidend ist vor allem die Bohrung der Hantelscheiben,

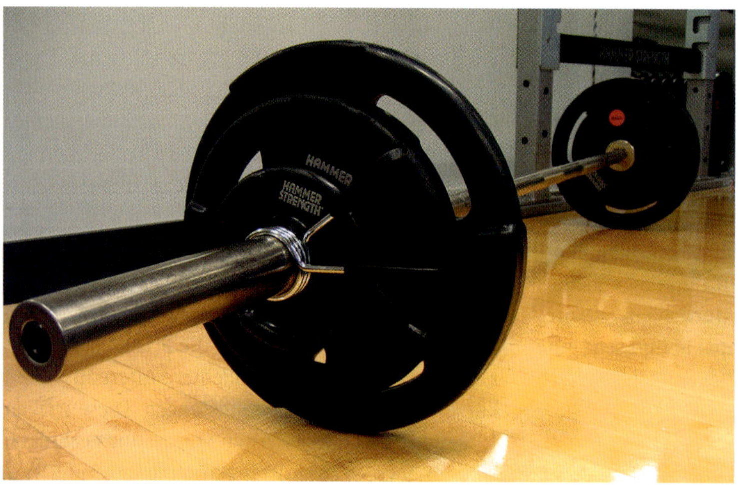

Abb. 3.3 Olympiastange mit Scheibengewichten und Hantelverschlüssen

die zur verwendeten Stange passen muss. Olympiastangen erfordern Scheibengewichte mit einer Bohrung von 50 mm. Standardstangen hingegen benötigen in der Regel Scheiben mit einer Bohrung von 30 mm.

Für ein feines Dosieren der Übungswiderstände sollten Hantelscheiben mit unterschiedlichen Gewichten verwendet werden. Als Standardausrüstung sind die folgenden Scheibengewichte zu empfehlen:

- 2 × 1,25 kg
- 2 × 2,5 kg
- 2 × 5 kg
- 2 × 10 kg
- 2 × 15 kg
- 2 × 20 kg
- 2 × 25 kg

Diese ermöglichen eine Maximallast von 157,5 kg – ohne Hantelstange und Verschlüsse. Je nach Leistungsfähigkeit sind weitere Scheibengewichte notwendig. Zu beachten ist die maximale Belastbarkeit der Hantelstange!

Hinweis Für klassische Hebeübungen wie Reißen und Stoßen sind gummierte Gewichtsscheiben zu bevorzugen. Sportler sollten generell keine Hanteln mit Eisenscheiben fallen lassen, wie dies bei Hebeübungen durchaus gewollt ist.

Klimmzugstange

Stangen zum Ausführen von Klimmzügen sind in unterschiedlichen Variationen erhältlich. Es gibt sie zur Montage zwischen zwei Balken oder zum Anbringen an Decken und Wänden. Beim Montieren in Innenräumen sollte darauf geachtet werden, dass die Stange so angebracht wird, dass die Klimmzüge ausgeführt werden können, ohne dass der Kopf an die Decke stößt. Neben geraden Reckstangen gibt es Klimmzugstangen mit zusätzlichen Griffen, die unterschiedliche Griffvariationen zulassen. ➤ Abb. 3.2 zeigt eine Klimmzugstange montiert an einem Power Rack.

Kniebeugenständer

Ein Kniebeugenständer ermöglicht ein Ablegen der Langhantel auf unterschiedlichen Höhen. Die Hantel kann so zum Übungsbeginn der Kniebeuge direkt auf dem Schultergürtel aufgenommen werden. Am Ende der Übungsausführung kann die Hantel dann auf gleicher Höhe wieder abgelegt werden. Dies hat den Vorteil, dass die Hantel nicht erst vom Boden angehoben und in die Ausgangsstellung geführt werden muss. Hierzu müsste der Sportler eine sehr

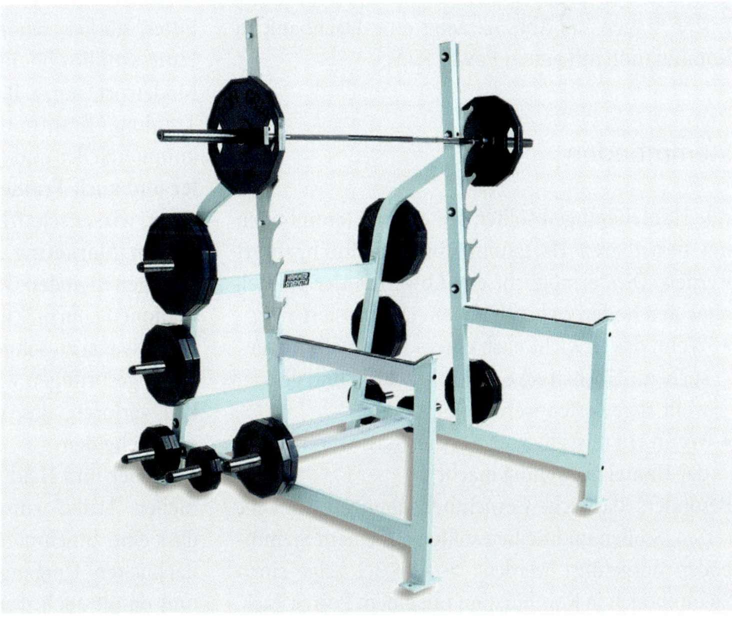

Abb. 3.4 Kniebeugenständer mit Sicherheitsablage und Scheibenhantel (Mit freundlicher Genehmigung der Life Fitness Europe GmbH)

komplexe Technik beherrschen. Dies funktioniert auch nur bei leichten bis mittleren Gewichten. Schwere Übungslasten erfordern zwingend den Einsatz eines Kniebeugenständers. Kniebeugenständer sind auch bei allen Übungen hilfreich, bei denen die Hantel von den Schultern über den Kopf geführt werden soll – z. B. beim Kraftdrücken.

Kniebeugenständer sind in unterschiedlichen Ausführungen erhältlich. Es gibt sie z. B. als Gestell mit und ohne Sicherheitsablage. Die Sicherheits- bzw. Notablage ermöglicht im Falle eines vorzeitigen Muskelversagens, dass die Hantel auch in der Hockstellung problemlos abgelegt werden kann. Wichtig ist, dass ein Kniebeugständer stabil steht und ausreichend Last tragen kann (➤ Abb. 3.4).

Flachbank mit Hantelablage

Eine Flachbank mit Hantelablage ermöglicht ein Aufnehmen der Langhantel in Rückenlage. Dies ist besonders für die Übung Bankdrücken erforderlich. Die Höhe der Hantelablage ist individuell einstellbar. Es gibt sie in unterschiedlichen Ausführungen, z. B. mit breiter und schmaler Hantelablage. Wichtig ist, dass die Ablage die verwendete Hantelstange aufnehmen kann. Zu empfehlen sind eine breite Ausführung und das Verwenden einer Olympiastange. Diese Konstruktion steht stabil und kann hohe Lasten tragen. ➤ Abb. 3.2 zeigt eine Flachbank in Kombination mit einem Power Rack.

Stemmboden

Alle Hantelübungen sollten auf einem Stemmboden mit belastbaren Hartgummieinlagen durchgeführt werden. Dies ermöglicht ein Abwerfen der Hantel, ohne den Boden zu beschädigen. Das passiert z. B.:

- Wenn das Gewicht nach einem Maximalkraftversuch zur Hochstrecke gebracht wurde und gewollt abgeworfen werden soll
- Wenn ein missglückter Versuch das Abwerfen der Hantel notwendig macht

Besonders klassische Gewichthebeübungen wie Umsetzen, Stoßen und Reißen sollten auf einem Stemmboden ausgeführt werden. ➤ Abb. 3.2 zeigt einen Stemmboden in Kombination mit einem Power Rack.

Übungshilfen

Bei Übungen, bei denen die Hantel vom Boden hochgehoben werden muss (z. B. Kreuzheben oder Umsetzen), kann die Hubhöhe durch spezielle Ablagen verringert werden – z. B. durch Holzblöcke bzw. eine Kastenerhöhung rechts und links. Von entsprechend hohen Holzböcken kann der Sportler die Hantel auch im gestreckten Stand aufnehmen und in einer Rückführbewegung bis zur gewünschten Startposition wieder herablassen.

Werden große Scheibengewichte mit einem entsprechenden Durchmesser verwendet, ist der Einsatz einer Kastenerhöhung meistens nicht notwendig, da die Hantelstange in einer ausreichenden Höhe liegt. Deshalb empfiehlt es sich, auch im Anfängerbereich große, aber gleichzeitig leichte Scheibengewichte einzusetzen (z. B. Kunststoffscheiben). Es sollte grundlegend verhindert werden, dass zur Aufnahme der Hantel soweit nach unten gegriffen werden muss, dass es zu einer belastungsseitig ungünstigen Krümmung der Wirbelsäule kommt (Rundrücken).

3.11 Entwicklungen und Trends im Krafttraining

Fitter, stärker, schöner: Krafttraining ist im Trend, Fitnessstudios boomen. Dabei tauchen immer neue Modeworte auf, z. B. Crossfit®, Functional und Core Training. Krafttraining ist in den letzten Jahren kommerzieller und trendiger geworden. **Für Sportler und auch Trainer wird es dabei immer schwieriger, wissenschaftlich basierte Trainingskonzepte von Marketing zu unterscheiden.** In unserer heutigen digitalen Gesellschaft ist die Fülle an Informationen enorm. Zu viele Informationen führen dazu, dass viel zu schnell von einer zur nächsten Neuigkeit gesprungen wird. Dabei geht rasch die Fähigkeit verloren, das Wichtige vom Unwichtigen zu unterscheiden.

Nieber und Heiduk (2016) betonen in einem aktuellen Artikel zum Begriff des Athletiktrainings, dass eine zunehmende Nachrichtenflut einen oberflächlichen Umgang mit den Inhalten begünstigt und damit auch das Ausbreiten von Pseudowissen fördert. Und steigendes Pseudowissen führt wiederum zu mehr Inkompetenz, dessen letzte Stufe im Dilettantismus endet. In diesem Zusammenhang betonen die Autoren deutlich die Gefahren einer Orientierungslosigkeit, die durch eine ständig steigende Nachrichtenflut angefacht wird und letztlich zu unsystematischem Handeln führt.

Deshalb stehen Trainer und Sportler verstärkt vor der Aufgabe, den Gehalt an Informationen aus der Flut von Informationen herauszufiltern. In den folgenden Kapiteln werden einige der aktuellen Fitness- und Trainingstrends kurz beleuchtet. Trainer und Sportler sollen hierdurch einen etwas tieferen Einblick erhalten, um das immer vielfältigere Angebot an Fitness- und Trainingskonzepten besser bewerten zu können.

3.11.1 Körpergewichtsübungen (Trainieren ohne Geräte)

Zum Trainieren der Muskelkraft kann auch der eigene Körper als „Sportgerät" eingesetzt werden. Hierbei wird das eigene Körpergewicht bzw. die daraus resultierende Erdanziehungskraft als Übungswiderstand genutzt. Auf Hilfsmittel wie Hanteln und Kraftgeräte wird dabei verzichtet. Übungen mit dem eigenen Körpergewicht werden auch als Eigengewichtsübungen bezeichnet. Oftmals wird der englische Begriff verwendet: **Bodyweight Exercise** oder abgekürzt BWE.

Typische Übungen für ein Trainieren mit dem eigenen Körpergewicht sind z. B. Liegestütz, Kniebeugen ohne Zusatzlast, Dips, Klappmesser oder Beinheben im Hang. Beim Ausführen dieser Übungen fehlen Abstützungen und Führungshilfen. Der ganze Körper muss muskulär stabilisiert werden. Neben Muskelkraft sind dabei vor allem koordinative Fähigkeiten gefordert.

Vorteile

Bei Eigengewichtsübungen werden meist viele Muskelgruppen gleichzeitig beansprucht und ganze Bewegungsabläufe trainiert. Diese Form des Trainings unterstützt die Effizienz von sportartspezifischen und alltäglichen Bewegungen. Eigengewichtsübungen sind daher effektiv und leistungswirksam, besonders gegenüber einem Trainieren an Kraftgeräten, bei dem Muskeln meist nur isoliert aktiviert werden.

Ein großer Vorteil in der Praxis zeigt sich mit Blick auf das benötigte Trainingsequipment: Eigengewichtsübungen brauchen nur den eigenen Körper. Damit sind sie nahezu überall und kostenlos durchzuführen und eignen sich besonders für Personen, die kein Fitnessstudio besuchen können oder wollen.

Übungspool effektiv erweitern

Das Repertoire an Eigengewichtsübungen lässt sich mit wenig Ausrüstung erheblich und effektiv erweitern, ohne dass dafür ein Fitness- oder Kraftraum besucht werden muss. Möglichkeiten zum Klimmziehen bieten z. B. robuste Wäschestangen, Türrahmen oder Klettergerüste auf Spielplätzen (Achtung: Beim Einsatz solcher „Reckstangen" unbedingt auf die Stabilität und Tragkraft achten!).

Eine effektive Erweiterung für das Trainieren mit dem eigenen Körpergewicht sind **Ringe,** wie sie von Turnern schon seit sehr langer Zeit genutzt werden. Mithilfe zweier verstellbarer Gurte lassen sie sich an jede Art von „Reckstange" montieren und fast beliebig in der Höhe einstellen. Hierdurch werden vielfältige Übungsausführungen ermöglicht, z. B. Barren- oder Liegestütz in den Ringen sowie Klimmzüge mit Bodenkontakt im Schräghang. Der Einsatz von Ringen ist gleichermaßen einfach wie komplex. Die freischwingenden Ringe schaffen eine instabile Übungssituation; diese stellt erhöhte Anforderungen an Muskeln und Koordination und schafft dadurch die Voraussetzung, zusätzliche Trainingsreize zu setzen. Turnringe sind ein effektives Trainingsgerät, das vielerorts einsetzbar ist und sogar ins Reisegepäck passt. Eine Alternative zu Turnringen sind **Schlingentrainer,** wie sie heute von den verschiedensten Herstellern angeboten werden.

Nachteile

Probleme zeigen sich bei Eigengewichtsübungen besonders bei einem Blick auf das **Steuern der Belas-**

tung. Je nach Körpergewicht und Leistungszustand können einzelne Übungen nicht ausgeführt werden. Der Widerstand ist zu groß, besonders für Trainingsanfänger. Ein typisches *Beispiel* stellt das Klimmziehen dar: Trainingsanfänger schaffen meist nur sehr wenige oder überhaupt keinen Klimmzug. Ein Erleichtern der Übung ist hierbei durch den zuvor angesprochenen Einsatz von Ringen und das Ausführen von Klimmzügen im Schräghang möglich. Für Leistungsstärkere hingegen bietet das eigene Körpergewicht zu wenig Widerstand. Ein Erschweren der Übungen ist zwar durch ein Abwandeln der Bewegungsausführung – z. B. einarmiger Klimmzug oder einbeinige Kniebeuge – möglich, der Widerstand bzw. der Schwierigkeitsgrad steigt hierbei allerdings sprunghaft. Ein etwas feineres Dosieren des Widerstandes ermöglicht das Einsetzen von Gewichtswesten und Manschettengewichten. Je nach Übung ist es auch möglich, Zusatzlasten an der Taille zu befestigen – z. B. mithilfe eines Dipgürtels. Hierdurch kann z. B. die Intensität beim Klimmziehen oder beim Ausführen von Dips (Barrenstütz) gesteigert werden.

Für gut trainierte Athleten kann ausreichend Widerstand jedoch nur mit dem Einsatz von schweren Zusatzgewichten – besonders in Form der Langhantel mit Scheibengewichten – realisiert werden. Denken wir hierbei nur einmal an die leistungsfähige Muskulatur der unteren Extremitäten und Athletinnen wie Heike Henkel, der Hochsprung-Olympiasiegerin von 1992. Die Athletin bewältigte bei einem Körpergewicht von rund 60 kg über 200 kg Hantellast bei der Parallelkniebeuge (Killing 2003). Anna Meares, eine australische Radrennfahrerin und Spezialistin für Kurzzeit-Disziplinen auf der Bahn (zweifache Olympiasiegerin und mehrfache Weltmeisterin), bewegte auf der schrägen Beinpresse einmal die Last von 225 kg (Mujika et al. 2016). Die deutsche Bahnradfahrerin Miriam Welte schaffte in der unmittelbaren Wettkampfvorbereitung auf die Olympischen Spiele in Rio sieben Tiefkniebeugen mit 110,5 kg und eine Wiederholung mit 122,5 kg (Thomas und Zawieja 2016). Der ehemalige schottische Bahnradsportler und vielfache Olympiasieger Sir Chris Hoy konnte 5 Wiederholungen mit 631 kg in der Beinpresse stemmen (Mujika et al. 2016).

Hierbei wird schnell deutlich, dass mit dem eigenen Körpergewicht für leistungsfähigere Sportler nicht ausreichend Widerstand realisiert werden kann. Und wenn die Zielmuskulatur nicht intensiv genug beansprucht wird, bleiben physiologische Anpassungen im Sinne eines Krafttrainings aus (➤ Kap. 3.1).

3.11.2 Crossfit®

Crossfit® verzeichnet in Deutschland ein starkes Wachstum und ist eines der am schnellsten wachsenden Trainingssysteme der letzten Jahre (CrossFit-Studie 2015). Bei Crossfit® geht es darum, die allgemeine Fitness zu verbessern. Greg Glassman, der Erfinder und Gründervater der Crossfit®-Bewegung, definiert dabei Fitness über die folgenden Aspekte: kardiovaskuläre Ausdauer, Durchhaltevermögen, Kraft, Beweglichkeit, Koordination, Balance, Agilität, Präzision, Explosivität und Schnelligkeit (Murphy 2013). Das Ziel ist es, die komplette Leistungsfähigkeit über alle diese Bereiche zu verbessern. Dazu sollen Crossfit®-Trainierende z. B. Rennen, Rudern, Seilspringen, Liegestütz- und Kastensprünge ausführen. Neben vielen Eigengewichtsübungen sollen sie dazu u. a. auch Hanteln, Gymnastikringe, Klimmzugstangen, Kettlebells, Medizinbälle, Kletterseile, Taue, Sandsäcke und Lkw-Reifen einsetzen.

Crossfit® verfolgt den theoretischen Gedanken, dass je besser jemand in allen oben angeführten Fähigkeiten und Übungen ist, er umso bessere Leistungen in so ziemlich jeder Aktivität oder Sportart erzielen sollte, mit der er konfrontiert wird. Um auf alle vorhersehbaren und unvorhersehbaren körperlichen Anforderungen optimal vorbereitet zu sein, sollen Crossfit®-Trainierende deshalb mit den verschiedensten Übungen und Trainingsmitteln ständig variierende Trainingsreize setzen (vgl. Murphy 2013).

Umgesetzt wird das durch die sogenannten „WODs", eine Abkürzung für Workout of the Day. Diese Trainingseinheiten werden vom Crossfit®-Hauptquartier in den USA über die Webseite oder von der eigenen „Box" (so werden die Crossfit®-Trainingseinrichtungen bezeichnet) ausgegeben. Die WODs dauern normalerweise zwischen 5–20 Minuten; teilweise gibt es auch Ausnahmen bzw. spielt das eigene Fitnessniveau dabei eine Rolle

(Ruep 2014). Oftmals sollen innerhalb einer bestimmten Zeit so viele Wiederholungen wie möglich absolviert werden. Ein WOD kann z. B. lauten: 5 Klimmzüge, 10 Liegestütze und 15 Kniebeugen in einem Block ausführen. Dieser Block soll dann innerhalb von 20 Minuten so oft wie möglich absolviert werden.

Dabei können immer wieder neue Workouts mit der Kombination der unterschiedlichsten Crossfit®-Übungen entwickelt werden. Dem Einfallsreichtum von Boxbetreibern und Trainern sind dabei prinzipiell keine Grenzen gesetzt (Ruep 2014). Zurückgegriffen werden kann dabei auf Übungen aus drei verschieden Bewegungskategorien: Weightlifting (z. B. Bankdrücken, Umsetzen, Kreuzheben), Gymnastics (z. B. Liegestützsprünge, Klimmzüge, Dips) und Monostructural (z. B. Laufen, Rudern, Radfahren) (vgl. Mackenzie 2012).

Die Crossfit®-Philosophie sieht vor, die WODs immer am Limit auszuführen – im Sinne eines High-Intensity-Trainings (HIT) bzw. eines All-out-Trainings. Der Übende soll dabei immer an seine Leistungsgrenze gehen. Das Steuern der Belastung erfolgt dabei über vier grundlegende Arten (vgl. McKenzie 2012; Ruep 2014):

- **Runden auf Zeit absolvieren:** eine vorgegebene Trainingseinheit z. B. dreimal hintereinander so schnell wie möglich absolvieren
- **So viele Runden wie möglich innerhalb einer festgelegten Zeit absolvieren:** eine bestimmte Trainingseinheit so oft wie möglich innerhalb von z. B. 20 Minuten wiederholen
- **Wiederholungen auf Zeit** (z. B. 50 Liegestützsprünge) oder **Distanz auf Zeit** (z. B. ein Lauf über 5 km)
- **Maximale Anstrengung:** z. B. 1 RM Kniebeuge oder die maximale Anzahl an Klimmzügen absolvieren

Da dem **Messen der Leistung** beim Crossfit® eine wichtige Rolle zukommt, gibt es auch Benchmark-Workouts, die in Abständen immer wieder auftauchen und einen Maßstab für die Entwicklung der Fitness bzw. Leistung darstellen. Diese Workouts haben häufig Frauennamen (The Girls) oder Heldennamen (Heroes) und sind z. B. nach im Einsatz verstorbenen US-Soldaten und Polizisten benannt. Der Klassiker unter den Girls ist „Fran“ und unter den Heroes „Murph“ (Murphy 2013; Ruep 2014).

Fran besteht aus den Übungen:

- Thruster mit der Scheibenhantel; eine Kombination von Frontkniebeuge und anschließendem Überkopfausstoßen der Langhantel mit 95 lbs bzw. ca. 43 kg Last
- Klimmzüge
- Ausführung: Es sollen drei Runden mit den Wiederholungen 21-15-9 auf Zeit ausgeführt werden.

Murph besteht aus den Übungen:

- 1 Meile laufen (1,6 km)
- 100 Klimmzüge
- 200 Liegestütz
- 1 Meile laufen
- Ausführung: Die Übungen sind hintereinander in möglichst kurzer Zeit zu absolvieren.

Crossfit® vs. sportartspezifisches Trainieren

Wie aus den bisherigen Ausführungen ersichtlich wird, geht es den Crossfit®-Trainierenden um eine allgemeine bzw. breit gefächerte Fitness. Die Philosophie besteht in einem „Nichtspezialisieren“ (vgl. Murphy 2013). Bei einem gezielten Kraft-, Konditions- oder Athletiktraining für eine Zielsportart wird dagegen ein Anforderungsprofil erstellt und das Training spezifisch darauf ausgerichtet (➤ Kap. 1). Athleten wollen sich in ihrer Sportart spezialisieren; z. B. möchten sich Radfahrer in der Disziplin MTB-Cross-Country spezialisieren. In diesem gezielten Spezialisieren liegt ein großer Unterschied gegenüber der „Nichtspezialisieren“-Philosophie von Crossfit®.

Auf der Webseite von Crossfit® (https://crossfit.com/what-is-crossfit) findet sich der folgende Satz:

We scale load and intensity; we don't change the program. The needs of Olympic athletes and our grandparents differ by degree, not kind.

Demnach sollten alte Menschen die gleichen Übungen ausführen wie Olympia-Athleten. Ein Spezialisieren der Trainingsauswahl bzw. der Trainingsprogramme wird folglich als unnötig angesehen. Bei diesem Ansatz geht jedoch das wichtige Prinzip verloren, dass ein Training immer auf die persönlichen Voraussetzungen, Stärken, Schwächen und Ziele eines Trainierenden ausgerichtet sein sollte (➤ Kap. 3.7.4).

Crossfit® als ergänzendes Training für Radsportler

Crossfit® hat den Anspruch, die Trainierenden bestmöglich auf jedwede sportliche Herausforderung vorzubereiten (Murphy 2013). Dies führt dazu, dass Sportler der unterschiedlichsten Disziplinen ergänzende Crossfit®-Workouts absolvieren. Sie hoffen dadurch, ihre Leistungen in der Hauptdisziplin steigern zu können. Aus Sicht der Autoren ist Crossfit® aber alleine schon aus den folgenden drei Aspekten als Zusatztraining für eine Hauptdisziplin ungeeignet:

- Die pauschale Zusammenstellung der WODs
- Die hohe Belastung durch die WODS
- Das gleichzeitige Ansteuern von Kraft- und Ausdauerkomponenten innerhalb eines WODs

Wie schon ausgeführt, wird beim Crossfit® das wichtige Prinzip der Individualisierung nicht ausreichend beachtet. Die Trainingsübungen werden über das Workout of the Day (WOD) pauschal für alle Athleten vorgegeben. Dadurch werden die individuellen Ziele und Voraussetzungen des einzelnen Sportlers nicht ausreichend beachtet.

Im Leistungssport wird damit grundlegend die Chance vertan, die Athleten gezielt auf die körperlichen Anforderungen ihrer Hauptdisziplin vorzubereiten. Als *Beispiel* sei hier der Fußballbundesligist Werder Bremen genannt. Die Athletiktrainer setzten auf Crossfit®, um die Leistung der Spieler zu steigern. Nach nur einem Jahr wurde dieser Versuch wieder aufgegeben – die Fitnesswerte waren nicht zufriedenstellend. Anstatt Crossfit® setzen die Trainer wieder auf ein fußballspezifisches Athletiktraining (Kreiszeitung 2016).

Hinterfragt werden sollte auch, wie sinnvoll bestimmte Crossfit®-Workouts im Einzelnen sind. Beim WOD „Grace“ soll z. B. 30-mal die technisch sehr anspruchsvolle Übung Umsetzen und Ausstoßen mit der Scheibenhantel auf Zeit ausgeführt werden. Hier gilt zu bedenken: Wird diese Übung bis zum Muskelversagen ausgeführt, kann es schnell zu Verletzungen kommen, da eine korrekte Ausführung nicht mehr sichergestellt ist.

Bei diesem Trainingsprogramm wird auch noch einmal die bereits angesprochene Crossfit®-Philosophie deutlich, die WODs immer am Limit auszuführen. Die Workouts sind grundlegend so konzipiert, dass der Sportler bis an seine Leistungsgrenze geht. Die Folge ist eine hohe Ermüdung. Als Konsequenz daraus werden hohe Anforderungen an die Regenerationsfähigkeiten gestellt – besonders dann, wenn noch die sehr hohen Trainingsumfänge der Hauptdisziplin Radfahren hinzukommen. In diesem Fall würde nicht nur die Trainingsqualität in der Hauptdisziplin Radfahren leiden. Es würde schnell zu einem Leistungsabfall, Überlastungen und Verletzungen kommen (vgl. auch Ruep 2014).

Ebenso wird die Chance vertan, bestimmte Muskelleistungen wie Explosivkraft, Schnellkraft und Maximalkraft optimal zu entwickeln. Im Sinne eines hierzu besonders wirksamen intramuskulären Koordinationstrainings müssten die Trainingsübungen in einem ausgeruhten Zustand mit hoher Bewegungsqualität ausgeführt werden (➤ Kap. 3.8.2). Die meisten Workouts beim Crossfit® stellen dagegen eine Mischung aus Kraft- und Ausdauertraining dar, was die jeweiligen Trainingseffekte gegenseitig hemmt. Für optimale Trainingserfolge sollten grundsätzlich Ausdauer und Kraft in getrennten Trainingseinheiten trainiert werden. Hierbei hat sich zusätzlich ein Aufteilen der Trainingsinhalte in verschiedene Phasen bewährt (➤ Kap. 3.9).

Diese Aspekte machen deutlich, dass Crossfit® nicht als ergänzendes Trainingsprogramm für Radsportler angesehen werden sollte – auch nicht für Athleten aus anderen Sportarten. **Vielmehr sollte Crossfit® als eine eigene Sportart betrachtet werden** (vgl. Ruep 2014). Seit dem Jahr 2007 messen sich die besten Crossfit®-Athleten regelmäßig bei den Crossfit®-Games. Und Crossfit® bereitet seine Athleten primär auf die körperlichen Anforderungen beim Crossfit® vor. Soll die Muskelleistung für die Disziplin Radsportler gesteigert werden, sollten andere Methoden eingesetzt werden, wie sie z. B. in diesem Buch empfohlen werden.

3.11.3 Functional Training

Wer die Entwicklungen im Fitnessbereich verfolgt, kommt an einem Modewort nicht vorbei: „Functional Training“, in Deutschland oft als „Funktionelles Training“ bezeichnet. **So verbreitet der Begriff ist, so unklar ist seine Definition.** Es lässt sich durchaus kontrovers diskutieren, was genau unter einem funktionellen Training zu verstehen ist.

Dies zeigt sich alleine schon daran, dass in der Sportpraxis die unterschiedlichsten Inhalte und Trainingsprogramme unter dem Begriff „Functional Training" angeboten werden. So kann es z. B. sein, dass in einem Functional-Training-Kurs Langhanteln und Rundgewichte eingesetzt werden, während in einem anderen Kurs Gummibänder, Schlingentrainer, Medizinbälle und Sandsäcke zum Einsatz kommen – oder es werden überhaupt keine Geräte und Hilfsmittel genutzt. Mitunter wird selbst einer herkömmlichen Skigymnastik im Verein der Begriff „Functional Training" übergestülpt, um sie für mögliche Teilnehmer attraktiver klingen zu lassen.

Selbst Michael Boyle, dessen Buch „Functional Training" als Standardwerk im funktionellen Training angesehen werden kann, schreibt in einer Fortsetzung des Buches, dass sein Versuch, funktionelles Training zu definieren, kein großer Erfolg war. Funktionelles Training würde heute viel zu oft mit dem Training auf instabilen Oberflächen gleichgesetzt (Boyle 2011). Gemeint ist hierbei z. B. das Ausführen von Trainingsübungen auf einem Therapiekreisel, Gymnastikball oder einem Balance-Board, wie sie oft in der Physiotherapie eingesetzt werden, um Gleichgewicht und Koordination zu schulen.

Für Boyle geht es beim funktionellen Training weniger um Geräte, die von Physiotherapeuten in der Rehabilitation eingesetzt werden. Vielmehr steht für ihn das Wissen der Physiotherapeuten im Fokus, warum es zu Verletzungen kommt (Boyle 2011). Im funktionellen Training sollten nach Boyles Auffassung Übungsformen im Mittelpunkt stehen, die Muskeln mit Stabilisierungsfunktion ansprechen. Der Hintergrund ist dabei für ihn, dass Physiotherapeuten eine unzureichende Ausbildung der stabilisierenden Muskelgruppen als Ursache für Verletzungen ausgemacht haben. Für Boyle sollten bei einem funktionellen Training immer Übungsprogramme zusammengestellt werden, die auf der einen Seite die Verletzungshäufigkeit reduzieren und auf der anderen Seite die Leistungsfähigkeit der Athleten verbessern. Hierzu sollen Sportler vor allem mehrgelenkige und komplexe Bewegungen mit dem eigenen Körpergewicht und freien Widerständen wie z. B. Medizinbällen ausführen. Dabei sollen auch immer wieder instabile Oberflächen zum Einsatz kommen. Ziel ist, dass der Körper immer wieder mobilisierend und stabilisierend der Schwerkraft entgegenwirkt, diese überwinden soll oder das Gleichgewicht halten muss.

Diese Übungsformen sind auch ganz im Sinne von Gray Cook, Physiotherapeut und Erfinder des Functional Movement Systems®. Cook beschreibt Functional Training als eine Trainingsform, mit der die Bewegungssymmetrie zwischen der rechten und der linken Körperseite hergestellt wird und die das Gleichgewicht zwischen Mobilität und Stabilität fördert (Cook 2011).

Zusammenfassend kann gesagt werden, dass ein Functional Training im Sinne von Boyle und Cook die Verletzungsgefahr reduzieren und gleichzeitig die Leistungsfähigkeit steigern soll (vgl. Boyle 2011; Cook 2011). Dies ist aus Sicht der Autoren des vorliegenden Buches ein Ziel, welches grundsätzlich jede Trainingsform erfüllen sollte, die ergänzend zu einer Hauptdisziplin durchgeführt wird. Auch die in diesem Buch vorgestellten Krafttrainingsübungen haben sowohl präventive als auch leistungssteigernde Funktionen – auch ohne dabei als „Functional Training" bezeichnet zu werden.

Da das vorliegende Buch das Thema Krafttraining zum Schwerpunkt hat, ist ebenfalls anzumerken, dass viele Functional-Training-Übungen, wie sie von Cook und Boyle vorgeschlagen werden, nicht als Krafttraining angesehen werden sollten. Hintergrund ist, dass bei vielen Übungen gar keine oder nur geringe Zusatzlasten eingesetzt werden. Folglich bleiben physiologische Anpassungen im Sinne eines Krafttrainings aus (vgl. u. a. Konrad et al. 1999; Wirth et al. 2016). Diese Übungsformen sollten vielmehr als ein ergänzendes Athletiktraining angesehen werden (➤ Kap. 3.11.4).

Core-Training

Beim Functional Training liegt oftmals ein Schwerpunkt auf dem **Core-Training,** einem etwas weiter gefassten Bauch- und Rückentraining zum Ausbilden der Rumpfkraft (vgl. u. a. Boyle 2010; Boyle 2011; Cook 2011; Verstegen 2011). An dieser Stelle soll deshalb kurz auf die Ergebnisse neuerer Studien zum Core-Training hingewiesen werden. Forscher kommen zunehmend zu der Erkenntnis, dass eine gesteigerte Core-Kraft weder die Gesamtkraft noch die sportliche Leistungsfähigkeit oder das Ausführen von funktionellen Bewegungen wesentlich verbessern kann. Deshalb sprechen Autoren vermehrt die Empfehlung aus, das Trainieren der **Core-Kraft nicht in den Mittelpunkt zu stellen,** wenn durch ein Trainingsprogramm die sportliche Leistung gesteigert werden soll (Haugen et al. 2016; Nesser et al. 2008; Okada et al. 2011; Wirth et al. 2016). In einem Übersichtsartikel konnten die Autoren auch keinen Zusammenhang zwischen einer schlechten Core-Stabilität und einem erhöhten Verletzungsrisiko bei Leistungssportlern feststellen (Haugen et al. 2016).

Wirth und Kollegen (2016) analysierten jüngst die aktuellen Empfehlungen zum Trainieren der Core-Stabilität kritisch – z. B. das Ausführen von Übungen auf instabilem Untergrund. Sie geben zu bedenken, dass die meisten Übungsspezifikationen zum Ausbilden der Core-Stabilität nicht auf ihre Effektivität hin untersucht wurden. Ebenso wurden sie bislang nicht mit den Belastungsspezifikationen verglichen, wie sie in einem normalen Krafttraining Anwendung finden (➤ Kap. 3.8). Die Autoren geben in ihrer Analyse die Empfehlung, dass ein klassisches Krafttraining betrieben werden sollte, um den nötigen Stimulus zum Verbessern der Core-Stabilität zu erzielen (➤ Kap. 6.5).

Functional Training wörtlich genommen

Eine weitere Definition von funktionellem Training lässt sich ganz pragmatisch aus der Wortherkunft ableiten: funktionell bedeutet zweckmäßig. Funktionelles Training kann daher auch als ein „zweckmäßiges Training" beschrieben werden – es wird also trainiert, um einen bestimmten Zweck zu erfüllen.

Was allerdings zweckmäßig ist, ist individuell sehr unterschiedlich (➤ Kap. 3.7.4) und hängt von vielen Faktoren ab, z. B.:

- Sportart/Disziplin
- Leistungssteigernde Ziele
- Therapeutische Ziele
- Trainingszustand
- Individuelle Voraussetzungen/Schwächen/Stärken
- Belastungen im Alltag und Beruf

Aus diesem erweiterten Blickwinkel betrachtet, kann gesagt werden, dass eine Trainingsform automatisch zu einem funktionellen Training wird, sobald sie einen bestimmten Zweck bzw. bestimmte Anforderungen erfüllt.

Dies macht deutlich, dass auch das Ausführen von eingelenkigen Bizepscurls mit Hantellast ein funktionelles Training sein kann – nämlich genau dann, wenn die Übung den Zweck erfüllen soll, den zweiköpfigen Oberarmmuskel gezielt zu aktivieren. Hierbei nur an Bodybuilding oder Leistungssport zu denken, wäre zu kurz gedacht. Isolierte Belastungen sind aus medizinisch-therapeutischen Aspekten immer dann zweckmäßig, wenn ein Muskel massiv abgeschwächt ist, Dysbalancen oder Dysfunktionen vorliegen oder andere Körperbereiche nicht mitbelastet werden sollen – z. B. im Verletzungsfall einzelner Körperbereiche nach einem Sturz mit dem Fahrrad.

Im Konzept des funktionellen Trainings von Boyle und Cook sind eingelenkige Übungen dagegen nicht vorgesehen. Sie berufen sich darauf, dass bei Bewegungen im Sport und Alltag immer mehrere Muskeln und Gelenke gleichzeitig gefordert werden. Eingelenkige Übungen werden daher als unfunktionell angesehen (Boyle 2011; Cook 2011). Für Boyle stellt z. B. die einbeinige Kniebeuge auf instabiler Oberfläche die funktionellste Übung für den Unterkörper dar (Boyle 2011).

Auch die Autoren des vorliegenden Buches sind grundlegend für das Ausführen von mehrgelenkigen und freien Übungen, um die Muskelfunktion für alltägliche und sportliche Bewegungsabläufe zu steigern (➤ Kap. 3.5.3). Der pauschalen Aussage von Boyle, dass die einbeinige Kniebeuge auf instabiler Oberfläche die funktionellste Übung für den Unterkörper darstellt, kann so jedoch nicht zugestimmt werden. Diese Aussage berücksichtigt weder individuelle Voraussetzungen, Stärken und Schwächen noch die persönlichen Zielsetzungen eines Sportlers bzw. eines Trainierenden.

Wenn z. B. der Zweck einer Übung darin liegen soll, die Muskelkraft zu steigern, ist das Ausführen auf einem stabilen Untergrund effektiver. Dies konnten auch Studien belegen (vgl. u. a. Tran et al. 2015). Soll z. B. die Kraft und Muskelmasse der Beinstreckerkette aufgebaut werden, ist die beidbeinige Hantelkniebeuge die zweckmäßigste Übung. Eine einbeinige Kniebeuge – selbst auf stabilem Untergrund ausgeführt – würde viel mehr auf die Stabilisierung der knie- und hüftstabilisierenden Muskeln abzielen. Dies kann phasenweise durchaus sinnvoll sein – ist mit Blick auf die Anforderung eines angestrebten Kraft- und Muskelzuwachses aber in diesem Fall nicht die zweckmäßigste Übung (Wirth et al. 2012). Mehr zum Thema ist im Abschnitt „Spezielle Trainingsübungen“ in ➤ Kap. 3.5.3 zu lesen.

3.11.4 Athletiktraining

Der Begriff „Athletiktraining“ ist jedem Sportler und Trainer geläufig – zumindest vom Hörensagen. Im Gegensatz dazu taucht der Begriff „Athletiktraining“ in sportwissenschaftlichen Lexika (vgl. u. a. Röthig und Prohl 2003), sportwissenschaftlichen Wörterbüchern (vgl. u. a. Kent 1998) und in Standardwerken der Trainingswissenschaften (vgl. u. a. Schnabel et al. 2003) meistens gar nicht auf. **Es verwundert daher nicht, dass in der Praxis die verschiedensten Übungen und Trainingsprogramme unter dem Dach eines Athletiktrainings betrieben werden,** wie dies z. B. häufig im Fußball der Fall ist (vgl. u. a. Dost et al. 2015). Auch die in den Kapiteln zuvor beschriebenen Trainingskonzepte Crossfit® und Functional Training tauchen immer wieder im Umfeld eines Athletiktrainings auf – um an dieser Stelle nur zwei Entwicklungen im Fitness- und Sportbereich zu nennen, die sich in diesem Bereich positionieren.

In einer aktuellen Arbeit zum Athletiktraining im Leistungssport betonen die Autoren, dass der Terminus Athletiktraining durch eine inhaltliche Beliebigkeit gekennzeichnet ist. Die Autoren bemängeln dabei, dass das heute praktizierte Athletiktraining häufig zu konditionslastig ist, besonders in den Spielsportarten wie z. B. im Fußball. Für sie sollte das Athletiktraining vielmehr ein spielhandlungsorientiertes Koordinationstraining sein; als *Beispiel* dafür nennen sie eine 3-gegen-2-Situation mit zwei Bällen statt einem Ball (Nieber und Heiduck 2016).

Für Wirth und Kollegen (2012) unterscheidet sich Athletiktraining primär dadurch vom Krafttraining, dass beim Üben im Kraftraum meist mittlere bis hohen Belastungsintensitäten zum Einsatz kommen, während im Athletiktraining meist gar keine oder nur geringe Zusatzlasten eingesetzt werden. Im Athletiktraining werden z. B. verschiedene und vielseitige Sprung-, Wurf- und Sprintvarianten ausgeführt, um das zentrale Nervensystem (ZNS) zu schulen. Das Athletiktraining ist vor allem dann von Bedeutung, wenn das Entwickeln der Schnell- und Explosivkraft im Vordergrund steht.

Hintergrund Mit steigendem Leistungsniveau im Krafttraining muss zunehmend mehr Aufwand im Training betrieben werden, um das zentrale Nervensystem (ZNS) bei einer Transferleistung zu unterstützen (Wirth et al. 2012), z. B. dann, wenn eine weiter gesteigerte Muskelleistung der Beinstreckerkette auf die Leistung beim vertikalen Sprung übertragen werden soll. Hierbei kommt dem Athletiktraining eine besondere Bedeutung zu. Ein gezielt betriebenes Athletiktraining beinhaltet eine wohldurchdachte und variantenreiche Übungsauswahl, deren Bewegungsabläufe der Zielbewegung beim Ausüben einer bestimmten Sportart möglichst nahe kommen. Damit liefert es einen wertvollen Beitrag zum Transfer der gesteigerten Kraftfähigkeiten durch ein Muskelkrafttraining auf die Zielbewegungen der jeweiligen Sportart, z. B. auf die Leistungsfähigkeit bei Antritten, Sprüngen und schnellen Richtungswechseln, wie sie bei Ballsportarten häufig gefordert sind. Wirth und Kollegen (2012) betonen dabei, dass ein **Athletiktraining ein Krafttraining nicht ersetzen, sondern nur eine sinnvolle Ergänzung sein kann** (Wirth et al. 2012). Diese Auffassung teilen auch die Autoren des vorliegenden Buches.

Athletiktraining für Radsportler

Für Radsportler kann das Ausführen von verschiedenen Sprungvarianten durchaus sinnvoll sein – besonders für gut trainierte Athleten aus Disziplinen mit hohen Anforderungen an die Explosiv- und Schnellkraftfähigkeiten. Hier sei besonders der Bahnradsport mit seinen Sprintdisziplinen und Mountainbike Cross Country genannt.

Im Sinne eines Athletiktrainings sollten Radsportler einen Schwerpunkt auf das Ausführen verschiedener Sprints und Antritte mit dem Sportgerät Fahrrad legen – u. a. aus der Kurve heraus. Diese Trainingsinhalte sollten in separaten Trainingseinheiten absolviert werden. Wenn möglich, sollten sie in großem zeitlichen Abstand zu den Krafttrainingseinheiten durchgeführt werden – oder vor einem Krafttraining platziert werden.

3

Nicht selten wird die Empfehlung gegeben, nach der Durchführung primär langsamer Bewegungen (z. B. im Muskelaufbautraining) schnelle und explosive Übungen folgen zu lassen, damit der Transfer der Kraftfähigkeiten auf eine schnelle Bewegung verbessert wird. **Hierbei ist allerdings anzumerken, dass je nach Ermüdungsgrad durch das Krafttraining eine explosive Arbeitsweise auf hohem Niveau nicht mehr möglich ist.** Durch das Ermüden der Muskeln werden vielmehr Ausweichbewegungen begünstigt. Dies wiederum könnte zum Ausprägen eines falschen Bewegungsmusters führen (Wirth et al. 2012).

Führt ein Krafttraining nur zu einer geringeren Ermüdung, wie dies mit einem intramuskulären Koordinationstraining (➤ Kap. 3.8.2) angestrebt wird, können einige wenige Sprünge oder Sprints auch nach einem Krafttraining durchgeführt werden. Hierbei gilt grundsätzlich: Je energetisch fordernder die gewählte Übung ist, desto geringer sollte die Serien- bzw. Wiederholungszahl sein. Hohe Anforderungen stellen z. B. Drop Jumps aus größeren Höhen. In diesem Zusammenhang empfehlen Wirth und Kollegen (2012) exemplarisch für Sprünge aus der kompletten Beinstreckerkette etwa 5 bis 6 Serien mit je 5 bis 8 Wiederholungen. Alle Sprünge müssen mit einem möglichst maximalen Aktivieren der Muskeln einhergehen. Dabei ist besonders auf ein Ausführen mit hoher Bewegungsqualität zu achten. Auch die Pausenlänge ist vom Grad der Beanspruchung abhängig. Sie sollte zwischen 3 und 5 Minuten liegen. Empfehlenswert wären 2 bis 3 Einheiten eines solchen Athletiktrainings in der Woche (vgl. Wirth et al. 2012).

Durch den sehr hohen Umfang des Ausdauertrainings im Radsport ist aber zu hinterfragen, inwieweit sich diese Übungsinhalte in der Gesamtkonzeption eines Trainings umsetzen lassen. Ist das separierte Durchführen von Athletiktrainingseinheiten nicht möglich, sollten häufiger einzelne Übungen aus diesem Trainingsbereich bei anderen Trainingsinhalten berücksichtigt werden. Radsportler sollten hier z. B. Sprints und Antritte im Rahmen des Trainierens mit dem Sportgerät Fahrrad integrieren. Diese Übungen können ein Krafttraining nicht ersetzen – stellen aber gerade auf hohem Leistungsniveau eine wichtige Ergänzung dar (vgl. auch Wirth et al. 2012).

KAPITEL

4 Diagnostik der Kraft

Die Stärken und Schwächen eines Sportlers zu kennen, ist die wichtigste Voraussetzung, um ein Training erfolgreich planen zu können. Leistungstests sind deshalb im Spitzensport fest etabliert. Sie werden eingesetzt zum:

- Beurteilen des aktuellen Leistungszustandes
- Aufdecken konditioneller Schwächen
- Überprüfen der angewandten Trainingsprogramme

Im leistungsorientierten Radsport sind Tests zum Bestimmen der Ausdauerleistungsfähigkeit bereits fester Bestandteil der Trainingsplanung. In regelmäßigen Abständen werden z. B. Laktat- und Spiroergometrietests durchgeführt. Das Bestimmen der wichtigen Kraftfähigkeiten wird dagegen wenig beachtet. Nur selten werden Tests zum Beurteilen der Muskelkraft durchgeführt. Dabei liegt gerade im Entwickeln der Kraftfähigkeiten eine große Leistungsreserve für Radsportler. Die Diagnostik der Muskelkraft sollte daher regelmäßiger Bestandteil des Trainings in den Radsportdisziplinen sein. **Erst ein Beachten der Kraftfähigkeiten ermöglicht es, das individuelle Leistungspotenzial maximal zu nutzen.**

In den folgenden Abschnitten werden die Aufgaben der Kraftdiagnostik im Radsport näher erläutert. Ebenfalls werden Tests zum Bestimmen radsportspezifischer Kraftfähigkeiten vorgestellt. Zunächst sollen aber kurz die Grundlagen zum Durchführen sportmotorischer Test vermittelt werden.

Leistung testen

Die physiologischen Reaktionen, mit denen ein Körper auf ein Training reagiert, sind so individuell wie der Fingerabdruck eines Menschen. Durch einen Leistungstest bzw. eine Leistungsdiagnostik können wertvolle Informationen darüber gewonnen werden, wie das bislang geplante und praktizierte Training individuell wirkt. Die Erkenntnisse geben Aufschluss darüber, ob etwas in der Trainingsplanung verändert oder angepasst werden muss.

Vor dem Begriff „Leistung" sollte dabei niemand zurückschrecken. Eine Leistungsdiagnostik ist kein Kontrollmittel, sondern eine Hilfestellung. Es geht nicht darum, eine bestimmte Leistung zu erreichen, sondern darum, das Training optimal und erfolgreich planen zu können.

4.1 Grundlagen von Leistungstests

Damit Messmethoden aussagekräftig sind, müssen sie mit größtmöglicher methodischer bzw. wissenschaftlicher Genauigkeit durchgeführt werden. Um gültige Ergebnisse und Erkenntnisse zu erhalten, sind bei Leistungstests besonders die folgenden **Gütekriterien** zu beachten:

- Objektivität
- Validität
- Reliabilität (vgl. Fetz und Kornexel 1978)

Objektivität

Beim Durchführen von Leistungstests beschreibt die Objektivität eine Verhaltensweise bzw. Messmethode, die nicht von persönlichen Meinungen beeinflusst wird. Ein Messverfahren kann erst dann als „objektiv" bezeichnet werden, wenn es in seinen Ergebnissen nicht von den Wahrnehmungen und Ansichten des Versuchsleiters beeinflusst wird. Die Objektivität ist dann gewährleistet, wenn Messungen unabhängig vom Durchführenden zum selben Resultat kommen. Beim Bestimmen der Maximalkraft sollten z. B. die Testergebnisse möglichst übereinstimmen, wenn der Test mit denselben Sportlern, aber von unterschiedlichen Versuchsleitern durchgeführt wird. Das Maß der Objektivität wird hauptsächlich durch die Genauigkeit der Testanleitung bestimmt. Wird z. B. die Kniebeuge mit Hantellast zum Bestimmen der Beinkraft eingesetzt, ist das Ausführen der Übung genau zu definieren (➤ Kap. 4.1.1). Die Objektivität bezieht sich aber auch auf die Bereiche Testauswertung und Interpretation.

Validität (Gültigkeit)

Die Validität gibt den Grad der Genauigkeit an, mit dem ein Verfahren das misst, was es messen soll. Ein sportmotorischer Test ist dann valide, wenn er auch die motorische Fähigkeit misst, für die er entwickelt wurde. Soll z. B. die maximale dynamische Kraft der Beinstrecker bestimmt werden, liefert der folgende Test ein gültiges Ergebnis und ist damit valide: Bestimmen des 1er Repetition Maximums beim Beinstrecken am Gerät.

Reliabilität (Zuverlässigkeit)

Die Reliabilität beschreibt die Zuverlässigkeit eines Tests, mit der er die Ergebnisse misst. In hohem Maß erfüllt ist die Reliabilität, wenn ein Test bei der Wiederholung zu annähernd gleichen Ergebnissen führt. Das erste Testergebnis kann damit nicht als zufällig bezeichnet werden. Eine Methode zum Überprüfen der Reliabilität besteht darin, die gleiche Untersuchung mit dem gleichen Instrumentarium durch zwei voneinander unabhängige Versuchsleiter durchführen zu lassen. Stimmen die Ergebnisse gut überein, ist die Reliabilität bzw. die Zuverlässigkeit des Tests hoch.

4.1.1 Tests standardisieren

Erfüllt ein Leistungstest die zuvor aufgeführten Gütekriterien nur teilweise, sinkt seine wissenschaftliche Aussagekraft. Die Glaubhaftigkeit und Gültigkeit des Messverfahrens verlieren an Wert. Die beschriebenen Kriterien sind dabei auf eine vielfältige Art und Weise voneinander abhängig. So beeinflusst die Objektivität beispielsweise die Reliabilität (Zuverlässigkeit). Lässt eine Messmethode z. B. viel Spielraum zum Durchführen des Tests, werden die Ergebnisse durch die Ansichten des Versuchsleiters beeinflusst. Das Testverfahren verliert damit an Zuverlässigkeit. Deshalb ist auf ein genaues Standardisieren der Leistungstests zu achten. Dies betrifft:

- Anweisungen für Testpersonen
- Genaues Durchführen des Tests
- Auswerten und Interpretieren der Ergebnisse

Um eine möglichst hohe Objektivität, Validität und Reliabilität von Krafttests zu gewährleisten, sind **Testanordnung, Testanweisungen** und **Auswertungsverfahren** (z. B. statistische Methoden) im Vorfeld festzulegen. Anschließend sind diese für jeden Sportler bzw. jede Testperson einheitlich anzuwenden.

Das Standardisieren von Tests ist zwingend notwendig, um die eigenen Testergebnisse mit Norm- und Richtwerten vergleichen zu können – sofern diese verfügbar sind. Im Radsport sind bislang leider kaum Kraftwerte erhoben worden. Es fehlt an Richtwerten, an denen sich Athleten und Trainer orientieren können. Daher ist es schwierig, die eigene Leistung einzuordnen.

Das Standardisieren von Leistungstests dient daher vor allem dazu, die Entwicklung eines Sportlers durch Wiederholungstest zu dokumentieren.

Werden zum Messen der muskulären Leistungsfähigkeit dynamische Krafttrainingsübungen eingesetzt, sind besonders die folgenden Punkte zu standardisieren:

- Übungsausrüstung (z. B. eingesetzte Kraftmaschinen und Geräteeinstellungen)
- Ausgangsstellung zu Beginn der Testübung
- Ausführen der Bewegung (Übungstechnik, Bewegungsradius, Geschwindigkeit etc.)
- Endstellung der Testübung
- Reihenfolge der durchzuführenden Testübungen
- Pausenzeiten zwischen den Testübungen
- Aufwärmprogramm

Besonders bei Übungen mit freien Gewichten ist ein exaktes Standardisieren notwendig. Mangelnde Möglichkeiten zum Positionieren und Fixieren von Rumpf und Gelenken ermöglichen einen Bewegungsspielraum beim Ausführen der Übung. Um einheitliche Testbedingungen zu erreichen, sind daher das Ausführen der Übung und die Wegstrecke der Hantel genau vorzugeben. Beispielsweise ist Kniebeuge nicht gleich Kniebeuge. Es gibt hohe, halbe und tiefe Kniebeugen, mit der Hantellast vorn oder hinten. Ein genaues Beschreiben der Testübung ist deshalb sehr wichtig.

Abbruchkriterien

Zum Standardisieren eines Tests sind genaue Abbruchkriterien zu beschreiben und zu überwachen. Dies ist notwendig, um einheitliche und damit vergleichbare Testergebnisse zu erhalten. Die Abbruchkriterien werden vor dem Test festgelegt. Damit beeinflussen sie maßgeblich die Anzahl der korrekt durchgeführten Wiederholungen bei einer Testübung. Werden die Kriterien nicht mehr erfüllt, wird der Test abgebrochen. Dieses Vorgehen gewährleistet auch die Gesundheit der Testperson (Radlinger et al. 1998).

Das Festlegen von Abbruchkriterien spielt besonders bei **Mehrwiederholungstests** eine wichtige Rolle, beispielsweise beim Bestimmen des Repetition Maximums (➤ Kap. 4.3). Folgende Punkte können zum Abbruch eines Tests führen:

- Auftreten von Ermüdungserscheinungen (Ausweichbewegungen)
- Abfälschen der Übungstechnik (z. B. Erleichtern der Übungsausführung durch Schwungholen)
- Reduzieren des Bewegungsausmaßes (bei der Kniebeuge wird z. B. die tiefe Hockposition nicht mehr erreicht)
- Unregelmäßiges Bewegungstempo (z. B. zu lange Pause zwischen den Wiederholungen)
- Sportler beendet selbst die Übung (z. B. Schmerzen, Beschwerden, Motivationsmangel)
- Unregelmäßige Atmung (Pressatmung)

Störfaktoren

Auf die Ergebnisse bei Leistungstest können verschiedene Faktoren Einfluss nehmen, wie beispielsweise die Tagesform und die Motivationslage des Sportlers. Deshalb ist es sinnvoll, die **physische und psychische Leistungsfähigkeit** zu Beginn eines Tests abzufragen und zu dokumentieren. Eventuell stark abweichende Testergebnisse können mithilfe dieser Daten besser interpretiert werden. Vor Testbeginn ist vom Versuchsleiter deutlich darauf hinzuweisen, dass bei allen Leistungstests mit vollem Einsatz zu arbeiten ist. Nur so können aussagekräftige Ergebnisse erzielt werden.

Auch **Umgebungsfaktoren** können Einfluss auf das Ergebnis nehmen. Hierzu zählen z. B. der Testraum und anwesende Personen. Ein motivierendes Anfeuern oder technische Hinweise durch den Versuchsleiter können die Leistung ebenfalls beeinflussen. Deshalb sollte die Übungstechnik von der Versuchsperson so beherrscht werden, dass während der Durchführung des Tests keine Kommunikation zwischen Sportler und Versuchsleiter notwendig ist.

Zum Sicherstellen einheitlicher Testbedingungen ist das Testumfeld grundsätzlich für alle Versuchspersonen möglichst einheitlich zu halten. Gleiches gilt für die Bedingungen beim Testen eines Sportlers an unterschiedlichen Testterminen. Zum Erreichen einer hohen Zuverlässigkeit (Reliabilität) ist es dabei vorteilhaft, die Tests möglichst am gleichen Wochentag und zur gleichen Uhrzeit durchzuführen. Hierdurch können zirkadianrhythmische Einflüsse konstant gehalten werden. Ebenfalls kann das **Ernährungsverhalten** vor und am Testtag die Ergebnisse beeinflussen.

Gewöhnungseffekte

Das vollständige Beherrschen der Technik der Testübung ist eine wichtige Voraussetzung, um Gewöhnungseffekte zwischen zwei Messzeitpunkten zu minimieren – z. B. vor und nach einem sechswöchigen Krafttraining. Wird beispielsweise zum Bestimmen der Maximalkraft eine Übung eingesetzt, die der Sportler zuvor noch nie ausgeführt hat, würden **Lerneffekte** das Ergebnis maßgeblich beeinflussen.

Ein gemessener Kraftanstieg wäre nach sechs Trainingswochen zu großen Teilen auf das Erlernen der Testübung zurückzuführen. Je komplexer die Übung, desto größer der Anteil der Lerneffekte am Kraftgewinn. Werden zum Messen der Kraftfähigkeiten Übungen eingesetzt, die der Sportler zuvor noch nicht ausgeführt hat, ist deshalb mindestens eine Testeinheit zu Gewöhnungszwecken durchzuführen (vgl. Kraemer und Frey 1995). Zwischen den „Probeeinheiten“ und dem definitiven Messen der Kraftfähigkeiten ist auf das Einhalten entsprechender Pausentage zu achten. Die Muskeln dürfen beim Testen nicht vorermüdet sein.

Tests standardisieren

Beim Bestimmen der Kraftfähigkeiten sind die Testbedingungen für Sportler einheitlich festzulegen. Dies betrifft alle Phasen der Testdurchführung: von den Anweisungen für die Testpersonen über den Ablauf der Untersuchung bis hin zum Auswerten und Interpretieren der Ergebnisse. Dies ist zwingend notwendig, um die Leistungsentwicklung dokumentieren und Testergebnisse vergleichen zu können.

4.2 Messen der Muskelkraft

In ➤ Kap. 1 wurde bereits der hohe Stellenwert der Muskelkraft in den Radsportdisziplinen aufgezeigt. In den folgenden Abschnitten werden nun Messverfahren vorgestellt, mit denen radsportrelevante Kraftfähigkeiten bestimmt und dokumentiert werden können. Die Leistungstests haben folgende Aufgaben:

- Bestimmen der Widerstandslasten für das Trainieren im Kraftraum
- Bestimmen des gegenwärtigen Leistungszustandes radsportrelevanter Kraftfähigkeiten
- Dokumentieren der Leistungsentwicklung in einem definierten Zeitraum (z. B. innerhalb eines bestimmten Trainingsabschnitts)
- Erkennen von Wechselwirkungen zwischen verschiedenen Einflussgrößen des Leistungszustandes (z. B. Einfluss der Muskelkraft auf die Ausdauerleistungsfähigkeit)

Die einzelnen Aufgaben werden in den folgenden Abschnitten näher erläutert. Einleitend werden wichtige Hinweise zum Durchführen von Leistungstests in der Praxis gegeben.

4.2.1 Sicherheit

Das Bestimmen maximaler Kraftfähigkeiten ist nur mit gesunden Sportlern ohne Einschränkungen am Stütz- und Bewegungsapparat durchzuführen. Ebenfalls muss die Testperson die Übungstechnik beherrschen, besonders wenn die Maximalkraft mit komplexen und koordinativ anspruchsvollen Freihantelübungen wie der Kniebeuge bestimmt wird. Beim Einsatz von Freihantelübungen ist ebenfalls die Anwesenheit eines Trainers oder Trainingspartners notwendig. Dieser geht im Fall eines vorzeitigen Muskelversagens unterstützend zur Hand und hilft beim Absetzen der Hantel, um Verletzungen zu vermeiden. Besonders die Übungen Bankdrücken und Kniebeuge mit der Langhantel verlangen beim Ausführen mit maximalen Lasten die Hilfestellung eines Partners (➤ Kap. 3.6.4). Es ist außerdem immer darauf zu achten, dass die eingesetzten Trainingsgeräte technisch in einwandfreiem Zustand sind.

4.2.2 Maximalkrafttests

Für Trainingsanfänger werden hinsichtlich des Bestimmens der Maximalkraft oftmals Bedenken geäußert; die dabei auftretenden hohen Belastungsspitzen für den Stütz- und Bewegungsapparat werden als Risiko angesehen (Boeckh-Behrens und Buskies 1999). Hier ist jedoch zu argumentieren, dass bei Untrainierten Hemmprozesse sowie eine schlechte inter- und intramuskuläre Koordination vorliegen. Dadurch realisieren Untrainierte in Relation zu ihrem Muskelquerschnittspotenzial weniger Kraft als Trainierte.

Zum Bestimmen der Maximalkraft ist der Einsatz hoher Widerstände deshalb in der Regel überhaupt nicht notwendig. Da Untrainierte weniger Kraft produzieren, können auch keine gefährlich hohen Muskelspannungen auftreten. Eine Muskel- oder Sehnenverletzung aufgrund hoher Muskelspannungen ist daher äußerst unwahrscheinlich (Schlumberger und Schmidtbleicher 2004). Außerdem handelt es sich bei Testübungen zum Bestimmen der Maximalkraft um kontrollierte Bewegungsabläufe, die gegenüber den oftmals komplexen Bewegungsaufgaben im Sport verhältnismäßig risikolos sind. Bevor mit Anfängern ein Maximalkrafttest durchgeführt wird, sind ohnehin Testeinheiten zu Gewöhnungszwecken notwendig (➤ Kap. 4.1.1).

4.2.3 Aufwärmen

Vor dem Ausführen von Krafttests ist der Kreislauf zu aktivieren und die Muskeln sind aufzuwärmen. Der Körper wird so auf die hohen Belastungen der Kraftmessungen vorbereitet. Durch ein entsprechendes Aufwärmen steigt ebenfalls die Leistungsfähigkeit, da u. a. die Koordination und die nervale Reizleitung verbessert werden. Dadurch kann das Leistungsmaximum bei Krafttests gesteigert werden.

Beim Aufwärmen ist zunächst der Kreislauf zu aktivieren. Dies kann z. B. durch ein 5- bis 15-minütiges Fahren auf dem Ergometer erreicht werden. Weitere Information zum Aufwärmen enthält ➤ Kap. 6.2.4. Dem allgemeinen Aufwärmen am Ergometer folgt ein spezielles Aufwärmen. Im Blickpunkt stehen dabei die Muskelgruppen, die beim Test involviert sind.

Spezielles Aufwärmen

Zum Vorbereiten auf die hohen Belastungen sind vor Testbeginn **Aufwärmsätze** durchzuführen. Besonders fortgeschrittene Sportler benötigen ein gründliches Aufwärmen, da sie z. T. sehr hohe Lasten bewegen.

Bei Maximalkrafttests können bis zu 4 Aufwärmsätze durchgeführt werden, wobei die Intensität von Satz zu Satz zu steigern ist. Das Erhöhen des Widerstandes erfolgt schrittweise, bis ca. 80–90 % der beim ersten Messversuch eingesetzten Last erreicht sind. Mit zunehmender Intensität ist die Anzahl der Wiederholungen deutlich zu reduzieren. In ➤ Tab. 4.1 werden *Beispiele* für das Gestalten der Aufwärmsätze vor einem Maximalkrafttest gegeben. Zwischen den ersten beiden Sätzen ist eine Pause von ca. 2 Minuten zu berücksichtigen. Bei den Folgesätzen sollte die Pausendauer 3–4 Minuten betragen. Direkt vor dem Messdurchgang ist eine längere Pause von 5 Minuten einzuhalten.

Die Angaben in der Tabelle beziehen sich auf die Übung Kniebeuge mit Hantellast. Die Werte sind übertragbar auf einen Großteil der mehrgelenkigen Kraftübungen. Bei eingelenkigen Übungen, z. B. Beinstrecken am Gerät, ist meist ein weniger intensives Aufwärmen ausreichend. Die klassischen Übungen des Gewichthebens, z. B. das Reißen mit der Langhantel, erfordern dagegen ein deutlich umfangreicheres Vorbereiten der Muskeln auf die Belastungen, besonders bei leistungsfähigeren Athleten (vgl. Zawieja 2008).

Tab. 4.1 Beispiele für das Durchführen von Aufwärmsätzen vor einem Maximalkraftversuch (Übung: Kniebeuge mit Hantellast)

Aufwärmsatz	Wiederholungen (WH)	Intensität des Widerstandes; gemessen an der beim ersten Messversuch eingesetzten Last (100 %)
Hochtrainierter Sportler		
1. Satz	12 WH	ca. 60 %
2. Satz	8 WH	ca. 70 %
3. Satz	4 WH	ca. 80 %
4. Satz	2 WH	ca. 90 %
Sportler mit wenig Erfahrung im Krafttraining		
1. Satz	12 WH	ca. 60 %
2. Satz	6 WH	ca. 70 %
3. Satz	3 WH	ca. 80 %

Dehnen

Vor den Aufwärmsätzen kann ein kurzes **dynamisches** Dehnen für die beanspruchten Muskelgruppen durchgeführt werden. Auf keinen Fall sollten statische Dehnübungen absolviert werden. Hierbei besteht die Gefahr, dass die Leistung gemindert wird. Statische Dehnübungen können kurzfristig die Maximal- und Schnellkraftleistungen negativ beeinflussen (➤ Kap. 5.3.2). Die Folge wäre ein Verfälschen der Ergebnisse.

4.3 Bestimmen der Übungslasten

Wie bereits in ➤ Kap. 3.7.1 aufgezeigt, sollte in der Praxis das Steuern der Intensität über das Repetition Maximum (RM) erfolgen. Dem Sportler wird bei einer Übung eine fixe Wiederholungszahl vorgegeben; er soll dann das maximale Gewicht einsetzen, mit dem er die vorgegebene Anzahl an Wiederholungen durchführen kann. Eine Angabe von z. B. 10 RM steht für ein Gewicht, mit dem maximal 10 sauber ausgeführte Wiederholungen durchführbar sind (➤ Kap. 3.7.1).

Das Repetition Maximum ist insbesondere zum Beginn eines Krafttrainings mit Untrainierten zu ermitteln, da sie keinerlei Erfahrungen haben, welche

Lasten sie bei einzelnen Übungen wie oft bewegen können. Um dabei Gewöhnungseffekte zu reduzieren, sollte mindestens eine separate Testeinheit durchgeführt werden (➤ Kap. 4.1.1).

Repetition Maximum (RM)

Ermittelt wird das Repetition Maximum nach der Methode „Versuch und Irrtum". Nach dem Aufwärmen der Muskeln (➤ Kap. 4.2.3) tastet sich der Sportler an die Last heran, mit der er die Vorgabe erreicht – z. B. 10 RM. Schafft er weniger als 10 Wiederholungen, ist ein leichteres Gewicht einsetzen – bewältigt er mehr Wiederholungen, ist das Gewicht zu erhöhen.

Bei komplexen Übungen, bei denen mehrere Gelenke und große Muskelgruppen beteiligt sind (z. B. Kniebeuge), sollte der Widerstand in Schritten von jeweils 5 kg verändert werden. Dies gilt allerdings nur für den Fall, dass die Vorgabe knapp verfehlt wurde – z. B. um 2–3 Wiederholungen. Schafft die Testperson deutlich mehr oder weniger Wiederholungen, ist die Last in entsprechend größeren Schritten zu erhöhen bzw. zu reduzieren. Zwischen den einzelnen Versuchen ist auf eine ausreichende Pausendauer von mindestens 5 Minuten zu achten. Durch die lange Pausendauer wird berücksichtigt, dass sich das Repetition Maximum auf die Leistungen für einen Muskel im unermüdeten Zustand bezieht.

In der Trainingspraxis wird für das Repetition Maximum oftmals eine Spanne vorgegeben – z. B. 8–12 RM. Diese Vorgabe bezieht sich meist auf mehrere Sätze. Im ersten Satz soll dabei die maximale Anzahl von 12 Wiederholungen erreicht werden. Danach reduziert sich die Anzahl der ausführbaren Wiederholungen automatisch – die Muskeln ermüden von Satz zu Satz. Für das Bestimmen des Repetition Maximums zählt daher der höhere Wert. Orientiert sich der Krafttest am unteren Wert, wird in keinem Satz die maximale Anzahl von 12 Wiederholungen erreicht.

Kriterien

Beim Bestimmen des Repetition Maximums sind die folgenden Kriterien besonders zu berücksichtigen:

- Durchführen von mindestens einer separaten Testeinheit zum Reduzieren von Gewöhnungseffekten
- Überwachen der vorgegebenen Übungstechnik
- Ausweichbewegungen sind sofort zu korrigieren
- Abbruch des Tests, sobald die geforderte Körperposition nicht mehr gehalten werden kann (Ermüdung)
- Regelmäßiges Atmen
- Protokollieren der erreichten Wiederholungsanzahl

Trainingskontrolle

Das Bestimmen des Repetition Maximums kann auch zur Trainingskontrolle herangezogen werden. Zum einen kann damit überprüft werden, ob der Sportler seine Übungswiderstände dem Trainingsfortschritt entsprechend angepasst hat. Zum anderen kann die Leistungsentwicklung dokumentiert werden – allerdings nur beim Einsatz submaximaler Lasten. Die erreichten Wiederholungszahlen lassen keinen Rückschluss auf die individuelle Maximalkraft zu (mehr dazu in ➤ Kap. 3.7.1).

4.4 Bestimmen des Leistungszustandes

Beim Radfahren wird den Muskeln der Beine die größte Leistung abverlangt. Daher liegt in den Radsportdisziplinen der Schwerpunkt der Kraftdiagnostik auf den unteren Extremitäten. Beim Untersuchen der Kraftfähigkeiten muss zunächst geklärt werden, ob ein **mehrgelenkiger oder ein eingelenkiger Test** durchgeführt werden soll.

Da die sportlichen Bewegungsabläufe des Radfahrens mehrere Gelenke gleichzeitig beanspruchen, liefert ein mehrgelenkiger Test die aussagekräftigsten Ergebnisse. An der Tretbewegung sind drei Gelenke beteiligte: Hüfte, Knie und Sprunggelenk. Diese Gelenke sind möglichst mit dem gleichen Bewegungsmuster zu testen, das sie auch im Wettkampf erbringen müssen. Aufgrund ihrer Ähnlichkeit zur Tretbewegung ist hier besonders die **Kniebeuge mit**

Hantellast eine valide Testübung (vgl. Hildebrand et al. 1989). Um die Kniebeuge zum Bestimmen der Kraftfähigkeiten einzusetzen, muss die Bewegungstechnik von der Testperson beherrscht werden, wovon bei ambitionierten Radsportler auszugehen ist. Die Kniebeuge mit Hantellast stellt die wichtigste Übung im Krafttraining der Radsportdisziplinen dar. Das Erlernen der Kniebeuge sollte zu den ersten Zielen gehören, wenn ein Radsportler mit dem Training im Kraftraum beginnt.

4.4.1 Maximalkraft

Als wichtigster Parameter der muskulären Leistungsfähigkeit ist die **dynamische Maximalkraft** zu bestimmen. Das Bestimmen dieses Kraftwertes ist von zentraler Bedeutung, da das Ausmaß der dynamischen Maximalkraft sowohl die Kraftausdauer als auch die Schnellkraft beeinflusst (➤ Kap. 2.1).

Bestimmen der dynamischen Maximalkraft

Zum Erfassen der dynamischen Maximalkraft (1 RM) der vortriebrelevanten Muskeln wird die Last bestimmt, mit welcher der Sportler bei der **Kniebeuge** gerade einmal in die tiefe Hocke gehen und sich wieder aufrichten kann. Eine genaue Beschreibung der Übung ist ➤ Kap. 6.3.1 zu entnehmen. Um die notwendige Sicherheit zu gewährleisten, sind Maximalkraftversuche immer nur mit Hilfestellung eines Trainers durchzuführen (➤ Kap. 3.6.4).

Bevor mit den Messversuchen begonnen wird, sind die Muskeln wie bereits beschrieben aufzuwärmen (➤ Kap. 4.2.3). Die Anzahl der durchgeführten Versuche zum Bestimmen der Maximalkraft sollte 5–6 Messungen nicht überschreiten; das Ergebnis würde sonst durch ein Vorermüden der Muskeln beeinflusst. Bei gut Trainierten sind in der Regel weniger Messversuche notwendig, da sie aufgrund ihrer Trainingserfahrung die Maximallast besser einschätzen können. Bei weniger Trainierten ist dies schwieriger, da sie oftmals noch keinen Maximalkrafttest durchgeführt haben.

➤ Tab. 4.2 soll aufzeigen, welche Last bei einem Maximalkraftversuch zum Einsatz kommen sollte. Die Angaben basieren auf erreichten Wiederholungszahlen im Training. Konnten z. B. bei der Kniebeuge 90 kg maximal 10-mal bewältigt werden, entspricht dies einer theoretischen Intensität von 75 % der Maximalkraft (➤ Tab. 4.2). Demnach sollte beim Bestimmen des 1er Repetition Maximums eine Last von 120 kg versucht werden. Dies entspricht dann der theoretischen Maximalkraft von 100 %. **Es ist jedoch zu betonen, dass die Tabelle nur der Orientierung dient.** Die erreichbaren Wiederholungszahlen können zwischen einzelnen Sportlern und von Übung zu Übung erheblich schwanken. Deshalb lassen die erreichten Wiederholungszahlen bei submaximaler Last keinen wirklichen Rückschluss auf die Maximalkraft zu (➤ Kap. 3.7.1). Die Tabelle stellt eine Hilfe dar, um die Anzahl der Testversuche zum Bestimmen der Maximalkraft möglichst gering zu halten. Zwischen den Messversuchen ist eine Pause von mindestens 5 Minuten einzuhalten.

Kriterien

Beim Ausführen der Übung ist unbedingt der **tiefste Beugewinkel im Kniegelenk zu beachten.** Ein geringes Verändern des Beugewinkels führt zu stark veränderten Messergebnissen. Die Maximallast für tiefe Kniebeugen wird von Autoren erfahrungsgemäß mit ca. 30–50 % unter der Maximallast für hal-

Tab. 4.2 Übersicht zum Abschätzen von Maximallasten auf Basis erreichter Wiederholungszahlen (nach Baechle et al. 2000)

Repetition Maximum (Orientierungswerte)	
1 RM	100 %
2 RM	95 %
3 RM	93 %
4 RM	90 %
5 RM	87 %
6 RM	85 %
7 RM	83 %
8 RM	80 %
9 RM	77 %
10 RM	75 %
11 RM	70 %
12 RM	67 %

4

be Kniebeugen beziffert (Gottlob 2001; Pernitsch und Brunner 2006). Um die erreichte Leistung vergleichbar zu machen, muss die Tiefe der Hockposition daher bei Wiederholungstest einheitlich sein.

Wird die Kniebeuge vom Sportler erstmalig als Testübung eingesetzt, ist im Vorfeld mindestens eine separate **Testeinheit** zu Gewöhnungszwecken durchzuführen.

Auswerten der Ergebnisse

Im Radsport liegt das Ziel nicht darin, die Muskelkraft maximal zu entwickeln wie beim Gewichtheben. Es geht darum, die Muskelkraft optimal zu entwickeln. Nur wo liegt dieses Optimum? Im Radsport sind bislang kaum Maximalkraftwerte dokumentiert worden. Es fehlt an Richtwerten, an denen sich Athleten und Trainer orientieren können. ➤ Tab. 4.3 soll dabei helfen, die gemessenen Maximalkraftwerte zu beurteilen. Alle getroffenen Angaben basieren auf langjährigen Erfahrungen aus der Zusammenarbeit mit Leistungssportlern der unterschiedlichen Radsportdisziplinen. Die Empfehlungen gelten für Radsportler, die in der Regel zweimal in der Woche ein Krafttraining für die Muskeln der unteren Extremitäten betreiben. Die am Körpergewicht relativierten Lasten sind ein Ziel, das im **mehrjährigen Trainingsaufbau** zu verfolgen ist. Die angegebene Untergrenze stellt dabei ein Pflichtziel dar, die Obergrenze ein mögliches Optimum.

Der eine oder andere Trainer und Sportler wird über die Höhe der genannten Lasten verwundert sein. Die Angaben sind jedoch keinesfalls unrealistisch. Eine Studie an 196 Sportstudenten zeigte, dass diese durchschnittlich in der Lage sind, ca. das 1,5-Fache ihres Körpergewichts bei der Kniebeuge (Oberschenkel parallel zum Boden) zu bewegen (Wirth und Zawieja 2008a). Aus diesen Ergebnissen wird für Leistungssportler eine Zielvorgabe abgeleitet, die dem Doppelten des Körpergewichts entspricht. Die Autoren betonen, dass dieses Ziel für jemanden, der für sich in Anspruch nimmt, Leistungssportler zu sein, nicht wirklich eine Herausforderung darstellen sollte. Dies gilt besonders für Sportarten, in denen die Schnellkraft einen hohen Stellenwert hat und das Üben im Kraftraum zum regelmäßigen Trainingsprogramm gehört (Wirth und Zawieja 2008a).

Dieser Meinung schließen sich die Autoren des vorliegenden Buches an. Die in ➤ Tab. 4.3 getroffenen Angaben relativieren sich weiter, da bei leistungsorientierten Radsportlern von einem geringen Körpergewicht im Verhältnis zu ihrer Körpergröße auszugehen ist. Um die angeführten Ziele zu erreichen, ist dennoch ein kontinuierlicher Trainingsaufbau über mehrere Jahre notwendig. Ebenfalls bedarf es im Trainingsprozess einer kompetenten Anleitung durch erfahrene Trainer. Das Krafttraining sollte spätestens im Jugendtraining begonnen werden (➤ Kap. 5.5). Die angegebenen Lasten sind in der Regel nicht mehr zu erreichen, wenn erst im Erwachsenenalter mit dem Üben im Kraftraum begonnen wird (vgl. Wirth und Zawieja 2008a).

An dieser Stelle seien noch einmal kurz die bereits in diesem Buch erwähnten Leistungen von Athleten angeführt. Anna Meares, eine australische Radrennfahrerin und Spezialistin für Kurzzeit-Disziplinen auf der Bahn (zweifache Olympiasiegerin und mehrfache Weltmeisterin), bewegte auf der schrägen Beinpresse einmal die Last von 225 kg (Mujika et al.

Tab. 4.3 Zielwerte für die Maximallast bei der tiefen Kniebeuge mit Hantellast hinten*; relativiert am Körpergewicht

Radsportdisziplin	Empfohlener Zielwert für die Maximallast** (Angaben als Mehrfaches des Körpergewichts)
Straßenradsport (allgemein)	1,5–1,8
Straßenradsport Sprintspezialisten	1,7–2,3
Straßenradsport Spezialisten Kriterium/Rundstrecke	1,7–2,3
Querfeldein (Cross)	1,7–2,3
Mountainbike Marathon	1,5–1,8
Mountainbike Cross Country	1,7–2,3
Bahnradsport Ausdauerdisziplinen	1,7–2,3
Bahnradsport Sprintspezialisten	2,5–3,0
Triathlon Langstrecke	1,2–1,5
Triathlon Olympische Distanz/ Kurzstrecke	1,5–1,8

* Kniewinkel von 70° in der Hockposition (Oberkante Oberschenkel steht parallel zum Boden)
** Die maximalen Lasten sind am Körpergewicht relativiert

2016). Die deutsche Bahnradfahrerin Miriam Welte schaffte in der unmittelbaren Wettkampfvorbereitung auf die Olympischen Spiele in Rio sieben Tiefkniebeugen mit 110,5 kg und eine Wiederholung mit 122,5 kg (Thomas & Zawieja, 2016). Der ehemalige schottische Bahnradsportler und vielfache Olympiasieger Sir Chris Hoy konnte fünf Wiederholungen mit 631 kg in der Beinpresse stemmen (Mujika et al. 2016). Heike Henkel, die Hochsprung-Olympiasiegerin von 1992, bewältigte bei einem Körpergewicht von rund 60 kg über 200 kg Hantellast bei der Parallelkniebeuge (Killing, 2003).

Testergebnisse bewerten

Die erreichten Maximallasten sind am Körpergewicht des Sportlers zu relativieren. Bislang fehlt es jedoch an Referenzwerten. Es ist daher schwierig, das Optimum der Muskelkraft für die einzelnen Radsportdisziplinen anzugeben. Leistungsorientierte Radsportler sollten im Mittel mindestens das 1,5-Fache ihres Köpergewichts bei der tiefen Kniebeuge bewältigen.

Isometrische Maximalkraft

In der Praxis werden zum Bestimmen der Maximalkraft oftmals auch isometrische Tests eingesetzt. Hierbei erfolgt keine Bewegung im Gelenk, das vom getesteten Muskel bzw. der Muskelgruppe überspannt wird. Im Radsport erfreut sich das sogenannte „Beinkraft-Messgerät" (BKM) großer Beliebtheit. Das Gerät ist einer vertikalen Beinpresse aus Fitnessanlagen sehr ähnlich. Am Fußende ist es mit Kraftmessplatten ausgestattet. Mit dieser Messeinrichtung kann die isometrische Maximalkraft der Beinstrecker ermittelt werden.

Die hierbei erhobenen Daten erlauben jedoch nur Aussagen über das **Kraftniveau im getesteten Gelenkwinkel.** Die Aussagekraft für die dynamischen Bewegungsmuster des Radfahrens ist daher begrenzt. Ein weiterer und oftmals unbeachteter Gesichtspunkt lässt ein isometrisches Messen der Kraft ebenfalls als ungeeignet erscheinen: Beim Entwickeln maximaler isometrischer Kraft können gewaltige lokale Belastungsspitzen im Knochen-Knorpel-Gewebe auftreten, besonders bei leistungsstärkeren Athleten, da diese in der Regel über ein hohes isometrisches Kraftniveau verfügen. Im ungünstigsten Fall führen diese Belastungen zu **lokalen Reizerscheinungen** (Verdonck 1997). Die Notwendigkeit, Aussagekraft und Funktion eines isometrischen Maximalkrafttests sollten daher wohlüberlegt sein.

Rumpfmuskulatur

Beim Einsatz komplexer Testübungen, z. B. der Kniebeuge, können schwach entwickelte Stütz- und Stabilisationsmuskeln das Ergebnis beeinflussen. Das Ausführen einer Kniebeuge mit hoher Hantellast erfordert z. B. eine besonders gut entwickelte Rumpfmuskulatur. Diese ist notwendig, um den gesamten Körper unter Last zu stabilisieren. Sind die Muskeln des Rumpfes zu schwach ausgebildet, wirken sie beim Ausführen schwerer Kniebeugen limitierend. In diesem Fall wäre ein Bestimmen der Maximalkraft der unteren Extremitäten mit der Kniebeuge nicht möglich. Bevor die Beinkraft ihr Limit erreicht, versagen die Rumpfmuskeln. Auf der anderen Seite stellt die Kniebeuge eine hervorragende Übung dar, um Schwächen der Rumpfmuskeln zu identifizieren.

Rumpfkraft im Radsport

Eine gut ausgebildete Rumpfmuskulatur entlastet und stabilisiert die Wirbelsäule bei sämtlichen Bewegungen im Alltag eines Radsportlers, z. B. beim Heben einer Getränkekiste oder eines Fahrrades vom Autodach, und bei zahlreichen Übungen im Kraftraum. Beim Radfahren kommt den Rumpfmuskeln ebenfalls eine wichtige Funktion zu. Sie übertragen u. a. die Kraft zwischen Ober- und Unterköper, um mehr Kraft auf die Pedale zu bringen. Ein Beurteilen der Leistungsfähigkeit der Rumpfmuskulatur ist daher bei Radsportlern sinnvoll. Es ist zwar davon auszugehen, dass eine gesteigerte Rumpfkraft die Leistung beim Radfahren nicht verbessern kann (vgl. Haugen et al. 2016; Nesser et al. 2008; Tomoko et al. 2011) – eine gut ausgebildete Rumpfkraft ermöglicht es aber, effektive Krafttrainingsübungen wie die Hantelkniebeuge mit hohen Lasten auszuführen, was wiederum positiv auf die Leistung der antriebsrelevanten Muskeln beim Radfahren wirkt (vgl. Hildebrand et al. 1989).

Testen der Rumpfkraft

Zum Bestimmen der Rumpfkraft werden in der Praxis oftmals spezielle **isometrische Messeinrichtungen** eingesetzt. An diesen Geräten wird unter isometrischen Bedingungen vor allem die Kraft der Bauch- und Rückenstreckmuskeln gemessen. Die hierbei erhobenen Daten sind jedoch nur wenig aussagekräftig. Aus sport- und alltagsrelevanter Sicht ist besonders das Fehlen der wichtigen dynamisch-koordinativen Komponente zu betonen. Es fehlt jegliche Bewegung. Wichtige Aspekte wie z. B. Gleichgewicht und Beweglichkeit werden bei einem isometrischen Test nicht erfasst.

Ebenfalls werden bei diesen Tests wichtige Muskelgruppen für die Rumpfstabilität nicht berücksichtigt, z. B. die Gesäßmuskeln. Ein subjektives Beurteilen der Rumpfkraft ist für die Praxis weit aussagekräftiger. Hierzu braucht man allerdings erfahrene und kompetente Trainer, die das Ausführen von Testübungen zum Bestimmen der Rumpfkraft überwachen und die Leistungsfähigkeit anhand bestimmter Kriterien beurteilen. Zum Bestimmen der Leistungsfähigkeit der Rumpfmuskeln eignen sich besonders die folgenden Übungen aus dem Bereich Krafttraining:

- Kniebeuge mit der Langhantel
- Ausfallschritte mit der Lang- oder Kurzhantel
- Reißkniebeuge mit der Langhantel

Das Ausführen dieser Übungen deckt Schwächen der Rumpfmuskeln auf. Ebenfalls können Schwächen beim Ausführen der Bewegungen identifiziert werden. Eine schwache Rumpfmuskulatur zeigt sich z. B. in einem Krümmen des Oberkörpers im Bereich der Lenden oder Brustwirbelsäule sowie einer Adduktion und Innenrotation des Oberschenkels. Ursachen hierfür sind z. B. eine schwache Gesäßmuskulatur sowie Schwächen im Bereich der Rückenstreckmuskeln (vgl. Brummit 2008). Die Übungen müssen dabei nicht einmal mit schweren Lasten ausgeführt werden; zum Erkennen von Schwächen reicht meist der Einsatz mittlerer Lasten aus. Bei der Reißkniebeuge ist meist schon ein Ausführen ohne Gewicht nur mit der Hantelstange ausreichend, um Schwächen zu identifizieren.

Schlecht entwickelte Rumpfmuskeln sind nicht nur bei Trainingsanfängern zu erwarten. Auch Sportler, die bislang hauptsächlich an Kraftmaschinen trainiert haben, z. B. an der Beinpresse, zeigen oftmals Schwächen im Bereich der Rumpf- und Körperstabilisierung. Beim Üben an Maschinen werden die wichtigen Rumpf- und Stützmuskeln nur unzureichend trainiert (➤ Kap. 3.10). Durch das regelmäßige Ausführen der in diesem Buch dargestellten Trainingsübungen kann eine alltags- und radsportwirksame Rumpfmuskulatur entwickelt werden.

Maximalkraft testen

Als wichtigster Parameter der muskulären Leistungsfähigkeit ist im Radsport die dynamische Maximalkraft der vortriebsrelevanten Muskeln zu bestimmen, da das Ausmaß der dynamischen Maximalkraft sowohl die Kraftausdauer als auch die Schnellkraft beeinflusst. Die gemessenen Kraftwerte sind mit Blick auf die jeweilige Radsportdisziplin zu bewerten. Die höchsten Kraftwerte sind von Bahnsprintern zu erbringen. Als Testübung empfiehlt sich besonders die tiefe Kniebeuge mit Hantellast.

4.4.2 Wechselwirkungen erkennen

Dass ein gezieltes Trainieren der Muskelkraft die Ausdauerleistungsfähigkeit nicht verschlechtert, wird zunehmend durch Studien belegt. Ein Krafttraining hat vielmehr positive Wirkungen für Ausdauersportler. Durch eine verbesserte Muskelkraft kann z. B. die Leistung für rennentscheidende Sprintsituationen bedeutend gesteigert werden (➤ Kap. 3.2).

Um Leistungsreserven zu identifizieren, reichen deshalb die im Radsport standardmäßig durchgeführten Laktat- und Atemgasuntersuchungen zum Bestimmen der Ausdauerleistungsfähigkeit nicht aus. Nach einem über mehrere Jahre systematisch betriebenen Ausdauertraining kommt es zu einer Plateaubildung. Die aerobe Ausdauerleistungsfähigkeit lässt sich nicht mehr oder nur noch gering verbessern. Ein Blick ist daher besonders auf die Kraftfähigkeiten zu richten. Im Fokus steht dabei das bereits beschriebene Testen der Maximalkraft. Weitere Tests können zusätzliche Erkenntnisse liefern – z. B. das Untersuchen **isokinetischer Kraftleistungen** auf dem Fahrradergometer (➤ Kap. 4.4.3).

Durch eine biomechanische Bewegungsanalyse im Rahmen eines **Bikefittings** können zusätzliche Erkenntnisse darüber gewonnen werden, ob Mensch und Maschine (Rad) eine günstige Einheit bilden, um die Muskelkraft optimal auf die Pedale zu übertragen. Auch das Untersuchen des Ernährungszustandes und der Körperzusammensetzung mittels einer **bioelektrischen Impendanzanalyse (BIA)** hilft dabei, die Aussagekraft von Testergebnissen zu verbessern. Erst die **Kombination** verschiedener leistungsdiagnostischer Untersuchungen ermöglicht es, die tatsächliche Leistungsfähigkeit detailliert abzubilden (➤ Tab. 4.4).

Komplexe Leistungsdiagnostik

Erst die Kombination verschiedener leistungsdiagnostischer Untersuchungen ermöglicht es, die tatsächliche Leistungsfähigkeit detailliert abzubilden und Schwächen aufzudecken. Neben dem etablierten Bestimmen von Parametern der Ausdauerleistungsfähigkeit (z. B. Laktat und Atemgasanalyse) sind besonders die Kraftfähigkeiten zu analysieren. Ergänzend zu dynamischen Kraftmessungen liefern hierbei biomechanische Untersuchungen wertvolle Erkenntnisse, z. B. isokinetische Krafttests auf dem Ergometer.
Durch eine Fahrradbiometrie (Bikefitting) können zusätzliche Erkenntnisse darüber gewonnen werden, ob der Fahrer eine günstige Sitzposition hat, um die Muskelkraft optimal auf die Pedale zu übertragen.

Bei der Interpretation der Messwerte sind die speziellen Anforderungen der jeweiligen Radsportdisziplin zu beachten. So stellt z. B. der Querfeldeinsport höhere Anforderungen an die Muskelkraft als der Straßenradsport (➤ Kap. 1). Dies ist beim Auswerten der Ergebnisse unbedingt zu berücksichtigen. Nur so können disziplinspezifische Schwächen aufgezeigt und das Training individuell geplant werden.

Tab. 4.4 Kombination leistungsdiagnostischer Untersuchungen im Radsport (nach iQ athletik, Institut zur Trainingsoptimierung, Frankfurt a. M.)

Untersuchung	Testmethode	Parameter	Ziel	Ganzheitlicher Nutzen
Ausdauer Kraft	Stufentest auf dem Ergometer	• Blutlaktat • Herzfrequenz • Leistung	Bestimmen der Ausdauerleistungsfähigkeit	• Beurteilen des Leistungszustandes • Überprüfen der angewandten Trainingsprogramme • **Optimieren des Trainings!** • **Ausschöpfen individueller Leistungsreserven!** • Optimieren des Übertragens der Bewegungsenergie auf das Fahrrad • Identifizieren orthopädischer Probleme • Optimieren der Ernährung
	Rampentest auf dem Ergometer	• Atemgase • maximale Sauerstoffaufnahme (VO_2max) • Herzfrequenz • Leistung		
	dynamischer Maximalkrafttest der vortriebsrelevanten Muskulatur	1er Wiederholungsmaximum (1 RM) bei der Hantelkniebeuge	Bestimmen des Maximalkraftniveaus als Basisfähigkeit der Explosivkraft, Schnellkraft und Maximalkraft	
	Diagnostik der Rumpfkraft bei komplexen Hantelübungen z. B. Ausfallschritte und Reißkniebeuge	subjektives Beurteilen bestimmter Kriterien; z. B. Haltung des Oberkörpers im Bereich der Lenden- und Brustwirbelsäule	Identifizieren von Schwächen bei der Rumpf- und Körperstabilisierung; u. a. als wichtige Voraussetzung für ein effektives Krafttraining	
	isokinetischer Muskelkrafttest auf dem Ergometer über 6 Sekunden	erreichte Leistung (Watt) bei unterschiedlichen Trittfrequenzen (50–130 U/min)	Beurteilen des radsportspezifischen dynamischen Kraftniveaus	
	wiederholter Sprinttest im isokinetischen Modus	veränderte Leistung (Watt) im Ermüdungsverlauf; die aktiven Pausenzeiten zwischen den Sprints werden stetig verkürzt	Beurteilen der Ermüdungswiderstandsfähigkeit bei hochintensiven kurzen Intervallbelastungen	

Tab. 4.4 Kombination leistungsdiagnostischer Untersuchungen im Radsport (nach iQ athletik, Institut zur Trainingsoptimierung, Frankfurt a. M.) *(Forts.)*

Untersuchung	Testmethode	Parameter	Ziel	Ganzheitlicher Nutzen
Koordination und Kinetik	Motoriktest: maximale Trittfrequenz über ca. 10 Sekunden mit möglichst geringer Ergometerbremsung	subjektives Beurteilen der Trettechnik (u. a. mithilfe von Videoanalysen, 3D-Motioncapture)	Hinweise zur Koordination als Einflussgröße bei der Tretleistung	
	Fahrradbiometrie (Bikefitting)	• Sitzposition • Tretbewegung auf dem Fahrrad	Überprüfen bestimmter Faktoren beim Übertragen der Bewegungsenergie auf das Fahrrad	
Präventivdiagnostik	orthopädische Tests an Knochen, Gelenken und Muskeln	individuelle Defizite bei • Kraft • Mobilität • Koordination	Ableiten korrigierender Übungen bzw. Maßnahmen	
	bioelektrische Impendanzanalyse (BIA)	verschiedene Parameter wie • Body Cell Mass (BCM); Summe aller Sauerstoffverbrauchenden stoffwechselaktiven Zellen • Phasenwinkel • Intra- und extrazelluläres Wasser	Beurteilen des Ernährungszustandes und der Körperzusammensetzung	
	Calipometrie (Körperfettmessung)	Dicke bestimmter Hautfalten	Beurteilen des Ernährungszustandes und der Körperzusammensetzung	

4.4.3 Isokinetischer Ergometertest

Isokinetische Ergometertests sind nur an speziellen und computergesteuerten Ergometern möglich (➤ Abb. 4.1). Bei diesen Tests werden Tretwiderstand und Tretgeschwindigkeit durch das Ergometer reguliert. Durch das Erhöhen des Widerstandes verhindert das Ergometer, dass eine vorgegebene Trittfrequenz überschritten wird. Diese liegt i. d. R. bei 50–130 U/min. Im Radsport werden verschiedene isokinetische Ergometertests gefahren, die sich vor allem in ihrer Länge unterscheiden. Die kürzeste Messzeit liegt bei ca. 6 Sekunden, die längste bei rund 90 Sekunden. Je nach Test werden dabei unterschiedliche Messwerte erhoben – z. B. die maximale Leistung (Watt) je Kilogramm Körpergewicht, die Durchschnittsleistung, die Ermüdungswiderstandsfähigkeit, Laktat und Atemgase.

Aussagekraft

Isokinetische Ergometertests sind sehr komplex, da die Ergebnisse von vielen Faktoren beeinflusst werden, z. B.:

- Maximalkraftniveau
- Anaerobe Leistungsfähigkeit (alaktazid/laktazid)
- Ab ca. 15 Sekunden zusätzlich durch die aerobe Leistungsfähigkeit (Bachl und Baron 1998)
- Intermuskuläre Koordination im Sinne der Trettechnik

Welchem Einflussfaktor die größte Bedeutung zukommt, kann aus dem Testergebnis nicht abgeleitet werden. Diese Problematik zeigt sich besonders bei der Frage nach den beteiligten Stoffwechselwegen. Ein klares Trennen von alaktazidem und laktazidem Anteil ist bis heute mit keinem Testverfahren möglich (vgl. Heck und Schulz 2002). Die kurzen maxi-

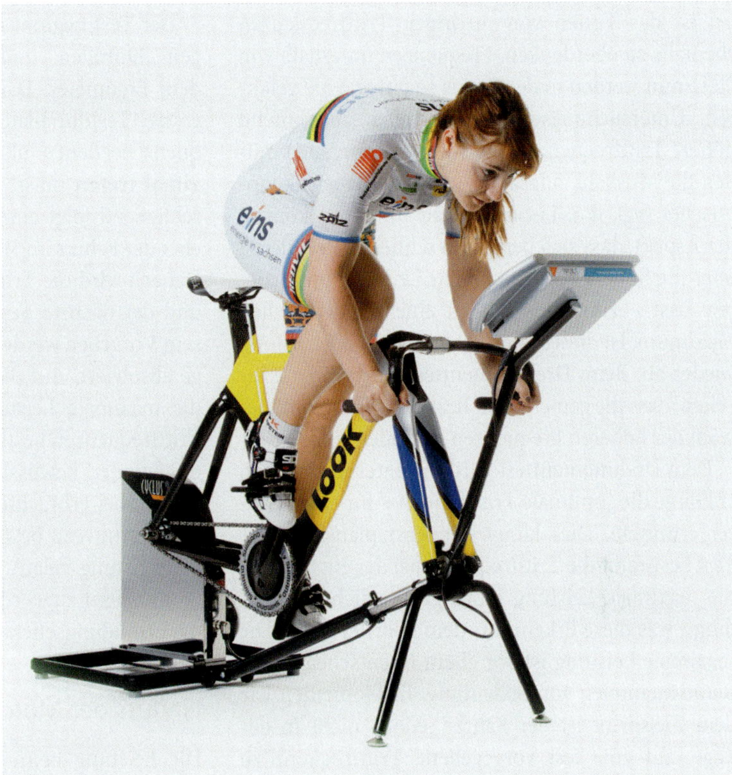

Abb. 4.1 Leistungstest auf einem Cyclus2-Hochleistungsergometer, mit dem auch isokinetische Tests möglich sind. Das Foto zeigt die Olympiasiegerin 2016 im Bahnrad-Sprint, Kristina Vogel (Mit freundlicher Genehmigung der RBM elektronik-automation GmbH)

malen Testverfahren mit Belastungszeiten im Bereich von 6–10 Sekunden können noch relativ klar dem anaerob-laktaziden Stoffwechsel zugeordnet werden. Bei allen längeren Testverfahren ist ein Zuordnen bereits problematisch. Ab einer Belastungszeit von 15 Sekunden ist bereits mit einem Freisetzen der Energie aus dem aeroben Stoffwechsel zu rechnen – selbst bei maximaler Arbeitsintensität (vgl. Bachl und Baron 1998). Nicht nur das kaum trennbare Vermischen der einzelnen Stoffwechselwege macht längere Tests schwer auswertbar. Auch der Einfluss der Motivation gewinnt bei zunehmender Testdauer an Bedeutung.

Um die Aussagekraft eines isokinetischen Ergometertests zu erhöhen, empfiehlt es sich daher, die Dauer auf max. 10 Sekunden zu begrenzen. Die in diesem Zeitraum erbrachte Leistung kann dem anaerob-alaktaziden Stoffwechsel zugeordnet werden und wird hauptsächlich durch das Kraftniveau bestimmt. Damit lässt der Test eine Aussage über die radsportspezifischen dynamischen Kraftfähigkeiten zu (vgl. Bachel und Baron 1998).

Drehmomenttest

Einen kurzen isokinetischen Ergometertest stellt der sogenannte Drehmomenttest dar (vgl. Stapelfeld 2001). Dieser Test ermittelt in fünf Versuchen mit verschiedenen Trittfrequenzen die maximale Leistung in Watt. Die Frequenzen sind i. d. R. 50, 70, 90, 110 und 130 U/min. Um Ermüdungseffekte gering zu halten, werden nur jeweils 10 Sekunden gefahren. Der Sportler muss während dieser Zeit **maximal treten.** Die erste Stufe wird meist im Sitzen gefahren, die folgenden im Stehen.

Diese Methodik ist jedoch zu hinterfragen. Der Drehmomenttest simuliert quasi eine Rennsituation, in der vom Sportler das Leistungsmaximum gefordert ist. *Beispiele* sind der Zielsprint oder eine Zwischenattacke. In diesen Situationen gehen die Fahrer i. d. R. aus dem Sattel, um die maximale Kraft auf die Pedale zu bringen; die Frequenzstufen sollten deshalb alle einheitlich im Stehen gefahren werden. Dies ist auch eine Voraussetzung, um die erbrachte Leistung auf allen Stufen vergleichen zu können. Dabei ist das Testen von niedrigen Trittfrequenzen ebenfalls zu überdenken. Frequenzen unterhalb von 70 U/min werden in der Praxis so gut wie nie gefahren. Untersuchungsergebnisse stellen zunehmend höhere Trittfrequenzen als effizienter dar; sie ermüden die Muskeln langsamer und sind daher ökonomischer (vgl. u. a. Lucía et al. 2000). Hinzu kommt der Aspekt, dass sich bei einem schnellen Pedalieren über die höhere Frequenz mehr Leistung produzieren lässt – zumindest bis zu einem individuellen Maximum. Ist dieses überschritten, fällt die Leistung wieder ab. Beim Drehmomenttest ist davon auszugehen, dass die gemessenen Bestwerte immer im Bereich der höheren Frequenzen zu finden sind.

Dem Drehmomenttest wird mitunter nachgesagt, er könne die „optimale Trittfrequenz" für einen Fahrer ermitteln. Dies klingt zunächst plausibel. Der Test bestimmt die Trittfrequenz, bei der ein Sportler die maximale Leistung erbringt. Fraglich ist allerdings, was diese Erkenntnis dem Sportler nützt. Die maximale Leistung ist vor allem in entscheidenden Rennsituationen von Bedeutung. In Momenten wie dem Zielsprint ist der Fahrer jedoch nicht in der Lage, auf eine fest vorgegebene Trittfrequenz zu achten. Der Sportler benötigt seine volle Konzentration für das Renngeschehen – sowohl Streckenverlauf als auch Gegner müssen im Auge behalten werden. Das theoretische Wissen darüber, bei welcher Trittfrequenz er die maximale Leistung erbringen kann, macht den Sportler hierbei nicht schneller. Der Drehmomenttest sollte deshalb hauptsächlich dazu eingesetzt werden, Erkenntnisse über das **radsportspezifische dynamische Kraftniveau** zu gewinnen. Im folgenden Abschnitt wird der Drehmomenttest in einer modifizierten Form dargestellt.

Isokinetischer Muskelkrafttest auf dem Ergometer

Dieser Test soll dabei helfen, das radsportspezifische dynamische Kraftniveau eines Sportlers zu beurteilen. Der Test ermittelt in fünf Versuchen mit verschiedenen Trittfrequenzen die maximale Leistung in Watt. Unter isokinetischen Bedingungen wird auf dem Ergometer eine disziplinspezifische Trittfrequenz vorgegeben (➤ Tab. 4.5).

Der Test beginnt mit einem ca. 5- bis 10-minütigen „Einrollen" und Aktivieren des Kreislaufs auf dem Ergometer. Danach absolviert der Fahrer den ersten Testdurchlauf mit der niedrigsten Trittfrequenz, bei dem er über eine Zeit von 6 Sekunden **maximal treten** muss. Gefahren wird im Stehen. Anschließend folgt eine Pause von 5 Minuten, in welcher der Fahrer im Sitzen ohne Widerstand pedaliert. Danach wird die Trittfrequenz um 10 U/min erhöht und der nächste Testdurchgang beginnt. Nach diesem Vorgehen werden insgesamt fünf Testdurchgänge absolviert. Auf diesem Weg wird für den Fahrer die maximale Leistung bei fünf unterschiedlichen Trittfrequenzen bestimmt. Der Messzeitraum ist mit 6 Sekunden bewusst kurz gewählt: zum einen weil die hierbei erbrachte Leistung hauptsächlich durch das Kraftniveau bestimmt wird. Zum anderen kann die Leistung relativ klar dem anaerob-alaktaziden Stoffwechsel zugeordnet werden. Zusätzlich werden die Ermüdungseffekte gering gehalten.

Einfluss der Motorik

Die Leistung beim isokinetischen Muskelkrafttest auf dem Ergometer wird neben der Maximalkraft vor allem von der **intermuskulären Koordination** beeinflusst. Je besser die Trettechnik beherrscht wird, desto mehr Leistung kann der Sportler bei diesem Test erbringen. Um den Anteil der Koordination an der erbrachten Leistung beurteilen zu können, ist ein ergänzender **Motoriktest** zu empfehlen. Hierbei soll der Sportler die maximale Trittfrequenz über ca. 10 Sekunden bei möglichst geringer Ergometerbremsung leisten. Die Trettechnik ist dann subjektiv durch einen erfahrenen Radsporttrainer anhand bestimmter Kriterien zu beurteilen – z. B.

Tab. 4.5 Trittfrequenzen beim isokinetischen Muskelkrafttest auf dem Ergometer*

Disziplin	Trittfrequenzen (U/min)
Mountainbike	80/90/100/110/120
Querfeldein	80/90/100/110/120
Straßenradsport	100/110/120/130/140
Triathlon	100/110/120/130/140
Bahnradsport Ausdauer	100/110/120/130/140
Bahnradsport Sprint	100/110/120/130/140

* Angaben für jeweils fünf Versuche

wie die Haltung des Oberkörpers während des Pedalierens ist.

Unterstützen können dabei Videoaufzeichnungen und das Analysieren der Tritttechnik mittels spezieller Software. Es fehlt bislang an geeigneten Methoden, um die Trettechnik objektiver bewerten zu können. Experimentiert wird hier mit biomechanischen Messverfahren. So sollen z. B. mittels Kraftmessungen am Pedal Kraftdifferenzen zwischen beiden Körperseiten aufgedeckt werden. Weiteren Aufschluss sollen EMG-Messungen liefern (Elektromyografie). Durch den Einsatz von Elektroden wird hierbei die Beteiligung einzelner Muskeln an der Tretbewegung gemessen.

Auswerten der Ergebnisse

Der isokinetische Muskelkrafttest auf dem Ergometer ist zum Beurteilen des radsportspezifischen Kraftniveaus ein sehr valider Test. Die erhobenen Messwerte können mit anderen Sportlern der gleichen Disziplin verglichen und bewertet werden. Hierbei sind allerdings die Leistungswerte am Körpergewicht zu relativieren, um aussagekräftige Ergebnisse zu erhalten.

Der Test eignet sich aber vor allem dazu, die Entwicklung von ein und demselben Sportler durch Wiederholungstests zu dokumentieren. Die Ergebnisse werden dabei besonders in Kombination mit einem dynamischen Maximalkrafttest wertvoll. Verbessert ein Sportler im Trainingsprozess seine Maximalkraft, zeigt aber gleichzeitig keine gesteigerte Leistung beim isokinetischen Muskelkrafttest, ist von einer Schwäche bei der Trettechnik auszugehen, vor allem wenn die Leistungen bei höheren Trittfrequenzen keine Steigerung aufzeigen. Hierzu kann wiederum der bereits erwähnte Motoriktest weitere Erkenntnisse liefern.

Wiederholter Sprinttest im isokinetischen Modus (Repeated Sprint Recovery Test)

Dieser Leistungstest wird derzeit vom Institut für Sport und Sportwissenschaft der Universität Freiburg speziell für Mountainbike-Cross-Country-Fahrer entwickelt. Bei diesem Test müssen die Radsportler wiederholt maximale Intervalle für 15 Sekunden im isokinetischen Modus auf dem Ergometer fahren. Zwischen den Intervallen erfolgt eine aktive Pause mit 100 Watt. Die Pausenlänge zwischen den ersten beiden Intervallen beträgt 130 Sekunden und nimmt dann um jeweils 10 Sekunden bei jedem weiteren Intervall ab. Testende erfolgt bei subjektiver Ausbelastung. **Gemessen wird dabei die veränderte Leistung (Watt) im Ermüdungsverlauf.** Dieser Test soll dabei helfen, die Ermüdungswiderstandsfähigkeit bei hochintensiven kurzen Intervallbelastungen zu beurteilen.

Diese Fähigkeit ist im Radsport nicht nur beim Mountainbike Cross Country gefragt. Insbesondere im Cyclocross und bei Kriterien im Straßenradsport profitieren die Athleten davon, immer wieder höchstmögliche Leistungsspitzen ohne Verluste abgeben zu können. Inwieweit dieser Test praxistaugliche Ergebnisse liefert, bleibt abzuwarten. Die Untersuchungen der Uni Freiburg laufen noch. Die Autoren des vorliegenden Buches halten die Testmethodik für einen vielversprechenden Ansatz.

4.5 Dokumentieren der Leistungsentwicklung

Zum Überprüfen der Leistungsentwicklung ist das Durchführen **regelmäßiger Krafttests** von großer Bedeutung; dies gilt natürlich auch für alle anderen Leistungsdiagnostiken. Nur so kann die Effektivität praktizierter Trainingsmethoden überprüft werden. Dieses Vorgehen bildet die Basis, um Trainingsprogramme individuell zu optimieren.

4.5.1 Testzeitpunkte

Alle in diesem Buch dargestellten Tests zum Bestimmen der radsportspezifischen Kraftfähigkeiten sollten in **regelmäßigen Abständen** durchgeführt werden. Obligatorisch ist das Bestimmen der Leistungsfähigkeit zum Trainingsbeginn. Nur so kann ein Training überhaupt erst individuell geplant werden. Weitere Messungen dienen vor allem dem Überprüfen der erreichten Effekte.

Tab. 4.6 Empfohlene Zeitpunkte zum Durchführen von Kraftdiagnostiken

Zeitpunkt	Ziel
vor Trainingsbeginn als Test- bzw. Gewöhnungseinheit	Reduzieren von Gewöhnungseffekten
zum Trainingsbeginn	Bestimmen des Status quo (Ist-Zustand) Festlegen anfänglicher Trainingswiderstände
während eines Trainingsblocks (z. B. nach vier Wochen Muskelaufbautraining)	Überprüfen der vom Sportler eingesetzten Trainingswiderstände (Testen des vorgegebenen Repetition Maximums)
zu Beginn eines Wechsels der Trainingsperiode (z. B. vom Muskelaufbau zum intramuskulären Krafttraining)	Überprüfen der erreichten Trainingseffekte
während der Saison; bei einer Periodisierung mit zwei Leistungsgipfeln (Testzeitpunkt: nach Abschluss der ersten Saisonhälfte/mit Beginn der Vorbereitung auf die zweite Saisonhälfte)	Ermitteln des Leistungszustandes zum Planen der zweiten Saisonhälfte

Diese Tests liefern wichtige Erkenntnisse, um den weiteren Trainingsprozess zu planen bzw. zu optimieren. Mit zwischenzeitlich durchgeführten Krafttests können auch die vom Sportler eingesetzten **Trainingsintensitäten überprüft werden.** Nicht selten muss der Impuls zum Erhöhen der Übungslasten vom Trainer ausgehen (➤ Kap. 3.7.1). Die ➤ Tab. 4.6 gibt eine Übersicht zu empfohlenen Messzeitpunkten.

4.5.2 Einfluss von Testübungen auf die Ergebnisse

Das Ausmaß der maximal erzielten Kraftgewinne hängt im Wesentlichen von der gewählten Methodik zum Bestimmen der Kraft ab. Ein dynamischer Krafttest muss entweder mit freien Gewichten oder an Maschinen bzw. Seilzugapparaten durchgeführt werden. Hierbei ist es entscheidend, wie groß die Ähnlichkeit zwischen der Mess- und der zuvor durchgeführten Trainingsübung ist. Folgendes *Beispiel* soll dies verdeutlichen: Zum Trainingsbeginn wird die Maximalkraft der Oberschenkel am Beinstreckgerät ermittelt. In der darauf folgenden Trainingsphase wird zum Kräftigen dieser Muskeln dann die Freihantelübung Kniebeuge eingesetzt. Am Ende der Trainingsperiode, z. B. nach 8 Wochen, wird die Maximalkraft der Oberschenkel erneut am Beinstreckgerät ermittelt. Hierbei ist davon auszugehen, dass die Testmethodik die Kraftgewinne in der maximalen Stärke reduziert. Hintergrund ist die Verschiedenheit zwischen der durchgeführten Testübung „Beinstrecken am Gerät" und Trainingsübung „Hantelkniebeuge" (vgl. u. a. Boyer 1990). Die Unterschiede zwischen den Übungen spiegeln sich grundlegend im Bewegungsmuster wider. Einfluss können aber auch Beschleunigungs- und Geschwindigkeitsparameter nehmen, z. B. das Tempo der Kraftentwicklung (vgl. Stone et al. 2000).

Die größten Kraftgewinne sind folglich immer dann zu erwarten, wenn das getestet wird, was auch trainiert wird. Zum Bestimmen des tatsächlich erreichten Kraftgewinns sollte deshalb immer die zuvor im Training absolvierte Übung eingesetzt werden. Für die unteren Extremitäten bietet sich besonders die Kniebeuge mit Hantellast an. Diese Übung ermöglicht ein radsportspezifisches Bestimmen der Beinkraft und ist gleichzeitig die Hauptübung im Krafttraining der Radsportdisziplinen.

Isometrische Messungen

Ein isometrisches Bestimmen der Muskelkraft ist wenig geeignet, um ein Entwickeln der Muskelkraft im Trainingsprozess zu dokumentieren. Isometrische Messungen können Kraftgewinne, die durch ein dynamisches Widerstandstraining erreicht wurden, nur unzureichend widerspiegeln. Es ist davon auszugehen, dass die erreichten Kraftgewinne in der maximalen Stärke reduziert werden (vgl. u. a. Wilson und Murphy 1996; Wirth 2004). Hinzu kommen die bereits erwähnten hohen Belastungsspitzen für das Knochen-Knorpel-Gewebe (➤ Kap. 4.4.1).

Wiederholungstests

Bei allen Tests ist die genaue Methodik im Vorfeld festzulegen. Dies ist zwingend notwendig, um beim Wiederholen von Tests vergleichbare Ergebnisse zu erhalten (➤ Kap. 4.1.1).

Kraftgewinne

Die größten Kraftgewinne sind immer dann zu erwarten, wenn das getestet wird, was auch trainiert wird. Zum Bestimmen des tatsächlichen Zugewinns an Muskelkraft ist deshalb die Übung einzusetzen, die zuvor im Training durchgeführt wurde. Werden die Muskeln der Beine z. B. mit der Kniebeuge trainiert, ist diese Übung auch zum Bestimmen der Beinkraftentwicklung einzusetzen. Bei einer anderen Testübung, z. B. Beinstrecken am Gerät, ist davon auszugehen, dass die Kraftgewinne in der maximalen Stärke reduziert werden.

KAPITEL

5 Spezielle Aspekte für Radsportler

In den folgenden Abschnitten werden wissenswerte Themen behandelt, denen oftmals falsche Annahmen vorausgehen, was nicht selten zu falschen Schlüssen in der Trainingspraxis führt. Hierzu zählen u. a. das „Krafttraining" mit dem Fahrrad sowie der Einfluss von Krafttraining auf das Körpergewicht und die Beweglichkeit. Ebenso werden spezielle Hinweise zum Trainieren mit Frauen und Kindern gegeben. Das Kapitel setzt sich darüber hinaus mit der Entwicklung der Muskelkraft und dem Stellenwert eines Krafttrainings im Alter auseinander. Abgeschlossen wird es mit wertvollen Tipps für eine erfolgreiche Trainingsdokumentation.

5.1 „Krafttraining" mit dem Fahrrad

In den folgenden Abschnitten werden die Wirkungen und Anpassungen eines Kraftausdauertrainings mit dem Sportgerät Fahrrad hinterfragt. Aus den daraus gewonnen Erkenntnissen werden Empfehlungen für die Trainingspraxis abgeleitet.

5.1.1 Spezifisches Krafttraining

In ➤ Kap. 3.5.3 wurde bereits das Ausführen von speziellen bzw. spezifischen Krafttrainingsübungen diskutiert. Mit diesen Übungen soll diejenige Muskelfunktion trainiert werden, die auch beim Ausführen der eigentlichen Wettkampfdisziplin leistungsbestimmend ist, z. B. das Treten in die Pedale beim Radfahren. In dieser Diskussion wurde bereits das Resümee gezogen, dass es beim Trainieren im Kraftraum nicht darum gehen kann, eine Zielbewegung zu simulieren. **Beim Krafttraining muss ganz klar das Steigern des Maximalkraftniveaus im Vordergrund stehen.** Eine Krafttrainingsübung sollte deshalb nur soweit an eine Zielbewegung angepasst werden, dass sie mit Blick auf das Aufbauen von Muskelkraft nichts von ihrer Effektivität verliert (Wirth et al. 2012; DSV 2016).

In der Praxis wird zudem oftmals missverstanden, welche Rolle die Muskelkraft beim Ausführen einer sportlichen Bewegung überhaupt spielt. Durch ein „spezifisches" Krafttraining soll gezielt die Wurf-, Stoß- oder Sprungkraft verbessert werden. Hierbei kommt ein bestehendes Problem der Sportwissenschaften zum Tragen: In der Theorie des Krafttrainings finden sich häufig Missverständnisse hinsichtlich Sprache und Trainingsverständnis (Hohmann et al. 2007). So führt das Unterscheiden der Kraftfähigkeiten nach dem äußeren Erscheinungsbild, z. B. „Wurfkraft", zu Schwierigkeiten. Es ist die Frage zu stellen, welche Faktoren die Wurfkraft überhaupt beeinflussen. Nur wenn hier Klarheit besteht, kann ein gezieltes Training durchgeführt werden. Die Wurfkraft wird vor allem durch zwei Aspekte beeinflusst:

- Wurftechnik
- Kraft der beteiligten Muskeln an der Wurfbewegung

Zum Verbessern der Wurfkraft gibt es demnach zwei Stellschrauben: Trainieren der Wurftechnik und Kräftigen der am Wurf beteiligten Muskeln. Schwächen in der Wurftechnik sind vom Trainer von außen leicht zu erkennen und können entsprechend korrigiert bzw. optimiert werden. Für die Kraft der am Wurf beteiligten Muskeln gestaltet sich dies jedoch weit schwieriger. Wo liegt das Kraftoptimum? Und welche Kraftfähigkeiten sind überhaupt gefordert? Maximalkraft? Explosivkraft? Schnellkraft? Die Antwort ist: An der Wurfleistung sind alle drei Kraftfähigkeiten beteiligt. Die Rolle der Maximalkraft ist dabei umso größer, je schwerer der zu werfende Gegenstand ist (vgl. Güllich und Schmidtbleicher 1999). **Für ein erfolgreiches Krafttraining**

ist es daher von zentraler Bedeutung, genau zu wissen, welche Kraftfähigkeiten die Wettkampfbewegung beeinflussen. Nur wenn darüber Klarheit besteht, können im Training die richtigen Methoden eingesetzt werden.

In der Praxis besteht hier jedoch oftmals nur wenig Wissen. Es wird z.T. nicht hinterfragt, welche Kraftfähigkeiten die Wettkampfleistung überhaupt bestimmen. Dies führt dazu, dass immer wieder die Empfehlungen gegeben werden, die Wettkampfbewegungen mit einem erhöhten Widerstand auszuführen. Läufer sollen z.B. Berganläufe trainieren und Schwimmer sogenannte Paddles einsetzen, um den Widerstand im Wasser zu erhöhen. Radsportler sollen vor allem Berganfahrten mit hohen Übersetzungen und niedrigen Trittfrequenzen trainieren. Diese Trainingsempfehlungen werden in den nächsten Abschnitten hinterfragt. Im Fokus steht dabei die Frage, inwieweit die hierbei produzierten Kraftimpulse überhaupt ausreichen, um physiologische Anpassungen im Sinne eines Krafttrainings zu bewirken (➤ Kap. 3.1).

5.1.2 Trainieren der Maximal- und Schnellkraft in der Radsportpraxis

Im Radsport wurde zum Ausbilden der Kraftfähigkeiten lange Zeit vor allem ein Trainieren mit dem Sportgerät Rad empfohlen. Diese Form des Trainings wird als spezifisches bzw. spezielles Krafttraining bezeichnet. Neben Berganfahrten zum Steigern der Kraftausdauer sollen durch kurze Antritte und Intervalle mit großen Übersetzungen Maximal- und Schnellkraft trainiert werden (vgl. u.a. Lindner 2004).

Hierdurch soll die Leistungsfähigkeit für Sprints und Attacken verbessert werden. Diese Trainingsempfehlungen sind im Radsport- und Triathlontraining fest etabliert. Bezeichnungen und Trainingsinhalte unterscheiden sich dabei von Autor zu Autor z.T. deutlich. ➤ Tab. 5.1 gibt einen Überblick über die in der einschlägigen Literatur empfohlenen Methoden. In der letzten Spalte der Tabelle werden die Methoden jeweils mit Blick auf ihre Effekte und Anpassungen bewertet. Die tatsächlichen Wirkungen gehen z.T. deutlich an den beabsichtigten Trainingszielen vorbei.

Ursache ist oftmals, dass die Kraftfähigkeiten falsch verstanden werden (➤ Kap. 2.1). **Aus trainingswissenschaftlicher Sicht stellt keine der in der Tabelle dargestellten Methoden ein Krafttraining dar.** Es werden keine physiologischen Anpassungen im Sinne eines Krafttrainings erzielt. Der abverlangte Krafteinsatz ist besonders für trainierte Sportler zu gering, um eine Steigerung der Maximal- und Schnellkraft zu erzielen (➤ Kap. 3.1). Ein Steigern der Leistung für Sprintsituation im Rennen ist daher nicht zu erwarten. **Das Training geht am Ziel vorbei.**

Selbst bei einem kraftbetonten Ausführen von kurzen Intervallen und Antritten werden hierbei nicht die notwendigen Intensitäten erreicht, um die Maximalkraft und Schnellkraft wirkungsvoll zu verbessern. Hierzu wären Intensitäten von 70 bis 100 % des individuellen Kraftmaximums notwendig (➤ Kap. 3.8). Die Reize beim Trainieren auf dem Rad sind folglich zu gering, um physiologische Anpassungen im Sinne eines Krafttrainings zu bewirken. **Zum erfolgreichen Steigern der Maximalkraft ist daher die Radstrecke zu verlassen und der Kraftraum aufzusuchen.**

Aus einer anderen Perspektive betrachtet, stellen die frequenzbetonten Antritte mit einer hohen Kurbelumdrehung eine sinnvolle Empfehlung dar: Der Wert dieser Trainingsmethoden liegt in einem Schulen der Bewegungsabläufe bei Antritten und Sprints. Hierbei werden den Fahrern z.T. hohe technische Anforderungen abverlangt – z.B. beim Antreten aus voller Fahrt oder Sprints aus einer Kurve heraus.

5.1.3 Trainieren der Kraftausdauer in der Radsportpraxis

Der Begriff der Kraftausdauer wurde überwiegend genutzt, um die Ermüdungswiderstandsfähigkeit bei lang andauernden Kraftleistungen zu beschreiben (vgl. Harre 1970). Diese schwammige Sichtweise führt bis heute dazu, dass die Kraftausdauer in der Praxis als eine nicht klar definierte „Mischung" aus Kraft und Ausdauer wahrgenommen wird. Die unmittelbare Konsequenz ist, dass erhöhte Widerstände beim Ausführen einer Bewegung mit Krafteinsätzen gleichgesetzt werden. So wird in vielen Sportarten ein „Kraftausdauertraining" in Form der

Tab. 5.1 In der Radsportliteratur empfohlene Formen des Krafttrainings mit dem Rad zum Steigern der Maximal- und Schnellkraft

Bezeichnung in der Literatur	Ziel	Dauer/Inhalt*	Intensität	Autor	Bewertung der Methode
SK	Verbessern der Schnellkraft	6-Sekunden-Antritte	maximal, aber < 2,5 mmol/l Laktat	Schmidt 2001	• Effekte auf die Schnellkraft sind nicht zu erwarten • vermehrt koordinatives Training
K1	Verbessern der Schnellkraft	6-Sekunden-Antritte	maximal	Lindner 2004 BDR 2002	• Effekte auf die Schnellkraft sind nicht zu erwarten • vermehrt koordinatives Training
K2	Verbessern der Schnellkraft	20-Sekunden-Antritte	maximal	Lindner 2004	• Effekte auf die Maximalkraft sind nicht zu erwarten • vermehrt koordinatives Training

* Empfohlen werden kurze Antritte und Intervalle mit großen Übersetzungen. Diese sollen aus dem Stand (kraftorientiert) oder aus der Fahrt (frequenzorientiert) durchgeführt werden.

Wettkampfbewegung mit erhöhten Widerständen durchgeführt (➤ Kap. 2.1.3).

Wenig überraschend sind daher auch die Empfehlungen in der einschlägigen Radsportliteratur zum Trainieren der Kraftausdauer. Radsportler sollen vor allem Berganfahrten mit hohen Übersetzungen und niedrigen Trittfrequenzen ausführen. **So plausibel dies auch auf den ersten Blick erscheint, sind die Wirkungen dennoch zu hinterfragen.**

Das mühevolle Treten am Berg wird hierbei falsch aufgefasst. Das kraftvolle Fahren mit „schweren" Gängen ist nicht mit einem Krafttraining gleichzusetzen. Die produzierten Krafteinsätze sind hierbei nicht hoch genug, um physiologische Anpassungen im Sinne eines Krafttrainings zu erzielen (➤ Kap. 2.1.3).

Die in der Literatur ausgesprochenen Empfehlungen weichen dabei sowohl in den Bezeichnungen als auch den Trainingsinhalten deutlich voneinander ab. Empfohlen werden Belastungszeiten zwischen 75 Sekunden und mehreren Stunden (➤ Tab. 5.2). Alle Methoden fordern dabei von den Sportlern einen Krafteinsatz, der unterhalb von 50 % des individuellen Kraftmaximums liegt. Der Großteil aller Vorgaben sieht ebenfalls eine Belastungszeit vor, die sich oberhalb von 2 Minuten bewegt. Mit Blick auf ein Krafttraining werden dadurch zwei zentrale Kriterien verfehlt:

- Die Intensitäten erreichen nicht die notwenige Grenze für physiologische Anpassungen im Sinne eines Krafttrainings (mind. 50 % des individuellen Kraftmaximums).
- Die Belastungsdauer liegt mit mehr als 2 Minuten über dem Bereich für die krafttrainingsrelevanten Anpassungen im anaeroben Bereich (Schmidtbleicher 2003; ➤ Kap. 2.1.3).

Berganfahrten mit hohen Übersetzungen und niedrigen Trittfrequenzen führen deshalb nicht zu einer Verbesserung der Kraftausdauerleistung. Bei dieser Methode handelt es sich ausschließlich um ein Ausdauertraining gegen erhöhte Widerstände. Die hierbei vorgegebenen niedrigen Trittfrequenzen entsprechen allerdings einer Anforderung, die so nicht im Wettkampf abverlangt wird. Empfohlen wird eine Trittfrequenz, die zwischen 50 und 70 U/min liegt. Im Rennen werden dagegen meist höhere Trittfrequenzen gefahren. So pedalieren Straßenradprofis z. B. bei einer Flachetappe im Durchschnitt mit 90 Kurbelumdrehungen in der Minute (Lucía et al. 2000). Damit ist diese Trainingsmethode weder ein radsportspezifisches Kraft- noch Ausdauertraining.

Tab. 5.2 In der Radsportliteratur empfohlene Formen des Krafttrainings mit dem Rad zum Steigern der Kraftausdauer

Bezeichnung in der Literatur	Dauer/Länge	Intensität*	Autor	Bewertung der Methode
K1	bis 3 Minuten	bis zur aerob-anaeroben Schwelle	Friel 2007	• **kein Effekt auf die Kraftausdauer!** • Methoden stellen ein Ausdauertraining im Bereich des aeroben/anaeroben Übergangsbereichs dar
K2	über 6 Minuten	im aerob-anaeroben Schwellenbereich	Friel 2007	
K2	4–9 × 75 Sekunden	400–800 Watt 5–8 mmol/l Laktat	BDR 2002	
K3	1–5 km (z. T. auch länger)	2–3 mmol/l Laktat	BDR 2002	
K3	bis 2 Minuten	etwas oberhalb der anaeroben Schwelle	Friel 2007	
K3	bis 120 Minuten	2–7 mmol/l Laktat	Lindner 2004	
KA1 und KA2	bis „stundenlang"	aerob	Neumann et al. 2005	
KA	3–30 km	3–5 mmol/l Laktat	Schmidt 2001	
G2 Kraft	5–70 km	3–6 mmol/l Laktat	Schmidt 2001	
KA (K3 und K4)	10–90 Minuten	2–4 mmol/l Laktat	Schmidt 2007	
K3a–K3d	15–90 Minuten (von 3 × 5 bis 3 × 30 Minuten)	aerob und aerob/anaerob	Schmidt 2007	

* Empfohlen werden Berganfahrten mit hohen Übersetzungen und niedrigen Trittfrequenzen (ca. 50–70 U/min).

Vielmehr gilt es zu bedenken, dass bei großen Übersetzungen und niedrigen Trittfrequenzen hohe Belastungen im Kniegelenk auftreten können. Werden diese „dicken Gänge" über einen längeren Zeitraum getreten, kann dies zu Überlastungen und Reizungen im Knie führen – gerade bei Sportlern mit einer schlecht trainierten Muskulatur. Besonders Nachwuchssportler machen immer wieder diese schmerzhafte Erfahrung.

Der Nutzen eines „Kraftausdauertrainings mit dem Rad", wie es in der einschlägigen Literatur empfohlen wird, ist deshalb grundlegend zu hinterfragen.

Kraftausdauertraining – quo vadis?

Der Wert eines Kraftausdauertrainings – **mit oder ohne Rad** – ist grundsätzlich zu hinterfragen. Diese Aussage wird mit Sicherheit einen Großteil der Trainer und Sportler verwundern. Die Begründung dafür zeigt sich mit einem Blick auf die zu erwartenden Anpassungen durch ein Kraftausdauertraining. Dieses wird mit dem Ziel durchgeführt, die Ermüdungswiderstandsfähigkeit bei höheren Belastungen zu verbessern. Dieser Effekt wird jedoch bereits durch die Form des intensiven Ausdauertrainings auf dem Fahrrad angesprochen – z. B. durch intensive Intervalle und Fahrtspiele.

Von einem speziellen Kraftausdauertraining ist daher kein weiterer Nutzen für Radsportler zu erwarten. Die im Rahmen eines Kraftausdauertrainings erreichten Laktatwerte (Fröhlich 2003) grenzen sich nicht von den Laktatwerten ab, die für ein Intervalltraining vorgegebenen werden (vgl. u. a. BDR 2002; Lindner 2004; Neumann et al. 2005; Schmidt 2001). Die Anpassungseffekte eines Kraftausdauertrainings sind somit nicht von denen eines reinen Ausdauertrainings zu unterscheiden. Ein Kraftausdauertraining ist im Radsport daher zu vernachlässigen bzw. überhaupt nicht erforderlich. Aus diesem Grund werden im vorliegenden Buch auch keine Methoden des Kraftausdauertrainings vorgestellt. Aufgezeigt werden die für Radsportler wertvollen Methoden zum Ausbilden der Maximalkraftfähigkeiten (➤ Kap. 3.8).

Die Kraftausdauerleistung sollte im Radsport auch noch aus einem anderen Blickwinkel betrachtet werden. Im Radsport sind hohe Kraftmaxima besonders bei immer wiederkehrenden kurzen Antritten gefordert – z. B. um einen Hügel im Gelände zu überwinden, beim Beschleunigen aus einer Spitzkehre heraus oder bei Attacken im Renngeschehen. Dies macht deutlich, dass die Bedeutung der Kraftausdauerleistung nicht allein in der Ermüdungswiderstandsfähigkeit zu sehen ist. Mitentscheidend ist die absolut realisierte Summe der Kraftstöße. Dies trifft nicht nur für den Radsport zu. Auch Sportarten wie z. B. Rudern und Kanu stellen diese Anforderungen an die Athleten (vgl. Güllich und Schmidtbleicher 1999).

Kraftausdauertraining

Ein spezielles Kraftausdauertraining bringt für Radsportler **keine Vorteile.** Mit dieser Trainingsmethode wird ein Verbessern der Ermüdungswiderstandsfähigkeit bei höheren Belastungen angestrebt. Dieser Effekt wird jedoch bereits durch die Form des intensiven Ausdauertrainings auf dem Fahrrad erreicht – z. B. durch intensive Intervalle.

Kurzer Blick über den Beckenrand

Im Schwimmsport verliert das klassische Kraftausdauertraining ebenfalls an Bedeutung. Mit dem im Herbst 2016 veröffentlichten Kraftkonzept des Deutschen Schwimm-Verbands e. V. (DSV) wird vom bislang empfohlenen Kraftausdauertraining an Land Abstand genommen. Es wird die Ansicht vertreten, dass ein klassisches Kraftausdauertraining langfristig hauptsächlich die anaerob-laktazide Energiebereitstellung trainiert. Dazu wird mit Blick auf die Spezifik der Hinweis gegeben, dass dies im Wasser deutlich besser zu trainieren ist. Außerdem wird angeführt, dass Kraftausdauerbelastungen zu einem zusätzlichen – neben dem Wassertraining – Entleeren der Glykogenspeicher führt. Dies wiederum wirkt sich negativ auf das Wassertraining aus; Stichwort: Überlastung möglich. Der DSV betont, dass unter diesen Aspekten ein Hypertrophie- bzw. Maximalkrafttraining deutlich besser mit Wassertraining kombinierbar ist. Schließlich sollen die Athleten durch das Krafttraining ein höheres physisches Level im Sinne einer Maximalkraftausprägung erreichen – und nicht das Wassertraining an Land kopieren (DSV 2016).

5.1.4 Intervalltraining mit dem Rad

Wie zuvor aufgeführt, ist das Fahrrad kein geeignetes Trainingsgerät zum Ausbilden der Muskelkraft – auch nicht, wenn mit gefühlt „schweren Gängen" in die Pedale getreten wird. Dem Fahren in höheren Intensitätsbereichen kommt im Radsporttraining trotzdem eine wichtige Rolle zu. Über Sieg oder Niederlage entscheiden im Wettkampf oftmals die kurzen und intensiven Rennsituationen – z. B. Zwischensprints und Zielspurt. Die Leistung wird hierbei hauptsächlich bestimmt durch

- das Niveau der Maximalkraft und
- die anaerobe Ausdauer.

Beide Komponenten sind gezielt auszubilden: das Kraftniveau durch ein gezieltes Trainieren mit Hanteln und Maschinen im Kraftraum, die anaerobe Ausdauer durch ein gezieltes Trainieren mit dem Fahrrad. Hierbei sind besonders Intervalle im Bereich von 6 Sekunden bis maximal 2 Minuten zu fahren – jeweils mit maximaler Intensität. **Diese Form des Intervalltrainings sollte ein fester Bestandteil des Trainingsprozesses sein.**

Hantel vs. Fahrrad

Die motorischen Fähigkeiten Kraft und Ausdauer sind am wirkungsvollsten in getrennten Trainingseinheiten auszubilden. Dies ist im Trainingsaufbau und Trainingsprozess zu berücksichtigen. Hierbei sind jeweils die effektivsten Methoden und Trainingsmittel einzusetzen:

- **Kraft** = Trainieren mit Hanteln und Maschinen im Kraftraum
- **Ausdauer** = Trainieren mit dem Rad auf der Straße und im Gelände

„Krafttraining" mit dem Rad

Das Trainieren der Muskelkraft mit dem Fahrrad stellt aus trainingswissenschaftlicher Sicht **kein Krafttraining** dar. Die hierbei erreichten Intensitäten reichen nicht aus, um physiologische Anpassungen im Sinne eines Krafttrainings zu erreichen. Deshalb sollte bei diesen Trainingsmethoden auch nicht von einem Krafttraining gesprochen werden. Ein effektives Trainieren der Muskelkraft erfordert im Radsport den Einsatz von Hanteln und Kraftmaschinen.

5.2 Muskelmasse

Die Muskulatur ist das massigste Organ des Körpers. Sie hält den Stoffwechsel im Gleichgewicht und ist bestimmend für den energetischen Grundumsatz des Organismus. In Ruhe realisiert die Muskulatur ca. 40 % des gesamten Stoffwechsels. Ihr Anteil am Gesamtkörpergewicht beträgt beim Mann etwa 40–50 % und bei der Frau 25–35 % (Zimmermann 2002). Durch ein Krafttraining kann der Anteil der Muskeln erhöht werden, weshalb Radsportler einem Training im Kraftraum oftmals skeptisch gegenüberstehen. Muskeln werden im Radsport nicht selten als unnütze Körpermasse angesehen (vgl. auch Krüger 2011). Mehr Masse bedeutet mehr Gewicht und wer möchte schon zusätzliche Last den Berg hinauf schleppen – zumal die Fahrräder gewichtsoptimiert sind.

Hierbei muss zunächst einmal ganz klar zwischen dem Zuwachs **aktiver** (Muskulatur) und **passiver** Körpermasse (Fett) unterschieden werden. ➤ Abb. 5.1 zeigt die Oberschenkel eines Mountainbike-Cross-Country-Fahrers aus dem Amateurbereich. Trotz einer sehr gut ausgebildeten Muskulatur brachte der Sportler zum Zeitpunkt der Aufnahme nur 58 kg bei einer Körpergröße von 175 cm auf die Waage.

Radfahrer verzeichnen eine Zunahme des Körpergewichts besonders nach der wettkampffreien Zeit, die je nach Saisonplanung etwa von Oktober bis Februar dauert. Als Ursache hierfür sehen die Athleten immer wieder ein in den Wintermonaten verstärkt betriebenes Muskelkrafttraining. Es ist jedoch davon auszugehen, dass es sich hierbei um eine ungünstige Zunahme der passiven Körpermasse handelt. Diese **Zunahme an Körperfett** ist auf eine erhöhte Kalorienzufuhr bei gleichzeitigem Reduzieren des Ausdauertrainings zurückzuführen (Burke und Newton 1983). In den Wintermonaten ist der Trainingsumfang auf dem Rad meist deutlich reduziert. Die Witterungsbedingungen und das frühe Einbrechen der Dunkelheit schränken das Trainieren im Freien deutlich ein. Gleichzeitig begünstigt die Weihnachtszeit das Aufnehmen einer erhöhten Kalorienmenge. Die Zunahme von 2 kg Körperfett verschlechtert z. B. die Rennzeit über 4 000 m in der Einerverfolgung um 1,5 Sekunden bzw. 20 m (Olds et al. 1995).

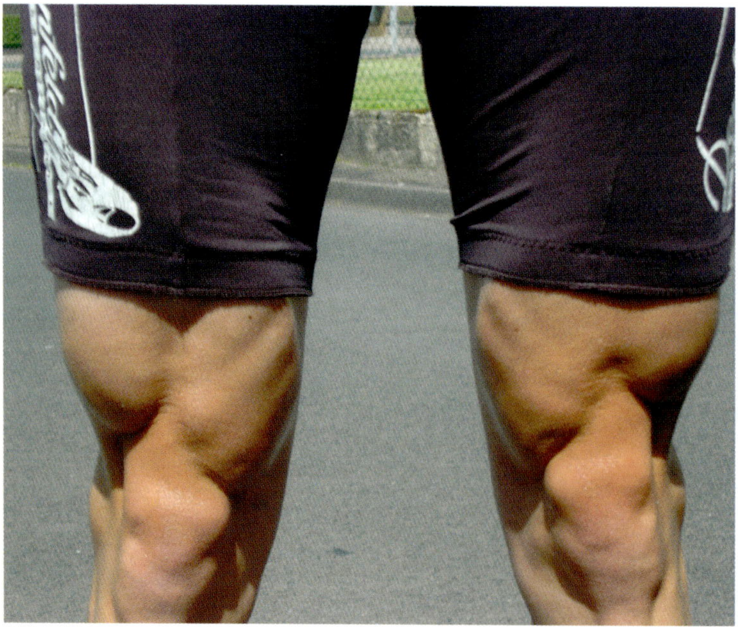

Abb. 5.1 Oberschenkelmuskulatur eines Mountainbike-Cross-Country-Fahrers aus dem Amateurbereich

5.2.1 Ausdauerleistungsfähigkeit

Aber nicht nur Fett und Ausdauer stehen in einem negativen Zusammenhang. Ein Mehr an Muskelmasse gilt für Ausdauersportler oftmals als Luxus – ein Überfluss, der versorgt werden muss und damit negativ auf die Leistungsfähigkeit wirkt. Bei intensiven sportlichen Belastungen steigt der Energiebedarf beanspruchter Muskeln auf ein Vielfaches an. Dies führt zu einem entsprechend erhöhten Sauerstoff- und Energiebedarf. Ein dickerer Muskel benötigt dabei mehr Sauerstoff, was dazu führt, dass die Atemleistung eher an ihre Grenzen stößt.

Ebenfalls gestalten sich bei einem vergrößerten Muskelquerschnitt die Diffusionsverhältnisse ungünstiger. Die Wege für den Austausch von Stoffwechselprodukten wie Milchsäure werden länger. Gleichzeitig verlängert sich der Transportweg für den Sauerstoff von den Arterien bis zu den Muskelfasern (vgl. Mattes 2006). **Für Radsportler ist jedoch eine Muskelmasse, welche die Ausdauerleistungen negativ beeinflussen würde, kaum zu erreichen,** auch nicht bei einem durchgeführten Krafttraining in den Wintermonaten (vgl. Sunde et al. 2010).

5.2.2 Muskelwachstum

Rønnestad und Mujika (2013) konnten nach der Analyse zahlreicher Studien mit trainierten Läufern und Radsportlern keine negativen Auswirkungen durch ein ergänzend betriebenes Krafttraining auf die Körpermasse der Athleten feststellen. Dies verwundert nicht. **Es wird oftmals vergessen, dass sich ein merkliches Muskelwachstum nur langsam einstellt. Zum Aufbau von Muskelmasse ist ein intensives Krafttraining erforderlich und auch die richtige Ernährung darf dabei nicht vergessen werden.** Hinzu kommt, dass das umfangreiche Ausdauertraining mit dem Fahrrad die Zunahme des Muskelquerschnitts hemmt (Vikmoen et al. 2016). Auch bei gut trainierten Triathleten konnte nach einem ergänzend durchgeführten Krafttraining kein verändertes Körpergewicht festgestellt werden, dafür aber eine verbesserte Laufleistung (Millet et al. 2012).

Um ein messbares Muskelwachstums überhaupt erreichen zu können, ist von einer Trainingszeit von mehreren Wochen bis Monaten auszugehen (Sale 1994; Wirth 2004). In den ersten zwei bis drei Monaten eines Krafttrainings resultieren die Kraftgewinne zu einem Großteil aus neuronalen Anpassungen (➤ Kap. 3.8.2). Zahlreiche Untersuchungen konnten innerhalb der ersten Trainingswochen kein statistisch signifikantes Dickenwachstum der Muskulatur feststellen. Dies bedeutet jedoch nicht, dass innerhalb dieses Zeitraums keine Veränderungen des Muskelquerschnitts bzw. der Muskelmasse eintreten. Die Sensitivität der Messmethoden und das langsam voranschreitende Wachstum der Muskeln nehmen Einfluss auf den Zeitpunkt, an dem Hypertrophieeffekte festzustellen sind (Wirth 2004).

➤ Tab. 5.3 gibt einen Überblick, ab welchem Zeitpunkt Krafttrainingsuntersuchungen einen statistisch signifikanten Hypertrophieeffekt feststellen konnten. In der Übersicht wird deutlich, dass bei komplexen und mehrgelenkigen Übungen, z. B. Kniebeuge und Beinpresse, im Durchschnitt erst nach 10 Wochen Hypertrophieeffekte nachzuweisen waren. Der Kraftzuwachs innerhalb der ersten Trainingswochen ist hierbei besonders auf ein Verbessern der intermuskulären Koordination zurückzuführen (➤ Kap. 3.8.2). Bei eingelenkigen und koordinativ weniger anspruchsvollen Übungen, z. B. dem Beinstrecken am Gerät, war hingegen bereits nach 3 Wochen ein Muskelwachstum festzustellen.

5.2.3 Fazit für Radsportler

Dass selbst bei einem Krafttraining mit komplexen Übungen ein messbares Dickenwachstum der Muskeln erst nach Wochen festzustellen ist, macht deutlich, wie langsam die Muskulatur wächst – selbst bei intensivem Training. Jedes Kilo mehr an Muskelmasse verlangt eine konsequente und harte Arbeit im Kraftraum. Ebenso muss dabei konsequent auf die richtige Ernährung geachtet werden.

Aus folgenden Ursachen ist besonders für Radsportler ein voluminöser Muskelaufbau ohnehin nur sehr schwierig zu erreichen:

- Krafttraining wird im Radsport nicht als das Haupttrainingsmittel eingesetzt, weshalb Umfang, Trainingsintensität und Häufigkeit nicht ausreichen, um ein massiges Muskelwachstum zu erreichen (vgl. Heubeger und Zawieja 2004; Wirth et al 2012).

5

Tab. 5.3 In der Literatur beschriebene Zeitpunkte statistisch signifikanter Hypertrophieeffekte nach Krafttrainingsprogrammen mit Untrainierten (in Anlehnung an Banovcic 2007)

Zeitpunkt des Feststellens signifikanter Hypertrophieeffekte (nach Wochen)	Trainingsübung oder Muskelgruppe (bei 2- bis 3-mal/Woche)	Messmethode	Autor der Untersuchung
4	Kniestrecken am Gerät	Ultraschall	Abe et al. 2000
2	Kniestrecken am Gerät	Ultraschall	Greiwing 2006
12	Kniebeuge	Gewebeprobe (Biopsie)	Häkkinen et al. 1985
10	Beinpresse und Kniestrecken am Gerät	Gewebeprobe (Biopsie)	Housten et al. 1983
12	Beinpresse und Kniestrecken am Gerät	Gewebeprobe (Biopsie)	Kraemer et al. 1995
3	Kniestrecken am Gerät	Computertomografie (CT)	Lüthi et al. 1986
8	Armbeuger	Messen des Oberarmumfangs	Moranti und DeVries 1979
8	Beinpresse	Magnetresonanztomografie (MRT)	Narci et al. 1996
8	Armbeuger	Magnetresonanztomografie (MRT)	Wirth 2004
	Kniebeuge	Ultraschall	Young und Bilby 1993

5

- Das hohe Gesamtvolumen des Ausdauertrainings auf dem Rad wirkt im Rahmen eines Krafttrainings kontraproduktiv; es hemmt die möglichen Effekte und das Aufbauen von Muskelmasse (vgl. Fleck und Kraemer 2004; Chromiak und Mulvaney 1990; Rønnestad et al. 2012; Nader 2006; Rønnestad und Mujika 2013; Vikmoen et al. 2016).

Die weitverbreiteten Bedenken von Radsportlern, massige Muskeln durch ein Krafttraining aufzubauen, sind daher unbegründet. In den Radsportdisziplinen liegt das Ziel eines Krafttrainings ohnehin in einem **optimalen Konditionieren** der Skelettmuskulatur – und nicht in einem maximalen Ausprägen der Muskeln wie beim Bodybuilding. Wie bereits in ➤ Kap. 3.8 aufgezeigt, können gezielt Trainingsmethoden eingesetzt werden, die auf ein verbessertes Nerv-Muskel-Zusammenspiel abzielen. Die Muskelmasse bleibt hierbei fast unberührt (➤ Kap. 3.8.2).

Muskelmasse im Radsport

Die Bedenken vieler Radsportler, durch ein Krafttraining unerwünschte Muskelberge aufzubauen, sind unbegründet. Muskeln wachsen sehr langsam. Im Radsport reichen zudem Umfang, Intensität und Häufigkeit des Krafttrainings nicht aus, um ein massiges Muskelwachstum zu erreichen. Zusätzlich wirkt das hohe Volumen des Ausdauertrainings auf dem Rad kontraproduktiv, um Muskulatur aufzubauen. Darüber hinaus können gezielt Trainingsmethoden eingesetzt werden, die auf ein verbessertes Nerv-Muskel-Zusammenspiel abzielen. Die Muskelmasse bleibt hierbei fast unberührt.

5.3 Trainieren der Beweglichkeit

Unter Sportlern und Trainern hält sich hartnäckig die Annahme, dass Krafttraining unbeweglich und steif macht. Dehnübungen werden deshalb beständig empfohlen. Sie sollen ebenfalls Verletzungen vorbeugen, die Leistungsfähigkeit steigern und das Entstehen von muskulären Dysbalancen verhindern. Zu den Wirkungen von Dehnübungen bestehen allerdings unterschiedliche Theorien und Erklärungen mit z. T. sehr kontroversen Auffassungen und Befunden.

Einige Autoren vertreten den Standpunkt, dass Dehnen vor allem auf die bindegewebigen Muskelstrukturen wirkt. Andere sind dagegen der Ansicht, dass beim Dehnen besonders die kontraktilen Bestandteile des Muskels von Bedeutung sind. Es besteht nach wie vor keine Einigkeit darüber, wie lange, wie oft und wie intensiv gedehnt werden soll (Turbanski 2005). Die Diskussion über Sinn und Unsinn von Dehnübungen könnte ein eigenes Buch füllen. In den folgenden Abschnitten sollen kurz die Erkenntnisse aus unterschiedlichen Studien aufgezeigt werden.

5.3.1 Trainingsmethoden

Es gibt eine Vielzahl verschiedener Dehnmethoden. In der Praxis wird hauptsächlich nach der Arbeitsweise der Muskeln unterschieden:
- Statisches Dehnen
- Dynamisches Dehnen

Statisches Dehnen

Hierbei wird die Dehnposition langsam eingenommen und dann ca. 10–60 Sekunden lang gehalten. Diese Methode wird oftmals auch als „Stretching" bezeichnet.

Dynamisches Dehnen

Beim dynamischen Dehnen wird eine Dehnposition eingenommen, die dem Stretching ähnelt. Der Unterschied besteht darin, dass die Position nicht für mehrere Sekunden gehalten wird. Der Sportler versucht, mit mehrfach wiederholten federnden Bewegungen das Bewegungsausmaß bzw. die Bewegungsamplitude zu erhöhen. Vor einer Trainingseinheit bzw. vor einem Wettkampf wird empfohlen, alle Hauptmuskelgruppen dynamisch zu dehnen. Empfohlen werden 3–5 Serien. Wie auch beim statischen Dehnen darf sich hierbei kein Schmerzgefühl einstellen; die federnden Bewegungen sind vorsichtig und dosiert durchzuführen.

Diese Dehnmethode ist schwieriger umzusetzen, da die dynamischen Bewegungen erhöhte koordinative Anforderungen an den Sportler stellen. Die Bewegungsmuster sowie die richtige Intensität müssen erlernt werden. Es ist zu verhindern, dass es beim dynamischen Dehnen zu einer Form der „Zerrgymnastik" kommt (Turbanski 2005).

5.3.2 Wirkungen

Dem Dehn- bzw. Beweglichkeitstraining werden verschiedene Effekte nachgesagt. Um diese Wirkungen zu analysieren, ist eine zeitliches Differenzieren vorzunehmen in
- **kurzfristige Wirkungen** nach einem Dehnprogramm innerhalb einer Trainingseinheit und
- **langfristige Anpassungen** nach einem über mehrere Wochen regelmäßig durchgeführt Dehnprogramm.

Verletzungen vorbeugen

Das Vermeiden von Verletzungen wird in der Praxis häufig als Rechtfertigung für intensive Dehnübungen angeführt. Diese so selbstverständlich klingende Behauptung wird aus Sicht der Wissenschaft jedoch mit sehr viel Vorsicht behandelt. Metaanalysen weisen vielmehr eine geringe verletzungsprophylaktische Wirkung des Dehnens nach (vgl. Herbert und Gabriel 2002; Marschall und Ruckleshausen 2004).

Es existieren allerdings auch Hinweise dafür, dass Dehnen positiv auf muskuläre Verletzungen wie Zerrungen und Faserrisse wirken kann (vgl. Peterson und Renström 1987). Die Uneinigkeit der Ergebnisse beruht vor allem auf methodischen Problemen; so werden z. B. keine Unterscheidungen der Verletzungsarten getroffen. Ebenfalls wird der zeitliche Abstand zwischen Dehnung und Verletzungen nicht berücksichtigt (vgl. Klee 2006). Pauschale Aussagen zur Verminderung des Verletzungsrisikos durch Dehntraining sind deshalb nicht gerechtfertigt – weder positive noch negative. Zum Klären dieser Frage sind weitere Untersuchungen notwendig.

Muskelkater

In Untersuchungen konnte gezeigt werden, dass Dehnen kurzfristig keine typischen Folgen von Muskelkater wie Kraftabnahme und Bewegungseinschränkungen reduzieren konnte. Hieraus wird das Fazit gezogen, dass kurzfristiges Dehnen keinen positiven Einfluss auf das Entstehen von Muskelkater hat (Klee 2006). Nach einem Training kann ein intensives statisches Dehnen vielmehr einen Muskelkater verstärken (Smith et al. 1993).

Beeinflussung konditioneller Eigenschaften

Dieser Aspekt ist für die Sportpraxis besonders wichtig. Mit Blick auf die Leistungsfähigkeit ist es von großem Interesse, wie Dehnen auf die konditionellen Eigenschaften Kraft, Ausdauer und Schnelligkeit wirkt. Hierbei ist wieder zwischen kurz- und langfristigen Wirkungen sowie der Dehnmethode (dynamisch oder statisch) zu unterscheiden. Nach kurzfristigen statischen Dehnungen wurden vielfach **negative Effekte** festgestellt. Wurden statische Dehnübungen direkt vor einer Belastung durchgeführt, zeigte sich eine Reduktion

- der Schnellkraft (vgl. u. a. Begert und Hillebrecht 2003; Wiemeyer 2002),
- der Maximalkraft (vgl. u. a. Avela et al. 1999; Kokkonen et al. 1998) sowie
- der Schnelligkeit (vgl. u. a. Sayers et al. 2008).

Als Ursachen für ein Reduzieren der motorischen Leistungen werden ein Aktivieren hemmender Nervenzellen sowie eine geringere Muskel- und Sehnensteifigkeit nach statischen Dehnungen diskutiert. Interessanterweise bleiben diese negativen kurzfristigen Effekte bei dynamischen Dehnungen aus. Teilweise zeigen sich sogar positive Wirkungen (vgl. Klee 2006). Dieser Effekt wird auf eine kurzzeitig höhere Erregbarkeit aktiver Nervenzellen nach dynamischen Dehnungen zurückgeführt. Langfristig zeigen sich keine negativen Effekte nach statischem und dynamischem Dehnen.

Effekte des Dehnens

Verletzungsprophylaktische Wirkungen sind mit Dehnübungen kaum zu erzielen. Bei statischen Dehnübungen besteht dagegen vielmehr die Gefahr, dass kurzfristig die Maximal- und Schnellkraftleistungen gemindert werden.

Muskuläre Dysbalancen

Unter muskulären Dysbalancen werden verstärkte Muskelverkürzungen und Muskelabschwächungen verstanden. Als Ursachen gelten u. a. einseitige Belastungen beim Sport und im Alltag, die zu einem muskulären Ungleichgewicht führen können. Als Folge wirken unterschiedlich ausgeprägte Muskeln auf ein und dasselbe Gelenk. Hierbei kann es zu ungünstigen Belastungen für die Gelenkstrukturen kommen.

Daraus können Muskelverspannungen, Zerrungen, Überlastungen der Sehne, muskuläre Funktions- und Koordinationsstörungen sowie ein vorzeitiges Abnutzen des Gelenkknorpels resultieren (Engelhardt 2006). Muskuläre Dysbalancen können deshalb die Belastbarkeit des Bewegungsapparates herabsetzen und die Leistungsfähigkeit negativ beeinflussen. Zur Behandlung wird meist ein Dehnungstraining des verkürzten muskulären Partners innerhalb eines balancegestörten Gelenksystems empfohlen (vgl. u. a. Knebel et al. 1996).

Neuere Erkenntnisse über die Struktur der Muskelfaser und die Effekte von Dehnungs- und Krafttraining auf Ruhespannung und Muskellänge erfordern ein Umdenken. **Nicht Dehnen, sondern Krafttraining** für die Seite mit dem Spannungsdefizit verspricht die größten Erfolge (Wiemann et al. 1998). Dieser Aspekt unterstreicht den Stellenwert allgemeiner Kraftübungen im Trainingsprozess. Hierdurch können z. B. die einseitigen Belastungen durch das Radfahren ausgeglichen werden.

Dysbalancen vorbeugen

Den einseitigen Belastungen des Radsports kann durch ein variantenreiches Krafttraining wirkungsvoll entgegengewirkt werden. Nicht Dehnen, sondern Krafttraining für die Seite mit dem Spannungsdefizit verspricht die größten Erfolge.

5.3.3 Beweglichkeit

Es gilt als eindeutig belegt, dass Dehntraining, unabhängig von der Methode (dynamisch oder statisch), zu einem sowohl kurz- als auch langfristigen Steigern der Bewegungsreichweite führt (vgl. Chagas 2003).

Ausmaß der Beweglichkeit

Das Ziel eines Dehntrainings besteht darin, für eine bestimmte Bewegung die **optimale Beweglichkeit** herzustellen. Es geht nicht um das Erreichen der maximalen Beweglichkeit. Das Optimum der Beweglichkeit wird durch das jeweilige Anforderungsprofil der Sportart bestimmt. Bei einigen Sportarten ist eine größere Bewegungsamplitude von Vorteil. Hierdurch kann z. B. ein biomechanisch längerer Beschleunigungsweg erreicht werden. Ein *Beispiel* dafür ist die Ausholbewegung beim Speerwerfen: Je weiter der Wurfarm ausholen kann, desto länger und effektiver ist der Beschleunigungsweg.

Bei anderen Sportarten sind dagegen kleinere Bewegungsamplituden vorteilhaft, wenn beispielsweise bei einer Bewegung der Einfluss des Dehnungs-Verkürzungs-Zyklus zunimmt (➤ Kap. 3.4.1). So wäre es für Laufdisziplinen denkbar, dass eine vergrößerte Beweglichkeit im Sprunggelenk einen negativen Einfluss auf den Dehnungs-Verkürzungs-Zyklus nimmt. Durch eine verbesserte Beweglichkeit speichern die Sehnen, die Bindegewebsanteile des Muskels sowie die kontraktilen Teile der Muskelfaser weniger elastisches Energiepotenzial. Das Bestreben dieser Strukturen, sich nach der exzentrischen Bewegungsphase wieder auf ihre ursprüngliche Länge zusammenzuziehen, wird durch die vergrößerte Beweglichkeit reduziert. In der konzentrischen Phase wird dadurch weniger Energie freigesetzt, die den Kraftimpuls vergrößert. Es muss mehr überwindende Muskelarbeit geleistet werden, der Energiebedarf steigt. Wie hoch ein hier theoretisch höherer Energieverbrauch tatsächlich ist – und ob sich dieser überhaupt bei einer Dauerleistung wie z. B. dem Marathonlauf bemerkbar macht –, kann jedoch nur Spekulation bleiben. Es sind bislang keine Studien dazu verfügbar, welchen Einfluss Dehnen auf die Ausdauerleistung nimmt.

Beweglichkeit im Radsport

Im Radsport ist ein spezifisches Beweglichkeitstraining keine zwingende Notwendigkeit. In der Regel sind sowohl das Hüft- als auch das Kniegelenk ausreichend beweglich, um die geforderten Gelenkwinkel bei der Tretbewegung mühelos auszuführen. In seltenen Fällen kann eine geringe Beweglichkeit im Hüftgelenk die zyklische Tretbewegung dicht an die Grenze des Bewegungsspielraums führen. Dies würde den Energieverbrauch erhöhen, da der innere Widerstand beim Ausführen einer Bewegung im Grenzbereich steigt. In solchen Einzelfällen ist ein separates Beweglichkeitstraining zu empfehlen. Methodisch würden sich hierfür sowohl ein statisches als auch ein dynamisches Dehnen eignen, die langfristig in eigenen kleinen Trainingseinheiten durchgeführt werden sollten.

Eine mangelnde Beweglichkeit kann im Radsport auch dann eine Rolle spielen, wenn eine besonders tiefe Sitzposition für eine bessere Aerodynamik eingenommen werden soll, wie z. B. im Triathlon. Um eine Aeroposition über eine lange Fahrtzeit halten zu können, reicht die Beweglichkeit alleine aber nicht aus. Die dabei beanspruchten Stütz- und Haltemuskeln müssen entsprechend gekräftigt sein.

Bei Radfahrern kann ein Dehnen auch psychologisch wertvolle Effekte erzielen, besonders im Sinne eines aktiven Erholens nach Belastungen. Statische Dehnungen werden hier oftmals als sehr angenehm empfunden. Nach härteren Etappen könnte sich somit ein **leichtes** Dehnprogramm positiv auf die Gesamtregeneration auswirken. Ein intensives statisches Dehnen kann das Gegenteil bewirken. Es besteht die Gefahr, einen Muskelkater zu verstärken (Smith et al. 1993).

Krafttraining und Beweglichkeit

Die immer wieder vertretene Überzeugung, dass Krafttraining unbeweglich und steif macht, ist nicht berechtigt. Im Gegenteil – zum Erreichen einer zweckmäßigen Beweglichkeit zeigt sich besonders ein variationsreiches **Krafttraining über volle Bewegungsamplituden** als wirkungsvolle Trainingsmaßnahme; zumal eine erweiterte Beweglichkeit nur dann leistungsfähig eingesetzt werden kann, wenn über den vollen Bewegungsraum Kräfte erzeugt und abgeleitet werden können. Dies setzt voraus, dass die passiven Strukturen (Knochen, Bänder, Sehnen und Knorpel) in den Endbereichen ihrer Beweglichkeit gekräftigt sind. Wird die Bewegungsweite in einem Gelenk nur durch Dehnübungen erweitert, steigt das Verletzungsrisiko. Die Strukturen sind nicht darauf trainiert, in kritischen Positionen Kräfte ableiten zu können (vgl. Gottlob 2001).

Über **vollständige Bewegungsamplituden** zu trainieren, bedeutet, den Muskel über seine gesamte

Kontraktionsstrecke dynamisch zu belasten – von maximal gedehnt bis maximal verkürzt. Bei einem allgemein wirksamen Krafttraining soll der Widerstand über das vollständige aktive Bewegungsausmaß eines Gelenkes wirken. Die **aktive Gelenkbeweglichkeit** beschreibt hierbei den gesamten Bewegungsbereich, der allein durch die Muskelkraft erreichbar ist. Die **passive Gelenkbeweglichkeit** ist immer größer und kann nur mit Schwung oder durch äußere Kräfte erreicht werden.

Beim Üben im Kraftraum ist zu bedenken, dass besonders ein Trainieren an Maschinen das individuelle Bewegungsausmaß limitieren kann – abhängig von der Konstruktion und Kompatibilität zu Körpergröße und Gliedlängen. Ein Üben mit Hanteln ermöglicht dagegen jedem Sportler ein Trainieren über das volle Bewegungsausmaß (➤ Kap. 3.10.2). Übungen wie z. B. Reiß- und Tiefkniebeuge wirken besonders positiv auf die funktionelle Beweglichkeit. Ein gutes *Beispiel* sind Gewichtheber: Bei diesen oft imposanten Erscheinungen handelt es sich keinesfalls um unbewegliche Kolosse. Gewichtheber weisen z. B. gegenüber Bodybuildern eine signifikant höhere Beweglichkeit auf (vgl. Beedle et al. 1991). Klassische Hebeübungen, z. B. das Reißen mit der Langhantel, fordern von den Athleten einen großen Bewegungsradius, besonders im Hüft-, Sprung- und Schultergelenk. Bei diesen Übungen werden die Muskeln nicht nur aktiv, sondern auch passiv gedehnt, bedingt durch den Schwung und die äußere Kraft der Langhantel. Dies wirkt positiv auf eine leistungswirksame Beweglichkeit. Gewichtheber können über den gesamten Bewegungsraum Kräfte erzeugen und ableiten. Wird ein Muskel über seine vollständige Kontraktionstrecke belastet, erhöht sich auch die Reizdauer. Dies wiederum wirkt positiv auf einen Kraft- und Muskelaufbau.

Ausbilden der Beweglichkeit

Zum Erreichen einer funktionellen Beweglichkeit erweist sich besonders ein variationsreiches Krafttraining über volle Bewegungsamplituden als wirkungsvolle Trainingsmaßnahme. Eine erweiterte Beweglichkeit kann nur dann leistungsfähig eingesetzt werden, wenn über den vollen Bewegungsraum Kräfte erzeugt und abgeleitet werden können.

5.3.4 Empfehlungen für die Praxis

Im Radsport kommt dem Trainieren einer spezifischen Beweglichkeit eine untergeordnete Rolle zu. Dehnübungen sollten auch im Rahmen eines Krafttrainings mit Bedacht eingesetzt werden. Da verletzungsprophylaktische Wirkungen kaum zu erwarten sind, stellt sich die Frage, wie viel Zeit der Sportler in ein Dehnprogramm investieren kann bzw. sollte. **Zum Erreichen einer leistungsfähigen Beweglichkeit ist besonders ein Krafttraining über volle Bewegungsamplituden effektiv.**

Hierbei kann mit einer gezielten Übungsauswahl auch muskulären Dysbalancen entgegengewirkt werden. Die einseitigen Belastungen des Radfahrens können so ausgeglichen werden. Als unmittelbare Trainings- und Wettkampfvorbereitung sollten bestenfalls dynamische Dehnübungen eingesetzt werden. Durch statische Dehnungen wird die Leistungsfähigkeit kurzzeitig reduziert. In Gelenken, in denen der Mechanismus des Dehnungs-Verkürzungs-Zyklus eine große Rolle spielt, sollte ein übermäßiges Dehnen auch langfristig eher vermieden werden. Zu nennen ist hier beispielsweise das Sprunggelenk, das im **Triathlon** besonders bei der Laufdisziplin gefordert ist.

5.4 Training mit Frauen

Von einen systematisch betriebenen Krafttraining profitieren Frauen und Männer gleichermaßen. Die positiven Wirkungen sind vielfältig und beziehen sich auf die Gesundheit ebenso wie auf die Leistungsfähigkeit. Vor allem die folgenden Effekte sind herauszustellen:

- Verbessern der Leistungsfähigkeit im Sport und im Alltag
- Verbessern der Knochendichte durch Mineralisierung
- Vermeiden von Verletzungen durch ein schützendes Muskelkorsett sowie stärkere Bänder und Sehnen
- Steigern der fettfreien aktiven Körpermasse
- Verringern des Fettanteils durch eine gesteigerte metabolische Aktivität

- Steigern des Selbstbewusstseins (Zatsiorsky und Kraemer 2006)

5.4.1 Unterschiede zu Männern

Für einen maximalen Trainingserfolg ist allerdings das Üben im Kraftraum auf die physiologischen Voraussetzungen des weiblichen Körpers auszurichten. Diese werden im folgenden Abschnitt kurz dargestellt.

Muskelleistung

Mit Blick auf das Krafttraining liegt der größte Unterschied zwischen Männern und Frauen in der Muskelgröße und der damit unmittelbar verbunden Muskelkraft. Es besteht ein direkter Zusammenhang zwischen dem Muskelvolumen, der lokalen Muskelausdauer und der maximalen Kraftentfaltung (Zatsiorsky und Kraemer 2006).

In medizinischen Lehrbüchern wird betont, dass die Kraft der Oberkörpermuskulatur bei Frauen, selbst mit Training, 30 bis 50 % geringer ist als bei Männern. Im Bereich der unteren Extremitäten sind die Unterschiede geringer ausgeprägt (Dickhuth et al. 2010). Auch im ambitionierten Sportbereich wird eine deutlich geringe Muskelkraft von Frauen betont. Die durchschnittliche mittlere Maximalkraft verschiedener Muskeln von Frauen beträgt 60 % der Kraftleistung von Männern. Diese Werte konnten bei Frauen in bestimmten Sportarten (u. a. Basketball) für große Muskelgruppen ermittelt werden. Ähnliche Verteilungen der maximalen Muskelleistung konnten auch bei Sprungkraftuntersuchungen festgestellt werden (Zatsiorsky und Kraemer 2006).

Muskelfasern

Frauen besitzen innerhalb einzelner Muskeln eine geringere Anzahl an Muskelfasern. Diese Fasern sind zudem kleiner bzw. haben einen geringeren Querschnitt gegenüber den Muskelfasern eines Mannes. Die Skelettmuskulatur der Frau besteht aus denselben Muskelfasertypen wie die des Mannes (➤ Kap. 2.2.1).

Ein Unterschied scheint allerdings im Verhältnis der Fasertypen zu bestehen. So wird beschrieben, dass 75 % der untrainierten Frauen einen höheren Anteil an langsamen und ausdauernden Typ-I-Fasern aufweisen. Dies würde die geringeren Maximalkraftwerte gegenüber Männern erklären (Zatsiorsky und Kraemer 2006).

Hormonkonzentration

Deutliche Unterschiede zwischen Männern und Frauen bestehen in der Konzentration der Sexualhormone. Frauen unterliegen zudem im Rahmen des Menstruationszyklus großen Schwankungen in der Konzentration bestimmter Hormone. Da die verschiedenen weiblichen Sexualhormone wie Gestagene und Progesteron Einfluss auf das Training haben, ist der Zyklus möglicherweise zu berücksichtigen. Da der Forschungsstand zum Einfluss der Menstruation auf die Leistungsfähigkeit nicht eindeutig ist, soll an dieser Stelle nicht weiter darauf eingegangen werden. Auch Testosteron, das wirkungsvollste Hormon mit großem Einfluss auf die Leistungsfähigkeit, ist bei Frauen in unterschiedlichen Konzentrationen vorhanden. Frauen, deren Körper besonders auf die Reize durch ein Krafttraining reagiert, weisen vor allem die folgenden Merkmale auf:

- Hohe Testosteronkonzentrationen
- Größere Hormonresonanz nach einem Krafttraining
- Geringeres Östrogen/Testosteron-Verhältnis
- Fähigkeit, größere Krafttrainingsumfänge zu tolerieren (Zatsiorsky und Kraemer 2006)

Muskelaufbau

Geringere Konzentrationen der androgenen Hormone wie Testosteron erschweren es, ein Muskelwachstum bei Frauen hervorzurufen. Selbst wenn der Muskelmasseanteil durch intensives Krafttraining zunehmen sollte, sind die Zuwächse geringer als bei Männern. **Eine Zunahme an Muskulatur ist für Frauen grundsätzlich positiv zu sehen, da hierdurch der Anteil an aktiver Körpermasse steigt.** Anders ausgedrückt, kann durch ein Krafttraining der Anteil an Körperfett reduziert werden, das bei Frauen genetisch bedingt in größerer Menge vorhanden ist als bei Männern (Zatsiorsky und Kraemer 2006). Selbst unter trainierten Personen weisen Frauen i. d. R. einen deutlich höheren Anteil an Körperfett auf als Männer. Bei Frauen, die Triathlon betreiben, konnte ein Körperfettgehalt von durchschnittlich etwa 16,5 % festgestellt werden (Leake et al. 1991). Für männliche Radsportler wurde im Mittel ein Körperfettanteil von ca. 10,5 % gemessen (Withers et al. 1987).

5.4.2 Empfehlungen für die Trainingspraxis

Eigene Erfahrungen zeigen, dass Frauen beim Thema Krafttraining vor allem die Angst vor einer großen Zunahme an Muskelmasse zu nehmen ist. Wie in den vorangegangenen Abschnitten aufgezeigt wurde, ist massives Muskelwachstum bei Frauen alleine schon aus biologischen Gründen nur schwer möglich. Hinzu kommt, dass im Radsport der hohe Umfang des Ausdauertrainings einen zusätzlichen negativen Einfluss auf die Zunahme von Muskelmasse ausübt (➤ Kap. 5.2). Es besteht also keinerlei Gefahr für Frauen, durch ein Üben im Kraftraum zum „Muskelberg" heranzuwachsen. Frauen können von einem Krafttraining vielmehr umfassend profitieren – sowohl unter gesundheitlichen als auch leistungssteigernden Aspekten. Ein Hinweis darauf, dass ein hoher Anteil an Skelettmuskulatur der beste „Kalorienverbrenner" ist, kann wertvolle Überzeugungsarbeit leisten.

Frauen können und sollten im Krafttraining grundsätzlich mit den gleichen Intensitäten und Umfängen arbeiten wie Männer. **Bei Frauen sind ausreichend hohe Trainingsintensitäten sogar besonders wichtig.** Die Muskulatur weist eine geringere Anzahl an Muskelfasern bei gleichzeitig geringerem Faserquerschnitt auf. Um die Kraftfähigkeiten erfolgreich zu steigern, ist es daher umso wichtiger, dass Frauen beim Üben im Kraftraum mit hohen Intensitäten arbeiten. Nur so können möglichst viele Muskelfasern aktiviert und trainiert werden. Gleichzeitig sollten im Trainingsaufbau die Phasen, in denen der Schwerpunkt auf den Muskelaufbau (Hypertrophie) gerichtet ist, einen größeren zeitlichen Umfang einnehmen als bei Männern. Dabei sollte dem Ausbilden der Oberkörpermuskulatur mehr Aufmerksamkeit zukommen (vgl. Zatsiorsky und Kraemer 2006). Gerade diese Muskulatur ist bei Frauen deutlich schwächer ausgeprägt als bei Männern. Zu empfehlen sind neben speziellen Oberkörperübungen, wie Bankdrücken, Rudern vorgebeugt, besonders Ganzkörperübungen wie Reißkniebeugen, Kreuzheben und Umsetzen mit der Scheibenhantel.

Beim Ausführen der Übungen gelten die gleichen Grundsätze wie für Männer. Die Übungsbeschreibungen in diesem Buch richten sich an Männer und Frauen gleichermaßen. Bei vereinzelten Übungen werden Hinweise gegeben, wie Frauen sich die Übungsausführung erleichtern können. Mit diesen Tipps wird der Tatsache Rechnung getragen, dass die Muskelleistung von Frauen z. T. unter der von Männern liegt – z. B. beim Klimmziehen (➤ Kap. 6).

Krafttraining für Frauen

Frauen profitieren von einem Krafttraining ebenso wie Männer. Sie sollten auch mit den gleichen Intensitäten und Umfängen arbeiten wie Männer. Zu berücksichtigen ist, dass Frauen einen größeren Fokus auf das Muskelaufbautraining (Hypertrophietraining) richten sollten. Die genetischen Voraussetzungen des weiblichen Körpers erschweren den Aufbau von Muskelmasse. Ursache sind u. a. eine geringere Anzahl an Muskelfasern sowie ein geringere Konzentration von aufbauenden (anabolen) Hormonen.

5.5 Krafttraining im Kindes- und Jugendalter

Im Radsport heißt es oft: „Der echte Champion wird im Winter gemacht." Wer bei schlechtem Wetter in der kalten Jahreszeit fleißig trainiert, hat in der Rennsaison gute Chancen, der Schnellste zu sein. Im heutigen Leistungssport werden die Champions jedoch nicht erst im Winter gemacht. Zum Erreichen des hohen Leistungsniveaus im heutigen Spitzensport ist ein kontinuierlicher Trainingsaufbau über mehrere Jahre notwendig. Die Grundlagen für spätere Spitzenleistungen werden im Kindes- und Jugendalter gelegt. Es wäre ein fast nicht mehr gut zumachendes Versäumnis, hierbei nur das Ausbilden der Grundlage im Ausdauerbereich zu verfolgen. **In keinem späteren Lebensabschnitt haben Radsportler so gute Möglichkeiten, die Basis für ein erfolgreiches Ausbilden der Kraftfähigkeiten zu legen.** Wer erst einmal im Rennsportzirkus angekommen ist – mit seinen hohen Trainingsumfängen auf dem Rad und zahlreichen Terminen im Rennkalender –, der findet kaum noch die Zeit für einen systematischen Trainingsaufbau im Kraftraum.

Grundsätzlich sollte der Standpunkt vertreten werden, dass Kinder, die Radfahren als Sport betreiben, auch reif genug sind, ein Krafttraining zu absolvieren. **Das Üben im Kraftraum sollte spätestens im Jugendtraining begonnen werden.** Nur wenn im späteren Hochleistungstraining die Übungstechniken einwandfrei beherrscht werden, können Lasten eingesetzt werden, welche die Leistung verbessern.

Dass der Wert eines Krafttrainings im Kindes- und Jugendalter oftmals unter- oder falsch eingeschätzt wird, liegt an fehlendem oder falschem Wissen. Die folgenden Abschnitte zeigen auf, dass bereits Kinder von einem Krafttraining profitieren können. Ebenso wird darauf aufmerksam gemacht, dass das Üben im Kraftraum für Kinder eine sichere Trainingsform darstellt.

5.5.1 Pro und Contra

In der allgemeinen Trainingsliteratur finden sich Befürworter, aber auch Kritiker des Krafttrainings im Kindes- und Jugendalter. Kritiker stellen dabei die Trainierbarkeit der Kraft vor dem 8. bis 10. Lebensjahr teilweise grundsätzlich infrage (Hollmann und Hettinger 2000). Als Argument wird angeführt, dass im Kindesalter die androgenen Hormone, also vor allem Sexualhormone, die erst während und nach der Pubertät vermehrt ausgeschüttet werden, fehlen. Diese sogenannten Steroidhormone, wie das Testosteron, sind aber ein wichtiger Faktor beim Muskelaufbau und können die Entwicklung von Kraft positiv beeinflussen. Auch die Gefahr von Verletzungen, wie Wirbelsäulen- oder allgemein Knochendeformationen, wird häufig als Kritikpunkt genannt (Harre 1986). Diese Befürchtungen werden u. a. damit begründet, dass die Wachstumsfugen der Knochen bis zum Abschluss des Längenwachstums knorpelig sind und erst später verknöchern. Da nur an diesen Stellen der Knochen wächst, wird ein mit Verletzungen einhergehendes reduziertes Längenwachstum befürchtet.

Im Gegensatz dazu sehen Befürworter die Trainierbarkeit der Kraftfähigkeiten schon bei Kindern ab dem 6.–7. Lebensjahr als gegeben an (Fleck und Kraemer 1997, Granacher et al. 2009). Es werden sogar Vorteile für das Knochenwachstum und die Verletzungsprävention gesehen. Viele Studien unterstützen diese Sichtweise mittlerweile (Fröhlich et al. 2009). Gerade auf internationaler Ebene hat sich so die Haltung gegenüber dem Krafttraining im Kindes- und Jugendalter deutlich verändert. Das Krafttraining gilt als eine **sichere und vor allem effektive Ergänzung** der sportlichen Ausbildung.

Die Kritik am Krafttraining im Kindes- und Jugendalter richtetet sich besonders auf die notwendigen Übungslasten, um entsprechende Anpassungen des Organismus zu provozieren. Es wurde befürchtet, dass Krafttrainingsbelastungen negativ auf die unverschlossenen Wachstumsfugen im Knochen wirken könnten. Sollten sich diese vorzeitig schließen, könnte das Längenwachstum beeinträchtigt werden. Hier ist jedoch Entwarnung zu geben. Studien konnten keine negativen Auswirkungen feststellen (Ims 1997).

Als zweiter Kritikpunkt wird oftmals angeführt, dass von den Krafttrainingsbelastungen Gefahren für den Stütz- und Bewegungsapparat ausgehen (vgl. Granacher et al. 2009). Studien zur Unfallhäufigkeit scheinen dies auf den ersten Blick zu bestätigen. Es wurden 20 489 Unfälle im Zeitraum von 1978 bis 1998 untersucht; allerdings wurde nicht zwischen Krafttraining, Kraftdreikampf und Gewichtheben unterschieden. Außerdem relativiert sich das Gefahrenpotenzial, wenn berücksichtigt wird, dass nur bei 2,3 % der festgestellten Verletzungen eine Aufnahme in ein Krankenhaus nötig wurde. Hinzu kommt, dass sich die Unfälle in den meisten Fällen zu Hause beim Hantieren mit Hanteln ereigneten – also ohne Aufsicht und fachkundige Anleitung (Ims 1997). Vergleicht man diese Unfallzahlen mit denen anderer Freizeitaktivitäten, ist festzustellen, dass überhaupt nur 25 % der analysierten Verletzungen dem organisierten Sport zuzuordnen sind. Die restlichen 75 % ereigneten sich bei Aktivitäten wie Reiten, Inlineskaten, Skateboardfahren oder Spielen.

Ähnliche Ergebnisse liefert eine Studie zur Verletzungshäufigkeit. Dabei wurde für Krafttraining eine Verletzungsrate von 0,0012 pro 100 Stunden Krafttraining und Gewichtheben festgestellt (Hamill 1994). Im Vergleich dazu beträgt die Rate in der Leichtathletik 0,57 und beim Fußball 6,2 Verletzungen pro 100 Stunden Training (Ims 1997). Daraus ist zu schließen, dass das **Krafttraining als sichere Sportart einzustufen ist, solange die Übungseinheiten fachkundig angeleitet werden.** Knochen, Sehnen und Bänder von Kindern werden bei alltäglichen Bewegungen viel stärker als beim Krafttraining beansprucht. Beim Springen oder Rennen treten teilweise die 2- bis 3-fachen Belastungen des Körpergewichts auf (McGinnis 1999). Kein Kind dürfte jedoch in der Lage sein, das Doppelte des eigenen Körpergewichts im Krafttraining zu bewegen. Wirt und Kollegen (2012) weisen in diesem Zusammenhang deutlich darauf hin, dass z. B. die Belastungen des Knies und des Sprunggelenks bei reaktiven Sprüngen oder Sprüngen aus tiefer Hocke phasenweise deutlich über dem liegen, was an Belastung und damit an Beanspruchung des passiven Bewegungsapparates beim Üben im Kraftraum zu erwarten ist – eine korrekte Bewegungsausführung vorausgesetzt. **Es kann also festgehalten werden, dass vom Krafttraining kein besonderes Verletzungsrisiko ausgeht.**

Sicherheit

Krafttraining stellt für Kinder eine sichere Trainingsform dar. Unter fachkundiger Anleitung ausgeführt, liegen die Verletzungsraten deutlich unter denen in anderen Sportarten wie Fußball oder Leichtathletik.

5.5.2 Krafttrainingseffekte

Das Krafttraining im Kindesalter war lange Zeit umstritten, weil gerade in frühen Studien der 1960er- und 1980er-Jahre keine oder nur geringe Kraftzuwächse nachgewiesen werden konnten. Von einem gezielten Krafttraining wurde daher vor dem Vollenden der Geschlechtsreife – der sogenannten Maturation – abgeraten. Allerdings ist zu berücksichtigen, dass diese Studien zum Teil methodische Mängel aufweisen. Dass in den Untersuchungen keine oder nur geringe Wirkungen eines Krafttrainings nachgewiesen wurden, kann jeweils auf einem zu kleinen Trainingsumfang und zu wenig Trainingsintensität zurückgeführt werden (Fröhlich et al. 2009). Begründet wurden die Ergebnisse aber stattdessen eher mit dem mangelnden Hormonstatus, da muskelaufbauende Hormone wie z. B. Testosteron in dieser Altersklasse kaum vorhanden sind oder ganz fehlen. Aus diesem Grund wurde lange Zeit angenommen, dass Trainingseffekte im Sinne einer Kraftanpassung nicht zu erwarten seien.

In einer jüngeren Übersichtsarbeit zu den neuromuskuläre Auswirkungen von Krafttraining im Kindes- und Jugendalter ziehen Granacher und Kollegen (2009) dagegen ein positives Fazit. Bei altersgerechter Anwendung stellt ein Krafttraining eine sichere und zielgerichtete Maßnahme zur Leistungssteigerung der Kraftfähigkeiten dar. **In Abhängigkeit vom Alter, dem Trainingszustand und der Belastungsdosierung können durch ein Krafttraining maximale, explosive und ausdauernde Krafteinsätze verbessert werden.** Einerseits wirkt dieser Leistungszuwachs verletzungsprophylaktisch, andererseits trägt er zur Erweiterung der Handlungsfähigkeit im Alltag und im Sport bei. Ein Krafttraining kann bei Kindern auch positive Wirkungen auf die Psyche haben, z. B. das Reduzieren von Depressionen und eine Verbesserung des körperlichen Wohlbefindens (Sadres et al. 2001). Gerade in Zeiten, in denen ständig von Übergewicht, Haltungsschäden und einem Zurückbilden der körperlichen Leistungsfähigkeit bei Kindern und Jugendlichen die Rede ist, können die Effekte eines Krafttrainings für diese Altersgruppe gar nicht positiv genug gesehen werden.

5.5.3 Anpassungen bei Kindern

Dass bei Kindern die zum Muskelaufbau notwendigen androgenen Hormone fehlen, sollte kein Argument dafür sein, dass ein Krafttraining für Kinder keinen Wert bzw. Nutzen hat. Wie in diesem Buch bereits mehrfach dargestellt wurde, ist das Ziel eines Krafttrainings nicht nur ein Vergrößern des Muskelquerschnitts (➤ Kap. 3.2). Die positiven Effekte liegen u. a. in den Anpassungen der neuronalen Strukturen, womit die Einheiten aus Nerv und Muskel sowie deren verbessertes Zusammenspiel gemeint sind.

Studien zum Muskelwachstum durch Krafttraining sind bei Kindern derzeit kaum verfügbar. Problematisch ist dabei, dass Kinder aufgrund unterschiedlicher zeitlicher Wachstumsverläufe kaum im Längsschnitt auf Hypertrophie untersucht werden können. Dies ist wohl auch die Ursache dafür, warum die meisten Erklärungsmuster und Studien aus den letzten Jahren neurophysiologische Ansätze verfolgen (Guy und Micheli 2001). Grundsätzlich ist aber sowohl von neuromuskulären als auch von muskelphysiologischen Anpassungsprozessen bei Kindern durch das Krafttraining auszugehen (Granacher et al. 2009). Es wurden außerdem koordinative und hormonelle Adaptionen beobachtet. Ähnlich wie beim Erwachsenen scheinen jedoch die Anpassungen zu Beginn eines Trainings allein auf neuronaler Ebene zu erfolgen. Die messbaren Wirkungen auf die Kraft sind so auf Lerneffekte zurückzuführen. Wenn auch die Ausschüttung androgener Hormone eher gering ist, sind jedoch andere Wachstumsfaktoren, wie das Wachstumshormon (HGH) und der insulinähnliche Wachstumsfaktor (IGF 1), vorhanden. Der im Laufe der Pubertät steigende Hormonspiegel unterstützt weiterhin das Muskelwachstum.

Deshalb ist gerade bei Jungen – im Lebensabschnitt der Pubertät durch den Testosteronanstieg – ein trainingsbedingter Kraftzuwachs sowohl auf Hypertrophie als auch auf neuronale Faktoren zurückzuführen. Bei pubertären Mädchen sind weiterhin in erster Linie neuronale Mechanismen für den Kraftgewinn verantwortlich (Granacher et al. 2009).

Als gesichert gilt, dass Kinder von **Krafttraining profitieren** und dass sich auch **anhaltende Effekte** messen lassen (Fröhlich et al. 2009). Dies ist ein wichtiger Beleg dafür, dass ein Üben im Kraftraum für den Radsportnachwuchs besonders wertvoll ist. Aus **leistungssportlicher Sicht** ist besonders hervorzuheben, dass Krafttraining

- die Muskelkraft durch ein Verbessern der intra- und intermuskulären Koordination steigert,
- die Körperspannung erhöht und dazu beiträgt,
- ein schützendes und stützendes Muskelkorsett aufzubauen.

Bewegungsapparat

Dem Bewegungsapparat sind Knochen, Muskeln, Sehnen, Gelenkknorpel und Bänder zuzuordnen. Im Laufe des Lebens unterliegen diese Strukturen unterschiedlichen Wandlungsprozessen. In der Kindheit und der Pubertät werden die an den Knochenenden befindlichen, aus Knorpel bestehenden Wachstumsfugen zunehmend fester. Der kindliche Knochen ist bei Belastungen stärker biegbar und nimmt so mehr Energie auf, bevor es zu Knochenverletzungen kommen kann. Allerdings geht dies mit einer geringeren Federkraft einher, sodass er bei Belastungen eher bricht als der erwachsene Knochen.

Besonders körperliche Belastungen durch exzentrische Muskelarbeit oder Sprünge stellen große Belastungen für den Sehnenbandapparat dar. Allerdings zeigt es sich, dass ein systematisches Training in diesen Bereichen auch zu positiven Anpassungen führt. Sehnen und Bänder können durch ein Krafttraining größer, kräftiger und verletzungsresistenter werden. Ebenso ist die Knochendichte durch das Krafttraining beeinflussbar. Dabei kann bereits ein frühes Üben im Kraftraum zu einem Erhöhen der Knochenmineralisierung führen und damit möglicherweise eine wirkungsvolle Osteoporose-Prophylaxe darstellen (Fleck und Kraemer 2004). Aus **präventiver Sicht** ist besonders herauszustellen, dass ein Krafttraining für Kinder

- die Skelettmuskulatur, die Knochen, Gelenke, Sehnen und Bänder auf die späteren Spitzenbelastungen im Hochleistungstraining vorbereitet und
- frühzeitig Haltungsschwächen und muskulären Dysbalancen entgegenwirkt.

5.5.4 Trainingsempfehlungen

Die Autoren vertreten den Standpunkt, dass Kinder, die Sport treiben können, auch reif genug sind, ein Krafttraining zu absolvieren. Allgemein gültige Trainingsempfehlungen kann es jedoch nicht geben, da die Entwicklungsunterschiede zu groß sein können. Gerade bei Kindern bietet es sich an, schon früh freie und komplexe Übungen mit der „Freihantel" einzuüben (vgl. u.a. Zawieja und Oltmanns 2016). Nur

5

wenn im späteren Hochleistungstraining die Übungstechniken einwandfrei beherrscht werden, können Lasten eingesetzt werden, welche die Leistung verbessern. Dies gilt besonders für technisch anspruchsvolle Hebeübungen wie z. B. das Umsetzen und Reißen mit der Scheibenhantel (Wirth und Zawieja 2008a).

Im Kindertraining kann am Anfang anstelle einer Langhantel ein Besenstiel helfen, Basisübungen wie die Kniebeuge in allen Variationen zu erlernen – z. B. als Front- und Reißkniebeuge. Ein Schulen der korrekten Übungsausführung hat oberste Priorität. Erst wenn eine Krafttrainingsübung mit hoher Bewegungsqualität ausgeführt werden kann, ist die Belastungsintensität zu steigern. Vor einem Erhöhen der Intensität sollte zunächst auf ein Steigern der Umfänge gesetzt werden. Zum Trainieren mit und an Geräten ist anzumerken, dass alle verwendeten Geräte auf die Körpermaße einzustellen sein müssen. Gerade bei Kindern sind umfassende Einstelloptionen wünschenswert. Es existieren mittlerweile sogar spezielle Krafttrainingsgeräte für Kinder, bei denen die Gewichtsabstufungen und die Einstellmöglichkeiten auf die jeweiligen Bedürfnisse „kleinerer Personen" abgestimmt sind.

Vorzuziehen ist bei Kindern aber deutlich der Einsatz von mehrgelenkigen **Freihantelübungen.** Dabei können die Gewichte sehr fein dosiert und die Übungen an das individuelle Leistungsvermögen angepasst werden. Außerdem kann im Gegensatz zu Maschinen mit Hanteln besser auf die Körpergröße eingegangen werden. Hinzu kommt der wichtige Aspekt, dass über freie Gewichte die Koordination trainiert und die Beweglichkeit positiv gefördert werden (➤ Kap. 3.10). Ein Üben mit freien Gewichten kann Kinder besonders motivieren. Freihantelübungen stellen komplexe Bewegungsaufgaben dar – und Kinder sind gerade mit Aufgaben zu begeistern, die für sie eine Herausforderung darstellen. Übungen wie Klimmzüge und Liegestütze können ebenfalls interessanter gestaltet werden, wenn sie mit Spielen verbunden werden. Gerade im Kindertraining muss der „Spaßfaktor" berücksichtigt werden.

Trainer sollten stets darauf achten, Anweisungen im Training präzise und besonders für Kinder verständlich zu formulieren. Dabei sollte – wenn möglich – immer auf eine Ausdrucksweise mit positiven Aspekten bzw. Inhalten geachtet werden. Trainer sollten auch die nötige Geduld beim Entwickeln der Kraftfähigkeiten von Kindern aufbringen. Ebenso wichtig ist ein vorausschauendes wie langfristiges Planen des Krafttrainings. Dabei ist es wichtig, die Rahmenbedingungen und Belastungen zu berücksichtigen, die durch eine Hauptdisziplin (z. B. Radfahren) bestehen (Wirth et al. 2012).

Die Autoren möchten mit diesem Kapitel aufzeigen, dass ein Krafttraining für Kinder und Jugendliche sinnvoll und wichtig ist. Ebenso sollte aufgezeigt werden, dass von einem Üben im Kraftraum kein besonderes Verletzungsrisiko ausgeht. Da der Umfang dieses Buches begrenzt ist, sei für weitere Tipps und Hinweise zum Krafttraining mit Kindern und Jugendlichen auf die Arbeiten von Fleck und Kraemer (2004), Wirth und Kollegen (2012) sowie Zawieja und Oltmanns (2016) hingewiesen.

Krafttraining im Kindes- und Jugendalter

Durch ein Krafttraining im Kindes- und Jugendalter wird der Stütz- und Bewegungsapparat auf die späteren Spitzenbelastungen im Radsport vorbereitet. Ebenso steigert das Üben im Kraftraum die Muskelleistung – hauptsächlich durch ein Verbessern des Zusammenspiels von Nerven und Muskeln. Zum Ausbilden einer allgemeinen Kraft und Koordination sind Übungen mit komplexen Bewegungsaufgaben durchzuführen, besonders mit dem eigenen Körpergewicht und freien Gewichten. Das Training ist vorausschauend zu planen, mit einem ständigen Blick auf die zusätzlichen Belastungen durch die Hauptdisziplin Radfahren.

5.6 Trainieren im Alter

„Es ist selten zu früh und niemals zu spät." Mit diesem motivierenden Zitat der Hauptfigur ALF aus der gleichnamigen Sitcom soll dieses Kapitel eröffnet werden. In der Tat ist es niemals zu spät, mit einem Krafttraining zu beginnen. Ältere und alte Menschen reagieren vergleichbar auf überschwellige Trainingsreize wie ein junger Erwachsener (Fiatarone-Singh et al. 1999). In den folgenden Abschnitten wird kurz die Entwicklung der Muskelkraft im Altersverlauf aufgezeigt. Im Anschluss werden wichtige Hinweise zum Krafttraining mit älteren Menschen gegeben.

5.6.1 Alter und Höchstleistung

Für ältere Ausdauersportler sollten die Ergebnisse von Studien motivierend sein. Untersuchungen an Läufern zeigen, dass das Alter, in dem die maximale Leistung erbracht werden kann, mit der Distanz ansteigt. So liegt bei deutschen Leichtathleten das Höchstleistungsalter über 100 m im Mittel bei 24 Jahren und steigt bis auf 30 Jahre beim Marathonlauf. Bei Frauen entwickelt sich dies vergleichbar, von 22 Jahren über die 100 m auf ebenfalls 30 Jahre beim Marathon (Hegner 2006).

Der Franzose Gilbert Duclos-Lassalle ging sogar auf die 40 Jahre zu, als er 1993 zum zweiten Mal hintereinander die „Schlacht auf dem Kopfsteinpflaster“ beim Klassikerrennen Paris–Roubaix gewann. Neben einer sehr guten Leistungsfähigkeit ist ihm hierbei sicherlich seine langjährige Erfahrung als Radprofi zugutegekommen. Im Radsport liegt das Höchstleistungsalter recht hoch, ungefähr zwischen dem 28. und dem 38. Lebensjahr. Es ist ein langjähriger Trainingsaufbau notwendig, um an die Spitze zu gelangen. Talentierte Quereinsteiger im U23-Bereich haben deshalb noch das Potenzial, den Status eines speziell geförderten Kaderfahrers im Bund Deutscher Radfahrer zu erreichen (BDR 2002). Es kann festgehalten werden, dass bei Langzeitausdauerdisziplinen das Alter zunächst für den Sportler spielt – entsprechendes Training vorausgesetzt.

Anders sieht es in Disziplinen aus, bei denen weniger das Herz-Kreislauf-System der physiologische Leistungsträger ist und vor allem die Skelettmuskulatur gefordert wird. So liegt das Höchstleistungsalter beim 100-m-Lauf – wie bereits aufgezeigt – durchschnittlich bei 24 Jahren. Das die erreichbare Bestzeit in den folgenden Lebensjahren in der Regel zurückgeht, kann auf die Leistungsfähigkeit der Muskulatur zurückgeführt werden. Bereits nach dem zweiten Lebensjahrzehnt können Muskelkraft und -masse schrittweise abnehmen (vgl. u. a. Hollmann und Hettinger 2000). Bei Radsportlern wirkt sich dies besonders negativ auf die Leistungen bei rennentscheidenden Situationen wie Sprints und Attacken aus.

Eine Abnahme der Muskelmasse reduziert außerdem den Grundumsatz an Kalorien und begünstigt dadurch die Zunahme von Körperfett. **Um einem Rückgang der Leistungsfähigkeit entgegenzuwirken, gewinnt das Krafttraining daher mit steigendem Alter an Bedeutung.** Im Radsport kann die deutliche Empfehlung ausgesprochen werden, dass vor allem ältere Sportler das Maximalkrafttraining stärker in den Trainingsprozess einbeziehen sollten (Müller et al. 1994).

5.6.2 Alter und Muskelkraft

Allgemein ist davon auszugehen, dass unter normalen Lebensbedingungen bei gesunden Erwachsenen die Skelettmuskulatur bereits nach dem 2. bis 3. Lebensjahrzehnt an Leistungsfähigkeit einbüßt. Der Masseverlust der Skelettmuskulatur ist die auffälligste Veränderung am Skelettmuskel. Er beginnt ca. Mitte zwanzig. **Bis zum 80. Lebensjahr sind rund 50 % der Muskelmasse geschwunden.** Damit verbunden ist ein deutlicher Kraftverlust, der erhebliche Auswirkungen auf die Leistungsfähigkeit, Lebensqualität und Gesundheit haben kann. Bis zum 45. Lebensjahr beträgt der Kraftabfall ca. 5 % pro Lebensjahrzehnt. Danach tritt ein beschleunigter Verlust um ca. 10 % pro Lebensdekade ein. Muskelkraft und Kraftausdauer nehmen schrittweise ab. Gleichzeitig verringert sich die Arbeitsökonomie der Muskulatur (vgl. u. a. Lexell et al. 1983; Hughes und Schiaffino 1999; Frontera et al. 2000; Andersen et al. 2001).

Kraftverlust

Bereits nach dem 2. bis 3. Lebensjahrzehnt kann es zu einer schrittweisen Abnahme der Muskelkraft und -masse kommen. Diese wirkt sich beim Radsport besonders negativ auf die Leistungen bei Sprints und Attacken aus. Mit steigendem Alter werden zunehmend auch Lebensqualität und Gesundheit beeinträchtigt.

Trainierte vs. Untrainierte

Der biologische Alterungsprozess muss wie die Trainierbarkeit als genetisch bestimmt angesehen werden (vgl. u. a. Frederiksen und Christensen 2003). Bei untrainierten Erwachsenen ist der Rückgang der Maximalkraft jedoch wesentlich größer als bei Trainierten. Der Unterschied in der muskulären Leistungsfähigkeit zwischen aktiven und inaktiven Personen wird im Altersgang zunehmend deutlicher. Inaktive verfügen ab einem Alter von 70 Jahren nur noch über rund 40 % der einstigen maximalen Leistungsfähigkeit. Gleichaltrige Trainierte weisen dagegen noch über ca. 65 % ihrer Leistungsfähigkeit auf (Sheppard 1987). So ist im höheren Erwachsenalter hauptsächlich das **Fehlen von intensiven Kraftbeanspruchungen** für den Rückgang der Muskelkraft verantwortlich (vgl. u. a. Jeschke und Zeilbeger 2004).

Wirkungen von Ausdauertraining

Obwohl Ausdauertraining positive Effekte auf das Herz-Kreislauf-System hat, schützt es **nicht** vor einem Schwund an Muskelmasse im Altersgang.

Muskelfasern im Altersgang

Vom gegenwärtigen Erkenntnisstand ausgehend, sind für den altersbedingten Verlust an Muskelmasse die folgenden Faktoren verantwortlich:

- Verminderung der Muskelfaserquerschnittfläche
- Reduktion der Muskelfaseranzahl

Allerdings ist noch unklar, in welchem Umfang der eine oder andere Faktor am Verlust der Muskelmasse beteiligt ist. Ebenfalls besteht keine Einigkeit darüber, ob die Muskelfasertypen unterschiedlich stark betroffen sind. Insgesamt scheint das Altern die schnellen Fasern härter zu treffen als die langsamen. Damit würde sich die relative Verteilung in den Muskeln allmählich zugunsten des langsamen und ausdauernden Fasertyps verschieben. Dies ist allerdings nur eine Hypothese, die schon lange Zeit besteht, aber bei der Erklärung helfen würde, warum das Höchstleistungsalter im Sprint bei 24 Jahren liegt und im Marathon bei 30 Jahren. Das Nachweisen einer relativen Zunahme der langsamen Fasern im Alter gestaltet sich immer noch recht schwierig. Untersuchungen deuten darauf hin, dass sich das Verhältnis zwischen rein langsamen und rein schnellen Fasern nicht zu verschieben scheint, sondern eher die Grenze zwischen den Muskeltypen fließend wird. Darüber hinaus scheint eine zurückgehende Maximalkraft im Alter durch eine geringere willentliche Fähigkeit zum Aktivieren der motorischen Einheiten beeinflusst zu sein (Andersen et al. 2001; Zimmermann 2002, 1983; Lexell et al. 1983; ➢ Kap. 2.2.1).

5.6.3 Krafttraining für ältere und alte Menschen

Obwohl Ausdauertraining positive Effekte auf das Herz-Kreislauf-System hat, schützt es nicht vor einem Schwund an Muskelmasse. Nur ein Krafttrainingsprogramm erhält die Muskulatur und die Kraft bis ins hohe Alter. Ältere und alte Menschen reagieren vergleichbar auf überschwellige Trainingsreize wie ein junger Erwachsener. So können durch Krafttraining u. a. die Muskelkraft, Muskelmasse und die Knochenfestigkeit gesteigert werden (➢ Kap. 3.2.2). Untersuchungen belegen selbst für Menschen im Alter von über 90 Jahren eine Zunahme der Muskelfaserdicke (Fiatarone-Singh et al. 1999).

Trainingsempfehlungen

Große Wirkungen sind nur mit großen Widerständen erreichbar. Erst mit Lasten, die mindestens 70 % der Maximalkraft entsprechen, lassen sich umfangreiche physiologische Anpassungen erzielen (➢ Kap. 3.2.2). Dabei werden die Methoden des **Muskelaufbautrainings** (➢ Kap. 3.8.1) als der geeignetste Weg angesehen, um einer Reduktion der Muskelmasse im Altersgang entgegenzuwirken (vgl. Mayer et al. 2003; Granacher und Borde 2013).

Das persönliche Ziel sollte immer in dem Bestreben liegen, besser werden zu wollen. Insbesondere bei älteren Menschen können zeitweilige Trainingspausen, z. B. durch Krankheit oder berufliche Verpflichtungen, zu erheblichen globalen oder partiellen muskulären Leistungsdefiziten führen (Zimmermann 2002). Deshalb ist es für Ältere besonders wichtig, durch ein Muskelaufbautraining eine gewisse „Reserve" an Kraft und Muskelmasse aufzubauen. Die Übungslasten sind daher dem Trainingsfortschritt beständig anzupassen. Gerade ältere Menschen zeigen sich hierbei jedoch zurückhaltend. Es ist eine Hauptaufgabe des Trainers, zu überwachen, ob die Sportler mit ausreichend hohen Intensitäten arbeiten (Wagner 2005).

Die Trainingsempfehlungen für ältere und alte Menschen unterscheiden sich nicht wesentlich von denen für gesunde Erwachsene jüngeren Alters. Ohnehin geht das alleinige Berücksichtigen des kalendarischen Alters nur wenig auf die tatsächliche individuelle Leistungsfähigkeit ein. Entscheidend für das Planen des Trainings sind:

- Individuelle Zielsetzung
- Sportliche Vergangenheit und Leistungszustand
- Gesundheitszustand

Unter Beachtung dieser Punkte ergeben sich für den Einzelnen sehr unterschiedliche Körper- und Leistungsprofile. Diese sind vor allem auf die lange Vorgeschichte zurückzuführen, die sich aus dem hohen Lebensalter ergibt (Gottlob 2001). Ein 60-jähriger Sportler kann weit belastbarer sein als ein 40-jähriger Trainingsanfänger. Auch die Ziele können stark abweichen. Will der eine noch erfolgreich an Seniorenradrennen teilnehmen oder bei einem Ironman auf die Strecke gehen, möchte der andere nur etwas für seine Gesundheit tun.

Oftmals liegen individuelle Krankheitsbilder vor, z. B. häufige Beschwerden am Stütz- und Bewegungsapparat, die speziell zu berücksichtigen sind. Das Erstellen der Trainingsprogramme muss in dieser Gruppe daher besonders **individuell** erfolgen. Vor Trainingsbeginn ist deshalb ein genaues Befragen des Sportlers notwendig. Es sind alle Indikatoren zu bestimmen, die eventuell gegen ein Krafttraining oder spezielle Übungen sprechen. Ein *Beispiel* sind Erkrankungen bestimmter Gelenke. Bei akuten Verletzungen bzw. Erkrankungen ist eine Abstimmung mit dem behandelnden Arzt und/oder dem Physiotherapeuten notwendig. Besteht beim Krafttrainingsteilnehmer Unklarheit über seinen Leistungszustand, sollte dem Trainingsbeginn eine medizinische Untersuchung vorausgehen. Je nach Alter und Leistungszustand sind beim Trainieren mit älteren Personen längere Regerationszeiten zu beachten.

Übungsauswahl

Neben einer ausreichend hohen Übungsintensität ist beim Trainieren mit älteren und alten Menschen besonders die Auswahl der Übungen für den Trainingserfolg entscheidend. Ziel eines Krafttrainings für Ältere muss das Verbessern der neuromuskulären Funktion des ganzen Körpers sein:

- Kraft
- Koordination
- Beweglichkeit

Dies kann nur durch den Einsatz von Übungen erreicht werden, die Bewegung und Stabilität kombiniert ansprechen und einen vollen Bewegungsumfang erlauben. Möglich macht dies vor allem ein **Trainieren mit freien Gewichten.** Diese Übungen lassen einen großen Bewegungsumfang zu und sprechen dabei Bewegung und Stabilität kombiniert an. Dadurch werden alle Rezeptoren aktiviert, die eine Bewegung analysieren und koordinieren. Auf diese Weise werden Gleichgewicht und Balance auf hohem Niveau angesprochen. Ein rein maschinengestütztes Krafttraining ist nicht zu empfehlen, da Gleichgewicht und Koordination hierbei nicht ausreichend geschult werden (➤ Kap. 3.10). Im Alterssport ist schon lange bekannt, dass der Koordination eine tragende Rolle zukommen muss, da diese wichtige Sicherheit im Alltag gibt (vgl. u. a. Tinetti 2003; Granacher und Borde 2013). Gut ausgebildete koordinative Fähigkeiten ermöglichen es, z. B. bis ins hohe Alter aktiv Radsport zu betreiben – oder zumindest das Rad als Fortbewegungsmittel zu nutzen.

Beim Trainieren mit Älteren ist die gesamte Skelettmuskulatur zu aktivieren. Hierbei sollten besonders mehrgelenkige Übungen eingesetzt werden, die alltägliche Bewegungen unterstützen und verbessern. Typische *Beispiele* sind Kreuzheben, Kniebeuge und Rudern vorgebeugt. Diese Übungen stellen sehr alltagsnahe Bewegungsmuster dar. Geht der Sportler noch aktiv einer weiteren Disziplin nach, ist die Übungsauswahl ebenfalls auf die Anforderungen dieser Sportart auszurichten. Beim Radsport steht hier wieder die Kniebeuge mit Zusatzlast im Fokus. Untersuchungen zeigen, dass komplexe Freihantelübungen von älteren Menschen problemlos erlernt werden können – eine kompetente Anleitung vorausgesetzt. So konnten in einer Studie die durchschnittlich 67-jährigen Teilnehmer bereits ab der ersten Trainingseinheit Übungen wie Bankdrücken, Kniebeuge und Rudern vorgebeugt ausführen (Wagner 2005). Sollten Teilnehmer zu Beginn eines Krafttrainings eine schlecht entwickelte Stabilisationsmuskulatur und Koordination aufweisen, kann ein anfängliches Üben an Maschinen von Vorteil sein. Hierdurch können Bewegungen angebahnt und die Körperwahrnehmung geschult werden. Die Übungen an Maschinen sind aber nach und nach systematisch zu reduzieren und durch komplexere Übungen mit Seilzügen und Hanteln zu erweitern.

Krafttraining nach Beenden der sportlichen Laufbahn

Besonders für ältere und alte Menschen betonen Untersuchungen zunehmend den Stellenwert der Muskelkraft (u. a. Jeschke und Zeilberger 2004; Granacher und Borde 2013). Die Kraft ist eine zentrale Komponente, um tägliche Aktivitäten wie Laufen, Heben und Treppensteigen selbstständig und langfristig durchführen zu können. Ein Krafttraining trägt damit wesentlich zum Steigern der Leistungsfähigkeit und Lebensqualität im Alter bei – besonders dann, wenn das Fahrrad am Ende der sportlichen Laufbahn an den Nagel gehängt wird. Wie bereits in ➤ Kap. 3.2.2 aufgezeigt, können mit keiner anderen Trainingsform vergleichbare und für die Gesundheit so umfangreich wirksame Anpassungen erreicht werden.

Krafttraining im Alter

Durch ein Krafttrainingsprogramm können Muskulatur und Kraftfähigkeiten bis ins hohe Alter auf einem hohen Niveau gehalten werden. Der Fokus sollte hierbei auf die Methoden des **Muskelaufbautrainings** und koordinativ anspruchsvolle Übungen gerichtet sein. Selbst über 90-Jährige können noch Muskelmasse aufbauen (Fiatarone-Singh et al. 1999).

5.7 Trainingsdokumentation

Jeder Sportler ist so individuell wie sein Fingerabdruck. Deshalb reagiert jeder Sportler ganz individuell auf Trainingsbelastungen. Ein fertiges „Kochrezept" für seinen Trainingserfolg kann es per se nicht geben. Die Erfahrungen aus der Trainingspraxis bestätigen dies immer wieder. So kann es trotz eines bekanntermaßen wirkungsvollen Trainingsaufbaus zu einem zeitweiligen Stagnieren der Leistungsentwicklung kommen (vgl. u. a. Faude 2007). Die Trainingsintensitäten und -umfänge können in diesem Fall entweder zu niedrig oder zu hoch sein. Überschreiten die Trainingsbelastungen die individuelle Belastungsverträglichkeit, besteht die Gefahr, dass der Sportler „ausbrennt". Auf längere Sicht betrachtet, kann der Sportler hierbei so weit erschöpfen, dass für ihn die Rennsaison vorbei ist. Der Sportler benötigt unter Umständen sogar eine Auszeit vom Training. Der Leistungsaufbau kann nicht mehr planmäßig erfolgen.

Ist ein Radsportler noch krafttrainingsunerfahren, ist es besonders schwer vorauszusagen, wie er die Doppelbelastung aus Kraft- und Ausdauertraining toleriert. Daher ist es besonders zu empfehlen, die Leistungsentwicklung im Trainingsprozess zu dokumentieren. Hierdurch werden wichtige Informationen gewonnen, um ein Über- oder Unterfordern des Sportlers zu verhindern und ein Training individuell und erfolgreich zu optimieren.

5.7.1 „Soll"- und „Ist"-Zustand

Im Trainingsplan werden „Soll"-Größen festgelegt, die es zu erreichen gilt, z. B. „zwei Stunden Grundlagenausdauertraining auf dem Rad mit 5 × 5 Minuten intensiven Intervallen bei 450 Watt am Dienstag". Der Trainer formuliert mit diesen Angaben ein Ziel: was der Sportler wann erreichen soll. Die Leistung, die der Sportler zum gegebenen Zeitpunkt erbringt, stellt die **„Ist"**-Größe dar. Erreicht der Fahrer die Zielvorgabe, ist sprichwörtlich alles im **„Soll"**. Für eine Kontrolle darüber, ob ein Trainingsaufbau wie geplant verläuft, sind die Ist-Größen regelmäßig vom Sportler zu dokumentieren.

Hierzu zählen sowohl die erreichten Leistungen im Training als auch im Wettkampf. Ein anschließender Soll-Ist-Vergleich ermöglicht es dem Trainer, Rückschlüsse auf den kurz-, mittel- und langfristigen Leistungsaufbau zu ziehen. Es können kurzfristig Erkenntnisse darüber gewonnen werden, wie der Sportler auf die im Training gesetzten Reize anspricht. Mittel- und langfristig lässt sich feststellen, ob der eingeschlagene Weg zum Erreichen eines Ziels der Richtige ist. Eventuelle Fehler in der Trainingsplanung und -gestaltung lassen sich identifizieren und für zukünftige Trainingszyklen vermeiden. Das Training kann individuell optimiert und die Leistung maximal gesteigert werden.

5.7.2 Trainingstagebuch

Trainingsdokumentationen werden nicht selten als zeitaufwendig und lästig empfunden. Das Aufzeichnen der Trainingsleistungen muss heutzutage auch nicht mehr zeitraubend mit Papier und Stift erfolgen. Exceltabellen und spezielle Softwarelösungen ermöglichen ein schnelles und komfortables Erfassen von Daten. Die elektronische Datenerfassung bringt dabei weitere Vorteile: Die erfassten Daten lassen sich oftmals mit wenig Aufwand grafisch aufbereiten, wodurch die Trainingsdaten für Athlet und Trainer noch leichter nachzuvollziehen sind.

Zunehmend werden auch **Online-Dienste** zum Erfassen und Auswerten von Trainingsdaten angeboten. Eine besonders leicht zu bedienende Lösung zur Trainingsplanung und zum Online-Coaching ist z. B. die Trainingsplattform www.atleta.de. Der Trainer kann sich hier jederzeit online einen Überblick über die erbrachten Leistungen verschaffen – selbst wenn der Sportler gerade mehrere tausend Kilometer entfernt im Trainingslager weilt. Über Online-Plattformen können auch große Datenmengen ausgetauscht und ein direkter Kontakt zum Trainer gehalten werden. Nachfolgend werden die wichtigsten Parameter aufgeführt, die im Rahmen einer Trainingsdokumentation aufgezeichnet werden sollten. Neben harten Fakten wie z. B. „gefahrene Kilometer" sollten auch weiche Faktoren wie z. B. „Schlafqualität" dokumentiert werden:

- **Krafttraining:**
  - Lasten
  - Wiederholungszahlen
  - Satzahlen
- **Radtraining:**
  - Zeiten
  - Herzfrequenz
  - Leistung (Watt)
  - Kilometer
  - Höhenmeter
- **Ergänzende Parameter:**
  - Ruhepuls vor dem Aufstehen
  - Subjektives Körperempfinden
  - Witterungsverhältnisse
  - Schlafqualität und -dauer
  - Ernährung
  - Besonderheiten wie z. B. Trainingsstürze, schulischer und beruflicher Stress, Erkrankungen etc.

5.7.3 Leistungsdiagnostik

Neben der Aufzeichnung von Trainingsdaten ist die **Durchführung regelmäßiger Leistungstests** von großer Bedeutung. Hierbei wird der Ist-Zustand verschiedener Leistungsparameter der Kraft- und Ausdauerfähigkeiten unter standardisierten Bedingungen ermittelt. Auf diese Art lässt sich nicht nur die Effektivität praktizierter Trainingsmethoden überprüfen. Leistungsdiagnostiken ermöglichen es, Schwächen aufzudecken und diese bei der weiteren Trainingsplanung gezielt zu berücksichtigen (➤ Kap. 4).

Leistungsdokumentation

Nur eine regelmäßige Kontrolle der erreichten Trainings- und Wettkampfleistungen ermöglicht eine erfolgreiche Trainingsplanung und -steuerung. Das Führen eines Trainingstagebuchs ist daher genauso zu empfehlen wie das Durchführen regelmäßiger Leistungstests.

KAPITEL

6 Trainingsübungen

Für ein erfolgreiches Muskelkrafttraining hat die richtige Auswahl der Trainingsübungen eine zentrale Bedeutung. Dies gilt unter leistungsbezogenen wie auch unter präventiven Gesichtspunkten. Eine durchdachte Übungsauswahl bildet die Grundlage, um das Potenzial eines gezielten Krafttrainings voll auszuschöpfen. Zu bedenken ist dabei auch, dass das Krafttraining nicht die Hauptdisziplin eines Radsportlers ist. Es steht oftmals nur eine sehr begrenzte Zeit für den Besuch des Kraftraums zur Verfügung. Die Auswahl an Übungen sollte deshalb auch ein zeiteffizientes Training ermöglichen – oder anders ausgedrückt: Mit wenigen Übungen sollten möglichst viele Muskeln aktiviert werden (➤ Kap. 3.10).

Das folgende Kapitel zeigt auf, welche Muskeln bzw. Muskelgruppen beim Radfahren gefordert sind. Danach werden Krafttrainingsübungen vorgestellt, die Radsportlern ein effektives wie effizientes Krafttraining für diese Muskeln ermöglichen.

6.1 Beanspruchte Muskelgruppen im Radsport

Ein leistungssteigerndes Krafttraining im Radsport bedeutet nicht nur das ausschließliche Kräftigen der Beinmuskeln – wenn diese auch zweifelsfrei die größte Leistung beim Radfahren erbringen müssen. Den Muskeln des Oberkörpers kommt eine tragende Rolle zu,

- um den Körper im Gleichgewicht zu halten und
- der Kraft entgegenzuwirken, welche die Muskulatur des Unterkörpers gegen die Pedale entwickelt.

Ein muskulär gut stabilisierter Oberkörper ermöglicht es dem Sportler daher, mehr Kraft auf die Pedale zu übertragen. Darüber hinaus wirkt eine gut trainierte Oberkörpermuskulatur dem Ermüden auf langen Distanzen entgegen (vgl. Fuhrman 2002; Burke und Newton 1983). Auch unter präventiven Gesichtspunkten ist ein Kräftigen der gesamten Skelettmuskulatur von Bedeutung. Hierdurch wird muskulären Defiziten und Dysbalancen vorgebeugt.

Im Radsport ist nahezu die gesamte Körpermuskulatur gefordert. Nachfolgend werden die wichtigsten Muskelgruppen und ihre Funktion für den Radsport dargestellt.

Bein- und Gesäßmuskeln

Beim Radfahren trägt die Muskulatur der unteren Extremitäten die Hauptbelastung – besonders die **Streckschlinge,** die das Pedal herabdrückt. Hauptsächlich werden hierbei gefordert:

- Vorderer Oberschenkelmuskel
- Großer Gesäßmuskel

In geringem Umfang ist auch der dreiköpfige Wadenmuskel am Herabdrücken des Pedals beteiligt (Burke und Newton 1983). Beim Heraufziehen des Pedals kommt die **Beugeschlinge** zum Einsatz. Dies setzt natürlich voraus, dass Pedal und Fuß fest miteinander verbunden sind – z. B. durch ein Klickpedal oder Fußschlaufen. Die wichtigsten Muskeln der Beugeschlinge sind:

- Vordere Schienbeinmuskulatur
- Hinterer Schenkelmuskel
- Hüftbeuger

Die beim Radfahren vortriebswirksamen Muskelschlingen sind in ➤ Abb. 6.1 grafisch dargestellt.

Armmuskeln

Bei normaler Fahrt sorgen besonders die Armstrecker für das Steuern und Aufrechterhalten einer optimalen Rumpfhaltung auf dem Rad. Je tiefer die Lenkerposition ist, desto stärker werden die Armstrecker beansprucht. Der Körperschwerpunkt wan-

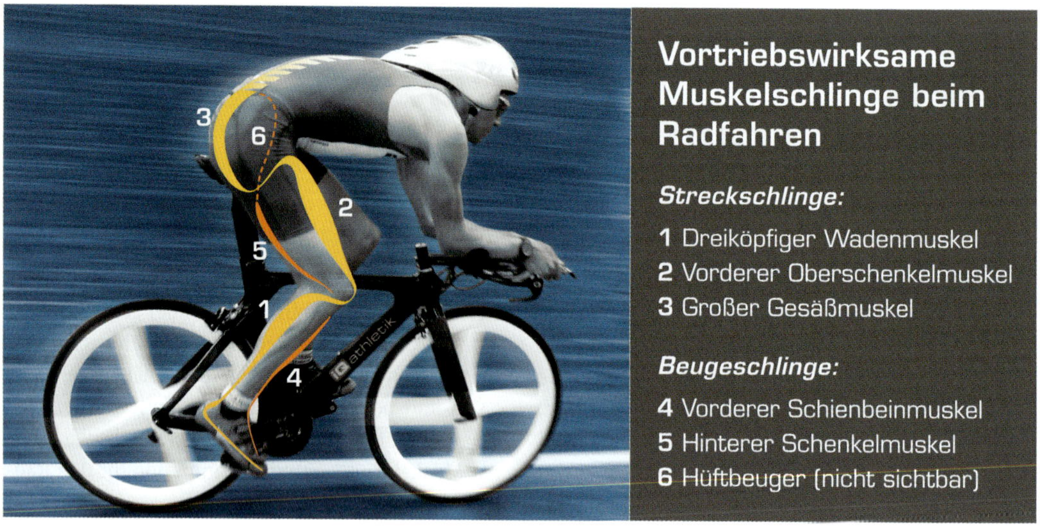

Abb. 6.1 Vortriebswirksame Muskelschlingen beim Radfahren

dert nach vorn und die Arme müssen mehr Gewicht tragen. Die Muskeln der Unterarme sorgen dabei für einen sicheren Griff am Lenker. Die Arme sind außerdem als Stoßdämpfer gefordert: Sie nehmen die durch den Lenker übertragenen Erschütterungen direkt auf.

6

Besondere Anforderungen an die Arme stellt das Fahren im schweren Gelände wie beim Mountainbike- und Crossradfahren. Auch Fahrten auf Kopfsteinpflaster, wie beim Straßenradklassiker Paris–Roubaix, verlangen gut konditionierte Armmuskeln. Wenn beim Sprintantritt kraftvoll am Lenker gezogen wird, sind besonders die Armbeuger gefordert.

Schulter- und Nackenmuskeln

Beim Radfahren unterstützt die Schultermuskulatur das Stabilisieren des Oberkörpers – eine wichtige Voraussetzung, um der Kraft entgegenzuwirken, welche die Muskulatur des Unterkörpers gegen die Pedale entwickelt. Die Muskeln des Nackens sind gefordert, um den Kopf zu stabilisieren – besonders bei einer tiefen Lenkerposition.

Brust- und Rückenmuskeln

Die Brust- und Rückenmuskulatur hilft ebenfalls, den Oberkörper beim Radfahren zu stabilisieren. Besonders gefordert sind der große Brust- und der breite Rückenmuskel beim Sprint. Sie unterstützen die Arme bei der Zugbewegung am Lenker – sowohl beim Beugen als auch beim Strecken der Arme. Als Atemhilfsmuskulatur unterstützt der Brustmuskel das Einatmen und der breite Rückenmuskel das Ausatmen.

Bauch- und Rückenstreckmuskulatur

Die Leistungsfähigkeit der Rückenstrecker und Bauchmuskeln bestimmt im Wesentlichen die Rumpfkraft, die im Radsport in vielerlei Hinsicht eine wichtige Rolle spielt:

- Zum Stabilisieren des Rumpfes
- Beim Übertragen der Kraft zwischen Ober- und Unterkörper
- Zum Vorbeugen von Verletzungen
- Zum Vermeiden von Rückenschmerzen

Eine gut ausgebildete Rumpfmuskulatur entlastet und stabilisiert die Wirbelsäule beim Heben, Stehen, Sitzen und sämtlichen Bewegungen. Sie hat ebenfalls entscheidenden Einfluss auf die Körperhaltung. Als Stützmuskulatur übernimmt sie eine stabilisierende Funktion und absorbiert äußere Kräfte. Die Bauchmuskeln dienen außerdem dem Schutz der inneren Organe und unterstützen als Atemhilfsmuskeln das Ausatmen (vgl. Tittel 2003).

6.2 Krafttrainingsübungen

In den folgenden Abschnitten werden ausgewählte Trainingsübungen vorgestellt und Hinweise zur Ausführung gegeben. Mit diesen Übungen soll zum einen die gesamte Skelettmuskultur gekräftigt werden – im Sinne allgemeiner Trainingsübungen. Zum anderen soll im Sinne spezieller Übungen die Muskelfunktion trainiert werden, die beim Radfahren leistungsbestimmend ist. Mehr über „allgemeine" und „spezielle" Trainingsübungen ist in ➤ Kap. 3.5.2 und ➤ Kap. 3.5.3 zu lesen.

Die in diesem Buch dargestellten Übungen basieren auf langjährigen Erfahrungen der Autoren im ambitionierten Freizeit- und Leistungsradsport sowie auf dem aktuellen Erkenntnisstand der Trainingswissenschaften. Für die Auswahl der Übungen besteht kein Anspruch auf Vollständigkeit – allerdings sind sie in hohem Maß für die Radsportdisziplinen als verbindlich zu bezeichnen. Die Übungsauswahl ermöglicht zudem Triathleten ein komplettes Muskelkrafttraining. Neben den beim Radfahren beanspruchten Muskelgruppen werden mit den Übungen auch die beim Schwimmen und Laufen geforderten Muskeln zweckmäßig trainiert.

Im Fokus der Übungsauswahl stehen Übungen mit der Langhantel. Diese haben sich als besonders effektiv und effizient für den Aufbau von Muskeln und die Entwicklung von Maximal- und Schnellkraft erwiesen (➤ Kap. 3.10). Ergänzt wird die Auswahl durch einzelne Übungen an Maschinen.

6.2.1 Hinweise zu den Übungen in diesem Buch

Alle in diesem Buch empfohlenen Übungen richten sich an gesunde Sportler ohne Einschränkungen im Stütz- und Bewegungsapparat. Vorliegende Beschwerden sind trainingsseitig im Einzelfall zu berücksichtigen – abhängig von der jeweiligen Problematik. In diesen Fällen ist die Rücksprache mit einem qualifizierten Trainer und/oder Arzt notwendig.

Wenn bei einem Sportler Beschwerden oder individuelle Kraft-, Mobilitäts- und Koordinationsdefizite bestehen, sind diese gezielt aufzuarbeiten. Physiologische Schwachstellen lassen sich zum einen im Trainingsprozess beim Ausführen von komplexen Bewegungen wie einer Überkopfkniebeuge erkennen, zum anderen durch gezielte klinische Tests an Knochen, Gelenken und Muskeln. Liegen entsprechende Befunde vor, sind daraus korrigierende Übungen abzuleiten – in der Physiotherapie oft auch als „Corrective Exercises" bezeichnet. Diese Übungen werden dann meist ohne oder nur mit sehr leichten Widerständen (z. B. Gummibändern) ausgeführt und dienen z. B. einem gezielten Verbessern der Mobilität der Brustwirbelsäule oder der unteren Extremität.

Je nach individuellen Befunden können diese Übungen ein Training mit Gewichten sinnvoll ergänzen oder auch notwendig sein, um das Ausführen von bestimmten Krafttrainingsübungen vorzubereiten. So verlangt z. B. die Übung Frontkniebeuge dem Sportler mehr Beweglichkeit ab als das Ausführen der Kniebeuge mit der Hantel im Nacken. Unter anderem müssen beim Ausführen der Frontkniebeuge die Handgelenke und Schultern beweglich genug sein, um die Hantelstange sicher vor dem Körper zu halten.

Unter Umständen ersetzen die „Corrective Exercises" sogar phasenweise das Krafttraining komplett, z. B. wenn ein Radsportler mitten in der Saison Beschwerden am Bewegungsapparat hat. Obwohl den korrigierenden Übungen damit im Trainingsprozess eine wichtige Rolle zukommen kann, geht das vorliegende Buch nicht näher auf sie ein. Das Vorstellen unterschiedlicher praktischer und klinischer Testmethoden und der daraus abgeleiteten Befunde mit den dazugehörigen Übungen würde den Umfang sprengen.

Das vorliegende Buch legt den Fokus ganz bewusst auf die Übungen für ein effektives Muskelkrafttraining im Radsport. Dies soll auch ausdrücklich dazu beitragen, dass Krafttrainingsübungen nicht mit korrigierenden und/oder rehabilitativen Übungen vermischt werden. Was unter Krafttraining zu verstehen ist und wie Radsportler davon profitieren, wird in ➤ Kap. 3 beschrieben.

An dieser Stelle möchten wir dem deutschen Elite-Mountainbiker und Weltcupfahrer Tobias Eise für das Vorführen der in diesem Buch beschriebenen Übungen danken. Tobias hat im Cross Country zahlreiche Podiumsplätze eingefahren und trainiert regelmäßig im Kraftraum zur Leistungssteigerung und zur Prävention.

6.2.2 Regeln zum Ausführen der Übungen

Alle in diesem Buch vorgestellten Krafttrainingsübungen werden mit Korrekturhinweisen und Tipps – auch für Trainer – ausführlich beschrieben. Diese Hinweise verhelfen zu einer korrekten Übungsausführung in der Praxis.

Folgend werden einige wichtige Grundregeln zum Anwenden der Übungen aufgeführt. Diese Regeln gelten nicht nur für Radsportler, die den Kraftraum besuchen, sondern sollten generell bei einem Krafttraining angewendet werden (vgl. u. a. auch Wirth et al. 2012):

- **Die korrekte Bewegungsausführung muss sichergestellt sein!** Der Sportler muss die eingesetzte Last jederzeit kontrollieren können. Beim Trainieren gilt der Grundsatz: **Der Übende führt die Hantel und nicht umgekehrt!** Die Qualität der Bewegungsausführung steht immer vor der Erhöhung der Trainingslasten. Alle Übungen sind so lange mit leichten Zusatzgewichten auszuführen, bis die richtige Technik beherrscht wird. Erst dann kommen im Training höhere Lasten zum Einsatz. Im Trainingsprozess steht das Erlernen einer korrekten Übungstechnik an erster Stelle! Wird von der korrekten Übungstechnik abgewichen, kann es auf kurze oder lange Sicht zu Überlastungen und Verletzungen kommen. Eine veränderte Bewegungsausführung kann auch die angezielten Trainingseffekte reduzieren – nämlich dann, wenn bei einer veränderten Übungsausführung Muskeln stärker belastet werden, die der eigentlichen Zielmuskulatur Arbeit abnehmen.
- **Die Übungslast ist dem Trainingsfortschritt anzupassen.** Übungslasten können immer dann erhöht werden, sobald die Übung vom Sportler technisch sauber beherrscht wird. In der Praxis zeigt sich jedoch oftmals, dass Sportler ihre Übungswiderstände nicht ausreichend erhöhen – besonders zum Trainingsbeginn. Der Impuls zum Erhöhen der Übungslasten geht oftmals vom Trainer aus. Nicht selten muss dieser den Sportler für die richtige Widerstandswahl sensibilisieren und für höhere Lasten motivieren. Das mühevolle Ausführen einer Übung beim Einsatz hoher Trainingslasten wird von Sportlern häufig falsch eingeschätzt. Die anstrengende Bewegungsausführung wird mit einer unsauberen Übungstechnik gleichgesetzt. Ein tatsächliches Überfordern des Trainierenden ist dagegen leicht zu erkennen. Es zeigt sich in einer erkennbar unsauberen Übungstechnik – beispielsweise Ausweichbewegungen und Schwungholen zum Erleichtern der Übung. In diesem Fall kann sofort mit einem Reduzieren der Übungslast reagiert werden.
- **Motiviert und konzentriert trainieren.** Das Ausführen von Krafttrainingsübungen erfordert Konzentration auf die Übung und auf das Anwenden von Muskelkraft. Ein fehlender Wille, sich beim Krafttraining auszulasten, kann jegliche Anpassungen wie z. B. Muskelwachstum verhindern.
- **Die Bewegungsgeschwindigkeit ist bei den meisten Übungen langsam.** Eine Ausnahme stellen Übungen aus dem Bereich des Gewichthebens dar. Hierbei muss die Hantel maximal beschleunigt werden. Eine *Beispielübung* ist das Umsetzen mit der Scheibenhantel. An dieser Stelle soll auch noch einmal deutlich darauf hingewiesen werden, dass das Ausführen einer Übung mit hoher Bewegungsgeschwindigkeit nicht pauschal mit dem Entwickeln von Schnellkraft gleichgesetzt werden kann! Selbst wenn eine Übung im Sinne eines intramuskulären Koordinationstrainings mit einem explosiven Anspannen der Muskeln ausgeführt wird, sieht die Bewegung von außen nicht schnell aus. Beim intramuskulären Krafttraining ist eine hohe Last erforderlich, die überhaupt kein schnelles Ausführen der Bewegung zulässt (➤ Kap. 3.8.2).
- **Komplexe Übungen sind vor einfachen Übungen auszuführen.** Komplexe Trainingsübungen, die viele Gelenke und Muskulatur aktivieren, sollten am Anfang einer Trainingseinheit stehen. So sollten besonders die Langhantelübungen aus dem Gewichtheben vor anderen Übungen ausgeführt werden. Isolationsübungen und Übungen die nur kleiner Muskelgruppen fordern, sind an das Ende einer Trainingseinheit zu setzen.
- **Bei Ermüdung ist die Übung abzubrechen.** Geht dem Sportler beim Ausführen einer Übung die Kraft aus, besteht ein erhöhtes Verletzungsri-

6

siko. Zeigen sich bei der Ausführung einer Übung Ermüdungserscheinungen, sollte die Übung deshalb abgebrochen werden. Reicht die Trainingspause zum nächsten Übungssatz nicht aus, um den nächsten Durchgang wieder mit einer passablen Technik auszuführen, sollte die Übung beendet werden. Je nach Ermüdung kann das Training für diese Muskelgruppe ganz beendet oder die Trainingsübung gewechselt werden; z. B. kann nach der Hantelkniebeuge die Übung Beinpresse oder Beinstrecker am Gerät ausgeführt werden.

- **Auf kritische Situation und missglückte Versuche vorbereitet sein.** Nicht bei allen Übungen ist ein Ausführen mit Hilfestellung durch einen Trainingspartner möglich (➤ Kap. 3.6.4); dies gilt besonders für die Übungen aus dem Gewichtheben wie z. B. das Umsetzen mit der Scheibenhantel. Trainer müssen daher den Sportlern beibringen, wie sie sich in heiklen Situation von der Hantel befreien und diese abwerfen können. Gewichtheberübungen sollten deshalb stets auf einem dafür vorgesehen Stemmboden ausgeführt werden. Dieser ermöglicht selbst das Abwerfen schwerer Hantellasten von den gestreckten Armen über dem Kopf. Auf keinen Fall sollten Sportler Verletzungen riskieren, um Material schonen zu wollen.
- **Trainingsmittel sind vor ihrem Einsatz auf einwandfreie Funktion zu prüfen.** Zu kontrollieren ist stets, dass die eingesetzten Trainingsgeräte technisch in einwandfreiem Zustand sind. Beim Einsatz der Langhantel ist zusätzlich darauf achten, dass diese gleichmäßig auf beiden Seiten mit Hantelscheiben beladen ist – auch auf die Reihenfolge der Scheiben achten: große Scheiben innen, kleinere Scheiben außen. Ebenso sind die Scheiben auf beiden Seiten durch Verschlüsse zu sichern.
- **Die richtigen Trainingsschuhe im Kraftraum tragen.** Ambitionierte Radfahrer tragen beim Radfahren spezielle Radschuhe, da ihnen diese wertvolle Vorteile verschaffen. Besonders die feste Sohle dieser Schuhe ermöglicht ein optimales Übertragen der Kraft auf das Pedal. Und so ist es auch beim Krafttraining. Schuhe mit einer festen Sohle übertragen die Kraft aus den Beinen besser zum Boden. Zudem sorgen sie für einen sicheren und festen Stand. Optimal für das Krafttraining sind spezielle **Gewichtheberschuhe.** Diese Schuhe haben eine besonders feste Sohle und einen zusätzlichen Fersenkeil, der das Ausführen von tiefen Kniebeugen erleichtert. Durch den Fersenkeil wird der Sprunggelenkwinkel geöffnet. Dies ermöglicht, den Rumpf in einer aufrechteren Position zu fixieren, da das Hüftgelenk weniger stark gebeugt werden muss. Dies erleichtert das Stabilisieren der Lendenlordose (Pernitsch und Brunner 2006). Da gerade bei Radfahrern das Trainieren der Beine und besonders das Ausführen der Kniebeuge im Mittelpunkt des Krafttrainings steht, ist die Anschaffung von Gewichtheberschuhen eine sehr sinnvolle Investition. Abzuraten ist davon, beim Krafttraining Schuhe mit einer sehr weichen Sohle zu tragen, wie sie beispielsweise beim Joggen zum Einsatz kommen. Weiche Sohlen komprimieren und verformen sich unter Belastung. Hierdurch wird die Kraftübertragung reduziert und der Stand wird instabil.
- **Auf den Einsatz eines Gewichthebergürtels und auf das Verwenden von Zughilfen sollte verzichtet werden.** Sowohl die Stabilität des Rumpfes als auch das Greifen der Hantel sind muskulär abzusichern. Werden diese Hilfsmittel eingesetzt, kann es langfristig zu Überlastungsschäden kommen. Muskuläre Defizite sind durch entsprechende Krafttrainingsübungen auszugleichen.

Sicherheit

Beim Trainieren gilt der Grundsatz: **Der Übende führt die Hantel und nicht umgekehrt!** Der Sportler muss die eingesetzte Last jederzeit mit einer korrekten Übungstechnik kontrollieren können.

6.2.3 Griffvarianten

Im Krafttraining werden verschieden Griffvarianten unterschieden. Diese beschreiben jeweils eine spezielle Stellung der Handgelenke. Von besonderer Bedeutung sind die einzelnen Griffvarianten bei Übungen mit Kurz- und Langhanteln sowie bei Stangenübungen wie dem Klimmziehen. Folgend werden kurz die wichtigsten und für dieses Buch relevanten Grifftechniken dargestellt. Der Fokus liegt dabei auf einem Verwenden der Langhantel sowie einer Reck- bzw. Klimmzugstange. Bei allen Griffvarianten ist darauf zu achten, dass die Stange bzw. die Langhantel mittig gegriffen wird und die Hände den **gleichen Abstand** zueinander haben.

Obergriff

Hierbei wird die Stange von oben gegriffen (➤ Abb. 6.2), und zwar so, dass die Handflächen nach unten und die Daumen nach innen zeigen. Bei dieser Technik ist jede Griffweite möglich – von eng bis weit. Ein besonders weiter Obergriff wird z. B. bei Übungen wie der Reißkniebeugen eingesetzt. Der Obergriff ist der am meisten eingesetzte Griff im Hanteltraining. Bezeichnet wird diese Griffvariante auch als „Ristgriff".

Untergriff

Hierbei wird die Stange von unten gegriffen (➤ Abb. 6.3), und zwar so, dass die Handflächen nach oben und die Daumen nach außen zeigen. Diese Griffvariante wird meist gewählt, um die Muskeln der Armbeuger stärker zu beanspruchen, z. B. beim Klimmziehen. Mit dem Untergriff wird die Stange in der Regel von ganz eng bis schulterbreit gefasst. Bezeichnet wird diese Griffvariante auch als „Kammgriff".

Neutraler Griff

Hierbei ist die Stellung der Handgelenke neutral. Die Handflächen zeigen nach innen und die Handrücken nach außen (➤ Abb. 6.4). Dieser Griff wird z. B. beim Training am Parallelbarren (Ausführen des Barrenstütz bzw. Dips) oder bei Zugübungen mit einem Parallelgriff (z. B. Rudern sitzend, Latziehen am Zugturm oder Klimmzüge) eingesetzt.

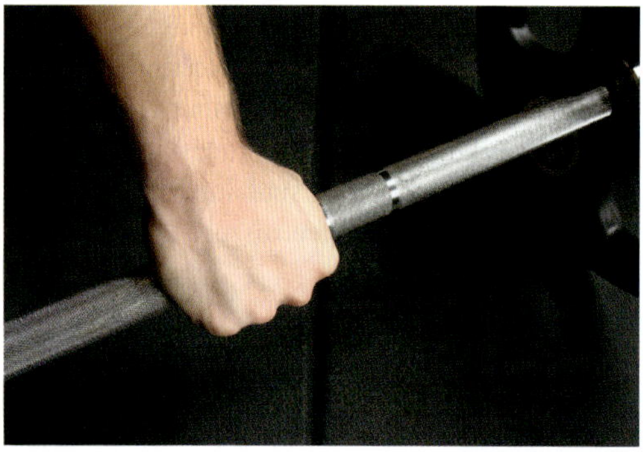

Abb. 6.2 Obergriff

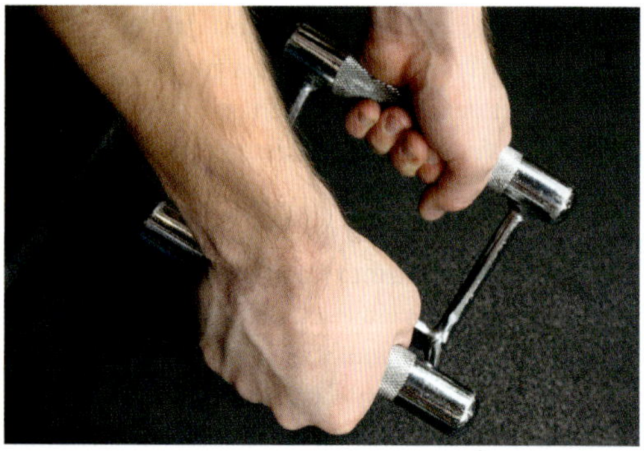

Abb. 6.4 Neutraler Griff

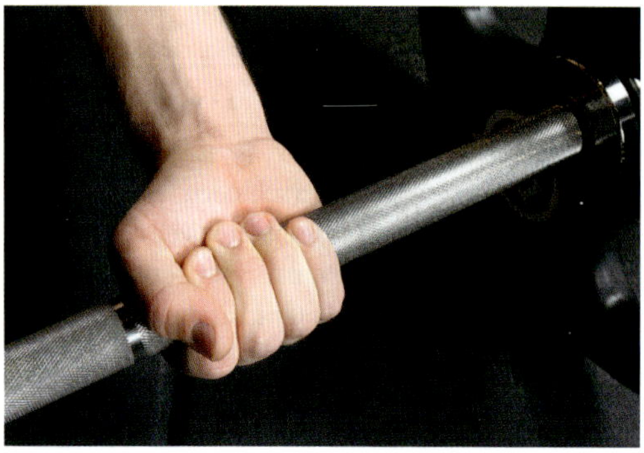

Abb. 6.3 Untergriff

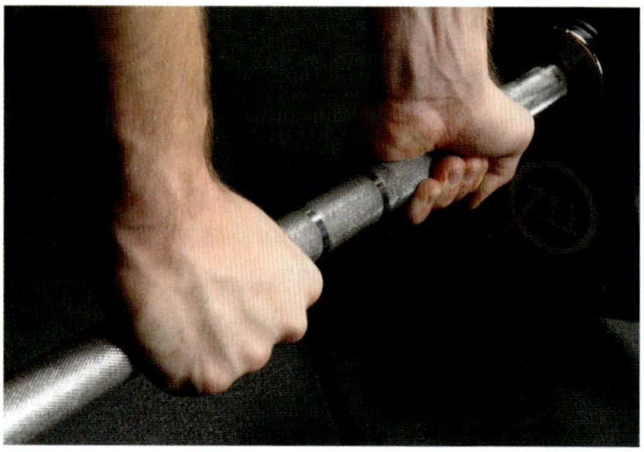

Abb. 6.5 Zwiegriff

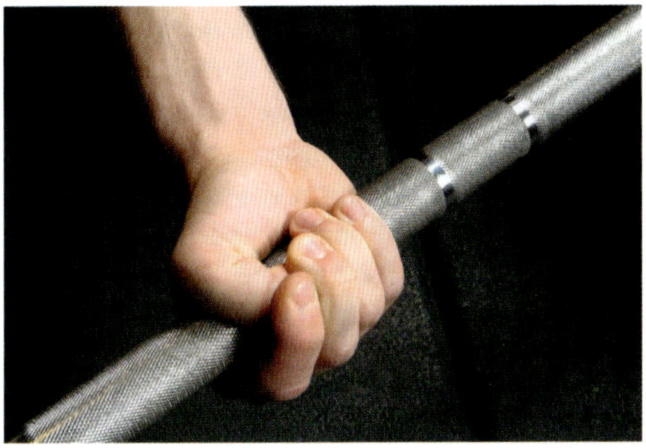

Abb. 6.6 Hakengriff

Zwiegriff

Beim Zwiegriff fasst eine Hand die Stange im Ober- und die andere im Untergriff (➤ Abb. 6.5). Diese Technik erhöht die Griffkraft. Eingesetzt wird der Zwiegriff speziell bei der Übung Kreuzheben mit schweren Lasten. Wird dieser Griff gewählt, sollte die Handstellung von Satz zu Satz gewechselt werden.

Hakengriff

Der Hakengriff (auch Hook-Griff) entstammt dem Gewichtheben. Dieser Griff ermöglicht es, besonders schwere Gewichte zu heben. Beim Hakengriff wird der Daumen zwischen Hantel, Zeige- und Mittelfinger einklemmt (➤ Abb. 6.6). Somit wird ein weitaus festerer Griff erreicht, als dies im normalen Obergriff möglich ist. So effektiv dieser Griff auch ist, um hohe Gewichte vom Boden anzuheben, so ungewohnt ist er beim Erlernen. Nicht selten wird er zu Beginn als „Daumenschraube“ empfunden. Hat sich ein Sportler an den Hakengriff gewöhnt und fühlt sich mit diesem wohl, ist er eine effektive „Zughilfe“, um schwere Gewichte zu heben.

6.2.4 Aufbau einer Trainingseinheit

Wie das gesamte Training im Radsport, sollte auch der Besuch des Kraftraums mit System erfolgen. In den folgenden Abschnitten werden Tipps und Hinweise zum Durchführen einer Krafttrainingseinheit gegeben.

Eine Trainingseinheit im Kraftraum gliedert sich in drei Abschnitte:
- Aufwärmen
- Hauptteil (eigentliches Trainingsprogramm)
- Abwärmen

Der gesamte Besuch des Kraftraums dauert in der Regel 1–2 Stunden. Werden in der Wettkampfphase nur noch radsportspezifische Übungen durchgeführt, kann eine Trainingseinheit deutlich kürzer sein (ca. 30–45 Minuten).

Aufwärmen

Vor einem Krafttraining sollte ein Aufwärmen erfolgen, um die Leistungsfähigkeit zu steigern sowie das Verletzungsrisiko zu vermindern. Das Aufwärmen soll den Sportler sowohl **physisch** als auch **psychisch** auf die bevorstehenden Belastungen vorbereiten (Freiwald 1991; Wiemeyer 2001). Zu den positiven Effekten des Aufwärmens zählen u. a.:
- Anregen des Herz-Kreislauf-Systems; z. B. Erhöhen der Sauerstoffaufnahme und bessere Durchblutung der Muskeln
- Muskuläre Umstellungen; z. B. verbesserte Energie- und Sauerstoffversorgung
- Verbessern der nervalen Reizleitung; z. B. Verbessern der Reaktion und Koordination sowie Beschleunigen der Reizleitung
- Ausschütten leistungssteigender Hormone; z. B. Adrenalin
- Vorbereiten der Gelenke, Bänder und Sehnen auf mechanische Belastungen
- Erhöhen der Leistungsbereitschaft, der Aufmerksamkeit und Konzentration

Das Aufwärmen teilt sich in zwei Abschnitte; einem **allgemeinen Aufwärmen** folgt ein **spezielles Aufwärmen.**

Allgemeines Aufwärmen

Zu Beginn des Aufwärmprogramms ist der Kreislauf durch ein allgemeines Aufwärmen zu aktivieren. Es soll ein selbstständiges Aufwärmen am Fahrradergometer, Ruderergometer oder am Crosstrainer erfolgen. Diese Übungen aktivieren große Muskelgruppen und sind besonders gelenkschonend. Ein Aufwärmen kann auch durch moderates Laufen

(z. B. auf dem Laufband) oder auf dem Stepper erfolgen. Das Gerät ist je nach Vorlieben und Übungsangebot zu wählen. Möglich ist auch eine Kombination verschiedener Geräte bzw. Übungen. Die Aufwärmdauer sollte zwischen 5 und 15 Minuten betragen. Je höher die individuelle Leistungsfähigkeit ist, desto länger sollte sich der Sportler aufwärmen. Auch eine niedrige Außentemperatur sowie ein höheres Lebensalter fordern ein längeres Aufwärmen. Während des Aufwärmens ist die Intensität schrittweise zu steigern. Dabei sollte eine Herzfrequenz wie beim Grundlagentraining auf dem Rad erreicht werden (Trittfrequenz von 90 U/min).

Spezielles Aufwärmen

Das spezielle Aufwärmen folgt dem allgemeinen Aufwärmen. Es orientiert sich hauptsächlich an den Muskelgruppen bzw. Körperregionen, die im folgenden Krafttraining beansprucht werden. Zum Beginn einer Trainingsübung sollen dabei **Aufwärmsätze** mit reduzierter Last ausgeführt werden.

Aufwärmsätze

Die Aufwärmsätze zählen nicht zum eigentlichen Trainingsprogramm. Diese Sätze dienen dazu, die Zielmuskulatur auf ein intensives Belasten vorzubereiten. Ausgeführt werden sie mit einer geringeren Intensität – also weniger Gewicht – als die darauf folgenden **Arbeitssätze.** Hierbei gilt: **Je schwerer die vorgegebene Last und je komplexer die Übung ist, desto mehr Aufwärmsätze sind erforderlich.** In der Regel werden ca. 1–3 Aufwärmsätze je Muskelgruppe bzw. Körperregion durchgeführt. Besonders fortgeschrittene Sportler benötigen ein gründliches Aufwärmen, da sie z. T. sehr hohe Trainingslasten bewegen.

Beispiel Im Training sollen 5 Sätze Kniebeugen mit dem 10er Repetition Maximum (RM) durchgeführt werden. 10 RM entsprechen hierbei 100 kg Hantellast. Der erste Aufwärmsatz ist mit einer Last auszuführen, die es erlaubt, ca. 20 Wiederholungen ohne große Anstrengung zu bewältigen (z. B. 30 bis 50 kg). In den folgenden Sätzen ist der Widerstand systematisch zu erhöhen; absolviert werden sollten jeweils rund 12 bis 15 Wiederholungen. Beispielsweise könnte der zweite Satz mit 60 kg und der dritte mit 80 kg Zusatzlast ausgeführt werden.

Wird im Anschluss eine weitere Übung für die Beine ausgeführt, z. B. Beinstrecken am Gerät, sind weitere Aufwärmsätze nicht erforderlich. Folgt auf das Kniebeugen eine Übung für andere Körperregionen, z. B. Bankdrücken für die Brustmuskulatur, sind erneut Aufwärmsätze durchzuführen.

Tipp Eine Übung, die sich sehr gut in das Aufwärmprogramm für die Muskeln der Beine integrieren lässt, ist die Reißkniebeuge mit leichter Hantellast über Kopf (➤ Kap. 6.3.3). Diese Übung kann im Rahmen eines Aufwärmprogramms auch nur mit der Stange – ohne Zusatzgewichte – ausgeführt werden.

Dehnen

Vor den Aufwärmsätzen kann ein kurzes **dynamisches Dehnen** für die beanspruchten Muskelgruppen durchgeführt werden. Weniger geeignet sind statische Dehnübungen. Hierbei besteht die Gefahr, dass die Leistung gemindert wird. Statische Dehnübungen können kurzfristig die Maximal- und Schnellkraftleistungen negativ beeinflussen. Verletzungsprophylaktische Wirkungen sind dagegen kaum zu erzielen (➤ Kap. 5.3.2).

Hauptteil

Der Hauptteil einer Trainingseinheit besteht aus dem eigentlichen Trainingsprogramm. Hier sind alle auf dem Trainingsplan vorgegebenen Übungen mit den entsprechenden Lasten, Satz- und Wiederholungszahlen zu absolvieren. Die in diesem Buch aufgeführten Trainingsprogramme sind hauptsächlich mit der Methode des **Stationstrainings** durchzuführen (➤ Kap. 3.6.1). Dabei ist an jeder Station die vorgegebene Anzahl an Trainingssätzen zu absolvieren. Wenn z. B. für die Station Kniebeuge mit der Langhantel 5 Trainingssätze vorgegeben sind, müssen diese vom Sportler vollständig durchgeführt sein, bevor er zur nächsten Übung bzw. Station wechselt. Für ein erfolgreiches Krafttraining ist zu beachten, in welcher Reihenfolge die Übungen auszuführen sind. Die in ➤ Kap. 7 abgebildeten Trainingspläne geben jeweils eine zweckmäßige Übungsfolge vor. Nachfolgend werden hierzu Grundsätze erläutert sowie Tipps gegeben.

Übungsfolge

Für Krafttrainingsübungen gilt der wichtigste Grundsatz: **Vom Komplexen zum Einfachen! Hierbei gilt:**

- Mehrgelenkige Übungen mit freien Gewichten sind vor isolierenden Übungen an Maschinen auszuführen.
- Übungen für große Muskelgruppen sind vor Übungen für kleine Muskelgruppen durchzuführen.

Die komplexesten Anforderungen stellen die klassischen Übungen aus dem Gewichtheben, z. B. das Umsetzen mit der Scheibenhantel (➤ Kap. 6.3.5). Solche Übungen stehen immer am Beginn eines Trainingsprogramms. Sie beanspruchen nahezu die gesamte Körpermuskulatur und verlangen eine hohe Qualität bei der Übungstechnik. Hinzu kommt, dass diese Übungen maximal explosiv auszuführen sind. Diese Anforderungen kann der Sportler nur im ausgeruhten Zustand erbringen. Bei klassischen Gewichtheberübungen ist ebenfalls auf ein besonders gründliches Aufwärmen zu achten.

Ausführen der Krafttrainingsübungen

Beim Ausführen und Anwenden von Krafttrainingsübungen sind bestimmte Regeln zu beachten, die nicht nur für Radsportler ihre Gültigkeit haben. Diese Regeln sind in ➤ Kap. 6.2.2 aufgeführt und beim Besuch des Kraftraums zu berücksichtigen.

Muskelaufbautraining

Um einzelne Muskelgruppen so stark wie möglich im Sinne eines angestrebten Wachstums (Hypertrophietraining) zu aktivieren und zu ermüden, sollten Übungen für ein und dieselbe Muskelgruppe aufeinander folgend durchgeführt werden. Auch hier gilt: **Grundübungen vor Isolationsübungen.** Beim Trainieren der Beine wäre z. B. die folgende Reihenfolge typisch:

- Kniebeuge mit der Langhantel
- Beinstrecken am Gerät
- Beinbeugen am Gerät

Da beim Radfahren die Muskeln der unteren Extremitäten im Fokus stehen, sollten die Beine immer vor dem Oberkörper trainiert werden. Zum Beginn des Trainings ist der Sportler ausgeruht und kann die höchste Leistung erbringen. Sollte dies nicht möglich sein, weil z. B. bei einem Kraftraumbesuch gerade alle Kniebeugenständer belegt sind, kann zuerst das Training für den Oberkörper erfolgen, für das ebenfalls die genannten Grundsätze gelten.

Rumpfübungen

Spezielle Übungen für die Muskeln des Rumpfes sind im Anschluss an die Trainingsübungen für Ober- und Unterkörper durchzuführen. Die Rumpfmuskeln leisten bei sämtlichen Übungen mit freien Gewichten entscheidende Arbeit, um den Körper mit Last zu stabilisieren. Ein Vorermüden dieser Muskeln ist daher kontraproduktiv, wenn im Anschluss komplexe Übungen wie Kniebeuge, Kreuzheben oder Rudern vorgebeugt ausgeführt werden sollen. Ein spezielles Rumpfkrafttraining sollte daher immer erst am Ende einer Krafttrainingseinheit durchgeführt werden. Die Rumpfkraftübungen sind mit Blick auf den individuellen Bedarf und das individuelle Leistungsniveau auszuwählen. Weitere Hinweise zum Rumpfkrafttraining sind in ➤ Kap. 6.5 aufgeführt.

Supersätze

Sollte für das Üben im Kraftraum nur sehr wenig Zeit zur Verfügung stehen, können die Muskeln des Oberkörpers auch mit Supersätzen (➤ Kap. 3.6.2) trainiert werden. Hierbei werden **zwei Übungen zu einer Serie kombiniert** und direkt hintereinander ausgeführt, z. B. Klimmziehen und Bankdrücken. Hierdurch kann eine große Anzahl an Trainingssätzen in kürzester Zeit absolviert werden, da sich die Pausenzeiten reduzieren – allerdings ist ein gewisses Maß an Kondition erforderlich. Beim Trainieren der Beinmuskeln kann diese Form des Trainings bei Isolationsübungen eingesetzt werden – z. B. können Beinstrecken und Beinbeugen am Gerät im Wechsel ausgeführt werden. Die Übung Kniebeuge sollte nicht in Supersätze eingebunden werden: Bei der Kniebeuge wird das Herz-Kreislauf-System stark beansprucht. Wird diese Übung im Wechsel mit einer anderen Übungen ausgeführt, erfolgt eine weitere Beanspruchung des Herz-Kreislauf-Systems. Dies kann u. a. das Einhalten einer korrekten Übungsausführung negativ beeinflussen. Die Methode des „Supersatz-Trainings“ ist **nur im Rahmen eines Muskelaufbautrainings** anzuwenden (➤ Kap. 3.8.1).

Pausenzeiten

Zwischen dem Durchführen einzelner Trainingssätze sind Pausenzeiten einzuhalten. Die Länge ist dabei abhängig von der gewählten Trainingsmethode. So sind bei einem intramuskulären Koordinationstraining (IK-Training) deutlich längere Pausen zu berücksichtigen als bei einem Muskelaufbau- bzw. Hypertrophietraining (➤ Kap. 3.8). Um beim IK-Training eine hohe Aktivierungsfähigkeit der Muskeln sicherzustellen, ist zwischen den einzelnen Trainingszeiten eine Pausenzeit von mind. 5 Minuten einzuhalten. Auch bei Übungen zum Steigern der Schnellkraftfähigkeiten, z. B. dem Umsetzen mit der Scheibenhantel, ist auf eine ausreichende und längere Pausenzeit zu achten.

Trainingspartner

An dieser Stelle sei noch einmal darauf hingewiesen, dass ein Trainieren mit Partner durchaus Vorteile beinhaltet. Zum einen gibt ein Trainingspartner besonders beim Üben mit freien Gewichten Sicherheit (➤ Abb. 6.7, ➤ Abb. 6.8). Zum anderen kann er positiv auf die Trainingsmotivation wirken (➤ Kap. 3.6.4).

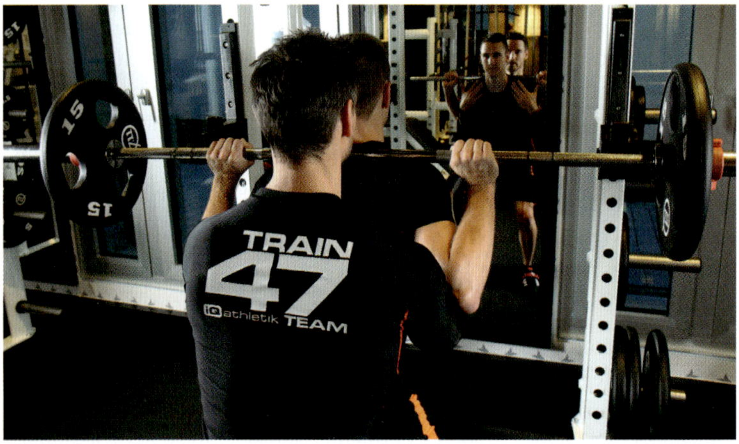

Abb. 6.7 Hilfestellung bei der Kniebeuge mit Hantellast durch einen Trainingspartner (Ansicht von hinten)

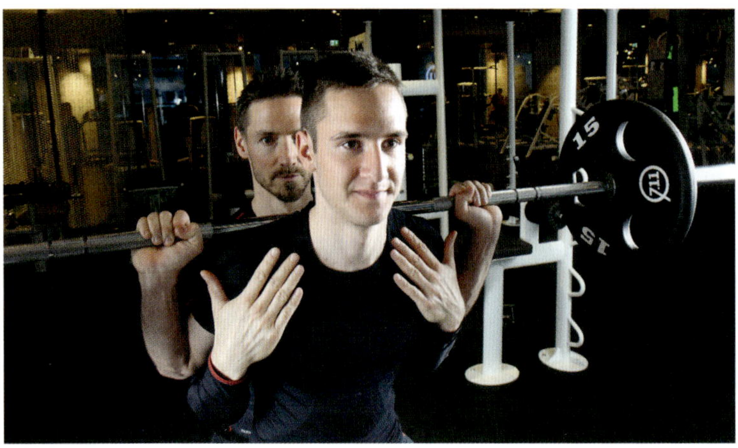

Abb. 6.8 Hilfestellung bei der Kniebeuge mit Hantellast durch einen Trainingspartner (Ansicht von vorne)

Abwärmen

Im Anschluss an hoch belastende Trainingseinheiten wird meist ein Abwärmen empfohlen. Dadurch sollen alle auf Leistung eingestellten Körperfunktionen kontrolliert zurückgeführt werden, was die Regeneration beschleunigen soll (vgl. u. a. Freiwald 1991). Hierfür bietet sich z. B. ein leichtes und kurzes Herz-Kreislauf-Training auf dem Ergometer an (ca. 5 Minuten). Bei einer abnehmenden Intensität sollte dabei die Atmung etwa auf Normalniveau zurückführt werden.

Aus wissenschaftlicher Sicht ist beim Thema Abwärmen generell die Frage zu stellen, ob der Körper die Regenrationsprozesse nicht selbst in ausreichendem Maß initiiert. Eindeutige Untersuchungen zu diesem Thema stehen noch aus. Das Abwärmen kann vielmehr psychologisch wertvolle Effekte erzielen. Ein langsames Rückführen der Belastungen wird oftmals als sehr angenehm empfunden, was sich positiv auf die Gesamtregeneration auswirken kann. Hier bietet sich zum Ende des Trainings auch ein Dehnprogramm mit **leichten** statischen Dehnungen an. Ein intensives statisches Dehnen ist allerdings zu vermeiden. Die hierbei auftretenden hohen Spannungsbelastungen der Muskeln können einen Muskelkater verstärken (➤ Kap. 5.3.2).

6.3 Übungen für die Muskeln der unteren Extremitäten

Als „freie untere Extremität“ wird in der medizinischen Fachsprache das Bein bezeichnet. Dieses besteht aus drei funktionellen Segmenten:

- Oberschenkel
- Unterschenkel
- Fuß

Das Bein des Menschen dient neben dem Stützen von Rumpf und Kopf vor allem der Fortbewegung durch Laufen. Das Becken zählt im erweiterten Sinne ebenfalls zur unteren Extremität. Da der Mensch von Geburt an sein Körpergewicht gegen die Erdanziehung stemmen muss, ist die Streckmuskulatur der Beine wesentlich stärker entwickelt als die der Beinbeuger. Zur Streckschlinge zählen im Wesentlichen:

- Großer Gesäßmuskel
- Vorderer Oberschenkelmuskel
- Dreiköpfiger Wadenmuskel

Die wichtigsten Muskeln der Beugeschlinge sind:

- Hüftbeuger
- Hinterer Schenkelmuskel
- Vordere Schienbeinmuskulatur

Beim Radfahren trägt die Muskulatur der unteren Extremitäten die Hauptbelastung. Die Muskeln der Streck- und Beugeschlinge bilden bei der Trittbewegung eine zweckmäßige Einheit und werden quasi als „Team“ aktiviert (➤ Kap. 6.1). Deshalb ist es sinnvoll, diese Muskelschlingen auch als Einheit zu trainieren, anstatt einzelne Muskeln zu isolieren. Hierfür eignen sich besonders komplexe Übungen, die alle Gelenke der unteren Extremität beanspruchen. Die zentrale Rolle spielt dabei die Kniebeuge mit Hantellast. Diese Übung aktiviert das Hüft-, Knie- und Sprunggelenk.

In den folgenden Abschnitten werden effektive Übungen zum Trainieren der unteren Extremitäten vorgestellt.

6.3.1 Kniebeuge hinten (Nackenkniebeuge)

Mit Kniebeuge werden die Beugung und anschließende Streckung der Kniegelenke im aufrechten Stand und die dafür notwendigen Ausgleichs- bzw. Stabilisationsbewegungen des Körpers bezeichnet. In den letzten Jahrzehnten wurde eine Vielzahl von Maschinen und Geräten zum Kräftigen der Muskulatur entwickelt. Die Kniebeuge mit Hantellast ist aber nach wie vor die **Schlüsselübung** beim Aufbau maximaler Kraft und Muskelmasse der unteren Extremitäten (vgl. u. a. Zawieja 2008; Wirth et al 2012; Rippetoe 2015).

Der Hantelkniebeuge kommt aber auch noch aus einem weiteren Aspekt eine zentrale Rolle im Training vieler Sportarten zu. Die Kniebeuge ist für viele sportliche Bewegungsabläufe eine relativ spezifische Trainingsübung (➤ Kap. 3.5.3), z. B. für den Sprintantritt und den vertikalen Sprung, die ein zentrales Element vieler Disziplinen darstellen. In Studien konnten die positiven Effekte der Hantelkniebeuge auf diese Bewegungsabläufe vielfach belegt werden (vgl. u. a. Jesse et al. 1988; Baker 1996; Schlumberger

2006; Hartmann et al. 2012). Im Krafttraining für Radsportler gilt die Hantelkniebeuge ebenfalls schon lange als besonders empfehlenswert, da sie der zyklischen Tretbewegung beim Radfahren ähnelt (Hildebrand et al. 1989). Auch ohne die Ähnlichkeit zur Tretbewegung kommt der Kniebeuge die Hauptrolle im ergänzenden Krafttraining für Radsportler zu. Die Übung bietet einen hohen Trainingseffekt für die radsportrelevanten Muskeln bzw. Muskelgruppen, besonders für die Hüft- und Kniestreckmuskulatur.

Beanspruchte Muskeln

Die Kniebeuge mit Hantellast wird mitunter als „Königin“ der Kraftübungen bezeichnet. Diesen Titel trägt sie vor allem deshalb, weil sie eine Vielzahl von Muskeln beansprucht und den Einsatz hoher Lasten ermöglicht. Der Hantelkniebeuge kann ein Ganzkörpertrainingseffekt zugeschrieben werden. Obwohl im Übungsnamen die Wortsilbe „beuge“ betont wird, ist die größte Kraft beim Strecken der Beine aufzubringen. Sowohl die Hüft- als auch die Kniestreckmuskulatur sind aktiv am Streckvorgang beteiligt. Besonders gefordert sind:

- Großer Gesäßmuskel
- Kniestreckmuskulatur

Aktive Arbeit leisten ebenfalls:

- Muskeln der Oberschenkelrückseite
- Hüftadduktoren
- Wadenmuskulatur

Beim Ausführen der Kniebeuge müssen zudem zahlreiche Muskeln Halte- und Stabilisationsarbeit leisten. Neben den

- Hüftabduktoren und
- der Sprunggelenkmuskulatur

ist ein isometrisches Anspannen

- der Brust-, Bauch- und Rückenmuskulatur erforderlich.

Besonders gefordert sind die Rückenstrecker im Bereich der Brust- und Lendenwirbelsäule, um den Körper mit Zusatzlast im Gleichgewicht zu halten. Der „Ganzkörpertrainingseffekt“ wird gemindert, wenn der Bewegungsablauf durch ein Gerät ganz oder teilweise geführt wird. Ein *Beispiel* hierfür wäre das Ausführen von Kniebeugen an der Multipresse. Hierbei wird die Hantelstange während der Übungsausführung vom Gerät geführt. Dies mindert den Trainingseffekt für die stabilisierenden Muskeln des Oberkörpers.

Varianten der Kniebeuge

In der Praxis gibt es diverse Ausführungsvarianten der Kniebeuge: z. B. Parallel-, Nacken-, Front-, Reiß-, Sprung-, Sitz-, Schritt- und Einbeinkniebeuge. Die zentrale Rolle nehmen dabei die folgenden beidbeinig ausgeführten Varianten ein:

- Kniebeuge hinten (Nackenkniebeuge) = Hantelstange ist auf dem Rücken (➤ Kap. 6.3.1)
- Kniebeuge vorn (Frontkniebeuge) = Hantelstange ist auf bzw. vor der Brust (➤ Kap. 6.3.2)

Hierbei stehen die Füße in etwa schulterbreitem Abstand parallel zueinander. Der beidbeinige Stand begünstigt Stabilität und Sicherheit. Dies ermöglicht den Einsatz hoher Zusatzlasten und damit eine hohe muskuläre Beanspruchung mit entsprechenden Anpassungseffekten. Übungen wie z. B. Einbeinkniebeugen stellen höhere Anforderungen an Koordination und Gleichgewicht. Durch das einbeinige Ausführen können jedoch nur deutlich geringere Trainingsgewichte eingesetzt werden, was die Trainingsintensität mindert (vgl. u. a. Killing 2003; Wirth et al. 2012).

Die folgenden Abschnitte beschäftigen sich hauptsächlich mit der Kniebeuge hinten (Nackenkniebeuge). Allgemeine Aussagen, z. B. zur Beugetiefe, treffen auch auf andere Varianten der Kniebeuge zu. Bei der Kniebeuge hinten wird die Hantellast im Nacken auf dem Trapezmuskel und den Schultern abgelegt. Diese Position der Hantel ermöglicht es, sehr hohe Hantelgewichte zu bewegen. So konnte z. B. die Hochsprung-Olympiasiegerin von 1992, Heike Henkel, bei einem Körpergewicht von rund 60 kg über 200 kg Hantellast bewältigen (Killing 2003). Die deutsche Bahnradfahrerin Miriam Welte schaffte in der unmittelbaren Wettkampfvorbereitung auf die Olympischen Spiele in Rio sieben Tiefkniebeugen mit 110,5 kg und eine Wiederholung mit 122,5 kg (Thomas & Zawieja, 2016). Wenn im Krafttraining von Kniebeugen gesprochen wird, ist im Allgemeinen immer die Kniebeuge hinten gemeint – so auch in diesem Buch. Andere Varianten der Kniebeuge werden mit ihrer speziellen Bezeichnung genannt, z. B. Frontkniebeuge oder Reißkniebeuge.

Beugetiefe

In der Trainingspraxis werden Kniebeugen sehr unterschiedlich ausgeführt. Die wichtigsten Parameter zur Trainingssteuerung sind dabei:

- Größe der Zusatzlast
- Beugetiefe im Kniegelenk (Hildebrand et al. 1989)

Je nach Beugetiefe wird die Kniebeuge unterschiedlich benannt. Die hierbei genutzten Bezeichnungen und vorgegebenen Kniegelenkwinkel können sich dabei von Autor zu Autor unterscheiden. Die folgende Definition findet u. a. Anwendung in sportwissenschaftlichen Untersuchungen (vgl. u. a. Hartman et al. 2012) und ist auch mit Blick auf die Trainingspraxis sinnvoll:

- **Tiefe Kniebeuge** = Kniegelenkwinkel von 40–45°
- **Parallele Kniebeuge** = Kniegelenkwinkel von 60–70°, wobei die Oberseite der Oberschenkel etwa parallel zum Boden steht
- **Halbe Kniebeuge** = mit einem Beugewinkel von ca. 80–100°, wobei die Oberseite der Oberschenkel knapp über der Waagerechten ist
- **Viertel Kniebeuge** = mit einem Kniegelenkwinkel von ungefähr 110–140°

Kniebeugen mit einer möglichst tiefen Ausführung sorgen für eine wichtige Grundkraft und wirken positiv auf die Beweglichkeit. Bei einem optimalen Ausführen wird mindestens so weit in die Hocke gegangen, bis sich die Hüfte (Hüftgelenkspfannen) unter der oberen Kniekante befindet. Vor allem Gewichtheber sind in der Lage, die Kniebeuge sehr tief auszuführen. Hierbei kann in der Hockposition die Oberschenkelrückseite am Unterschenkel aufliegen. Hierzu ist aber u. a. eine ausgeprägte Beweglichkeit von Hüft-, Knie- und Sprunggelenk nötig.

Beugetiefe beim Ausführen der Kniebeuge

Grundsätzlich sollte beim Ausführen der Kniebeuge immer so tief in die Hocke gegangen werden, wie es eine technisch korrekte Ausführung zulässt!

Beugetiefe und Radsport

In der radsportrelevanten Literatur wird meist das Durchführen von halben Kniebeugen empfohlen (vgl. Schmidt 2001; Fuhrman 2002; Heinrich 2006). Diese Empfehlungen basieren häufig auf der Annahme, dass tiefe Kniebeugen die Kniegelenke zu sehr belasten. Dies ist jedoch ein Fehldenken (mehr dazu in den folgenden Abschnitten).

Einzelne Autoren betonen speziell den Wert von Tiefkniebeugen für Radsportler (Hildebrand et al. 1989; Witt und Hildebrand 1995). Begründet wird dies mit der Anforderung im Radsport, Kraft in der Bewegung zu entfalten bzw. Leistung abzugeben. Die Autoren berufen sich auf eigene Modellrechnungen, denen zufolge effektive Kurbelbewegungen die Abgabe hoher maximaler Gelenkleistungen in Kniewinkeln von 90–100° erfordern (Hildebrand et al. 1989; Witt und Hildebrand 1995). Die **Gelenkleistung** meint die Fähigkeit, maximale Kräfte auch in der Bewegung zu erzeugen, und beschreibt das Produkt aus Gelenkmoment und Winkelgeschwindigkeit.

Diese Anforderung kann nach Meinung der Forscher besonders die Tiefkniebeuge mit einem Beugewinkel von mindestens 70° erfüllen. Während im tiefsten Beugewinkel das größte Moment im Gelenk aufgebracht werden muss, liegt der Winkel der größten Leistungsabgabe bei einem etwa 25–30° größeren Kniewinkel. Der Zusammenhang zwischen beiden Winkeln zeigte sich in der Untersuchung nahezu linear (Hildebrand et al. 1989; Witt und Hildebrand 1995). Folglich wird mit einer 70°-Kniebeuge eine maximale Leistungsabgabe im Kniewinkelbereich zwischen 95–100° trainiert. Dieser Trainingseffekt entspricht damit dem Modell einer effektiven Tretbewegung, wie es in der Untersuchung aufgestellt wurde.

Modellrechnungen konnten weiter aufzeigen, dass flache Kniebeugen bis zu einem Beugewinkel von 90° am Ziel vorbei gehen. Es wird ein Kniewinkelbereich trainiert, in dem beim Radfahren die maximale Leistungsabgabe nicht gefordert wird (Hildebrand et al. 1989; Witt und Hildebrand 1995). Auch wenn diese Erkenntnisse zum größten Teil auf theoretischen Modellen beruhen, ist der Wert von Tiefkniebeugen für Radsportler zweifelsfrei. Tiefe Kniebeugen trainieren die Muskeln der unteren Extremitäten besonders effektiv. Beim Ausführen der Kniebeuge mit einer tiefen Hockposition müssen die Muskeln über eine längere Kontraktionstrecke arbeiten. Dies erhöht die Reizdauer und wirkt damit positiv auf einen Kraft- und Muskelaufbau. **Im Trainingsaufbau ist folglich auf ein Trainieren der tie-**

fen Kniebeuge hinzuwirken. Dieses Ziel ist unter Umständen dadurch zu verfolgen, dass vorübergehend auf ein Steigern der Hantellast verzichtet wird.

Kniegelenkbelastung

Die „Königin" der Übungen ist mitunter eine sehr umstrittene Würdenträgerin. Der Kniebeuge wird immer wieder eine hohe Belastung für die Kniegelenke nachgesagt, besonders beim Ausführen mit tiefer Hockposition. Im folgenden Abschnitt wird diese Behauptung näher analysiert.

Kniewinkel und Belastung

In der Trainingspraxis wird hauptsächlich die halbe Kniebeuge empfohlen. Hierbei soll das Kniegelenk einen Beugewinkel von 90° nicht überschreiten. Diese Empfehlung basiert häufig auf der Annahme, dass die Beanspruchung der Kniegelenke bei tiefen Kniebeugen sehr hoch ist. Folglich wird der Tiefkniebeuge eine erhöhte Verletzungsgefahr nachgesagt. Dies ist jedoch ein Fehldenken! Es darf nicht pauschalisiert werden, dass die Belastung der Kniegelenke steigt, je tiefer der Hocksitz ausgeführt wird. Im Gegenteil: **Die Belastung der Kniegelenke fällt bei tiefen Kniebeugen geringer aus als bei halben Kniebeugen.**

6

Bei Tiefkniebeugen kommt es aufgrund der Biomechanik zu einem deutlichen Kraftabfall. Dies hat zur Folge, dass bei tiefen Kniebeugen nur deutlich geringere Lasten bewältigt werden können. Die Maximallast für tiefe Kniebeugen wird von Autoren mit ca. 30–50 % unter der Maximallast für halbe Kniebeugen beziffert (Gottlob 2001; Pernitsch und Brunner 2006). Um bei einer 90°-Kniebeuge die gleiche Gelenkleistung zu erreichen wie bei einer 70°-Kniebeuge, müsste etwa das 1,5-Fache der bewegten Last eingesetzt werden (Hildebrand et al. 1989; Witt und Hildebrand 1995). Dies macht deutlich, dass bei halben Kniebeugen eine extrem hohe Last eingesetzt werden muss, um eine gleich hohe Trainingsintensität wie bei Tiefkniebeugen zu erzielen, vor allem bei leistungsfähigeren Athleten. Dies würde dann nicht nur die Kniegelenksbelastung extrem ansteigen lassen, auch der Stütz- und Bewegungsapparat wird deutlich höher beansprucht! Schließlich muss die Hantellast auf dem Rücken getragen werden. Folglich müsste der 90°-Kniebeuge eine erhöhte Verletzungsgefahr zugesprochen werden und nicht der tiefen Kniebeuge. Beim Ausführen von viertel Kniebeugen können Sportler nochmals deutlich höhere Lasten einsetzen als bei der halben Kniebeuge. Hierbei steigen die Belastungen für die Kniegelenke und den Stütz- und Bewegungsapparat weiter an. Wirth und Kollegen (2012) betonen beim Ausführen der viertel Nackenkniebeuge deshalb die zusätzliche Überlastungsgefahr der Bandscheiben, besonders im Bereich der Brustwirbelsäule.

Untersuchungen konnten ebenfalls aufzeigen, dass sich die femoropatellaren Druckkräfte bei einem Beugewinkel unter 80–90° nicht erhöhen (Escamilla et al. 2001). Auch Erfahrungen aus der Praxis sprechen für eine tiefe Hockposition. Gewichtheber berichten vor allem bei tiefen Kniebeugen über keinerlei gesundheitliche Probleme. Hingegen wird bei halben Kniebeugen eine unphysiologische Abbremsbewegung betont, die in Serie zu Überlastungen der Patellasehne führen kann – insbesondere am Ansatz des Schienbeins (Killing 2003).

Knieposition

Ein weiterer irrtümlicher Glaube ist, dass das Knie in der Beugung nicht über die Fußspitze geführt werden darf. Dies kann in der Rehabilitation zutreffend sein, um die Belastungen im Kniegelenk zu reduzieren – z. B. nach einer Kniegelenksoperation. Im sportlichen Training ist diese Annahme jedoch nicht entscheidend (Zawieja 2008). Wird ein generelles „Verbot" ausgesprochen, die Knie über die Fußspitzen zu führen, kann es sogar zu einem ungünstigen Verlagern der Belastungen kommen. Während der Druck im Knie abfällt, können die Belastungen für das Hüftgelenk und den unteren Rücken steigen. **Es kann daher für den Sportler von Vorteil sein, die Knie leicht über die Fußsitzen zu führen** (Frey et al. 2003), vor allem bei Sportlern mit langen Oberschenkeln. Bei diesen Personen ist verstärkt davon auszugehen, dass es zu einer ungünstigen Verschiebung der Belastung kommt. Die Sportler können die Vorgabe, das Knie nicht über die Fußspitze zu führen, nur erfüllen, wenn sie den Oberkörper weiter nach vorn beugen und mit dem Gesäß nach hinten ausweichen. Dies sollte jedoch verhindert werden.

Tempo

Neben den Parametern Zusatzlast und Beugetiefe im Kniegelenk stellt auch die Ausführungsgeschwindigkeit einen bedeutenden Einflussfaktor für die Kniegelenkbelastung dar. Je höher die Absenkgeschwindigkeit ist, desto größere Kräfte müssen aufgebracht werden, um den Körper mit Hantellast beim Einnehmen der Hockposition abzubremsen. Folglich entstehen dadurch auch größere Belastungen für das Kniegelenk (Witt und Hildebrand 1995; Pernitsch und Brunner 2006). Dieser Aspekt unterstreicht grundlegend den Stellenwert einer kontrollierten Bewegungsausführung und sauberen Übungstechnik.

An dieser Stelle wird wiederholt darauf hingewiesen, dass eine schnelle Bewegungsausführung nicht mit einem schnellen Anspannen der Muskeln verwechselt werden darf! Selbst wenn die Kniebeuge im Sinne eines intramuskulären Koordinationstrainings mit einer explosiven Muskelkontraktion ausgeführt wird, sieht die Bewegung von außen nicht schnell aus.

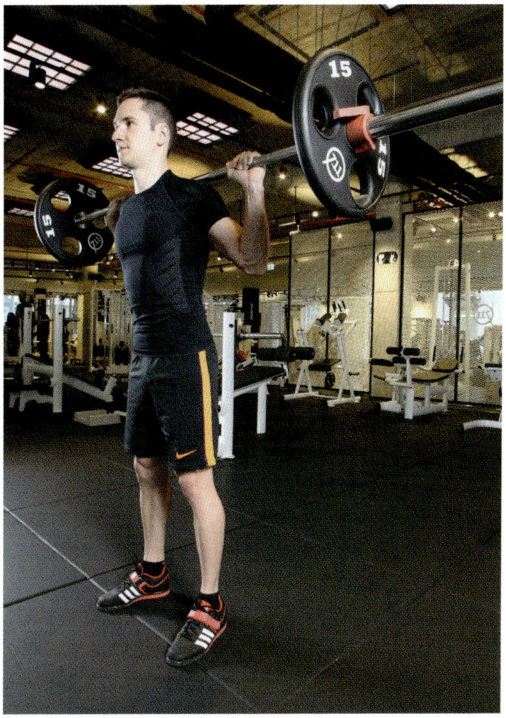

Abb. 6.9 Startposition Kniebeuge hinten

Übungstechnik der Kniebeuge hinten (Nackenkniebeuge)

Startposition

- Die Langhantel wird mit aufrechtem Oberkörper aus dem Ständer genommen: Sie wird mit über schulterbreitem Griff im Nacken auf dem oberen Anteil des Trapezmuskels und den Schultern abgelegt. Die Hände dienen nur dem Fixieren der Hantel, um ein Wegrollen zu vermeiden.
- Die Schultern sind zurückgezogen und drücken die Stange aktiv nach oben, damit kein Druckschmerz im Halswirbelsäulenbereich entsteht.
- Die Standweite ist etwa schulterbreit, wobei die Fußspitzen leicht nach außen zeigen.
- Die Haltung ist aufrecht, Kopf hoch, Blick geradeaus bis leicht nach oben (➤ Abb. 6.9); ein Tipp dabei ist, mit den Augen einen Punkt an der Wand zu fixieren.
- Die Brust ist angehoben und der untere Rücken ist gerade. Diese anatomisch natürliche S-Form der Wirbelsäule ist in den unterschiedlichen Beugestellungen beizubehalten.

Ausführung

- Vor Beginn der Abwärtsbewegung einatmen. Während der Beugebewegung erfolgt keine Atmung.
- Mit aufrechtem Oberkörper wird mit dem Gewicht kontrolliert in die tiefe Hocke gegangen. Das Beugetempo wird so gewählt, dass die Bewegung jederzeit gestoppt werden kann (➤ Abb. 6.10, ➤ Abb. 6.11).
- Die Druckbelastung ist über den ganzen Fuß verteilt.
- Anzusteuern ist ein tiefster Beugewinkel im Kniegelenk von mindestens 70°. Hierbei ist in der Hockposition das Hüftgelenk tiefer als das Kniegelenk (➤ Abb. 6.12).
  Grundsätzlich gilt aber: **Immer nur so tief in die Hocke gehen, wie es eine technisch korrekte Ausführung zulässt!**
- In dieser Position wird die Hantellast muskulär und kontrolliert abgebremst.
- Ohne Pause, den Blick geradeaus bzw. leicht nach oben gerichtet, erfolgt ein Aufrichten aus der Hocke zurück in den gestreckten Stand. Zum Auf-

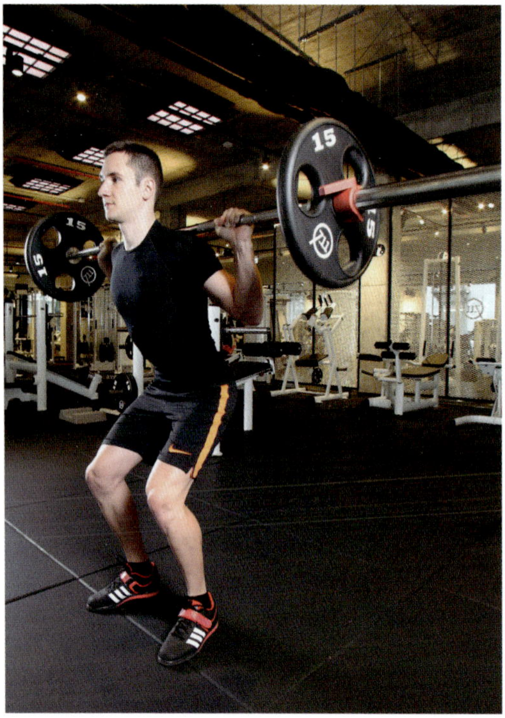

Abb. 6.10 Beugephase

takt der Aufwärtsbewegung ist die Rumpfmuskulatur bewusst anzuspannen, um Ausweichbewegungen zu vermeiden.

- Die Bewegungsausführung ist kontrolliert und gleichmäßig. Beim Aufstehen aus der Hockposition kann ein explosives Aktivieren der Beinstreckerkette erfolgen. Hierbei ändert sich nur die Geschwindigkeit, mit der die Muskeln angespannt werden. Die von außen betrachtete Bewegungsgeschwindigkeit bleibt langsam.
- Das Ausatmen beginnt in dem Moment, wo Knie- und Hüftgelenk soweit geöffnet sind, dass der Sportler sicher sein kann, die Last erfolgreich in die Streckposition zu bewegen.
- In der oberen Position werden die Kniegelenke nicht ganz durchgedrückt. Beim Aufrichten wird die Hüfte bewusst nach vorn geschoben, um die Wirbelsäule zu entlasten.
- Während des Ausführens der Übung liegen die Oberschenkel, Unterschenkel und die Füße in einer Linie. Die Knie bewegen sich in einer gedachten Geraden über die Zehen. Auf diesem Wege wird, zusammen mit der Forderung nach einer

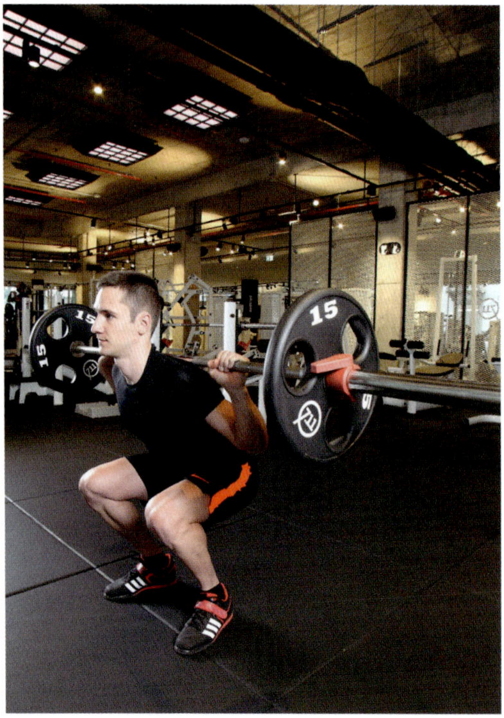

Abb. 6.11 Halbe Hockposition

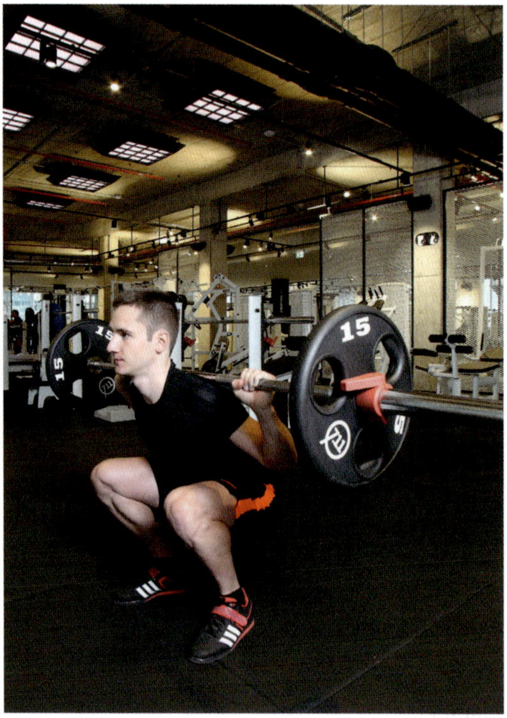

Abb. 6.12 Tiefe Hockposition

individuell leicht geöffneten Fußstellung, eine anatomisch natürliche Kniebeuge ermöglicht.

Häufige Fehler, Korrekturhinweise und Tipps

- **Hinweis zur Hantelaufnahme und -ablage:** Die Hantel ruht etwas unterhalb der Schulterhöhe im Ständer. Um den Oberkörper unter die Hantel zu führen, erfolgt ein „Abtauchen" durch Beugen der Knie. Die ruhende Hantel wird durch Handfassung gesichert und mit den Schultern vom Ständer abgehoben (➤ Abb. 6.13). Der Oberkörper ist aufrecht und unter Spannung – das Abheben der Hantel erfolgt durch Strecken der Knie! Wenn das Gewicht im aufrechten Stand im Nacken fixiert ist, erfolgt ein Schritt nach hinten. Dieser Schritt bringt Raum, um beim Ausführen der Übung nicht am Ständer hängen zu bleiben. Am Ende der Übung wird ein Schritt nach vorn ausgeführt und die Hantel anschließend durch Beugen der Knie im Ständer abgelegt.
- **Fehler:** Rundrücken beim Aufnehmen und Ablegen der Hantel im Ständer. **Korrektur:** Brust anheben und bewusst auf einen geraden Rücken achten.

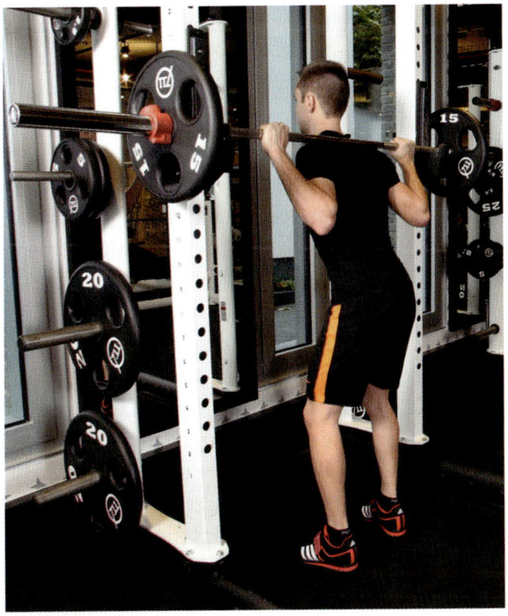

Abb. 6.13 Hantelaufnahme aus dem Ständer zum Ausführen der Übung Kniebeuge hinten

- **Fehler:** Die Hantelstange liegt zu tief auf dem oberen Rücken. **Folge:** Beim Ausführen der Übung verlagert sich die Belastung. Je tiefer die Hantelstange auf dem Rücken abgelegt wird, desto tiefer muss der Oberkörper nach vorn gebeugt werden. Dies erhöht besonders die Belastung für die unteren Anteile der Rückenmuskulatur. Gleichzeitig wird der Reiz für die Kniestreckmuskulatur reduziert. Dies sollte vermieden werden, da mit der Kniebeuge gezielt ein Trainingsreiz für die Muskeln der Knieextensoren gesetzt werden soll. **Korrektur:** Die Hantel soll auf dem oberen Anteil des Trapezmuskels und den Schultern ruhen.
- **Fehler:** Hantelstange wird nicht auf dem Schultergürtel abgelegt und drückt direkt auf die Halswirbelsäule. **Korrektur:** Die Schultern zurückziehen und die Stange aktiv nach oben drücken.
- **Fehler:** Die Hantelstange wird nicht symmetrisch gegriffen. **Korrektur:** Beim Herausheben der Stange aus dem Ständer darauf achten, dass die Hände die Stange symmetrisch fassen. Der Griffe ist überschulterbreit.
- **Fehler:** Rundrücken beim Ausführen der Übung durch fehlende Körperspannung bzw. fehlende Kraft der Rücken und Rumpfmuskeln. **Korrektur:** Nur Lasten wählen, die muskulär stabilisiert werden können! Es ist darauf zu achten, dass während der ganzen Bewegungsausführung die Brust bewusst angehoben ist. Die anatomisch natürliche S-Form der Wirbelsäule ist in den unterschiedlichen Beugestellungen beizubehalten. Das Kommando „Den unteren Rücken leicht durchdrücken!" kann helfen.
- **Fehler:** Zu enge oder breite Fußstellung. Füße sind nicht auf derselben Höhe oder mit unterschiedlicher seitlicher Abweichung. **Korrektur:** Der Stand soll ungefähr schulterbreit oder etwas weiter sein; mind. hüftbreit. Die Fußspitzen zeigen leicht nach außen.
- **Fehler:** Der Abstand zwischen den Knien verändert sich während der Bewegungsausführung. **Korrektur:** Während des Ausführens der Übung liegen die Oberschenkel, Unterschenkel und die Füße in einer Linie. Die Knie bewegen sich in einer gedachten Geraden über die Zehen.
- **Fehler:** Seitliches Ausweichen mit dem Becken oder den Knien. **Hinweis:** Selbst wenn niemals

beide Körperhälften absolut gleich (anatomisch und kräftig) ausgebildet sind, muss die Kniebeuge hundertprozentig gleichgewichtig durchgeführt werden, um anatomische Fehlbelastungen zu vermeiden.

- **Fehler:** Abwärtsbewegung zu schnell. **Korrektur:** Das Beugetempo wird so gewählt, dass die Bewegung jederzeit gestoppt werden kann.
- **Fehler:** Zu wenig Kontrolle oder Durchfedern am Bewegungsumkehrpunkt (vom Ab- zum Aufsteigen aus der Hocke). **Korrektur:** Die Last muss am unteren Punkt muskulär abgebremst werden – kein Durchsacken bis zum Gelenkanschlag in der Hockposition!
- **Fehler:** „Flatternde" Knie bei mangelhafter Koordination und unzureichenden Kraftverhältnissen. **Korrektur:** Zusatzlast verringern!
- **Fehler:** Sportler geht nicht tief genug in die Hocke. **Korrektur:** Anzusteuern ist eine Mindesttiefe, bei der die Oberkante der Oberschenkel in etwa parallel zum Boden steht. In der Hockposition befindet sich dabei das Hüftgelenk etwas unter dem Kniegelenk. **Hinweis:** Grundsätzlich gilt aber: Nur Hockpositionen einnehmen, die eine Belastung auf dem ganzen Fuß unter Einhalten der anatomisch natürlichen Lendenlordose zulassen! Die Tiefe des Hocksitzes ist u. a. stark abhängig von der Beweglichkeit im Fuß- und Hüftgelenk.
- **Fehler:** Abkippen des Beckens. **Korrektur:** Höhere Hockposition wählen.
- **Fehler:** In der tiefen Position steht der Sportler zu stark auf dem Vorderfuß und die Ferse hebt ab. **Korrektur:** Die Druckbelastung muss stets auf dem ganzen Fuß verteilt sein.
- **Fehler:** Beim Aufrichten wird die Hüfte nicht nach vorn geführt. Gesäß weicht nach hinten aus. **Korrektur:** Hüft- und Kniewinkel werden beim Ausführen der Übung gleichzeitig verändert – sowohl bei der Abwärts- als auch bei Aufwärtsbewegung.
- **Tipp:** Nach dem Aufrichten aus der Hocke ist es zu empfehlen, einen kurzen Moment in der gestreckten Position zu verweilen, bis die Hantelstange nicht mehr durch die Aufwärtsbewegung nachschwingt.
- **Hinweis:** Die Rumpfstabilisierung ist permanent aufrechtzuerhalten. Vor allem die Bauch- und Rückenstreckmuskulatur ist zu aktivieren, um den Rumpf in allen Beugepositionen zu stabilisieren.
- **Hinweis:** Die technische Ausführung der Kniebeuge ist stets zu kontrollieren. Ein Verändern der Koordination von Hüft- und Kniegelenk kann die Trainingswirkung auf die hauptsächlich anzusteuernden Kniegelenkstrecker reduzieren. Darüber hinaus kann es zu ungünstigen Belastungen mit negativen Auswirkungen auf den Stütz- und Bewegungsapparat kommen. Da beim Ausführen der Übung der Oberkörper etwas nach vorn neigt, kann bei Ausweichbewegungen aus der Knie- eine „Rumpfbeuge" werden. Dies ist zu verhindern.
- **Hinweis:** Beim Ausführen der Kniebeuge ist auf eine gleichmäßige fließende Bewegung zu achten. Zum Erlernen und im Grundlagentraining wird die Übung langsam ausgeführt. **Tipp:** Zum Ausprägen der Leistung kann die Ausführungsgeschwindigkeit etwas dynamischer sein.
- **Tipp:** Eine Kontrolle der Übungsausführung durch ein Trainieren vor einem Spiegel ist sehr empfehlenswert.
- **Tipp:** Beim Erlernen der Kniebeuge sind besonders die zum Ausführen der Übung nötige Beweglichkeit für Fuß- und Hüftgelenk sowie die erforderliche Rumpfstabilität aufzubauen.
- **Tipp:** Um eine Entlordosierung (Beckenkippung nach hinten) in der tiefen Hockposition zu vermeiden, kann ein Fersenkeil zum Einsatz kommen (z. B. Keilbrett oder kleine, flache Hantelscheibe). Durch den Fersenkeil wird der Sprunggelenkwinkel geöffnet. Dies ermöglicht, den Rumpf in einer aufrechteren Position zu fixieren, da das Hüftgelenk weniger stark gebeugt werden muss. Dies erleichtert das Stabilisieren der Lendenlordose (Pernitsch und Brunner 2006). Ein Fersenkeil ist vor allem dann eine Hilfe, wenn der Sportler Schwierigkeiten hat, die Belastung über den ganzen Fuß zu verteilen. Dies ist daran zu erkennen, dass die Fersen während der Ausführung der Übung den Bodenkontakt verlieren. Wird ein Fersenkeil eingesetzt, ist dieser im Trainingsprozess zu reduzieren. Ziel ist das Ausführen der Kniebeuge ohne Fersenunterlagen; ggf. ein unterstützendes Beweglichkeitstraining für die Sprunggelenke durchführen. Zu empfehlen ist grundsätzlich das Ausführen der Kniebeuge mit

Gewichtheberschuhen (siehe Abschnitt: Regeln zum Ausführen der Übungen; ➤ Kap. 6.2.2)
- **Tipp:** Wenn ein Kniebeugenständer über eine Notablage verfügt, sollte die Übung auch über dieser Ablage ausgeführt werden. So kann im Falle eines vorzeitigen Muskelversagens die Hantel auch in der Hockstellung problemlos abgelegt werden.
- **Hinweis:** Keine Angst vor der „Königin"! Die Übungstechnik der Kniebeuge ist selbst für Personen jenseits des sechzigsten Lebensjahres risikolos erlernbar (Wagner 2005). Sie kann selbst im Präventionssport und bei Trainingsanfängern von der ersten Trainingseinheit an geübt werden. Zusatzgewichte sind dabei anfangs nicht unbedingt notwendig. Es reicht, die Übung mit einer (leichten) Hantelstange auszuführen.

Tiefkniebeugen

Die tiefe Kniebeuge mit Hantellast ist die Schlüsselübung beim Aufbau von Kraft und Muskelmasse der unteren Extremitäten. Dies gilt für alle Trainingsbereiche: vom Fitness- bis zum Hochleistungstraining. Tiefe Kniebeugen versprechen auch die größten Effekte für Radsportler. Die aus dieser Übung gewonnene Beinkraft lässt sich wirkungsvoll auf die Tretbewegung beim Radfahren übertragen. Auch aus gesundheitlicher Sicht empfiehlt sich besonders das Ausführen von Kniebeugen mit einer tiefen Hockposition. Die Belastungen für das Kniegelenk sowie den Stütz- und Bewegungsapparat fallen geringer aus als bei halben Kniebeugen. Dies liegt u. a. daran, dass bei tiefen Kniebeugen nur deutlich weniger Last bewältigt werden kann. Die ungünstigen Winkelverhältnisse in der tiefen Hocke verlangen eine hohe konzentrische Kraft, um die Hantellast zu überwinden.

6.3.2 Kniebeuge vorn (Frontkniebeuge)

Die Kniebeuge vorn (Frontkniebeuge) ist neben der zuvor beschriebenen Nackenkniebeuge die wichtigste Übung zum Ausbilden der Maximalkraft der Beinstreckerkette. Die Frontkniebeuge wird auch als „olympische Kniebeuge" bezeichnet, da sie eine grundlegende Übung zum Erlernen des olympischen Gewichthebens ist.

Bei dieser Kniebeugenvariante wird die Hantelstange vor dem Körper auf den Schlüsselbeinen und Schultern abgelegt. Diese Variante stellt höhere Anforderungen an die Rumpfstabilisatoren. Durch die Lage der Hantel vor dem Körper zieht es den Sportler mit der Last nach vorn und aus dem Körperschwerpunkt heraus. Diesen Kräften muss beim Ausführen aktiv entgegengewirkt werden. Erfahrungen zeigen, dass bei Frontkniebeugen ca. 30–60 kg weniger Last gegenüber einem Ausführen der Nackenkniebeuge bewältigt werden können. Aus der Tatsache heraus, dass nur eine geringere Hantellast eingesetzt werden kann, belastet die Frontkniebeuge den Stütz- und Bewegungsapparat weniger als die Nackenkniebeuge. Aufgrund der geringeren Gewichts- und somit auch der Kniegelenkbelastung sind Frontkniebeugen tendenziell bei Knieproblemen als vorteilhafter einzustufen. Zu empfehlen ist die Frontkniebeuge besonders im Trainingsaufbau und für den Nachwuchsbereich zum Erlernen einer sauberen Übungstechnik. **Frontkniebeugen schulen eine hohe Bewegungsqualität,** da beim Abweichen von der richtigen Übungstechnik die Hantel quasi als „Bestrafung" direkt herunterfallen würde (vgl. Wirth et al. 2012).

Übungstechnik der Kniebeuge vorn (Frontkniebeugen)

Startposition

- Die Langhantel wird mit aufrechtem Oberkörper und herausgeschobener Brust aus dem Hantelständer genommen und auf den Schultern und dem Schlüsselbeinen abgelegt. Dabei fassen die Hände unter die Stange und die Ellenbogen zeigen nach vorn. Die Hände dienen nur dem Fixieren der Stange, damit sie nicht wegrollt.
- Die Haltung ist aufrecht, Kopf hoch, Blick geradeaus bis leicht nach oben; ein Tipp dabei ist, mit den Augen einen Punkt an der Wand zu fixieren.
- Die Brust ist angehoben und die Ellenbogen werden bewusst nach vorn und oben geführt (➤ Abb. 6.14).
- Der untere Rücken ist etwas durchgedrückt. Die anatomisch natürliche S-Form der Wirbelsäule ist in den unterschiedlichen Beugestellungen beizubehalten.
- Die Standweite ist etwa schulterbreit, wobei die Fußspitzen leicht nach außen zeigen.

6

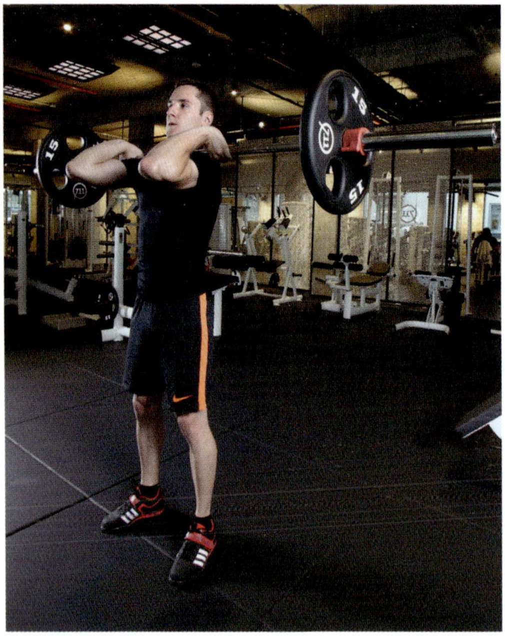

Abb. 6.14 Startposition Kniebeuge vorn

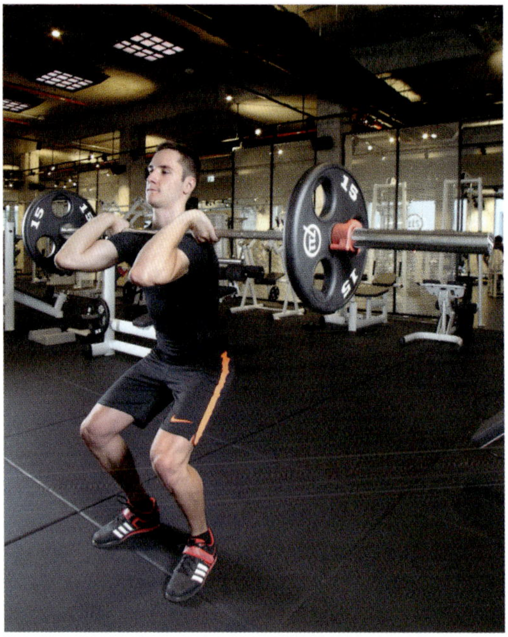

Abb. 6.15 Beugephase

Ausführung

- Das Ausführen der Frontkniebeuge gleicht dem Ausführen der Nackenkniebeuge (➤ Kap. 6.3.1). Wichtig beim Ausführen der Frontkniebeuge ist, dass während der ganzen Bewegungsausführung die Brust angehoben wird und die Ellenbogen aktiv nach vorn und oben geführt werden (➤ Abb. 6.15). Diese Körperhaltung ist auch ganz bewusst in der unteren Hockposition zu wahren (➤ Abb. 6.16).

Häufige Fehler, Korrekturhinweise und Tipps

Grundsätzlich gelten für die Frontkniebeuge auch die meisten der typischen Fehler und Korrekturhinweise, wie sie bei der Nackenkniebeuge aufgeführt sind (➤ Kap. 6.3.1). Zusätzlich zu erwähnen sind noch die folgenden Punkte:

- **Hinweis:** Vielen Sportlern fällt es schwer, die Hantel in der Vorhalte zu fixieren. Ursache ist meist eine zu geringe Beweglichkeit in den Handgelenken und Schultern. In diesem Fall ist ein gezieltes Beweglichkeitstraining durchzuführen, um die Ellenbogen eindrehen zu können und um die nötige Beweglichkeit im Handgelenk zu erreichen.

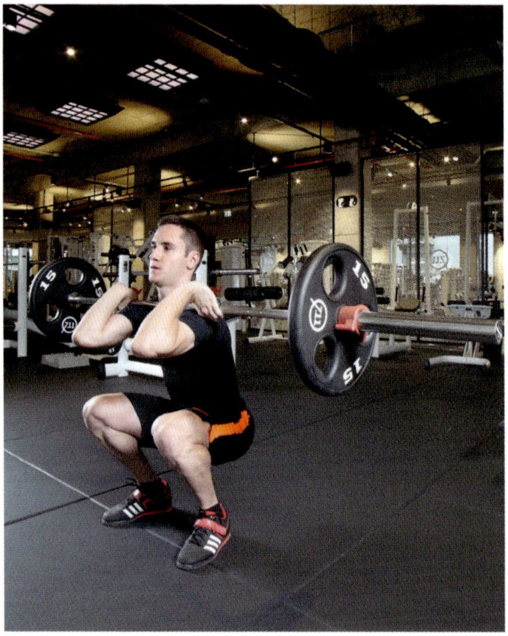

Abb. 6.16 Tiefe Hockposition

- **Fehler:** In der Hocke sind die Ellenbogen nicht angehoben und zeigen nach unten. **Korrektur:** Es ist darauf zu achten, dass während der ganzen Bewegungsausführung die Brust bewusst angehoben ist. Die Ellenbogen sind dabei aktiv nach vorn und oben zu führen. **Tipp:** Das Kommando „Brust raus!" kann dabei helfen.

- **Tipp:** Wenn möglich, ist die Übung mit Vollgummischeiben auf einem Stemmboden ausführen. So kann in kritischen Situationen die Hantel immer nach vorn abgeworfen werden.

6.3.3 Reißkniebeuge (Überkopfkniebeuge)

Die Reißkniebeuge – auch Überkopfkniebeuge genannt – beschreibt das Ausführen einer Kniebeuge, bei der die Hantellast mit gestreckten Armen über dem Kopf gehalten wird. Diese Übung ist eine wichtige Trainings- und Ergänzungsübung aus dem olympischen Gewichtheben – besonders für die Disziplin Reißen, woher sie auch ihren Namen hat. Die Übung involviert noch mehr Muskeln als Front- oder Nackenkniebeugen. Das Halten der Hantel über dem Kopf erfordert ein starkes Aktvieren der Schulter- und Rumpfmuskeln. Dabei stellt die Übung hohe Anforderungen an die Koordination und Beweglichkeit. Beim Ausführen der Bewegung sind Sprung-, Knie-, Schulter- und Hüftgelenk beteiligt. Durch das Halten der Hantel über dem Kopf entsteht eine labile Gleichgewichtssituation. Der Sportler muss die Hantellast und den gesamten Körper muskulär stabilisieren. Die Übung ist deshalb nicht für den Einsatz maximaler Zusatzlasten geeignet. Bei hohen Lasten werden die Handgelenke ebenfalls einer hohen Druckbelastung ausgesetzt.

Außerhalb des olympischen Gewichthebens gehört die Reißkniebeuge oftmals zu den exotischen Übungen; dabei ist der Wert dieser Übung vielseitig:

- Verbesserung der gesamten Körperstabilisierung
- Verbesserung der Beweglichkeit in den oberen Extremitäten, besonders im Schultergürtel
- Verbesserung der Stabilität in den Schultergelenken
- Schulung koordinativer Fähigkeiten, wie Gleichgewicht, Balance und motorische Kontrolle
- Während des Ausführens der Übung kann die korrekte aufrechte Haltung der Wirbelsäule kaum verlassen werden (die Hantel würde sonst herunterfallen).

Die Reißkniebeuge empfiehlt sich als Basisübung für jedes Krafttrainingsprogramm mit der Langhantel. Ebenso eignet sich die Übung sehr gut dazu, innerhalb einer Trainingseinheit ein schweres Front- oder Nackenkniebeugetraining vorzubereiten – im Sinne einer Aufwärmübung mit leichteren Lasten.

Übungstechnik der Reißkniebeuge

Aufnehmen der Hantel auf die gestreckten Arme

- Bevor die Übung ausgeführt werden kann, muss die Hantel auf die gestreckten Arme gebracht werden. Hierzu wird die Langhantel analog dem Ausführen einer Nackenkniebeuge (➤ Kap. 6.3.1) aus dem Ständer genommen und auf dem oberen Anteil des Trapezmuskels und den Schultern abgelegt. Ein **Unterschied** ist dabei, dass die Hantel mit einem weiteren Griff gefasst wird: Die Hände fassen die Stange in Schulterbreite plus der Länge eines ausgestreckten Arms. Die Ellenbogen zeigen nach unten.
- Aus dieser Position muss die Hantel auf die gestreckten Arme beschleunigt werden.
- Zum Beschleunigen der Hantel wird eine Auftaktbewegung eingeleitet: Die Knie werden ca. 15–20 cm gebeugt, wobei der Oberkörper aufrecht bleibt (➤ Abb. 6.17). Danach erfolgen ein sofortiges explosives Strecken der Knie und ein senkrechtes Anstoßen der Hantel aus dem Nacken heraus.
- Durch ein Strecken des Oberkörpers in Verbindung mit einer starken Druckbewegung der Arm- und Schultermuskulatur wird die Hantel explosiv nach oben beschleunigt.
- Während die Hantel über den Kopf gedrückt wird, erfolgt eine Unterstützung der Streckbewegung durch ein Abdrücken über die Fußballen (Anheben der Fersen).
- In der Endposition sind die Arme gestreckt und die Schultern hoch gedrückt. Die Hantel ist deutlich hinter dem Kopf. Von der Seite betrachtet sind die Oberarme hinter den Ohren (➤ Abb. 6.18).

6

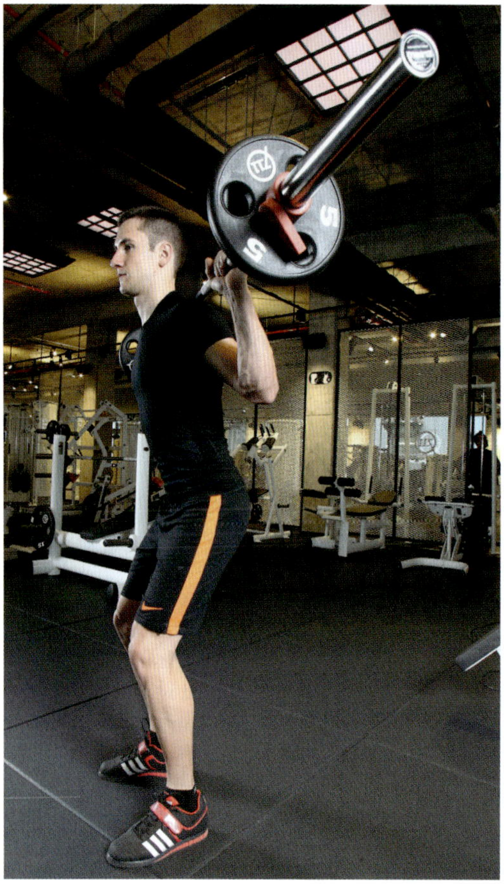

Abb. 6.17 Auftaktbewegung zur Hantelaufnahme für die Übung Reißkniebeuge

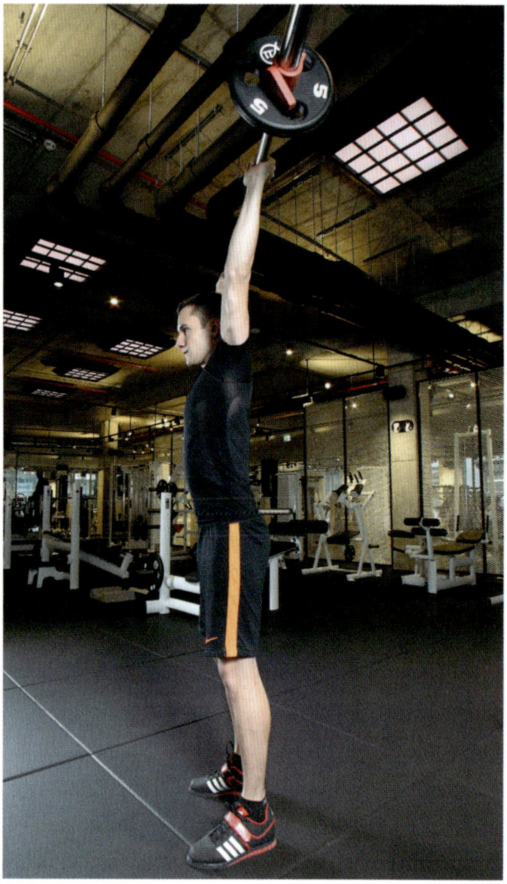

Abb. 6.18 Endposition der Hantelaufnahme

Startposition

- Der gesamte Körper sowie die Arme sind gestreckt. Die Hantel befindet sich hinter dem Kopf auf den gestreckten Armen (➤ Abb. 6.19). Die Schultern sind leicht angehoben und der Schultergürtel ist vollständig unter Spannung. Der Blick ist geradeaus gerichtet, die Brust ist angehoben und der untere Rücken ist durchgedrückt. Die anatomisch natürliche S-Form der Wirbelsäule ist in den unterschiedlichen Beugestellungen beizubehalten.
- Die Füße stehen etwa schulterbreit und die Fußspitzen zeigen leicht nach außen.

Ausführung

- Ausgehend von der Startposition werden die Knie gebeugt und es beginnt die Abwärtsbewegung: Mit aufrechtem Oberkörper und gestreckten Armen wird mit dem Gewicht senkrecht und auf dem ganzen Fuß in die tiefe Hocke gegangen (➤ Abb. 6.20). Die Körperspannung ist hierbei permanent zu halten. Das Beugetempo wird so gewählt, dass die Bewegung jederzeit gestoppt werden kann. Das Ausführen der Kniebeuge gleicht dem Bewegungsablauf der Nacken- und Frontkniebeuge.
- Während der Senkbewegung wird die Hantel leicht nach hinten geführt und der Oberkörper leicht nach vorn geneigt. Die Oberarme befinden sich hinter den Ohren.
- Anzusteuern ist ein tiefster Beugewinkel im Kniegelenk von mindestens 70°. Hierbei ist in der Hockposition das Hüftgelenk tiefer als das Kniegelenk (➤ Abb. 6.21).

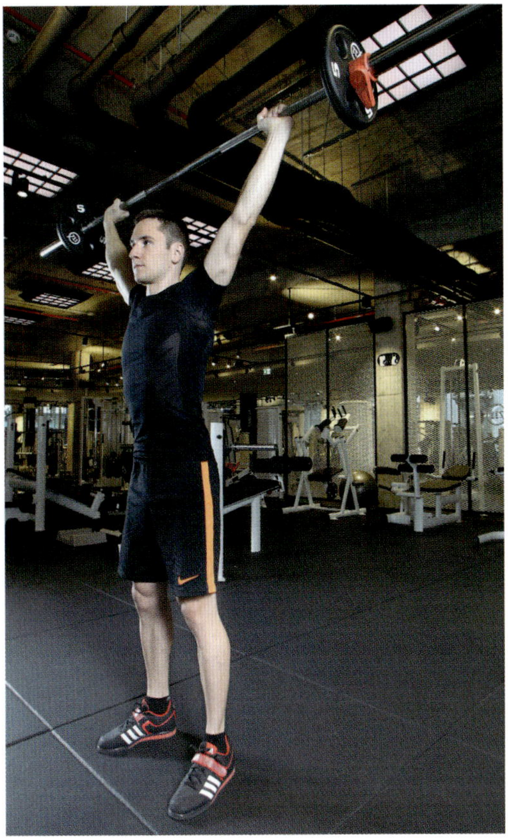

Abb. 6.19 Startposition Reißkniebeuge

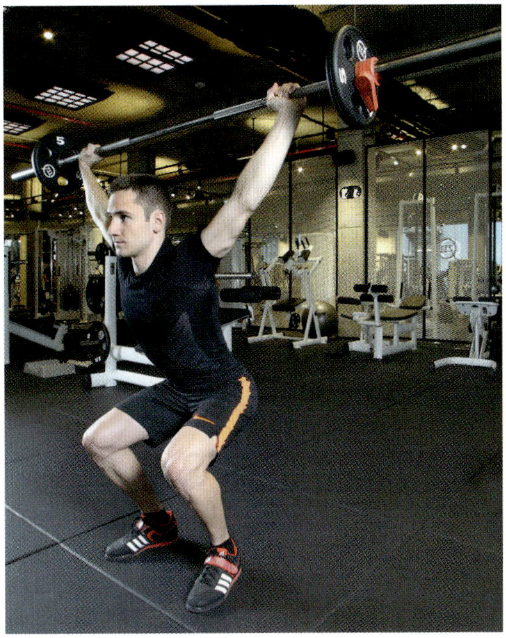

Abb. 6.20 Beugephase

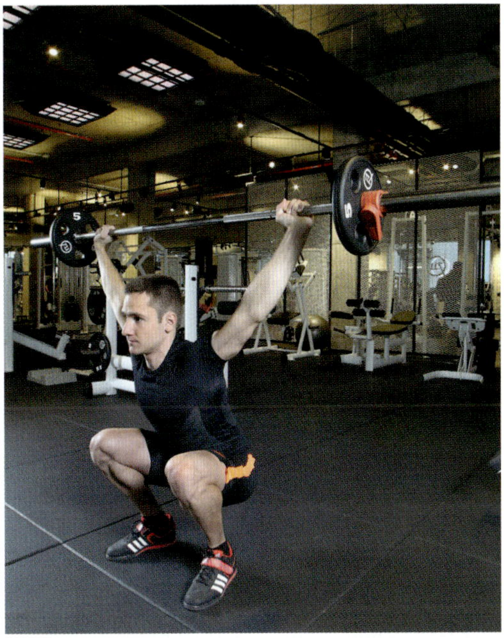

Abb. 6.21 Tiefe Hockposition

Grundsätzlich gilt aber: Immer nur so tief in die Hocke gehen, wie es eine technisch korrekte Ausführung zulässt! In dieser Position wird die Hantellast muskulär abgebremst.

- In der tiefsten Hockpostion soll der Sportler einen Moment sitzen bleiben (ca. ein bis drei Sekunden). Ohne Pause, den Blick geradeaus gerichtet, erfolgt dann das Aufrichten aus der Hocke zurück in den Stand. Die Arme bleiben dabei vollständig gestreckt, die Rückenspannung bleibt unverändert. Beim Aufrichten wird die Hüfte bewusst nach vorn geschoben, um die Wirbelsäule zu entlasten. Die Druckbelastung ist über den ganzen Fuß verteilt.
- In der oberen Position sind die Kniegelenke nicht ganz durchgedrückt. Während der Übungsausführung liegen die Oberschenkel, Unterschenkel und die Füße in einer Linie. Die Knie bewegen sich in einer gedachten Geraden über die Zehen.
- Atmung: Vor dem Beginn der Abwärtsbewegung einatmen. Während der Beugebewegung erfolgt

keine Atmung. Das Ausatmen beginnt in dem Moment, wo Knie- und Hüftgelenk soweit geöffnet sind, dass der Sportler sicher sein kann, die Last erfolgreich in die Streckposition zu bewegen.

Häufige Fehler, Korrekturhinweise und Tipps

- **Fehler:** Mangelnde Stabilität beim Absenken in die Hocke. **Korrektur:** Last verringern! Nur Lasten wählen, die eine Gesamtkörperspannung zulassen. Mit weiteren Trainingsübungen ist ein gezieltes Ausbilden der stabilisierenden Muskelgruppen durchzuführen.
- **Fehler:** Ellenbogen sind nicht gestreckt. **Korrektur:** Ellenbogen durchdrücken und Arme gestreckt halten. Oberarme leicht nach außen rotieren und Schultergürtel leicht anheben.
- **Fehler:** Stange wird zu eng gegriffen; Griffbreite = Schulterbreite plus Länge eines ausgestreckten Armes. **Hinweis:** Bei Problemen mit den Handgelenken kann die Griffweite geändert und die Stange etwas enger gefasst werden.
- **Hinweis:** Hände umfassen die Hantel fest, dabei die Handgelenke leicht nach hinten abwinkeln.
- **Fehler:** Die Hantel befindet sich nicht weit genug hinter dem Kopf. **Korrektur:** Die Oberarme hinter die Ohren führen.
- **Fehler:** Gesenkte Kopfhaltung. **Korrektur:** Blick geradeaus richten und die Brust anheben.
- **Fehler:** Zu enge oder breite Fußstellung. **Korrektur:** Füße nicht auf derselben Höhe oder mit unterschiedlicher seitlicher Abweichung. Der Stand soll ungefähr schulterbreit sein, die Fußspitzen zeigen leicht nach außen.
- **Fehler:** Der Abstand zwischen den Knien verändert sich während der Bewegungsausführung. **Korrektur:** Während des Ausführens der Übung liegen die Oberschenkel, Unterschenkel und die Füße in einer Linie. Die Knie bewegen sich in einer gedachten Geraden über die Zehen. **Hinweis:** Der Sportler soll so tief in die Hocke gehen, wie es eine technisch korrekte Ausführung zulässt!
- **Fehler:** Becken kippt ab. **Korrektur:** Eine höhere Hockposition wählen. Die Tiefe des Hocksitzes ist stark abhängig von der Beweglichkeit im Fußgelenk. Nur Hockpositionen einnehmen, die eine Belastung auf dem ganzen Fuß unter Einhalten der anatomisch natürlichen Lendenlordose zulassen! Ein entsprechendes Beweglichkeitstraining ist voranzutreiben.
- **Fehler:** In der tiefen Hockposition steht der Sportler zu stark auf dem Vorderfuß und die Ferse hebt ab. **Korrektur:** Die Belastung muss stets auf dem ganzen Fuß verteilt sein!
- **Tipp:** Zum Erlernen der Übung ist ein Ausführen mit einem leichten Stab zu empfehlen, z. B. Besenstil.
- **Tipp:** Wenn möglich, die Übung mit Vollgummischeiben auf einem Stemmboden ausführen. So kann in kritischen Situationen die Hantel immer abgeworfen werden.
- **Hinweis:** Fersen bleiben am Boden.

6.3.4 Ausfallschritte mit Hantellast nach vorn

Bei dieser Übung wird aus dem parallelen Stand ein Schritt nach vorn ausgeführt. Anschließend erfolgt ein Aufrichten in die Ausgangsposition. Im Gegensatz zur Parallelkniebeuge wird hierbei nur ein Bein gebeugt und wieder gestreckt. Ausfallschritte aktivieren besonders die knie- und hüftstabilisierenden Muskeln. Die Standfläche im Ausfallschritt ist sehr lang, aber nur schmal und wackelig bzw. instabil. Diese Situation stellt hohe Anforderungen an Koordination und Gleichgewicht. Durch das einbeinige Ausführen können nur deutlich geringere Trainingsgewichte eingesetzt werden, als dies bei einer stabilen und beidbeinigen Kniebeuge möglich ist.

Der Wert von Ausfallschritten liegt besonders in den folgenden Effekten:

- Trainieren der knie- und hüftstabilisierenden Muskeln, was phasenweise sehr sinnvoll sein kann.
- Der Schritt nach vorn fordert besonders die exzentrische (nachgebende) Muskelarbeit.

Das einbeinige (unilaterale) Ausführen aktiviert viele Muskelfasern (vgl. Kibele et al. 1989) und berücksichtigt dabei, dass ein Bein meistens schwächer ist. Ein Unterstützen bzw. „Abfälschen" durch das stärkere Bein ist hierbei nicht möglich. Die Übung kann für Radsportler eine willkommene Abwechslung beim Trainieren der Beinmuskeln darstellen. Sie kann die beidbeinige Kniebeuge mit intensiven Lasten auf Dauer aber nicht ersetzen.

Übungstechnik Ausfallschritte nach vorn

Startposition

- Die Langhantel wird mit aufrechtem Oberkörper aus dem Ständer genommen und mit über schulterbreitem Griff im Nacken auf dem oberen Anteil des Trapezmuskels und den Schultern abgelegt. Die Schultern sind zurückgezogen und drücken die Stange aktiv nach oben, damit kein Druckschmerz im Halswirbelsäulenbereich entsteht (vgl. Kniebeuge vorn; ➤ Kap. 6.3.1).
- Die Standweite ist etwa hüftbreit, wobei die Fußspitzen nach vorn zeigen (➤ Abb. 6.22).
- Die Haltung ist aufrecht, Kopf hoch, Blick geradeaus, die Brust ist angehoben und der untere Rücken ist durchgedrückt. Die anatomisch natürliche Lendenlordose ist während der gesamten Übungsausführung beizubehalten.

Ausführung

- Aus der Startposition wird mit einem Bein ein weiter Schritt nach vorn ausgeführt, wobei der vordere Fuß zuerst mit der Ferse den Boden berührt. Die Ferse des hinteren Fußes löst sich hingegen vom Boden. Der hintere Fuß berührt dann nur noch mit dem Fußballen den Boden (➤ Abb. 6.23).
- Der Oberkörper ist aufgerichtet. Das vordere Knie wird soweit gebeugt, bis das hintere Knie fast den Boden berührt. Der vordere Oberschenkel soll dabei mindestens parallel zum Boden stehen – tendenziell etwas tiefer.
- Ohne Pause erfolgt durch ein kraftvolles Abdrücken des vorderen Fußes das Aufrichten in die Ausgangsposition. Die Druckausübung erfolgt dabei über den Fersenbereich des vorderen Beines. Die Füße stehen nach dem Aufrichten wieder parallel nebeneinander.
- Jetzt wird der andere Fuß nach vorn gesetzt, um die Bewegung zu wiederholen.
- Beim Schritt nach vorn einatmen und beim Aufrichten in die Ausgangsposition ausatmen.

Häufige Fehler, Korrekturhinweise und Tipps

- **Fehler:** Stand ist instabil. **Korrektur:** Vorderen Fuß auf der gesamten Fläche belasten, Gleichgewicht halten, Schreitweite ggf. verkürzen.

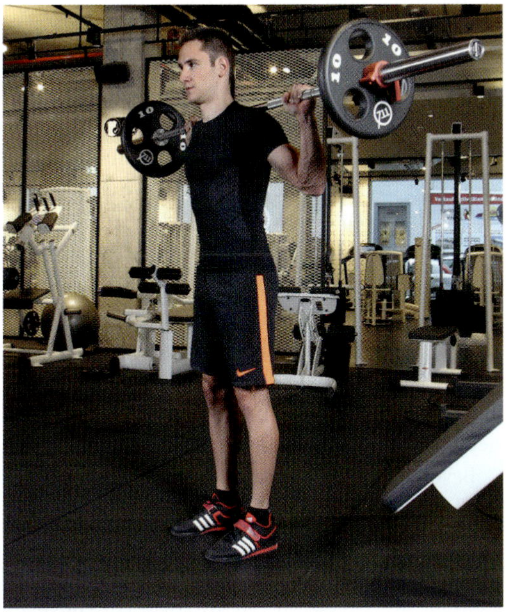

Abb. 6.22 Startposition Ausfallschritte nach vorn

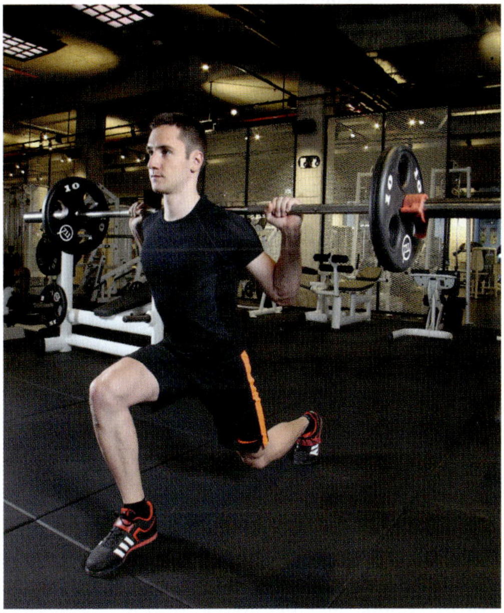

Abb. 6.23 Ausfallschritt nach vorn

- **Fehler:** Das vordere Knie wird nicht weit genug gebeugt. **Korrektur:** Der vordere Oberschenkel soll in der Beugeposition mindestens parallel zum Boden stehen – tendenziell etwas tiefer.
- **Fehler:** „Flatternde“ Knie bei mangelhafter Koordination und unzureichenden Kraftverhältnissen. **Korrektur:** Zusatzlast verringern!
- **Fehler:** Zu wenig Kontrolle oder Durchfedern am Bewegungsumkehrpunkt (vom Ab- zum Aufsteigen aus der Schrittstellung). **Korrektur:** Die Last muss am unteren Punkt muskulär abgebremst werden – kein Durchsacken oder Wippen!
- **Fehler:** Oberkörper bleibt nicht aufrecht. **Korrektur:** Oberkörper aufgerichtet, Kopf anheben, den Blick geradeaus richten.
- **Hinweis:** Beim vorderen Bein liegen während der Schrittstellung Oberschenkel, Unterschenkel und der Fuß auf einer Linie; die Knie bewegen sich in einer gedachten Geraden über die Zehen
- **Tipp:** Den Bewegungsablauf ohne oder mit geringer Zusatzlast erlernen. Möglich ist auch ein Ausführen mit Kurzhanteln, die mit herabhängenden Armen seitlich am Körper gehalten werden.
- **Tipp:** Eine sehr effektive Variante besteht darin, nach dem ersten Ausfallschritt das hinten stehende Bein nach vorn zu führen und sofort einen weiteren Ausfallschritt einzuleiten. Auf diese Weise bewegt sich der Sportler mit jedem Ausfallschritt nach vorn durch den Raum. Hierzu ist allerdings Platz erforderlich. In Fitnessanlagen bieten z. B. Kurs- und Aerobicräume ausreichenden Platz.

6

6.3.5 Umsetzen mit der Scheibenhantel

Das Umsetzen ist eine Teilbewegung aus dem olympischen Gewichtheben. Die Bewegung beschreibt den ersten Teil der Wettkampfdisziplin Stoßen, die aus den beiden Teilbewegungen Umsetzen und Ausstoßen besteht.

Beim Umsetzen mit der Scheibenhantel geht es darum, eine Langhantel vom Boden in einem Bewegungsablauf auf die Schultern zu heben und abzulegen. Hierbei macht der Körper eine schnelle Umkehrbewegung von einer Streck- in eine Beugebewegung, um sich danach wieder in den Stand aufzurichten Die Startposition ähnelt dabei der Übung Kreuzheben mit der Langhantel.

Das Umsetzen mit der Langhantel ist eine dynamische und technikorientierte Langhantelübung. Die Übungstechnik erfordert ein komplexes Zusammenspiel von Beinen, Rumpf und Armen und stellt dabei hohe Anforderungen an Beweglichkeit und Koordination. Da ab einer gewissen Last die Übung nicht langsam ausgeführt werden kann, wirkt sie besonders positiv auf die Entwicklung der Explosiv- und Schnellkraft. Gefordert ist vor allem die Kraft der Beine und Hüften, um die Hantel schnell genug beschleunigen zu können, sodass sie auf den Schultern landet.

Für Radsportler hat das Umsetzen mit der Scheibenhantel verschiedene positive Aspekte:

- Komplexes Entwickeln der Kraftfähigkeiten, besonders der Explosiv-und Schnellkraftfähigkeiten
- Beanspruchen radsportrelevanter Muskelgruppen, besonders der Hüft- und Kniestreckmuskulatur
- Fördern einer Ganzkörperstabilisation
- Fördern von Koordination und Beweglichkeit

Mit Blick auf die **Tretbewegung beim Radfahren** zeigt sich ein weiterer Vorteil dieser Übung: Der Bewegungsablauf beim Umsetzen trainiert eine explosive Kniestreckung, ohne zuvor eine hohe Anfangskraft aufbringen zu müssen. Da die Hantel beim Umsetzen zum Übungsbeginn auf dem Boden ruht, muss in der Startposition lediglich das eigene Körpergewicht muskulär gehalten werden. Dies kommt den tatsächlichen Anforderungen beim Radfahren sehr nahe, insbesondere beim Sprint, wo ein kraftvoller Antritt gegen den Widerstand des Pedals erfolgt. Bei der Kniebeuge gestaltet sich die Ausgangssituation anders als beim Umsetzen: In der Hockposition muss das Körpergewicht plus Hantellast getragen werden. Dies erfordert das Aufbringen einer hohen Anfangskraft für die folgende Streckbewegung. Für ein explosives Trainieren der Beinstreckerkette eignet sich deshalb vor allem das Umsetzen.

Bevor aber das Umsetzen mit der Scheibenhantel als Trainingsübung zum Einsatz kommt, ist zunächst das Maximalkraftniveau mittels Kniebeuge und Kreuzheben aufzubauen. Gleichzeitig ist die richtige Technik des Umsetzens zu erlernen. Anschließend kann die Übung mit mittleren Lasten ausgeführt werden. Schwere Lasten sind erst einzusetzen, wenn kontinuierlich ein Maximalkraftniveau aufgebaut wurde und die Technik sauber beherrscht wird.

Übungstechnik Umsetzen mit der Scheibenhantel

Hinweis Die Ausführungstechnik von Trainingsübungen aus dem olympischen Gewichten kann von Sportler zu Sportler etwas unterschiedlich sein. Hintergrund sind dabei nicht nur etwas voneinander abweichende Technikphilosophien. So gibt es z. B. unterschiedliche Empfehlungen dazu, welche Vorlage die Schulter in der Startposition vor der Hantel haben sollte (vgl. u. a. Renner und Bartonietz 2003; Newton, 2006; Zawieja 2008; Krinke 2014; Rippetoe 2015). **Letztlich kann es kein allgemeingültiges Leitbild geben, da die optimale Technik immer individuell mit Blick auf die anatomischen Besonderheiten des einzelnen Sportlers zu betrachten ist,** z. B. kurze Beine/lange Arme; lange Beine/kurze Arme; kurzer Rumpf/langer Rumpf.

Startposition

Hinweis Die Startposition ähnelt der Startposition beim Kreuzheben mit der Scheibenhantel (➢ Kap. 6.4.2).

- Die Langhantel ruht auf dem Boden. Die Füße befinden sich direkt unter der Hantelstange. Der Stand ist hüftbreit. Die Zehenspitzen schauen unter der Hantel vor und zeigen leicht nach außen. Der Körperschwerpunkt ruht auf der ganzen Sohle (➢ Abb. 6.24).
- Es wird eine Hockstellung eingenommen, bei der die Hüfte etwas oberhalb der Kniegelenke steht. Die Knie befinden sich über und vor der Stange und zeigen in die gleiche Richtung wie die Fußspitzen.
- Der Oberkörper ist vorgeneigt und die Brust ist angehoben. Die Schultern sind in einer geringen Vorlage über der Hantel.
- Der Kopf ist angehoben und der Blick nach vorn gerichtet. Der Rücken ist gerade.
- Die Hände fassen die Stange etwas über Schulterbreite im Obergriff. Die Arme sind gestreckt und die Ellenbogen sind nach außen gedreht.

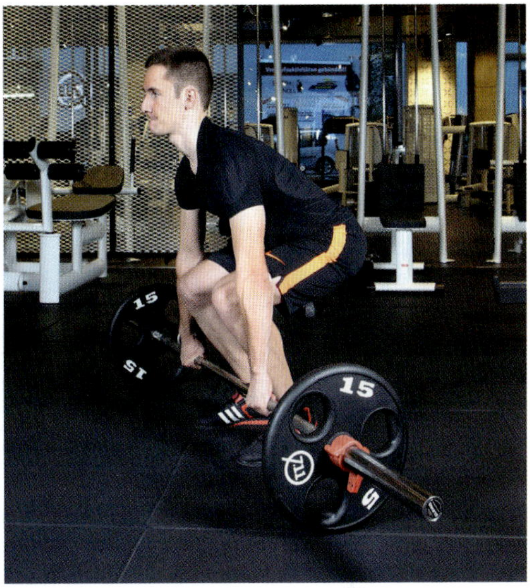

Abb. 6.24 Startposition Umsetzen mit der Scheibenhantel

- Die Schulterblätter sind zurückgezogen und die Trapezmuskulatur ist gedehnt.

Ausführung

Ist die Ausgangsstellung eingenommen, gliedert sich die anschließende Bewegung in vier Phasen:

- **Erste Zugphase:** ein geführter Hub der Hantel bis zum unteren Oberschenkeldrittel.
- **Zweite Zugphase:** ein explosiven Strecken der Beine und des Oberkörpers zur maximalen Beschleunigung der Hantel.
- **Umgruppieren mit aktivem Körpersenken:** ein schneller Wechsel von der Zug- zur Umkehrbewegung am Ende der Beschleunigungsphase. Es folgt ein aktiver Sprung in die Hocke, die Hantel wird auf den Schultern und Schlüsselbeinen abgelegt.
- **Hockposition/Aufstehen:** aktives Abbremsen in der Abwärtsbewegung. Die Hantel wird in der tiefen Hockposition sicher fixiert. Es erfolgt das Aufrichten aus der Hocke.

Erste Zugphase

Die Hantel wird bis zur Oberschenkelmitte geführt:

- Die Hantel soll gemäßigt und nicht ruckartig vom Boden abgehoben werden; anzustreben ist ein gleichmäßig beschleunigtes Abheben der Hantellast.

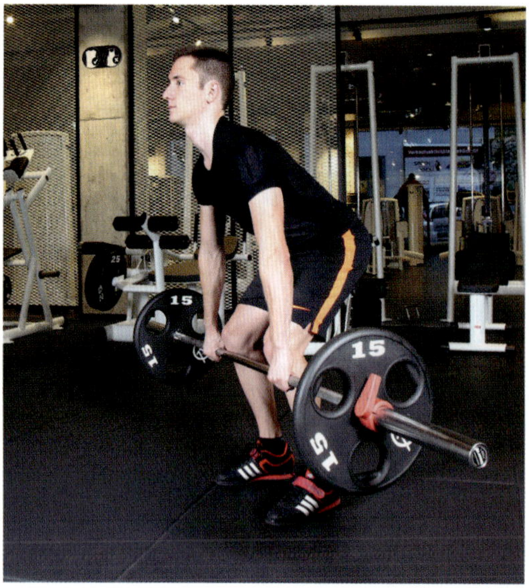

Abb. 6.25 Beginn der ersten Zugphase: Gleichmäßig beschleunigtes Abheben der Hantel vom Boden; die Oberkörperposition der Hantel beschreibt dabei eine Parallelverschiebung.

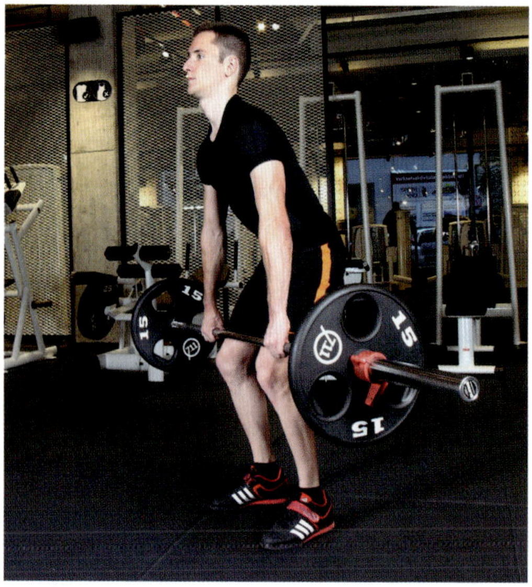

Abb. 6.26 Kniepassage: Nachdem die Hantel die Knie passiert hat, beginnt sich der Oberkörper im Hüftwinkel stärker zu öffnen.

- Während der Zugphase öffnen sich gleichzeitig die Fuß-, Knie- und Hüftwinkel mit der bewussten Vorstellung, aus den Beinen zu heben. Die Oberkörperposition beschreibt dabei bis zum Knie eine Parallelverschiebung: Schultern und Gesäß werden gleichmäßig nach oben geführt (➤ Abb. 6.25).
- Ab der Kniepassage beginnt sich der Oberkörper im Hüftwinkel stärker zu öffnen (➤ Abb. 6.26).
- Erreicht die Hantel etwa das untere Drittel des Oberschenkels, werden – zusammen mit dem stärkeren Öffnen des Oberkörpers im Hüftwinkel – die Schultern nach hinten geführt. Aus der geringen Hantelvorlage werden die Schultern möglichst direkt über die Hantelstange gebracht, um aus dieser Position die zweite Zugphase effektiv einleiten zu können.
- Die Arme bleiben gestreckt und die Ellenbogen nach außen gedreht.

Zweite Zugphase

Explosives Strecken der Beine und des Oberkörpers zum maximalen Beschleunigen der Hantel:

- Beim Übergang zur zweiten Zugphase sollte die Hantelstange die Mitte des Oberschenkels leicht berühren bzw. streifen (➤ Abb. 6.27).
- Der Übergang zwischen der ersten und zweiten Zugphase muss fließend sein.
- Anschließend erfolgt ein **explosives, synchrones Strecken von Hüft-, Knie- und Sprunggelenk, um die Hantel maximal zu beschleunigen!**
- Der Körper wird ganz aufgerichtet, mit einer leichten Überstreckung im Hüftgelenk (➤ Abb. 6.28).
- Die Arme bleiben langgezogen bis zum völligen Strecken des Körpers.
- Am Ende der Streckbewegung lösen sich die Füße vom Boden. Gleichzeitig werden die Schultern blitzartig in Richtung Kopf/Ohren herangezogen. Die Nackenmuskulatur ist voll kontrahiert und die **Hantel dicht am Körper.**
- Es folgen ein Armzug und das Anbeugen der Arme.

Umgruppieren mit aktivem Körpersenken

Nach dem leichten Überstrecken des Hüftgelenks und dem maximalen Beschleunigen der Hantel beginnt die Umkehrbewegung mit dem sofortigen und aktiven Senken des Körpers:

- Nach der vollen Körperstreckung im zweiten Zug wird mit einem aktiven, flachen Setzen der Füße von Hüftbreite in einen schulterbreiten Stand

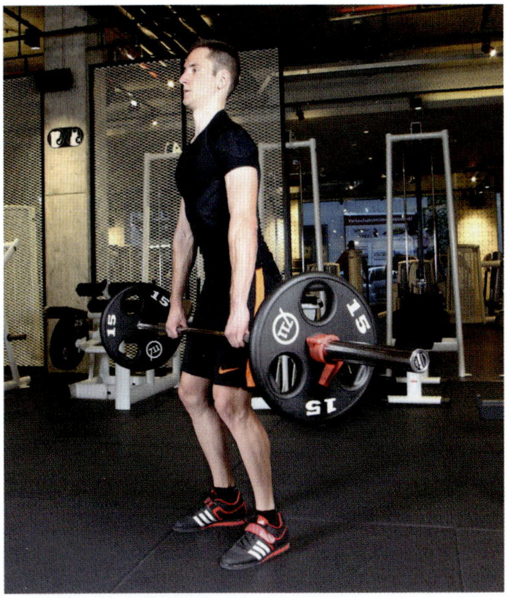

Abb. 6.27 Übergang zur zweiten Zugphase

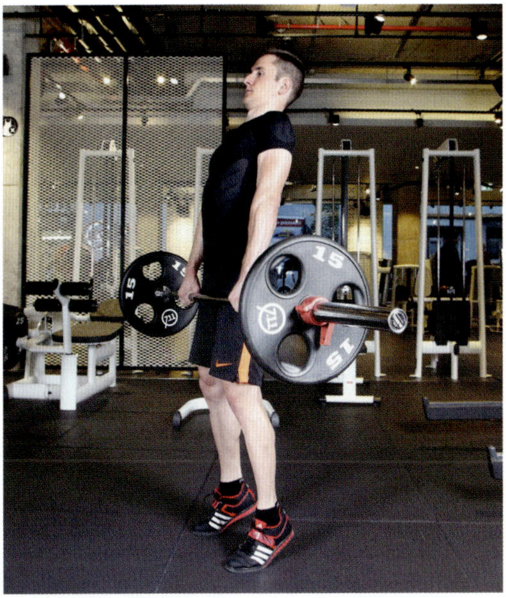

Abb. 6.28 Vollständige Körperstreckung in der zweiten Zugphase

und einem Abtauchen des Sportlers die Umkehrbewegung eingeleitet.

- Der Sportler zieht sich aktiv unter die eng am Körper geführte Hantel nach unten (➤ Abb. 6.29).
- Dabei werden die Ellenbogen ein- und nach vorn gedreht, wobei die Hantel sicher auf den Schul-

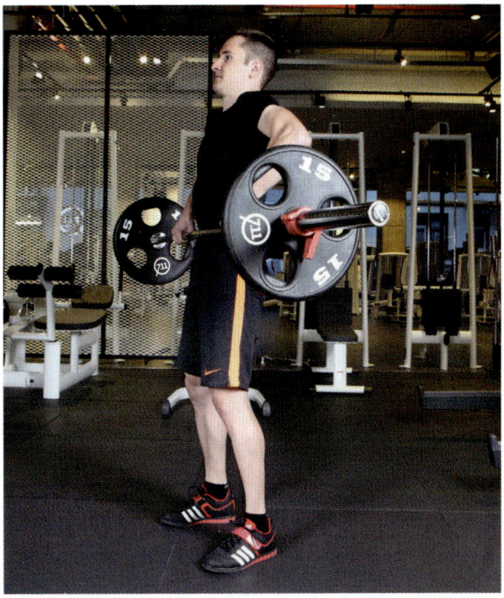

Abb. 6.29 Umgruppieren

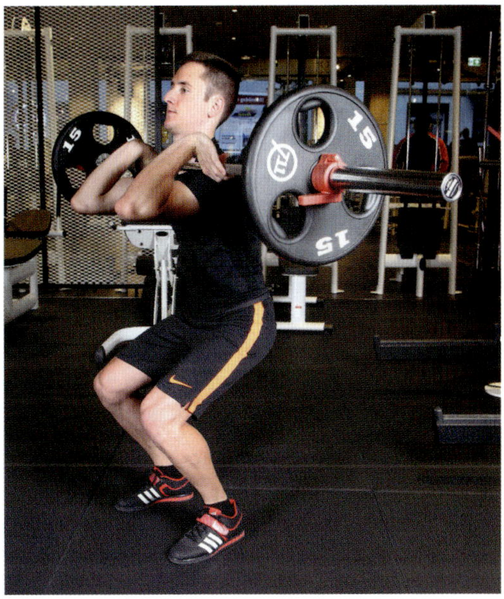

Abb. 6.30 Ablegen der Hantel auf den Schultern bzw. Schlüsselbeinen

tern bzw. Schlüsselbein zu ruhen kommt (➤ Abb. 6.30).

- Die Hantel und die eigene Fallgeschwindigkeit werden kurz vor dem tiefsten Punkt der Hocke aktiv und muskulär abgebremst (➤ Abb. 6.31).

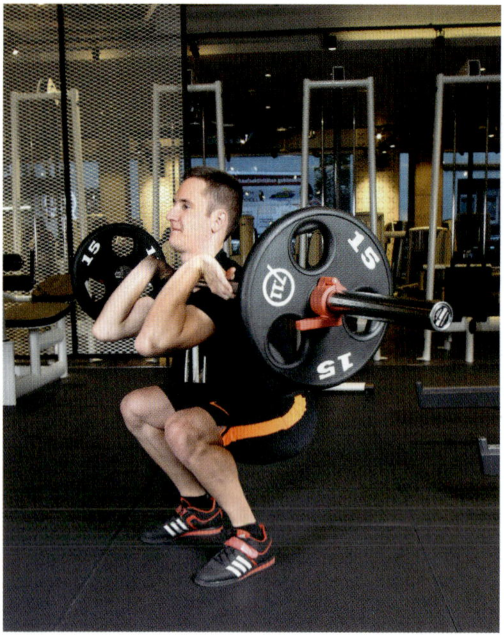

Abb. 6.31 Phase des Abbremsens

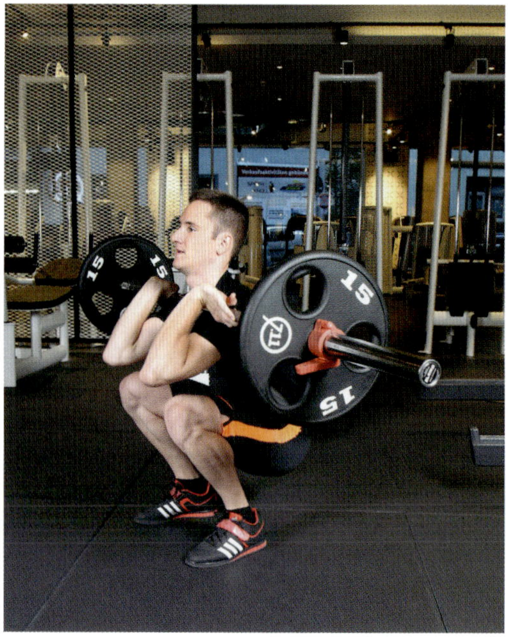

Abb. 6.32 Tiefe Hockposition

Hocksitz/Aufstehen

Die Hantel wird in der tiefen Hockposition sicher fixiert. Es erfolgt das Aufrichten aus der Hocke:

- In der Endphase der Tiefhocke ist die Brust angehoben und die Ellenbogen zeigen nach oben vorn (➤ Abb. 6.32).
- Aus der tiefen Hockposition erfolgt ein dynamisches Aufrichten durch das Strecken der Beine in die Endposition. Die Ellenbogen zeigen dabei weiter nach oben vorn, der Rücken ist gerade; die Aufwärtsbewegung gleicht dem Aufstehen aus der Hocke bei der Übung Frontkniebeuge (➤ Kap. 6.3.2).
- In der Endposition werden die Füße zurück von Schulter- in Hüftbreite gebracht (➤ Abb. 6.33).

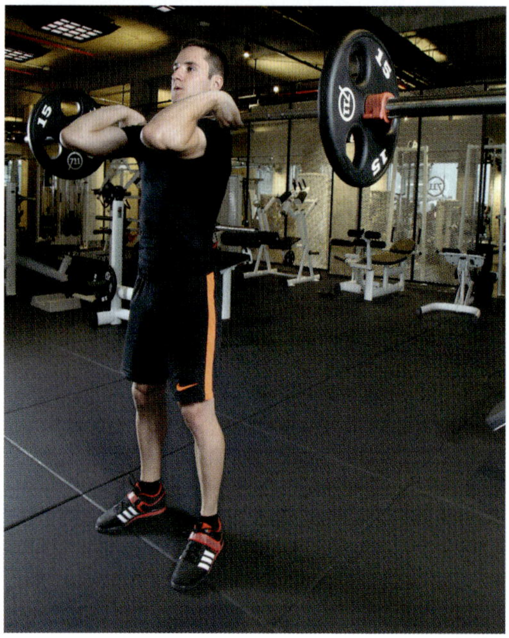

Abb. 6.33 Endposition

Absetzen der Hantel

- Nach Erreichen der Endposition wird die Bewegung des Umsetzens umgekehrt ausgeführt. Die Knie werden gebeugt und die Hantel auf dem Boden abgesetzt.
- Bei einem Ausführen mit maximaler Last kann die Hantel auch nach dem Erreichen der Endposition kontrolliert abgeworfen werden. Voraussetzungen hierfür sind allerdings ein entsprechender Stemmboden und der Einsatz von Vollgummischeiben, um den Boden nicht zu beschädigen (➤ Kap. 3.10.5).

Atmung

Einatmen direkt vor dem Abheben der Hantel vom Boden. Anschließend die Luft anhalten, um die Körperspannung zu erhalten. Beim Aufrichten aus der Hocke ausatmen.

Häufige Fehler, Korrekturhinweise und Tipps

- **Fehler:** Der Oberkörper und die Knie sind in der Starposition zu weit nach vorn gebeugt. **Korrektur:** Den Gleichgewichtspunkt wieder über dem Mittelfuß herstellen. Hierzu das Körpergewicht von den Zehen und Fußballen Richtung Ferse zurückverlagern.
- **Fehler:** Rundrücken beim Abheben der Hantel vom Boden. **Korrektur:** Der Rücken muss gerade sein. **Tipp:** Das Kommando „Den unteren Rücken leicht durchdrücken!“ kann helfen.
- **Fehler:** Fehlende Beschleunigung in der zweiten Zugphase. **Korrektur:** Beine und Rumpf müssen explosiv gestreckt werden. Die Hantel muss maximal beschleunigt werden, um Auftrieb zu bekommen.
- **Fehler:** Zu frühes Anziehen der Arme während der Zugbewegung. **Korrektur:** Die Arme bleiben langgezogen bis zur völligen Streckung des Körpers und Erreichen der Umgruppierphase.
- **Fehler:** Kein vollständiges Strecken des Körpers am Ende der zweiten Zugphase. **Korrektur:** Den Körper ganz lang machen. Leichte Überstreckung im Hüftgelenk. Am Ende der Streckbewegung heben die Fersen vom Boden ab.
- **Fehler:** Die Hantel wird nicht nah genug am Körper geführt. **Korrektur:** Der Weg der Hantel verläuft nahezu senkrecht und dicht am Körper, bis der Sprung einsetzt.
- **Fehler:** Kein aktives Körpersenken durch einen Sprung in die Hocke; Füße bleiben am Boden. **Korrektur:** Es muss ein aktiver Sprung in die Hocke erfolgen, bei dem der Körper abhebt und die Füße für einen Moment den Bodenkontakt verlieren. **Hinweis:** Das Aufsetzen der Füße beim Sprung in die Hocke sollte zu hören sein; aber kein Stampfen!
- **Fehler:** Zu spätes Abbremsen der Senkbewegung in die Hocke. **Korrektur:** Die Hantel in möglichst hoher Körperhaltung auf den Schultern abfangen und ab der halben Hocke aktiv mit Muskelkraft abbremsen.
- **Fehler:** Die Ellenbogen zeigen in der Endphase nicht nach vorn und oben. **Korrektur:** Es ist darauf zu achten, dass die Brust bewusst angehoben ist und die Ellenbogen aktiv nach vorn und oben geführt werden.
- **Fehler:** Keine fließende Bewegung beim Ausführen der Übung. **Tipp:** Besonders bei der Kniepassage der Hantel ist auf eine kontinuierliche Beschleunigung der Hantel zu achten. Es hilft, sich vorzustellen, dass die Hantel ein Raumschiff ist, das kontrolliert und gleichmäßig vom Boden abhebt und dann maximal beschleunigt. Das Tempo baut sich beim Sprung auf und nicht beim Anheben der Hantel vom Boden.
- **Tipp:** Je näher die Hantel am Oberkörper entlang gezogen wird, desto ökonomischer und schneller ist die Zugbewegung.
- **Hinweis:** Die Hantel berührt die Mitte des Oberschenkels nur leicht beim Übergang von der ersten zur zweiten Zugphase. Die Hantel soll nicht vom Oberschenkel weggeschleudert werden!
- **Tipp:** Darauf achten, dass der Körper schnell gesenkt wird. Es darf keine Pause zwischen dem Strecken und Senken des Körpers entstehen.
- **Tipp:** Die Griffbreite kann ermittelt werden, indem die Arme seitlich am Körper hängengelassen werden. Anschließend wird eine Hockposition über der Hantel eingenommen. Die Breite des Griffs ergibt sich dann automatisch. Der Griff muss so breit sein, dass die Knie den Raum haben, sich in Richtung der Fußspitzen zu bewegen. Die Arme dürfen die Knie nicht nach innen drücken.
- **Hinweis:** Die Hände umschließen während der gesamten Übungsausführung die Stange.
- **Tipp:** Bei schweren Gewichten den „Hakengriff“ (➤ Kap. 6.2.3) nutzen, um die Griffstärke zu erhöhen.
- **Hinweis:** Die Übung sollte immer auf einem Stemmboden mit einer Olympiastange und Vollgummischeiben ausgeführt werden (➤ Kap. 3.10.5). Dies ermöglicht eine gelenkschonende Ausführung und die Hantel kann im Falle eines missglückten Versuches jederzeit abgeworfen werden.

- **Tipp:** Die Hubhöhe kann durch spezielle Ablagen verringert werden (siehe auch Kreuzheben). Dies empfiehlt sich besonders zum Erlernen der Übung, wenn nur die Stange und Gewichtsscheiben mit einem kleinen Durchmesser verwendet werden. Es ist zu verhindern, dass zum Aufnehmen der Hantel soweit nach unten gegriffen werden muss, dass es zu einer belastenden Krümmung der Wirbelsäule kommt (Rundrücken).
- **Tipp:** Die komplexe Technik des Umsetzens kann am besten in klassischen Gewichthebervereinen mit erfahren Trainern erlernt werden.

Varianten des Umsetzens

Das Umsetzen kann in verschiedenen Varianten ausgeführt werden. Dies betrifft in erster Linie die Tiefe der angestrebten Hockposition beim Umsetzen der Hantel auf den Schultern. Eine sehr tiefe Hockposition ist z. B. das Ziel, wenn das Umsetzen als Wettkampfübung beim Gewichtheben ausgeführt wird. Dem Athleten werden hierbei hohe technische Fertigkeiten sowie eine ausgeprägte Beweglichkeit im Bereich des Hüft- und Sprunggelenks abverlangt. Das Umsetzen kann auch mit einer weniger ausgeprägten Hocktiefe ausgeführt werden. Die Übung ist dann technisch weniger anspruchsvoll und daher leichter zu erlernen. Wird bei der Übung ein kleinster Kniewinkel von ca. 90° nicht unterschritten, wird von **Umsetzen in die Halbhocke** gesprochen. Anzumerken ist dabei, dass bei dieser Variante die Belastungen für den passiven Bewegungsapparat höher ausfallen. Beim Ausführen der Nackenkniebeuge (➤ Kap. 6.3.1) wurde bereits darauf hingewiesen, dass die Abbremsbewegung in der halben Hocke physiologisch ungünstiger ist als in der tiefen Hockposition.

Eine noch leichter auszuführende Variante des Umsetzens ist das **Standumsetzen.** Das Ausführen der Bewegung gleicht zu großen Teilen dem zuvor beschriebenen Umsetzen. Einziger Unterschied ist, dass der Körper keine aktive Umkehrbewegung ausführt. Nach dem Strecken des Körpers und dem Beschleunigen der Hantel wird der Körper nicht mehr gesenkt. Die Hantel wird nur durch den Auftrieb nach oben gebracht und auf den Schultern und Schlüsselbeinen abgelegt. Die Beine sind dabei leicht gebeugt. Aufgrund des längeren Wegs, den die Hantel hierbei zurücklegen muss, kann allerdings weniger Last bewältigt werden als beim Umsetzen mit Umkehrbewegung. Dies mindert den Trainingseffekt für die Knie- und Hüftstreckmuskulatur. Sollte der Athlet mit dem technisch anspruchsvollen Ausführen der Umkehrbewegung Schwierigkeiten haben, stellt das Standumsetzen eine wichtige Alternative dar. Die Übung kann ebenfalls zum Erlernen des Umsetzens herangezogen werden.

6.3.6 Beinpresse

Die Beinpresse ermöglicht ein maschinengestütztes Training der Beinstreckerkette und ist in fast jedem Fitnessstudio vorzufinden. Es gibt verschiedene Varianten dieses Geräts, die sich aber in ihrer Wirkungsweise kaum unterscheiden. Bei der Konstruktion der Beinpresse sind vor allem zwei Bauweisen zu unterscheiden: Bei der einen wird die Fußplatte parallel zum Boden weggedrückt und bei der anderen schräg nach oben (45-Grad-Beinpresse). Typisch für ein gerätegestütztes Training ist dabei, dass die Bewegungsrichtung und der maximale Bewegungsradius durch die Maschine vorgegeben werden (➤ Kap. 3.10.3).

Gezielt trainieren lassen sich mit der Beinpresse die Oberschenkel- und Gesäßmuskeln. Zusätzlich wirkt sie positiv auf die Beinachsenstabilität. Das Erlernen der Übung ist leicht, da die Bewegung geführt wird und die Sitzposition abgestützt ist. Gegenüber der Hantelkniebeuge ermöglicht die Beinpresse den Einsatz weit höherer Zusatzgewichte, da hierbei u. a. die Rumpfmuskulatur keinen limitierenden Faktor darstellt. Denken wir hier wieder an Sir Chris Hoy: Der ehemalige schottische Bahnradsportler und vielfache Olympiasieger konnte 5 Wiederholungen mit 631 kg in der Beinpresse stemmen (Mujika et al. 2016). Beinpressen mit Steckgewichten, wie sie in vielen Fitnessstudios vorzufinden sind, kommen hier schnell an ihr Limit. Für hochtrainierte Sportler bieten sie nicht ausreichend Widerstand. Beinpressen, die mit Scheibengewichten beladen werden, ermöglichen meist den Einsatz weitaus höherer Zusatzlasten.

Obwohl die Hantelkniebeuge für Radsportler die zentrale Trainingsübung ist, zeigen sich die folgenden positiven Aspekte beim Üben an der Beinpresse:

- Einsatz von ausbelastenden Zusatzgewichten bereits nach kurzer Trainingszeit (die Übung ist leicht zu lernen).
- Kommt es in einer Trainingseinheit zu Ermüdungserscheinungen bei der Übung Kniebeuge, kann das Training für die unteren Extremitäten an der Beinpresse fortgesetzt werden (Stichwort: abgesicherte und gestützte Sitzposition).
- Kann nach einem Sturz mit dem Rad und einer Verletzung keine Hantellast mehr auf dem Schultergürtel abgelegt werden, ist die Beinpresse eine mögliche Alternative, um das Trainieren der Beine fortzuführen.

Übungstechnik Beinpressen am Gerät

Startposition

- Der Sportler setzt sich auf das Sitzpolster der Beinpresse und lehnt den Rücken an das Rückenpolster.
- Die Füße werden etwa hüftbreit auf die dafür vorgesehene Fußplatte gestellt. Die Fußspitzen zeigen leicht nach außen (➤ Abb. 6.34).
- Wenn die Beinpresse über Griffstücke verfügt, können diese für mehr Stabilität festgehalten werden.

Ausführung

- Ist die Startposition eingenommen, werden die Sicherungen für den Gewichtsschlitten gelöst. Anschließend wird das Gewicht langsam und kontrolliert an den Oberkörper herangeführt, bis ein Kniegelenkwinkel von wenigstens 90° erreicht ist (➤ Abb. 6.35).
- Anschließend wird der Gewichtsschlitten wieder herausgedrückt, bis die Beine fast durchgestreckt sind. Die Kraftübertragung auf den Gewichtsschlitten soll bewusst über die Ferse eingeleitet werden.
- Bei der Beinpresse gilt es insbesondere darauf zu achten, dass die Knie während der Übungsausführung stabil bleiben. Die Fußspitzen und Knie müssen in die gleiche Richtung zeigen und eine gedachte Linie bilden. Die Knie dürfen sich nicht nach innen oder außen drehen.
- Beim Heranführen des Gewichtschlittens einatmen und beim Herausdrücken des Gewichtsschlittens ausatmen.
- Am Ende der Übung werden die Sicherungen für den Gewichtsschlitten wieder eingerastet und der Sportler kann den Sitz der Maschine verlassen.

Häufige Fehler, Korrekturhinweise und Tipps

- **Fehler:** Bewegungsradius ist zu klein. **Korrektur:** Bewegungsamplitude vergrößern: Kniegelenk-

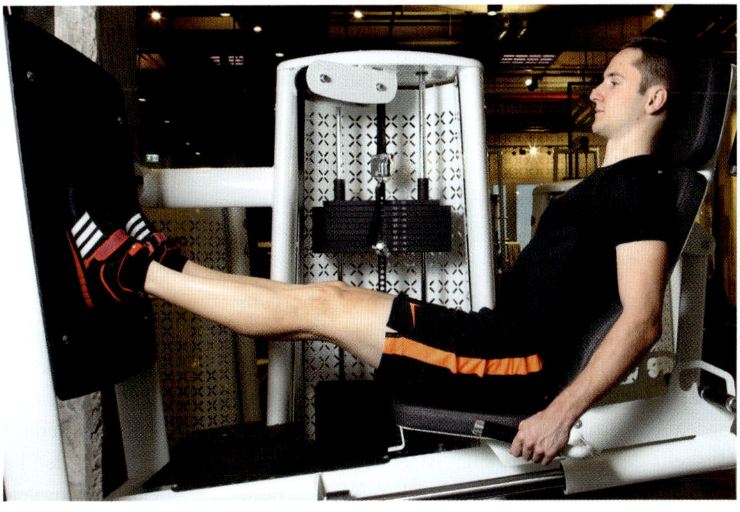

Abb. 6.34 Start- und Endposition beim Beinpressen am Gerät

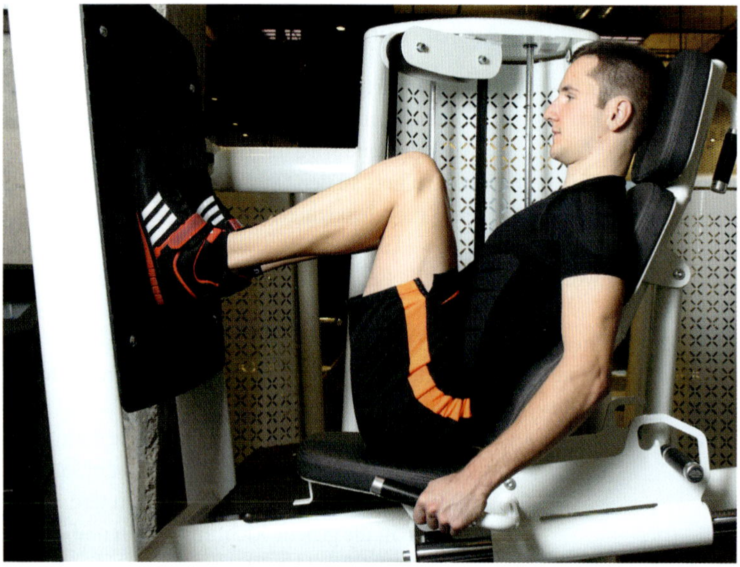

Abb. 6.35 Umkehrpunkt der Bewegung

winkel von wenigstens 90° bis zur fast vollständigen Streckung der Beine.

- **Fehler:** Knie bleiben nicht stabil. **Korrektur:** Während des Ausführens der Übung liegen die Oberschenkel, Unterschenkel und die Füße in einer Linie. Die Knie bewegen sich in einer gedachten Geraden über die Zehen.
- **Varianten:** Ein breiteres Aufstellen der Füße auf dem Gewichtsschlitten aktiviert die Hüftadduktoren im stärkeren Maße. Werden die Füße dagegen im oberen Bereich aufgestellt, werden die Muskeln der Oberschenkelrückseite (ischiocrurale Muskeln) stärker gefordert. Kann die Rückenlehne der Beinpresse verändert werden, kann durch das Einstellen eines größeren Winkels das Aktivieren der Hüftextensoren verstärkt werden.

6.3.7 Beinbeugen an der Maschine (Beincurl)

Die Muskeln der Beinbeuger sind von Geburt an schwächer entwickelt als die Muskeln der Beinstrecker, die sich gegen die Erdanziehung stemmen müssen. Die Beugemuskeln werden auch beim Ausführen von Kniebeugen weniger gefordert als die Muskeln der Strecker. Daher ist es sinnvoll, diese Muskeln mit weiteren Übungen zu trainieren. Zum Kräftigen bietet sich besonders das Beinbeugen an der Maschine an.

Übungstechnik Beinbeugen an der Maschine

Es gibt zahlreiche Beincurl-Maschinen von unterschiedlichen Herstellern am Markt. In ihrer Bewegungsausführung sind sich alle Geräte sehr ähnlich. Grundlegend sind drei Systeme zu unterscheiden, die entweder eine Ausführung

- im Liegen (bäuchlings),
- Sitzen oder
- Stehen

ermöglichen (z. B. am Seilzug).

Startposition

- Bei allen Maschinentypen ist es wichtig, die Drehachse der Maschine genau auf die Kniegelenkachse einzustellen! Der Hebelmechanismus des Gerätes sollte dabei so justiert werden, dass bei der Übungsausführung ein größtmöglicher Bewegungsradius angestrebt wird. In der Startposition sollten die Knie fast gestreckt sein (➤ Abb. 6.36).
- Die Rückseiten der Unterschenkel werden unmittelbar über den Fersen an das Polster des Hebelmechanismus gelegt.

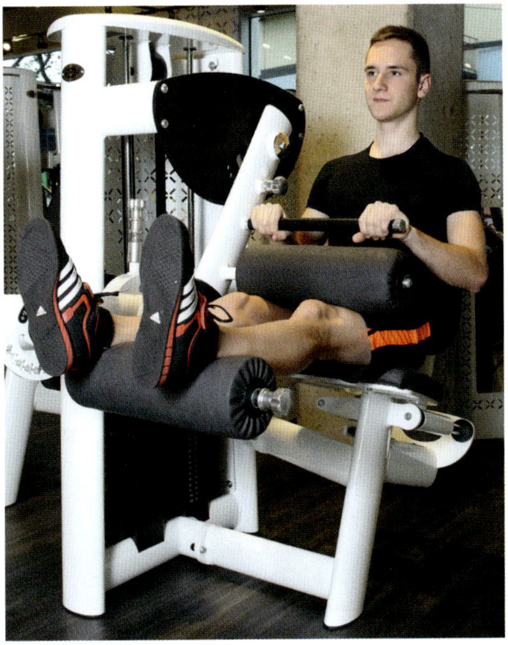

Abb. 6.36 Start- und Endposition beim Beinbeugen an der Maschine

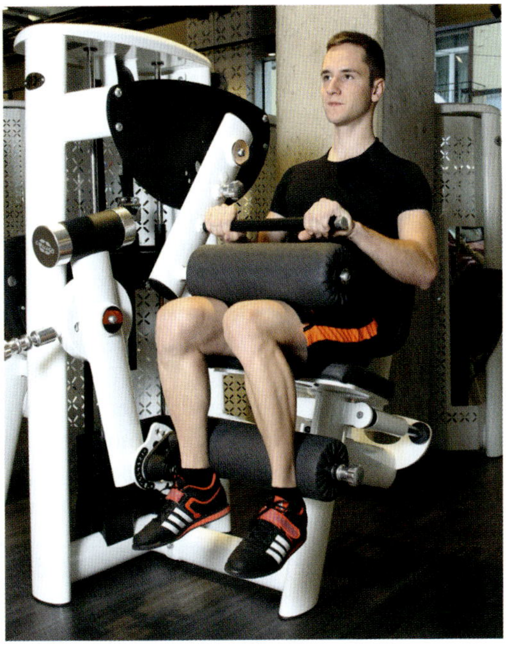

Abb. 6.37 Umkehrpunkt der Bewegung

Ausführung

- Ausgehend von der Startposition werden die Beine in einem größtmöglichen Bewegungsumfang in den Kniegelenken gebeugt, bis Ober- und Unterschenkel einen möglichst spitzen Winkel bilden (mind. 90°). In dieser Position wird die Beinbeugermuskulatur voll kontrahiert und einen Augenblick verharrt (➢ Abb. 6.37).
- Danach werden die Unterschenkel durch nachgebende Arbeitsweise langsam wieder in die Ausgangsstellung geführt. Die Muskulatur der Beinbeuger bleibt dabei immer angespannt! Dass die Beine in der Ausgangsstellung nicht ganz gestreckt werden, zwingt den Übenden dazu, die Gelenke aktiv zu sichern.
- Beim Heben der Last ausatmen, beim Herablassen einatmen.

Häufige Fehler, Korrekturhinweise und Tipps

- **Fehler:** Die Maschine ist nicht optimal auf die Anatomie des Übenden eingestellt. **Korrektur:** Die Drehachse der Maschine genau auf die Kniegelenkachse einstellen.
- **Fehler:** Kein voller Bewegungsumfang möglich. **Korrektur:** Den Radius des Gelenkmechanismus so einstellen, dass eine maximale Bewegungsamplitude möglich ist.
- **Fehler:** Erleichtern der Übung durch Schwungholen. **Korrektur:** Langsame, kontrollierte Übungsausführung.
- **Hinweis:** Während der Übungsausführung sollten zum Stabilisieren des Oberkörpers die dafür an den Geräten vorgesehenen Stabilisationsgriffe gefasst werden.
- **Hinweis:** Bei der Ausführung im Liegen ist darauf zu achten, dass das Gesäß während der Übungsausführung nicht angehoben wird, da dies zu einer erhöhten Belastung der Lendenwirbelsäule führt.
- **Hinweis:** Darauf achten, dass beide Beine gleichmäßig an der Bewegungsausführung beteiligt sind. **Tipp:** Sollte die Kraft zwischen dem rechten und linken Bein unterschiedlich ausgeprägt sein, kann unter Umständen ein einbeiniges Ausführen sinnvoll sein.

6.3.8 Beinstrecken an der Maschine (Leg Extension)

Bei dieser Übung können die Muskeln der Kniestrecker nicht so intensiv aktiviert werden, wie dies mit der Kniebeuge möglich ist (vgl. Boeck-Behrens und Buskies 2000). Dennoch kann Beinstrecken am Gerät eine sinnvolle Ergänzungsübung darstellen, beispielsweise um im Trainingsverlauf die Kniestrecker vollends zu ermüden. Bei der Kniebeuge ist ein Belasten bis zum absoluten Muskelversagen nur mit Trainingspartner zu empfehlen; die Trainingssicherheit wäre sonst nicht gewährleistet. Beinstrecken am Gerät ist eine **ergänzende Übung** und daher immer im Anschluss an komplexe Beinübungen wie beispielsweise Kniebeugen oder Beinpressen durchzuführen.

Negativ wirkt beim Beinstrecken am Gerät, dass die vorderen Kniegelenkstrukturen eine erhöhte Belastung erfahren – obwohl die Kniemuskeln weniger beansprucht werden als bei der Kniebeuge. Beim Ausführen der Bewegung werden die Muskeln der Oberschenkelrückseite nicht mit aktiviert. Dies führt zu einem mangelhaft stabilisierten Kniegelenk (Boeck-Behrens und Buskies 2000). Die Übung ist deshalb langsam und kontrolliert auszuführen.

6

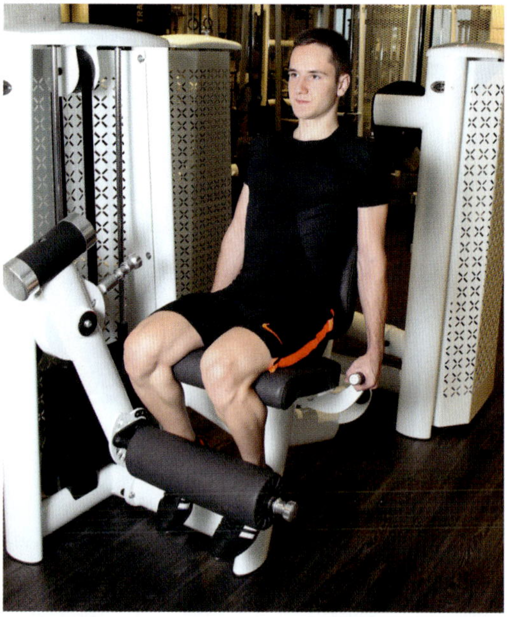

Abb. 6.38 Start- und Endposition beim Beinstrecken am Gerät

Übungstechnik Beinstrecken an der Maschine

Startposition

- Auf dem Gerät einen stabilen Sitz einnehmen. Wichtig ist, dass die Sitzposition so gewählt ist, dass die Drehachse der Kniegelenke mit der Drehachse der Maschine übereinstimmt (Gerät entsprechend einstellen!).
- Der Rücken sollte an der Lehne des Gerätes anliegen und der Hüftwinkel sollte ungefähr 90° betragen Die Fußrolle ist so eingestellt, dass sie am Sprunggelenk aufliegt. Die Zehenspitzen sind angehoben, um das Kniegelenk zu stabilisieren. Zum Fixieren des Beckens sind die dafür vorgesehenen Stabilisationsgriffe am Gerät zu fassen.
- Der Hebelmechanismus des Gerätes ist so zu justieren, dass die Beine in der Ausgangsposition im Kniegelenk etwa 70–80° gebeugt sind. Ober- und Unterschenkel sollen einen möglichst spitzen Winkel bilden (➤ Abb. 6.38).

Ausführung

- Aus der Startposition werden die Beine gleichmäßig und langsam gestreckt. In der obersten Position wird die Beinstreckmuskulatur voll kontrahiert und einen Augenblick verharrt (➤ Abb. 6.39).
- Die Oberschenkel werden anschließend durch nachgebende Arbeitsweise langsam wieder in die Ausgangsstellung gesenkt. Die Muskulatur der Beinstrecker bleibt dabei immer angespannt!
- Beim Heben der Last ausatmen, beim Herablassen einatmen.

Häufige Fehler, Korrekturhinweise und Tipps

- **Fehler:** Die Maschine ist nicht optimal auf die Anatomie des Übenden eingestellt. **Korrektur:** Die Drehachse der Maschine genau auf die Kniegelenkachse einstellen.
- **Fehler:** Der Radius des Gelenkmechanismus ist so eingestellt, dass der Bewegungsumfang stark

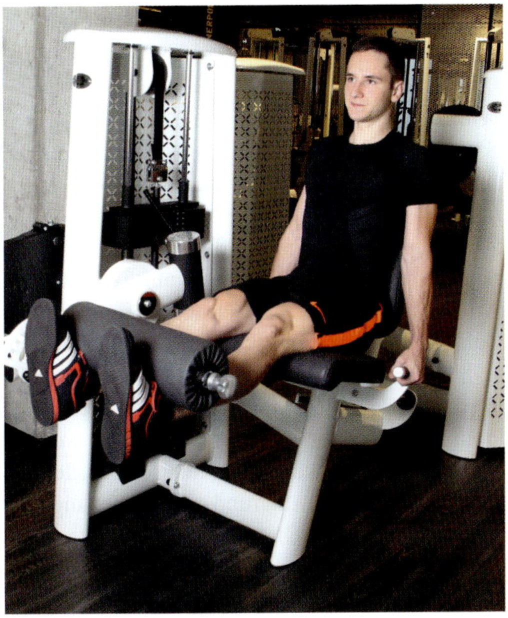

Abb. 6.39 Umkehrpunkt der Bewegung

eingeschränkt ist (der Kniewinkel ist in der Startposition deutlich größer als 80°). **Korrektur:** Den Radius des Gelenkmechanismus so einstellen, dass eine maximale Bewegungsamplitude möglich ist.

- **Fehler:** Der Körper hebt während der Übung vom Sitzpolster ab. **Korrektur:** Darauf achten, sitzen zu bleiben. Stabilisationsgriffe am Gerät fassen!
- **Fehler:** Die Füße werden zu sehr nach innen oder außen rotiert. **Korrektur:** Die Füße sollen relativ neutral und gerade bleiben, um auf lange Sicht keine Beschwerden im Kniegelenk zu provozieren.
- **Fehler:** Erleichtern der Übung durch Schwungholen. **Korrektur:** Langsame, kontrollierte Übungsausführung. **Hinweis:** Ein explosives Ausführen der Übung würde mit hoher Wahrscheinlichkeit langfristig zu Knieproblemen führen.
- **Tipp:** Durch ein Anziehen der Fußspitzen kann das Kniegelenk etwas besser stabilisiert werden.
- **Tipp:** Ein kurzes isometrisches Anspannen der Oberschenkel am Ende jeder Streckung verstärkt die Wirkung erheblich.
- **Hinweis:** Keine Angst vor dem Überstrecken des Kniegelenks. Bei ausreichender Übungslast ist dies nicht möglich. Die Last darf aber nur so hoch gewählt sein, dass ein Strecken der Beine annähernd möglich ist.
- **Hinweis:** Darauf achten, dass beide Beine gleichmäßig an der Bewegungsausführung beteiligt. sind. **Tipp:** Sollte die Kraft zwischen dem rechten und linken Bein unterschiedlich ausgeprägt sein, kann unter Umständen ein einbeiniges Ausführen sinnvoll sein.

6.4 Übungen für die Muskulatur der oberen Extremitäten, Brust- und breiten Rückenmuskulatur

Zur oberen Extremität zählen der Schultergürtel und die „freie obere Extremität". Diese bezeichnet in der medizinischen Fachsprache den Arm, der sich in die folgenden Segmente gliedert:

- Oberarm
- Unterarm
- Hand

Die freie obere Extremität ist im Vergleich zur unteren Extremität relativ grazil und mehr auf Beweglichkeit als auf Kraft ausgelegt.

6.4.1 Beteiligte Muskeln

Armmuskeln

Die Hauptfunktion der Oberarmmuskeln liegt in der Streckung und Beugung des Ellenbogengelenks. Die Unterarmmuskeln wiederum beugen und strecken hauptsächlich das Handgelenk und die Finger.

Schultermuskeln

Im Schultergelenk kommt besonders dem Deltamuskel eine wichtige Funktion zu. Er umschließt mit seinen drei Teilen (vorderer, mittlerer und hinterer Anteil) das Schultergelenk kappenartig. Der Deltamuskel stabilisiert damit das Schultergelenk wesentlich und ist an allen Schultergelenkbewegungen beteiligt.

Eine ausgeprägte muskuläre Stabilisation ist für die Schulter von besonderer Bedeutung: Das Schultergelenk besitzt eine große Beweglichkeit bei einer gleichzeitig mangelhaften knöchernen Führung. Die Schulter wird zum Unterschied zu anderen Gelenken auch kaum durch Bänder geschützt; sie muss deshalb vor allem muskulär stabilisiert werden. Um dem Oberarm im Schultergelenk Halt zu geben, steht dem Deltamuskel vor allem die sogenannte Rotatorenmanschette zur Seite. Diese Muskelgruppe ist ebenfalls an der Innen- und Außenrotation im Schultergelenk beteiligt. Eine gut ausgebildete Schultermuskulatur stellt den wichtigsten Schutzmechanismus dar, um das verletzungsanfällige Gelenk vor Schäden zu bewahren.

Brustmuskel

Aus funktionell-anatomischer Sicht ist der Brustmuskel der wirksamste Muskel im Schultergelenk. Der Brustmuskel zieht den Arm zum Körper, dreht ihn nach innen und zieht ihn nach vorn. Mit seinen drei Teilen – dem Schlüsselbein-, Brustbein-, Rippen- und Bauchteil – bedeckt er den gesamten vorderen Rippenbereich.

Breite Rückenmuskeln

Das Relief des Rückens wird besonders durch die breiten Rückenmuskeln geprägt. Sie verleihen dem Rücken die athletische V-Form. Der breite Rückenmuskel gehört zu den größten Muskeln des Körpers und ist bei fast allen Sportarten in irgendeiner Form beteiligt. Im Triathlon kommt er z. B. besonders beim Schwimmen zum Einsatz.

Ausgewählte Übungen

Im folgenden Abschnitt werden effektive Übungen zum Trainieren der oberen Extremitäten, Brust- und breiten Rückenmuskeln aufgezeigt. Im Radsport spielen diese Muskelgruppen u. a. eine wichtige Rolle, um der Kraft entgegenzuwirken, welche die Muskulatur des Unterkörpers gegen die Pedale entwickelt (➤ Kap. 6.1).

6.4.2 Kreuzheben mit der Langhantel (klassisch)

Beim Kreuzheben kommt es darauf an, aus der Hocke eine Langhantel hochzuheben. Das Kreuzheben beansprucht dabei so viele Muskelgruppen gleichzeitig, dass es etwas schwerfällt, die Übung in die Schublade Ober- oder Unterkörpertraining zu stecken. Obwohl das Kreuzheben zum Teil ähnliche Strukturen belastet wie Kniebeugen – besonders die Hüft- und Kniestreckmuskulatur –, wird die Übung in diesem Buch dem Trainieren der oberen Extremitäten zugeordnet. Hierdurch soll ein deutliches Abgrenzen zur Übung Kniebeuge geschaffen werden, die beim Beinmuskeltraining für Radsportler die zentrale Rolle spielt. Aufgrund der sehr umfangreich beanspruchten Muskeln beim Kreuzheben kann der Übung ein Ganzkörpertrainingseffekt zugesprochen werden. Am Ausführen der Bewegung sind u. a. die die folgenden Muskelgruppen beteiligt:

- **Unterkörper:** Knie- und Hüftstreckmuskulatur, Gesäßmuskeln, Muskeln der Oberschenkelrückseite, Sprunggelenkmuskeln
- **Rumpf:** Rückenstreck- und Bauchmuskeln
- **Oberkörper:** Kapuzenmuskel, breiter Rückenmuskel, Schultergürtel, Oberarm- und Unterarmmuskeln

Das Kreuzheben ist eine komplex Übung, die eine besonders korrekte Übungstechnik verlangt, um Fehlbelastungen zu vermeiden. In der Trainingspraxis wird deshalb oftmals das Verletzungsrisiko dieser Übung als hoch eingestuft – besonders im Gesundheitsbereich. Damit gerät diese Übung immer wieder zu Unrecht in Verruf. Gerade unter präventiven Gesichtspunkten kommt dem Kreuzheben eine wichtige Funktion zu: Die Übung vermittelt eine rückengerechte Technik zum Heben und Senken schwerer Lasten – und dies ist im Sport-, Alltags- und Berufsleben gleichermaßen von Bedeutung. Für Radsportler liegt der Wert des Kreuzhebens nicht nur im präventiven Nutzen. Mit Kreuzheben kann ein Großteil der beim Radfahren beanspruchten Muskeln effektiv trainiert werden. Neben der Knie- und Hüftstreckmuskulatur sowie den Rückenstreckern im Bereich der Brust- und Lendenwirbelsäule werden z. B. auch die Nackenmuskeln aktiviert, die insbesondere beim Radfahren mit tiefer Lenkerposition beansprucht werden.

Varianten

Beim Kreuzheben lassen sich grundlegend drei Varianten unterscheiden:

- Rumänisches Kreuzheben mit fast gestreckten Beinen
- Klassisches Kreuzheben mit einer halben Hockposition
- Sumo-Kreuzheben mit einem sehr breiten Stand

Die letzten beiden Ausführungsvarianten zählen zu den Wettkampfübungen im Kraftdreikampf, der aus Kreuzheben, Kniebeugen und Bankdrücken besteht. Beim Ausführen des rumänischen Kreuzhebens werden besonders die Muskeln der Rückenstrecker aktiviert, da die Übung mit einer starken Oberkörperneigung absolviert wird. Ebenso erfolgt bei der rumänischen Variante eine stärkere Aktivierung der Muskeln der Oberschenkelrückseite.

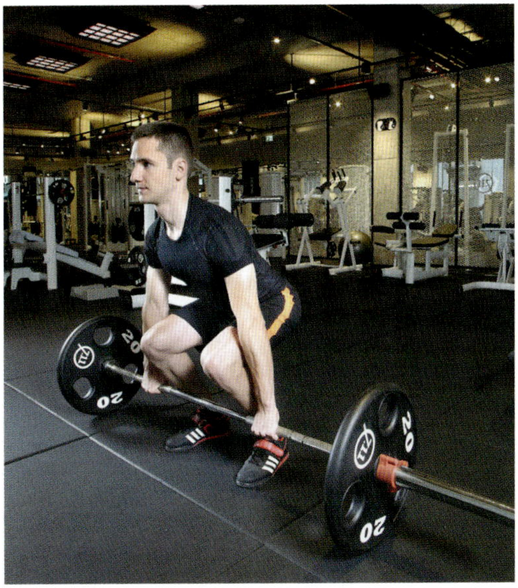

Abb. 6.40 Startposition Kreuzheben mit der Langhantel

Übungstechnik Kreuzheben klassisch

Die Übungsausführung ähnelt der ersten Zugphase beim Umsetzen mit der Scheibenhantel (➤ Kap. 6.3.5).

Startposition

- Die Langhantel ruht auf dem Boden. Die Füße befinden sich direkt unter der Hantelstange. Der Abstand zu den Schienbeinen ist gering. Die Stange liegt nah an den Schienbeinen über der Mitte der Füße. Der Stand ist hüft- bis schulterbreit. Die Zehenspitzen zeigen leicht nach außen. Der Körperschwerpunkt ruht auf der ganzen Sohle!
- Es wird eine Hockstellung eingenommen: Je nach anatomischen Voraussetzungen und Beweglichkeit der Sportlers befindet sich dabei die Hüfte etwas unter oder oberhalb der Kniegelenke.
- Die Knie befinden sich über und vor der Stange und zeigen in die gleiche Richtung wie die Fußspitzen.
- Der Oberkörper ist vorgeneigt und die Brust ist angehoben. Die Schultern sind in einer geringen Vorlage über der Hantel.
- Der Kopf ist angehoben und der Blick nach vorn gerichtet. Der Rücken ist gerade, wobei bewusst darauf zu achten ist, das die anatomisch natürliche S-Form der Wirbelsäule aufrechterhalten bleibt.
- Die Hände fassen die Stange etwas über Schulterbreite im Obergriff. Die Arme sind gestreckt.
- Die Schulterblätter sind zurückgezogen und die Trapezmuskulatur ist gedehnt (➤ Abb. 6.40).

Ausführung

- Aus der Startposition wird die Hantel vor den Schienbeinen mit **gestreckten Armen** nach oben gezogen.
- Knie- und Hüftstreckung erfolgen gleichzeitig. Dabei ist es wichtig, die **Hantel eng am Körper** zu führen (➤ Abb. 6.41).
- Sobald die Hantel die Knie passiert hat, erfolgt der größte Teil der Streckung durch das Hüftgelenk. Der Rumpf wird vollständig aufgerichtet.
- In der aufrechten Position wird das Hüftgelenk bewusst nach vorn geführt und das Becken soweit gekippt, dass ein Überstrecken der Lendenwirbelsäule verhindert wird (fällt der Oberkörper zu sehr ins Hohlkreuz, besteht eine Stauchungsgefahr für die Bandscheiben). Die Schultern werden aktiv nach hinten gedrückt (➤ Abb. 6.42).
- Die Endposition wird kurz und bewusst gehalten. Danach wird durch ein Umkehren der Bewe-

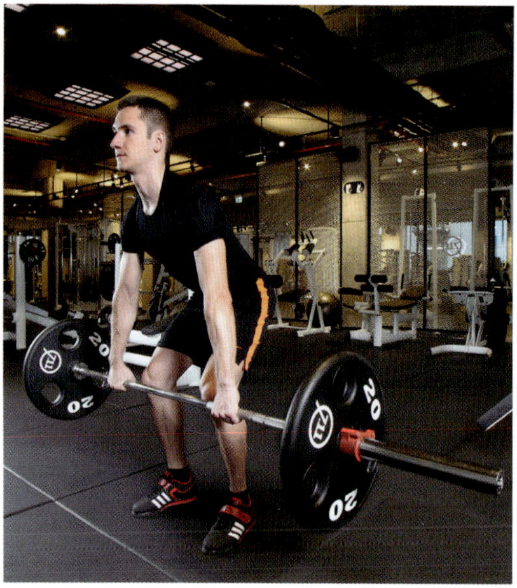

Abb. 6.41 Phase des Aufrichtens

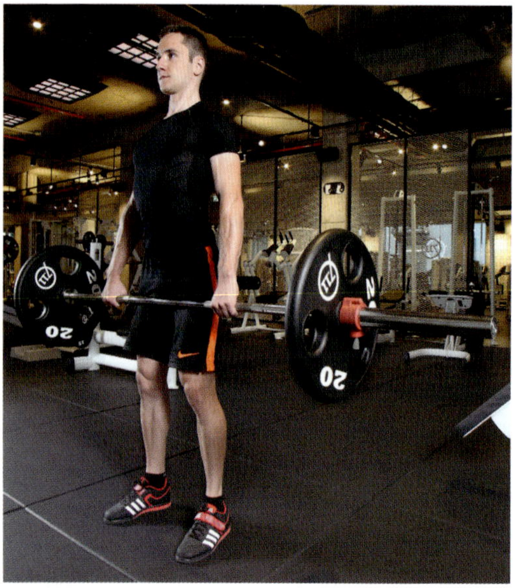

Abb. 6.42 Endposition

gungsfolge die Last wieder auf den Boden gesenkt.

- Atmung: Beim Anheben der Last ausatmen, beim Senken einatmen. Bei hohen Lasten vor dem Beginn der Abwärtsbewegung tief einatmen. Während der Beugebewegung erfolgt keine Atmung. Das Ausatmen beginnt beim Heben der Hantel in dem Moment, wo Knie- und Hüftgelenk soweit geöffnet sind, dass der Sportler sicher sein kann, die Last erfolgreich in die Streckposition zu bewegen.

Häufige Fehler, Korrekturhinweise und Tipps

- **Fehler:** Rundrückenhaltung beim Anheben hoher Lasten. **Korrektur:** Das Hantelgewicht ist so weit zu reduzieren, dass es zu keiner Kyphose in der Brustwirbelsäule kommt!
- **Fehler:** Es kommt abschnittsweise zu einer Rundrückhaltung. **Korrektur:** Während der gesamten Übungsausführung ist auf das Einhalten einer anatomisch natürlichen S-Form der Wirbelsäule zu achten. **Tipp:** Das Kommando „Brust raus!" kann helfen. Es ist auch darauf zu achten, dass es bei der letzten Wiederholung nicht aus Nachlässigkeit beim Absetzen der Hantel auf den letzten Zentimetern zu einer Rundrückenhaltung kommt.
- **Fehler:** Die Arme bleiben nicht gestreckt und werden gebeugt. **Korrektur:** Arme während der gesamten Übungsausführung lang lassen. **Tipp:** Es hilft, sich vorzustellen, dass die Arme nur der Haken für die Hantelstange sind.
- **Fehler:** Zu wenig Druck auf den Fersen bzw. Fersen heben vom Boden ab. **Korrektur:** Den Körperschwerpunkt auf der ganzen Sohle verteilen! Die Belastung soll gleichmäßig über Ferse und Vorfuß abgeleitet werden.
- **Fehler:** Der Oberköper wird nicht vollständig aufgerichtet. **Korrektur:** Den Körper vollständig strecken. Am Ende der Bewegung die Hüfte bewusst nach vorn führen und das Becken kippen. Die Schulter aktiv nach hinten ziehen.
- **Hinweis:** Während des Ausführens der Übung sollen Füße, Ober- und Unterschenkel in einer Linie übereinander liegen.
- **Hinweis:** Die Hantel ist eng am Körper zu führen, aber nicht so nah, dass es zu Scheuerstellen und Hämatomen an den Schienbeinen kommt. In diesem Falle ist der Oberkörper in der Startposition weiter nach vorn zu neigen, sodass die Hantel vor den Unterschenkeln und Knien angehoben werden kann.
- **Tipp:** Beim Einsatz hoher Lasten kann die Stange auch im **Zwiegriff** gehalten werden: Eine Hand fasst im Ober- und die andere im Untergriff. Die-

se Technik erhöht die Griffkraft und verhindert ein vorzeitiges Wegrollen der Stange. Wird diese Grifftechnik gewählt, sollte die Handstellung von Satz zu Satz gewechselt werden. Noch mehr Griffkraft ist mit dem **Haken-Griff** möglich, an dessen Einsatz der Sportler allerdings gewohnt sein muss (➤ Kap. 6.2.3).

- **Tipp:** Die Hubhöhe kann durch spezielle Ablagen (z. B. Holzblöcke) verringert werden. Wenn Scheibengewichte mit einem entsprechenden Durchmesser verwendet werden, ist der Einsatz einer Ablage meistens nicht notwendig, da die Hantelstange in einer ausreichenden Höhe liegt. Es ist zu verhindern, dass zum Aufnehmen der Hantel so weit nach unten gegriffen werden muss, dass es zu einer belastenden Krümmung der Wirbelsäule kommt (Rundrücken).

6.4.3 Bankdrücken mit der Langhantel

Das Bankdrücken dürfte die wohl bekannteste und eine der beliebtesten Langhantelübungen überhaupt sein. Nahezu jede Fitnessanlage dürfte eine Trainingsbank zum Ausführen dieser Übung haben. Das Bankdrücken ist eine Wettkampfübung aus dem Kraftdreikampf und eine fundamentale Oberkörperübung. Sie beansprucht besonders

- die gesamte Brustmuskelpartie,
- die vorderen Schultermuskeln
- und die Armstreckmuskulatur, die im Radsport insbesondere beim Abstützen auf dem Lenker gefordert ist.

Übungstechnik Bankdrücken

Startposition

- Einnehmen der Rückenlage auf einer Flachbank mit Hantelablage. Der Kopf liegt auf der Bank auf. Die Füße sind zum Halten des Gleichgewichts mit der ganzen Sohle auf dem Boden aufgesetzt.
- Die Langhantel liegt senkrecht über den Augen in der Hantelablage. Die Höhe der Hantelablage ist so zu wählen, dass die Hantel mit fast gestreckten Armen aufgenommen werden kann.
- Die Hantel wird in dieser Startposition im Obergriff gefasst und mit gestreckten Armen leicht nach vorn bis über das Schultergelenk geführt (➤ Abb. 6.43).

6

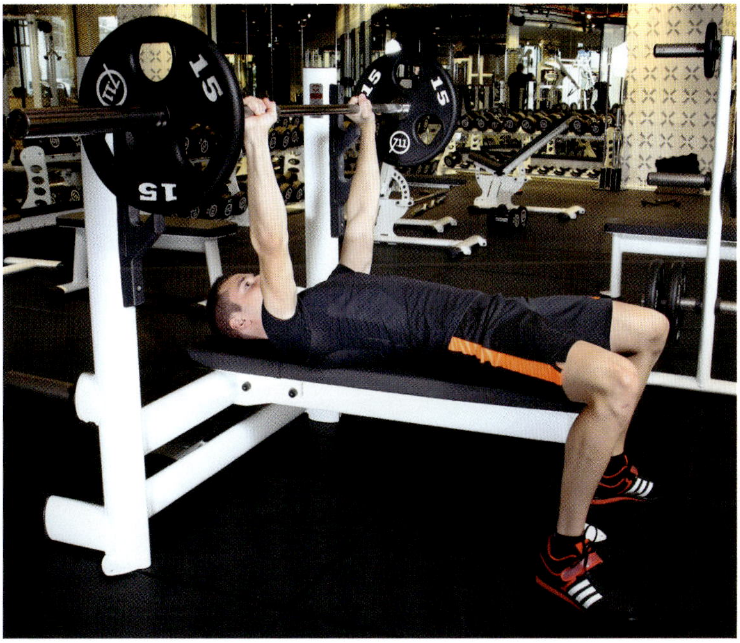

Abb. 6.43 Start- und Endposition beim Bankdrücken mit der Langhantel

- Die Griffbreite ist beim Bankdrücken innerhalb eines bestimmten Umfangs variabel. Je enger gegriffen wird, desto mehr Arbeit müssen die Armstreckmuskeln verrichten. Bei einem breiteren Griff werden die Brust- und Schultermuskeln stärker gefordert. Für ein allgemeines Kräftigen des Oberkörpers kann die Empfehlung gegeben werden, so breit zu greifen, dass sich die Unterarme in einer vertikalen Position befinden, wenn die Hantelstange auf der Brust liegt.

Ausführung

- Durch das Beugen der Arme im Ellenbogengelenk wird die Hantel langsam und kontrolliert in einem leichten Bogen zum unteren Anteil der Brust gesenkt. Diese Hantelposition gilt für die zuvor empfohlene und beschriebene Griffweite. Je breiter der gewählte Griff ist, desto höher ist die Position auf der Brust, auf der die Stange abgelegt wird.
- Am tiefsten Punkt der Bewegung soll die Hantel kontrolliert zum Stillstand kommen und flüchtig die Brust berühren (➤ Abb. 6.44).
- Wenn die Hantel die Brust berührt, sollten die Oberarme leicht nach unten geneigt sein. Die Ellenbogen befinden sich dann unterhalb der Schultern. Diese Position schont die Schultergelenke und soll das Auftreten eines möglichen Impingement-Syndroms verhindern. Werden die Oberarme im 90°-Winkel gehalten, kann sich die Sehne der Rotatorenmanschette zwischen Schulterdach und dem Kopf des Oberarmknochens einklemmen.
- Nachdem die Hantelstange die Brust berührt hat, wird sie in Richtung der Schultergelenke zurück in die Ausgangsposition gedrückt. Die Hantel wird dabei mit einer natürlichen Bewegungskurve schräg nach hinten-oben geführt. Am Ende sind die Arme vollständig gestreckt.
- Beim Strecken der Arme sollte die Geschwindigkeit langsam bis zügig sein.
- Beim Herablassen der Hantel einatmen, beim Hochdrücken ausatmen.

Häufige Fehler, Korrekturhinweise und Tipps

- **Fehler:** Der Körper liegt zu weit unter der Hantel; die Hantel stößt beim Heben der Last an die Hantelablage und beeinträchtigt dadurch den Übungsablauf. **Korrektur:** Die Langhantel soll senkrecht über den Augen in der Hantelablage liegen.

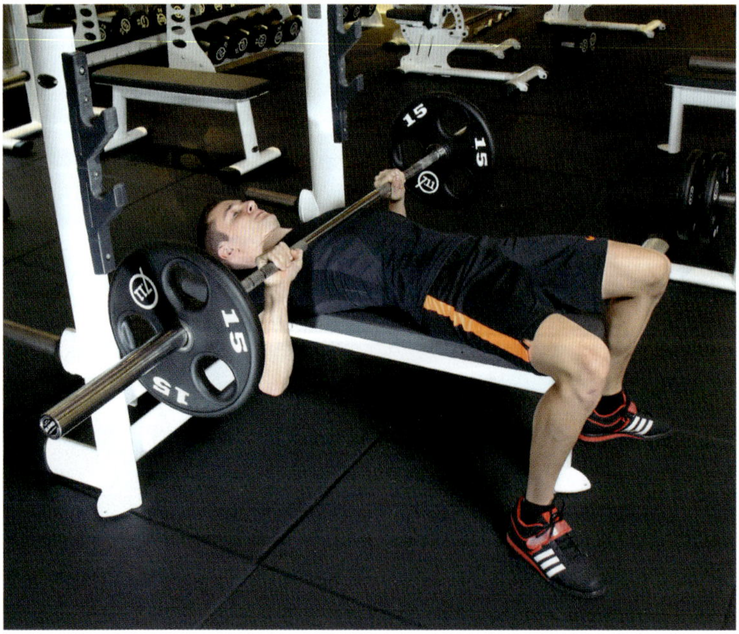

Abb. 6.44 Umkehrpunkt der Bewegung

- **Fehler:** Die Hantelstange wird nicht symmetrisch gegriffen. **Korrektur:** Darauf achten, dass die Hände die Stange im gleichen Abstand greifen.
- **Fehler:** Die Handgelenke sind stark nach hinten abgewinkelt. **Korrektur:** Die Handgelenke immer stabil halten.
- **Fehler:** Die Hantel wird nicht vollständig gesenkt. **Korrektur:** Die Stange soll am unteren Bewegungspunkt flüchtig die Brust berühren.
- **Fehler:** Die Hantel prallt am unteren Punkt der Bewegungsausführung auf den Rumpf und federt vom Brustkorb ab. **Korrektur:** Die Hantel wird langsam und kontrolliert zur Brust gesenkt. Das Heben der Hantel soll durch die Vorspannung der Muskulatur unterstützt werden, die aus dem kontrollierten Senken der Last resultiert.
- **Fehler:** Beim Heben der Last werden das Gesäß oder die Schultern von der Trainingsbank gelöst. **Korrektur:** Gesäß, Schultern und Schulterblätter bleiben während der gesamten Übungsausführung auf dem Polster der Bank liegen.
- **Fehler:** Die Arme werden nicht vollständig gestreckt. **Korrektur:** Die Bewegung erfolgt über den vollständigen Bewegungsradius: von der Brust bis auf die gestreckten Arme.
- **Hinweis:** In liegender Position soll die natürliche Position der Lendenlordose eingenommen werden. Eine extreme Hohlkreuzbildung, wie sie typischerweise von Kraftdreikämpfern eingesetzt wird, ist zu vermeiden.
- **Tipp** für Übende mit einer kleinen Körpergröße: Beim Ausführen auf einer relativ hohen Trainingsbank kann es zu einer unnötig starken Hohlkreuzbildung kommen. Die Füße auf Kästen zu stellen, schafft in solchen Fällen Abhilfe.
- **Hinweis:** Maximale Lasten nur mit Trainingspartner und Hilfestellung einsetzen!
- **Tipp:** Bankdrücken ist leicht zu erlernen. Hat ein Sportler es aber noch nie ausgeführt, kann er zunächst von der Koordination überrascht sein, der es bedarf, um die Stange auf der richtigen Bewegungskurve zu führen. Der Bewegungsablauf sollte zunächst ohne Zusatzlasten nur mit der Stange erlernt werden. Bei Einsteigern, Jugendlichen und Frauen kann dabei unter Umständen eine Olympiastange mit 20 kg Gewicht zu schwer sein. In diesem Fall sollte auf eine leichtere Stange zurückgegriffen werden.
- **Hinweis:** Brustpressen am Gerät vs. freies Bankdrücken: Hier ist dem Langhantelbankdrücken der Vorzug einzuräumen. Die freie Übungsausführung ermöglicht den Gelenken einen natürlichen Bewegungsverlauf. Beim Brustpressen wird dagegen eine geführte Bewegungsbahn vorgegeben, die unter Umständen zu Schulterbeschwerden führen kann (➤ Kap. 3.10).
- **Tipp: Alternativübung Barrenstütz** (auch Dips oder Beugestütz genannt). Ist das Ausführen von Bankdrücken nicht möglich, sind Beugestütz am Parallel- oder Dipbarren eine empfehlenswerte Ersatzübung. Typisch für eine Übung mit dem eigenen Körpergewicht kann dabei allerdings die Belastungssteuerung problematisch sein (➤ Kap. 3.11.1). Trainingsbeginnern kann die Kraft zum Ausführen von Dips fehlen. Für besser Trainierte stellt das eigene Körpergewicht dagegen keine ausreichende Trainingslast dar. Für mehr Widerstand können Hantelscheiben an der Taille befestigen werden – z. B. mithilfe eines Dip- oder Gewichthebergürtels.

6.4.4 Klimmzug im Obergriff zur Brust

Das Klimmziehen dürfte einer der ältesten und bekanntesten Krafttrainingsübungen überhaupt sein. Hierbei geht es darum, sein eigenes Körpergewicht mit den Armen an einer horizontal angebrachten Stange hochzuziehen und wieder herabzulassen. Die Wortsilbe „klimmen" leitet sich dabei von „klettern" ab. Dass diese Übung für eine Person durchaus anstrengend sein kann, verdeutlicht die Tatsache, dass „Klimmzüge machen" auch abseits des Sports als Redewendung genutzt wird, wenn z. B. etwas anstrengend ist oder viel Kraft erfordert. Die Fähigkeit, Klimmzüge ausführen zu können, sollte aber nicht nur Leistungssportlern zugesprochen werden. Klimmzüge ausführen zu können, sollte als eine Facette ganzheitlicher Fitness verstanden werden (Gottlob 2007). Oder anders ausgedrückt: Jeder gesunde Mensch sollte die Kraft haben, zumindest einige wenige Klimmzüge durchführen zu können.

So wie die Kniebeuge eine elementare Grundübung für die Kraft und Motorik des Unterkörpers darstellt, so ist dies der Klimmzug für den Oberkörper. Das Klimmziehen kann viel mehr als nur einen „breiten Rücken“ aufbauen. Die komplexe Übung

- Stärkt den großen Rückenmuskel für seine wirbelsäulenstabilisierende Aufgabe
- Fördert die Beweglichkeit und Stabilität des gesamten Schultergürtels
- Schult das wertvolle Stabilisieren des Rumpfes unter Zugbelastung (Gottlob 2007)
- Hat einen Trainingseffekt für die Muskeln der Ober- und Unterarme sowie für die Griffkraft der Hände

Übungstechnik Klimmzug im Obergriff zur Brust

Startposition

- Die Klimmzugstange wird mit über schulterweitem Obergriff gefasst (➤ Abb. 6.45).
- Der Körper hängt frei und völlig gestreckt an der Stange.

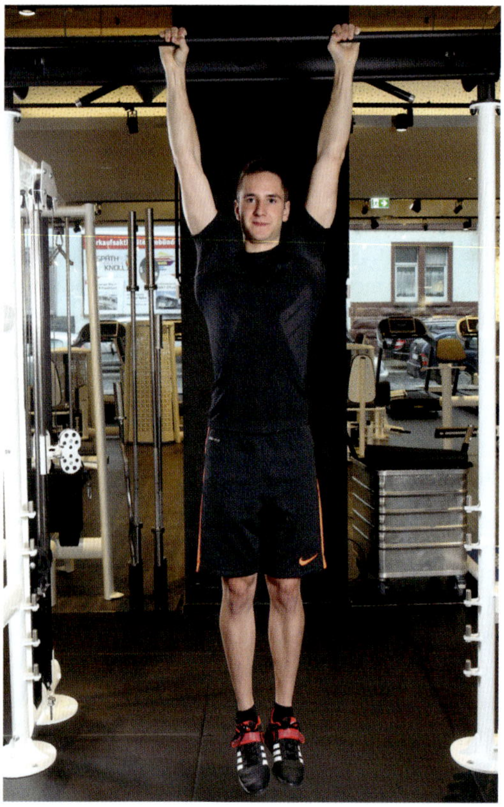

Abb. 6.45 Start- und Endposition beim Klimmzug zur Brust

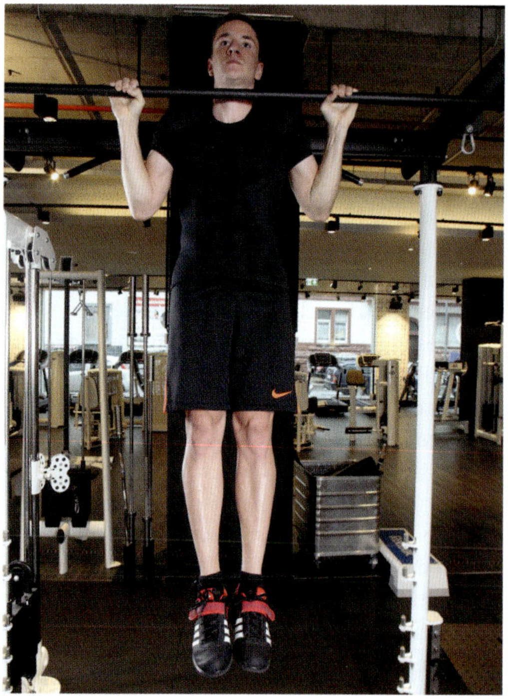

Abb. 6.46 Umkehrpunkt der Bewegung beim Klimmzug zur Brust

Ausführung

- Aus dem freien Hang wird der Rumpf soweit nach oben gezogen, bis das Kinn sichtbar über Stangenhöhe geführt ist; wenn möglich, sollte die Stange den oberen Teil der Brust berühren (➤ Abb. 6.46).
- Während des Hochziehens werden die Ellenbogen seitlich am Körper nach unten und hinten gezogen. Die Schulterblätter sind zusammenzuführen.
- Nachdem das Kinn über der Stange war, wird der Körper kontrolliert bis zur Armstreckung abgesenkt. Die Spannung in den beteiligten Muskeln bleibt dabei aufrechterhalten. Auch in der gestreckten Position ist die Rücken- und Armbeugermuskulatur bewusst zu aktivieren, um in dieser Position die Ellenbogen- und Schultergelenke zu sichern.
- Beim Hochziehen ausatmen, beim Absenken einatmen.

Häufige Fehler, Korrekturhinweise und Tipps

- **Fehler:** Zu kleiner Bewegungsradius. **Korrektur:** Ein Klimmzug beginnt mit gestreckten Armen und endet damit, dass das Kinn mindestens die Stange überquert hat. Ziel sollte sein, die Klimmzüge im Trainingsverlauf so auszuführen, dass die Stange den oberen Teil der Brust berührt.
- **Fehler:** Stoßen und Wippen mit den Beinen zum Erleichtern der Übung. **Korrektur:** Hüfte und Beine sollen während der Ausführung der Übung gestreckt bleiben. Eine Pendelbewegung ist zu vermeiden.
- **Tipp:** Verfügt ein Sportler bereits über ein hohes Kraftniveau, kann die Intensität durch das Befestigen von Zusatzlasten an der Taille, z. B. mithilfe eines Dipgürtels, gesteigert werden.

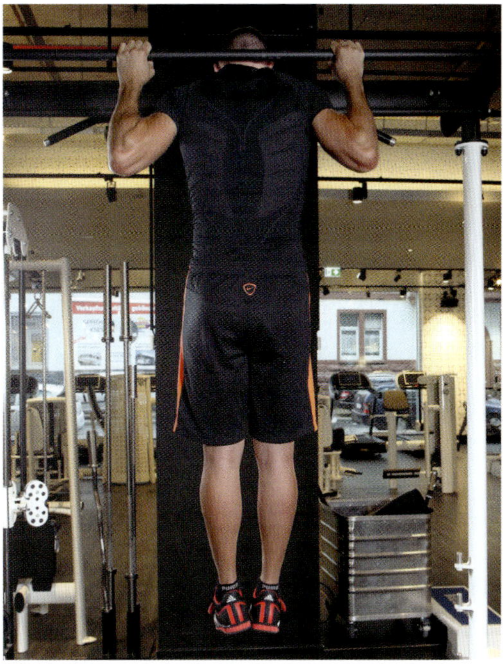

Abb. 6.47 Klimmzug in den Nacken

Varianten des Klimmzugs

Es gibt verschiedene Varianten, wie Klimmzüge ausgeführt werden können. Grundlegend wird dabei die Stellung der Hände unterschieden, die beliebig wählbar ist. Unterschieden werden beim Klimmziehen vor allem die folgenden Griffhaltungen:

- Eine **weit über schulterbreite Griffhaltung** beansprucht vor allem die oberen Anteile der großen Rückenmuskulatur. Beim Ausführen der „breiten Klimmzüge" ist darauf zu achten, dass die Ellenbogen immer nach unten und hinten gezogen werden. Eine Variante ist dabei das Ziehen des **Nackens gegen die Stange** (➤ Abb. 6.47). Dies begünstigt das korrekte Führen der Ellenbogen, reduziert aber den Bewegungsumfang. Dabei ist ebenfalls darauf zu achten, dass die Brustwirbelsäule möglichst gerade gehalten wird.
- Bei einer **schmalen Griffhaltung** (schulterbreit oder enger) wird besonders der untere Anteil der großen Rückenmuskulatur beansprucht. Beim Ausführen von „engen Klimmzügen" ist darauf zu achten, dass sich die Ellenbogen frontal vor dem Körper bewegen.
- Ein **Erleichtern der Übung** ist möglich, wenn die Stange im **Untergriff** gefasst wird, wobei die Handinnenflächen zum Übenden zeigen (➤ Abb. 6.48). Das Verwenden eines engen **Parallelgriffs,** der

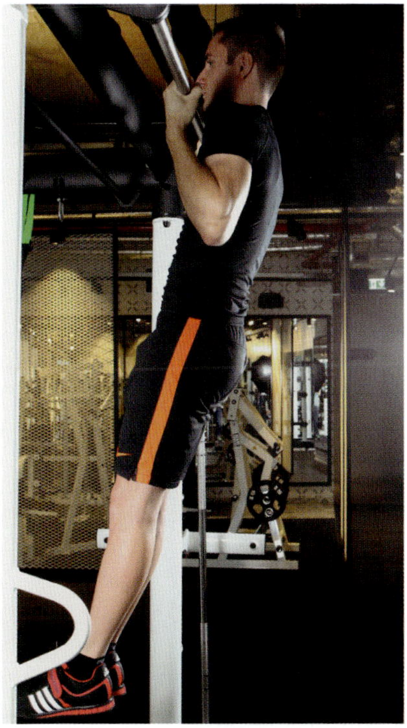

Abb. 6.48 Klimmzug im Untergriff

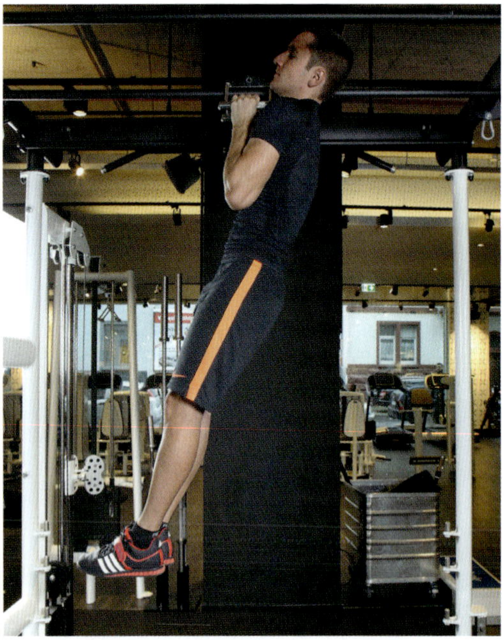

Abb. 6.49 Klimmzug mit Parallelgriff

über die Stange gelegt wird, vereinfacht die Übung ebenfalls. Hierbei zeigen die Handinnenflächen zueinander (➤ Abb. 6.49). Bei diesen Übungsausführungen haben die beteiligten Muskelgruppen einen günstigen Wirkungsgrad, besonders die Armbeuger. Diese Varianten des Klimmziehen stellen jedoch nicht nur eine Übungserleichterung dar, sie sind ebenfalls hoch effektive Rückenübungen. Das Ausführen mit Untergriff kann auch für ein gezieltes Trainieren der Armbeuger eingesetzt werden. Das Verwenden eines engen Parallelgriffs ermöglicht es, den breiten Rückenmuskel über seine gesamte Aktionslänge zu aktivieren.

- **Hinweis:** Klimmzugstangen verfügen z. T. bereits über verschiedene Zusatzgriffe, die das Ausführen verschiedener Zugvarianten ermöglichen.
- **Tipp:** Bei Schulterbeschwerden ist dem Ausführen von Klimmzügen zur Brust der Vorzug zu geben, entweder im breiten Obergriff oder im engen Unter- oder Parallelgriff.

Klimmziehen vorbereiten

Da beim Klimmziehen das gesamte Körpergewicht bewegt werden muss, ist diese Übung für Trainingsanfänger unter Umständen nicht durchführbar. Es fehlt die notwendige Kraft. Auch wenn der Klimmzug die Schlüsselübung für das Klimmzugtraining ist, kann er mit anderen Übungen vorbereitet werden. Dazu zählen alle Rückenübungen, welche die Zugfähigkeiten steigern, z. B. Latziehen am Gerät (➤ Kap. 6.4.5), Rudern sitzend am Kabelzug oder Rudern vorgebeugt mit der Langhantel. Wenn vorhanden, kann auch an einer Klimmzugunterstützungsmaschine geübt werden. Dieses Gerät wird in Fitnessanlagen häufig als „Gravitron“ bezeichnet. Hierbei kann über ein Gegengewicht das eigene Körpergewicht beliebig reduziert werden. Dies ermöglicht ein Üben mit erleichtertem Trainingswiderstand. Sowohl Latzugmaschine als auch Gravitron ermöglichen i. d. R. die gleichen Griffvarianten wie beim Klimmziehen an der Reckstange.

Als vorbereitendes Training empfehlen sich außerdem Klimmzüge aus dem Schräghang mit Bodenkontakt. Hierbei wird ein Großteil des Körpergewichts durch die Beine getragen. Zum Durchführen dieser Übung ist eine entsprechend niedrige Reckstange oder das Verwenden eines Schlingentrainers nötig. Ebenso ist es möglich, **Klimmzüge mit Unterstützung eines Widerstand- bzw. Dehnbandes** auszuführen. Diese Widerstandbänder werden in O-Form mit verschiedenen Zugfestigkeiten aus Gummimischungen hergestellt. Sie werden per Ankerstich (einfacher Knoten, der sich unter Last zuzieht) an der Klimmzugstange befestigt.

Es wird mit einem oder beiden Füßen in das untere Ende des Bandes gestiegen (➤ Abb. 6.50). Anschließend zieht sich der Sportler mit dessen Hilfe und der eigenen Muskelkraft langsam und kontrolliert an der Klimmzugstange nach oben (➤ Abb. 6.51). Interessant sind diese Übungserleichterungen besonders für Frauen, da ihnen das Klimmziehen oftmals sehr schwer fällt. Die Kraft der Oberkörpermuskulatur ist bei Frauen von Natur aus deutlich geringer ausgeprägt als bei Männern (➤ Kap. 5.4.1).

Beim Trainieren der Rückenmuskulatur ist es zudem möglich, zu Beginn des Trainings einen Satz mit der maximal durchführbaren Anzahl an Klimmzügen zu absolvieren, selbst wenn die Kraft nur für zwei oder drei Wiederholungen reicht. In den folgenden Sätzen kann dann auf leichtere Rückenübungen wie z. B. Latziehen an der Maschine zurückgegriffen werden.

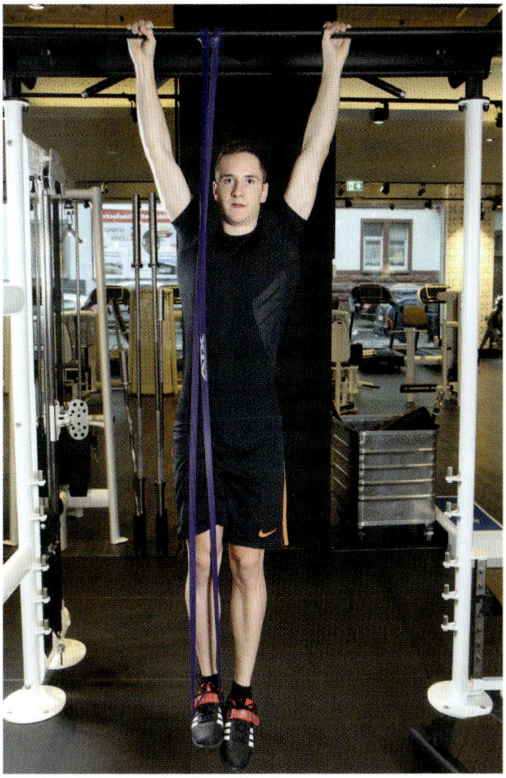

Abb. 6.50 Klimmzug mit Unterstützung eines Widerstandbandes zum Erleichtern der Übungsausführung (Startposition)

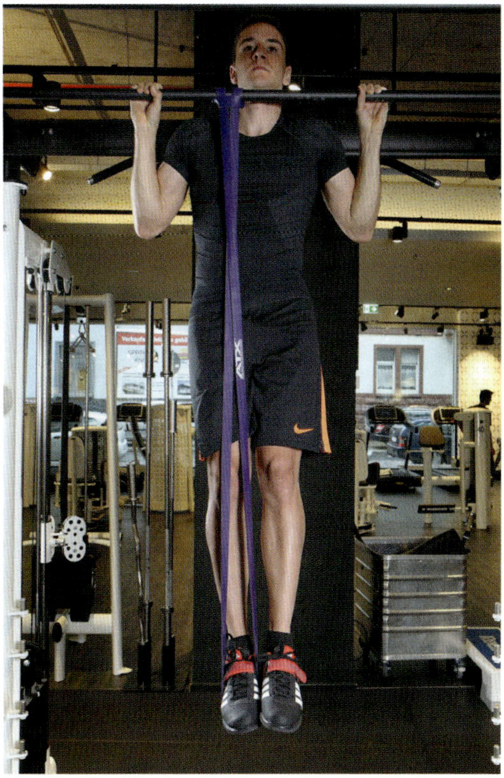

Abb. 6.51 Klimmzug mit Unterstützung eines Widerstandbandes zum Erleichtern der Übungsausführung (Umkehrpunkt der Bewegung)

6.4.5 Latziehen zur Brust am Zugturm

Das Latziehen ist eine der gängigsten Trainingsübungen in Fitnessstudios. Ein Zugturm zum Ausführen dieser Übung dürfte nahezu auf jeder Fitnessanlage vorzufinden sein. Mit dem Latziehen lassen sich – wie der Name schon verrät – primär der großen Rückenmuskels (M. latissimus dorsi) und der hintere Schultergürtel trainieren. Kann der Sportler keine oder nur sehr wenige Klimmzüge ausführen, ist das Latziehen eine willkommene Alternativübung. Latziehen ist weit einfacher auszuführen als das Klimmziehen. Beim Latziehen muss nicht das ganze Körpergewicht nach oben zur Stange gezogen werden, sondern es geht darum, eine Stange nach unten zu ziehen und dadurch einen Gewichtsblock über eine Umlenkrolle zu bewegen. Der Vorteil dabei ist, dass das Gewicht der Zusatzlast variabel einstellbar ist. Hierdurch sind gerade für Einsteiger geringe Lasten realisierbar. Auf der anderen Seite lassen sich dadurch auch für sehr gut trainierte Sportler die notwendigen höheren Widerstände erzielen.

Übungstechnik Latziehen zur Brust am Zugturm

Startposition

- Den Sitz des Gerätes so einstellen, dass die Füße einen festen Stand auf dem Boden haben. Die Oberschenkel so am Fixierpolster platzieren, dass sie ungefähr parallel zum Boden stehen. Das Fixierpolster dient einem festen Sitz, damit der Übende nicht vom Gewicht nach oben gezogen wird.
- Die Zugstange wird mit über schulterweitem Obergriff gefasst.

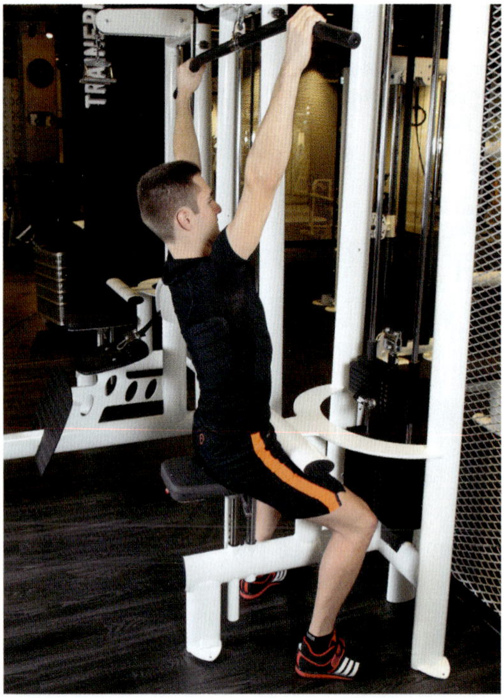

Abb. 6.52 Start- und Endposition beim Latziehen zur Brust

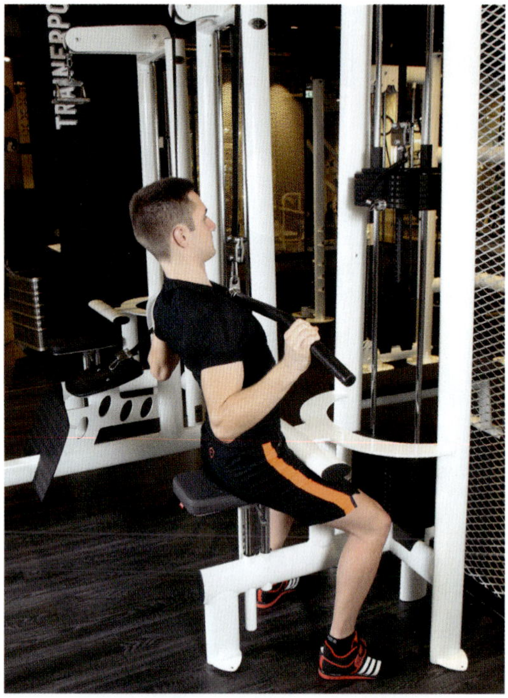

Abb. 6.53 Umkehrpunkt der Bewegung beim Latziehen zur Brust

- Der Gewichtsstapel darf nicht aufliegen, wenn die Zugstange aufgenommen wurde, die Arme lang sind und der Übende auf dem Polster des Zugturms sitzt (ggf. die Sitzhöhe anpassen).
- Die Brust wird bewusst angehoben und der Oberkörper leicht nach hinten geführt (➤ Abb. 6.52).

Ausführung

- Von der Startposition ausgehend wird die Zugstange langsam und kontrolliert zum oberen Teil der Brust gezogen (➤ Abb. 6.53).
- Die Ellenbogen werden dabei seitlich am Körper nach unten und hinten gezogen. Die Schulterblätter sind zusammenzuführen.
- Die Handgelenke bleiben währen der gesamten Übungsausführung stabil.
- Wenn die Stange die Brust berührt hat, beginnt das kontrollierte Ausführen der Umkehrbewegung: Die Stange wird ruhig und gleichmäßig zurück in die Ausgangsstellung geführt. Auch in der gestreckten Position ist die Rücken- und Armbeugermuskulatur bewusst zu aktivieren, um in dieser Position die Ellenbogen- und Schultergelenke zu sichern.
- Beim Ziehen der Stange ausatmen, beim Zurückführen der Stange einatmen.

Häufige Fehler, Korrekturhinweise und Tipps

- **Fehler:** Zu kleiner Bewegungsradius. **Korrektur:** Das Latziehen beginnt mit gestreckten Armen und endet damit, dass die Stange den oberen Teil der Brust berührt. Gegebenenfalls die Sitzhöhe so verändern, dass eine vollständige Bewegungsamplitude möglich ist. Der Gewichtsblock darf in der Startposition nicht aufliegen.
- **Fehler:** Schwungholen mit Armen und Oberkörper beim Herabziehen der Stange. **Korrektur:** Der Oberkörper bleibt während der gesamten Übungsausführung fixiert. Die Übung ist langsam und gleichmäßig auszuführen. Gegebenenfalls ist das Gewicht zu reduzieren.
- **Fehler:** Körper hebt während der Ausführung vom Sitzpolster ab. **Korrektur:** Sitz- und Fixier-

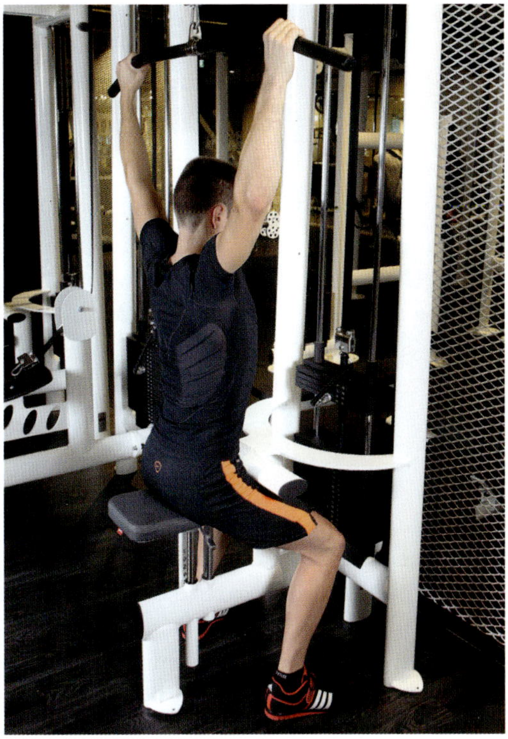

Abb. 6.54 Start- und Endposition beim Latziehen in den Nacken

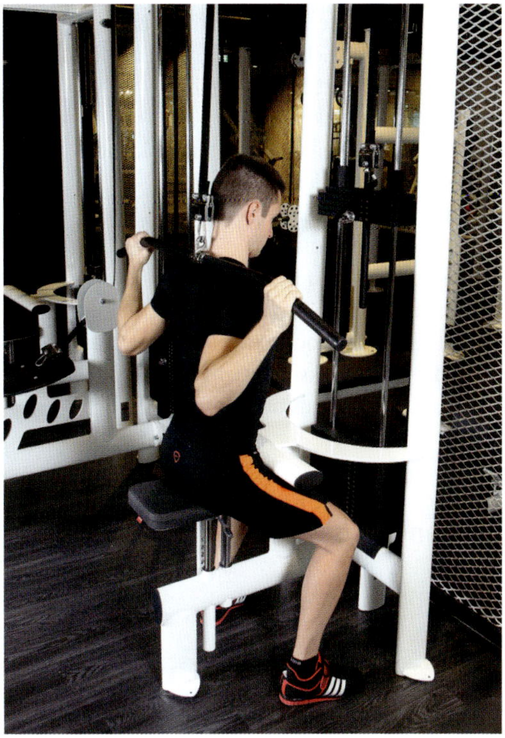

Abb. 6.55 Umkehrpunkt der Bewegung beim Latziehen in den Nacken

polster so einstellen, dass der Körper beim Ausführen der Übung nicht nach oben gezogen wird.

- **Varianten:** Wie auch beim Klimmziehen sind beim Latziehen verschiedene Griffvarianten möglich, z. B. enger oder breiter Griff, Ober- oder Untergriff. Zum Ausführen dieser Varianten siehe Hinweise unter „Varianten des Klimmzugs" (➤ Kap. 6.4.4).

6.4.6 Latziehen in den Nacken

Die Autoren des vorliegenden Buches sind „Fans" der Übungsausführung mit einem Zug der Stange zur Brust; u. a. deshalb, weil hierbei ein größerer Bewegungsradius möglich ist und die Übung in der Praxis meistens sauberer von den Sportlern ausgeführt wird. Beim Latziehen in den Nacken ist darauf zu achten, dass der Kopf nicht nach vorn gesenkt und die Brustwirbelsäule nicht gekrümmt wird. Die Schulterblätter sind nach unten zu ziehen und zusammenzuführen. Arme und Ellenbogen sind seitlich am Körper nach unten zu bewegen (➤ Abb. 6.54, ➤ Abb. 6.55). Latziehen in den Nacken ist eine Alternativübung für das Ziehen der Stange zur Brust, die Abwechslung ins Training bringt. Bei bestehenden Schulterbeschwerden ist der Übung Latziehen zur Brust der Vorzug zu geben.

6.4.7 Rudern vorgebeugt mit der Langhantel

Das Rudern vorgebeugt mit der Langhantel ist nicht nur eine effektive Trainingsübung für die Muskeln des Rückens. Es ist eine ideale Ausgleichsübung zur meist sehr gekrümmten Körperhaltung auf dem Fahrrad – dem sogenannten „Katzenbuckel". Dass während des Ausführens der Übung die gesamte Körperstabilisierung körpereigen und alltagsnah erbracht werden muss, macht Rudern vorgebeugt auch zu einer alltagsrelevanten Trainingsübung. So ist der Bewegungsablauf z. B. dem Heben einer Kiste Wasser aus dem Kofferraum eines Autos sehr ähnlich.

Das vorgebeugte Rudern mit der Langhantel beansprucht sehr viele Muskelgruppen gleichzeitig. Die Übung aktiviert hauptsächlich:

- Den breiten Rückenmuskel
- Den hinteren Teil der Schultermuskulatur
- Den großen runden Armmuskel
- Die Beugermuskulatur des Arms
- Den Kapuzenmuskel

Zum Stabilisieren ist besonders die Rückenstreckermuskulatur im Brust- und Lendenwirbelbereich gefordert. Ebenfalls hoch aktiv sind die Gesäßmuskulatur, die hüftgelenkstabilisierenden Muskeln sowie die Bein- und Fußmuskulatur.

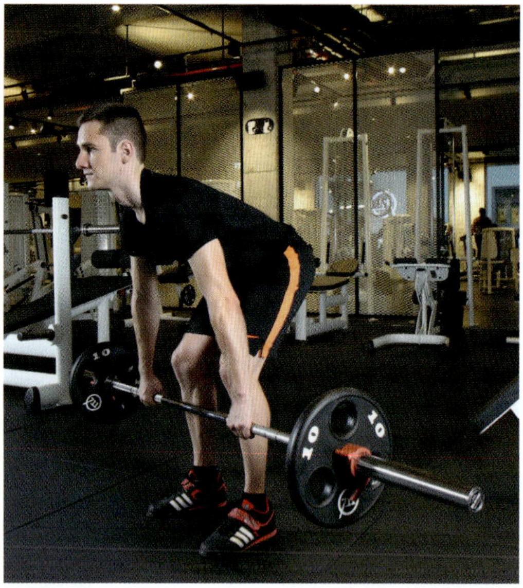

Abb. 6.56 Start- und Endposition beim Rudern vorgebeugt

Übungstechnik Rudern vorgebeugt mit der Langhantel

Startposition

- Eine Langhantel wird mit überschulterbreitem Obergriff aus einer Ablage oder vom Boden abgehoben. Das Aufnehmen der Hantel gleicht dabei dem Bewegungsablauf des Kreuzhebens (➤ Kap. 6.4.2).
- Es wird ein etwa schulterbreiter Grätschstand mit leicht gebeugten Kniegelenken eingenommen. Die Beine bleiben währen der gesamten Übungsausführung leicht gebeugt. Der Druck wird gleichmäßig auf beide Fußsohlen verteilt.
- Der Oberkörper wird nach vorn gebeugt. Zum Kompensieren des Widerstandes sind ein Nach-hinten-Verlagern des Beckens und ein Herausstrecken des Gesäßes erforderlich. Der Kopf ist leicht in den Nacken gehoben, der Blick ist nach vorn gerichtet und die Brust angehoben. Der untere Rücken ist leicht durchgedrückt: leichte Hohlkreuzhaltung zum Aufrechterhalten der natürlichen S-Form der Wirbelsäule.
- **Hinweis zur Rumpfneigung:** Der Rumpf sollte mindestens in einem Winkel von 45°nach vorn gebeugt werden. Je weiter der Rumpf nach vorn geneigt wird, desto schwieriger wird das Ausführen der Übung. Wird der Oberkörper fast parallel zum Boden gehalten, steigen die stabilisierenden Anforderungen an die Muskeln der Rückenstrecker stark an. Je weiter der Oberkörper beim Ausführen der Übung aufgerichtet ist, desto weniger werden die Rückenstrecker und der große Rückenmuskel beansprucht. Die Belastungen verlagern sich in Richtung des Kapuzenmuskels.
- Die Arme hängen senkrecht nach unten und halten die Langhantel. Die Haltehöhe der Hantel ist dabei abhängig vom Beugewinkel des Oberkörpers; die Hantel sollte aber auf alle Fälle unterhalb der Kniescheiben ruhen. Die Schultern befinden sich vor der Hantelstange (➤ Abb. 6.56).

Ausführung

- Ausgehend von der Startposition wird die Hantel zum unteren Rippenbogen/oberen Bauch gezogen. Die Schulterblätter werden dabei zusammengeführt und die Halteposition des Rumpfes bleibt unverändert. Es ist unbedingt auf das Aufrechterhalten der natürlichen S-Form der Wirbelsäule zu achten (➤ Abb. 6.57).
- Die Ellenbogen sind nach hinten und leicht nach oben gerichtet.
- Sobald die Stange den Bauch berührt hat, wird sie wieder kontrolliert und ohne Rumpfbewegung in die Ausgangsposition gesenkt.
- Beim Senken der Hantel einatmen und beim Anziehen der Hantel ausatmen.

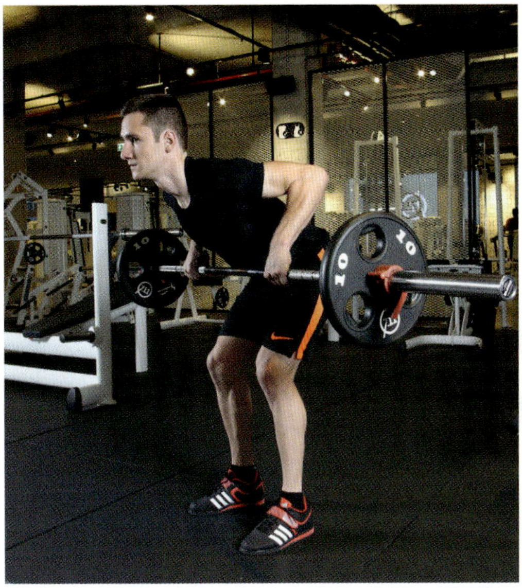

Abb. 6.57 Umkehrpunkt der Bewegung

Häufige Fehler, Korrekturhinweise und Tipps

- **Fehler:** Runde Oberkörperhaltung. **Korrektur:** Brust anheben, Kopf leicht in den Nacken nehmen, Blick geradeaus richten und den unteren Rücken durchdrücken; auf das Einhalten der natürlichen S-Form der Wirbelsäule achten! **Tipp:** Kommando „Leichtes Hohlkreuz!" kann helfen.
- **Fehler:** Der Oberkörper wird während der Bewegungsausführung nicht ruhig gehalten. **Korrektur:** Die Halteposition des Rumpfes bleibt unverändert. Der Körperschwerpunkt ruht auf der ganzen Fußsohle.
- **Fehler:** Die Ellenbogen sind ausgestellt und die Hantel wird zur Brust gezogen. **Korrektur:** Die Ellenbogen nach hinten und leicht nach oben richten. Die Hantel zum unteren Rippenbogen/oberen Bauch führen.
- **Fehler:** Die Schultern werden beim Heranziehen der Hantel nach oben gezogen; besonders wenn die Übung mit einer aufrechteren Körperhaltung ausgeführt wird. **Korrektur:** Schulterblätter zusammenführen und nicht anheben.
- **Tipp:** Beim Ausführen der Übung auf die Rückenmuskulatur konzentrieren. Es hilft, sich vorzustellen, dass die Arme nur der Haken für die Hantelstange sind – gezogen wird hauptsächlich mit den Muskeln des Rückens
- **Hinweis/Variante:** Die Hantel kann auch im **Untergriff** gefasst werden. Hierbei zeigen die Daumen nach außen. Diese Griffvariante aktiviert verstärkt die Armbeugemuskulatur. Wird die Hantel im Untergriff gehalten, fassen die Hände etwas enger in ungefährer Schulterbreite. Die Hantel wird hierbei zum Bauchnabel gezogen.

6.4.8 Rudern sitzend am Kabelzug mit engem Griff

In vielen Fitnessanlagen findet sich eine Ruderstation, entweder als einzelnes Trainingsgerät oder an einem Zugturm. Hier kann, sitzend auf einer sehr flachen Bank mit einem schrägen Fußteil, ein Gewichtsblock über eine Umlenkrolle gezogen werden. Diese Übung dient hauptsächlich dem Trainieren des großen Rückenmuskels und der hinteren Schultermuskeln. Ebenso sind die Armbeuger, der Kapuzenmuskel und die Rückenstrecker an der Übungsausführung beteiligt. Da diese Übung leichter auszuführen ist als das vorgebeugte Rudern (➤ Kap. 6.4.7), ist sie besonders für Trainingsanfänger und weniger geübte Sportler zu empfehlen. Ebenso kann das Rudern sitzend am Kabelzug für besser Trainierte eine willkommene Abwechslung im Trainingsplan sein.

Übungstechnik Rudern sitzend am Kabelzug mit engem Griff

Startposition

- Mit Blick auf den Zugturm sich auf das Polster der Flachbank setzen. Die Füße werden etwa hüft- bis schulterbreit auf das Fußteil aufgestellt. Die Fußspitzen zeigen leicht nach außen und die Knie in Richtung der Fußspitzen. Die Beine sind soweit angewinkelt, dass der Parallelgriff mit gestreckten Armen gefasst werden kann. Der Oberkörper ist dabei gerade und etwas nach vorn geneigt (➤ Abb. 6.58).
- Den Griff in den gestreckten Armen haltend, wird der Oberkörper mit geradem Rücken voll-

6

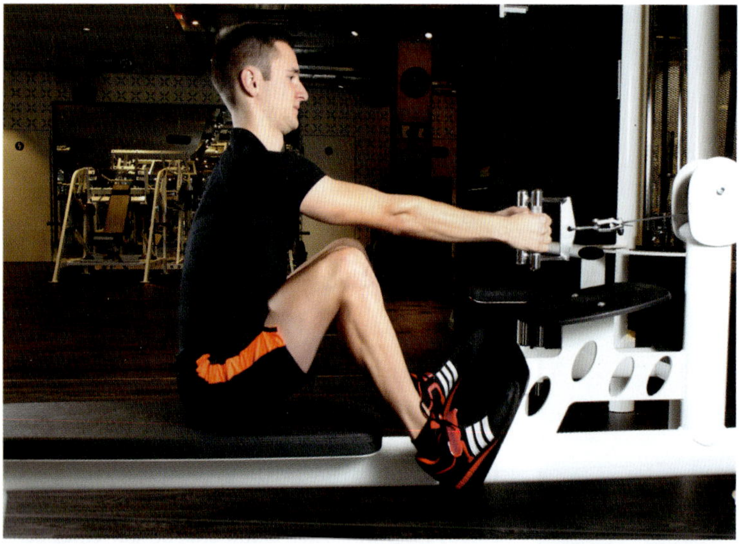

Abb. 6.58 Aufnahme des Zuggriffs zum Rudern sitzend am Kabelzug

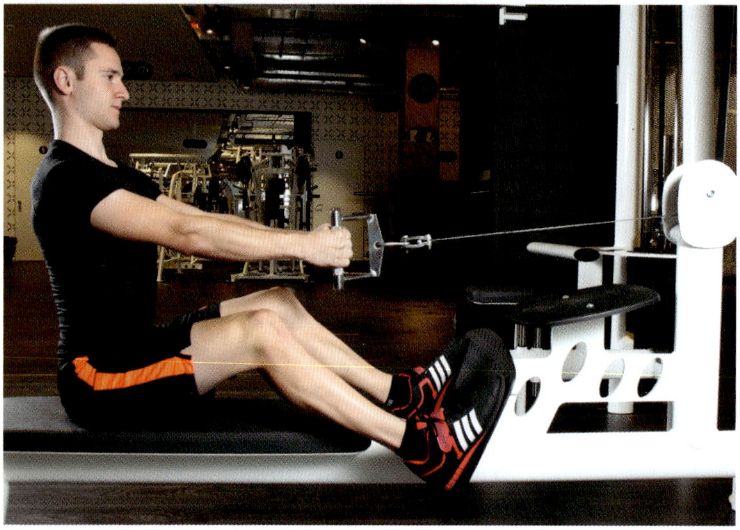

Abb. 6.59 Start- und Endposition Rudern sitzend

ständig aufgerichtet. Gleichzeitig werden die Beine gestreckt, bis sie nur noch leicht angewinkelt sind. Wenn der Oberkörper aufgerichtet ist, wird die Brust bewusst angehoben. Der Blick ist nach vorn gerichtet und der untere Rücken leicht durchgedrückt: leichte Hohlkreuzhaltung zum Aufrechterhalten der natürlichen S-Form der Wirbelsäule (➢ Abb. 6.59).

Ausführung

- Jetzt werden die Arme dicht am Körper vorbeigezogen, bis der Griff Kontakt zum Bauch hat. Eingeleitet wird die Zugbewegung durch ein Zurückführen der Schultern. Während der Zugbewegung werden die Schulterblätter zusammengeführt (➢ Abb. 6.60).
- Nachdem der Griff den Bauch berührt hat, werden die Arme wieder gestreckt.
- Die Bewegungsgeschwindigkeit ist langsam und kontrolliert.
- Beim Heranziehen der Arme ausatmen, beim Strecken der Arme einatmen.

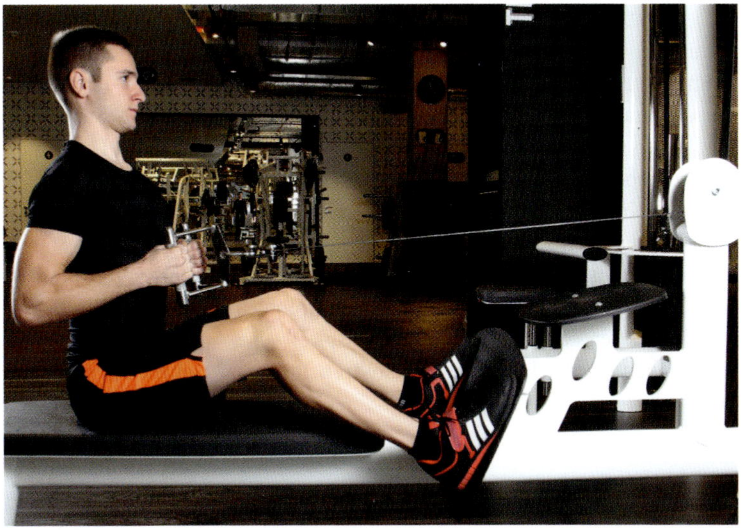

Abb. 6.60 Umkehrpunkt der Bewegung

Häufige Fehler, Korrekturhinweise und Tipps

- **Fehler:** Der Parallelgriff wird zum Übungsbeginn mit Rundrücken aufgenommen. **Korrektur:** Die Knie soweit beugen, dass der Griff mit geradem und leicht nach vorn gebeugtem Oberkörper aufgenommen werden kann.
- **Fehler:** Schwungholen zum Erleichtern der Übung. **Korrektur:** Jegliches Arbeiten mit Schwung ist zu vermeiden! Langsame und kontrollierte Bewegungsausführung.
- **Fehler:** Rundrücken während der Bewegungsausführung. **Korrektur:** Brust raus, unteren Rücken durchdrücken. **Tipp:** Kommando „Leichtes Hohlkreuz!" kann helfen.
- **Fehler:** Der Griff wird zur Brust gezogen. **Korrektur:** Die Schultern unten lassen und den Griff zum Bauch ziehen. Die Arme werden eng am Körper vorbei geführt.
- **Tipp:** In der Endposition (Griff am Bauch) die Schultern bewusst leicht nach hinten ziehen und einen kurzen Moment halten.
- **Tipp:** Beim Ausführen der Bewegung auf die hinteren Schulter-und Rückenmuskeln konzentrieren, um zu verhindern, dass die Armbeuger zu viel Unterstützung leisten.
- **Hinweis:** Anfänger sollten den Oberkörper während des Beugens und Streckens der Arme in aufrechter Position fest fixieren.
- **Tipp:** Fortgeschrittene können während des Streckens der Arme den Oberkörper leicht nach vorn neigen. Hierdurch kann der große Rückenmuskel in eine gedehnte Position gebracht werden, was den Muskel mehr fordert. Beim Beugen der Arme ist der Oberkörper wieder aufzurichten. Diese Bewegungsausführung beansprucht auch die Muskeln der Rückenstrecker stärker.

6.5 Zusätzliche Übungen für den Rumpf

Das Trainieren der Rumpfmuskeln hat in den letzten Jahren viel Aufmerksamkeit in der Trainingspraxis erhalten. Wenn heute von Rumpftraining gesprochen wird, wird dafür oftmals das Modewort „Core-Training" genutzt. Dieser Begriff beschreibt ein etwas weiter gefasstes Bauch- und Rückentraining (➤ Kap. 3.11.3). Die zur Core- bzw. Rumpfstabilität beitragenden Muskeln sind:

- Bauchmuskeln
- Wirbelsäulenmuskeln
- Beckenmuskeln
- Hüftmuskeln

Diese Muskeln haben hautsächlich zwei Aufgaben:

- Sie sind das Zentrum der Kraftentwicklung für die Extremitäten.

- Sie schützen den Körper gegen äußere Einwirkungen.

Beim Radfahren verleihen diese Muskeln Stabilität, um die Kraft zwischen Ober- und Unterkörper zu übertragen und um Druck auf die Pedale zu bringen. Ebenso haben sie eine Schutzfunktion im Falle von äußeren Krafteinwirkungen, wie dies z.B. beim Sturz mit dem Fahrrad der Fall ist.

Eine gut ausgebildete Rumpfkraft ist außerdem erforderlich, um die in diesem Buch empfohlenen komplexen Langhantelübungen, beispielsweise Kniebeugen mit der Langhantel, ausführen zu können.

6.5.1 Trainieren der Rumpfmuskeln

Die in diesem Buch hautsächlich empfohlenen dreidimensionalen, komplexen Trainingsübungen mit der Langhantel beanspruchen nicht nur die Muskeln der Extremitäten. Übungen wie vorgebeugtes Langhantelrudern, Kreuzheben, Umsetzen, Nacken-, Front- und Reißkniebeuge stellen hohe Anforderungen an die Muskeln des Rumpfes. Eine gut ausgebildete Leistungsfähigkeit dieser Muskeln ist notwendig, um den Rumpf während der Übungsausführung stabil zu halten und zu sichern. Wenn ein Sportler in der Lage ist, saubere Überkopfkniebeugen auszuführen, ist dies nicht nur ein Indikator für gute motorische Fähigkeiten, sondern auch für eine leistungsfähige Rumpfkraft.

Es kann davon ausgegangen werden, wenn die Leistung bei der Nackenkniebeuge z.B. von 100 kg auf 150 kg gesteigert wird, dass sich dabei nicht nur die Kraft der Beine deutlich verbessert hat, sondern auch die Leistungsfähigkeit der Rumpfmuskeln (vgl. DSV 2016). Inwieweit es ausreicht, die Rumpfmuskeln nur durch ein komplexes Trainieren mit mehrgelenkigen Übungen wie Kniebeugen und Kreuzheben mit der Langhantel zu beanspruchen, kann diskutiert werden (vgl. auch Wirth et al. 2012). Da das Krafttraining bei Radsportlern aber nur ergänzend betrieben wird, kann die grundsätzliche Empfehlung ausgesprochen werden, die Rumpfmuskeln mit zusätzlichen Übungen gezielt zu kräftigen. Erfahrungswerte aus der Praxis haben zudem gezeigt, dass Defizite in der Rumpfstabilität bei Radsportlern keine Seltenheit sind. Darüber hinaus kann ein zusätzlich betriebenes Rumpfkrafttraining auch positive Effekte auf Rückenbeschwerden zeigen.

In der Praxis kommt dem Trainieren der Rumpfmuskeln heute aber verschiedentlich eine Überbetonung zu. Durch die gestiegene Aufmerksamkeit für das „Funktionelle Training" in den letzten Jahren (➤ Kap. 3.11.3), werden Trainingsinhalte zu sehr auf die Core-Stabilität ausgerichtet. Auch im Radsport wird mitunter das Core-Training als ein zentraler Schlüssel zum Erfolg gesehen (Danielson und Westfahl 2015). Diese Auffassung ist aber kritisch zu sehen. Forscher kommen zunehmend zu der Erkenntnis, dass eine gesteigerte Core-Kraft weder die Gesamtkraft noch die sportliche Leistungsfähigkeit oder das Ausführen von funktionellen Bewegungen wesentlich verbessern kann. Deshalb sprechen Autoren vermehrt die Empfehlung aus, das Trainieren der **Core-Kraft nicht in den Mittelpunkt zu stellen,** wenn durch ein Trainingsprogramm die sportliche Leistung gesteigert werden soll (Haugen et al. 2016; DSV 2016; Wirth et al. 2016; Okada et al. 2011; Nesser et al. 2008). In einem Übersichtsartikel konnten die Autoren keinen Zusammenhang zwischen einer schlechten Core-Stabilität und einem erhöhten Verletzungsrisiko bei Leistungssportlern feststellen (Haugen et al. 2016).

Rumpfkrafttraining

Die Rumpfmuskeln werden durch komplexe und mehrgelenkige Langhantelübungen wie Kniebeugen und Kreuzheben intensiv aktiviert und dadurch auch trainiert. Zusätzlich kann für Radsportler aber die grundsätzliche Empfehlung ausgesprochen werden, ergänzende und gezielte Rumpfkraftübungen auszuführen. Bei Radsportlern bestehen mitunter Defizite im Bereich der Rumpfstabilität, zumal das Krafttraining nur ergänzend zur Hauptdisziplin betrieben wird. Die Rumpfkraftübungen sind hinsichtlich ihrer Belastung so auszuwählen, dass sie dem Leistungszustand des Sportlers entsprechend einen Trainingsreiz bewirken.

Steuern der Belastung beim Rumpfkrafttraining

Wirth und Kollegen (2016) haben jüngst die aktuellen Empfehlungen zum Trainieren der Core-Stabilität kritisch analysiert – z.B. das Ausführen von

Übungen auf instabilem Untergrund. Sie geben zu bedenken, dass die meisten Übungsspezifikationen zum Ausbilden der Core-Stabilität nicht auf ihre Effektivität hin untersucht wurden. Ebenso wurden sie bislang nicht mit den Belastungsspezifikationen verglichen, wie sie in einem normalen Krafttraining Anwendung finden (➤ Kap. 3.8). Die Autoren geben in ihrer Analyse die Empfehlung, dass ein klassisches Krafttraining betrieben werden sollte, um den nötigen Stimulus zum Verbessern der Core-Stabilität zu erzielen.

So kann für Trainingsanfänger ein Vierfüßlerstand, bei dem diagonal Arm und Bein vom Boden abgehoben werden, ein Kräftigen für die Rumpfmuskeln bewirken. Ein trainierter Athlet dagegen, der in der Lage ist, schwere Kniebeugen mit der Langhantel auszuführen, erzielt mit dem Vierfüßlerstand keinen zusätzlichen Reiz zum Kräftigen der Rumpfmuskeln. Er würde in diesem Fall wertvolle Trainingszeit verschenken. Besser trainierte Athleten müssen daher – ganz im Sinne einer progressiven Leistungsentwicklung im Krafttraining (➤ Kap. 3.7.1) – Übungen auswählen, die höhere Anforderungen an die Muskeln des Rumpfes stellen (vgl. u. a. Konrad et al. 1999; Wirth et al. 2016; DSV 2016). Ein *Beispiel* wäre, anstelle des leichteren Vierfüßlerstands mit Arm-Bein-Diagonale die Übung Rumpfheben auf einer Rückenstreckerbank mit Zusatzgewicht auszuführen.

Das Ausführen einer schwierigeren Übung ist eine Möglichkeit zur Steigerung der Trainingsintensität für die Rumpfmuskeln. Eine andere Möglichkeit ist das Erhöhen der Anzahl an Wiederholungen und Trainingssätzen. Hierdurch kann die **Ermüdungswiderstandsfähigkeit** verbessert werden. Dies ist ein wichtiger Aspekt, da der Rumpfmuskulatur die Aufgabe einer ausdauernden Haltearbeit zukommt. Die Belastungsgestaltung beim Trainieren der Rumpfmuskeln unterscheidet sich damit von den Vorgaben zum Trainieren der Muskeln des Ober- und Unterkörpers. Vor dem Erhöhen der Trainingsintensität muss beim Rumpfkrafttraining aber zunächst das Verbessern einer statischen und dynamischen Haltungskontrolle stehen. Hierbei ist die **intermuskuläre Koordination** gefordert. Das Ausführen der Übung wird daran gemessen, wie hoch die Qualität der Körperhaltung bzw. Haltungskontrolle ist. Lässt die Qualität nach, ist die Übung abzubrechen (vgl. Wirth et al. 2012). Die Belastungsgestaltung zum Trainieren der Rumpfkraft gibt ➤ Tab. 6.1 wieder.

Übungsauswahl zum speziellen Trainieren der Rumpfmuskeln

In den folgenden Abschnitten werden unterschiedliche Übungen für ein ergänzendes und gezieltes Trainieren der Rumpfmuskeln vorgestellt. Die Auswahl der Übungen hat keinen Anspruch auf Vollständigkeit. Zum Trainieren der Rumpfmuskeln gibt es eine Vielzahl an Übungen und Varianten, die den Rahmen des vorliegenden Buches sprengen würden. An dieser Stelle sei auf weiterführende Literatur verwiesen, z. B. auf die Arbeiten von Gottlob (2001) und Wirth und Kollegen (2012).

Die im Folgenden vorgestellten Übungen sind als *Beispiele* zu verstehen. Ein Fokus der Übungen liegt dabei auf dem Trainieren der quer verlaufenden Bauchmuskeln (M. transversus abdominis). Diese Muskeln liegen tiefer im Gewebe und zählen zur seitlichen Bauchmuskulatur. Sie tragen entscheidend dazu bei, den Rumpf zu stabilisieren, wenn die Muskulatur der Extremitäten Arbeit verrichten – wie dies z. B. beim Tritt auf die Pedale der Fall ist. Die Übungen sollten – je nach individuellem Bedarf – im Anschluss an eine Krafttrainingseinheit durchgeführt werden.

Tab. 6.1 Trainingsmethoden zur Verbesserung der intermuskulären Koordination und Ermüdungswiderstandsfähigkeit der Rumpfmuskeln nach Wirth et al. (2012)

Methode	Intensität	Wiederholungen	Sätze	Pause
Verbessern der intermuskulären Koordination	niedrig bis mittel	6–15	3–5	1 Minute
Steigern der Muskelausdauer	niedrig bis mittel	15–30	5–8	2–3 Minuten

6.5.2 Russische Drehung (Russian Twist) mit angehobenen Beinen

Diese Übung kräftigt die Bauchmuskulatur und stärkt die wichtige **Rumpfrotation.** Sie zählt zu den bevorzugten Übungen von Sir Chris Hoy – dem ehemalige schottische Bahnradsportler und vielfachen Olympiasieger –, um den Oberkörper bei der Tretbewegung auf dem Rad zu stabilisieren (Outdoor-Fitness 2015). Die russische Drehung – auch russische Rotation oder Russian Twist genannt – trainiert das „Verschrauben" des Oberkörpers. Für die Rotation des Torsos und das seitliche Beugen der Wirbelsäule sind speziell die seitlichen Bauchmuskeln verantwortlich. Mit dem Russian Twist lassen sich diese effektiv aktivieren. Die geraden Bauchmuskeln müssen dabei intensive isometrische Haltearbeit leisten.

Übungstechnik Russian Twist mit angehobenen Beinen

Startposition

- In Rückenlage auf dem Boden bzw. auf einer Matte werden die fast gestreckten Beine leicht angehoben und über dem Boden gehalten.
- Der Oberkörper ist ebenfalls soweit vom Boden abgehoben, dass die Lendenwirbelsäule keinen Bodenkontakt mehr hat. Nur noch das Gesäß berührt den Boden.
- Der Kopf ist angehoben, der Blick nach vorn gerichtet und die Bauchmuskulatur ist angespannt, um die Haltung zu fixieren. Ober- und Unterkörper halten die Waage.
- Mit beiden Händen wird eine Hantelscheibe über dem Becken gehalten (➤ Abb. 6.61).

Ausführung

- Ist die Startposition eingenommen, beginnt das Ausführen der „Twist"-Bewegung: Die Hantelscheibe wird beidhändig am Becken vorbeigeführt, bis sie kurz über dem Boden ist. Hierbei rotiert der Oberkörper leicht auf die Seite, zu der die Hantelscheibe geführt wird.
- Ist die Hantelscheibe zur Seite und kurz über den Boden geführt, beginnt die Körperdrehung zur anderen Seite (➤ Abb. 6.62, ➤ Abb. 6.63).
- Die „Rechts-Links"-Rotation des Oberkörpers wird kontrolliert und langsam ausgeführt.
- Während der Ausführung der Bewegung regelmäßig atmen.

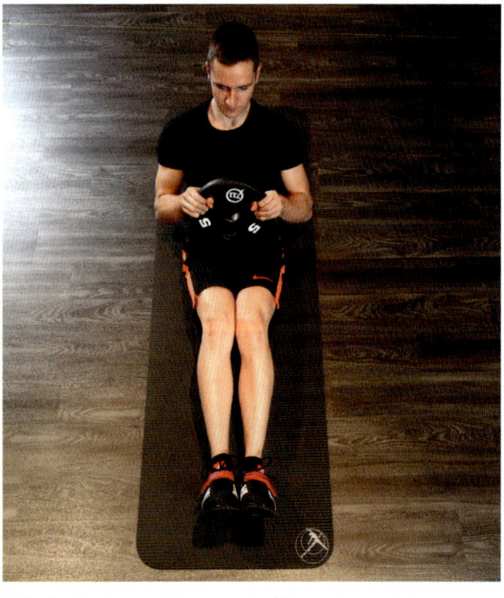

Abb. 6.61 Startposition zum Ausführen der russischen Drehung

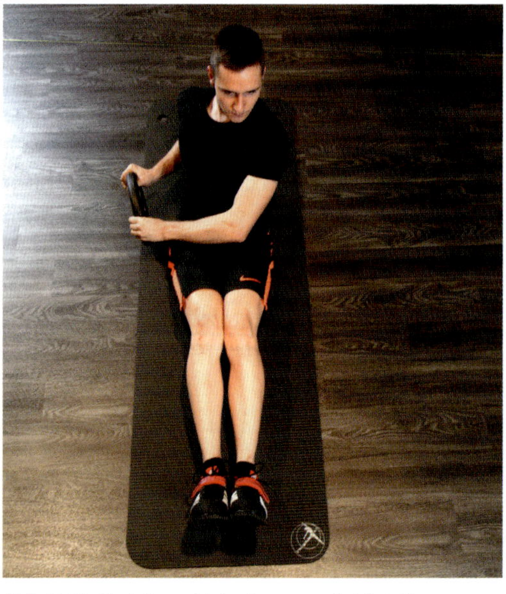

Abb. 6.62 Umkehrpunkt der Bewegung bei Rotation zur rechten Seite

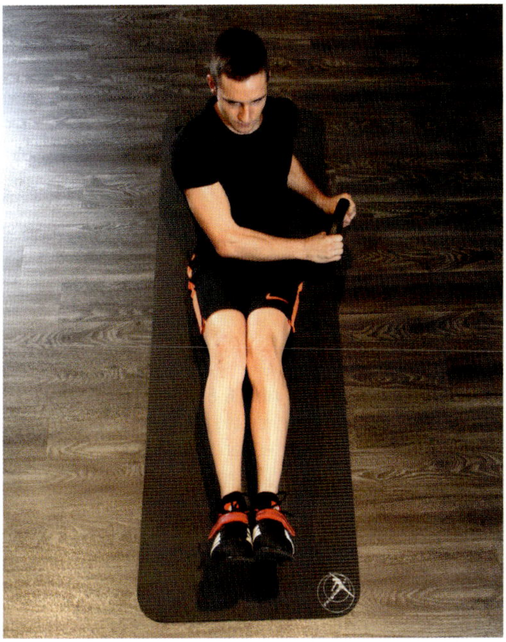

Abb. 6.63 Umkehrpunkt der Bewegung bei Rotation zur linken Seite

Häufige Fehler, Korrekturhinweise und Tipps

- **Fehler:** Während des Ausführens fällt der Oberkörper ins Hohlkreuz. **Korrektur:** Position wählen, in der das Gleichgewicht gehalten werden kann.
- **Fehler:** Der Kopf dreht sich zusammen mit dem Oberkörper. **Korrektur:** Der Kopf bleibt gerade, den Blick nach vorn richten.
- **Tipp:** Als Zusatzlast kann alternativ zur Hantelscheibe ein Medizinball, eine Kurzhantel oder ein Rundgewicht (Kettlebell) eingesetzt werden. Anfänger können die Übung hingegen zu Beginn auch ohne Zusatzlast ausführen.
- **Tipp:** Fortgeschrittene können zum Intensivieren der Übung während der Ausführung die Bewegungsgeschwindigkeit erhöhen. Das Tempo wird nach und nach gesteigert, aber nur solange, wie ein sauberes Ausführen der Übung möglich ist!

6.5.3 Rumpfdrehen liegend

Das Rumpfdrehen liegend ist eine einfache Rotationsbewegung. Einfach meint damit insbesondere die Tatsache, dass die Rotation nur auf einer Ebene stattfindet. Die Übung bietet verschiedene Möglichkeiten, das Ausführen und damit besonders die Belastung für die seitlichen Bauchmuskeln zu erhöhen.

Übungstechnik Rumpfdrehen liegend

Startposition

- Mit ausgestreckten Armen rücklings auf den Boden bzw. eine Matte legen. Die Handflächen zeigen nach oben zur Decke.
- Hüft- und Kniegelenke sind um 90° angewinkelt (➤ Abb. 6.64).

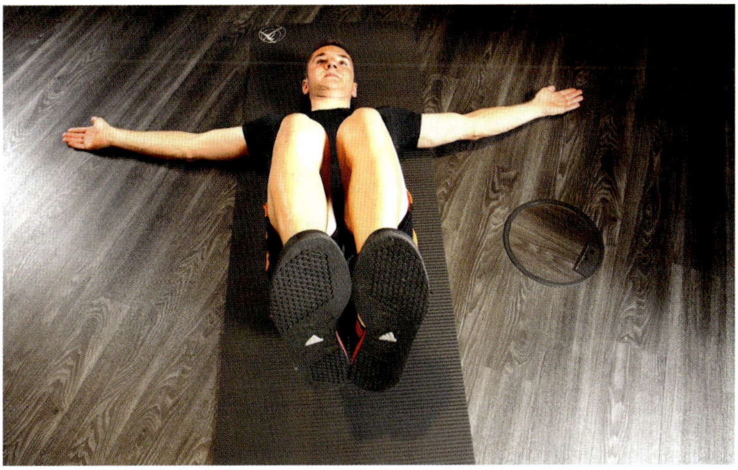

Abb. 6.64 Startposition Rumpfdrehen liegend

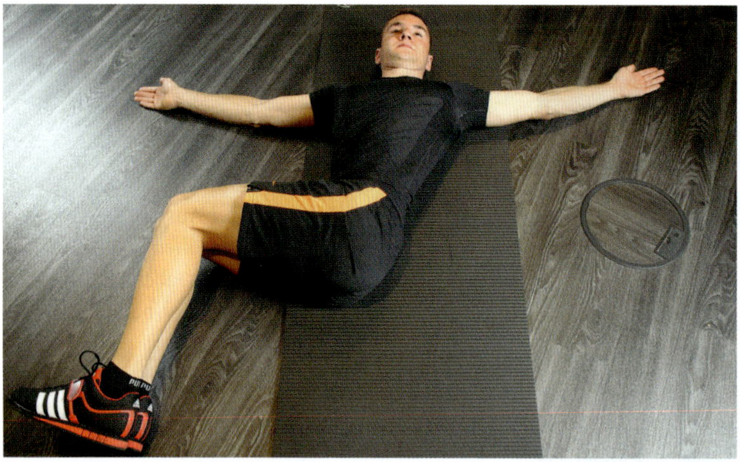

Abb. 6.65 Umkehrpunkt der Bewegung bei Rumpfdrehung zur rechten Seite

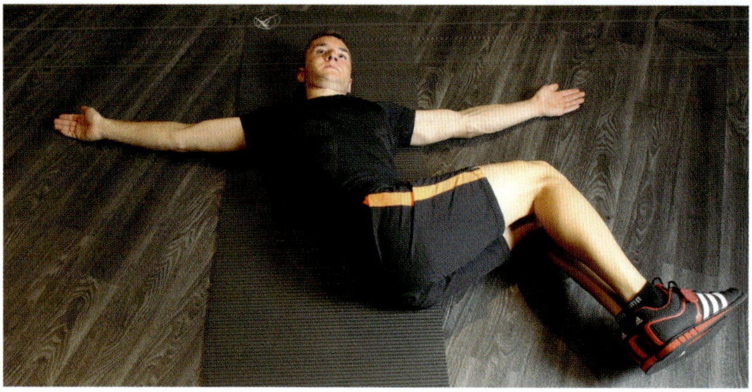

Abb. 6.66 Umkehrpunkt der Bewegung bei Rumpfdrehung zur linken Seite

6

Ausführung

- Aus der Startposition heraus werden die Knie kontrolliert und langsam zu einer Seite gekippt, bis sie fast den Boden berühren (➤ Abb. 6.65, ➤ Abb. 6.66).
- Anschließend werden die Beine zurück in die Ausgangsstellung geführt und zur anderen Körperseite gekippt.

Häufige Fehler, Korrekturhinweise und Tipps

- **Hinweis:** Während der Übungsausführung bleiben die Arme zur Seite ausgestreckt, Knie- und Hüftgelenk bleiben gebeugt.
- **Fehler:** Ausführen mit Schwung. **Korrektur:** Die Beine werden kontrolliert und langsam zur Seite gekippt. Der Oberkörper bleibt ruhig auf dem Rücken liegen.
- **Tipp:** Die Übung kann erschwert werden, indem die Beine gestreckt gehalten werden (Verlängern des Hebelarms). Der Schwierigkeitsgrad kann noch weiter erhöht werden, wenn ein Medizinball zwischen die Füße der gestreckten Beine geklemmt wird. Dieser Ball fungiert zum einen als Zusatzgewicht. Zum anderen aktiviert er zusätzlich die Muskeln der Hüftadduktoren und fördert das Zusammenspiel mit den Beckenbodenmuskeln und den Bauchmuskeln.

6.5.4 Käfer (Criss-Cross)

Bei der Käferübung – auch Criss-Cross genannt – werden die geraden und seitlichen Buchmuskeln aktiviert, indem die Arme und Beine gleichzeitig und diagonal aufeinander zubewegt werden.

Übungstechnik Käfer (Criss-Cross)

Startposition

- Rücklings auf den Boden bzw. auf einer Matte ablegen. Die Beine gerade nach unten ausstrecken.
- Die Arme werden angewinkelt und die Finger der Hände berühren die linke und rechte Seite des Hinterkopfes. Die Ellenbogen werden dabei rechts und links vom Kopf weggestreckt. Die beiden Oberarme sollen eine gedachte Linie durch den Oberkörper bilden (➤ Abb. 6.67).
- Anschließend werden die Beine und Schulterblätter leicht vom Boden abgehoben.

Ausführung

- Der Oberkörper wird gekrümmt (Crunch-Bewegung) und die rechte Brustpartie in Richtung des linken Knies geführt. Gleichzeitig wird das linke Bein angewinkelt und in Richtung der rechten Brustpartie geführt (➤ Abb. 6.68).
- Der Crunch wird soweit wie möglich ausgeführt, ohne dass sich dabei Ellenbogen und Knie in der Endposition berühren. Die Endposition wird kurz gehalten.
- Anschließend beginnt die Bewegung zurück in die Startposition. Der Oberkörper wird gesenkt und das Bein wieder gestreckt. In der Startposition angekommen, beginnt sofort die nächste Wiederholung zur anderen Körperseite: Die linke Brustpartie wird zum rechten Knie geführt (➤ Abb. 6.69).
- Während des Krümmens des Oberkörpers ausatmen, während des Zurückführens des Oberkörpers einatmen.

Häufige Fehler, Korrekturhinweise und Tipps

- **Fehler:** Abfälschen durch Schwungholen, was die Trainingseffektivität für die Bauchmuskeln verringert. **Korrektur:** Die Übung langsam und kontrolliert ausführen. Bewusstes und kurzes Innehalten in der Endposition.
- **Fehler:** Der Kopf wird mit den Armen nach oben gedrückt. **Korrektur:** Die Hände nicht hinter dem Kopf verschränken. **Tipp:** Die Finger der Hände so platzieren, dass sie die linke und rechte Seite des Hinterkopfes nur berühren.
- **Hinweis:** Füße und Schultern sind während der gesamten Übungsausführung angehoben und berühren nicht den Boden.

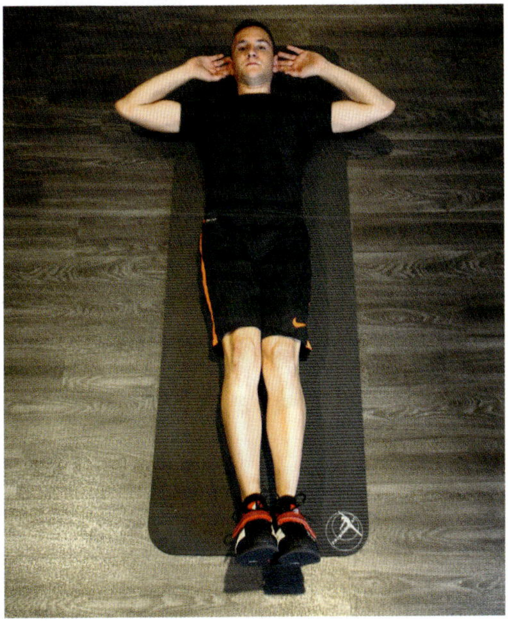

Abb. 6.67 Startposition Käfer (Criss-Cross)

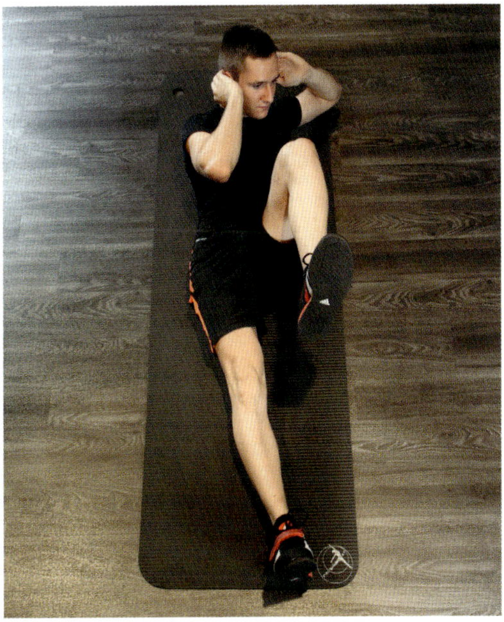

Abb. 6.68 Bewegung zur linken Seite

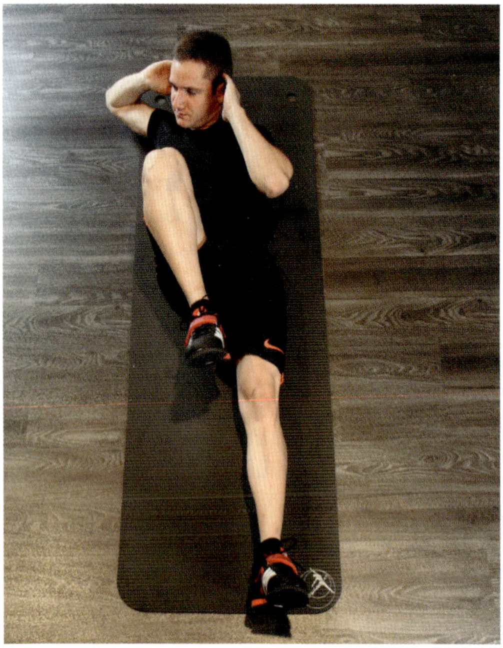

Abb. 6.69 Bewegung zur rechten Seite

6

6.5.5 Schräger Crunch auf Gymnastikball mit Zusatzgewicht

Der schräge Crunch auf dem Gymnastikball ist eine Variation des klassischen Crunchs (Bauchpressen). Die Übung trainiert die seitlichen und die geraden Bauchmuskeln (vor allem die oberen Anteile). Durch den Einsatz eines Gymnastikballs wird der Bewegungsradius vergrößert. Das Zusatzgewicht, eine Hantelscheibe, erhöht den Schwierigkeitsgrad.

Übungstechnik schräger Crunch auf Physioball mit Zusatzgewicht

Startposition

- Mit dem Rücken auf den Physioball legen und dabei eine leicht überstreckte Rumpfposition einnehmen (➤ Abb. 6.70).
- Die Füße stehen fest auf dem Boden. Sie sind etwa hüftbreit geöffnet, was Stabilität schafft. Die Zehenspitzen zeigen leicht nach außen.
- Das Becken ist aktiv angehoben und die Hüfte ist gestreckt.
- Mit gestreckten Armen wird eine Hantelscheibe unter aktiver Schultergürtelspannung senkrecht über den Schultern gehalten.

Ausführung

- Aus der Startposition erfolgt ein langsames Aufrichten des Oberkörpers, allein durch die Kraft der Bauchmuskeln. Nur der Rumpf wird gebeugt, nicht die Hüfte!
- Während des Aufrichtens wird der Oberkörper leicht zu einer Seite gedreht (➤ Abb. 6.71).
- Die gestreckten Arme werden bei der Bewegung mitgenommen. In der Endposition zeigen sie nach schräg vorn oben, ebenso wie der Blick, der nach schräg oben zur Decke gerichtet ist.
- Diese Endposition wird einen kurzen Moment gehalten. Dann erfolgt ein langsames und kontrolliertes Zurückkehren in die Startposition.
- Aus der Startposition heraus erfolgt dann das Aufrichten des Oberkörpers zur anderen Körperseite (➤ Abb. 6.72).
- Ausatmen während der Bewegung nach oben, einatmen, wenn der obere Rücken wieder auf dem Ball abgelegt wird.

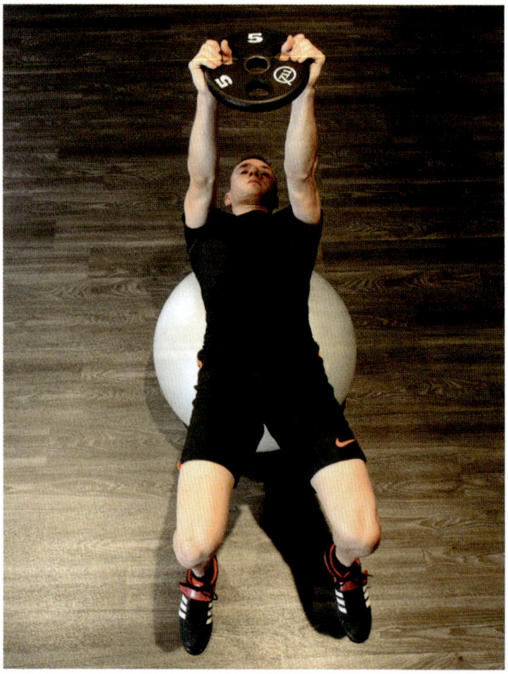

Abb. 6.70 Startposition schräger Crunch auf Gymnastikball

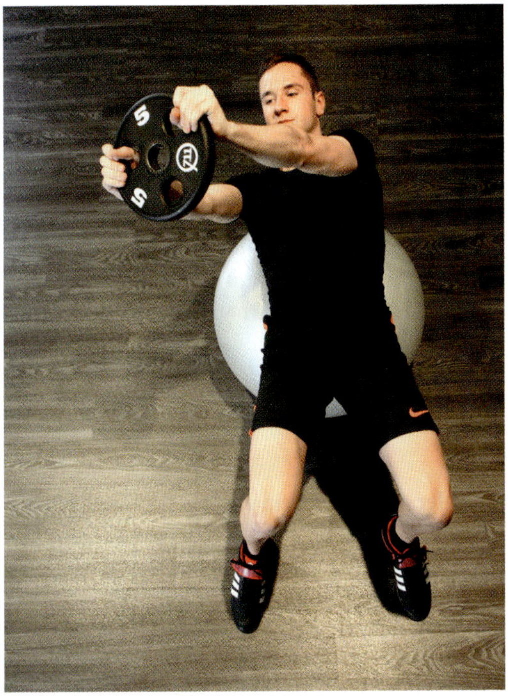

Abb. 6.71 Crunch-Bewegung zur rechten Seite

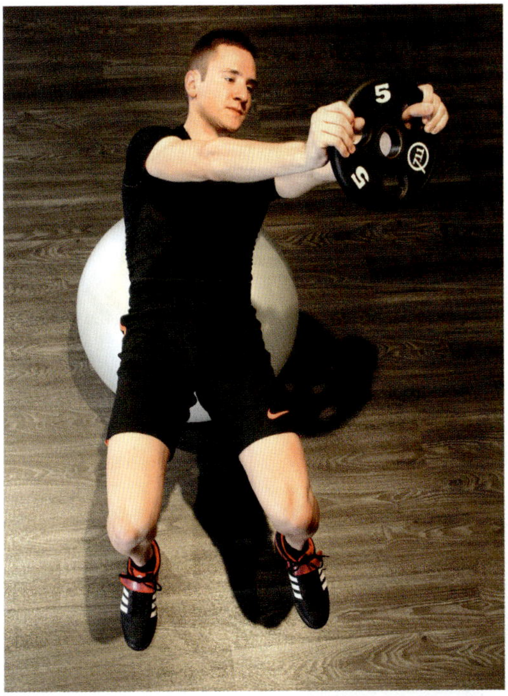

Abb. 6.72 Crunch-Bewegung zur linken Seite

Häufige Fehler, Korrekturhinweise und Tipps

- **Hinweis:** Die Arme bleiben während der gesamten Übung gestreckt. Der Oberkörper wird ausschließlich durch die Kraft der Bauchmuskeln bewegt. Die Schultern und Arme arbeiten statisch.
- **Fehler:** Zu schnelles Ausführen der Bewegung. **Korrektur:** Langsame und kontrollierte Bewegung.
- **Fehler:** Das Becken wird angehoben. **Korrektur:** Es wird nur der Oberkörper angehoben, die Bewegung endet etwas über der Waagerechten.
- **Tipp:** Anstelle einer Hantelscheibe kann auch ein Medizinball als Zusatzgewicht genutzt werden.

6.5.6 Vierfüßlerstand mit Arm-Bein-Diagonale auf einem Gymnastikball

Mit dieser Übung sollen besonders die Lumbalextensoren (die tiefliegenden Rückenstreckmuskeln) trainiert werden. Der Zweck des Gymnastikballs ist dabei, dem Trainierenden eine direkte Rückmeldung zum Ausführen der Übung zu geben. Wenn die Körperhaltung nicht korrekt ist, zeigt dies der Ball z. B. durch ein seitliches Wegrollen.

Übungstechnik Vierfüßlerstand mit Arm-Bein-Diagonale auf einem Gymnastikball

Startposition

- Bäuchlings auf einen Gymnastikball legen. Das Becken wird mittig auf dem Ball positioniert.
- Beide Handflächen und beide Fußspitzen haben Bodenkontakt.

Ausführung

- Aus dieser Startposition wird nun der linke Arm bis zur waagerechten Position angehoben. Gleichzeitig wird das rechte Bein in gestreckter Haltung bis leicht über die waagerechte Position

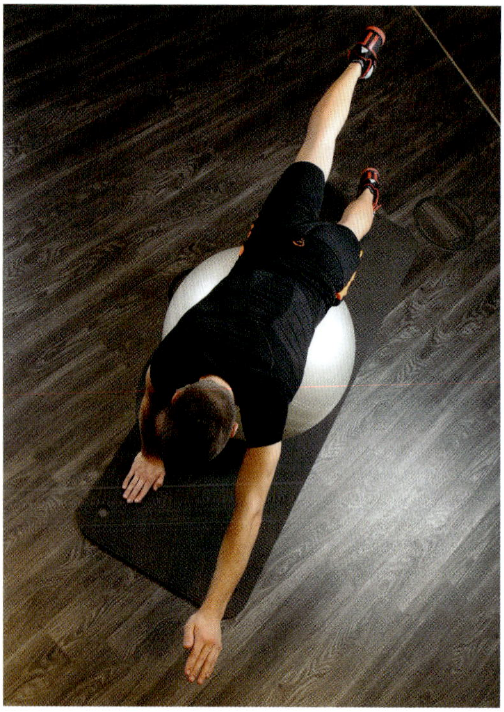

Abb. 6.73 Vierfüßlerstand mit Arm-Bein-Diagonale auf einem Gymnastikball

angehoben. Diese Position wird für einen kurzen Moment gehalten (➤ Abb. 6.73, ➤ Abb. 6.74).

- Danach werden der linke Arm und das rechte Bein wieder kontrolliert in die Startposition gesenkt. Es folgt ein Anheben des rechte Arms und des linken Beins (➤ Abb. 6.75).
- Die Übung wird im Wechsel der beiden Arm-Bein-Diagonalen ausgeführt.
- Ausatmen, wenn Bein und Arm angehoben werden, einatmen, wenn Arm und Bein wieder gesenkt werden.

Häufige Fehler, Korrekturhinweise und Tipps

- **Fehler:** Arm oder Bein werden nicht weit genug angehoben. **Korrektur:** Arm bis zur waagerechten Position anheben, das Bein etwas über die waagerechte Position führen.
- **Fehler:** Arm oder Bein zu weit angehoben; es kommt zu einer übertriebenen Hohlkreuzlage. **Korrektur:** Siehe Punkt zuvor.
- **Hinweis und Tipp:** Wenn der Ball wegrollt, sind die Hüft- und Beckenmuskeln stärker zu aktivie-

6

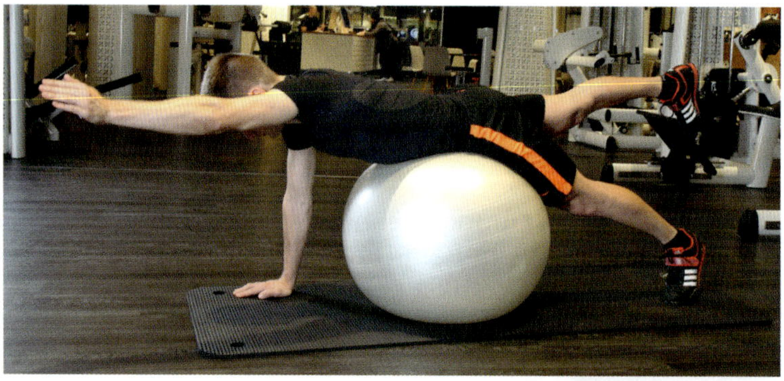

Abb. 6.74 Anheben des linken Arms und des rechten Beins

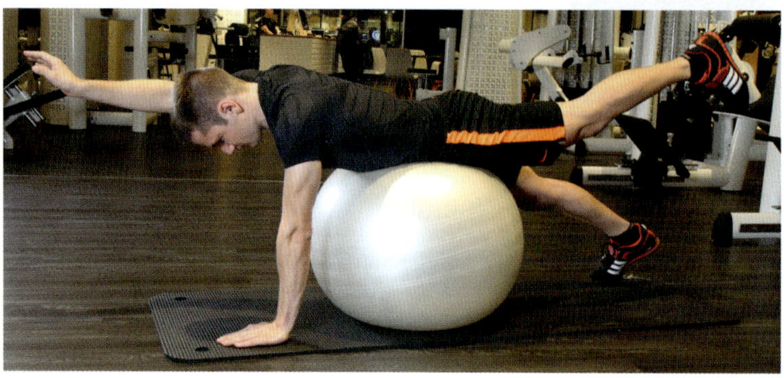

Abb. 6.75 Anheben des rechten Arms und des linken Beins

ren und ggf. eine stabilere Ausgangsposition einzunehmen.

6.5.7 Rumpfheben auf der Rückenstreckerbank

Diese Übung wird oftmals auch als Hyperextension oder Backextension bezeichnet. Die Übung trainiert hauptsächlich die Muskeln der Rückenstrecker und fordert dabei in einem gewissen Umfang auch die Muskeln des Gesäßes und der Oberschenkelrückseite. Eine Rückenstreckerbank zum Ausführen der Trainingsübung ist in den meisten Fitnessanlagen vorzufinden. Je nach Bauart ermöglichen diese Geräte ein horizontales oder schräges Ausführen. Es gibt dabei verschiedene Varianten, wie diese Übung durchgeführt werden kann. Folgend wird das Ausführen mit geradem Rücken und einer großen Bewegungsamplitude auf einer horizontalen Rückenstreckerbank beschrieben.

Übungstechnik Rumpfheben auf der Rückenstreckerbank

Startposition

- Die Füße/Waden werden am Unterschenkelpolster der Rückenstreckerbank fixiert. Der Oberkörper liegt so auf dem Polster der Bank auf, dass die Beckenknochen etwas über der Polsterkante liegen.
- Der Rücken ist durchgestreckt und bildet zusammen mit den Beinen eine gerade Linie. Der Kopf bildet die Verlängerung der Wirbelsäule. Die Hände sind vor dem Oberkörper gekreuzt (➤ Abb. 6.76).

Ausführung

- Aus der waagerechten Startposition wird der Oberkörper kontrolliert und langsam nach unten gebeugt, bis der Oberkörper und die Oberschenkel nahezu einen rechten Winkel bilden. Während der Abwärtsbewegung bleibt die statische Muskelspannung erhalten und der Rücken gerade.

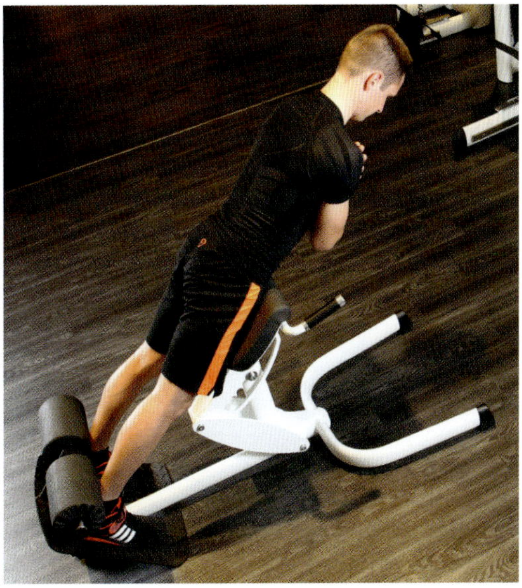

Abb. 6.76 Start- und Endposition Rumpfheben auf der Rückenstreckerbank

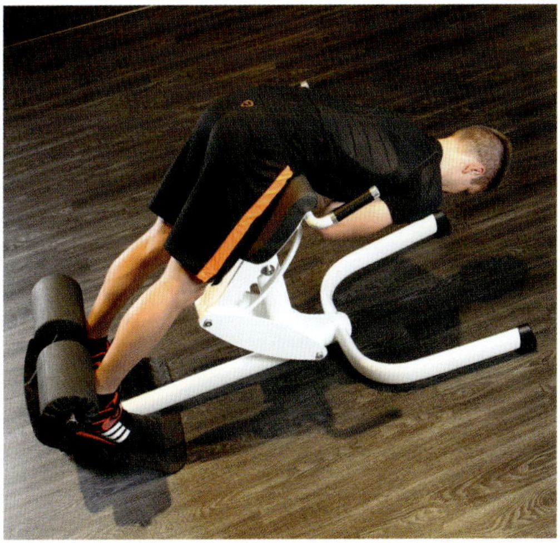

Abb. 6.77 Umkehrpunkt der Bewegung

- Wurde die untere Position erreicht (➤ Abb. 6.77), beginnt das Rumpfheben zurück in die waagerechte Startposition. Der Rumpf wird soweit aufgerichtet, bis Oberkörper und Unterkörper eine Linie bilden. Die Bewegung ist langsam und kontrolliert. In der waagerechten Position wird die Körperhaltung einen kurzen Moment gehalten.
- Beim Senken des Oberkörpers einatmen, beim Heben ausatmen.

Häufige Fehler, Korrekturhinweise und Tipps

- **Fehler:** Der Oberkörper wird über die Waagerechte angehoben und fällt zu stark ins Hohlkreuz. **Korrektur:** In der oberen Position bilden Unter- und Oberkörper eine Linie.
- **Fehler:** Zu schnelle Bewegungsausführung, Schwung holen. **Korrektur:** Langsame und kontrollierte Bewegung.
- **Tipp** für besser Trainierte: Die Übungsschwierigkeit kann erhöht werden, wenn eine Hantelscheibe als Zusatzgewicht vor der Brust gehalten wird.

KAPITEL

7 Mit Plan zum Ziel: Trainingsplanung

Wer im Spitzensport erfolgreich sein möchte, muss auf den Punkt topfit sein. Dies funktioniert nur, wenn ein Training langfristig und systematisch auf die individuellen Wettkampfhöhepunkte ausgerichtet ist. Das folgende Kapitel setzt sich mit den Besonderheiten beim Planen eines Krafttrainings in den unterschiedlichen Radsportdisziplinen auseinander. Es werden wertvolle Tipps für die Trainingspraxis gegeben und konkrete Mustertrainingspläne für verschiedene Radsportdisziplinen vorgestellt. Ausgehend von einem systematischen Trainingsaufbau im Jahresverlauf, werden einzelne Trainingsphasen im Detail erläutert.

7.1 Trainingsplanung im Jahresverlauf

Im Wettkampfsport herrscht eine eigene Zeitrechnung. So ticken auch im Radsport die Uhren anders. Die Jahresplanung orientiert sich nicht am kalendarischen Jahr. Entscheidend für das Planen des Jahres sind die Zeitpunkte der Wettkämpfe. Hier gilt es, auf den Punkt topfit zu sein. Bei den populärsten Disziplinen, z. B. dem Straßenradsport, werden die Hauptwettkämpfe zwischen Frühjahr und Herbst ausgetragen. Die Jahresplanung beginnt daher in der Regel im November und endet im September des darauffolgenden Jahres.

Das Training ist im Vorfeld – soweit möglich – für das ganze Jahr zu planen (➤ Abb. 7.1). Die zeitlichen Adaptationsvorgänge an ein Ausdauer- und Krafttraining müssen berücksichtigt werden. Aus biologischen Gründen ist dabei ein Wechsel von **belastungssteigernden, belastungserhaltenden** und **belastungsreduzierenden Phasen** notwendig. Ein Sportler kann sich nicht das ganze Jahr über in Bestform und damit an der Grenze seiner individuellen Belastbarkeit befinden. Es besteht die Gefahr eines Übertrainings (➤ Kap. 3.9.1). Das systematische Planen des Trainings ist eine wichtige Voraussetzung, damit der Sportler zum Saisonhöhepunkt sein Leistungsmaximum abrufen kann. In der Regel wird das Radsportjahr in **drei Perioden** unterteilt:

- Vorbereitungsperiode
- Wettkampfperiode
- Übergangsperiode

Jede Periode hat unterschiedliche Trainingsinhalte und Schwerpunkte – jeweils mit einer eigenen Zielsetzung. Mit einem systematischen Durchlaufen der verschiedenen Perioden soll der Athlet die sportliche Höchstform zum Zeitpunkt des Hauptwettkampfs erreichen. Bei einer längeren Wettkampfphase soll das maximale Leistungsniveau so gut wie möglich stabilisiert und gesichert werden, z. B. über die Dauer der Bundesligasaison (➤ Kap. 3.9).

7.1.1 Eingipflige Periodisierung

Ist die Trainingsplanung auf **einen Hauptwettkampf** ausgerichtet, spricht man von einer „eingipfligen Periodisierung". Typisch ist diese Art der Periodisierung z. B. für das Vorbereiten auf Weltmeisterschaften, Olympische Spiele oder einen Ironman. Auch eine Rundfahrt, z. B. die 3-wöchige Tour de France, kann den Hauptwettkampf darstellen.

Vorbereiten auf einen Saisonhöhepunkt

Als *Beispiel* für eine eingipflige Jahresplanung wird folgend das Vorbereiten auf die Tour de France dargestellt (➤ Tab. 7.1). Der Leistungsaufbau erfolgt von November bis Juni. In diesem Zeitraum sind drei Vorbereitungsperioden (VP) eingeplant. Innerhalb dieser Perioden steigt die Belastung fortschreitend an. Im Anschuss an die Vorbereitungsperiode

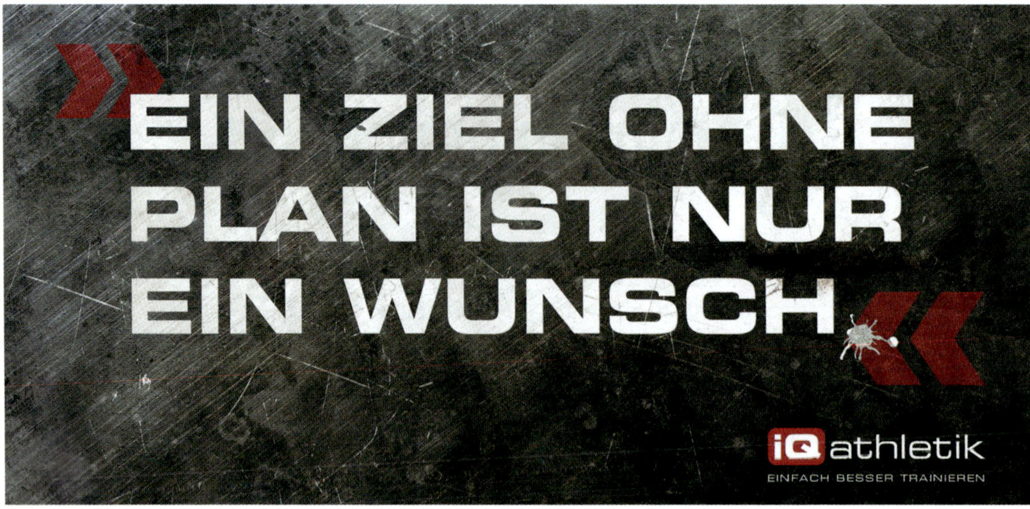

Abb. 7.1 Motivierender Merksatz zur Trainingsplanung (Motivationskarte vom Trainingsinstitut iQ athletik)

werden gezielt Wettkämpfe bestritten, um die Form weiter zu steigern und die notwendige „Rennhärte" zu bekommen. Im Juli findet dann mit der 3-wöchigen Frankreichrundfahrt der Saisonhöhepunkt statt. Im Anschluss werden zum Saisonausklang vereinzelte Rennen gefahren. Im Oktober beginnt die Übergangsperiode zu Regeneration.

Hinweis Das hier gewählte *Beispiel* ist plakativ und dient nur der Veranschaulichung. Das Privileg, sich ausschließlich auf einen Wettkampf konzentrieren zu können, kommt nur absoluten Topfahrern zu. In der Regel entspricht der Saisonhöhepunkt einer Wettkampfphase über mehrere Monate (➤ Kap. 7.1.2).

Vorbereitungsperiode (VP)

Das Ziel der Vorbereitungsperiode ist das **Schaffen der Grundlagen** für die bevorstehende Wettkampfphase. Die Vorbereitungsperiode wird in der Regel in drei Abschnitte unterteilt, die wiederum unterschiedliche Schwerpunkte beinhalten. Die Trainingsinhalte verschieben sich im Verlauf der Perioden von einem allgemeinen Training hin zu einem speziellen (vgl. ➤ Kap. 3.5.2 und ➤ Kap. 3.5.3).

Erste Vorbereitungsperiode (VP I)

Diese Periode beginnt meist im November und endet nach 6–9 Wochen Ende Dezember bzw. Anfang Januar. Der Schwerpunkt liegt in der Regel auf einem umfangsbetonten und niedrigintensiven Grundlagenausdauertraining auf dem Rad. Hierbei werden meist viele Kilometer im flachen Gelände zurückgelegt. Neben dem Sportgerät Rad werden auch Trainingsmittel eingesetzt, die nicht der Wettkampfform Radfahren entsprechen. In den Wintermonaten werden viele Alternativsportarten wie Laufen, Skilanglauf und Schwimmen betrieben.

Tab. 7.1 Beispiel für eine eingipflige Jahresperiodisierung im Radsport

Nov.	Dez.	Jan.	Feb.	März	April	Mai	Juni	Juli	Aug.	Sep.	Okt.
Vorbereitungsperiode					Wettkämpfe zur Vorbereitung			Saisonhöhepunkt: Tour de France	Ausklang der Rennsaison		Übergangsperiode
VP I		VP II		VP III							

VP = Vorbereitungsperiode

Krafttraining in VP I

In diesem Abschnitt ist ein Hauptaugenmerk auf den Besuch des Krafttraums gerichtet. In dieser Periode müssen die Grundlagen für das später intensiv und spezialisiert betriebene Krafttraining gelegt werden. Begonnen wird im Kraftraum mit einer kurzen **Eingewöhnungsphase.** Je nach Leistungsniveau und Krafttrainingserfahrung sollten die Sportler 1–3 Wochen mit etwas reduzierten Widerständen arbeiten. Der Fokus liegt auf einer hohen Bewegungsqualität, um eine korrekte, „saubere" Übungstechnik zu erlernen. Sobald der Sportler die Übungstechnik beherrscht, wird mit dem **Muskelaufbautraining** begonnen (➤ Kap. 3.8.1). Einzusetzen sind allgemeine Übungen zum Kräftigen der gesamten Skelettmuskulatur: Beine, Oberkörper, Schultergürtel, Arme und Rumpf. Alle Muskelgruppen sollten regelmäßig und mindestens zweimal in der Woche trainiert werden (➤ Kap. 3.7.3).

Zweite Vorbereitungsperiode (VP II)

Die zweite Vorbereitungsperiode beginnt Anfang Januar und endet Mitte bis Ende Februar. In dieser Trainingsphase wird das Grundlagenausdauertraining intensiviert. Dies erfolgt zum einen über eine Steigerung des Trainingsvolumens – meist in Form von Trainingslagern –, zum anderen durch eine Erhöhung der Belastungen in Form von Fahrtspielen und extensiven Intervallen. Nicht wettkampfspezifische Übungsformen, z. B. Laufen und Schwimmen, werden weniger. Im Fokus steht zunehmend das Trainieren auf dem Rad.

Krafttraining in VP II

Auch in der zweiten Vorbereitungsperiode ist ein Fokus auf das Trainieren der Muskelkraft zu legen. Hier verschieben sich die Trainingsmethoden langsam vom Muskelaufbautraining hin zum **intramuskulären Koordinationstraining** (➤ Kap. 3.8.2). Hierbei werden die Intensitäten (Übungslasten) erhöht. Gleichzeitig reduziert sich der Trainingsumfang – besonders die Anzahl der Wiederholungen je Trainingssatz. Dieses Vorgehen erfolgt unter zwei Aspekten:

1. Ausprägen der Maximalkraft im Anschluss an das in der ersten Vorbereitungsperiode durchgeführte Muskelaufbautraining.
2. Die Methode des intramuskulären Koordinationstrainings wirkt weniger ermüdend. Aufgrund der geringeren Wiederholungszahl werden die Muskeln hierbei energetisch nicht maximal ausgelastet.

Mit dem Reduzieren des Belastungsumfangs im Krafttraining werden die veränderten Bedingungen des Radtrainings berücksichtigt. Sowohl Intensitäten als auch der Umfang beim Trainieren mit dem Rad nehmen in der zweiten Vorbereitungsperiode deutlich zu.

Die Methoden des intramuskulären Koordinationstrainings (IK-Training) werden allerdings nur für die **Muskeln der unteren Extremitäten** angewendet. Für die Muskeln von Rumpf, Oberkörper und Arme wird weiterhin ein Muskelaufbautraining betrieben. Diese Trainingsform reicht aus, um diese Muskelgruppen für die Anforderungen des Radsports optimal zu kräftigen. Ein weiteres Verbessern des Nerv-Muskel-Zusammenspiels durch ein hoch intensives Krafttraining ist hier nicht erforderlich. Eine Zunahme an Muskelmasse ist trotz des praktizierten Hypertrophietrainings nicht zu erwarten. Einem Muskelaufbau wirkt in dieser Periode der hohe Umfang des Ausdauertrainings auf dem Rad entgegen (➤ Kap. 5.2).

Neben reduzierten Wiederholungszahlen wird auch die Anzahl der durchgeführten Kraftübungen reduziert. Im Fokus stehen besonders radsportrelevante Übungen wie die Kniebeuge mit Hantellast. Alle Muskelgruppen sollten mindestens zweimal in der Woche trainiert werden.

Krafttraining im Jahresverlauf

Mit zunehmender Trainingsintensität beim Radtraining verändern sich die Methoden des Krafttrainings. Zu Beginn des Trainingsaufbaus wird für die antriebsrelevanten Muskeln der Beine ein umfangbetontes Muskelaufbautraining betrieben (Hypertrophietraining). Je näher die Wettkampfphase rückt, desto mehr verschiebt sich die Methode des Krafttrainings in Richtung intramuskuläres Koordinationstraining (IK-Training). Hierbei werden im Krafttraining u. a. die Übungslasten erhöht und die Wiederholungszahlen reduziert. **Durch den Einsatz der IK-Trainingsmethode wird das Niveau der Maximalkraft weiter ausgeprägt und der Sportler im Training weniger ermüdet.**

Dritte Vorbereitungsperiode (VP III)

Die dritte Vorbereitungsperiode beginnt ungefähr Anfang März und endet Mitte April. Diese Phase dient der unmittelbaren Vorbereitung auf die bevorstehende Wettkampfperiode. Das Trainieren auf dem Rad wird weiter intensiviert. Der Anteil der hochintensiven Trainingsabschnitte steigt. Es werden vermehrt intensive Intervalle gefahren. In dieser Phase wird meist ein Belastungshöhepunkt gesetzt; dies kann z. B. ein intensives Trainingslager sein. Nicht wettkampfspezifische Übungsformen entfallen. Das Trainieren der Ausdauer erfolgt nur noch mit dem Rad.

Krafttraining in VP III

Das steigende Volumen und die hohen Intensitäten des Ausdauertrainings mit dem Rad lassen nur noch ein **eingeschränktes Trainieren der Muskelkraft** zu. In dieser Phase reduziert sich der Umfang des Krafttrainings weiter, besonders für die Muskeln der unteren Extremitäten. Es sollte aber mindestens eine Einheit **intramuskuläres Koordinationstraining** in der Woche durchgeführt werden. Die Muskeln des Oberkörpers sollten weiterhin zweimal in der Woche durch ein Muskelaufbautraining belastet werden.

7

Wettkämpfe zur Vorbereitung

Wettkämpfe können im normalen Training mit dem Rad nicht simuliert werden. Mit Blick auf den Saisonhöhepunkt sind deshalb rechtzeitig Vorbereitungswettkämpfe einzuplanen. Diese folgen dem systematischen Trainingsaufbau in der Vorbereitungsperiode. Durch das Bestreiten von Wettkämpfen soll die nötige „Rennhärte" ausgebildet werden. Die Fahrer sind im Rennen gezwungen, ein höheres Tempo zu fahren. Die Geschwindigkeit wird durch das Feld vorgegeben. Das Ansteigen der Belastungen erfolgt systematisch über die Auswahl der Vorbereitungswettkämpfe. So werden zu Beginn der Vorbereitung gerne Rennen wie die Katar-Rundfahrt mit tellerflachen Etappen bestritten. Am Ende der Vorbereitung werden dagegen Rundfahrten wie die Tour de Swiss mit anspruchsvollen Bergetappen gewählt.

Krafttraining in der Wettkampfphase

Obwohl die Belastungen durch die Radrennen deutlich zunehmen, sollte weiterhin ein Krafttraining betrieben werden. Anzustreben ist eine Einheit **intramuskuläres Koordinationstraining** für die Muskeln der unteren Extremitäten in der Woche. Hierdurch soll ein möglichst hohes **Kraftniveau gesichert und Kraftverlusten entgegengewirkt werden,** die durch den hohen Umfang der Ausdauerbelastungen verursacht werden. Die Muskeln des Oberkörpers sollten weiterhin mindestens einmal in der Woche durch ein Muskelaufbautraining belastet werden. Nimmt der Sportler an vielen belastenden Rennen teil, ist phasenweise das Krafttraining zu reduzieren bzw. evtl. ganz darauf zu verzichten. Ob und inwieweit ein Krafttraining ergänzend betrieben werden kann, ist individuell zu entscheiden und besonders von der Belastungsverträglichkeit des einzelnen Sportlers abhängig.

Krafttraining am Saisonhöhepunkt

Es findet **kein Krafttraining** mehr statt! Auf ein Üben im Kraftraum ist rechtzeitig zu verzichten. Das Krafttraining darf nicht bis zum unmittelbaren Beginn des Wettkampfs durchgeführt werden:

- Nach einem systematisch betriebenen Maximalkrafttraining kommt es zu zeitlich verzögerten Anpassungen (Entwicklungsphase). In einem Zeitraum von ein bis zwei Wochen steigern sich Maximal- und Schnellkraft noch weiter (➤ Kap. 3.9.2).
- Es ist zu verhindern, dass der Sportler in einem ermüdeten Zustand beim Hauptwettkampf ins Rennen geht.

Übergangsperiode

Die Übergangsperiode schließt sich direkt an die Wettkampfsaison an. Sie beginnt meist im Oktober und dauert zwischen 3 und 4 Wochen. Diese Phase dient der **Regeneration.** Sowohl Körper als auch Psyche sollen sich von den Strapazen der Wettkampfsaison erholen. Das Trainieren mit dem Rad wird stark eingeschränkt. Die Belastungen liegen im regenerativen Bereich. Das Radfahren soll dem Sportler Freude machen. Es wird kein systematisches Training absolviert. Es können auch Alternativsportarten wie z. B. Skilaufen und Basketball betrieben werden.

Krafttraining in der Übergangsperiode

In dieser Phase wird ebenfalls **kein systematisches Krafttraining** betrieben. Die Sportler sollen zur Ruhe kommen. In der letzten Woche der Übergangsperiode kann das Krafttraining wieder aufgenommen werden. Ziel ist das Einstellen auf das in der Vorbereitungsperiode beginnende Muskelaufbautraining.

Hinweis ➤ Tab. 7.3 fasst noch einmal zusammen, welches Krafttraining in den unterschiedlichen Trainingsperioden betrieben werden sollte.

7.1.2 Zweigipflige Periodisierung

Der Idealfall mit nur einem Saisonhöhepunkt im Wettkampfjahr ist sehr selten. Beim Planen des Trainingsjahres ist meist eine Wettkampfphase zu berücksichtigen, die sich über Wochen und Monate erstreckt. Dies ist z. B. der Fall, wenn sich ein Fahrer auf die Bundesligasaison oder die UCI WorldTour konzentriert. Die meisten Wertungsrennen werden hierbei zwischen April und September ausgetragen. Die Saisonplanung kann aber bereits im Januar mit der Tour Down Under beginnen und bis in den Oktober zur Lombardei-Rundfahrt andauern. Innerhalb dieser Zeitspanne werden bis zu 100 Renntage absolviert.

Hieraus folgt die Problematik, dass das Training nicht mehr klar auf einen einzelnen Wettkampf ausgerichtet werden kann. Es ist aber auch nicht möglich, über die gesamte Wettkampfperiode in Topform zu sein. Deshalb wird häufig eine „zweigipflige Periodisierung" durchgeführt (➤ Tab. 7.2) Diese Art der Periodisierung ist auch dann üblich, wenn deutlich weniger Rennen gefahren werden – z. B. in den Amateur- und Nachwuchsklassen. Die Wettkampfdichte ist hier weit geringer. Der Zeitraum, über den Leistung erbracht werden muss, erstreckt sich jedoch über Wochen und Monate. Es ist nicht möglich, über solch einen langen Zeitraum die maximale Leistungsfähigkeit aufrechtzuerhalten. Um eine möglichst optimale und konstante Leistung in der Wettkampfphase zu sichern, wird die Wettkampfperiode in zwei Abschnitte aufgeteilt:

- Erste Wettkampfperiode (WP I)
- Zweite Wettkampfperiode (WP II)

Auf diese Weise können Leistungseinbrüche vermieden werden.

Vorbereitungsperiode für die erste Wettkampfphase

Die Vorbereitungsperiode für die erste Wettkampfphase ist analog der Vorbereitungsperiode bei einer eingipfligen Jahresplanung. Die Phase gliedert sich ebenfalls in drei Abschnitte (➤ Kap. 7.1.1).

Erste Wettkampfphase (WP I)

Dem systematischen Trainingsaufbau in der Vorbereitungsperiode folgt der Einstieg in die erste Wettkampfphase. Die ersten Rennen werden aus dem Training heraus bestritten. Hierdurch sollen die Leistungsfähigkeit weiter ausgebildet und „Rennhärte" entwickelt werden (➤ Kap. 7.1.1). Ziel ist es, bei den Hauptwettkämpfen mit der optimalen Leistungsform ins Rennen zu gehen.

Tab. 7.2 Beispiel für eine zweigipflige Periodisierung im Radsport

Nov.	Dez.	Jan.	Feb.	März	April	Mai	Juni	Juli	Aug.	Sep.	Okt.
VP für erste Wettkampfphase				WP I			VP für zweite Wettkampfphase		WP II		ÜP
VP = Vorbereitungsperiode WP = Wettkampfperiode ÜP = Übergangsperiode											

Krafttraining

Obwohl die Belastungen durch die Radrennen deutlich zunehmen, sollte weiterhin Krafttraining betrieben werden. Anzustreben ist eine Einheit **intramuskuläres Koordinationstraining (IK-Training)** für die Muskeln der unteren Extremitäten in der Woche (➤ Kap. 7.1.1).

Vorbereitungsperiode für die zweite Wettkampfphase

Diese Periode unterbricht das Wettkampfjahr. Der Sportler kann sich nicht über Wochen und Monate an der Grenze seiner Belastbarkeit bewegen. Die Folge wäre ein Abfallen der Leistung bis hin zum totalen Leistungseinbruch. Es soll verhindert werden, dass der Fahrer physisch wie auch psychisch „ausbrennt". In dieser Periode werden deshalb die **Belastungen reduziert,** in erster Linie durch das Auslassen von Wettkämpfen. Die Intensitäten beim Training mit dem Rad bewegen sich in **Richtung Grundlagentraining.** Ziel ist es, das in der vorangegangenen Wettkampfphase erreichte Leistungsniveau zu stabilisieren – ohne den Sportler zu überfordern.

Krafttraining

Das in dieser Phase praktizierte Krafttraining wird vor allem durch die Länge der Periode bestimmt. Entscheidend ist, wann der Rennbetrieb wieder aufgenommen wird. Bei einer Dauer von 3 bis 4 Wochen empfiehlt es sich, eine Woche mit dem Krafttraining auszusetzen. Danach sollten wieder ein intramuskuläres Koordinationstraining für die Muskeln der Beine sowie ein Muskelaufbautraining für den Oberkörper betrieben werden. Bei längeren Phasen von mehr als einem Monat kann ebenfalls ein Block Muskelaufbautraining für die unteren Extremitäten durchgeführt werden (ca. 4 Wochen). Beim intramuskulären Koordinationstraining sollte mindestens eine und beim Muskelaufbautraining sollten zwei Einheiten in der Woche angestrebt werden.

Zweite Wettkampfphase (WP II)

Diese Phase gestaltet sich analog der ersten Wettkampfphase (WP I).

Übergangsperiode

Die Übergangsperiode gestaltet sich anlog der eingipfligen Periodisierung (➤ Kap. 7.1.1).

Tab. 7.3 Krafttraining für Radsportler im Jahresverlauf

Phase	Krafttrainingsmethode Unterkörper (vortriebswirksame Muskulatur)	Krafttrainingsmethode Oberkörper (stabilisierende Muskulatur)	Einheiten je Muskelgruppe pro Woche
erste Vorbereitungsperiode (VP I)	• Eingewöhnen im Kraftraum • Muskelaufbautraining	• Eingewöhnung im Kraftraum • Muskelaufbautraining	mind. 2 ×
zweite Vorbereitungsperiode (VP II)	• Ein Block Muskelaufbautraining • Ein Block intramuskuläres Koordinationstraining	Muskelaufbautraining	mind. 2 ×
dritte Vorbereitungsperiode (VP III)	intramuskuläres Koordinationstraining	Muskelaufbautraining	• mind. 1 × Unterkörper • 2 × Oberkörper
Wettkampfperiode	intramuskuläres Koordinationstraining	Muskelaufbautraining	• 1 × Unterkörper • 1–2 × Oberkörper
Übergangsperiode	• Kein systematisches Krafttraining • Eingewöhnen im Kraftraum am Ende der Phase	• Kein systematisches Krafttraining • Eingewöhnen im Kraftraum am Ende der Phase	0–2 ×

➤ Tab. 7.3 fasst noch einmal zusammen, welches Krafttraining in den unterschiedlichen Trainingsperioden durchgeführt werden sollte.

7.2 Probleme bei der Jahresplanung

Bei der Aufstellung eines Jahresplanes werden Trainer und Sportler mit verschiedensten Problemen konfrontiert. Grundsätzlich ist es schwierig – wenn nicht sogar unmöglich –, ein volles Trainingsjahr im Voraus zu planen. So sind z. B. Verletzungen, Krankheiten und letztlich die Leistungsform des Sportlers nicht vorhersehbar. Geplante Trainingslager müssen unter Umständen verschoben und Wettkämpfe abgesagt werden. Daher ist es unbedingt erforderlich, den Trainingsplan an die aktuelle Situation anzupassen.

7.2.1 Belastungsverträglichkeit

Jeder Sportler ist so individuell wie sein Daumenabdruck (➤ Kap. 3.7.4). Und so reagiert auch jeder Radsportler individuell auf Belastungen. Wird zum Ausdauertraining eine ergänzendes Krafttraining betrieben, ist nicht vorauszusehen, welchen Grad der Ermüdung ein Sportler tolerieren kann. Bei Radsportlern ist zu berücksichtigen, dass diese bereits ein hohes Trainingspensum auf dem Rad absolvieren. Bei Straßenradsportler können am Saisonende allein bis zu 100 Renntage auf dem Tacho stehen.

Es ist zu verhindern, dass die Trainingsumfänge und -intensitäten die individuelle Belastungsverträglichkeit übersteigen. Der Sportler würde „ausbrennen" und ständig erschöpft sein, als unmittelbare Konsequenz würde sich die Leistungsfähigkeit verschlechtern. Um dieser Gefahr entgegenzuwirken, sollte der Sportler ein **Trainingstagebuch** führen (➤ Kap. 5.7), das der Trainer in regelmäßigen Abständen auswertet. Ebenfalls sollten in regelmäßigen Abständen **leistungsdiagnostische Untersuchungen** durchgeführt werden. Nur so ist es möglich, die Wirkungen der angewandten Trainingsmethoden und -umfänge zu überprüfen (➤ Kap. 4). Dies ist die Voraussetzung, um ein Training individuell und erfolgreich auf den Sportler abzustimmen.

> **Belastungsverträglichkeit**
>
> Die Belastungsverträglichkeit ist individuell sehr unterschiedlich. Es ist nicht abzusehen, welchen Grad der Ermüdung ein Sportler tolerieren kann, wenn ein Krafttraining ergänzend zum Ausdauertraining betrieben wird. Um der Gefahr eines Übertrainings entgegenzuwirken, sollten Sportler ein Trainingstagebuch führen und in regelmäßigen Abständen eine Leistungsdiagnostik durchführen (➤ Kap. 5.7). Nur so kann das Üben im Kraftraum als erfolgreiche Ergänzung zum Radtraining geplant werden.

7.2.2 Krafttraining vs. Radtraining

Bei der Planung eines Krafttrainings in den Radsportdisziplinen stellt sich vor allem die Frage, an welchen Tagen der Kraftraum besucht werden soll. Diese Frage ist nicht pauschal zu beantworten. **Das Planen der Kraftraumtage wird durch das Radtraining bestimmt.** Entscheidend ist, wann

- mit dem Rad trainiert wird und
- welche Inhalte praktiziert werden.

So fordert z. B. das Fahren von intensiven Intervallen die Muskeln der Beine deutlich stärker als ein Grundlagentraining. Dies ist beim Planen der Übungseinheiten im Kraftraum zu berücksichtigen. In den folgenden Abschnitten werden wichtige Punkte dargestellt, die beim Gestalten des Krafttrainings zu berücksichtigen sind.

> **Krafttraining auf Radtraining abstimmen**
>
> Das Planen des Krafttrainings wird durch das Radtraining bestimmt. Die Besuchstage des Kraftraums und die dort praktizierten Trainingsinhalte sind immer auf das Training mit dem Rad abzustimmen. Ist z. B. ein intensives Intervalltraining mit dem Rad geplant, sind die Inhalte einer vorausgehenden Krafttrainingseinheit speziell darauf abzustimmen. In diesem Fall sind die Trainingsinhalte im Kraftraum so zu gestalteten, dass der durch ein Krafttraining erzeugte Ermüdungsgrad auf einem moderaten Niveau gehalten wird.

7

Split-Training

Es ist zu empfehlen, die Muskeln von Unter- und Oberkörper in getrennten Trainingseinheiten nach dem Split-System zu belasten (➤ Kap. 3.7.3). An Ruhetagen, an denen nicht mit dem Rad trainiert wird, ist ein Krafttraining für die Muskeln des Oberkörpers durchzuführen (➤ Tab. 7.4). Hierbei wird die notwendige Regenerationszeit für die Beinmuskeln berücksichtigt. Im Radsport ist der wöchentliche Trainingsumfang auf dem Rad sehr hoch. Fast täglich wird mit dem Sportgerät trainiert und werden die Beine belastet. **An den wenigen Ruhetagen sollen sich die Beinmuskeln für die nächsten Trainingseinheiten auf dem Rad regenerieren.** Deshalb ist an den „radfreien" Tagen auch auf ein Krafttraining für die Beine zu verzichten.

Zum Belasten der Beine kann ein **Doppel-Split-System** empfohlen werden. Hierbei wird allerdings nicht, wie z. B. beim Bodybuilding, das Krafttraining auf zwei Einheiten an einem Trainingstag aufgeteilt. Das Muskelkrafttraining der Beine wird mit einer Trainingseinheit auf dem Rad kombiniert. Von Vorteil ist es dabei, morgens im Kraftraum zu trainieren und nachmittags ein Grundlagentraining auf dem Rad zu absolvieren. Da ein wirkungsvolles Krafttraining hohe bis maximale Intensitäten erfordert, sollten die Muskeln zu Trainingsbeginn im Kraftraum möglichst erholt sein. Dies gilt besonders für ein intramuskuläres Koordinationstraining (➤ Kap. 3.8.2). Diese Empfehlung ist nicht leicht umzusetzen – besonders für berufstätige Sportler, die nur ein begrenztes Zeitfenster für ihre Ambitionen zur Verfügung haben. In der Praxis sind deshalb häufig Kompromisse einzugehen. Ein Krafttraining im Anschluss an ein Radtraining durchzuführen, ist immer noch deutlich effektiver, als überhaupt kein Krafttraining zu betreiben.

Tab. 7.4 Beispiel für einen Wochentrainingsplan im Radsport mit integrierten Krafttrainingseinheiten

Wochentag	Trainingsinhalt
Montag	Krafttraining Oberkörper
Dienstag	Grundlagentraining auf dem Rad
Mittwoch	Doppel-Split-Training: Krafttraining für die Beine und Grundlagentraining auf dem Rad
Donnerstag	Krafttraining Oberkörper
Freitag	Intervalltraining auf dem Rad
Samstag	Grundlagentraining auf dem Rad
Sonntag	Doppel-Split-Training: Krafttraining für die Beine und Grundlagentraining auf dem Rad

7.2.3 Planbarkeit

Wie bereits erwähnt, ist es kaum möglich, ein Training im Voraus fest über einen längeren Zeitraum zu planen. Faktoren wie

- Leistungs- und Gesundheitszustand,
- psychische Verfassung,
- soziale und berufliche Situation,
- Trainingsbedingungen (z. B. Witterung, Reisen)

sind nicht kontinuierlich kalkulierbar. Sie können sich fortlaufend ändern, was oftmals ein Anpassen bzw. Ändern des Trainingsplans erforderlich macht. In diesen Fällen ist die Rücksprache mit dem betreuenden Trainer zu empfehlen. Es ist zu klären, ob z. B. einzelne Trainingseinheiten einfach ausgelassen, der Trainingsplan umgestellt oder ein Alternativprogramm absolviert werden kann. **Der Trainingsplan sollte nicht als starre Vorgabe angesehen werden;** er ist mehr als Orientierungsgrundlage zu verstehen, um ein Training systematisch zu betreiben. So ist z. B. der Wert von einigen „intuitiven" Ruhetagen nach einem intensiven Trainingsblock nicht zu unterschätzen – sowohl aus physischer als auch psychischer Sicht. Diese „spontane Pause" kann verhindern, dass der Sportler mental und körperlich ausbrennt.

In den Wintermonaten der Vorbereitungsperiode gehört **Flexibilität** quasi zum festen Bestandteil der Trainingsgestaltung. Die Witterungsverhältnisse bestimmen oftmals den Rahmen für eine geplante Trainingseinheit. In einer Woche mit schlechten Wetterbedingungen kann der Trainingsschwerpunkt in den Kraftraum verlagert werden. Es können z. B. drei anstelle von ursprünglich nur zwei geplanten Einheiten Muskelaufbautraining für die Beine absolviert werden. Im Gegenzug wird in dieser Woche das Ausdauertraining reduziert. **Erfolgreiche Sportler reagieren nicht nur im Wettkampf flexibel auf eine sich ändernde Rennsituation, sie gestalten auch ihr Training flexibel und angepasst an aktuelle Bedingungen.**

Ein Trainingsplan ist nicht in Stein gemeißelt

Ein Trainingsplan sollte nicht als starre Vorgabe angesehen werden. Er sollte als Orientierungsgrundlage verstanden werden, um ein Training systematisch zu betreiben. Nicht kalkulierbare Faktoren wie Leistungs- und Gesundheitszustand, psychische Verfassung, Witterungsbedingungen, soziale und berufliche Situation erfordern es, den Trainingsplan immer wieder flexibel an aktuelle Situationen und Bedingungen anzupassen. Webbasierte Plattformen zum Online-Coaching und zur Trainingsplanung stellen hierbei einen wertvollen Assistenten für Trainer und Sportler dar (➤ Kap. 5.7.2).

7.2.4 Kommerzielle Interessen

Neben den bereits beschriebenen Einflussgrößen bestimmen im Spitzensport zunehmend kommerzielle Interessen die Trainingsplanung. Sport ist heute Showbusiness, das rund um den Globus vermarktet wird. Wettkämpfe finden weltweit statt. So addieren sich Reisestrapazen zu den ohnehin schon hohen Belastungen durch Training und Wettkampf. Diese Entwicklung reduziert die bereits sehr kurzen Regenerationsphasen noch weiter. Es droht die Gefahr von Überlastungserscheinungen, Verletzungen, Übertraining oder eines Burn-out-Syndroms. Eine sportwissenschaftlich fundierte Trainingsplanung wird unter diesen Umständen zunehmend erschwert (vgl. Faude 2007).

Kraftakt: Integration eines Krafttrainings im Jahrestrainingsplan für Radsportler

Wenn möglich, sollte ein differenziertes Krafttraining ganzjährig betrieben werden – besonders in Radsportdisziplinen, bei denen eine gut ausgebildete Muskelkraft eine größere Rolle spielt, wie beispielsweise beim Mountainbike Cross Country. Zum einen, um auch während der Wettkampfsaison ein möglichst hohes Kraftniveau zu sichern, und um zum anderen, um Kraftverlusten entgegenzuwirken, die durch den hohen Umfang der Ausdauerbelastungen verursacht werden. Soweit die Theorie. Dass das Planen und Durchführen eines Krafttrainings für Radsportler aber zum sprichwörtlichen „Kraftakt" werden kann, zeigen folgende Aspekte:

- Es ist nicht abzusehen, welchen Grad der Ermüdung ein Sportler tolerieren kann, wenn ein Krafttraining ergänzend zum Ausdauertraining betrieben wird (Stichwort: individuelle Belastungsverträglichkeit).
- Aus den sehr hohen Trainingsumfängen auf dem Rad – und einem oftmals sehr vollen Rennkalender – ergeben sich meist nur sehr begrenzte Zeitfenster für ein systematisches Krafttraining.
- Bei Freizeitsportlern sind oftmals zahlreiche soziale und berufliche Verpflichtungen bei der Trainingsplanung zu berücksichtigen.
- Leistungs- und Gesundheitszustand sowie die psychische Verfassung sind im Saisonverlauf nicht vorhersehbar.
- Veränderte Witterungsbedingungen nehmen Einfluss auf die kurzfristige Trainingsplanung mit dem Rad, was wiederum auch das Planen des Krafttrainings beeinflusst.
- Reisen und Trainingslager können die Trainingsbedingungen verändern; hinzu kommen nicht absehbare Belastungen durch Reisestrapazen.

Diese vielfältigen Aspekte machen deutlich, dass es kaum möglich ist, ein Training im Voraus fest über einen längeren Zeitraum zu planen. Deshalb ist es notwendig, den Trainingsplan beständig und flexibel an aktuelle Situationen und Bedingungen anzupassen.

7.3 Hinweise zu den Mustertrainingsplänen in diesem Buch

In diesem Buch werden Krafttrainingsprogramme für verschiedene Radsportdisziplinen vorgestellt. Aufgrund des begrenzten Umfangs des Buches können hierbei leider nicht alle Radsportdisziplinen berücksichtigt werden. Im Fokus stehen die populärsten Disziplinen mit Renncharakter – oder anders ausgedrückt: Disziplinen, bei denen die Geschwindigkeit über den Sieg entscheidet, z. B. Straßenradsport und Mountainbike. Beachtung findet ebenfalls das Radfahren als Teildisziplin des Triathlons.

Hinweise zu den Krafttrainingsprogrammen

Alle Trainingsprogramme wurden vor dem Hintergrund entwickelt, dass jede Radsportdisziplin ein eigenes Anforderungsprofil hat (➤ Kap. 1). In den Trainingsprogrammen werden die in ➤ Kap. 3 beschriebenen Begriffe, Grundlagen und Methoden des Krafttrainings angewendet. Zum Ausführen der empfohlenen Krafttrainingsübungen sind die Regeln, Anleitungen und Hinweise aus ➤ Kap. 6 zu berücksichtigen.

Die in den folgenden Kapiteln vorgestellten Mustertrainingspläne geben

- zum einen konkrete *Beispiele* für die Trainingsinhalte im Kraftraum,
- zum anderen wird exemplarisch dargestellt, wie die Krafttrainingseinheiten in den Trainingsplan eines Radsportlers integriert werden sollten.

Alle Trainingspläne sind als Orientierungsgrundlage zu verstehen. Sie sind jeweils an die individuellen Voraussetzungen und Besonderheiten des einzelnen Sportlers anzupassen. Hierzu zählen besonders:

- Der Leistungsstand: Anfänger, Freizeitsportler, Amateur oder Profi
- Die verfügbare Trainingszeit
- Die Wettkampf- und Saisonplanung
- Die individuelle Belastungsverträglichkeit

Mehr zum Thema „Training individualisieren" ist in ➢ Kap. 3.7.4 dargestellt.

Aufbau der Trainingspläne

Die in diesem Buch dargestellten Trainingspläne sind alle nach dem gleichen Schema aufgebaut. Zunächst werden **exemplarische Jahresplanungen** vorgestellt. Die Musterpläne unterteilen das Radsportjahr dabei in die folgenden Makrozyklen:

- Vorbereitungsperiode
- Wettkampfperiode
- Übergangsperiode

In ➢ Kap. 7.1 wurden diese Perioden bereits ausführlich beschrieben. Jede Periode erstreckt sich i. d. R. über einen bis mehrere Monate. In den Mustertrainingsplänen werden diese Perioden mit Blick auf das Krafttraining in weitere **Mesozyklen** von jeweils wenigen bis mehreren Wochen Dauer untergliedert. Jeder Mesozyklus hat dabei eine eigene Zielsetzung, z. B. den Muskelaufbau oder das Ausprägen der Maximalkraft. Ein Mesozyklus setzt sich dabei aus mehreren **Mikrozyklen** zusammen, die sich wiederholen. In den Mustertrainingsplänen dauert ein Mikrozyklus i. d. R. eine Woche. Er beinhaltet alle in diesem Zeitraum praktizierten Trainingseinheiten. Mikrozyklen sind gewissermaßen einzelne „Bausteine", aus denen sich jeweils ein Mesozyklus zusammensetzt. Alle Mesozyklen zusammen ergeben den Jahrestrainingsplan **(Makrozyklus).** Mehr über das Periodisieren des Trainings und die einzelnen Zyklen ist in ➢ Kap. 3.9 nachzulesen.

In den folgenden Abschnitten werden zunächst exemplarische Jahrestrainingspläne vorgestellt. Die dabei vorgenommene Einteilung des Radsportjahres in unterschiedliche Perioden hat für eine Vielzahl von Radsportlern Gültigkeit. Disziplinspezifische Unterschiede werden erst beim Umsetzen der einzelnen Mikrozyklen („Perioden-Bausteine") in der Praxis relevant (➢ Kap. 7.5). Deshalb werden diese im Anschluss an die Jahrespläne detailliert und disziplinspezifisch dargestellt.

Hinweise zu den Mustertrainingsplänen

Alle in diesem Buch vorgestellten Mustertrainingspläne verstehen sich als eine Orientierungsgrundlage. **Sie sind jeweils an die individuellen Voraussetzungen und Besonderheiten des einzelnen Sportlers anzupassen.** Durch das Dokumentieren (Trainingstagebuch) und Auswerten der Trainingsleistungen können die Pläne weiter optimiert werden. Ebenfalls sollten in regelmäßigen Abständen leistungsdiagnostische Untersuchungen durchgeführt werden. Nur so ist es möglich, die Wirkungen der angewandten Trainingsmethoden und -umfänge individuell zu überprüfen.

7.4 Jahrestrainingspläne

Die im folgenden Abschnitt vorgestellten Jahrestrainingspläne haben übergreifend ihre Gültigkeit für mehrere Radsportdisziplinen. Sie unterscheiden sich hinsichtlich der Wettkampfplanung. Hierbei wird die Saisonplanung z. B. auf nur einen Hauptwettkampf ausgerichtet. Eine andere Planung wiederum berücksichtigt, dass der Sportler über mehrere Monate aktiv Rennen bestreitet. Die Jahrespläne bestehen jeweils aus den gleichen „Perioden-Bausteinen", die von Disziplin zu Disziplin nur im Detail etwas unterschiedlich ausfallen.

7.4.1 Eingipflige Jahresperiodisierung

➤ Abb. 7.2 zeigt einen Jahrestrainingsplan mit nur einem Hauptwettkampf. Wie bereits erwähnt, ist diese Form der Saisonplanung für einen Radsportler sehr untypisch, da i. d. R. über mehrere Monate hinweg an zahlreichen Wettkämpfen teilgenommen wird (➤ Kap. 7.1).

Typisch ist diese Art der Jahresplanung dagegen für **Triathleten** auf der Langdistanz. Diese Athleten erklären meist einen ganz bestimmten Ironman zu ihrem persönlichen Ziel. Auf diesen Wettkampf wird dann die gesamte Trainingsplanung systematisch ausgerichtet. ➤ Abb. 7.2 zeigt einen Musterplan, bei dem der Ironman Frankfurt als *Beispiel* gewählt wurde. Dieser Wettkampf findet im Juli statt. Mit dem Trainingsaufbau wird im November begonnen. Zur Vorbereitung werden bereits ab März kleinere Wettkämpfe eingeplant, z. B. ein Volkslauf, Duathlon, Radrennen oder ein Kurzstreckentriathlon. Ein größerer Belastungshöhepunkt ist mit einem Ironman über die Halbdistanz im Mai eingeplant. Das Krafttraining wird zuvor eingestellt und nicht mehr bis zum Saisonhöhepunkt betrieben.

7.4.2 Zweigipflige Jahresperiodisierung

➤ Abb. 7.3 zeigt eine Jahrestrainingsplanung mit zwei Saisonhöhepunkten. Der erste Wettkampfhöhepunkt liegt im Mai, der zweite im August. Die Rennsaison beginnt bereits Mitte März und dauert bis ca. Mitte September an. Krafttraining wird während dieser Zeit fast durchgängig betrieben. Diese Form des Trainingsaufbaus ist auf viele Radsportdisziplinen übertragbar. Typisch ist diese Periodisierung z. B. für Junioren und Amateure aus dem Straßenradsport, wenn individuelle Wettkampfhöhepunkte gesetzt werden. Dies trifft natürlich auch auf Sportler aus den Mountainbike-Disziplinen zu.

7.4.3 Trainingslager

➤ Abb. 7.4 zeigt eine Variante der Jahresplanung mit zwei Saisonhöhepunkten. Bei dieser Jahresperiodisierung wurde ein **Trainingslager** im Januar eingeplant, wie es für Radsportler typisch ist.

7.4.4 Jahresperiodisierung mit durchgängiger Wettkampfperiode

➤ Abb. 7.5 zeigt eine Jahrestrainingsplanung, wie sie für viele Radsportler Realität ist. Die Wettkampfphase dauert von ca. Ende März bis etwa Mitte September. In dieser Zeit werden zahlreiche Rennen gefahren, ohne dass ein bestimmter Wettkampfhöhepunkt festgelegt wurde. Das Krafttraining wird von Anfang an in den Trainingsaufbau integriert und systematisch während der kompletten Wettkampfperiode betrieben.

7.5 Planung von Mikrozyklen im Trainingsverlauf: allgemeine Hinweise

In den folgenden Kapiteln werden Trainingsplanungen für verschiedene Mikrozyklen aus unterschiedlichen Radsportdisziplinen vorgestellt. In den Mustertrainingsplänen dauert ein Mikrozyklus i. d. R. eine Woche. Er beinhaltet alle in diesem Zeitraum praktizierten Trainingseinheiten. Mikrozyklen sind gewissermaßen einzelne „Bausteine“, aus denen sich jeweils ein Mesozyklus von wenigen bis mehreren Wochen Dauer zusammensetzt (➤ Kap. 7.3). Alle Mesozyklen zusammen ergeben den Jahrestrainingsplan (Makrozyklus).

In den Mikrozyklen werden – neben den Inhalten zum Krafttraining – auch exemplarische Angaben zum Radsporttraining gemacht. Dies ist notwendig, da das Üben im Kraftraum auf das praktizierte Radsporttraining abzustimmen ist (➤ Kap. 7.2.2). Einleitend zu den Trainingsplänen für die Mikrozyklen werden jeweils kurz disziplinspezifische Besonderheiten aufgezeigt, die beim Planen eines Krafttrainings zu berücksichtigen sind.

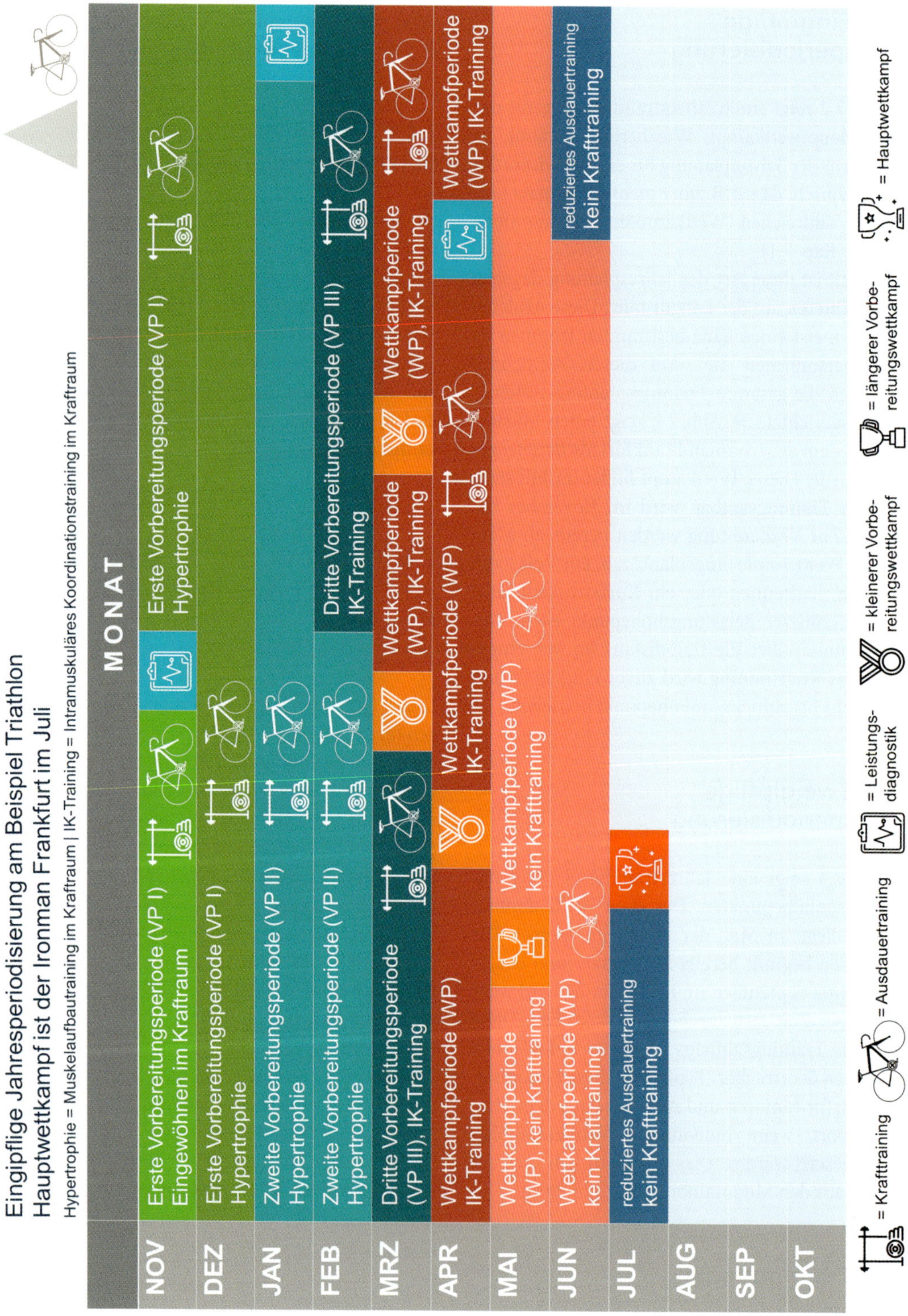

Abb. 7.2 Eingipflige Jahresperiodisierung am Beispiel Triathlon

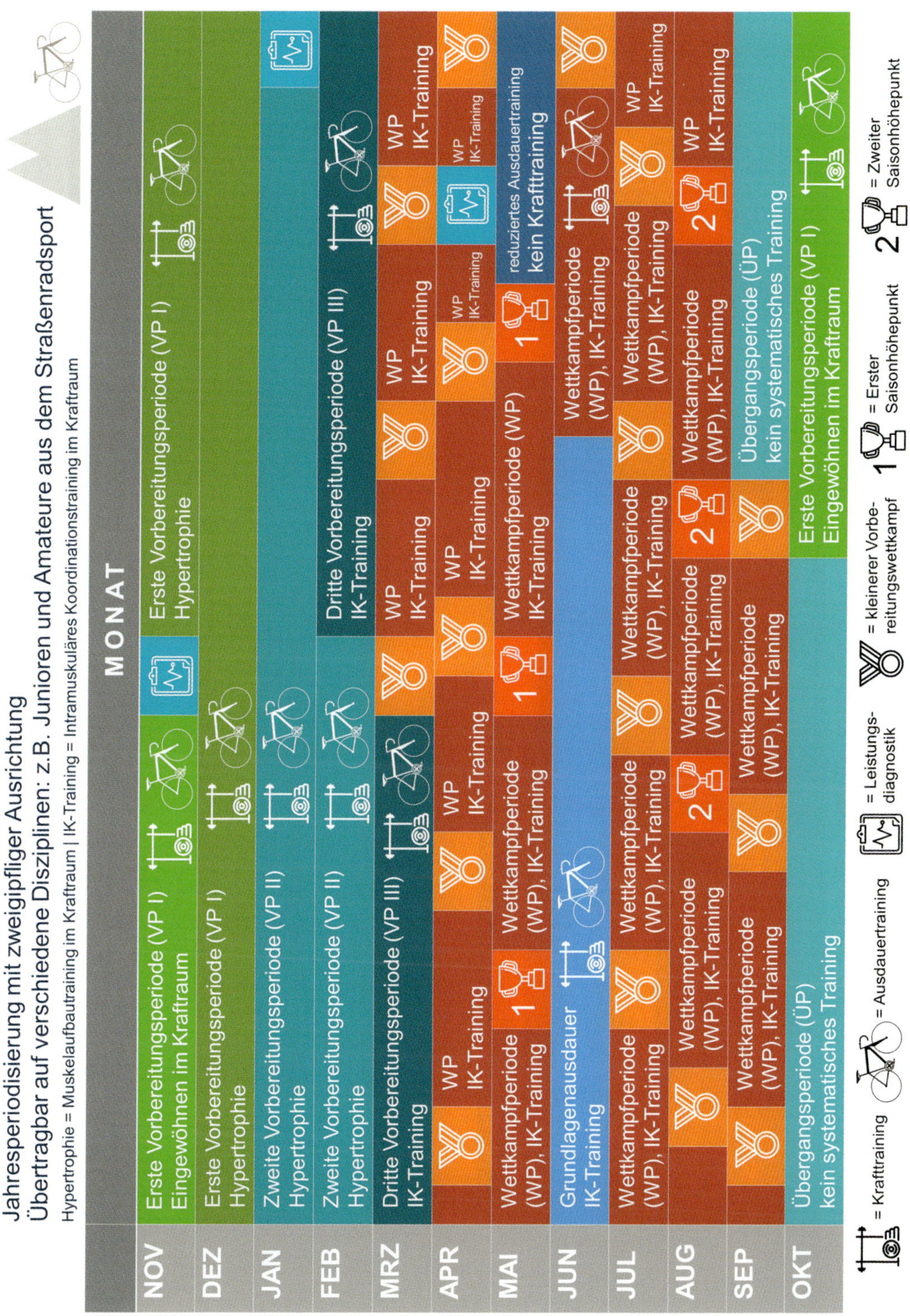

Abb. 7.3 Jahresperiodisierung mit zweigipfliger Ausrichtung

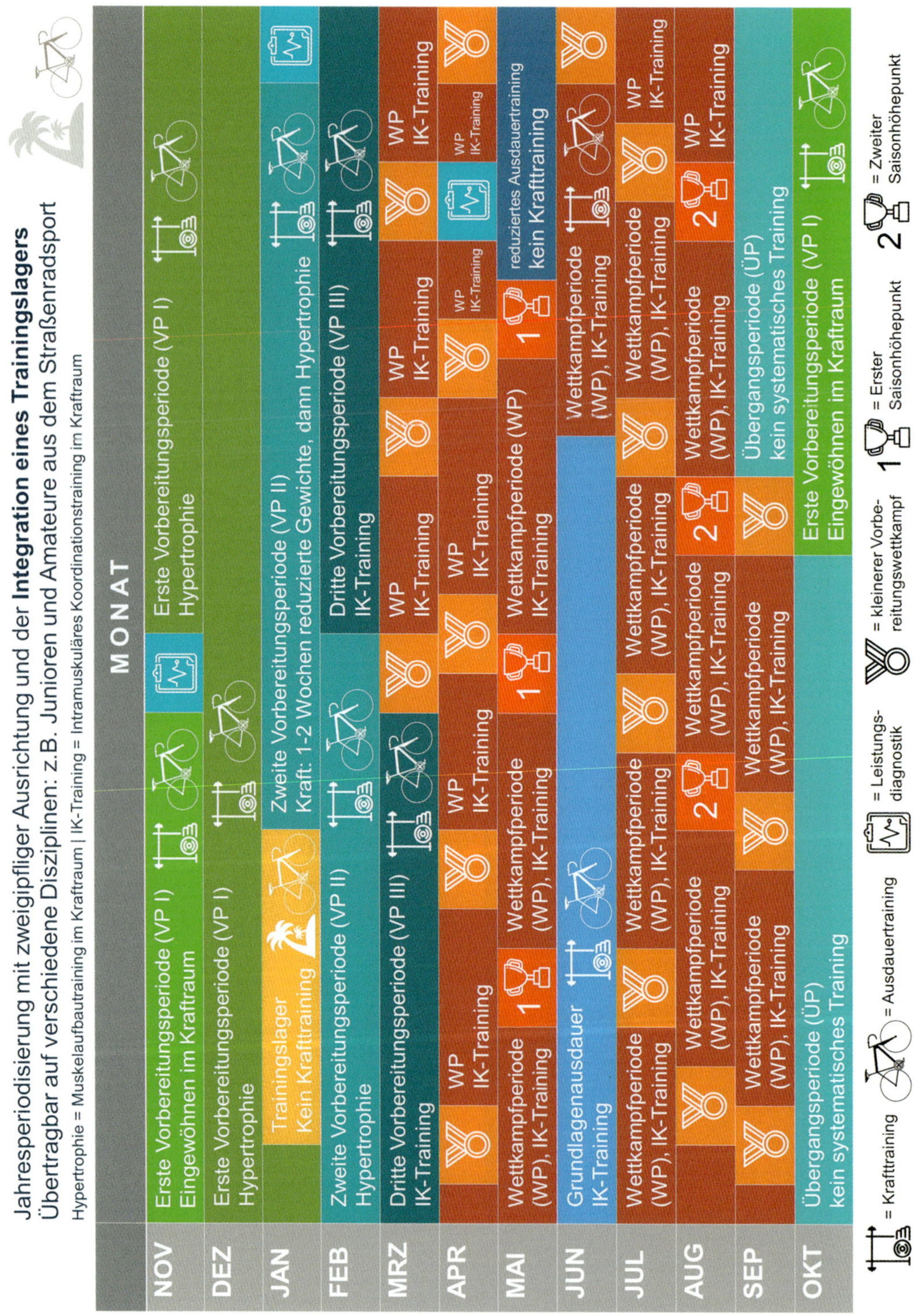

Abb. 7.4 Jahresperiodisierung mit zweigipfliger Ausrichtung und der Integration eines Trainingslagers

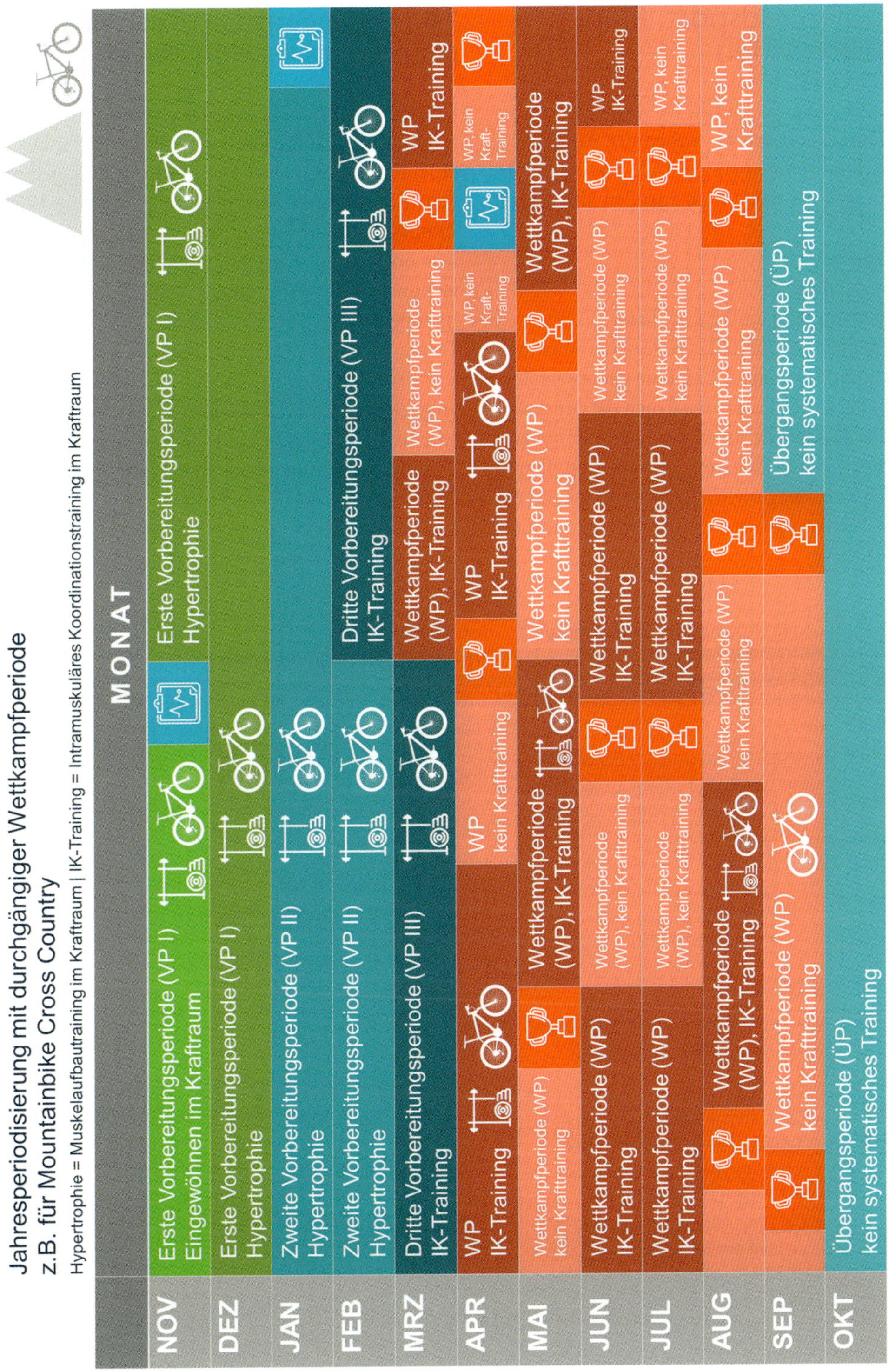

Abb. 7.5 Jahresperiodisierung mit durchgängiger Wettkampfperiode

7.6 Straßenradsport: Planen von Mikrozyklen

Im Straßenradsport spielt – neben der Ausdauer – die Muskelkraft eine wichtige Rolle (➤ Kap. 1.4). Die Leistungen bei rennentscheidenden Situationen wie

- Zwischensprints,
- Zielspurts sowie
- Angriffen am Berg und in der Ebene

werden maßgeblich durch das Niveau der Maximalkraft bestimmt (➤ Kap. 1.4.2). Eine gut ausgebildete Maximalkraft verbessert zusätzlich die Muskeleffizienz. Der Radsportler ist in der Lage, ein höheres Tempo über einen längeren Zeitraum zu fahren (➤ Kap. 3.2.1). Ein gezieltes Krafttraining kann daher die Wettkampfleistung im Straßenradsport deutlich steigern.

7.6.1 Besonderheiten der Trainingsplanung im Straßenradsport

Um ein Krafttraining erfolgreich in den Rahmentrainingsplan zu integrieren, sind einige Punkte zu beachten. Im Straßenradsport wird fast täglich auf dem Rad trainiert. Hinzu kommt, dass die Wettkampfsaison sehr lang und die Anzahl der Rennen sehr hoch ist. Die Saisonplanung folgt dabei im professionellen Bereich oftmals stark kommerziellen Interessen. Sponsoren erwarten die Präsenz ihrer Teams bei möglichst vielen Rennen; daher werden z. T. bis zu 100 Rennen in neun Monaten absolviert. Folglich sind die Trainingsphasen, in denen ein systematischer Kraftaufbau erfolgen kann, sehr kurz.

In der langen Rennsaison liegt das Ziel vor allem darin, das in der Vorbereitungsperiode erreichte Kraftniveau so gut wie möglich zu erhalten. Gleichzeitig soll einem Kraftverlust entgegengewirkt wer-

Tab. 7.5 Kraft und Krafttraining im Straßenradsport

Disziplin	Stellenwert des Maximalkraftniveaus*	Krafttraining im Trainingsprozess	Schwierigkeiten beim Planen des Krafttrainings
Straßenradsport (allgemein)	++ • Attacken und ständige Belastungswechsel bis zum individuellen Maximum fordern ein gut ausgebildetes Kraftniveau • Ein höheres Kraftniveau wirkt positiv auf die Muskeleffizienz und ermöglicht, ein höheres Tempo über einen längeren Zeitraum zu fahren	• Aufbau des Kraftniveaus in der Vorbereitungsperiode • Erhalt bzw. Stabilisierung des Kraftniveaus im Saisonverlauf • In hochbelasteten Saisonabschnitten kann das Krafttraining phasenweise reduziert oder kurzzeitig ausgesetzt werden	• Sehr hohes Trainingsvolumen auf dem Rad • Im Spitzenbereich werden über 35 000 km im Jahr auf dem Rad absolviert • Sehr lange Rennperiode; z. T. von Februar bis Ende Oktober • Hohe Wettkampfdichte; bis zu 100 Rennen im Jahr • Viele Etappenrennen
Sprintspezialisten	+++ Leistung bei Sprints wird maßgeblich durch das Kraftniveau bestimmt	siehe Straßenradsport allgemein	
Spezialisten Kriterium/ Rundstrecke	+++ • Das ständige Abbremsen und Antreten auf den meist innerstädtischen Rundkursen erfordert ein gut ausgebildetes Kraftniveau • Die zum Sieg notwendigen Punkte werden bei zahlreichen Wertungssprints vergeben, die hohe Anforderungen an die Kraft stellen	• Aufbau des Kraftniveaus in der Vorbereitungsperiode • Erhalt bzw. Stabilisierung des Kraftniveaus im Saisonverlauf • Das Krafttraining sollte möglichst ganzjährig betrieben werden	• Hohes Trainingsvolumen auf dem Rad • I. d. R. werden im Jahr über 10 000 km auf dem Rad absolviert • Sehr lange Rennperiode; z. T. von März bis Oktober • Hohe Wettkampfdichte; z. T. werden an jedem Wochenende Rennen bestritten

Tab. 7.5 Kraft und Krafttraining im Straßenradsport *(Forts.)*

Disziplin	Stellenwert des Maximalkraftniveaus*	Krafttraining im Trainingsprozess	Schwierigkeiten beim Planen des Krafttrainings
Zeitfahrspezialisten	++ • Ein höheres Kraftniveau wirkt positiv auf die Muskeleffizienz und ermöglicht, ein höheres Tempo über einen längeren Zeitraum zu fahren • Eine kräftige Rumpf- und Oberkörpermuskulatur ermöglicht eine effektive Kraftübertragung in der teilweise extremen Zeitfahrposition	siehe Straßenradsport allgemein	

*gering = +/sehr hoch = ++++

den, der durch das hohe Volumen des Ausdauertrainings verursacht wird. Das Krafttraining ist dabei so zu planen, dass es den Sportler so wenig wie möglich ermüdet. Werden im Trainingsprozess Überlastungserscheinungen deutlich, ist das Üben im Kraftraum zu reduzieren bzw. phasenweise auszusetzen. Sprintspezialisten sollten versuchen, ein Krafttraining durchgängig zu betreiben. Bei ihnen hat die Muskelkraft einen noch höheren Anteil an der Wettkampfleistung. Die wichtigsten Punkte beim Krafttraining im Straßenradsport fasst ➤ Tab. 7.5 noch einmal zusammen.

7.6.2 Straßenradsport: Mustertrainingspläne für Mikrozyklen

➤ Abb. 7.6, ➤ Abb. 7.7, ➤ Abb. 7.8 und ➤ Abb. 7.9 zeigen *Beispiele* für das Gestalten einzelner Mikrozyklen im Trainingsaufbau für die Disziplin Straßenradsport.

7.6.3 Kriterium: Mustertrainingspläne für Mikrozyklen

➤ Abb. 7.10, ➤ Abb. 7.11, ➤ Abb. 7.12 sowie ➤ Abb. 7.13 zeigen *Beispiele* für das Gestalten einzelner Mikrozyklen im Trainingsaufbau für Straßenradsportler, die sich auf den Wettbewerb bei Kriterien spezialisieren.

7.6.4 Jedermannrennen: Mustertrainingspläne für Mikrozyklen

➤ Abb. 7.14, ➤ Abb. 7.15, ➤ Abb. 7.16 sowie ➤ Abb. 7.17 zeigen *Beispiele* für das Gestalten einzelner Mikrozyklen im Trainingsaufbau für ein Jedermannrennen.

7.6.5 Radmarathon (Gran Fondo): Mustertrainingspläne für Mikrozyklen

➤ Abb. 7.18, ➤ Abb. 7.19 und ➤ Abb. 7.20 zeigen *Beispiele* für das Gestalten einzelner Mikrozyklen im Trainingsaufbau für einen Jedermann-Radmarathon, auch „Gran Fondo“ genannt. Für die Wettkampfperiode (WP) wird an dieser Stelle kein Mustertrainingsplan abgebildet, da in dieser Phase kein Krafttraining betrieben werden sollte.

Tag	Radtraining	Krafttraining						Mikrozyklus aus der ersten Vorbereitungsperiode (VP I) Straßenradsport | Wochenplan
	Trainingsinhalte mit dem Rad	**Übungen im Kraftraum**	**1. Satz RM**	**2. Satz RM**	**3. Satz RM**	**4. Satz RM**	**5. Satz RM**	**Anmerkungen/Hinweise**
MO	Kein Radtraining	Bankdrücken Klimmzug od. Latziehen Rudern vorgebeugt od. sitzend	12 12 12	12 12 12	10 10 10	10		Methode: Muskelaufbautraining für den Oberkörper Im Anschluss Rumpfkrafttraining nach Bedarf
DI	Grundlagentraining	Kein Krafttraining						
MI	Grundlagentraining	Reißkniebeuge Kniebeuge hinten Beinbeugen an der Maschine	8 10 10	8 10 10	8 10 10	 10 10	 10 10	Methode: Muskelaufbautraining für den Unterkörper Im Anschluss Rumpfkrafttraining nach Bedarf Die Übung Reißkniebeuge nicht bis zur muskulären Ausbelastung ausführen
DO	Kein Radtraining	Kreuzheben Bankdrücken Klimmzug od. Latziehen Rudern vorgebeugt od. sitzend	10 12 10 12	10 12 10 12	8 10 10 10	8 10	8	Methode: Muskelaufbautraining für den Oberkörper Im Anschluss Rumpfkrafttraining nach Bedarf
FR	Grundlagentraining	Kein Krafttraining						
SA	Grundlagentraining	Kein Krafttraining						
SO	Grundlagentraining	Reißkniebeuge Kniebeuge vorne Beinbeugen an der Maschine	8 8 10	8 8 10	8 8 10	 8 10		Methode: Muskelaufbautraining für den Unterkörper Im Anschluss Rumpfkrafttraining nach Bedarf Die Übung Reißkniebeuge nicht bis zur muskulären Ausbelastung ausführen

Abb. 7.6 Mikrozyklus aus der ersten Vorbereitungsperiode (VP I) Straßenradsport | Wochenplan

Mikrozyklus aus der zweiten Vorbereitungsperiode (VP II) Straßenradsport | Wochenplan

Tag	Radtraining: Trainingsinhalte mit dem Rad	Krafttraining: Übungen im Kraftraum	1. Satz RM	2. Satz RM	3. Satz RM	4. Satz RM	5. Satz RM	Anmerkungen/Hinweise
MO	Kein Radtraining	Bankdrücken	10	10	10	8		Methode: Muskelaufbautraining für den Oberkörper Im Anschluss Rumpfkrafttraining nach Bedarf
		Klimmzug od. Latziehen	10	10	10			
		Rudern vorgebeugt od. sitzend	10	10	10			
DI	Extensives Intervalltraining	Kein Krafttraining						
MI	Grundlagentraining	Reißkniebeuge	8	8	8			Methode: Muskelaufbautraining für den Unterkörper Im Anschluss Rumpfkrafttraining nach Bedarf Die Übung Reißkniebeuge nicht bis zur muskulären Ausbelastung ausführen
		Kniebeuge hinten	10	10	10	8	8	
		Beinbeugen an der Maschine	10	10	10	10	10	
DO	Kein Radtraining	Kreuzheben	10	10	8	8	6	Methode: Muskelaufbautraining für den Oberkörper Im Anschluss Rumpfkrafttraining nach Bedarf
		Bankdrücken	10	10	10	8		
		Klimmzug od. Latziehen	10	10	10			
		Rudern vorgebeugt od. sitzend	10	10	10			
FR	Extensives Intervalltraining	Kein Krafttraining						
SA	Grundlagentraining	Kein Krafttraining						
SO	Grundlagentraining	Reißkniebeuge	8	8	8			Methode: Muskelaufbautraining für den Unterkörper Im Anschluss Rumpfkrafttraining nach Bedarf Die Übung Reißkniebeuge nicht bis zur muskulären Ausbelastung ausführen
		Kniebeuge vorne	8	8	8	6		
		Beinbeugen an der Maschine	10	10	10	10		

Abb. 7.7 Mikrozyklus aus der zweiten Vorbereitungsperiode (VP II) Straßenradsport | Wochenplan

Tag	Radtraining	Krafttraining						Mikrozyklus aus der dritten Vorbereitungsperiode (VP III) Straßenradsport | Wochenplan
	Trainingsinhalte mit dem Rad	Übungen im Kraftraum	1. Satz RM	2. Satz RM	3. Satz RM	4. Satz RM	5. Satz RM	Anmerkungen/Hinweise
MO	Kein Radtraining	Bankdrücken Klimmzug od. Latziehen Rudern vorgebeugt od. sitzend	10 8 10	10 8 10	8 8 10	8		Methode: Muskelaufbautraining für den Oberkörper Im Anschluss Rumpfkrafttraining nach Bedarf
DI	Intensives Radtraining	Kein Krafttraining						
MI	Grundlagentraining	Reißkniebeuge Kniebeuge hinten Beinbeugen an der Maschine	6 5 6	6 5 6	6 4 6	 3		Methode: Intramuskuläres Koordinationstraining für den Unterkörper Im Anschluss Rumpfkrafttraining nach Bedarf Die Übung Reißkniebeuge nicht bis zur muskulären Ausbelastung ausführen
DO	Kein Radtraining	Kreuzheben Bankdrücken Klimmzug od. Latziehen Rudern vorgebeugt od. sitzend	8 10 8 10	8 10 8 10	8 8 8 10			Methode: Muskelaufbautraining für den Oberkörper Im Anschluss Rumpfkrafttraining nach Bedarf
FR	Intensives Radtraining	Kein Krafttraining						
SA	Grundlagentraining	Kein Krafttraining						
SO	Grundlagentraining	Kein Krafttraining						

Abb. 7.8 Mikrozyklus aus der dritten Vorbereitungsperiode (VP III) Straßenradsport | Wochenplan

Tag	Radtraining	Krafttraining						Mikrozyklus aus der Wettkampfperiode (WP) Straßenradsport | Wochenplan
	Trainingsinhalte mit dem Rad	Übungen im Kraftraum	1. Satz RM	2. Satz RM	3. Satz RM	4. Satz RM	5. Satz RM	Anmerkungen/Hinweise
MO	Kein Radtraining	Bankdrücken Klimmzug od. Latziehen Rudern vorgebeugt od. sitzend	8 8 10	8 8 10	8 6 8			Methode: Muskelaufbautraining für den Oberkörper Im Anschluss Rumpfkrafttraining nach Bedarf
DI	Radtraining	Kein Krafttraining						
MI	Radtraining	Kniebeuge hinten	4	3	2			Methode: Intramuskuläres Koordinationstraining für den Unterkörper Im Anschluss Rumpfkrafttraining nach Bedarf
DO	Kein Radtraining	Bankdrücken Klimmzug od. Latziehen Rudern vorgebeugt od. sitzend	8 8 10	8 8 10	8 6 8			Methode: Muskelaufbautraining für den Oberkörper Im Anschluss Rumpfkrafttraining nach Bedarf
FR	Kein Radtraining	Kein Krafttraining						
SA	Vorbelastung	Kein Krafttraining						
SO	Wettkampf	Kein Krafttraining						

Abb. 7.9 Mikrozyklus aus der Wettkampfperiode (WP) Straßenradsport | Wochenplan

Tag	Radtraining	Krafttraining						Mikrozyklus aus der ersten Vorbereitungsperiode (VP I) Straßenradsport Kriterium | Wochenplan
	Trainingsinhalte mit dem Rad	Übungen im Kraftraum	1. Satz RM	2. Satz RM	3. Satz RM	4. Satz RM	5. Satz RM	Anmerkungen/Hinweise
MO	Kein Radtraining	Bankdrücken	12	12	10	10		Methode: Muskelaufbautraining für den Oberkörper Im Anschluss Rumpfkrafttraining nach Bedarf
		Klimmzug od. Latziehen	12	12	10			
		Rudern vorgebeugt od. sitzend	12	12	10			
DI	Grundlagentraining	Kein Krafttraining						
MI	Grundlagentraining	Umsetzen	6	6	6	6		Methode: Muskelaufbautraining für den Unterkörper Im Anschluss Rumpfkrafttraining nach Bedarf Die Übung Umsetzen nicht bis zur muskulären Ausbelastung ausführen
		Kniebeuge hinten	10	10	10	10	10	
		Beinstrecken an der Maschine	10	10	10			
		Beinbeugen an der Maschine	10	10	10	10	10	
DO	Kein Radtraining	Kreuzheben	10	10	8	8	8	Methode: Muskelaufbautraining für den Oberkörper Im Anschluss Rumpfkrafttraining nach Bedarf
		Bankdrücken	12	12	10	10		
		Klimmzug od. Latziehen	10	10	10			
		Rudern vorgebeugt od. sitzend	12	12	10			
FR	Grundlagentraining	Kein Krafttraining						
SA	Grundlagentraining	Kein Krafttraining						
SO	Grundlagentraining	Reißkniebeuge	8	8	8	8		Methode: Muskelaufbautraining für den Unterkörper Im Anschluss Rumpfkrafttraining nach Bedarf Die Übung Reißkniebeuge nicht bis zur muskulären Ausbelastung ausführen
		Kniebeuge vorne	8	8	8	8	8	
		Beinbeugen an der Maschine	10	10	10	10		

Abb. 7.10 Mikrozyklus aus der ersten Vorbereitungsperiode (VP I) Straßenradsport Kriterium | Wochenplan

Tag	Radtraining Trainingsinhalte mit dem Rad	Krafttraining Übungen im Kraftraum	1. Satz RM	2. Satz RM	3. Satz RM	4. Satz RM	5. Satz RM	Anmerkungen/Hinweise
MO	Kein Radtraining	Bankdrücken	10	10	10	8		Methode: Muskelaufbautraining für den Oberkörper Im Anschluss Rumpfkrafttraining nach Bedarf
		Klimmzug od. Latziehen	10	10	10			
		Rudern vorgebeugt od. sitzend	10	10	10			
DI	Extensives Intervalltraining	Kein Krafttraining						
MI	Grundlagentraining	Umsetzen	6	6	4	4		Methode: Muskelaufbautraining für den Unterkörper Im Anschluss Rumpfkrafttraining nach Bedarf Die Übung Umsetzen nicht bis zur muskulären Ausbelastung ausführen
		Kniebeuge hinten	10	10	10	8	8	
		Beinstrecken an der Maschine	10	10	10			
		Beinbeugen an der Maschine	10	10	10	10	10	
DO	Kein Radtraining	Kreuzheben	10	10	8	8	6	Methode: Muskelaufbautraining für den Oberkörper Im Anschluss Rumpfkrafttraining nach Bedarf
		Bankdrücken	10	10	10	8		
		Klimmzug od. Latziehen	10	10	10			
		Rudern vorgebeugt od. sitzend	10	10	10			
FR	Extensives Intervalltraining	Kein Krafttraining						
SA	Grundlagentraining	Kein Krafttraining						
SO	Grundlagentraining	Reißkniebeuge	8	6	6			Methode: Muskelaufbautraining für den Unterkörper Im Anschluss Rumpfkrafttraining nach Bedarf Die Übung Reißkniebeuge nicht bis zur muskulären Ausbelastung ausführen
		Kniebeuge vorne	8	8	8	8	8	
		Beinbeugen an der Maschine	10	10	10	10		

Mikrozyklus aus der zweiten Vorbereitungsperiode (VP II) Straßenradsport Kriterium | Wochenplan

Abb. 7.11 Mikrozyklus aus der zweiten Vorbereitungsperiode (VP II) Straßenradsport Kriterium | Wochenplan

Tag	Radtraining	Krafttraining						Mikrozyklus aus der dritten Vorbereitungsperiode (VP III) Straßenradsport Kriterium | Wochenplan
	Trainingsinhalte mit dem Rad	Übungen im Kraftraum	1. Satz RM	2. Satz RM	3. Satz RM	4. Satz RM	5. Satz RM	Anmerkungen/Hinweise
MO	Kein Radtraining	Bankdrücken Klimmzug od. Latziehen Rudern vorgebeugt od. sitzend	10 8 10	10 8 10	8 8 10	8		Methode: Muskelaufbautraining für den Oberkörper Im Anschluss Rumpfkrafttraining nach Bedarf
DI	Intensives Radtraining	Kein Krafttraining						
MI	Grundlagentraining	Umsetzen Kniebeuge hinten Beinbeugen an der Maschine	4 5 6	4 5 6	2 4 6	3		Methode: Intramuskuläres Koordinationstraining für den Unterkörper Im Anschluss Rumpfkrafttraining nach Bedarf
DO	Kein Radtraining	Kreuzheben Bankdrücken Klimmzug od. Latziehen Rudern vorgebeugt od. sitzend	8 10 8 10	8 10 8 10	8 8 8 10			Methode: Muskelaufbautraining für den Oberkörper Im Anschluss Rumpfkrafttraining nach Bedarf
FR	Intensives Radtraining	Kein Krafttraining						
SA	Grundlagentraining	Kein Krafttraining						
SO	Grundlagentraining	Kein Krafttraining						

Abb. 7.12 Mikrozyklus aus der dritten Vorbereitungsperiode (VP III) Straßenradsport Kriterium | Wochenplan

Tag	Radtraining	Krafttraining						Mikrozyklus aus der Wettkampfperiode (WP) Straßenradsport Kriterium | Wochenplan
	Trainingsinhalte mit dem Rad	Übungen im Kraftraum	1. Satz RM	2. Satz RM	3. Satz RM	4. Satz RM	5. Satz RM	Anmerkungen/Hinweise
MO	Kein Radtraining	Bankdrücken Klimmzug od. Latziehen Rudern vorgebeugt od. sitzend	8 8 10	8 8 10	8 6 8			Methode: Muskelaufbautraining für den Oberkörper Im Anschluss Rumpfkrafttraining nach Bedarf
DI	Radtraining	Kein Krafttraining						
MI	Radtraining	Umsetzen Kniebeuge hinten	3 4	3 3	2 2			Methode: Intramuskuläres Koordinationstraining für den Unterkörper Im Anschluss Rumpfkrafttraining nach Bedarf
DO	Kein Radtraining	Bankdrücken Klimmzug od. Latziehen Rudern vorgebeugt od. sitzend	8 8 10	8 8 10	8 6 8			Methode: Muskelaufbautraining für den Oberkörper Im Anschluss Rumpfkrafttraining nach Bedarf
FR	Kein Radtraining	Kein Krafttraining						
SA	Vorbelastung	Kein Krafttraining						
SO	Wettkampf	Kein Krafttraining						

Abb. 7.13 Mikrozyklus aus der Wettkampfperiode (WP) Straßenradsport Kriterium | Wochenplan

Tag	Radtraining	Krafttraining						Mikrozyklus aus der ersten Vorbereitungsperiode (VP I) Jedermannrennen | Wochenplan
	Trainingsinhalte mit dem Rad	Übungen im Kraftraum	1. Satz RM	2. Satz RM	3. Satz RM	4. Satz RM	5. Satz RM	Anmerkungen/Hinweise
MO	Kein Radtraining	Bankdrücken Klimmzug od. Latziehen Rudern vorgebeugt od. sitzend	12 12 12	12 12 12	10 10 10	10		Methode: Muskelaufbautraining für den Oberkörper Im Anschluss Rumpfkrafttraining nach Bedarf
DI	Grundlagentraining	Kein Krafttraining						
MI	Grundlagentraining	Reißkniebeuge Kniebeuge hinten Beinbeugen an der Maschine	8 10 10	8 10 10	8 10 10	 10 10	 10 10	Methode: Muskelaufbautraining für den Unterkörper Im Anschluss Rumpfkrafttraining nach Bedarf Die Übung Reißkniebeuge nicht bis zur muskulären Ausbelastung ausführen
DO	Kein Radtraining	Kreuzheben Bankdrücken Klimmzug od. Latziehen Rudern vorgebeugt od. sitzend	10 12 10 12	10 12 10 12	8 10 10 10	8 10	8	Methode: Muskelaufbautraining für den Oberkörper Im Anschluss Rumpfkrafttraining nach Bedarf
FR	Grundlagentraining	Kein Krafttraining						
SA	Grundlagentraining	Kein Krafttraining						
SO	Grundlagentraining	Reißkniebeuge Kniebeuge vorne Beinbeugen an der Maschine	8 8 10	8 8 10	8 8 10	 8 10		Methode: Muskelaufbautraining für den Unterkörper Im Anschluss Rumpfkrafttraining nach Bedarf Die Übung Reißkniebeuge nicht bis zur muskulären Ausbelastung ausführen

Abb. 7.14 Mikrozyklus aus der ersten Vorbereitungsperiode (VP I) Jedermannrennen | Wochenplan

Tag	Radtraining	Krafttraining	Mikrozyklus aus der zweiten Vorbereitungsperiode (VP II) Jedermannrennen | Wochenplan					
	Trainingsinhalte mit dem Rad	Übungen im Kraftraum	1. Satz RM	2. Satz RM	3. Satz RM	4. Satz RM	5. Satz RM	Anmerkungen/Hinweise
MO	Kein Radtraining	Bankdrücken Klimmzug od. Latziehen Rudern vorgebeugt od. sitzend	10 10 10	10 10 10	10 10 10	8		Methode: Muskelaufbautraining für den Oberkörper Im Anschluss Rumpfkrafttraining nach Bedarf
DI	Extensives Intervalltraining	Kein Krafttraining						
MI	Grundlagentraining	Reißkniebeuge Kniebeuge hinten Beinbeugen an der Maschine	8 10 10	8 10 10	8 10 10	 10 10		Methode: Muskelaufbautraining für den Unterkörper Im Anschluss Rumpfkrafttraining nach Bedarf Die Übung Reißkniebeuge nicht bis zur muskulären Ausbelastung ausführen
DO	Kein Radtraining	Kreuzheben Bankdrücken Klimmzug od. Latziehen Rudern vorgebeugt od. sitzend	10 10 10 10	10 10 10 10	8 10 10 10	8 8		Methode: Muskelaufbautraining für den Oberkörper Im Anschluss Rumpfkrafttraining nach Bedarf
FR	Extensives Intervalltraining	Kein Krafttraining						
SA	Grundlagentraining	Kein Krafttraining						
SO	Grundlagentraining	Reißkniebeuge Kniebeuge vorne Beinbeugen an der Maschine	8 8 10	8 8 10	8 8 10	 6 10		Methode: Muskelaufbautraining für den Unterkörper Im Anschluss Rumpfkrafttraining nach Bedarf Die Übung Reißkniebeuge nicht bis zur muskulären Ausbelastung ausführen

Abb. 7.15 Mikrozyklus aus der zweiten Vorbereitungsperiode (VP II) Jedermannrennen | Wochenplan

Tag	Radtraining	Krafttraining	Mikrozyklus aus der dritten Vorbereitungsperiode (VP III) Jedermannrennen | Wochenplan					
	Trainingsinhalte mit dem Rad	Übungen im Kraftraum	1. Satz RM	2. Satz RM	3. Satz RM	4. Satz RM	5. Satz RM	Anmerkungen/Hinweise
MO	Kein Radtraining	Bankdrücken Klimmzug od. Latziehen Rudern vorgebeugt od. sitzend	10 8 10	10 8 10	8 8 10	8		Methode: Muskelaufbautraining für den Oberkörper Im Anschluss Rumpfkrafttraining nach Bedarf
DI	Intensives Radtraining	Kein Krafttraining						
MI	Grundlagentraining	Kniebeuge hinten Beinbeugen an der Maschine	5 6	5 6	4 6	 3		Methode: Intramuskuläres Koordinationstraining für den Unterkörper Im Anschluss Rumpfkrafttraining nach Bedarf
DO	Kein Radtraining	Kreuzheben Bankdrücken Klimmzug od. Latziehen Rudern vorgebeugt od. sitzend	8 10 8 10	8 10 8 10	8 8 8 10			Methode: Muskelaufbautraining für den Oberkörper Im Anschluss Rumpfkrafttraining nach Bedarf
FR	Intensives Radtraining	Kein Krafttraining						
SA	Grundlagentraining	Kein Krafttraining						
SO	Grundlagentraining	Kein Krafttraining						

Abb. 7.16 Mikrozyklus aus der dritten Vorbereitungsperiode (VP III) Jedermannrennen | Wochenplan

Tag	Radtraining	Krafttraining						Mikrozyklus aus der Wettkampfperiode (WP) Jedermannrennen | Wochenplan
	Trainingsinhalte mit dem Rad	Übungen im Kraftraum	1. Satz RM	2. Satz RM	3. Satz RM	4. Satz RM	5. Satz RM	Anmerkungen/Hinweise
MO	Kein Radtraining	Bankdrücken Klimmzug od. Latziehen Rudern vorgebeugt od. sitzend	8 8 10	8 8 10	8 6 8			Methode: Muskelaufbautraining für den Oberkörper Im Anschluss Rumpfkrafttraining nach Bedarf
DI	Radtraining	Kein Krafttraining						
MI	Radtraining	Kniebeuge hinten	4	3	2			Methode: Intramuskuläres Koordinationstraining für den Unterkörper Im Anschluss Rumpfkrafttraining nach Bedarf
DO	Kein Radtraining	Bankdrücken Klimmzug od. Latziehen Rudern vorgebeugt od. sitzend	8 8 10	8 8 10	8 6 8			Methode: Muskelaufbautraining für den Oberkörper Im Anschluss Rumpfkrafttraining nach Bedarf
FR	Kein Radtraining	Kein Krafttraining						
SA	Vorbelastung	Kein Krafttraining						
SO	Wettkampf	Kein Krafttraining						

Abb. 7.17 Mikrozyklus aus der Wettkampfperiode (WP) Jedermannrennen | Wochenplan

Tag	Radtraining: Trainingsinhalte mit dem Rad	Krafttraining: Übungen im Kraftraum	1. Satz RM	2. Satz RM	3. Satz RM	4. Satz RM	5. Satz RM	Anmerkungen/Hinweise
								Mikrozyklus aus der ersten Vorbereitungsperiode (VP I) Radmarathon (Gran Fondo) | Wochenplan
MO	Kein Radtraining	Bankdrücken	12	12	10	10		Methode: Muskelaufbautraining für den Oberkörper Im Anschluss Rumpfkrafttraining nach Bedarf
		Klimmzug od. Latziehen	12	12	10			
		Rudern vorgebeugt od. sitzend	12	12	10			
DI	Grundlagentraining	Kein Krafttraining						
MI	Grundlagentraining	Reißkniebeuge	8	8	8			Methode: Muskelaufbautraining für den Unterkörper Im Anschluss Rumpfkrafttraining nach Bedarf Die Übung Reißkniebeuge nicht bis zur muskulären Ausbelastung ausführen
		Kniebeuge hinten	10	10	10	10	10	
		Beinbeugen an der Maschine	10	10	10	10	10	
DO	Kein Radtraining	Kreuzheben	10	10	8	8	8	Methode: Muskelaufbautraining für den Oberkörper Im Anschluss Rumpfkrafttraining nach Bedarf
		Bankdrücken	12	12	10	10		
		Klimmzug od. Latziehen	10	10	10			
		Rudern vorgebeugt od. sitzend	12	12	10			
FR	Grundlagentraining	Kein Krafttraining						
SA	Grundlagentraining	Kein Krafttraining						
SO	Grundlagentraining	Reißkniebeuge	8	8	8			Methode: Muskelaufbautraining für den Unterkörper Im Anschluss Rumpfkrafttraining nach Bedarf Die Übung Reißkniebeuge nicht bis zur muskulären Ausbelastung ausführen
		Kniebeuge vorne	8	8	8	8		
		Beinbeugen an der Maschine	10	10	10	10		

Abb. 7.18 Mikrozyklus aus der ersten Vorbereitungsperiode (VP I) Radmarathon (Gran Fondo) | Wochenplan

Tag	Radtraining	Krafttraining	Mikrozyklus aus der zweiten Vorbereitungsperiode (VP II) Radmarathon (Gran Fondo) | Wochenplan					
	Trainingsinhalte mit dem Rad	**Übungen im Kraftraum**	**1. Satz RM**	**2. Satz RM**	**3. Satz RM**	**4. Satz RM**	**5. Satz RM**	**Anmerkungen/Hinweise**
MO	Kein Radtraining	Bankdrücken Klimmzug od. Latziehen Rudern vorgebeugt od. sitzend	10 10 10	10 10 10	10 10 10	8		Methode: Muskelaufbautraining für den Oberkörper Im Anschluss Rumpfkrafttraining nach Bedarf
DI	Extensives Intervalltraining	Kein Krafttraining						
MI	Grundlagentraining	Reißkniebeuge Kniebeuge hinten Beinbeugen an der Maschine	8 10 10	8 10 10	8 10 10	 10 10		Methode: Muskelaufbautraining für den Unterkörper Im Anschluss Rumpfkrafttraining nach Bedarf Die Übung Reißkniebeuge nicht bis zur muskulären Ausbelastung ausführen
DO	Kein Radtraining	Kreuzheben Bankdrücken Klimmzug od. Latziehen Rudern vorgebeugt od. sitzend	10 10 10 10	10 10 10 10	8 10 10 10	8 8		Methode: Muskelaufbautraining für den Oberkörper Im Anschluss Rumpfkrafttraining nach Bedarf
FR	Extensives Intervalltraining	Kein Krafttraining						
SA	Grundlagentraining	Kein Krafttraining						
SO	Grundlagentraining	Reißkniebeuge Kniebeuge vorne Beinbeugen an der Maschine	8 8 10	8 8 10	8 8 10	 6 10		Methode: Muskelaufbautraining für den Unterkörper Im Anschluss Rumpfkrafttraining nach Bedarf Die Übung Reißkniebeuge nicht bis zur muskulären Ausbelastung ausführen

Abb. 7.19 Mikrozyklus aus der zweiten Vorbereitungsperiode (VP II) Radmarathon (Gran Fondo) | Wochenplan

7

Tag	Radtraining	Krafttraining						Mikrozyklus aus der dritten Vorbereitungsperiode (VP III) Radmarathon (Gran Fondo) | Wochenplan
	Trainingsinhalte mit dem Rad	**Übungen im Kraftraum**	**1. Satz RM**	**2. Satz RM**	**3. Satz RM**	**4. Satz RM**	**5. Satz RM**	**Anmerkungen/Hinweise**
MO	Kein Radtraining	Bankdrücken Klimmzug od. Latziehen Rudern vorgebeugt od. sitzend	10 8 10	10 8 10	8 8 10	8		Methode: Muskelaufbautraining für den Oberkörper Im Anschluss Rumpfkrafttraining nach Bedarf
DI	Intensives Radtraining	Kein Krafttraining						
MI	Grundlagentraining	Kniebeuge hinten Beinbeugen an der Maschine	5 6	5 6	4 6	 3		Methode: Intramuskuläres Koordinationstraining für den Unterkörper Im Anschluss Rumpfkrafttraining nach Bedarf
DO	Kein Radtraining	Kreuzheben Bankdrücken Klimmzug od. Latziehen Rudern vorgebeugt od. sitzend	8 10 8 10	8 10 8 10	8 8 8 10			Methode: Muskelaufbautraining für den Oberkörper Im Anschluss Rumpfkrafttraining nach Bedarf
FR	Intensives Radtraining	Kein Krafttraining						
SA	Grundlagentraining	Kein Krafttraining						
SO	Grundlagentraining	Kein Krafttraining						

Abb. 7.20 Mikrozyklus aus der dritten Vorbereitungsperiode (VP III) Radmarathon (Gran Fondo) | Wochenplan

7.7 Mountainbike: Planen von Mikrozyklen im Trainingsverlauf

Im Mountainbikesport kommt der Muskelkraft sprichwörtlich eine „starke" Rolle zu. Sie ist – neben der Ausdauer – die zentrale Größe beim Erbringen der Wettkampfleistung. Der Einfluss der Kraft variiert dabei je nach Disziplin. Ihr Stellenwert steigt, je kürzer die Wettkampfdauer ist (➤ Kap. 1.6). ➤ Tab. 7.6 fasst die wichtigsten Punkte beim Krafttraining im Mountainbikesport zusammen.

7.7.1 Mountainbike Cross Country (XCO): Mustertrainingspläne für Mikrozyklen

Cross Country ist die klassische Wettkampfdisziplin des Mountainbikesports. Die Anforderungen an die physische Leistungsfähigkeit sind sehr hoch. Die Wettkampfdauer ist mit einer Länge von maximal 105 Minuten deutlich kürzer als bei Straßenradrennen (➤ Kap. 1.6). Hierdurch nimmt die Intensität im Wettkampf deutlich zu. Nach einem kraftbetonten Start – der mitunter rennentscheidend sein kann – werden die Rennen von Beginn an schnell gefahren; es gibt keine Ruhephasen.

Tab. 7.6 Kraft und Krafttraining im Mountainbikesport

Disziplin	Stellenwert des Maximalkraftniveaus*	Krafttraining im Trainingsprozess	Schwierigkeiten beim Planen des Krafttrainings
Mountainbike Cross Country (XCO)	+++ • Ständige Belastungswechsel im Gelände und Attacken bis zum individuellen Leistungsmaximum verlangen ein gut ausgebildetes Kraftniveau • Ein höheres Kraftniveau wirkt positiv auf die Muskeleffizienz und ermöglicht, ein höheres Tempo über einen längeren Zeitraum zu fahren • Das Stabilisieren von Körper und Fahrrad in unwegsamem Gelände erfordert eine kräftige Rumpf- und Oberkörpermuskulatur	• Grundlegender Aufbau des Kraftniveaus in der Vorbereitungsperiode • Bei hoher Wettkampfdichte Erhalt bzw. Stabilisierung des Kraftniveaus im Saisonverlauf • In hochbelasteten Saisonabschnitten kann das Krafttraining phasenweise reduziert oder kurzzeitig ausgesetzt werden	• Hohes Trainingsvolumen auf dem Rad • Lange Rennperiode von 8–9 Monaten • Im Spitzenbereich hohe Wettkampfdichte; ca. 40 Renntermine
Mountainbike Marathon (XCM)	++ • Ständige Belastungswechsel im Gelände und Attacken bis zum individuellen Leistungsmaximum verlangen ein gut ausgebildetes Kraftniveau • Ein höheres Kraftniveau wirkt positiv auf die Muskeleffizienz und ermöglicht, ein höheres Tempo über einen längeren Zeitraum zu fahren • Das Stabilisieren von Körper und Fahrrad in unwegsamem Gelände erfordert eine kräftige Rumpf- und Oberkörpermuskulatur	• Grundlegender Aufbau des Kraftniveaus in der Vorbereitungsperiode • Bei moderater Anzahl an Wettkämpfen auch saisonbegleitend weiterer Aufbau der Kraft • In hochbelasteten Saisonabschnitten (Etappenrennen) kann das Krafttraining phasenweise reduziert oder kurzzeitig ausgesetzt werden	• Hohes Trainingsvolumen auf dem Rad • Lange Rennperiode von 8–9 Monaten • Die längere Wettkampfdistanz erfordert nach Rennen eine längere Regenerationszeit

*gering = +/sehr hoch = ++++

7

Typisch für das Fahren im Gelände ist ein ständiger Wechsel der Belastungen. Unwegsame Bodenbeläge, kurze, steile Anstiege sowie Positionskämpfe auf schmalen Pfaden verlangen den Fahrern Belastungen ab, die im Bereich ihres Leistungsmaximums liegen. Beim Fahren über Stock und Stein muss der Fahrer dabei Körper und Fahrrad muskulär im Gleichgewicht halten. Im Cross-Country-Sport ist daher ein hohes Niveau der Kraftfähigkeiten gefordert – sowohl der vortriebswirksamen Beinmuskeln als auch der Rumpf- und Oberkörpermuskulatur.

Besonderheiten der Trainingsplanung

Das systematische und ganzjährige Training im Kraftraum ist eine wichtige Voraussetzung, um im Cross-Country-Sport erfolgreiche Wettkampfleistungen zu erbringen. Die im Gegensatz zum Straßensport deutlich geringere Dichte der Renntermine erleichtert das strukturierte Planen des Krafttrainings. Spitzenfahrer absolvieren in rund neun Monaten an die 40 Rennen. Obwohl das Krafttraining einen herausragenden Stellenwert besitzt, ist es den Inhalten und Umfängen des Radtrainings unterzuordnen bzw. an dieses anzupassen. In hochbelasteten Saisonabschnitten mit vielen wichtigen Wettkämpfen in kurzer Folge kann das Krafttraining phasenweise reduziert oder kurzzeitig ausgesetzt werden. Auf diese Weise soll Überlastungen entgegengewirkt werden.

➢ Abb. 7.21, ➢ Abb. 7.22, ➢ Abb. 7.23 sowie ➢ Abb. 7.24 zeigen *Beispiele* für das Gestalten einzelner Mikrozyklen im Trainingsaufbau beim Mountainbike Cross Country (XCO).

7.7.2 Mountainbike-Marathon (XCM): Mustertrainingspläne für Mikrozyklen

Das Belastungsprofil beim Mountainbike-Marathon entspricht einer Mischung aus einem langen und bergigen Straßenrennen und einem Mountainbike-Cross-Country-Wettbewerb. Die Bedeutung der Muskelkraft beim Erbringen der Wettkampfleistung ist vergleichbar mit der bei Straßenrennen (➢ Kap. 1.6.2). Der Mountainbike-Marathon hat mittlerweile bei Freizeit- und Amateursportlern einen sehr hohen Stellenwert, der weit über dem von Cross-Country-Veranstaltungen liegt. Dies zeigt sich in riesigen Startfeldern. Bei großen Rennen, wie z. B. dem Black Forest Ultra Bike Marathon im Schwarzwald, gehen mehr als 4 000 Teilnehmer auf die Strecke. Ein weiterer Trend innerhalb der Marathonszene sind mehrtägige Etappenrennen. Viele Cross-Country-Spezialisten nehmen an Marathonrennen teil, um sich auf ihren Saisonhöhepunkt vorzubereiten.

Besonderheiten der Trainingsplanung beim XCM

Die Anzahl und Dichte der Wettkämpfe entspricht im Spitzenbereich in etwa der im Cross-Country-Sport. Bei der Planung des Krafttrainings gelten deshalb für Spitzenathleten die gleichen Voraussetzungen wie im Cross-Country-Sport; allerdings sind die längeren Wettkampfdistanzen zu beachten. Diese fordern entsprechend längere Regenerationszeiten im Anschluss an die Renntage. Die Renndistanzen können auf der Langstrecke bis zu 160 km betragen.

Zu berücksichtigen ist auch die Leistungsklasse. Freizeit- und Amateursportler absolvieren deutlich weniger Rennen in einem Jahr als Spitzenfahrer. Ein systematisches Einbinden des ganzjährigen Krafttrainings ist in diesen Leistungsklassen deshalb relativ problemlos möglich. Es stehen ausreichend lange Regenerationszeiten zwischen den Wettkämpfen zur Verfügung. Viele Fahrer setzen ihren Schwerpunkt zunehmend auf Mountainbike-Marathon-Etappenrennen. Hierbei haben die Sportler ein bis zwei Wettkampfhöhepunkte pro Saison. Bei einer so deutlichen Ausrichtung der Rennplanung liegt das Trainingsziel nicht nur in einem Erhalt des Kraftniveaus im Saisonverlauf; in der Wettkampfsaison kann das Krafttraining auf den jeweiligen Saisonhöhepunkt ausgerichtete bzw. periodisiert werden. ➢ Tab. 7.6 fasst die wichtigen Punkte beim Krafttraining im Mountainbikesport als Übersicht zusammen.

➢ Abb. 7.25, ➢ Abb. 7.26, ➢ Abb. 7.27 und ➢ Abb. 7.28 zeigen *Beispiele* für das Gestalten einzelner Mikrozyklen im Trainingsaufbau beim Mountainbike-Marathon (XCM).

Tag	Radtraining	Krafttraining	Mikrozyklus aus der ersten Vorbereitungsperiode (VP I) Mountainbike Cross Country (XCO) | Wochenplan					
	Trainingsinhalte mit dem Rad	Übungen im Kraftraum	1. Satz RM	2. Satz RM	3. Satz RM	4. Satz RM	5. Satz RM	Anmerkungen/Hinweise
MO	Kein Radtraining	Bankdrücken Klimmzug od. Latziehen Rudern vorgebeugt od. sitzend	12 12 12	12 12 12	10 10 10	10		Methode: Muskelaufbautraining für den Oberkörper Im Anschluss Rumpfkrafttraining nach Bedarf
DI	Grundlagentraining	Kein Krafttraining						
MI	Grundlagentraining	Umsetzen Kniebeuge hinten Beinstrecken an der Maschine Beinbeugen an der Maschine	6 10 10 10	6 10 10 10	6 10 10 10	6 10 10	 10 10	Methode: Muskelaufbautraining für den Unterkörper Im Anschluss Rumpfkrafttraining nach Bedarf Die Übung Umsetzen nicht bis zur muskulären Ausbelastung ausführen
DO	Kein Radtraining	Kreuzheben Bankdrücken Klimmzug od. Latziehen Rudern vorgebeugt od. sitzend	10 12 10 12	10 12 10 12	8 10 10 10	8 10	8	Methode: Muskelaufbautraining für den Oberkörper Im Anschluss Rumpfkrafttraining nach Bedarf
FR	Grundlagentraining	Kein Krafttraining						
SA	Grundlagentraining	Kein Krafttraining						
SO	Grundlagentraining	Reißkniebeuge Kniebeuge vorne Beinbeugen an der Maschine	8 8 10	8 8 10	8 8 10	8 8 10	 8	Methode: Muskelaufbautraining für den Unterkörper Im Anschluss Rumpfkrafttraining nach Bedarf Die Übung Reißkniebeuge nicht bis zur muskulären Ausbelastung ausführen

Abb. 7.21 Mikrozyklus aus der ersten Vorbereitungsperiode (VP I) Mountainbike Cross Country (XCO) | Wochenplan

7

Tag	Radtraining	Krafttraining	Mikrozyklus aus der zweiten Vorbereitungsperiode (VP II) Mountainbike Cross Country (XCO) | Wochenplan					
	Trainingsinhalte mit dem Rad	Übungen im Kraftraum	1. Satz RM	2. Satz RM	3. Satz RM	4. Satz RM	5. Satz RM	Anmerkungen/Hinweise
MO	Kein Radtraining	Bankdrücken Klimmzug od. Latziehen Rudern vorgebeugt od. sitzend	10 10 10	10 10 10	10 10 10	8		Methode: Muskelaufbautraining für den Oberkörper Im Anschluss Rumpfkrafttraining nach Bedarf
DI	Extensives Intervalltraining	Kein Krafttraining						
MI	Grundlagentraining	Umsetzen Kniebeuge hinten Beinstrecken an der Maschine Beinbeugen an der Maschine	6 10 10 10	6 10 10 10	4 10 10 10	4 8 10	 8 10	Methode: Muskelaufbautraining für den Unterkörper Im Anschluss Rumpfkrafttraining nach Bedarf Die Übung Umsetzen nicht bis zur muskulären Ausbelastung ausführen
DO	Kein Radtraining	Kreuzheben Bankdrücken Klimmzug od. Latziehen Rudern vorgebeugt od. sitzend	10 10 10 10	10 10 10 10	8 10 10 10	8 8	6	Methode: Muskelaufbautraining für den Oberkörper Im Anschluss Rumpfkrafttraining nach Bedarf
FR	Extensives Intervalltraining	Kein Krafttraining						
SA	Grundlagentraining	Kein Krafttraining						
SO	Grundlagentraining	Reißkniebeuge Kniebeuge vorne Beinbeugen an der Maschine	8 8 10	6 8 10	6 8 10	 8 10	 8	Methode: Muskelaufbautraining für den Unterkörper Im Anschluss Rumpfkrafttraining nach Bedarf Die Übung Reißkniebeuge nicht bis zur muskulären Ausbelastung ausführen

Abb. 7.22 Mikrozyklus aus der zweiten Vorbereitungsperiode (VP II) Mountainbike Cross Country (XCO) | Wochenplan

Tag	Radtraining	Krafttraining	Mikrozyklus aus der dritten Vorbereitungsperiode (VP III) Mountainbike Cross Country (XCO) | Wochenplan					
	Trainingsinhalte mit dem Rad	**Übungen im Kraftraum**	**1. Satz RM**	**2. Satz RM**	**3. Satz RM**	**4. Satz RM**	**5. Satz RM**	**Anmerkungen/Hinweise**
MO	Kein Radtraining	Bankdrücken Klimmzug od. Latziehen Rudern vorgebeugt od. sitzend	10 8 10	10 8 10	8 8 10	8		Methode: Muskelaufbautraining für den Oberkörper Im Anschluss Rumpfkrafttraining nach Bedarf
DI	Intensives Radtraining	Kein Krafttraining						
MI	Grundlagentraining	Umsetzen Kniebeuge hinten Beinbeugen an der Maschine	4 5 6	4 5 6	3 4 6	2 3	 3	Methode: Intramuskuläres Koordinationstraining für den Unterkörper Im Anschluss Rumpfkrafttraining nach Bedarf
DO	Kein Radtraining	Kreuzheben Bankdrücken Klimmzug od. Latziehen Rudern vorgebeugt od. sitzend	8 10 8 10	8 10 8 10	8 8 8 10			Methode: Muskelaufbautraining für den Oberkörper Im Anschluss Rumpfkrafttraining nach Bedarf
FR	Intensives Radtraining	Kein Krafttraining						
SA	Grundlagentraining	Kein Krafttraining						
SO	Grundlagentraining	Kein Krafttraining						

Abb. 7.23 Mikrozyklus aus der dritten Vorbereitungsperiode (VP III) Mountainbike Cross Country (XCO) | Wochenplan

7

Tag	Radtraining	Krafttraining						Mikrozyklus aus der Wettkampfperiode (WP) Mountainbike Cross Country (XCO) | Wochenplan
	Trainingsinhalte mit dem Rad	Übungen im Kraftraum	1. Satz RM	2. Satz RM	3. Satz RM	4. Satz RM	5. Satz RM	Anmerkungen/Hinweise
MO	Kein Radtraining	Bankdrücken Klimmzug od. Latziehen Rudern vorgebeugt od. sitzend	8 8 10	8 8 10	8 6 8			Methode: Muskelaufbautraining für den Oberkörper Im Anschluss Rumpfkrafttraining nach Bedarf
DI	Radtraining	Kein Krafttraining						
MI	Radtraining	Umsetzen Kniebeuge hinten	3 4	3 3	2 2	2 2		Methode: Intramuskuläres Koordinationstraining für den Unterkörper Im Anschluss Rumpfkrafttraining nach Bedarf
DO	Kein Radtraining	Bankdrücken Klimmzug od. Latziehen Rudern vorgebeugt od. sitzend	8 8 10	8 8 10	8 6 8			Methode: Muskelaufbautraining für den Oberkörper Im Anschluss Rumpfkrafttraining nach Bedarf
FR	Kein Radtraining	Kein Krafttraining						
SA	Vorbelastung	Kein Krafttraining						
SO	Wettkampf	Kein Krafttraining						

Abb. 7.24 Mikrozyklus aus der Wettkampfperiode (WP) Mountainbike Cross Country (XCO) | Wochenplan

Tag	Radtraining	Krafttraining						Mikrozyklus aus der ersten Vorbereitungsperiode (VP I) Mountainbike Marathon (XCM) | Wochenplan
	Trainingsinhalte mit dem Rad	Übungen im Kraftraum	1. Satz RM	2. Satz RM	3. Satz RM	4. Satz RM	5. Satz RM	Anmerkungen/Hinweise
MO	Kein Radtraining	Bankdrücken Klimmzug od. Latziehen Rudern vorgebeugt od. sitzend	12 12 12	12 12 12	10 10 10	10		Methode: Muskelaufbautraining für den Oberkörper Im Anschluss Rumpfkrafttraining nach Bedarf
DI	Grundlagentraining	Kein Krafttraining						
MI	Grundlagentraining	Reißkniebeuge Kniebeuge hinten Beinbeugen an der Maschine	8 10 10	8 10 10	8 10 10	 10 10	 10 10	Methode: Muskelaufbautraining für den Unterkörper Im Anschluss Rumpfkrafttraining nach Bedarf Die Übung Reißkniebeuge nicht bis zur muskulären Ausbelastung ausführen
DO	Kein Radtraining	Kreuzheben Bankdrücken Klimmzug od. Latziehen Rudern vorgebeugt od. sitzend	10 12 10 12	10 12 10 12	8 10 10 10	8 10	8	Methode: Muskelaufbautraining für den Oberkörper Im Anschluss Rumpfkrafttraining nach Bedarf
FR	Grundlagentraining	Kein Krafttraining						
SA	Grundlagentraining	Kein Krafttraining						
SO	Grundlagentraining	Reißkniebeuge Kniebeuge vorne Beinbeugen an der Maschine	8 8 10	8 8 10	8 8 10	 8 10		Methode: Muskelaufbautraining für den Unterkörper Im Anschluss Rumpfkrafttraining nach Bedarf Die Übung Reißkniebeuge nicht bis zur muskulären Ausbelastung ausführen

Abb. 7.25 Mikrozyklus aus der ersten Vorbereitungsperiode (VP I) Mountainbike-Marathon (XCM) | Wochenplan

Tag	Radtraining Trainingsinhalte mit dem Rad	Krafttraining Übungen im Kraftraum	1. Satz RM	2. Satz RM	3. Satz RM	4. Satz RM	5. Satz RM	Anmerkungen/Hinweise
MO	Kein Radtraining	Bankdrücken Klimmzug od. Latziehen Rudern vorgebeugt od. sitzend	10 10 10	10 10 10	10 10 10	8		Methode: Muskelaufbautraining für den Oberkörper Im Anschluss Rumpfkrafttraining nach Bedarf
DI	Extensives Intervalltraining	Kein Krafttraining						
MI	Grundlagentraining	Reißkniebeuge Kniebeuge hinten Beinbeugen an der Maschine	8 10 10	8 10 10	8 10 10	 8 10	 8 10	Methode: Muskelaufbautraining für den Unterkörper Im Anschluss Rumpfkrafttraining nach Bedarf Die Übung Reißkniebeuge nicht bis zur muskulären Ausbelastung ausführen
DO	Kein Radtraining	Kreuzheben Bankdrücken Klimmzug od. Latziehen Rudern vorgebeugt od. sitzend	10 10 10 10	10 10 10 10	8 10 10 10	8 8	6	Methode: Muskelaufbautraining für den Oberkörper Im Anschluss Rumpfkrafttraining nach Bedarf
FR	Extensives Intervalltraining	Kein Krafttraining						
SA	Grundlagentraining	Kein Krafttraining						
SO	Grundlagentraining	Reißkniebeuge Kniebeuge vorne Beinbeugen an der Maschine	8 8 10	8 8 10	8 8 10	 6 10		Methode: Muskelaufbautraining für den Unterkörper Im Anschluss Rumpfkrafttraining nach Bedarf Die Übung Reißkniebeuge nicht bis zur muskulären Ausbelastung ausführen

Mikrozyklus aus der zweiten Vorbereitungsperiode (VP II) Mountainbike Marathon (XCM) | Wochenplan

Abb. 7.26 Mikrozyklus aus der zweiten Vorbereitungsperiode (VP II) Mountainbike-Marathon (XCM) | Wochenplan

Tag	Radtraining Trainingsinhalte mit dem Rad	Krafttraining Übungen im Kraftraum	1. Satz RM	2. Satz RM	3. Satz RM	4. Satz RM	5. Satz RM	Mikrozyklus aus der dritten Vorbereitungsperiode (VP III) Mountainbike Marathon (XCM) | Wochenplan Anmerkungen/Hinweise
MO	Kein Radtraining	Bankdrücken	10	10	8	8		Methode: Muskelaufbautraining für den Oberkörper Im Anschluss Rumpfkrafttraining nach Bedarf
		Klimmzug od. Latziehen	8	8	8			
		Rudern vorgebeugt od. sitzend	10	10	10			
DI	Intensives Radtraining	Kein Krafttraining						
MI	Grundlagentraining	Reißkniebeuge	6	6	6			Methode: Intramuskuläres Koordinationstraining für den Unterkörper Im Anschluss Rumpfkrafttraining nach Bedarf Die Übung Reißkniebeuge nicht bis zur muskulären Ausbelastung ausführen
		Kniebeuge hinten	5	5	4	3	2	
		Beinbeugen an der Maschine	6	6	6			
DO	Kein Radtraining	Kreuzheben	8	8	8			Methode: Muskelaufbautraining für den Oberkörper Im Anschluss Rumpfkrafttraining nach Bedarf
		Bankdrücken	10	10	8			
		Klimmzug od. Latziehen	8	8	8			
		Rudern vorgebeugt od. sitzend	10	10	10			
FR	Intensives Radtraining	Kein Krafttraining						
SA	Grundlagentraining	Kein Krafttraining						
SO	Grundlagentraining	Kein Krafttraining						

Abb. 7.27 Mikrozyklus aus der dritten Vorbereitungsperiode (VP III) Mountainbike-Marathon (XCM) | Wochenplan

Tag	Radtraining	Krafttraining						Mikrozyklus aus der Wettkampfperiode (WP) Mountainbike Marathon (XCM) | Wochenplan
	Trainingsinhalte mit dem Rad	Übungen im Kraftraum	1. Satz RM	2. Satz RM	3. Satz RM	4. Satz RM	5. Satz RM	Anmerkungen/Hinweise
MO	Kein Radtraining	Bankdrücken Klimmzug od. Latziehen Rudern vorgebeugt od. sitzend	8 8 10	8 8 10	8 6 8			Methode: Muskelaufbautraining für den Oberkörper Im Anschluss Rumpfkrafttraining nach Bedarf
DI	Radtraining	Kein Krafttraining						
MI	Radtraining	Kniebeuge hinten	4	3	2	2		Methode: Intramuskuläres Koordinationstraining für den Unterkörper Im Anschluss Rumpfkrafttraining nach Bedarf
DO	Kein Radtraining	Bankdrücken Klimmzug od. Latziehen Rudern vorgebeugt od. sitzend	8 8 10	8 8 10	8 6 8			Methode: Muskelaufbautraining für den Oberkörper Im Anschluss Rumpfkrafttraining nach Bedarf
FR	Kein Radtraining	Kein Krafttraining						
SA	Vorbelastung	Kein Krafttraining						
SO	Wettkampf	Kein Krafttraining						

Abb. 7.28 Mikrozyklus aus der Wettkampfperiode (WP) Mountainbike-Marathon (XCM) | Wochenplan

7.8 Bahnradsport: Planen von Mikrozyklen im Trainingsverlauf

Der Bahnradsport beinhaltet eine Vielzahl einzelner Disziplinen (➤ Kap. 1.8). In allen spielt die Muskelkraft eine bedeutende Rolle. Besonders in den Sprintdisziplinen wird die Wettkampfleistung maßgeblich durch das Niveau der Kraftfähigkeiten bestimmt (➤ Kap. 1.8.2). Um im Bahnsprint oder Keirin erfolgreich zu sein, bedarf es optimal ausgebildeter Kraftfähigkeiten – besonders bei der heutigen Leistungsdichte im Spitzensport. In den Zeitfahrdisziplinen muss eine große Übersetzung aus dem Stand heraus so schnell wie möglich in Bewegung gesetzt werden. Hierzu ist eine gut ausgebildete Maximalkraft zwingend notwendig. Auch beim Punktefahren und Madison fordern die ständigen Belastungswechsel mit Zwischensprints und Attacken hohe Kraftwerte. In allen Bahnraddisziplinen muss das Krafttraining deshalb fester Bestandteil des Trainings sein. Das gilt nicht nur für die Kurzzeit-, sondern auch für die Ausdauerdisziplinen (➤ Tab. 7.7).

Tab. 7.7 Kraft und Krafttraining im Bahnradsport

Disziplin	Stellenwert des Maximalkraftniveaus*	Krafttraining im Trainingsprozess	Schwierigkeiten beim Planen des Krafttrainings
Disziplinen bis 1 000 m • Sprint • Teamsprint • Zeitfahren • Keirin**	++++ • Wesentlicher Einfluss auf das Wettkampfergebnis • Die maximale Leistungsabgabe wird maßgeblich vom Maximalkraftniveau bestimmt • Kräftige Rumpf- und Oberkörpermuskulatur ermöglicht, mehr Kraft auf die Pedale zu übertragen	• Krafttraining muss ganzjährig betrieben werden • Kontinuierlicher und systematischer Leistungsaufbau in Richtung Saisonhöhepunkt • Auch während der Wettkampfphase muss das Krafttraining fester Bestandteil des Trainings sein	• Zum Erreichen des notwendigen Kraftniveaus im Spitzensport ist ein kontinuierlicher Trainingsaufbau über mehrere Jahre notwendig • Das Krafttraining sollte spätestens im Jugendtraining begonnen werden
Disziplinen über 1 000 m (Ausdauer) • Einerverfolgung • Mannschaftsverfolgung • Madison • Punktefahren etc.	+++ • Ein höheres Kraftniveau wirkt positiv auf die Muskeleffizienz und ermöglicht, ein höheres Tempo (höhere Übersetzung) über einen längeren Zeitraum zu fahren • Die maximale Startphase mit hoher Übersetzung aus dem Stand hängt maßgeblich vom Kraftniveau ab • Kräftige Rumpf- und Oberkörpermuskulatur ermöglicht, mehr Kraft auf die Pedale zu übertragen	• Krafttraining muss ganzjährig betrieben werden • Kontinuierlicher und systematischer Leistungsaufbau bis zum Saisonhöhepunkt • Auch während der Wettkampfphase muss das Krafttraining fester Bestandteil des Trainings sein	• Sehr hohes Trainingspensum • Im Spitzenbereich werden bis zu 35 000 Jahreskilometer absolviert • Ausreichende Regenerationszeiträume müssen gewährleistet werden

* gering = +/sehr hoch = ++++
** Die Gesamtlänge beträgt zwar über 1 000 m, die Entscheidung fällt aber erst auf den letzten 600–700 m im Sprint, nachdem die Schrittmachermaschine die Bahn verlässt.

Besonderheiten der Trainingsplanung

Im Bahnradsport gibt es klar definierbare Saisonhöhepunkte – z. B. Weltmeisterschaften oder Olympische Spiele. Das Training ist gezielt auf diesen Höhepunkt auszurichten. Dabei hat das Üben im Kraftraum einen hohen Stellenwert und ist ganzjährig in den Trainingsprozess zu integrieren. In anderen Radsportdisziplinen wird mit dem stetigen Training im Kraftraum hauptsächlich das Ziel verfolgt, die Kraftverluste im Saisonverlauf so gering wie möglich zu halten. Im Bahnradsport ist dies anders. Das Ausbilden der Kraftfähigkeiten wird bis zum Saisonhöhepunkt systematisch betrieben. Es findet ein kontinuierlicher Leistungsaufbau bis zum Hauptwettkampf statt. Dabei sollte der Belastungshöhepunkt im Krafttraining in etwa vier Wochen vor dem Hauptwettkampf liegen. Hierbei sind auch die Muskeln des Oberkörpers zu berücksichtigen. Gut trainierte Bahnradsportler sind in der Lage, sehr hohe Kräfte gegen das Pedal zu entwickeln. Die volle Leistung kann aber nur auf die Kurbel übertragen werden, wenn der Kraft des Unterkörpers eine gut ausgebildete Rumpf- und Oberkörpermuskulatur entgegenwirkt.

Zu berücksichtigen sind im Bahnradsport die z. T. hohen Trainingsumfänge auf dem Rad. Im Spitzenbereich der Ausdauerdisziplinen werden mit bis zu 35 000 Jahreskilometern vergleichbare Distanzen wie im Straßenradsport zurückgelegt (Craig et al. 2001). Zur Wettkampfvorbereitung nehmen Bahnradfahrer in den Sommermonaten auch an Straßenrennen und Rundfahrten teil. Diese insgesamt sehr hohe Belastungsdichte muss bei der Planung des Krafttrainings berücksichtigt werden (➤ Tab. 7.7).

7.8.1 Bahnradsport: Mustertrainingspläne für Mikrozyklen

➤ Abb. 7.29, ➤ Abb. 7.30, ➤ Abb. 7.31 sowie ➤ Abb. 7.32 zeigen *Beispiele* für das Gestalten einzelner Mikrozyklen im Trainingsaufbau des Bahnradsports für Disziplinen mit hohen Anforderungen an die Muskelkraft, z. B. dem Sprint.

Tag	Radtraining	Krafttraining						Mikrozyklus aus der ersten Vorbereitungsperiode (VP I) Bahnradsportdisziplinen mit hohen Anforderungen an die Muskelkraft (z.B. Sprint) | Wochenplan
	Trainingsinhalte mit dem Rad	Übungen im Kraftraum	1. Satz RM	2. Satz RM	3. Satz RM	4. Satz RM	5. Satz RM	Anmerkungen/Hinweise
MO	Kein Radtraining	Bankdrücken	12	12	10	10	8	Methode: Muskelaufbautraining für den Oberkörper Im Anschluss Rumpfkrafttraining nach Bedarf
		Klimmzug od. Latziehen	12	12	10	10		
		Rudern vorgebeugt od. sitzend	12	12	10	10		
DI	Grundlagentraining	Kein Krafttraining						
MI	Grundlagentraining	Umsetzen	6	6	6	6		Methode: Muskelaufbautraining für den Unterkörper Im Anschluss Rumpfkrafttraining nach Bedarf Die Übung Umsetzen nicht bis zur muskulären Ausbelastung ausführen
		Kniebeuge hinten	8	8	8	10	10	
		Beinpresse	10	10	10			
		Beinstrecken an der Maschine	10	10	10			
		Beinbeugen an der Maschine	10	10	10	10	10	
DO	Kein Radtraining	Kreuzheben	10	10	8	8	8	Methode: Muskelaufbautraining für den Oberkörper Im Anschluss Rumpfkrafttraining nach Bedarf
		Bankdrücken	12	12	10	10		
		Klimmzug od. Latziehen	10	10	10	10		
		Rudern vorgebeugt od. sitzend	12	12	10	10		
FR	Grundlagentraining	Kein Krafttraining						
SA	Grundlagentraining	Kein Krafttraining						
SO	Grundlagentraining	Reißkniebeuge	8	8	8	8		Methode: Muskelaufbautraining für den Unterkörper Im Anschluss Rumpfkrafttraining nach Bedarf Die Übung Reißkniebeuge nicht bis zur muskulären Ausbelastung ausführen
		Kniebeuge vorne	8	8	8	10	10	
		Beinpresse	10	10	10	8		
		Beinbeugen an der Maschine	10	10	10	10		

Abb. 7.29 Mikrozyklus aus der ersten Vorbereitungsperiode (VP I) Bahnradsportdisziplinen mit hohen Anforderungen an die Muskelkraft (z. B. Sprint) | Wochenplan

Tag	Radtraining	Krafttraining	Mikrozyklus aus der zweiten Vorbereitungsperiode (VP II) Bahnradsportdisziplinen mit hohen Anforderungen an die Muskelkraft (z.B. Sprint) | Wochenplan					
	Trainingsinhalte mit dem Rad	**Übungen im Kraftraum**	**1. Satz RM**	**2. Satz RM**	**3. Satz RM**	**4. Satz RM**	**5. Satz RM**	**Anmerkungen/Hinweise**
MO	Kein Radtraining	Bankdrücken	10	10	10	10	8	Methode: Muskelaufbautraining für den Oberkörper
		Klimmzug od. Latziehen	10	10	8	8		Im Anschluss Rumpfkrafttraining nach Bedarf
		Rudern vorgebeugt od. sitzend	10	10	10	10		
DI	Extensives Intervalltraining	Kein Krafttraining						
MI	Grundlagentraining	Umsetzen	6	6	6	6		Methode: Muskelaufbautraining für den Unterkörper
		Kniebeuge hinten	6	8	8	10	10	Im Anschluss Rumpfkrafttraining nach Bedarf
		Beinpresse	10	10	10			Die Übung Umsetzen nicht bis zur muskulären Ausbelastung ausführen
		Beinbeugen an der Maschine	10	10	10	10	10	
DO	Kein Radtraining	Kreuzheben	10	10	8	8	6	Methode: Muskelaufbautraining für den Oberkörper
		Bankdrücken	10	10	10	8	8	Im Anschluss Rumpfkrafttraining nach Bedarf
		Klimmzug od. Latziehen	10	10	10	8		
		Rudern vorgebeugt od. sitzend	10	10	10	10		
FR	Extensives Intervalltraining	Kein Krafttraining						
SA	Grundlagentraining	Kein Krafttraining						
SO	Grundlagentraining	Reißkniebeuge	8	6	6			Methode: Muskelaufbautraining für den Unterkörper
		Kniebeuge vorne	6	8	8	10	10	Im Anschluss Rumpfkrafttraining nach Bedarf
		Beinpressen	10	10	10			Die Übung Reißkniebeuge nicht bis zur muskulären Ausbelastung ausführen
		Beinbeugen an der Maschine	10	10	10	10	10	

Abb. 7.30 Mikrozyklus aus der zweiten Vorbereitungsperiode (VP II) Bahnradsportdisziplinen mit hohen Anforderungen an die Muskelkraft (z. B. Sprint) | Wochenplan

Tag	Radtraining	Krafttraining	Mikrozyklus aus der dritten Vorbereitungsperiode (VP III) Bahnradsportdisziplinen mit hohen Anforderungen an die Muskelkraft (z.B. Sprint) | Wochenplan					
	Trainingsinhalte mit dem Rad	Übungen im Kraftraum	1. Satz RM	2. Satz RM	3. Satz RM	4. Satz RM	5. Satz RM	Anmerkungen/Hinweise
MO	Kein Radtraining	Bankdrücken Klimmzug od. Latziehen Rudern vorgebeugt od. sitzend	8 8 8	6 6 8	6 6 6	6 6		Methode: Muskelaufbautraining für den Oberkörper Im Anschluss Rumpfkrafttraining nach Bedarf
DI	Intensives Radtraining	Kein Krafttraining						
MI	Grundlagentraining	Umsetzen Kniebeuge hinten Beinpresse Beinbeugen an der Maschine	4 5 5 6	4 5 4 6	3 4 3 6	2 3	2 3	Methode: Intramuskuläres Koordinationstraining für den Unterkörper Im Anschluss Rumpfkrafttraining nach Bedarf
DO	Kein Radtraining	Kreuzheben Bankdrücken Klimmzug od. Latziehen Rudern vorgebeugt od. sitzend	8 8 8 8	6 6 6 8	6 6 6 6	6 6 6		Methode: Muskelaufbautraining für den Oberkörper Im Anschluss Rumpfkrafttraining nach Bedarf
FR	Intensives Radtraining	Kein Krafttraining						
SA	Grundlagentraining	Kein Krafttraining						
SO	Grundlagentraining	Kein Krafttraining						

Abb. 7.31 Mikrozyklus aus der dritten Vorbereitungsperiode (VP III) Bahnradsportdisziplinen mit hohen Anforderungen an die Muskelkraft (z. B. Sprint) | Wochenplan

Tag	Radtraining	Krafttraining						Mikrozyklus aus der Wettkampfperiode (WP) Bahnradsportdisziplinen mit hohen Anforderungen an die Muskelkraft (z.B. Sprint) | Wochenplan
	Trainingsinhalte mit dem Rad	**Übungen im Kraftraum**	**1. Satz RM**	**2. Satz RM**	**3. Satz RM**	**4. Satz RM**	**5. Satz RM**	**Anmerkungen/Hinweise**
MO	Kein Radtraining	Bankdrücken Klimmzug od. Latziehen Rudern vorgebeugt od. sitzend	6 6 8	6 6 6	6 6 6	6		Methode: Muskelaufbautraining für den Oberkörper Im Anschluss Rumpfkrafttraining nach Bedarf
DI	Radtraining	Kein Krafttraining						
MI	Radtraining	Umsetzen Kniebeuge hinten	4 4	3 4	2 3	2 2	2 2	Methode: Intramuskuläres Koordinationstraining für den Unterkörper Im Anschluss Rumpfkrafttraining nach Bedarf
DO	Kein Radtraining	Bankdrücken Klimmzug od. Latziehen Rudern vorgebeugt od. sitzend	6 6 8	6 6 6	6 6 6			Methode: Muskelaufbautraining für den Oberkörper Im Anschluss Rumpfkrafttraining nach Bedarf
FR	Kein Radtraining	Kein Krafttraining						
SA	Vorbelastung	Kein Krafttraining						
SO	Wettkampf	Kein Krafttraining						

Abb. 7.32 Mikrozyklus aus der Wettkampfperiode (WP) Bahnradsportdisziplinen mit hohen Anforderungen an die Muskelkraft (z. B. Sprint) | Wochenplan

7.9 Querfeldein (Cyclocross)

Der Querfeldeinsport ist neben dem Bahnradsport eine typische Winterdisziplin. Viele Gemeinsamkeiten hat das Querfeldeinfahren mit dem Mountainbike-Cross-Country-Sport (➤ Kap. 1.7). Die Wettkampfbelastung ist sehr intensiv und durch einen ständigen Wechsel der Belastungen in unwegsamem Gelände gekennzeichnet. Die Dauer der Wettkämpfe liegt bei maximal einer Stunde. Der Einfluss der Kraft ist besonders in den folgenden Situationen leistungsbestimmend:

- In der maximal belastenden Startphase beim Kampf um die besten Positionen
- An sehr kurzen und mit maximaler Intensität gefahrenen Hügeln
- Beim immer wiederkehrenden Antreten und Beschleunigen auf den verwinkelten Kursen

Besonderheiten der Trainingsplanung

Die Wettkampfsaison ist mit maximal 5 Monaten von ca. Oktober bis Februar deutlich kürzer als im Straßen- und Mountainbikesport. Innerhalb dieses Zeitraums werden verschiedene Rennserien bestritten. Der Deutschlandcup umfasst derzeit 12 Rennveranstaltungen. In Ländern wie Belgien ist die Popularität des Querfeldeinsports deutlich größer als in Deutschland, das Rennangebot ist dementsprechend vielfältiger. Neben diesen Rennserien gibt es im Querfeldeinsport klar definierbare Saisonhöhepunkte – z. B. Landes- und Weltmeisterschaften, die am Ende der Wettkampfsaison liegen und i. d. R. Ende Januar bis Anfang Februar stattfinden.

Bei Querfeldeinspezialisten beginnt die Vorbereitungsperiode im Frühjahr. In den Sommermonaten nehmen sie, wie auch Bahnfahrer, zur Vorbereitung an Straßen- und Mountainbikerennen teil. In dieser Phase sollte das Krafttraining trotzdem einen festen Bestandteil des Trainingsprogramms darstellen. Vereinfachend für die Planung eines Krafttrainings wirkt die kurze Renndauer. Die Fahrer benötigen eine kürzere Regenerationsphase und können schneller wieder intensiv trainieren. Das Krafttraining sollte systematisch auf die Wettkampfhöhepunkte am Ende der Saison ausgerichtet werden – z. B. auf die Weltmeisterschaften. Hierbei bedarf es einer besonders abgestimmten Trainingsplanung, um das Leistungsmaximum punktgenau am Ende der Saison zu erreichen. ➤ Tab. 7.8 fasst die wichtigsten Aspekte für Querfeldeinsportler zusammen.

7.9.1 Querfeldein (Cyclocross): Mustertrainingspläne für Mikrozyklen

➤ Abb. 7.33, ➤ Abb. 7.34, ➤ Abb. 7.35 sowie ➤ Abb. 7.36 zeigen *Beispiele* für das Gestalten einzelner Mikrozyklen im Trainingsaufbau des Querfeldeinsports.

Tab. 7.8 Kraft und Krafttraining im Querfeldeinsport (Cyclocross)

Disziplin	Stellenwert des Maximalkraftniveaus*	Krafttraining im Trainingsprozess	Schwierigkeiten beim Planen des Krafttrainings
Querfeldein (Cross)	+++ • Ständige Belastungswechsel im Gelände und Attacken bis zum individuellen Leistungsmaximum verlangen ein gut ausgebildetes Kraftniveau • Ein höheres Kraftniveau wirkt positiv auf die Muskeleffizienz und ermöglicht, ein höheres Tempo über einen längeren Zeitraum zu fahren • Das Stabilisieren von Körper und Fahrrad in unwegsamen Gelände erfordert eine kräftige Rumpf- und Oberkörpermuskulatur	• Krafttraining muss ganzjährig betrieben werden • Grundlegender Aufbau des Kraftniveaus in der Vorbereitungsperiode • Kontinuierlicher und systematischer Leistungsaufbau bis zum Saisonhöhepunkt • Auch während der Wettkampfphase sollte das Krafttraining Bestandteil des Trainings sein	punktgenaues Erreichen der Höchstleistungsfähigkeit am Saisonende

*gering = +/sehr hoch = ++++

Tag	Radtraining	Krafttraining						Mikrozyklus aus der ersten Vorbereitungsperiode (VP I) Querfeldein (Cyclocross) | Wochenplan
	Trainingsinhalte mit dem Rad	Übungen im Kraftraum	1. Satz RM	2. Satz RM	3. Satz RM	4. Satz RM	5. Satz RM	Anmerkungen/Hinweise
MO	Kein Radtraining	Bankdrücken Klimmzug od. Latziehen Rudern vorgebeugt od. sitzend	12 12 12	12 12 12	10 10 10	10		Methode: Muskelaufbautraining für den Oberkörper Im Anschluss Rumpfkrafttraining nach Bedarf
DI	Grundlagentraining	Kein Krafttraining						
MI	Grundlagentraining	Umsetzen Kniebeuge hinten Beinstrecken an der Maschine Beinbeugen an der Maschine	6 10 10 10	6 10 10 10	6 10 10 10	6 10 10	 10 10	Methode: Muskelaufbautraining für den Unterkörper Im Anschluss Rumpfkrafttraining nach Bedarf Die Übung Umsetzen nicht bis zur muskulären Ausbelastung ausführen
DO	Kein Radtraining	Kreuzheben Bankdrücken Klimmzug od. Latziehen Rudern vorgebeugt od. sitzend	10 12 10 12	10 12 10 12	8 10 10 10	8 10	8	Methode: Muskelaufbautraining für den Oberkörper Im Anschluss Rumpfkrafttraining nach Bedarf
FR	Grundlagentraining	Kein Krafttraining						
SA	Grundlagentraining	Kein Krafttraining						
SO	Grundlagentraining	Reißkniebeuge Kniebeuge vorne Beinbeugen an der Maschine	8 8 10	8 8 10	8 8 10	8 8 10	 8	Methode: Muskelaufbautraining für den Unterkörper Im Anschluss Rumpfkrafttraining nach Bedarf Die Übung Reißkniebeuge nicht bis zur muskulären Ausbelastung ausführen

Abb. 7.33 Mikrozyklus aus der ersten Vorbereitungsperiode (VP I) Querfeldein (Cyclocross) | Wochenplan

Tag	Radtraining	Krafttraining						Mikrozyklus aus der zweiten Vorbereitungsperiode (VP II) Querfeldein (Cyclocross) | Wochenplan
	Trainingsinhalte mit dem Rad	Übungen im Kraftraum	1. Satz RM	2. Satz RM	3. Satz RM	4. Satz RM	5. Satz RM	Anmerkungen/Hinweise
MO	Kein Radtraining	Bankdrücken Klimmzug od. Latziehen Rudern vorgebeugt od. sitzend	10 10 10	10 10 10	10 10 10	8		Methode: Muskelaufbautraining für den Oberkörper Im Anschluss Rumpfkrafttraining nach Bedarf
DI	Extensives Intervalltraining	Kein Krafttraining						
MI	Grundlagentraining	Umsetzen Kniebeuge hinten Beinstrecken an der Maschine Beinbeugen an der Maschine	6 10 10 10	6 10 10 10	4 10 10 10	4 8 10	 8 10	Methode: Muskelaufbautraining für den Unterkörper Im Anschluss Rumpfkrafttraining nach Bedarf Die Übung Umsetzen nicht bis zur muskulären Ausbelastung ausführen
DO	Kein Radtraining	Kreuzheben Bankdrücken Klimmzug od. Latziehen Rudern vorgebeugt od. sitzend	10 10 10 10	10 10 10 10	8 10 10 10	8 8	6	Methode: Muskelaufbautraining für den Oberkörper Im Anschluss Rumpfkrafttraining nach Bedarf
FR	Extensives Intervalltraining	Kein Krafttraining						
SA	Grundlagentraining	Kein Krafttraining						
SO	Grundlagentraining	Reißkniebeuge Kniebeuge vorne Beinbeugen an der Maschine	8 8 10	6 8 10	6 8 10	 8 10	 8	Methode: Muskelaufbautraining für den Unterkörper Im Anschluss Rumpfkrafttraining nach Bedarf Die Übung Reißkniebeuge nicht bis zur muskulären Ausbelastung ausführen

Abb. 7.34 Mikrozyklus aus der zweiten Vorbereitungsperiode (VP II) Querfeldein (Cyclocross) | Wochenplan

Tag	Radtraining	Krafttraining	Mikrozyklus aus der dritten Vorbereitungsperiode (VP III) Querfeldein (Cyclocross) | Wochenplan					
	Trainingsinhalte mit dem Rad	Übungen im Kraftraum	1. Satz RM	2. Satz RM	3. Satz RM	4. Satz RM	5. Satz RM	Anmerkungen/Hinweise
MO	Kein Radtraining	Bankdrücken Klimmzug od. Latziehen Rudern vorgebeugt od. sitzend	10 8 10	10 8 10	8 8 10	8		Methode: Muskelaufbautraining für den Oberkörper Im Anschluss Rumpfkrafttraining nach Bedarf
DI	Intensives Radtraining	Kein Krafttraining						
MI	Grundlagentraining	Umsetzen Kniebeuge hinten Beinbeugen an der Maschine	4 5 6	4 5 6	3 4 6	2 3	 3	Methode: Intramuskuläres Koordinationstraining für den Unterkörper Im Anschluss Rumpfkrafttraining nach Bedarf
DO	Kein Radtraining	Kreuzheben Bankdrücken Klimmzug od. Latziehen Rudern vorgebeugt od. sitzend	8 10 8 10	8 10 8 10	8 8 8 10			Methode: Muskelaufbautraining für den Oberkörper Im Anschluss Rumpfkrafttraining nach Bedarf
FR	Intensives Radtraining	Kein Krafttraining						
SA	Grundlagentraining	Kein Krafttraining						
SO	Grundlagentraining	Kein Krafttraining						

Abb. 7.35 Mikrozyklus aus der dritten Vorbereitungsperiode (VP III) Querfeldein (Cyclocross) | Wochenplan

Tag	Radtraining	Krafttraining						Mikrozyklus aus der Wettkampfperiode (WP) Querfeldein (Cyclocross) | Wochenplan
	Trainingsinhalte mit dem Rad	Übungen im Kraftraum	1. Satz RM	2. Satz RM	3. Satz RM	4. Satz RM	5. Satz RM	Anmerkungen/Hinweise
MO	Kein Radtraining	Bankdrücken Klimmzug od. Latziehen Rudern vorgebeugt od. sitzend	8 8 10	8 8 10	8 6 8			Methode: Muskelaufbautraining für den Oberkörper Im Anschluss Rumpfkrafttraining nach Bedarf
DI	Radtraining	Kein Krafttraining						
MI	Radtraining	Umsetzen Kniebeuge hinten	3 4	3 3	2 2	2 2		Methode: Intramuskuläres Koordinationstraining für den Unterkörper Im Anschluss Rumpfkrafttraining nach Bedarf
DO	Kein Radtraining	Bankdrücken Klimmzug od. Latziehen Rudern vorgebeugt od. sitzend	8 8 10	8 8 10	8 6 8			Methode: Muskelaufbautraining für den Oberkörper Im Anschluss Rumpfkrafttraining nach Bedarf
FR	Kein Radtraining	Kein Krafttraining						
SA	Vorbelastung	Kein Krafttraining						
SO	Wettkampf	Kein Krafttraining						

Abb. 7.36 Mikrozyklus aus der Wettkampfperiode (WP) Querfeldein (Cyclocross) | Wochenplan

7.10 Triathlon

Der Triathlonsport ist sehr abwechslungsreich, nicht nur mit Blick auf die drei Teildisziplinen. Es existiert eine große Vielfalt an Wettkampfdistanzen und Wettkampfformen (➤ Kap. 1.5). Eine Sprintdistanz und einen mehrfachen Ultratriathlon trennen dabei Welten. Die Anforderungen und der Stellenwert der Kraft variieren beim Triathlon in Abhängigkeit von

- der Streckenlänge,
- dem Regelwerk (Windschattenfahren erlaubt oder nicht) sowie
- dem Streckenprofil.

Die drei Teildisziplinen Schwimmen, Radfahren und Laufen erfordern eine gut konditionierte Skelettmuskulatur des gesamten Körpers. Beim klassischen Ironman entspricht das Radfahren einem überlangen Zeitfahren. Die Vorteil einer gut ausgebildeten Skelettmuskulatur liegen hier:

- In einer besseren Muskeleffizienz
- In einem effektiveren Übertragen der vortriebswirksamen Kräfte
- In der Möglichkeit, die teilweise extremen Positionen auf dem Zeitfahrrad länger aufrechterhalten zu können

Bei den kürzeren Distanzen im Sprint- und olympischen Triathlon ist zusätzlich ein hohes Kraftniveau gefordert, um bei Belastungswechseln, Attacken und Positionskämpfen erfolgreich mitgehen zu können.

7

Besonderheiten der Trainingsplanung

Die Wettkampfdichte ist für Sportler, die sich auf einen Ironman-Triathlon vorbereiten, relativ gering. Es gibt i. d. R. ein bis zwei klar definierte Saisonhöhepunkte. Das Krafttraining kann, wie das gesamte Training, auf diese Höhepunkte ausgerichtet werden. Betrieben werden sollte das Training im Kraftraum ganzjährig. Berücksichtigt werden muss das insgesamt sehr hohe Trainingspensum, das durch die Kombination der drei Teildisziplinen teilweise weit über dem anderer Ausdauersportarten liegt. Im Spitzenbereich werden bis zu 1 000 Trainingsstunden/Jahr absolviert (Neumann et al. 2004). Bei der heutigen Entwicklung im Spitzensport scheint die Obergrenze jedoch noch nicht erreicht zu sein. Trotz des sehr hohen Trainingsvolumens ist auf das Einhalten ausreichender Regenerationszeiträume zu achten. In Saisonabschnitten mit Belastungshöhepunkten kann das Krafttraining vorübergehend zugunsten des Ausdauertrainings ausgesetzt werden.

Bei den kürzeren Wettkampfdistanzen ist die Wettkampfdichte meist deutlich höher als bei der Langdistanz. Das Saisonziel besteht nicht nur aus der Teilnahme an ein oder zwei Hauptwettkämpfen; Ligawettkämpfe und Rennserien erstrecken sich über mehrere Monate. Hierbei muss, ähnlich wie im Radsport, das Leistungsniveau über einen längeren Zeitraum auf hohem Niveau gehalten werden. ➤ Tab. 7.9 fasst die wichtigsten Punkte beim Krafttraining im Triathlon noch einmal zusammen.

Tab. 7.9 Kraft und Krafttraining im Triathlonsport

Disziplin	Stellenwert des Maximalkraftniveaus*	Krafttraining im Trainingsprozess	Schwierigkeiten beim Planen des Krafttrainings
Ironman	+ • Ein höheres Kraftniveau wirkt positiv auf die Muskeleffizienz und ermöglicht, ein höheres Tempo über einen längeren Zeitraum zu fahren • Eine kräftige Rumpf- und Oberkörpermuskulatur ermöglicht eine effektivere Kraftübertragung in der teilweise extremen Zeitfahrposition • Ein gutes Kraftniveau der Oberkörpermuskeln wirkt positiv auf die Schwimmleistung	• Krafttraining sollte ganzjährig betrieben werden • Grundlegender Aufbau des Kraftniveaus in der Vorbereitungsperiode • Kontinuierlicher und systematischer Leistungsaufbau bis zum Saisonhöhepunkt • In hochbelasteten Saisonabschnitten kann das Krafttraining phasenweise reduziert oder kurzzeitig ausgesetzt werden • Training des Oberkörpers ist speziell zu berücksichtigen (Stichwort: Schwimmen)	• Punktgenaues Erreichen der Höchstleistungsfähigkeit am Saisonhöhepunkt • Sehr hohes Trainingspensum bedingt durch die Kombination der drei Grundsportarten • Ausreichende Regenerationszeiträume müssen gewährleistet werden

Tab. 7.9 Kraft und Krafttraining im Triathlonsport *(Forts.)*

Disziplin	Stellenwert des Maximalkraftniveaus*	Krafttraining im Trainingsprozess	Schwierigkeiten beim Planen des Krafttrainings
Sprint- und Olympischer Triathlon	++ • Attacken und ständige Belastungswechsel bis zum individuellen Maximum fordern ein gut ausgebildetes Kraftniveau • Ein höheres Kraftniveau wirkt positiv auf die Muskeleffizienz und ermöglicht, ein höheres Tempo über einen längeren Zeitraum zu fahren • Eine kräftige Rumpf- und Oberkörpermuskulatur ist Grundvoraussetzung für eine effektive Kraftübertragung auf die Pedale • Ein gutes Kraftniveau der Oberkörpermuskeln wirkt positiv auf die Schwimmleistung	• Grundlegender Aufbau des Kraftniveaus in der Vorbereitungsperiode • Erhalt bzw. Stabilisierung des Kraftniveaus im Saisonverlauf • In hochbelasteten Saisonabschnitten kann das Krafttraining phasenweise reduziert oder kurzzeitig ausgesetzt werden • Training des Oberkörpers ist speziell zu berücksichtigen (Stichwort: Schwimmen)	• Lange Wettkampfperiode • Sehr hohes Trainingspensum bedingt durch die Kombination der drei Grundsportarten • Ausreichende Regenerationszeiträume müssen gewährleistet werden

*gering = +/sehr hoch = ++++

7.10.1 Triathlon Langdistanz: Mustertrainingspläne für Mikrozyklen

➢ Abb. 7.37, ➢ Abb. 7.38 und ➢ Abb. 7.39 zeigen *Beispiele* für die Gestaltung einzelner Mikrozyklen im Trainingsaufbau beim Triathlon auf der Langdistanz. Für die Wettkampfperiode wird an dieser Stelle kein Mustertrainingsplan abgebildet, da in dieser Phase kein Krafttraining betrieben werden sollte.

7.10.2 Triathlon Mitteldistanz: Mustertrainingspläne für Mikrozyklen

➢ Abb. 7.40, ➢ Abb. 7.41 und ➢ Abb. 7.42 zeigen *Beispiele* für die Gestaltung einzelner Mikrozyklen im Trainingsaufbau beim Triathlon auf der Mitteldistanz. Für die Wettkampfperiode wird an dieser Stelle kein Mustertrainingsplan abgebildet, da in dieser Phase kein Krafttraining betrieben werden sollte.

7.10.3 Triathlon Olympische Distanz: Mustertrainingspläne für Mikrozyklen

➢ Abb. 7.43, ➢ Abb. 7.44 und ➢ Abb. 7.45 zeigen *Beispiele* für die Gestaltung einzelner Mikrozyklen im Trainingsaufbau beim Triathlon auf der Olympischen Distanz. Für die Wettkampfperiode wird an dieser Stelle kein Mustertrainingsplan abgebildet, da in dieser Phase kein Krafttraining betrieben werden sollte.

Tag	Ausdauer-training	Krafttraining						Mikrozyklus aus der ersten Vorbereitungsperiode (VP I) Triathlon Langdistanz | Wochenplan
	Trainingsinhalte	Übungen im Kraftraum	1. Satz RM	2. Satz RM	3. Satz RM	4. Satz RM	5. Satz RM	Anmerkungen/Hinweise
MO	Reduziertes Ausdauertraining	Bankdrücken Klimmzug od. Latziehen Rudern vorgebeugt od. sitzend	12 12 12	12 12 12	10 10 10	10 10 10		Methode: Muskelaufbautraining für den Oberkörper Im Anschluss Rumpfkrafttraining nach Bedarf
DI	Grundlagentraining	Kein Krafttraining						
MI	Grundlagentraining	Reißkniebeuge Kniebeuge hinten Beinbeugen an der Maschine	8 10 10	8 10 10	8 10 10	 8 10	 8 10	Methode: Muskelaufbautraining für den Unterkörper Im Anschluss Rumpfkrafttraining nach Bedarf Die Übung Reißkniebeuge nicht bis zur muskulären Ausbelastung ausführen
DO	Reduziertes Ausdauertraining	Kreuzheben Bankdrücken Klimmzug od. Latziehen Rudern vorgebeugt od. sitzend	10 12 10 12	10 12 10 12	8 10 10 10	8 10 10 10	8	Methode: Muskelaufbautraining für den Oberkörper Im Anschluss Rumpfkrafttraining nach Bedarf
FR	Grundlagentraining	Kein Krafttraining						
SA	Grundlagentraining	Kein Krafttraining						
SO	Grundlagentraining	Reißkniebeuge Kniebeuge vorne Beinbeugen an der Maschine	8 8 10	8 8 10	8 8 10	 8 10		Methode: Muskelaufbautraining für den Unterkörper Im Anschluss Rumpfkrafttraining nach Bedarf Die Übung Reißkniebeuge nicht bis zur muskulären Ausbelastung ausführen

Abb. 7.37 Mikrozyklus aus der ersten Vorbereitungsperiode (VP I) Triathlon Langdistanz | Wochenplan

Tag	Ausdauer-training	Krafttraining	Mikrozyklus aus der zweiten Vorbereitungsperiode (VP II) Triathlon Langdistanz | Wochenplan					
	Trainingsinhalte	Übungen im Kraftraum	1. Satz RM	2. Satz RM	3. Satz RM	4. Satz RM	5. Satz RM	Anmerkungen/Hinweise
MO	Reduziertes Ausdauertraining	Bankdrücken Klimmzug od. Latziehen Rudern vorgebeugt od. sitzend	10 12 12	10 10 10	10 10 10	8 8 8		Methode: Muskelaufbautraining für den Oberkörper Im Anschluss Rumpfkrafttraining nach Bedarf
DI	Grundlagentraining	Kein Krafttraining						
MI	Grundlagentraining	Reißkniebeuge Kniebeuge hinten Beinbeugen an der Maschine	8 10 10	8 10 10	8 8 10	 8 10		Methode: Muskelaufbautraining für den Unterkörper Im Anschluss Rumpfkrafttraining nach Bedarf Die Übung Reißkniebeuge nicht bis zur muskulären Ausbelastung ausführen
DO	Reduziertes Ausdauertraining	Kreuzheben Bankdrücken Klimmzug od. Latziehen Rudern vorgebeugt od. sitzend	10 10 10 10	10 10 10 10	8 8 8 10	8 8 8 8		Methode: Muskelaufbautraining für den Oberkörper Im Anschluss Rumpfkrafttraining nach Bedarf
FR	Grundlagentraining	Kein Krafttraining						
SA	Grundlagentraining	Kein Krafttraining						
SO	Grundlagentraining	Reißkniebeuge Kniebeuge vorne Beinbeugen an der Maschine	8 8 10	8 8 10	8 8 10	 6 10		Methode: Muskelaufbautraining für den Unterkörper Im Anschluss Rumpfkrafttraining nach Bedarf Die Übung Reißkniebeuge nicht bis zur muskulären Ausbelastung ausführen

Abb. 7.38 Mikrozyklus aus der zweiten Vorbereitungsperiode (VP II) Triathlon Langdistanz | Wochenplan

Tag	Ausdauer-training	Krafttraining						Mikrozyklus aus der dritten Vorbereitungsperiode (VP III) Triathlon Langdistanz | Wochenplan
	Trainingsinhalte	Übungen im Kraftraum	1. Satz RM	2. Satz RM	3. Satz RM	4. Satz RM	5. Satz RM	Anmerkungen/Hinweise
MO	Reduziertes Ausdauertraining	Bankdrücken Klimmzug od. Latziehen Rudern vorgebeugt od. sitzend	5 5 5	4 5 5	3 4 5	3 5		Methode: Intramuskuläres Koordinationstraining für den Oberkörper Im Anschluss Rumpfkrafttraining nach Bedarf
DI	Grundlagentraining	Kein Krafttraining						
MI	Grundlagentraining	Reißkniebeuge Kniebeuge hinten	6 5	6 5	6 4	 3		Methode: Intramuskuläres Koordinationstraining für den Unterkörper Im Anschluss Rumpfkrafttraining nach Bedarf Die Übung Reißkniebeuge nicht bis zur muskulären Ausbelastung ausführen
DO	Reduziertes Ausdauertraining	Kreuzheben Bankdrücken Klimmzug od. Latziehen Rudern vorgebeugt od. sitzend	5 5 5 5	4 4 5 5	3 3 4 5	3 3 5		Methode: Intramuskuläres Koordinationstraining für den Oberkörper Im Anschluss Rumpfkrafttraining nach Bedarf
FR	Grundlagentraining	Kein Krafttraining						
SA	Grundlagentraining	Kein Krafttraining						
SO	Grundlagentraining	Kein Krafttraining						

Abb. 7.39 Mikrozyklus aus der dritten Vorbereitungsperiode (VP III) Triathlon Langdistanz | Wochenplan

Tag	Ausdauertraining	Krafttraining						Mikrozyklus aus der ersten Vorbereitungsperiode (VP I) Triathlon Mitteldistanz | Wochenplan
	Trainingsinhalte	Übungen im Kraftraum	1. Satz RM	2. Satz RM	3. Satz RM	4. Satz RM	5. Satz RM	Anmerkungen/Hinweise
MO	Reduziertes Ausdauertraining	Bankdrücken Klimmzug od. Latziehen Rudern vorgebeugt od. sitzend	12 12 12	12 12 12	10 10 10	10 10 10	8	Methode: Muskelaufbautraining für den Oberkörper Im Anschluss Rumpfkrafttraining nach Bedarf
DI	Grundlagentraining	Kein Krafttraining						
MI	Grundlagentraining	Reißkniebeuge Kniebeuge hinten Beinbeugen an der Maschine	8 10 10	8 10 10	8 10 10	6 10 10	 8 10	Methode: Muskelaufbautraining für den Unterkörper Im Anschluss Rumpfkrafttraining nach Bedarf Die Übung Reißkniebeuge nicht bis zur muskulären Ausbelastung ausführen
DO	Reduziertes Ausdauertraining	Kreuzheben Bankdrücken Klimmzug od. Latziehen Rudern vorgebeugt od. sitzend	10 12 10 12	10 12 10 12	8 10 10 10	8 10 10 10		Methode: Muskelaufbautraining für den Oberkörper Im Anschluss Rumpfkrafttraining nach Bedarf
FR	Grundlagentraining	Kein Krafttraining						
SA	Grundlagentraining	Kein Krafttraining						
SO	Grundlagentraining	Reißkniebeuge Kniebeuge vorne Beinbeugen an der Maschine	8 8 10	8 8 10	8 8 10	6 8 10		Methode: Muskelaufbautraining für den Unterkörper Im Anschluss Rumpfkrafttraining nach Bedarf Die Übung Reißkniebeuge nicht bis zur muskulären Ausbelastung ausführen

Abb. 7.40 Mikrozyklus aus der ersten Vorbereitungsperiode (VP I) Triathlon Mitteldistanz | Wochenplan

7

Tag	Ausdauertraining	Krafttraining	Mikrozyklus aus der zweiten Vorbereitungsperiode (VP II) Triathlon Mitteldistanz | Wochenplan					
	Trainingsinhalte	Übungen im Kraftraum	1. Satz RM	2. Satz RM	3. Satz RM	4. Satz RM	5. Satz RM	Anmerkungen/Hinweise
MO	Reduziertes Ausdauertraining	Bankdrücken Klimmzug od. Latziehen Rudern vorgebeugt od. sitzend	10 12 12	10 10 10	10 10 10	8 8 8		Methode: Muskelaufbautraining für den Oberkörper Im Anschluss Rumpfkrafttraining nach Bedarf
DI	Grundlagentraining	Kein Krafttraining						
MI	Grundlagentraining	Umsetzen Kniebeuge hinten Beinbeugen an der Maschine	6 10 10	6 10 10	4 10 10	4 8 10	 8 10	Methode: Muskelaufbautraining für den Unterkörper Im Anschluss Rumpfkrafttraining nach Bedarf Die Übung Umsetzen nicht bis zur muskulären Ausbelastung ausführen
DO	Reduziertes Ausdauertraining	Kreuzheben Bankdrücken Klimmzug od. Latziehen Rudern vorgebeugt od. sitzend	10 10 10 10	10 10 10 10	8 8 8 10	8 8 8 8		Methode: Muskelaufbautraining für den Oberkörper Im Anschluss Rumpfkrafttraining nach Bedarf
FR	Grundlagentraining	Kein Krafttraining						
SA	Grundlagentraining	Kein Krafttraining						
SO	Grundlagentraining	Reißkniebeuge Kniebeuge vorne Beinbeugen an der Maschine	8 8 10	8 8 10	8 8 10	6 6 10		Methode: Muskelaufbautraining für den Unterkörper Im Anschluss Rumpfkrafttraining nach Bedarf Die Übung Reißkniebeuge nicht bis zur muskulären Ausbelastung ausführen

Abb. 7.41 Mikrozyklus aus der zweiten Vorbereitungsperiode (VP II) Triathlon Mitteldistanz | Wochenplan

Tag	Ausdauer-training	Krafttraining						Mikrozyklus aus der dritten Vorbereitungsperiode (VP III) Triathlon Mitteldistanz | Wochenplan
	Trainingsinhalte	Übungen im Kraftraum	1. Satz RM	2. Satz RM	3. Satz RM	4. Satz RM	5. Satz RM	Anmerkungen/Hinweise
MO	Reduziertes Ausdauertraining	Bankdrücken Klimmzug od. Latziehen Rudern vorgebeugt od. sitzend	5 5 5	4 5 5	3 4 5	3 5		Methode: Intramuskuläres Koordinationstraining für den Oberkörper Im Anschluss Rumpfkrafttraining nach Bedarf
DI	Grundlagentraining	Kein Krafttraining						
MI	Grundlagentraining	Reißkniebeuge Kniebeuge hinten	6 5	6 5	6 4	 3		Methode: Intramuskuläres Koordinationstraining für den Unterkörper Im Anschluss Rumpfkrafttraining nach Bedarf Die Übung Reißkniebeuge nicht bis zur muskulären Ausbelastung ausführen
DO	Reduziertes Ausdauertraining	Kreuzheben Bankdrücken Klimmzug od. Latziehen Rudern vorgebeugt od. sitzend	5 5 5 5	4 4 5 5	3 3 4 5	3 3 5		Methode: Intramuskuläres Koordinationstraining für den Oberkörper Im Anschluss Rumpfkrafttraining nach Bedarf
FR	Grundlagentraining	Kein Krafttraining						
SA	Grundlagentraining	Kein Krafttraining						
SO	Grundlagentraining	Kein Krafttraining						

Abb. 7.42 Mikrozyklus aus der dritten Vorbereitungsperiode (VP III) Triathlon Mitteldistanz | Wochenplan

Tag	Ausdauertraining	Krafttraining	Mikrozyklus aus der ersten Vorbereitungsperiode (VP I) Triathlon Olympische Distanz | Wochenplan					
	Trainingsinhalte	Übungen im Kraftraum	1. Satz RM	2. Satz RM	3. Satz RM	4. Satz RM	5. Satz RM	Anmerkungen/Hinweise
MO	Reduziertes Ausdauertraining	Bankdrücken Klimmzug od. Latziehen Rudern vorgebeugt od. sitzend	12 12 12	12 12 12	10 10 10	10 10 10	8	Methode: Muskelaufbautraining für den Oberkörper Im Anschluss Rumpfkrafttraining nach Bedarf
DI	Grundlagentraining	Kein Krafttraining						
MI	Grundlagentraining	Umsetzen Kniebeuge hinten Beinstrecken an der Maschine Beinbeugen an der Maschine	6 10 10 10	6 10 10 10	6 10 10 10	6 10 10	 10 10	Methode: Muskelaufbautraining für den Unterkörper Im Anschluss Rumpfkrafttraining nach Bedarf Die Übung Umsetzen nicht bis zur muskulären Ausbelastung ausführen
DO	Reduziertes Ausdauertraining	Kreuzheben Bankdrücken Klimmzug od. Latziehen Rudern vorgebeugt od. sitzend	10 12 10 12	10 12 10 12	8 10 10 10	8 10 8 10	 8	Methode: Muskelaufbautraining für den Oberkörper Im Anschluss Rumpfkrafttraining nach Bedarf
FR	Grundlagentraining	Kein Krafttraining						
SA	Grundlagentraining	Kein Krafttraining						
SO	Grundlagentraining	Reißkniebeuge Kniebeuge vorne Beinbeugen an der Maschine	8 8 10	8 8 10	8 8 10	6 8 10		Methode: Muskelaufbautraining für den Unterkörper Im Anschluss Rumpfkrafttraining nach Bedarf Die Übung Reißkniebeuge nicht bis zur muskulären Ausbelastung ausführen

Abb. 7.43 Mikrozyklus aus der ersten Vorbereitungsperiode (VP I) Triathlon Olympische Distanz | Wochenplan

Tag	Ausdauer-training	Krafttraining						Mikrozyklus aus der zweiten Vorbereitungsperiode (VP II) Triathlon Olympische Distanz | Wochenplan
	Trainingsinhalte	Übungen im Kraftraum	1. Satz RM	2. Satz RM	3. Satz RM	4. Satz RM	5. Satz RM	Anmerkungen/Hinweise
MO	Reduziertes Ausdauertraining	Bankdrücken Klimmzug od. Latziehen Rudern vorgebeugt od. sitzend	10 12 12	10 10 10	10 10 10	8 8 8		Methode: Muskelaufbautraining für den Oberkörper Im Anschluss Rumpfkrafttraining nach Bedarf
DI	Grundlagentraining	Kein Krafttraining						
MI	Grundlagentraining	Reißkniebeuge Kniebeuge hinten Beinbeugen an der Maschine	8 10 10	8 10 10	8 10 10	6 8 10		Methode: Muskelaufbautraining für den Unterkörper Im Anschluss Rumpfkrafttraining nach Bedarf Die Übung Reißkniebeuge nicht bis zur muskulären Ausbelastung ausführen
DO	Reduziertes Ausdauertraining	Kreuzheben Bankdrücken Klimmzug od. Latziehen Rudern vorgebeugt od. sitzend	10 10 10 10	10 10 10 10	8 8 8 10	8 8 8 8		Methode: Muskelaufbautraining für den Oberkörper Im Anschluss Rumpfkrafttraining nach Bedarf
FR	Grundlagentraining	Kein Krafttraining						
SA	Grundlagentraining	Kein Krafttraining						
SO	Grundlagentraining	Reißkniebeuge Kniebeuge vorne Beinbeugen an der Maschine	8 8 10	8 8 10	8 8 10	6 6 10		Methode: Muskelaufbautraining für den Unterkörper Im Anschluss Rumpfkrafttraining nach Bedarf Die Übung Reißkniebeuge nicht bis zur muskulären Ausbelastung ausführen

Abb. 7.44 Mikrozyklus aus der zweiten Vorbereitungsperiode (VP II) Triathlon Olympische Distanz | Wochenplan

Tag	Ausdauer-training	Krafttraining	Mikrozyklus aus der dritten Vorbereitungsperiode (VP III) Triathlon Olympische Distanz | Wochenplan					
	Trainingsinhalte	Übungen im Kraftraum	1. Satz RM	2. Satz RM	3. Satz RM	4. Satz RM	5. Satz RM	Anmerkungen/Hinweise
MO	Reduziertes Ausdauertraining	Bankdrücken Klimmzug od. Latziehen Rudern vorgebeugt od. sitzend	5 5 5	4 5 5	3 4 5	3 5		Methode: Intramuskuläres Koordinationstraining für den Oberkörper Im Anschluss Rumpfkrafttraining nach Bedarf
DI	Grundlagentraining	Kein Krafttraining						
MI	Grundlagentraining	Umsetzen Kniebeuge hinten Beinbeugen an der Maschine	4 5 6	4 5 6	2 4 6	 3 		Methode: Intramuskuläres Koordinationstraining für den Unterkörper Im Anschluss Rumpfkrafttraining nach Bedarf Die Übung Reißkniebeuge nicht bis zur muskulären Ausbelastung ausführen
DO	Reduziertes Ausdauertraining	Kreuzheben Bankdrücken Klimmzug od. Latziehen Rudern vorgebeugt od. sitzend	5 5 5 5	4 4 5 5	3 3 4 5	3 3 5		Methode: Intramuskuläres Koordinationstraining für den Oberkörper Im Anschluss Rumpfkrafttraining nach Bedarf
FR	Grundlagentraining	Kein Krafttraining						
SA	Grundlagentraining	Kein Krafttraining						
SO	Grundlagentraining	Kein Krafttraining						

Abb. 7.45 Mikrozyklus aus der dritten Vorbereitungsperiode (VP III) Triathlon Olympische Distanz | Wochenplan

7.11 Trainingslager

Ein wichtiger und fester Bestandteil im Trainingsaufbau aller Radsportdisziplinen ist das Einbinden von Trainingslagern. Diese ermöglichen über ein sprunghaftes Ansteigen von Belastungsumfang oder Trainingsintensität eine weitere Leistungsentwicklung. Besonders in den Wintermonaten mit den hiesigen schlechten Wetterbedingungen kann durch ein Trainingslager in Regionen mit einer stabilen Wetterlage ein systematischer Formaufbau sichergestellt werden. Beim Planen des Krafttrainings sind Radtrainingslager speziell zu berücksichtigen. Trainingslager stellen **Belastungshöhepunkte** dar, die systematisch in den Trainingsablauf integriert werden müssen. Alle Inhalte müssen sensibel aufeinander abgestimmt werden, um eine Überfordern des Sportlers zu vermeiden. Dies gilt nicht nur für das Trainingslager an sich, sondern besonders auch für die Wochen davor und danach.

7.11.1 Vor dem Trainingslager

In der Woche vor einem Trainingslager sollte die **Belastungsintensität in allen Bereichen reduziert werden.** Es muss sichergestellt werden, dass der Sportler in einem möglichst ausgeruhten Zustand in das Trainingslager startet. Dies bedeutet jedoch nicht, dass gar kein Rad- und Krafttraining mehr absolviert wird. Es werden lediglich die Intensitäten und Umfänge reduziert. Das Training für die Beinmuskulatur sollte in der letzten Woche vor einem Trainingslager auf eine Einheit begrenzt werden; die Intensität sollte dadurch reduziert werden, dass weniger Sätze als bisher durchgeführt werden. Ebenfalls sollte das Training auf zentrale Basisübungen beschränkt werden – z. B. auf Kniebeuge und Kreuzheben. Das Krafttraining für den Oberkörper kann durchaus unverändert fortgesetzt werden.

7.11.2 Im Trainingslager

Im Trainingslager steht das Training auf dem Rad im Mittelpunkt. Fahrleistungen von mehr als 1 000 km pro Woche sind keine Seltenheit. Das Krafttraining rückt in dieser Zeit in den Hintergrund und kann unter Umständen vorübergehend ausgesetzt werden. Häufig bestehen vor Ort überhaupt nicht die Möglichkeiten, Krafttraining zu betreiben. Falls doch ein Kraftraum zur Verfügung steht, darf dieser durchaus besucht werden. Zu empfehlen ist ein ergänzendes Training für den Oberkörper; von einem Beinkrafttraining ist abzusehen.

7.11.3 Nach dem Trainingslager

Die Phase nach der Rückkehr aus dem Trainingslager ist sehr sensibel. **Das Hauptaugenmerk liegt hier auf der Regeneration der vorausgegangenen Trainingsreize.** Dem Körper muss ausreichend Zeit gegeben werden, sich den gesetzten Belastungen anzupassen. Viele Sportler missachten dies und geben ihrem Körper nicht die nötige Ruhe. Dies gefährdet die optimale Leistungsentwicklung. Darüber hinaus kann das Missachten einer notwendigen Regenerationszeit Krankheiten Vorschub leisten. Das Immunsystem ist nach einem Trainingslager oftmals geschwächt. Der Klimawechsel und das Missachten der nötigen Ruhephase führen hier schnell zu einer Erkrankung. Dies kann dann eine längere Zwangspause zur Folge haben.

Besonders die erste Woche nach der Rückkehr aus einem Trainingslager in südlichen Gefilden sollte sehr ruhig gestaltet werden. Je nach Länge des Trainingslagers und der dort gefahrenen Umfänge und Intensitäten sind 3 bis 5 Ruhetage im direkten Anschluss durchaus sinnvoll. Danach kann der Sportler mit regenerativen und moderaten Radtrainingseinheiten im Grundlagenbereich das Training wieder aufnehmen. Für die Beinmuskulatur sollte innerhalb der ersten Woche nach Rückkehr aus einem Trainingslager kein Muskelkrafttraining betrieben werden. Dagegen können für die Muskeln des Oberkörpers ein bis zwei reduzierte Krafttrainingseinheiten durchgeführt werden.

In der zweiten Woche nach Beendigung des Trainingslagers kann wieder mit dem Krafttraining für die Beine begonnen werden. In den ersten Trainingseinheiten sollte der Sportler die Anzahl der Sätze leicht reduzieren. Auch das Trainingsgewicht sollte geringfügig unter dem Gewicht liegen, das zuletzt vor dem Trainingslager eingesetzt wurde.

Flame Rouge

Die Franzosen nennen es „Flame Rouge“, die Deutschen „Teufelslappen“ – das dreieckige rote Tuch, das über der Straße aufgehängt den Fahrern signalisiert: von hier ab noch tausend Meter bis ins Ziel.

Für den Leser sind jetzt nicht die letzten Meter, sondern die letzten Zeichen gekommen. Ab hier noch 1 000 Zeichen bis ins „Ziel“:

Tradition ist im Sport etwas Wichtiges und Wertvolles. Tradition darf aber nicht verhindern, dass in der Trainingspraxis nach dem Grundsatz gehandelt wird: „Das haben wir schon immer so gemacht!“ Mit dieser Maxime treten Trainer und Sportler sprichwörtlich auf der Stelle. Egal wie übereifrig auch „getreten“ wird, das Ziel wird nicht schneller erreicht. Das Trainieren der Muskelkraft stellt hier eine wichtige und bislang unterschätzte Leistungsreserve für Ausdauerathleten dar, besonders wenn ein Steigern der Trainingsumfänge zeitlich und trainingsmethodisch nicht mehr möglich ist. Mit diesem Buch wurden Trainern und Athleten neue Möglichkeiten aufgezeigt, ihr Training durch ein gezieltes Krafttraining erfolgreich zu optimieren. Wir hoffen, zum Lesen des vorliegenden Buchs war nicht viel „Ausdauer“ vonnöten und der Leser geht „gestärkt“ in die Trainingspraxis. Wir erinnern uns daran: Eine außergewöhnliche Muskelkraft hat nicht nur den Helden der Antike zu zahlreichen Siegen verholfen …

Wir wünschen allen Lesern viel Erfolg für ihre sportlichen Ambitionen!

Die Autoren

Literaturverzeichnis

Aagaard P et al. Effects of resistance training on endurance capacity and muscle fiber composition in young top-level cyclists. Scandinavian Journal of Medicine and Science in Sports 2011; 21(6): e298–307.

Aagaard P et al. Increased rate of force development and neuronal drive of human skeletal muscle following resistance training. Journal of Applied Physiology 2002; 93: 1318–1326.

Adams K, O'Shea P, O'Shea K. Aging: Its effects on strength, power, flexibility, and bone density. National Strength and Conditioning Association Journal 1999; 21(2): 65–77.

Andersen P, Henriksson J. Capillary supply of the quadriceps femoris muscle of man: adaptive response to exercise. Journal of Physiology 1977; 270: 677–690.

Andersen JL, Schjerling P, Saltin B. Muskeln, Gene und Leistungssport. Spektrum der Wissenschaft 2001; 3: 70–75.

Avela J, Kyröläinen H, Komi PV. Altered reflex sensitivity after repeated and prolonged passive muscle stretching. Journal of Applied Physiology 1999; 86(4): 1283–1291.

Bachel N, Baron R. Prinzipien der anaeroben Leistungsdiagnostik. In: Jeschke D, Lorenz R(Hrsg.). Sportartspezifische Leistungsdiagnostik – Energetische Aspekte. Köln: Sport und Buch Strauß, 1998. S. 49–64.

Baker D. Improving vertical jump performance through general, special, and specific strength training: a brief review. Journal of Strengh and Conditioning Research 1996; 10(2): 131–136.

Banovcic K. Einsatz- versus Mehrsatztraining – Effekte zweier Krafttrainingsmethoden auf dynamische und isometrische Maximalkraft(unveröffentlichte Magisterarbeit). Frankfurt am Main: Johann Wolfgang Goethe-Universität, Institut für Sportwissenschaften, 2007.

Baechle TR, Earle RW, Wathen D. Resistance training. In: Baechle TR, Earle RW(eds.). Essentials of strength training and conditioning. 2nd ed. Champaign, IL: Human Kinetics, 2000. S. 395–425.

Bastiaans JJ et al. The effects of replacing a portion of endurance training by explosive strength training on performance in trained cyclists. European Journal of Applied Physiology 2001; 86(1): 79–84.

Bazyler CD et al. Strength training for endurance athletes: theory to practice. Strength and Conditioning Journal 2015; 37(2): 1–12.

BDR. Nachwuchsprogramm (überarbeitete Fassung 2002). Bund Deutscher Radfahrer e. V., 2002.

Begert B, Hillebrecht M. Einfluss unterschiedlicher Dehntechniken auf die reaktive Leistungsfähigkeit. Spectrum der Sportwissenschaften 2003; 15(1): 6–25.

Boeckh-Behrens W-U, Buskies W. Kraft, Haltung und Körperform. In: Bös K, Brehm W(Hrsg.). Gesundheitssport. Ein Handbuch. Beiträge zur Lehre und Forschung im Sport, Bd. 120. Schorndorf: Hofmann, 1998. S. 160–166.

Boeckh-Behrens W-U, Buskies W. Probleme bei der Steuerung der Trainingsintensität im Krafttraining auf der Basis von Maximalkrafttests. Leistungssport 1999; 29(3): 4–8.

Boeckh-Behrens W-U, Buskies W. Fitness-Krafttraining. Die besten Übungen für Sport und Gesundheit. Reinbek bei Hamburg: Rowohlt, 2000.

Beedle B, Jessee C, Stone M. Flexibility characteristics among athletes who weight train. Journal of Applied Sports Science Research 1991; 5(3): 150–154.

Bellew JW, Yates JW, Garter DR. The initial effects of low-volume strength training on balance in untrained older men and women. Journal of Strength and Conditioning Research 2003; 17(1): 121–128.

Berger M. Zur Konstruktion und Fabrikation der Zander'schen Apparate nebst ihrer Verbreitung. Archives of Orthopaedic and Trauma Surgery 1911; 10(1): 26–32.

Bouchard C et al. The response to exercise with constant energy intake in identical twins. Obesity Research 1994; 2(5): 400–410.

Boyer B. A comparison of the effects of three strength training programs on women. Journal of Applied Sports Science Research 1990; 4(3): 88–94.

Boyle M. Functional Training. Das Erfolgsprogramm der Spitzensportler. München: Riva, 2010.

Boyle M. Fortschritte im Functional Training. München: Riva, 2011.

Brummit J. Using functional tests to identify core weakness. NSCA's Performance Training Journal 2008; 7(6): 5–6.

Burke R, Newton H. Improved cycling performance through strength training. National Strength and Conditioning Association Journal 1983; 6–7: 70–71.

Bührle M, Schmidtbleicher D, Ressel H. Die spezielle Diagnose der einzelnen Kraftkomponenten im Hochleistungssport. Leistungssport 1983; 13(3): 11–16.

Chagas M. Auswirkungen von Beweglichkeitstraining auf die muskuläre Leistungsfähigkeit. Dissertation, Johann Wolfgang Goethe-Universität Frankfurt am Main, 2001.

Chtara M et al. Effects of intra-session concurrent endurance and strength training sequence on aerobic performance and capacity. British Journal of Sports Medicine 2005; 39: 555–560.

Chilek DR. A meta-analysis of elderly weight training. Dissertation, A, M University, Texas, 1999.

Chromiak J, Mulvaney D. A Review: The effects of combined strength and endurance training on strength development. Journal of Applied Sports Science Research 1990; 4(2): 55–60.

Cook G. Der perfekte Athlet. Spitzenleistung durch Functional Training. München: Riva, 2011.

Craig NP, Norton KI. Characteristics of track cycling. Sports Medicine 2001; 31(7): 457–468.

CrossFit-Studie. CrossFit in Deutschland 2015. Aus: www.fitogram.de/plus/posts/crossfit-studie-2015-teil-1/ (letzter Zugriff: 6. Juli 2016)

Danielson T, Westfahl A. Core-Training für Radsportler. Durch Core-Power zum Erfolg. Kandern: Unimedica, 2015.

De Carvalho A, Jörgensen J, Schibye B, Klausen K, Andersen AH. Controlled ultrasonographic measurements of cross-sectional areas of the quadrizeps muscle submitted to dynamic strength training, Journal of Sports Medicine and Physical Fitness 1985; 25: 251–254.

Deiß D, Pfeiffer U. Leistungsreserven im Schnellkrafttraining: Trainingsstrategien mit Beispiellösungen in der Leichtathletik, im Skisprung und im Gewichtheben. Sportwissenschaft für die Praxis 10. Berlin: Sportverlag, 1991.

Dickhuth HH et al. Sportmedizin für Ärzte: Lehrbuch auf der Grundlage des Weiterbildungssystems der Deutschen Gesellschaft für Sportmedizin und Prävention(DGSP). Köln: Deutscher Ärzte-Verlag, 2010.

Dost H, Te Poel HD, Hyballa P. Fußballfitness: Athletiktraining. Mehr Kraft, Koordination, Schnelligkeit und(Spiel-) Ausdauer. Aachen: Meyer & Meyer, 2015.

DSV, Deutscher Schwimm-Verband e. V. (Hrsg.). Das DSV Kraftkonzept 2016. Key-Points des Konzeptes – wissenschaftliche Begründungen für praktische Handlungsanweisungen. Aus: www.dsv.de/fileadmin/dsv/documents/schwimmen/Amtliches/161027_DSV_Kraftkonzept_2016.pdf (letzter Zugriff: 24. Januar 2017).

Dudley GA, Djamil R. Incompatibility of endurance- and strengthtraining modes of exercise. Journal of Applied Physiology 1985; 59: 1446–1451.

Engelhardt M (Hrsg.). Sportverletzungen. Diagnose, Management und Begleitmaßnahmen. München, Jena: Elsevier/Urban & Fischer, 2006.

Erbach G, Borrmann G, Döbler H, Wonneberger G. Kleine Enzyklopädie Körperkultur und Sport. Leipzig: Verlag Enzyklopädie, 1960.

Escamilla RF et al. Biomechanics of the knee during closed kinetic chain and open kinetic chain exercises. Medicine and Science in Sports and Exercises 1998; 30(4): 556–569.

Faude O. Regeneration im leistungssportlichen Training: zur Wirkung verschiedener regenerativer Maßnahmen während und nach intensiven Trainingsphasen im Radsport (Saarbrücken, Univ., Diss.). Saarbrücken: VDM Verlag Dr. Müller, 2007.

Fiatarone-Singh MA et al. Insulin-like growth factor 1 in skeletal muscle after exercise in frail elders. Journal of Applied Physiology Endocrinology and Metabolism 1999; 277(1): E135–E143.

Fetz F, Kornexl E. Sportmotorische Tests. Berlin, München, Frankfurt am Main: Bartels und Wernitz, 1978.

Fleck S. Kardiovaskuläre Reaktionen und Adaptionen während Kraftbelastungen. In: Komi P (Hrsg.). Kraft und Schnellkraft im Sport. Köln: Deutscher Ärzte-Verlag, 1994. S. 302–311.

Fleck SJ, Kraemer WJ. Designing Resistance Training Programs. Champaign, Illinois: Human Kinetics, 1997.

Fleck SJ, Kraemer WJ. Designing Resistance Training Programs. 3rd ed. Champaign IL: Human Kinetics, 2004.

Freese J. Medizinische Rückenfitness. Freie Gewichte in Prävention und Rehabilitation der Wirbelsäule. Köln: Trainerverlag, 2003.

Frederiksen H, Christensen K. The influence of genetic factors on physical functioning and exercise in second half of life. Scandinavican Journal of Medicine And Science In Sports 2003; 13: 9–18.

Freiwald J. Aufwärmen im Sport. Reinbek: Rowohlt, 1991.

Friedmann B. Neuere Entwicklungen im Krafttraining. Muskuläre Anpassungsreaktionen bei verschiedenen Krafttrainingsmethoden. Deutsche Zeitschrift für Sportmedizin 2007; 58(1): 12–18.

Frey AC, Smith JC, Schilling BK. Effect of knee position on hip and knee torques during the Barbell Squat. Journal of Strength and Conditioning Research 2003: 17(4): 629–633.

Fröhlich M. Kraftausdauertraining – Eine empirische Studie zur Methodik. Göttingen: Cuvillier, 2003.

Fröhlich M et al. Kraft und Krafttraining bei Kindern und Jugendlichen – aktueller Stand. Leistungssport 2009; 2(39). Beilage.

Fröhlich M, Schmidtbleicher D. Trainingshäufigkeit im Krafttraining – ein metaanalytischer Zugang. Deutsche Zeitschrift für Sportmedizin 2008; 59(2): 4–12.

Fröhlich M, Schmidtbleicher D, Emrich E. Belastungssteuerung im Muskelaufbautraining. Belastungsnormativ Intensität versus Wiederholungszahl. Deutsche Zeitschrift für Sportmedizin 2002; 53(3): 79–80.

Frontera WR et al. Aging of skeletal muscle: a 12-yr longitudinal study. Journal of Applied Physiology 2000; 88: 1321–1326.

Frontera WR et al. Strength conditioning in older men: skeletal muscle hypertrophy and improved function. Journal of Applied Physiology 1988; 64(3): 1038–1044.

Fuhrman G. Resistance training for cyclists. National Strength and Conditioning Association Performance Training Journal 2002; 1(5): 28.

Gamble P. Periodization of training for team sports athletes. Strength and Conditioning Journal 2006; 28(5): 56–66.

Gollhofer A, Gruber M, Bruhn S. Muskelphysiologie. In: Mechling H, Munzert J (Hrsg.). Handbuch Bewegungswissenschaft – Bewegungslehre. Schorndorf: Hofmann, 2003. S. 57–80.

Gottlob A. Differenziertes Krafttraining. Mit Schwerpunkt Wirbelsäule. München, Jena: Elsevier/Urban & Fischer, 2001.

Gottlob A. Leicht – Mittel – Schwer? Mit welchen Widerständen wird typischerweise in Fitnessanlagen trainiert? Welche Widerstandshöhe bringt den Erfolg? Werden die Mitglieder diesbezüglich informiert und entsprechend ihrer Zielsetzung motiviert? Fitness Tribune 2003; 82(2): 72–73.

Gottlob A. Der Klimmzug – überholtes Relikt oder erneute Herausforderung? Fitness Tribune 2007; 109: 30–33.
Granacher U. Borde R. Dosis-Wirkungs-Beziehungen beim Krafttraining im Alter. Schweizer Zeitschrift für Ernährungsmedizin 2013; 5, 22–23.
Granacher U et al. Neuromuskuläre Auswirkungen von Krafttraining im Kindes- und Jugendalter: Hinweise für die Trainingspraxis. Deutsche Zeitschrift für Sportmedizin 2009; 2(60): 41–49.
Gregor RJ, Komi PV, Järvinen M. Achillis tendon forces during cycling. International Journal of Sports and Medicine 1987; 8(1): 9–14.
Grimby G. Orthopädische Aspekte des Krafttrainings. In: Komi PV(Hrsg). Kraft und Schnellkraft im Sport. Köln: Deutscher Ärzte-Verlag, 1994. S. 333–349.
Güllich A, Schmidtbleicher D. Struktur der Kraftfähigkeiten und ihrer Trainingsmethoden. Deutsche Zeitschrift für Sportmedizin 1999; 50(7+8): 223–234.
Guy JA, Micheli L J. Strength training for children and adolescents. Journal of the American Acedemy of Orthopaedic Surgeons 2001; 9(1): 29–36.
Häkkinen K, Kallinen M. Distribution of strength training volume into one or two daily sessions and neuromuscular adaptions in female athletes. Electromyographic Clinical Neurophysiology 1994; 34: 117–124.
Häkkinen K et al. Changes in agonist-antagonist EMG, muscle CSA, and force during strength training in middleaged and older people. Journal of Applied Physiology 1998; 84(4): 1341–1349.
Hamill BP. Relative safety of weightlifting and weight training. Journal of Strength and Conditioning Research 1994; 8(1): 53–57.
Hansen EA, Jensen K, Klausen K. The work demand in cyclo-cross. The work demands in cyclo-cross. Cycle Coaching 1999; 2: 23–24 .
Harre D. Trainingslehre: Einführung in die allgemeine Trainingsmethodik. Berlin: Sportverlag, 1970.
Harre D, Leopold W. Kraftausdauer und Kraftausdauertraining (Teil 1). Theorie und Praxis der Körperkultur 1986; 57(4): 282–292.
Hartmann H, Bob A, Wirth K, Schmidtbleicher S. Auswirkungen unterschiedlicher Periodisierungsmodelle im Krafttraining auf das Schnellkraft- und Explosivkraftverhalten der oberen Extremität. Leistungssport 2008; 38(3): 17–22.
Hartmann H, Wirth K, Klusemann M, Dalic J, Matuscheck C, Schmidtbleicher D. Influence of squatting depth on jumping performance. The Journal of Strength and Conditioning Research 2012; 26(12): 3243–3261.
Hartmann J, Tünnemann H. Das große Buch der Kraft. Berlin: Sportverlag, 1990.
Haugen T, Haugvad L, Røstad V. Effects of core-stability training on performance and injuries in competitive athletes. Sportscience 2016; 20: 1–7.
Hausswirth C et al. Endurance and strength training effects on physiological and muscular parameters during prolonged cycling. Journal of Electromyography and Kinesiology 2010; 20: 330–339.
Heck H, Schulz H. Methoden der anaeroben Leistungsdiagnostik. Deutsche Zeitschrift für Sportmedizin 2002; 53,(7+8): 202–212.
Heinrich L. Krafttraining im Profiradsport. Aus: www.radlabor.de/Downloads/Krafttraining%20im%Radsport.pdf (letzter Zugriff: 23.12.2006).
Heitkamp HC, Nirmaier S, Dickhuth HH. Kreislaufreaktionen bei Maximalkraftbelastungen bei Koronarpatienten. In: Bernett P, Jeschke D (Hrsg.). Sport und Medizin Pro und Contra. 32. Deutscher Sportärztekongress, München 1990. München, Bern, Wien, San Francisco: Zuckschwerdt, 1990. S. 896–898.
Hegner P. Sportliche Leistung und Lebensalter. Leistungssport 2006; 36(1): 34–40.
Hennessy LC, Watson AWS. The interference effects of training for strength and endurance simultaneously. The Journal of Strength, Conditioning Research 1994; 8: 12–19.
Herbert RD, Gabriel M. Effects of stretching before and after exercising on muscle soreness and risk of injury: systematic review. British Medical Journal 2002; 325: 1–5.
Heuberge, M, Zawieja M. Krafttraining mit der Langhantel. Eine sportartübergreifende Kooperation. Handballtraining 2004; 26(8): 14–20.
Hickson RC.: Interference of strength development by simultaneously training for strength and endurance. European Journal of Applied Physiology and Occupational Physiologie 19880; 45: 255–263.
Hickson RC et al. Potential for strength and endurance training to amplify endurance performance. Journal of Applied Physiology 1988; 65: 2285–2290.
Hildebrand F, Dittrich A, Tzscheetzsch V. Die Trainingsübung Kniebeuge mit Hantellast im Radsport. Theorie und Praxis Leistungssport 1989; 27(7): 104–115.
Hollmann W. Training, Grundlagen und Anpassungsprozesse. Studienbriefe der Trainerakademie Köln des Deutschen Sportbundes – Studienbrief 9. Schorndorf: Verlag Hofmann, 1990.
Hohmann A, Lames M, Letzelter M. Einführung in die Trainingswissenschaft. 4. A. Wiebelsheim: Limpert, 2007.
Hollmann W, Hettinger T. Sportmedizin. Grundlagen für Arbeit, Training und Präventivmedizin. 4. A. Stuttgart, New York: Schattauer, 2000.
Hollmann W, Strüder HK. Sportmedizin: Grundlagen für körperliche Aktivität, Training und Präventivmedizin. 5. A. Stuttgart, New York: Schattauer, 2009.
Höltke V, Selter K, Verdonck A. Das „Drei-Stufen-Programm des Rückentrainings" Modell Hellersen. In: Höltke V (Hrsg.). Facetten anwendungsorientierter Forschung in der Sportmedizin. Veröffentlichte Forschungsberichte der Jahre 1995–1997 des Krankenhauses für Sportverletzte Lüdenscheid-Hellersen aus der Abteilung für Sportmedizin. Lüdenscheid: Krankenhaus für Sportverletzte Hellersen, 1997. S. 106–110.
Hughes SM, Schiffiano S. Control of muscle fibre size: a crucial factor in ageing. Acta Physilogica Scandinavica 1999; 167: 307–312.

Hunter G, Demment R, Miller D. Development of strength and maximum oxygen uptake during simultaneous training for strength and endurance. Journal of Sports Medicine and Physical Fitness 1987; 27: 269–275.

Ikai M, Fukunaga T. A study on training effect on strength per unit cross-sectional area of muscle by means of ultrasonic measurements. Internationale Zeitschrift für angewandte Physiologie einschließlich Arbeitsphysiologie 1970; 28: 173–180.

Impellizzeri F, Sassi A, Rodriguez-Alonso M, Mongnoni P, Marcora S. Exercise intensity during off-road cycling competitions. Medicine Science Sports and Exercise 2002; 34(11): 1808–1813.

Ims PJ. Sports injuries in children: should we be concerned? Archieves of Diseases in Childhood 1997; 77: 161–163.

Jackson NP, Hickey MS, Reiser RF. High resistance/low repetition vs. low resistance/high repetition training: effects on performance of trained cyclists. Journal of Strength & Conditioning Research 2007; 21: 289–295.

Jesse C, McGee D, Gibson J, Stone M, Williams J. A comparison of Nautilus and free weight training. Journal of Applied Sport Science Research 1988; 3(2): 59.

Jerosch J, Ritchen A, Marquardt M. Sonographische Befunde an Schultergelenken von Bodybuildern. In: Bernett P, Jeschke D (Hrsg.). Sport und Medizin Pro und Contra/32. Deutscher Sportärztekongress, München 1990. München, Bern, Wien, San Francisco: Zuckschwerdt, 1991. S. 896–898.

Jeschke D, Zeilberger KH. Altern und körperliche Aktivität. Deutsches Ärzteblatt 2004; 101(12): A789–A798.

Jones DA, Newham DJ, Round JM, Tolfree SEJ. Experimental human muscle damage: morphological changes in relation to other indicis of damage. Journal of Physiology 1986; 375: 435–448.

Just M. Hypertrophietraining – Spannung auf der Muskelfaser/Belastungsintensität versus metabolische Auslastung. Unveröffentlichte Abschlussarbeit, Johann Wolfgang Goethe-Universität Frankfurt am Main, 2012.

Kelley GA, Kelley KS. Progressive resistance exercise and resting blood pressure: a meta-analysis of randomized controlled trials. Hypertension 2000; 35: 838–843.

Kemmler W et al. Empfehlungen für ein körperliches Training zur Verbesserung der Knochenfestigkeit: Schlussfolgerungen aus Tiermodellen und Untersuchungen an Leistungssportlern. Deutsche Zeitschrift für Sportmedizin 2003; 54(11): 306–316.

Keogh J. Improving the functional ability of the elderly with resistance training. National Strength and Conditioning Association Journal 2003; 25(1): 26–28.

Kibele A, Müller KJ, Bührle M. Bilaterale Defizite bei willkürlichen Maximalkontraktionen. Deutsche Zeitschrift für Sportmedizin 1989; 40(4): 120–135.

Killing W. Kniebeugen in allen Variationen. Leichtathletiktraining 2003; 14(9/10): 49–55.

Klee A. Beweglichkeitstraining im Freizeitsport – biologische Grundlagen und praktische Empfehlungen. In: Ferrauti A., Remmert H (Hrsg.). Trainingswissenschaft im Freizeitsport. Symposium der dvs-Sektion Trainingswissenschaft, Bochum. Hamburg: Feldhaus Verlag, Edition Czwalina, 2006. S. 145–159.

Kent M. Wörterbuch Sportwissenschaften und Sportmedizin. Wiesbaden: Limpert, 1998.

Kokkonen J, Nelson AG, Cornwell A. Acute muscle stretching inhibits maximal strength performance. Research Quarterly for Exercise and Sport 1998; 69(4): 411–415.

Komi PV. Der Dehnungs-Verkürzungszyklus. In: Komi PV (Hrsg.). Kraft und Schnellkraft im Sport. Köln: Deutscher Ärzte Verlag, 1994. S. 173–182.

Komi PV. Strech-shortening cycle. In: Komi PV (ed.). Strength and Power in Sport. Oxford: Blackwell Scientific Publications, 2003. p. 185–202.

Konrad P et al. EMG-Befunde zur Haltungskoordinierung und zur ausgewählten Kräftigungsübungen der Rumpfmuskulatur. Orthopädische Praxis 1999; 35: 698–708.

Knebel KP, Herbeck B, Groos E. Funktionsgymnastik. Reinbeck: Rowohlt, 1996.

Köhler B, Völker K. Belastungscharakteristika beim Mountainbiking – Plädoyer für eine sorgfältige sportmedizinische Betreuung. TW Sport und Medizin 1994; 6: 100–104.

Kraemer W, Frey A. Strenght testing: development and evaluation of methodology. In: Maud P, Forster C (eds.). Physiological assessment of human fitness. Champaign, Illinois: Human Kinetics, 1995. p. 115–138.

Kraemer WJ et al. Compatibility of high-intensity strength and endurance training on hormonal and skeletal muscle adaptations. Journal of Applied Physiology 1995; 78: 976–989.

Kreiszeitung. Artikel ohne Verfasser vom 7.7.2016. Werder macht sich anders fit – Stoxreiter ersetzt Heineke. Mit Maske, mehr Ballarbeit und neuem Ösi. Aus: www.kreiszeitung.de/werder-bremen/werder-bremen-macht-sich-anders-fit-maske-mehr-ballarbeit-einem-neuen-6551735.html (letzter Zugriff: 10. Juli 2016).

Krinke P. Hinweise zur Erlernung einer individuellen Technik im Umsetzen. Aus: www.asc-gewichtheben.de/das-training/17-hinweise-zur-erlernung-einer-individuellen-technik-im-sto%C3%9Fen/umsetzen/ (letzter Zugriff: 4. September 2016)

Krüger A. Aktuelles in Kürze. Kraft und Ausdauer. Leistungssport 2001; 41(3): 39.

Kühnen R. Hart, Härter, Klassiker. Tour 2004; 4: 52–57.

Kühnen R. Kraftakt. Tour 2004; 8: 40.

Leake CN, Carter JEL. Comparison of body composition and somatotype of trained female triathletes. Journal of Sports Science 1991; 9: 125.

Levin GT, McGuigan MR, Laursen PB. Effect of concurrent resistance and endurance training on physiologic and performance parameters of well-trained endurance cyclists. Journal of Strength & Conditioning Research 2009; 23: 2280–2286.

Lexell J et al. Distribution of different fiber types in human skeletal muscles: effect of aging studied in whole muscle cross sections. Muscle and Nerve 1983; 6: 588–595.

Lindner W. Erfolgreiches Radsporttraining. München: BLV, 1994.

Lippmann J, Keine S. Der neue Trainingsmittelkatalog. Athletik 1991; 9: 18–21.

Lübke N. Training mit Krafttrainingsmaschinen: Studie zur Wirksamkeit und Akzeptanz bei älteren Menschen. Tonus 2003; 19: 1–2.

Lucía A, Hoyos J, Chicharro JL. Physiology of rofessional road cycling. Sports Medicine 2001; 31: 5, 325–337.

Lucía A, Hoyos J, Chicharro JL. Preferred pedalling cadence in professional cycling. Medicine and Science in Sports and Exercise 2000; 33(8): 1361–1366.

Lucía A, Hoyos J, Carvajal A, Chicharro JL. Heart rate response to professional road cycling: the Tour de France. International Journal of Sports Medicine 1999; 20: 167–172.

MacDougall JD et al. Muscle fibre in biceps brachii in bodybuilders and control subjects. Journal of Applied Physiology 1984; 57: 1399–1403.

MacDougall JD. Hypertrophy or hyperplasia. In: Komi PV (ed.). Strength and power in sport. Oxford: Blackwell Scientific Publications, 2003. S. 252–264.

Maddalozzo GF, Snow CM. High intensity resistance training: effects on bone in older men and women. Calcified Tissue International 2000; 66: 399–404.

Marschall F, Ruckelshausen B. Dient Dehnen der Verletzungsprophylaxe? Eine qualitative Metaanalyse. Spectrum der Sportwissenschaften 200; 16(1): 31–47.

Marcinik EJ et al. Effects of strength training on lactate threshold and endurance performance. Medicine and Science in Sports and Exercise 1991; 23: 739–743.

Martin D, Carl K, Lehnertz K. Handbuch Trainingslehre. Beiträge zur Lehre und Forschung im Sport. Schorndorf: Hoffmann, 1993.

Martin D, Carl K, Lehnertz K. Handbuch Trainingslehre. Hofmann, Schorndorf, 1993.

Mattes R. Zur Problematik des Krafttrainings im Radsport: Die Wirkung von Krafttraining auf die Ausdauerleistung. Eine Literaturanalyse. Examensarbeit Albert-Ludwigs-Universität Freiburg, Institut für Sport und Sportwissenschaft, Grin Verlag, 2006.

Mayer F, Gollhofer A, Berg A. Krafttraining mit Älteren und chronisch Kranken. Deutsche Zeitschrift für Sportmedizin 2003; 54(3): 88–94.

McBride JM et al. A comparison of strength and power characteristics between power lifters, Olympic lifters, and sprinters. Journal of Strength and Conditioning Research 1999; 16(1): 75–82.

McGinnis PM. Biomechanics of sport and exercise. Champaign, Illinois: Human Kinetics, 1999.

McCall GE et al. Muscle fibre hypertrophy, hyperplasia, and capillary density in college men after resistance training. Journal of Applied Physiology 1996; 81(5): 2004–2012.

McKenzie B. Power Speed ENDURANCE: A skill-based approach to endurance training. Las Vegas, NV: Victory Belt Publishing, 2012.

McRae PG, Feltner ME, Reinsch S. A 1-year exercise program of older women: effects on falls, injuries, and physical performance. Journal of Aging and Physical Activity 1994; 2: 127–143.

Mechtersheimer B et al. Effektivität eines kombinierten maximal konzentrisch, submaximal exzentrisch isokinetischen Krafttrainings in Rehabilitation nach komplexen Knieverletzungen. In: Bernett P, Jeschke D (Hrsg.). Sport und Medizin Pro und Contra. 32. Deutscher Sportärztekongress, München 1990. München, Bern, Wien, San Francisco: Zuckschwerdt, 1991; S. 896–898.

Millet GP et al. Effects of concurrent endurance and strength training on running economy and VO2 kinetics. Medicine & Science in Sports & Exercise 2002; 34(8): 1351–1359.

Mujika I, Padilla S. Physiological and performance characteristics of male professional road cyclists. Sports Medicine 2001; 31(7): 479–487.

Mujika I, Rønnestad BR, Martin DT. Effects of increased muscle strength and muscle mass on endurance-cycling performance. International Journal of Sports Physiology and Performance 2016; 11(3): 283–289.

Müller P et al. Untersuchungen zur Belastungswirkung allgemeiner und spezieller Krafttrainingsmittel im Radsprint. Forschungsbericht. Leipzig: Institut für Angewandte Trainingswissenschaft, 1994.

Murphy TJ. In der Box. Wie CrossFit das Training revolutionierte und mir einen völlig neuen Körper verlieh. München: Riva, 2013.

Nader GA. Concurrent strength and endurance training: from molecules to man. Medicine & Science in Sports & Exercise 2006; 38(11): 1965–1970.

Nesser TW et al. The relationship between core stability and performance in Division I football players. The Journal of Strength and Conditioning Research 2008; 22: 1750–1754.

Neumann G, Berbalk A. Umstellungen und Anpassungen des Organismus – grundlegende Voraussetzungen der sportlichen Leistungsfähigkeit. In: Bernett P, Jeschke D (Hrsg.). Sport und Medizin Pro und Contra. 32. Deutscher Sportärztekongress, München 1990. München, Bern, Wien, San Francisco: Zuckschwerdt, 1990. S. 415–419.

Neumann G. Physiologische Grundlagen des Radsports. Deutsche Zeitschrift für Sportmedizin 2000; 51(5): 169–175.

Neumann G, Pfützner A, Hottenrott K. Das große Buch vom Triathlon. Aachen: Mayer, Mayer, 2004.

Neumann G, Pfützner A, Berbalk A. Optimiertes Ausdauertraining. Aachen: Mayer, Mayer, 2005.

Newton H. Explosive lifting for sports. Enhanced edition. Champaign, IL: Human Kinetics, 2006.

Nicol C, Komi PV. Stretch-shortening cycle fatigue and its influence on force an power production. In: Komi PV (ed.). Strength and power in sport. Oxford: Blackwell Scientific Publications, 2003. p. 203–228.

Nicklas BJ et al. Testosterone, growth hormone and IGF-1 responses to acute and chronic resistive exercise in men aged 55–70 Years. International Journal of Sports and Medicine 1995; 16(7): 445–450.

Nichols JF et al. Effects of resistance training on muscular strength and functional abilities of community-dwelling older adults. Journal of Aging and Physical Activity 1995; 3: 238–250.

Nieber L, Heiduck R. Athletiktraining im Leistungssport. Trainingswissenschaftlicher Terminus oder Phrase? Leistungssport 2016; 46(2): 4–8.

Okada T, Huxel KC, Nesser TW. Relationship between core stability, functional movement, and performance. Journal of Strength and Conditioning Research 2011; 25: 252–261.

Olds TS et al. Modeling road-cycling performance. Journal of Applied Physiology 1995; 78(4): 1596–1611.

OutdoorFitness, Kelsey Media (ed.). Cycle power: Chris Hoy's top 5 exercises. Aus: http://outdoorfitnessmag.com/cycle-power-chris-hoys-top-5-exercises/ (letzter Zugriff: 10. September 2016).

Paavolainen L et al. Explosive-strength training improves 5-km running time by improving running economy and muscle power. Journal of Applied Physiology 1999; 86: 1527–1533.

Pernitsch H, Brunner F. Zur Kniebeuge. Technik-Methodik-Medizin-Biomechanik-Praxis. Aus: www.spsport.at/download/kniebeuge.pdf (letzter Zugriff: 20. Februar 2017).

Pette D. Das adaptive Potential des Skelettmuskels. Deutsche Zeitschrift für Sportmedizin 1999; 50(9): 262–271.

Peterson L, Renström, P. Verletzungen im Sport. Köln: Deutscher Ärzte-Verlag, 1987.

Rack PM, Westbury DR. The effects of length and stimulus rate on tension in the isometric cat soleus muscle. Journal of Phsiology 1969; 204: 443–460.

Radlinger L et al. Rehabilitatives Krafttraining. Stuttgart, New York: , 1998.

Rall LC et al. The effect of progressive resistance training in rheumatoid arthritis. Arthritis and Rheumatism 1996; 39(3): 415–426.

Renner G, Bartonietz K. Klassisch heben will gelernt sein! Leichtathletiktraining 2003; 14(9/10): 12–22.

Rhea MR, Alderman BL. A Meta-analysis of periodized versus nonperiodized strength and power training programs. Research Quarterly for Exercise and Sport 2004; 75(4): 413–422.

Requa R, DeAvilla J, Garrick J. Injuries in recreational adult fitness activities. American Journal of Sports Medicine 1993; 2(3): 461–467.

Rippetoe M. Starting Strength. Einführung ins Langhanteltraining. München: Riva, 2015.

Ritter P, Winkelmann T, Günter T. Geräteunterstütztes Krafttraining zur Vorbeugung von Wirbelsäulenschäden. Tonus 1999; 8: 1–2.

Rønnestad BR et al. Strength training improves performance and pedaling characteristics in elite cyclists. Scandinavian Journal of Medicine and Science in Sports 2015a; 25(1): e89–98.

Rønnestad BR et al. In-season strength training cessation impairs performance variables in elite cyclists. International Journal of Sports Physiology and Performance 2015b. Epub ahead of print. Aus: https://www.researchgate.net/publication/285773948 (letzter Zugriff: 8. Juli 2016).

Rønnestad BR, Hansen EA, Raastad T. Effect of heavy strength training on thigh muscle cross-sectional area, performance determinants, and performance in welltrained cyclists. European Journal of Applied Physiology 2010a; 108: 965–975.

Rønnestad BR, Hansen EA, Raastad T. In-season strength maintenance training increases well-trained cyclists' performance. European Journal of Applied Physiology 2010b; 110: 1269–1282.

Rønnestad BR, Hansen EA, Raastad T. High volume of endurance training impairs adaptations to 12 weeks of strength training in well-trained endurance athletes. European Journal of Applied Physiology 2012; 112(4): 1457–1466.

Rønnestad BR, Mujika I. Optimizing strength training for running and cycling endurance performance: A review. Scandinavian Journal of Medicine and Science in Sports 2013; 4(4): 603–612.

Rønnestad BR, Raastad T, Hansen EA. Strength training improves 5-min all-out performance following 185 min of cycling. Scandinavian Journal of Medicine & Science in Sports 2011; 21: 250–259.

Röthig P, Prohl R. Sportwissenschaftliches Lexikon. 7. A. Schorndorf: Verlag Karl Hofmann, 2003.

Ruep M. Crossfit – zu Risiken und Nebenwirkungen fragen Sie Ihren Konditions- und Athletiktrainer. Athletik-Blog. Aus: http://athletik-blog.de/crossfit-zu-risiken-und-nebenwirkungen-fragen-sie-ihren-konditions-und-athletiktrainer/ (letzter Zugriff: 6. Juli 2016).

Sadres E et al. The effect of long-term resistance training on anthropomertric measures, muscle strength and self concept in pre-puberal boys. Pediatric Exercise Science 2001; 13: 357–372.

Sale D. Neuronale Adaptionen im Verlauf eines Krafttrainings. In: Komi P (Hrsg). Kraft und Schnellkraft im Sport. Köln: Deutscher Ärzte Verlag, 1994. S. 249–265.

Sandig D, Wirth K, Schmidtbleicher D. Krafttraining im Radsport – ein Diskussionsbeitrag zu Struktur, Anpassung und Trainingsmethoden. Leistungssport 2006; 6: 16–20.

Sayers AL et al. The effect of static stretching on phases of sprint performance in elite soccer players. The Journal of Strength, Conditioning Research 2008; 22(5): 1416–1421.

Schlichting HJ. Zur Gleichgewichtsproblematik beim Fahrradfahren. technic-didact 1984; 275(9/4): 1–5.

Schlumberger A. Sprint- und Sprungkrafttraining bei Fußballspielern. Deutsche Zeitschrift für Sportmedizin 2006; 57(5): 125–131.

Schlumberger A, Schmidtbleicher D. Einsatz-Training als trainingsmethodische Alternative – Möglichkeiten und Grenzen. Leistungssport 1999; 29(3): 9–11.

Schlumberger A, Schmidtbleicher D. Zeitlich verzögerte Effekte beim Krafttraining. Leistungssport 1998; 3: 33–38.

Schlumberger A, Schmidtbleicher D. Grundlagen der Kraftdiagnostik. In: Banzer W, Pfeifer K, Vogt L (Hrsg.). Funktionsdiagnostik des Bewegungssystems in der Sportmedizin. Berlin: Springer, 2004. S. 87–106.

Schlumberger A et al. Effekte eines Trainings mit einer Schnellkraftmethodenkombination. Leistungssport 2003; 33(4): 14–18.

Schmidt A. Tour de France – Zahlenspiel. Procycling 2008; 9: 88–91.

Schmidt A. Handbuch für Radsport. Achen: Meyer und Meyer, 2001.

Schmidtbleicher D. Krafttraining und Techniktraining. In: Daugs R, Mechling H, Blischke K, Olivier N (Hrsg.). Sportmotorisches Lernen und Techniktraining. Schorndorf: Hofmann, 1991. S. 157–163.

Schmidtbleicher D. Motorische Eigenschaft Kraft: Struktur, Komponenten, Anpassungserscheinungen, Trainingsmethoden und Periodisierung. In: Fritsch W (Hrsg.). Rudern – erfahren, erkunden, erforschen. Gießen: Wirth, 2003. S. 15–21.

Schmidtbleicher D. Periodisierungsmodelle im Krafttraining. Aus: www.baspo.admin.ch/internet/baspo/de/home/themen/spitzensport/fachgruppen_sportwissenschaft/fachgruppe_kraft.parsys.54122.downloadList.86436.DownloadFile.tmp/schmidtbleicherperiodisierungdesmaximalkrafttrainings.pdf (letzter Zugriff: 15. Januar 2008).

Smith LL et al. The effects of static and ballistic stretching on delayed onset muscle soreness and creatine kinase. Research Quarterly for Exercise and Sport 1993; 64(1): 103–107.

Schnabel G et al. Trainingswissenschaft. Leistung, Training, Wettkampf (Stud. Ausg. 3. A.). Berlin: Sportverlag, 2003.

Sheppard JM. Strength and conditioning exercise selection in speed development. Strength and Conditioning Journal 2003; 25(4): 26–30.

Staff PH. The effect of physical activity on joints, cartilage, tendons and ligaments. Scandinavian Journal of Social Medicine 1982; 290: 59–63.

Stapelfeld B. Kraft- und Ausdauerleistungen im Mountainbikesport. Dissertation, Albert-Ludwigs-Universität zu Freiburg i. Br., 2001.

Stapelfeld B, Schwirtz A, Schumacher YO. Belastung und Beanspruchung in Mountainbike-Cross-Country-Wettkämpfen. Leistungssport 2002; 2: 21–28.

Steinacker JM et al. Strukturanpassungen des Skelettmuskels auf Training. Deutsche Zeitschrift für Sportmedizin 2002; 53(12): 354–360.

Stone M et al. Health and performance related adaptions to resistive training. Sports Medicine 1991; 11(4): 210–231.

Stone M et al. Training principles: evaluation of modes and methods of resistance training. Strenght and Conditioning Journal 2000; 22(3): 65–76.

Sunde A et al. Maximal strength training improves cycling economy in competitive cyclists. Journal of Strength and Conditioning Research 2010; 24(8): 2157–2165.

Tanner JM, Davies PS. Clinical longitudinal standards for height and height velocity for North American children. Journal of Pediatrics 1985; 107: 317–329.

Team Sky, BSkyB (Hrsg.). Aus: www.teamsky.com/teamsky/home/article/59618 (letzter Zugriff: 21. September 2016).

Tesch PA, Colliander EB, Kaiser P. Muscle metabolism during intense, heavy-resistance exercise. European Journal of Applied Physiology 1986; 55: 362–366.

Theobald U. Leistungsanforderungen und Trainingsmittel in der Radsportdisziplin Mountainbike Cross-Country. Leistungssport 2015; 1: 20–24.

Tinetti ME. Preventing falls in elderly persons. The New England Journal of Medicine 2003; 348(1): 42–49.

Tittel K. Beschreibende und funktionelle Anatomie des Menschen. 14. A. München, Jena: Elsevier/Urban & Fischer, 2003.

Toth MJ, Beckett T, Poehlmann ET. Physical activity and the progressive change in body composition with aging. Current Evidence and Research Issues 1999; 31(11): 590–596.

Turbanski S. Aufwärmeffekte von Stretching in schnellkraftabhängigen Disziplinen. Leistungssport 2005; 35(2): 20–23.

Tran TT et al. Effects of unstable and stable resistance training on strength, power, and sensorimotor abilities in adolescent surfers. International Journal Of Sports Science & Coaching 20155; 10(5): 899–910.

Verchoshansky YV. Grundlagen des speziellen Krafttrainings. In: Adam K, Verchoshansky YV (Hrsg.). Modernes Krafttraining im Sport. Schriftenreihe des Bundesausschusses zur Förderung des Leistungssports – Trainerbibliothek Band 4. Berlin, München, Frankfurt am Main: Verlag Bartels & Wernitz KG, 1979. S. 37–148.

Verchoshanskij JV. Das Ende der Periodisierung des sportlichen Trainings. Leistungssport 1998; 28(5): 14–19.

Verdonck A. Anwendungen und Fallbeispiele zum Einsatz biokinetischer Messverfahren. In: Höltke V (Hrsg.). Facetten anwendungsorientierter Forschung in der Sportmedizin. Veröffentlichte Forschungsberichte der Jahre 1995–1997 des Krankenhauses für Sportverletzte Lüdenscheid-Hellersen aus der Abteilung für Sportmedizin. Lüdenscheid: Krankenhaus für Sportverletzte Hellersen, 1997. S. 189–207.

Verstegen M. Core Performance: Das revolutionäre Workout-Programm für Körper und Geist. München: Riva, 2011.

Vikmoen O et al. Strength training improves cycling performance, fractional utilization of VO_2max and cycling economy in female cyclists. Scandinavian Journal of Medicine & Science in Sports 2016; 26(4): 384–396.

Vogt S et al. Power output during stage racing in professional road cycling. Medicine and Science in Sports and Exercise 2006; 38(1): 147–151.

Wagner A. Maschinen vs. freie Gewichte. Eine empirische Untersuchung zu zwei verschiedenen Krafttrainingsmethoden bei Erwachsenen im höheren Lebensalter(unveröffentlichte Magisterarbeit). Frankfurt am Main: Johann Wolfgang Goethe-Universität, Institut für Sportwissenschaften, 2005.

Weider J. Joe Weider's Bodybuilding (3. A.). München: Wilhelm Heyne, 1991.

Wiemann K, Klee A, Stratmann M. Filamentäre Quellen der Muskel-Ruhespannung und die Behandlung muskulärer Dysbalancen. Deutsche Zeitschrift für Sportmedizin 1998; 44(4): 111–118.

Wiemeyer J. Der zielgerichtete Einsatz von Auf-und Abwärmen im Sport. In: Singer R (Hrsg.). Neuere Erkenntnisse zum Konditionstraining. Technische Universität Darmstadt: Schriftenreihe des Institutes für Sportwissenschaft, 2001. S. 157–172.

Wiemeyer J. Dehnen – eine sinnvolle Vorbereitungsmaßnahme im Sport? Spectrum der Sportwissenschaften 2002; 14(1): 53–80.

Withers RT et al. Relative body fat and anthropometric prediction of body density of female athletes. European Journal of Applied Physiology 1987; 56(2): 1439–6319.

Wilson G, Murphy A. The use of isometric tests of muscular function in athletics assessment. Sports Medicine 1996; 22(1): 19–37.

Wirth K. Trainingshäufigkeit beim Hypertrophietraining. Unveröffentlichte Dissertation, Frankfurt am Main: Johann Wolfgang Goethe-Universität , 2004.

Wirth K, Keiner M. Training der konditionellen Fähigkeit Kraft. Definition und Struktur der motorischen Fähigkeit Kraft. Hannover: Publikation des Landesschwimmverbands Niedersachsen e. V., 2013.

Wirth K, Schmidtbleicher D. Ein- oder Mehrsatztraining. Medical Sports Network 2007; 03: 22–24.

Wirt K et al. Krafttraining im Leistungssport. Theoretische und praktische Grundlagen für Trainer und Athleten. Köln: Sportverlag Strauß, 2012.

Wirth K, Zawieja M. Erfahrungen aus dem Gewichtheben für das leistungssportliche Training. Teil 1: Bedeutung der Wettkampf- und Trainingsübungen des Gewichthebens für die Entwicklung der Schnellkraft. Leistungssport 2008a; 38(5): 10–13.

Wirth K, Zawieja M. Erfahrungen aus dem Gewichtheben für das leistungssportliche Training. Teil 2: Unterschiede in der Periodisierung und Gestaltung des Krafttrainings im Gewichtheben und anderen Sportarten mit hohen Anforderungen an die Schnellkraft. Leistungssport 2008b; 38: 50–54.

Wirth K, Atzor KR, Schmidtbleicher D. Veränderung der Muskelmasse in Abhängigkeit von Trainingshäufigkeit und Leistungsniveau. Deutsche Zeitschrift für Sportmedizin 2007; 58(6): 178–183.

Wirth K et al. Core stability in athletes: a critical analysis of current guidelines. Sports Medicine 2016 July 30. Epub ahead of print, doi:10.1007/s40279-016-0597-7.

Witt M, Hildebrand F. Aufgabenbezogenes Krafttraining für die Kniestrecker im Radsprint. Zeitschrift für Angewandte Trainingswissenschaft 1995; 2(2): 84–94.

Woo SL et al. The biomechanical and biochemical properties of swine tendons – long term effects of exercise on the digital extensors. Connective Tissue Research 1980; 7(3): 177–183.

Yamamoto LM et al. The effects of resistance training on endurance distance running performance among highly trained runners: a systematic review. Strength and Conditioning Research 2008; 22(6): 2036–2044.

Zatsiorsky VM. Krafttraining – Praxis und Wissenschaft. Achen: Meyer und Meyer, 2000.

Zatsiorsky VM, Kraemer WJ. Science and practice of strength training. Champaign, Ill.: Human Kinetics, 2006.

Zawieja M. Leistungsreserve Hanteltraining. Handbuch des Gewichthebens für alle Sportarten. Münster: Philippka Sportverlag, 2008.

Zawieja M, Bukac D. Vertiefung – Athletiktraining: Kraft und Stabilität für den Rumpf. Sportphysio 2014; 2(01): 15–23

Zawieja M, Oltmanns K. Kinder lernen Krafttraining. Münster: Philippka Sportverlag, 2016.

Zawieja M, Thomas C. Langhantelathletik – NEWS. August 2016; S. 9. Aus: http://langhantelathletik.de/wp-content/uploads/2016/08/2016-08-langhantelathletik-News.pdf (letzter Zugriff: 20. Februar 2017).

Zawieja M, Wirth K. Erfahrungen aus dem Gewichtheben für das leistungssportliche Training. Teil 3: Technische Fehler bei der Durchführung von Trainingsübungen des Gewichthebens (Stoßen/Kniebeuge). Leistungssport 2009; 39(2): 33–37.

Zimmermann K. Gesundheitsorientiertes Muskelkrafttraining. Theorie-Empirie-Praxisorientierung. 2. A. Schorndorf: Hofmann, 2002.

Zintl F. Trainingslehre. In: Weiß C (Hrsg.). Handbuch Radsport. München, Wien, Zürich: BLV, 1996. S. 73–116.

Sachregister

A
Absolutkraft 29
Abwärmen 161
Adaption 39
- neuronale 80
- Prinzip 39
Aktin 32
Alles-oder-Nichts-Gesetz 37
Alter
- Höchstleistung 145
- Muskelkraft 145
- Muskelmasse 146
Alterungsprozess 145
Anforderungsprofile 1
- Amateur- und Nachwuchsrennen 12
- Bahnradsport 23
- Bergetappen 10
- BMX-Race 25
- Cross Country 16
- Cyclocross 20
- Einerverfolgung 24
- Etappenrennen 10
- Flachetappen 10
- im Leistungssport 1
- Kriterien 11
- Leistungsklassen 12
- Mannschaftsverfolgung 24
- Mountainbike-Marathon 19
- Punktefahren 25
- Querfeldeinsport 20
- Radsportler 2
- Scratch 25
- Straßenradsport 8
- Triathlon 13
- Zeitfahren 10, 24
- Zweier-Mannschaftsfahren 25
Anpassungsprozesse bei Kindern 142
Armmuskeln 151, 187
Athletiktraining 107
- für Radsportler 107
Aufwärmen 157
- Aufwärmsätze 158
- Dehnen 158
Ausdauer 3, 27
- Dehnübungen 136
- Einfluss des Krafttrainings 51
Ausdauerfähigkeit 30
Ausdauerleistungsfähigkeit 118, 133
- Einfluss des Krafttrainings 49
Ausfallschritte mit Hantellast nach vorn 174
- häufige Fehler 175
- Übungstechnik 175

B
Backextension 213
Bahnradsport 21, 257
- Anforderungsprofil 23
- Ausdauerdisziplinen 22
- Besonderheiten der Trainingsplanung 258
- Disziplinen 21
- Einerverfolgung 22, 24
- Keirin 22
- Körperbaumerkmale 25
- Kurzzeitdisziplinen 22
- Mannschaftsverfolgung 22, 24
- Mustertrainingspläne für Mikrozyklen 258
- Punktefahren 23, 25
- Scratch 23, 25
- Sprint 22
- Teamsprint 22
- Zeitfahren 22, 24
- Zweier-Mannschaftsfahren 23, 25
Balance 92, 94
Bankdrücken 191
- häufige Fehler 192
- Korrekturhinweise 192
- Übungstechnik 191
Bauchmuskeln 152
Beincurl 184
- häufige Fehler 185
- Korrekturhinweise 185
- Übungstechnik 184
Beinmuskeln 151
Beinpresse 182
- häufige Fehler 183
- Übungstechnik 183
Beinstrecken an der Maschine 186
- häufige Fehler 186
- Übungstechnik 186
Belastung
- Variationen 70
- Wechsel mit Entlastung 70
Belastungsintensität 67
Belastungsumfang 53, 68
Belastungsverträglichkeit 221
Beuger 32
Beugeschlinge 151
Beweglichkeit
- Ausmaß 137
- funktionelle 137
- im Radsport 137
Beweglichkeitstraining 135
Bewegungsamplitude, vollständige 137
Bewegungsapparat bei Kindern 143
Bicycle Moto Cross 25
BMX 25
Bodyweight Exercise 101
Brustmuskeln 188

C
Core-Training 105, 203
Corrective Exercises 153
Criss-Cross 208
Cross Country 247
- Besonderheiten der Trainingsplanung 248
- Mustertrainingspläne für Mikrozyklen 248
Crossfit® 102
- für Radsportler 104
- vs. sportartspezifisches Training 103
Crunch, schräger 210
- häufige Fehler 211
- Übungstechnik 210
Cyclocross 20, 263
- Anforderungsprofil 20
- Disziplinen 20
- Mustertrainingspläne für Mikrozyklen 263

D
Dehnen
- dynamisches 113, 135, 158
- statisches 135
Dehnübungen 134
- Beweglichkeit 136
- Kondition 136
- Verletzungsprophylaxe 136
Dehnungsreflex 57
Dehnungs-Verkürzungs-Zyklus 56
- beim Radfahren 57
- Effekte 57
Derny 22
Doppel-Split-System 222
Drehmomenttest 121
Dysbalancen, muskuläre 136

E
Einsatztraining 69
Elastizitätskräfte 57
Ergometertest, isokinetischer 120
Ermüdungswiderstandsfähigkeit 45, 205
Etappenrennen, Anforderungen 10
Explosivkraft 29

F
Fähigkeit 1
- körperliche 75
- motorische 3
Fahrrad, Geschichte 5
Fertigkeit 1
Flachbank mit Hantelablage 100
Freihanteltraining 90
- anatomische Voraussetzungen 92
- Bewegungsabläufe 91
- Nachteile 91
- Prävention 91
- Trainingssicherheit 92
- Übungswiderstand 92
- Vorteile 91
Freihantelübungen, Kinder und Jugendliche 144
Frontkniebeuge 169
- häufige Fehler 170
- Übungstechnik 169
Functional Training 104
- Core-Training 105
- Definition 106

G
Gesäßmuskeln 151
Gewichtheben, Periodisierung 87
Gleichgewicht 92, 94
Gran Fondo, Mustertrainingspläne für Mikrozyklen 231
Griffvarianten 155
Größenordnungsprinzip 38
Grundübungen 59

H
Hakengriff 157
Hantel- contra Maschinentraining 95
Hanteltraining 90
Hantelübungen 62
Herzfrequenz 3
- Cross Country 17
Höchstleistung, Alter 145
Hormonkonzentration bei Frauen 139
Hyperextension 213
Hypertrophieeffekte 133, 134
Hypertrophietraining 79

I
IK-Training 82
Impendanzanalyse, bioelektrische 119
Individualisierung 74
Intensität 52
Intensivwiederholungen 65
Intervalltraining mit dem Rad 131
Isolationsübungen 60

J
Jahresperiodisierung
- durchgängige Wettkampfperiode 225
- eingipflige 225
- Trainingslager 225
- zweigipflige 225
Jahresplanung
- Flexibilität 222
- kommerzielle Interessen 223
- Probleme 221
- Split-Training 222
Jahrestrainingsplan 224
Jedermannrennen, Mustertrainingspläne für Mikrozyklen 231

K
Käferübung 208
- häufige Fehler 209
- Übungstechnik 209
Klimmziehen 193
- häufige Fehler 195
- Übungstechnik 194
- Varianten 195
- Vorbereitung 196
Klimmzugstange 99
Kniebeuge 161
- beanspruchte Muskeln 162
- Beugetiefe 163
- häufige Fehler 167
- Kniegelenkbelastung 164
- Knieposition 164
- Korrekturhinweise 168
- olympische 169
- Tempo 165
- tiefe 169
- Übungstechnik 165
- Varianten 162
Kniebeugenständer 99
Kniewinkel 164
Kontraktion
- dynamisch-exzentrische 56
- dynamisch-konzentrische 55
- exzentrisch-konzentrische 56
- isometrische 58
Kontraktionsformen 55
Kontraktionsgeschwindigkeit 55
Koordination
- intermuskuläre 80, 205
- intramuskuläre 44, 82
Koordinationstraining, intramuskuläres 82, 217, 222
Körperbaumerkmale 75
Körpergewicht 75
Kraft 4, 27, 55
- Definition 27
- Dehnübungen 136
- gezieltes Training 78
Kraftausdauer 28, 30, 128
- Ausdauerkomponente 31
- Definition 31
- Kraftkomponente 30
- Leistungsbeurteilung 31
Kraftausdauertraining 78, 130
- mit dem Rad 130
- Schwimmsport 131
Kraftdefizit 29
Kraftdiagnostik 109
Kraftfähigkeiten 28, 109, 128
- Bestimmung 115
- Einflussgrößen 32
- Testzeitpunkte 123
Kraftgewinn, Einfluss der Testmethodik 124
Kraftleistung, isokinetische 118
Kraftniveau, Steigerung 44
Krafttest
- Kraftgewinn 124
- Testzeitpunkte 124
Krafttraining 41
- allgemeines 60
- Begriff in der Praxis 42
- Definition 41, 42
- Einfluss auf Ausdauer 49, 51
- Forschungsbedarf 52
- für ältere und alte Menschen 146
- für Frauen 138, 140
- gesundheitswirksame Anpassungen 47
- gesundheitswirksame Effekte 48
- grundlegende Prinzipien 77
- im Alter 144
- im Jahresverlauf 215, 220
- im Saisonverlauf 62
- leistungssteigernde Effekte 43
- mit dem Rad 129, 130
- nach Beenden der sportlichen Laufbahn 148
- Organisation 63
- Periodisierung 85, 86
- präventive Effekte 47
- Regelmäßigkeit 71
- Saisonhöhepunkt 218
- spezifisches 60, 127

- Stellenwert 44
- Straßenradsport 230
- systematischer Trainingsaufbau 88
- Trainingsprinzipien 65
- Übergangsperiode 218
- Übungsklassen 59
- Vorbereitungsperiode 216, 219
- vs. Radtraining 221
- Wettkampfphase 218
- Wirkungen auf die Ausdauer 49
- Wirkungen für Radsportler 47
- zentrale Begriffe 53
- Ziele 43

Krafttraining im Kindes- und Jugendalter 140
- Anpassungsprozesse 142
- Effekte 142
- Gefahren 141
- Kritik 141
- Muskelaufbau 141
- Verletzungshäufigkeit 142

Krafttrainingsmethoden 77
- Mischmethoden 83
- Unterschiede 78

Krafttrainingsprogramme 223
Krafttrainingsübungen, Grundregeln 154
Kraftverlust im Alter 145
Krankheiten 75
Kreistraining 64
Kreuzheben 188
- häufige Fehler 190
- Korrekturhinweise 190
- Übungstechnik 189
- Varianten 189

L

Langhantel 97
- Übungen 93

Latziehen in den Nacken 199
Latziehen zur Brust 197
- häufige Fehler 198
- Übungstechnik 197

Leistung, Cross Country 18
Leistungsdiagnostik 75, 119, 149
Leistungsentwicklung, Dokumentation 123
Leistungsreserve 43
Leistungssport 75
Leistungstest 109
- Abbruchkriterien 111
- Aufwärmen 112
- Grundlagen 109
- Lerneffekte 111
- Objektivität 109
- Reliabilität 110
- Sicherheit 112
- spezielles Aufwärmen 113
- Standardisieren 110
- Störfaktoren 111
- Validität 110

Leistungszustand, Bestimmung 114

M

Madison 23
Makrozyklus 85, 224
Maschinentraining 90, 93
- anatomische Voraussetzungen 94
- Bewegungsmuster 93
- Geschichte 95
- koordinative Aspekte 94
- Nachteile 93
- Prävention 94
- Trainingssicherheit 94
- Übungswiderstand 95
- Vorteile 93

Maschinenübungen 62
Maximalkraft 4, 5, 28, 54, 128
- dynamische 115, 118
- isometrische 117
- Steigerung 46
- Tests 112

Maximallast 115, 116
- Zielwerte 116

Mehrsatztraining 69
Mesozyklus 85, 224
Messung, isometrische 124
Mikrozyklus 85, 224
- Mustertrainingspläne Straßenradsport 231
- Planung im Trainingsverlauf 225

Motoneuron 33
Motoriktest 122
motorische Einheit 33, 37
- Frequenzierung 38
- Rekrutierung 37
- Synchronisation 38

Mountainbike-Marathon 15, 248
- Besonderheiten der Trainingsplanung 248
- Mustertrainingspläne für Mikrozyklen 248

Mountainbike, Planung von Mikrozyklen 247
Mountainbiking 14
- 4-Cross 16
- Anforderungsprofile 16
- Cross Country 14
- Disziplinen 14
- Downhill 15
- Enduro 16
- Marathon 15

Muskelarbeit
- dynamische 55
- statische 58

Muskelaufbau 133
- bei Frauen 139

Muskelaufbautraining 80, 159
Muskeldickenwachstum 36
Muskelfasern 32, 46
- Aufbau 32
- Funktion 32
- im Alter 146
- Vergleich 34
- Verteilung 34
- von Frauen 139
- Wandlung 35

Muskelfaserquerschnitt 36, 46
- Hypertrophie 36

Muskelfasertypen 33
Muskelhypertrophie 36, 45
Muskelkater 135
Muskelkraft 27
- Alter 145
- Auswertung der Testergebnisse 116
- Messung 112
- neuronale Faktoren 38

Muskelkrafttest, isokinetischer 122, 123
Muskelleistung 33
- von Frauen 139

Muskelmasse 132
- im Altersgang 146
- im Radsport 134

Muskeltraining, isokinetisches 58
Muskelwachstum 133
Muskulatur
- der oberen Extremitäten 187
- der unteren Extremitäten 161

Mustertrainingspläne 224
Myofibrillen 32
Myosin 32

N

Nackenkniebeuge 161
Nackenmuskeln 152
Normalized Power® 9

O

Obergriff 156

P

Pausenzeiten 160
Periodisierung 85
- eingipflige 215, 216, 218
- lineare 86
- nichtlineare 87
- Probleme 89
- zweigipflige 219, 220

Plateaubildung 78
Power Rack 97
Pyramidensystem 83

Q
Querfeldein 263
- Besonderheiten der Trainingsplanung 263
- Mustertrainingspläne für Mikrozyklen 263
Querfeldeinsport 20
- Anforderungsprofil 20
- Disziplinen 20

R
Radmarathon, Mustertrainingspläne für Mikrozyklen 231
Radrennbahn 21
Radsport
- Disziplinen 6
- Entwicklung 5
- Kniebeuge 163
- motorische Fähigkeiten 3
Regeneration 218
Reißkniebeuge 171
- häufige Fehler 174
- Übungstechnik 171
Reizdauer 53
Reizdichte 54
Reizkonfiguration 79
Repeated Sprint Recovery Test 123
Repetition Maximum 55, 67, 113
- Bestimmung 114
- Kriterien 114
- Trainingskontrolle 114
Rückenmuskeln 152, 187, 188
Rückenstreckmuskulatur 152
Rudern sitzend 201
- häufige Fehler 203
- Korrekturhinweise 203
- Übungstechnik 201
Rudern vorgebeugt 199
- häufige Fehler 201
- Übungstechnik 200
Rumpfdrehen liegend 207
- häufige Fehler 208
- Übungstechnik 207
Rumpfheben 213
- häufige Fehler 214
- Übungstechnik 213
Rumpfkraft 117
- Bestimmung 118
Rumpfkrafttraining
- Steuerung der Belastung 204
- Übungsauswahl 205
Rumpfmuskeln 203
- Trainingsübungen 204
Rumpfmuskulatur 117
Rumpfübungen 159
Russian Twist 206
- häufige Fehler 207
- Übungstechnik 206

S
Saisonhöhepunkt 216
Satzpause 54
Satztraining 63
- Supersätze 63
Scheibengewichte 98
Schnelligkeit, Dehnübungen 136
Schnellkraft 28, 29, 128
Schultermuskulatur 152, 187
Seilzugübungen 62
Skelettmuskeln 32
Skelettmuskulatur 27
Split-Training 73
Sprinttest im isokinetischen Modus 123
Startkraft 29
Stationstraining 63
Stemmboden 100
Straßenradsport 6, 230
- Anforderungsprofil 8
- Disziplinen 6
- Eintagesrennen 7
- Etappenrennen 7
- Krafttraining 230
- Kriterien 7
- Mustertrainingspläne für Mikrozyklen 231
- Zeitfahren 8
Strecker 32
Streckschlinge 151, 161
Summation 38
Superkompensation 40
Superposition 38

T
Training, exzentrisches 56
Trainingsadaption 39
- Prinzip 40
Trainingsalter 76
Trainingsausrüstung 97
- Fitnessstudio 97
Trainingsbelastung 66
Trainingsdokumentation 148
Trainingseinheit 55
- Aufbau 157
- Hauptteil 158
- Pausenzeiten 160
- Supersätze 159
- Übungsfolge 159
Trainingsempfehlungen
- für ältere und alte Menschen 146
- für Kinder und Jugendliche 143
Trainingshäufigkeit 54
Trainingslager 279
Trainingslasten 68
Trainingsmittel 62
Trainingspartner 64, 160
Trainingsplan 148
- Aufbau 224
Trainingsplanung 215
- im Jahresverlauf 215
- kommerzielle Interessen 223
Trainingsprinzipien 65
- grundlegende 76
Trainingsrhythmus 71
Trainingssatz 54
Trainingstagebuch 75, 148, 221
Trainingsübungen 153
- Grundregeln 154
- Hinweise 153
- Rumpfmuskeln 204
Trainingszeit, verfügbare 76
Trial 26
Triathleten 225
Triathlon 13, 268
- Anforderungsprofil 13
- Besonderheiten der Trainingsplanung 268
- Disziplinen 13
- Ironman 13
- Mustertrainingspläne für Mikrozyklen 269
- olympischer 13
- Sprint- 13

U
Überkopfkniebeuge 171
Übungen
- eingelenkige 59
- mehrgelenkige 59
- mit freien Gewichten 62
- untere Extremitäten 161
Übungen mit eigenem Körpergewicht 101
- Nachteile 101
- Vorteile 101
Übungsauswahl für ältere und alte Menschen 147
Übungshilfen 100
Übungslast, Bestimmung 113
Umsetzen mit Scheibenhantel 176
- häufige Fehler 181
- Korrekturhinweise 181
- Übungstechnik 177
- Varianten 182
Untergriff 156
Untersuchungen, leistungsdiagnostische 221

V
Verletzungen 75
Verletzungsprophylaxe 135
Vierfüßlerstand 211
– häufige Fehler 212
– Übungstechnik 211
Vorbereitungswettkämpfe 218

W
Wattleistungen 3
Wattmesssystem 3
Wiederholung 54
Wiederholungsmaximum 67
Wochentrainingsplan 222

Z
Zeitfahren 8
Zentralnervensystem, Schulung 61
Zirkeltraining 64
Zwiegriff 157

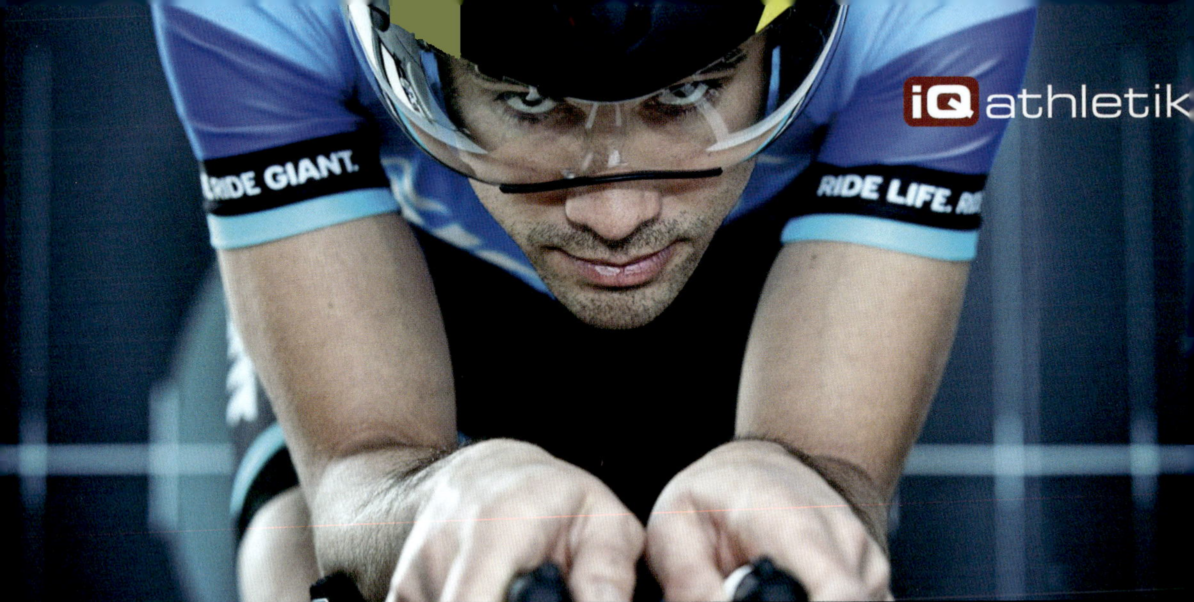
iQ athletik

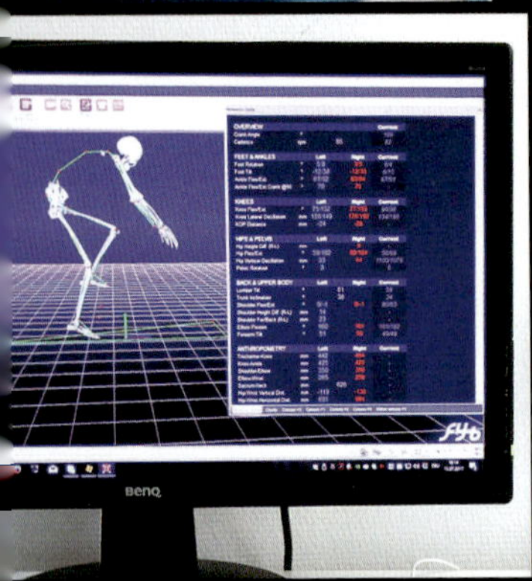

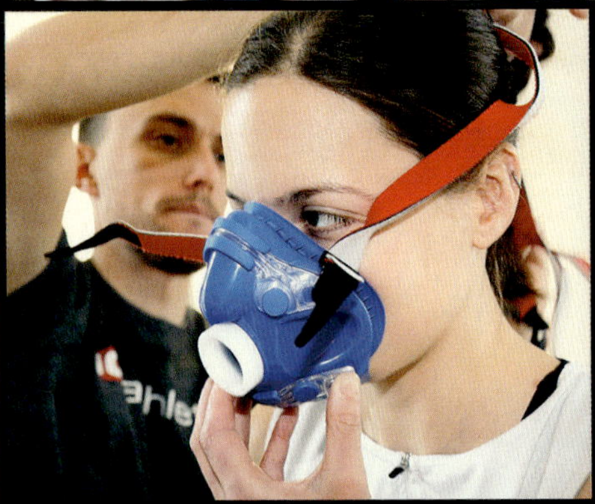

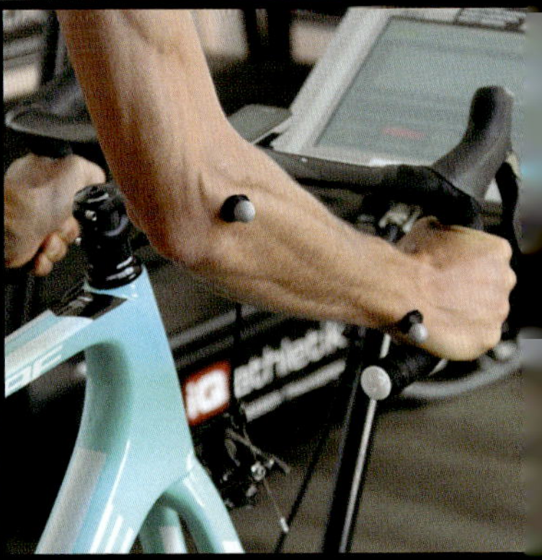